U0026451

南無本師釋迦牟尼佛

本師釋迦牟尼佛 偈讚

俱胝圓滿妙善所生身

成滿無邊眾生希願語

如實觀見無餘所知意

於是釋迦尊主稽首禮

至尊彌勒

至尊彌勒 偈讚

大慈火燒瞋恚薪

智慧光滅無明暗

紹法王位眾生怙

住兜率尊誠頂禮

阿底峽尊者

阿底峽尊者 偈讚

富饒之地邦伽羅

貴胄撒賀王種姓

菩薩靜命所生族

燃燈智足敬頂禮

宗喀巴大師父子三尊

宗喀巴大師父子三尊 偈讚

肇建雪域車軌宗喀巴

事勢正理自在賈曹傑

顯密教法持主克主傑

佛王父子三尊敬頂禮

菩提道次第廣論四家合註

——白話校註集——

造論／ 宗喀巴大師

合註／ 巴梭法王　語王堅穩尊者　妙音笑大師　札帝格西

譯論／ 法尊法師　總監／ 真　如　譯註／ 釋如法 釋如密 等

《菩提道次第廣論四家合註白話校註集》
第二冊·譯場成員
承　辦／大慈恩·月光國際譯經院·第一譯場

授　義／哈爾瓦·嘉木樣洛周仁波切、如月格西

總　監／真　如

主　譯／釋如法

主　校／釋如密

主　潤／釋如吉

審　義／釋性華

合校潤／釋如行　　　　　助理／釋性發

語　譯／釋性忠　　　　　助理／釋性照

參　異／釋性柏　　　　　助理／釋性同、釋性能、釋性懷、釋性旭

考　據／釋性展、釋性理　助理／釋性覺、釋性田

訓　詁／吳孟洲、蔡纓勳

梵　語／張瑞麟

核　定／釋如俊

眾　校／釋性顧、釋性廷、釋性輝、釋性泰、釋性奉、釋性獻、釋性普、
　　　　釋性正、釋性崇、釋性黎、釋性幻、釋性銘、釋性璠、釋性鴻、
　　　　釋性謹、釋性揚、釋性鈞、釋性勉

眾　潤／潘呂棋昌、蔡纓勳、江寶珠

提　疑／釋緣亦、釋圓道、釋賢浩、釋見越、釋融法、釋起演、張瑞麟、
　　　　游陳溪、陳耀輝、吳孟洲、王淑均、葉郭枝、洪金澤、潘　紘、
　　　　趙　軍、張　嘉、左玉波、陳永盛

審　閱／釋性將、釋性僧、釋見越、釋起演、釋起運、釋起論、釋起箴、
　　　　釋法虔、釋法載、釋法鍊、釋法方

行　政／釋性由、釋性回、張　承、張　波、王士豪

དགའ་ལྡན་ཁྲི་པ་རི་རྫོང་སྲས་སྤྲུལ་ཐུབ་བསྟན་ཉི་མ།

**GADEN TRIPA RIZONG SRAS -TRUL
THUPTEN NYIMA**

LUKHIL KHANGTSEN
DREPUNG LOSELING
L.C # 2 , TATTIHALLI
MUNDGOD-581411
N.K. KARNATAKA
SOUTH INDIA

PHONE: 08301 245658

DATE _____

ལམ་རིམ་ཆེན་མོའི་མཆན་བཞི་སྦྲགས་ཀྱི་ཆེད་བརྗོད།

༄༅། །ཕྱོགས་དུས་རྒྱལ་བ་ཀུན་གྱི་མཁྱེན་བརྩེ་ནུས་གསུམ་གཅིག་ཏུ་འདུས་པའི་རང་
གཟུགས་ཕོ་བརྩོན་དྲར་སྤྲིགས་གར་གྱི་རྣམ་པར་རོལ་བ། ཁམས་གསུམ་ཆོས་ཀྱི་རྒྱལ་པོ་ཙོང་ཁ་པ་ཆེན་
པོ་དཔལ་བཟང་པོ་མཆོག རྗེ་སྐུ་དུ། མདོ་སྔེ་གདམས་ངག་འབོགས་པའི་རྒྱལ་པོ་ལས། ཀུན་དགའ་བོ།
དཔལ་ལ་ཞེས་དགར་གྱི་འཛིན་བ་སྟེར་བའི་ཐིབུ་འདི། ང་ཡི་བསྟན་པ་གསོ་བྱེད་ལ། །མ་འོངས་སྐྱེས་
མའི་དུས་སུ་ནི། །འབྲི་དང་ཀླུན་གྱིས་མཚམས་སུ། །དགེ་ཞེས་བྱ་བའི་དགོན་པ་འདེབས། །བློ་བཟང་
ཞེས་བྱའི་མིང་ཅན་འབྱུང་། །ཞེས་སོགས་རྒྱ་ཆེར་གསུངས་པ་ལྟར། འགྲོག་རི་བོ་ཆེ་དགའ་ལྡན་རྣམ་པར་
རྒྱལ་བའི་སྒྲིང་ཕུག་བཏབ་པ་མཛད་ཅིང་། སྤྲག་པར་རྗེ་རང་ཉིད་ཀྱི་ཞལ་སྣ་ནས། དེང་དུས་རྒྱལ་འགྲོ་
བཅོན་རྣམས་ཐོས་པ་ལུང་། །མང་ཐོས་རྣམས་ཉེན་ལེན་གནད་ལ་མི་མཁས་ཤིང་། །ཕལ་ཆེར་གསུང་རབ་
བསྐལ་ཕྱོགས་རེའི་མིག །ཡུང་དོན་རིགས་པས་འབྱེད་པའི་མཐུ་མེད་པས། །བསྟན་པའི་གནད་རྣམས་
རྟོགས་པའི་གདམས་པ་མཆོག །མཁས་པ་དགྱེས་པའི་ལམ་དང་བྲལ་མཐོང་ནས། །ཞིང་དུ་ཆེན་པོའི་
ལམ་འདི་བཀོད་པ་ལ། །བདག་གི་ཡིད་ནི་ཀུན་ནས་སྤྲོ་བར་གྱུར། །ཞེས་གསུངས་པ་ལྟར། བཀའ་སྡུབ་
ཀྱི་བསྟན་པ་རྒྱ་ཆེར་སྤེལ་བར་མཛད་ཅིང་། ཁྱད་པར་དུ་ཀླུ་བཀྲའི་གཙུག་རྒྱན་རྗེ་བོ་རྗེ་དཔལ་ལྡན་ཨ་ཏི་
ཤས་མཛད་པའི་བྱང་ཆུབ་ལམ་སྒྲོན་ལ་བརྟེན་ནས་ཆེ་བ་བཞི་དང་ཁྱད་ཆོས་གསུམ་ལྡན་གྱི་སྐྱེས་བུ་
གསུམ་གྱི་ལམ་གྱི་རིམ་པ་དང་། ལྗེ་བཅུན་འཇམ་པའི་དབྱངས་ཀྱི་མན་ངག་ལ་བརྟེན་ནས་ལམ་གྱི་གཙོ་
བོ་རྣམ་པ་གསུམ་གྱི་གནད་རྣམས་ལེགས་པར་བསྒྲུས་ནས་ས་གསུམ་གྱི་སྒྲོན་མེ་གཅིག་ཏུ་གྱུར་རྒྱུབ་
ལམ་རིམ་ཆེན་མོ་མཛད་ཅིང་། དེ་ནས་བྱང་རྒྱུབ་ལམ་རིམ་ཆེན་མོའི་མཆན་བཞི་སྦྲགས་ཀྱི་འགྲེལ་

དགའ་ལྡན་ཁྲི་པ་རི་རྫོང་སྲས་སྤྲུལ་ཐུབ་བསྟན་ཉི་མ།

GADEN TRIPA RIZONG SRAS -TRUL
THUPTEN NYIMA

LUKHIL KHANGTSEN
DREPUNG LOSELING
L.C # 2 , TATTIHALLI
MUNDGOD-581411
N.K. KARNATAKA
SOUTH INDIA

PHONE: 08301 245658

DATE _____

ཐེག་ཆེན་ལམ་གྱི་གསལ་སྒྲོན་ཞེས་པ་བྱུང་རིག། ༼རྗེ་ཉིས་རབ་རྒྱ་མཚོའི་གསུང་སྤྱར་སྤྱན་བཅུང་ གདམས་པའི་བགའད་བབས་ བ་སོ་ཆོས་ཀྱི་རྒྱལ་མཚན་ གྱི་སྐྱེ་སྲིད་ལྷ་དབང་ཆོས་ཀྱི་རྒྱལ་མཚན་གྱིས་ དགའ་བའི་གནད་ལ་མཚན་ཡིག་ཅིག་མཛད། དེ་ནས་ཀུན་མཁྱེན་ཆོས་ཀྱི་འབྱུང་གནས་ཀྱི་གསུང་རྒྱུན་ ཁྲི་སྤྲག་ཕྱུང་བག་ལ་རྦོ་གྲོས་རྒྱ་མཚོ་དང་། རྒྱལ་མཆོག་ལྔ་པའི་ཡོངས་འཛིན་ཁྲི་དགོན་མཆོག་ཆོས་ འཕེལ་གཉིས་ནས་རིམ་བརྒྱུད། སྤེ་དྲུག་མཁན་པོ་དག་དབང་རབ་བརྟན་ནས་མཚན་ཡིག་བཏབ། དེའི་ རྗེས་ཀུན་མཁྱེན་འཛམ་དབྱངས་བཞད་པ་དག་དབང་བཙོན་འགྲུས་ཀྱིས་མཚན་འགྲེལ་གསེར་གྱི་འཕྲིང་ བོ་ཞེས་པ་དགའ་གནད་ཀུན་ལ་དོན་གྱི་ཁོག་ཕུབ་པའི་ཞིབ་མཚན་ཞིག་མཛད། དེའི་རྗེས་འཛམ་ དབུངས་དགར་པོས་རྗེས་སུ་བཟུང་བའི་སེར་བྱེས་ལྷ་དེའི་དགེ་བཤེས་རིན་ཆེན་དོན་འགྲུབ་ཀྱིས་ལྔག་ མཛོང་གི་མཚན་ཡིག་ཅིག་མཛད་པ་བཅས་མཚན་བཞི་བྱུང་བ་དེ་དག་སོ་སོར་སྤྱར་བའི་འཆད་ཉན་བྱུང་ ཡོད་འདུག་ཀྱང་། རབ་བྱུང་བཅུ་གསུམ་པའི་ཆུ་ཁྲི་ཕྱི་ལོ་ ༡༨༠༢ བོར་ཆེ་མཆོག་སྤྲིང་མཛོད་པ་དགེ་ ལེགས་རྒྱལ་མཆོན་གྱིས་པར་དུ་བསྐྲུན་པ་དེ་ཉིད་མཚན་བཞི་སྤྱགས་པའི་བསྐྲུན་བྱས་པ་ཕོག་མ་དེ་ཡིན་ འདུག པར་མ་དེའི་ནང་མཚན་འགྲུག་མཚམས་རྩོར་བ་དང་། མ་དག་པ་མང་བས་བརྒྱལ་ནར་ཁྲབ་ཏུ་ སོང་ན་བསྐུར་པ་ལ་ཕན་ལས་གཅོད་ཆགས་ཆེ་བས་བསྐྱར་ཞིང་ལེགས་བཅོས་དགོས་ཚུལ་ཁྲི་ཆེན་པ། དབང་སྤྲུན་གྲགས་དང་། རྒྱལ་ཆབ་ནོ་མིན་ཏུན་འཛམ་དཔལ་ཡེ་ཤེས་བསྐུན་པའི་རྒྱལ་མཚན་སོགས་ ཀྱིས་བགའ་ནན་པོ་སྤྲ་ཕྱིར་ཕེབས་དོན་ལྟར། འབྲས་སྤུངས་མི་ཉག་དགེ་བཤེས་ཆུལ་ཁྲིམས་རྣམ་རྒྱལ་ གྱིས་ཕྱགས་འགན་གཙོ་བཞེས་ཕོག་ཁྲི་ཆེན་དག་དབང་སྤྱན་གྲགས་དང་བྱུང་ཅེ་ཆོས་རྗེ་རྦོ་བཟང་སྤྱན་ གྲུབ་སོགས་མཁས་གྲུབ་མང་པོས་ཞུས་དག་གནང་སྟེ། པར་གཞི་གཉིས་པ་དེ་རར་བྱུང་བཅུ་བཞི་པའི་

དགའ་ལྡན་ཁྲི་པ་རི་རྫོང་སྲས་སྤྲུལ་ཐུབ་བསྟན་ཉི་མ།

GADEN TRIPA RIZONG SRAS -TRUL
THUPTEN NYIMA

LUKHIL KHANGTSEN
DREPUNG LOSELING
L.C # 2 , TATTIHALLI
MUNDGOD-581411
N.K. KARNATAKA
SOUTH INDIA

PHONE: 08301 245658

DATE ____________________

ཆུ་སྟག་ཕྱི་ལོ་ ༡༥༩༣ ལོར་ཆེ་མཆོག་གླིང་ནས་བསྐྱར་བསྐྲུན་བྱས་འདུག པར་གཞི་གསུམ་པ་དེ་རབ་བྱུང་བཅུ་དྲུག་པའི་མེ་ཁྱི་ཕྱི་ལོ་ ༡༦༩༨ ལོར་སྲིད་སྐྱོང་ཡོངས་འཛིན་སྟག་བྲག་རིན་པོ་ཆེའི་བཀའ་འབྲེལ་ལྟར་གོང་གི་ཆེ་མཆོག་གླིང་པར་མ་སོར་བཞག་ཐོག་གཞུང་ས་མཆོག་ནས་པོ་བྲང་ཆེན་པོ་པོ་ཏ་ལའི་ཞོལ་དཔར་ཁང་ཆེན་མོ་གངས་ཅན་ཕན་བདེའི་གཏེར་མཛོད་གླིང་དུ་པར་བསྐྲུན་ཞུས་པ་བཞིན་གྱི་མ་དཔེ་གཞིར་བཟུང་ཐོག ད་ལམ་ཟེ་ཕན་ཚོགས་གཉིས་ཆོས་ཚོགས་ནས་བྱང་ཆུབ་ལམ་རིམ་ཆེན་མོའི་མཆན་བཞི་སྒྲིགས་ཀྱི་འགྲེལ་པ་རྒྱ་ཡིག་ཐོག་དཔར་གསར་བསྐྲུན་ཞུ་བརྩི་ཡོད་པ་ལྟར། གོང་དུ་བཤད་མ་ཐག་པ་བཞིན་གྱི་མཁས་གྲུབ་གཉིས་ལྡན་གྱི་སྐྱེས་ཆེན་དམ་པ་མང་པོས་དག་ཟེར་རྨད་དུ་བྱུང་བ་མཛད་པའི་མཆན་སོ་སོའི་འཇུག་མཚམས་དང་། གོང་འོག་མ་ནོར་བ་རང་བཟོའི་བསྲེས་ལྷད་མེད་པར་བཤད་སྒྲུབ་བསྟན་པ་རིན་པོ་ཆེའི་ཞབས་འདེགས་སུ་འགྲོ་ངེས་ཡོད་པ་ཤིན་ཏུ་གལ་ཆེ་བས་དེ་དོན་ཚང་མས་ཐུགས་དགོངས་སུ་མངའ་བར་འཚལ།

ཞེས་ཟེ་ཕན་ཚོགས་གཉིས་ཆོས་ཚོགས་ནས་རྒྱ་ཡིག་ཐོག་ལམ་རིམ་ཆེན་མོའི་མཆན་བཞི་སྒྲིགས་ཀྱི་འགྲེལ་པ་པར་གསར་དུ་བསྐྲུན་གནང་མཛད་པ་དེར་ཆེད་བརྗོད་ཅིག་དགོས་ཞེས་བསྐུལ་མ་བྱུང་བ་བཞིན་དགའ་ལྡན་ཁྲི་ཐོག་ ༡༠༣ པའི་མཚན་གྲལ་དུ་འཁོད་པ་རྒྱ་གར་ཧི་མ་ལ་ཡའི་རི་རྒྱུད་སྟོད་མངའ་རིས་ལ་དྭགས་རི་རྫོང་སྲས་སྤྲུལ་ཐུབ་བསྟན་ཉི་མས། ཕྱི་ལོ་ ༢༠༡༨ ཟླ་བ་ ༠༩ ཚེས་ ༢༥ ཉིན་རྒྱ་གར་ལྷོ་ཕྱོགས་གདན་ས་ཆེན་པོ་དགའ་ལྡན་རྣམ་པར་རྒྱལ་བའི་གླིང་གི་ཁྲི་ཐོག་ཁང་ནས་ཕུལ།

總攝十方三世一切諸佛悲智力的本體、勤持戒律舞現著袈裟相、三界法王宗喀巴大師最勝吉祥賢，如同《教授王經》廣泛宣說道：「阿難，現在供養我白水晶鬘的這位童子，將復興我教，未來濁世中，於具『止』地界，建寺名具『善』，其人名『善慧』……」，與建卓山甘丹尊勝洲寺；特別又如大師自己所說：「今勤瑜伽多寡聞，廣聞不善於修要，觀視佛語多片眼，復乏理辨教義力。故離智者歡喜道，圓滿教要勝教授；見已釋此大車道，我心全然遍勇喜。」廣大地弘傳講修的教法，特別依著五百智者的頂嚴——具德阿底峽尊者所造的《道炬論》，將具足四種殊勝、三種特法的三士夫菩提道次第，以及依靠至尊文殊的口訣，將三主要道的扼要善巧地收攝，而撰寫了三地唯一明燈——《菩提道次第廣論》。

　　之後《菩提道次第廣論四家合註‧大乘道明炬論》作註者出現的順序，如慧海大師所說：由耳傳教授受囑者巴梭法幢的轉世——巴梭天王法幢對難點撰寫一部箋註。之後遍智法源的口傳教授，由座主達隆札巴‧慧海及五世佛王的親教師——座主珍寶法增二師依序傳承，由德竹堪布語王堅穩作註。在此之後，遍智妙音笑語王精進對所有難點撰寫直指心要的詳細的箋註——《金輪》。之後則是白文殊所攝受的色拉傑札帝格西大寶義成撰寫《毗缽舍那註》，共產生四部箋註。過去雖然有結合這些個別箋註進行講聞，但是在十三迴繞壬戌、西元 1802 年，由勝壽寺司庫善妙幢合併刻版，這即是首次印行《四家合註》。由於此刻本有許多箋註安插錯誤及不正確之處，假如此本盛行於世，對於教法弊大於利，因此經赤欽語王美譽、紹勝諾門汗妙吉祥智教法幢等先後殷重囑咐要重新善加校正，哲蚌木雅格西戒勝主要承擔此重任，在這之上赤欽語王美譽及絳孜法王善慧任運等諸多善巧成就者進行校訂，此第二版於十四迴繞壬寅、西元 1842 年在勝壽寺重新印行。第三版在十六迴繞丙戌、西元 1946 年依照攝政親教師達札仁波切的敦囑，完全依循前次勝壽寺的刻本，由政府在布達拉宮雪印經院‧雪域利樂寶藏洲刊刻。

最近台灣福智團體以上述為底本打算出版漢文本《菩提道次第廣論四家合註》，應依上述具足善巧成就二種功德的許多正量士夫經過殊勝校正的箋註，其中個別應該安插之處，以及前後無謬，不摻雜臆造之失，才必然能夠承事大寶講修聖教。由於這非常重要，因此希望所有譯者將上述內容放在心上。

　　應台灣福智團體即將出版漢文本《菩提道次第廣論四家合註》，請求說需要賜予此書一篇序言。

時任第 102 任甘丹赤巴、喜馬拉雅山脈上部阿里拉達克
日宗轉世佛教日輪（圖登尼瑪）於西元 2016 年 4 月 26 日
在南印大寺甘丹尊勝洲寺的甘丹座主樓撰寫
釋如密　恭譯

總監序言

　　生老病死，是人生似乎難以更改，難以迴避的大災大難。眾生為了生死，淚成了海，每一生所拋下的屍骨，如不損壞，可成須彌。

　　但佛陀找到了這種痛苦的解藥。所有成佛之路的艱辛與偉大，只是為了不忍眾生苦的堅忍探索。偉大的佛陀成功地渡越了生死的大海，並擁有令有情眾生得以渡越的方便。那方便即是八萬四千法要——浩瀚的典籍所詮說的自度度他的不二法門。而《菩提道次第廣論》以三主要道詮釋佛經的要義，是一個補特伽羅從凡夫到成佛所有的次第無所缺少的殊妙法門。自從宗喀巴大師造論以來，被廣大的修道者奉為不能離開的稀有的引導與難得的助伴。所以道次第的相關著作，多達三百多種，而《四家合註》是其中《菩提道次第廣論》最權威的一個註釋，幸得至尊上師哈爾瓦‧嘉木樣洛周仁波切的傳承，福智僧團的法師們認真的學習藏文已二十多年，其中用了近十年完成了從《攝類學》到《戒論》的第一輪五大論的學習課程後，才開始譯經。在量與非量的層層辨析中，力求準確再準確，多方請教大善知識，為求一字的深義，也曾用心良苦，真是為伊消得人憔悴，衣帶漸寬終不悔的真實寫照。

　　至今終於能出版《四家合註》，請廣大讀者莫將經典容易看，浸滿著傳承祖師、譯師們心血乃至生命的譯著，實非為名為利，也非只是讓家中的書櫃再充盈飽滿，以眩人目，終是為了芸芸眾生依之離苦，無邊有情依之得樂。為勸發此心，為成熟眾善，代代譯師，殫精於此。捧讀之際，祈願再再成熟讀者相續的善種子，用力開敷出離三界的聖潔之花，令菩提心樹枝繁葉茂，以此報三寶上師的洪恩、報父母恩、報僧眾恩、報眾生恩，這方是世世代代的出家人擎舉教典的目的啊！

真　如

出版說明

　　兩千五百多年前，本師釋迦牟尼佛出世，為娑婆世界久處無明長夜的眾生，帶來無限的光明與希望！無量有情多生多劫以來無法解決的生命問題，因此得以解決，不僅可以生生增上，甚而能夠解脫、成佛。

　　佛陀示寂之後，歷經正法、像法而至末法，歷代傳承祖師紹隆佛種，續佛慧命，源遠流長的法脈，亙古一如的道心，師師相承，光明續耀。

　　般若為佛法之核心要義，一千六百年前，由彌勒菩薩所造、無著菩薩傳出的《現觀莊嚴論》，將《般若經》隱義現觀之內涵，和盤托出，故此論又稱《般若經論現觀莊嚴頌》，成為世所著稱「彌勒五論」之一。

　　一千年前，不論大乘小乘、性宗相宗乃至顯教密教所有智者的頂上莊嚴──阿底峽尊者，從印度被迎請至西藏弘法，造《菩提道炬論》，將佛陀三藏十二部融攝成為「道次第」，傳授時人，開啟道次第學修之先河。

　　六百年前，宗喀巴大師，總依《現觀莊嚴論》，別依《菩提道炬論》，同時廣引經論，而造《菩提道次第廣論》。因此，宗喀巴大師的《菩提道次第廣論》，即是總攝一切佛法之綱要，能普利有情眾生，從博地凡夫一直修證到圓滿佛果的大寶全書。

　　由於宗喀巴大師清淨圓滿的教證功德，與震古鑠今的佛行事業，經其不可思議的悲智願力所詮釋的《菩提道次第廣論》，六百年來已真實饒益了無數有情。

　　此曠世鉅作古來註疏者不少，其中最為著稱而完整者，即為《菩提道次第廣論四家合註》，顧名思義正是由四位祖師加以註釋，令佛日光輝，再次顯耀。這四位祖師分別為巴梭法王、語王堅穩尊者、妙音笑大師及札帝格西。

　　其中，巴梭法王主要是針對難解、簡約的文句，嵌入字詞以釋其義，令學者暢讀無滯；語王堅穩尊者多為徵引典故、歸結論義、探討難點，結合修要的大段註釋；妙音笑大師側重列科疏文、釋說難點之科判式註解；而札帝格西則註解前三家未詳

盡註釋之〈毗缽舍那〉。四家註解交相呼應，互為補充，四家的箋註合輯，形成一部天衣無縫、完整的《廣論》註本。

1966 年，恩師 日常老和尚由於特殊因緣，在台灣獲贈《廣論》海內孤本。而後多年於海內外廣學深研漢、藏佛法，見到本論如此殊勝，矢志弘揚，先於 1982 年在洛杉磯啟講，雖屢次挫敗卻毫不氣餒，更以清淨的發心、無與倫比的慈悲、智慧與勇氣，廣傳此一教法，於今《廣論》學員遍及世界各地。

2000 年，真如老師值遇了日常老和尚，殷重地祈求老和尚能詳講《廣論》的止、觀二章，以利廣大習學道次的眾生。當時老和尚告訴真如老師：這個佛法事業，就由你來完成。轉而敦囑真如老師求受《菩提道次第廣論四家合註》的傳承。

於是真如老師向哈爾瓦・嘉木樣洛周仁波切多次祈請，於 2002 年得到《菩提道次第廣論四家合註》的傳承。

2013 年，仁波切應真如老師及眾僧祈請，蒞臨加拿大傳燈寺，歷經半月，為五百多位僧眾及五百多位居士完整傳授《四家合註》講誦傳承。此希有的道次傳承，遂始傳佈於漢土的僧團、信士之中。仁波切更殷重囑咐真如老師及求法僧眾，交付弘傳此法的神聖任務。而日常老和尚高瞻遠矚，於二十年前即開始招收沙彌，教令學習古文及藏文，以期將來成辦譯經事業，饒益各方眾生，遂有本書的誕生。

本書是由大慈恩・月光國際譯經院參考玄奘大師的譯場分工，斟酌現況，訂立一級譯場的各種分工：授義、總監、主譯、主校、主潤、審義、合校潤、核定、參異、考據、語譯、眾校、眾潤、提疑等。嚴密為學，用心於契理契機，祈願立聖教於千古；對未學佛者，有趣入之階；對已學佛者，由此更為增上；對於已學習《廣論》之佛弟子而言，更是一部不可或缺之修行寶典。

全書正文架構包含五項：

一、「原文」為《廣論》原文與四家祖師箋註文，《廣論》文採用粗明字體，箋註文配合不同祖師註釋標色，採用中黑字體，科判文則為特粗明體。

二、「語譯」為《廣論》及四家箋註的白話語譯，採用字體為與原文相同之小字，俾利不慣古文者，免於消文所難，能輕鬆了解其內容。

三、「校勘」為參校不同藏文版本，讓讀者即使不懂藏文，也能讀到不同版本的差異處，配合不同祖師箋註標色，採用仿宋字體。

四、「註釋」有五種內容：

　　1.「譯註」即對法尊法師譯文更動說明。

　　2.「考據」即註解引文出處、人物生平、地理考據。

　　3.「法義」即註解論典中出現的法相名詞及難解之義理。

　　4.「訓詁」即訓釋原文中的古文字詞。

　　5.「科判」即對照說明前後科判差異。

　　以上五種，主要採用中明字體。

五、「說明」即針對原文中應詳盡討論的議題進一步說明，採用仿宋字體。

　　以上五項，由於內容繁複，恐有不易了解之處，敬請參閱〈編輯凡例〉。

　　全套《菩提道次第廣論四家合註白話校註集》擬分八冊依次出版，首冊內容為詮釋《廣論》之〈道前基礎〉；其後分別為：〈共下士道〉一冊、〈共中士道〉及〈上士道‧發心〉一冊、〈上士道‧六度；四攝〉一冊、〈上士道‧奢摩他〉一冊、〈上士道‧毗缽舍那〉三冊。

　　本書內容龐大複雜，雖經多人反覆編校，然錯漏之處必所難免，懇請十方大德不吝斧正！

　　感恩上師、三寶、護法加持，本書得以出版問世！

　　祈願正法僧團恆興隆，聖教久住恆光耀！

　　祈願一切見聞者，學修增上，速疾圓滿離苦得樂！

編輯凡例

原文

一、本書之《四家合註》原本，係依哲蚌寺果芒僧院所出版的《菩提道次第廣論・四家合註》（以下簡稱《四家合註》）作為基礎，參校異本，擇善而從。

二、本書所譯法相名詞，主要以玄奘大師及法尊法師所譯為主。未見先賢譯法者，則依藏文原義及據師長授義譯之。

三、本書之《廣論》原文，依福智之聲出版社《菩提道次第廣論》第三版法尊法師譯文，除有部分文字無法配合箋註，或與藏文原文有差異，必須改譯時，方作改動，並於註釋中特別說明。

例如：

《四百頌釋》引文說云　法尊法師原譯作「《四百頌釋》引經說云」，為配合箋註，故改譯。

凡《廣論》原文皆標作黑色粗明體。又為令讀者易解，增加之字詞皆以小字表示。

例如：死主於誰悉皆無親

四、原文翻譯，主要採取直譯方式，保留原樣。除非直譯在漢文語法上極難理解，方作調整。

五、為尊重出處故，凡引用經論原文，即予保留其原用字為原則，箋註則使用現代通用字。

例如：

廣論：死沒

箋註：死歿

六、為減少造字，故某些冷僻字改以同音字取代。

例如：

利觜＝利嘴

七、人名採義譯，於註釋中再附上音譯、藏文或梵文。

八、四家合註分別為巴梭法王箋註、妙音笑大師箋註、語王堅穩尊者箋註、札帝格西箋註。巴梭法王箋註以紅字呈現，並於每段箋註前標上小字的🅑。妙音笑大師的箋註，其箋註以藍字呈現，並於每段箋註前標上小字的🅜。語王堅穩尊者箋註以綠字呈現，並於每段箋註前標上小字的🅛。札帝格西箋註只註解毗缽舍那的部分，其箋註以褐字呈現，並依藏文母本不作標記。

九、《四家合註》原本採取註解插入原文的箋註作法，翻譯時亦保留原樣。故《四家合註》的讀法大多可依著箋註及《廣論》原文的排序直接讀文，但是部分箋註是針對單字作解釋，如果依照語序直接讀時，則有不通暢的問題，針對這部分的註解，在原文中會加入〔 〕符號，上下文連讀時只留下〔 〕內的黑字連讀，其餘〔 〕內的內容必須另讀。

例如：

「🅜彼〔**象**，🅜象與牛之梵文對字有相通者，故此處指大象。〕之**跡**🅜至大，故為**第一**。」

上下文連讀時讀為「🅜彼〔**象**〕之**跡**🅜至大，故為**第一**。」

至於〔 〕內的內容〔**象**，🅜象與牛之梵文對字有相通者，故此處指大象。〕則另外單讀。

十、《四家合註》藏文版中，或有於文中標上藏文字母 ཀ ཁ ག ང ཅ ཆ 等，以說明建議的閱讀順序。翻譯時，以中文數字（一）、（二）、（三）、（四）、（五）、（六）取代。讀者閱讀時，可試依其數字讀之。

例如：

《四百論》中亦云：「(一)諸凡決定有，思念我必死🅑之補特伽羅，或有非假造作念死心之補特伽羅，(三)**此**🅑於最初即念死故，已有所預，逮臨死時，勢當**棄**🅑捨一切**怖畏故**，(二)🅑最終死時，**豈畏於死主**？🅑意謂自當無須畏死。」

若依其所標順序，則讀作：

《四百論》中亦云：「(一)諸凡決定有，思念我必死🅑之補特伽羅，或有非假造作念死心之補特伽羅，(二)🅑最終死時，**豈畏於**

死主？^巴意謂自當無須畏死。^{（三）}**此**^巴於最初即念死故，已有所預，逮臨死時，勢當**棄**^巴捨一切**怖畏故，**」

一、《四家合註》原本採取註解插入原文的箋註作法，翻譯時亦保留相同的格式。因此閱讀《四家合註》正文時，既可全文連貫通讀，也可以略過箋註內容，直接循讀黑字正文。白話語譯中，亦需呈現這樣的特性，不僅通篇閱讀時要能表達完整的內涵，只讀黑字時，也要能讀出連貫的文意。因此，語譯是在符合這個要求的前提下，儘可能追求通順流暢的可讀性。

二、《四家合註》正文中的偈頌體，在語譯中一律改為散文體，標點使用上也稍作調整，以求白話散文通暢順達為原則，因此與《四家合註》正文標點用法有所不同。

三、為了符合白話表達方式，或是符合藏文的語序，行文的排列會與原文不盡相同。

例如：

正文：**旁生謂諸水、陸、空行，**

語譯：畜生是指生活在陸地、水裡、空中的動物。

四、藏文底本於原文引用經論處，部分段落會另外標註閱讀順序之記號。語譯時即依據所標註的記號調整語序。

五、《廣論》原文引述經論、語錄時，有同一本經或同一位祖師名稱前後不統一者，語譯統一使用同一個名稱。例如原文中《大遊戲經》與《廣大遊戲經》重出，然是指同一部經，語譯統一作《廣大遊戲經》。又如原文中「馬鳴」、「聖勇」、「敬母」重出，然實為同一人，語譯統一作「馬鳴」。

六、《廣論》正文之用詞，有因文言文之行文通暢所需，或為尊重法尊法師原譯，而與原文不盡相同者，語譯主要依循藏文原文，儘量譯出原文之用詞，以供讀者對照參考。

例如：

正文：**次乃遍迷悶**

語譯：接著就會深深地陷入沮喪

又例如正文常出現「所有」一詞，藏文多半為「的」之義；以及正文常見「勤修」、「勤精進」等，其中「勤」字多為藏文所無，為能補成雙音節詞彙，而於翻譯時添加，語譯於此悉遵藏文翻譯，故與《廣論》正文略有不同。餘例尚繁，茲不備舉。

然恐過於繁多，故不在註釋欄中一一說明，以節省篇幅。

七、古文限於特定之表達方式，以及偈頌體須控制字數統一等，整體文風以精簡為訴求，因此轉譯時，部分藏文細節便會消失，語譯中則會還原缺省的原貌，故與正文略為不同。並且註家作註時，經常只是補上一個虛字，或將原先簡化的詞補回原貌，而此等增減，多數於文義毫無影響，因此在語譯中不再另外譯出。

例如：

正文：^巴如我^巴輩者何能不死？

語譯：像我這樣的人，怎麼可能不死？

說明：此句《入行論》偈文即使未加箋註，字面原意即是「如我輩者何能不死」。法尊法師翻譯時，蓋為求字數統一，故濃縮其義而成五字偈頌體。又因「如」、「輩者」於原頌文以縮寫呈現，巴註補一字以足之，然於義毫無增減，有加不加於義全無差別。正文漢譯時即藉此註還原法尊法師所缺省之原貌，語譯於此逕依藏文譯出，不再區分箋註與正文。

八、完整單詞於正文中分作二色者，語譯中合併成一色，不再區分。

九、語譯之人名、地名等多使用現代通用字及常用字。

一、《四家合註》版本略述：

《四家合註》從目前所知的第一次合輯開始，到現在確切可考的版本，共有九種。如下：勝壽寺古本（公元 1802 年）、拉卜楞寺本（公元 1807 年，簡稱拉寺本）、勝壽寺新本（公元 1842 年）、拉薩布達拉宮雪本（公元 1946 年，簡稱雪本）、新德里本（公元 1972 年）、哲霍長壽法會小組本（公元 2005 年，簡稱哲霍本）、印度果芒僧院本（公元 2005 年，簡稱果芒本）、

色珠佛教古籍收輯社本（公元 2005 年後）、隆務寺本（公元 2005 年後）。
九個版本可以分為拉薩和安多兩個流傳系統，除了拉卜楞寺本是安多系統
外，其餘八種版本都是拉薩系統。以下簡述拉薩系統和安多系統的刊刻
始末。

拉薩系統從一開始依永津班智達智幢大師心願，公元 1802 年由勝壽寺司庫
善妙幢整理刊刻，這即是勝壽寺古本。之後第 66 任甘丹赤巴語王名稱一再
提及此本有許多誤植等錯誤，因此永津班智達諾門罕文殊慧幢大師發心重
刻，請了戒勝格西重新校勘，於公元 1842 年在勝壽寺重刻新本。此二本刊
刻的緣由在戒勝格西所著的《四家合註箋註源流始末》中有說明。

後來攝政王達札班智達擔心勝壽寺的《四家合註》刻版因老舊而損壞，因
此在公元 1946 年布達拉宮的雪印經院利樂寶庫洲重新刊刻。公元 1972 年
語王忍辱比丘以雪本為底本，第一次以現代化印刷，並請赤江仁波切撰跋
發願，即新德里本，不過此本錯誤極多，使用上需慎重。公元 2005 年，哲
霍長壽法會小組為了在嘉瓦仁波切的長壽法會上供養《四家合註》，重新
以新德里本作為底本，用雪本訂正，修正了新德里本大多數的謬誤，此本
即是哲霍本。

同年，印度果芒僧院圖書館也應達波仁波切善慧文殊慈海大師的心願：希
望能利益到想要學習《四家合註》的人們，重新以雪本作為底本，依木刻
版《菩提道次第廣論》進行校訂，並將箋註部分以紅色小字標明，比起其
他版本更易於辨識閱讀，而且校勘工作更勝於哲霍本。之後的色珠佛教古
籍收輯社本及隆務寺本都是翻印哲霍本，並未作出新的校訂修正。

安多系統係三世妙音笑大師等大德因人勸請而發起，請了多位格西重新校
訂《四家合註》，在公元 1807 年出版。據說文革期間拉卜楞寺的經書和經
版曾遭毀損，《四家合註》本亦未倖免，所以又曾經整理重刻，不過目前
並未確切見到文獻記載相關情況。

另外，我們在《四家合註》第二冊的翻譯時，在南印度的果芒圖書館找到
了妙音笑大師的《廣論》單註本《菩提道次第箋註金輪寶》的長函（簡稱
長函本）。此書是為僧團授課的大格西功德海私人藏書，因為達波仁波切
的祈請，將書交由南印果芒圖書館重新打字出版（簡稱打字本）。

《菩提道次第箋註金輪寶》是妙音笑大師的根本上師義成海大師，對妙音笑大師作了三次的教勅，要妙師對《菩提道次第廣論》作箋註，以及許多當時的大德們祈請，妙音笑大師在松贊岡布王的修行處帕繃喀著出。

長函本的整理是寶增法師在公元 1839 年藏曆六月在甘丹法輪寺完成，寶增法師是以一世妙音笑大師的秘書珍寶持教和同為妙音笑大師的隨從語王吉祥兩人的手稿，還有《四家合註》的長函以及哲蚌寺果芒札倉本、拉卜楞寺本、勝壽寺本眾多版本對比作整理。他發現單註本本來是寫在《廣論》每頁的天地格或行與行之間，所以用了許多藏式縮寫，在《四家合註》裡都已經改為一般的拼寫，考慮到理解比維持原樣更重要，只保留原單註本的少數縮寫，基本依《四家合註》。單註本和《四家合註》的妙註除了藏式縮寫外，仍有不少差異，寶增法師認為刻本過於古老，字形不清楚，寫本也有過於潦草等諸多問題，讓他難以確定孰是孰非，希望後人能找到更好的版本來解決。

打字本則是南印度果芒圖書館依照寶增法師整理的長函本作電腦登錄的版本。我們譯經院主要是以長函本的掃描圖檔為主作校對，在長函看不清楚下參考打字本。在出校時統一稱《單註本》。

二、本書依據之版本：

底本：印度果芒僧院本（簡稱果芒本）

校本：拉卜楞寺本（簡稱拉寺本）

布達拉宮雪本（簡稱雪本）

哲霍長壽法會小組本（簡稱哲霍本）

妙音笑大師單註本（簡稱單註本）

校勘時所用相關書籍，如青海本《菩提道次第廣論》（簡稱青海本《廣論》）、《夏日東文集》等，各舉其稱。

凡引用前賢校說者，必具名以述，不敢掠美。

三、校勘原則：

1. 凡中文無法表達歧異者，概不出校。

2. 校勘之註條於文中皆以 [1] 等數字標示。

例如：

依止後世安樂方便 [1]

3. 各本僅出異於果芒本者，同果芒本者不另說明。

例如：

「🈁劍葉林」 拉寺本作語註。

他本皆同果芒本作妙註，故不另外說明。

4. 他本異文善於果芒本者，則據他本改之。

例如：

「救拔怖畏之究竟皈處」 果芒本原作「救拔怖畏之皈依處」，拉寺本作「救拔怖畏之究竟皈處」。按，據如月格西解釋，拉寺本文義勝於果芒本，故依拉寺本改之。

5. 各本異文若未勝於果芒本，亦錄出並酌情予以評斷，俾令讀者瞭解各本樣貌。

例如：

「🈁趕諸畜」 哲霍本作「🈁彼諸畜」。按，依藏文原義，哲霍本之「彼」（ཁ）與「趕」（ཁྲ）僅一後加字之差。且除哲霍本外，他本皆作「趕」，故哲霍本之「彼」應為訛字。

6. 果芒本與法尊法師原譯相異，又無勝出者，仍依法尊法師原譯。如改法尊法師原譯，則出譯註說明理由。

例如：

「一切外物，無一不為顯示無常」 果芒本原作「無不顯示一切外物之無常」，青海本《廣論》、法尊法師原譯、拉寺本、雪本、哲霍本作「一切外物，無一不為顯示無常」。按，依如月格西解釋，以法尊法師原譯為是。

7. 果芒本、哲霍本皆有後人附加之段落標題，非原《四家合註》所有，今皆改以插頁分段，此等概不出校。

8. 各本中如有僅缺標作者，皆以「○○本無○」處理。

例如：

「🈁死歿之時」 哲霍本無「🈁」。

9. 果芒本中箋註缺標作者，則據他本補之。

例如：

「🈁山王」 原果芒本未標作者，今依拉寺本補之。

一、此書的註釋內容分為五項：

1.「譯註」即對法尊法師譯文更動說明。

2.「考據」即註解引文出處、人物生平、地理考據。

3.「法義」即註解論典中出現的法相名詞及難解之義理。

4.「訓詁」即訓釋原文中的古文字詞。

5.「科判」即對照說明前後科判差異。

二、凡所註釋的詞條，會於原文該詞句後，以黑圈反白數字標示順序。

例如：

正取心要 ❶。

三、所註的名詞、人名、地名，首次出現時會作較為詳盡的介紹。若之後再次
出現相同的詞條，即略作說明，後附上「見前頁……註……」，以利查詢。

例如：

迦瑪巴　即迦摩巴。參見前頁 70 註 14。

四、若同一經論再次被引用，則省略介紹，直接摘錄該文的段落；若只見出處
不見引文，則表示此書只有藏文版沒有適合的漢譯本。

例如：

《四百論》中亦云　引文法尊法師譯《中觀四百論釋·明破常執方便
品》作：「若誰有此念，思我定當死，彼已捨貪故，於死更何畏？」

《破四倒論》亦云　引文見《丹珠爾》對勘本冊 96，頁 526。

五、參考資料的出處，涉及中、藏二版，尚無相應的漢譯段落，所以會說明無
相應段落。

六、雖全書使用常用字、名稱字詞作統一之原則；但為尊重出處故，凡引用經
論之書名、作者名、引文，皆予保留其原用字。

例如：「比丘」字全書依常用字統一用「比丘」，而在頁 131「大號叫者」
註釋中引用宋法天大師譯《佛說目連所問經》云：「若有苾芻苾芻尼……」，
為尊重出處故，即予保留原用字。

目 錄

菩提道次第廣論四家合註〈第二冊〉科判表

※ 本科判表科文標有甲乙……干支者，乃援用法尊法師譯本科判之標示。

【表一】

【表五】

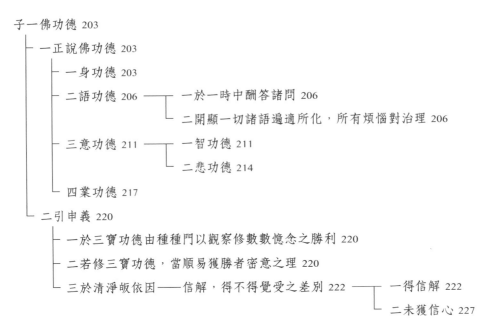

【表六】

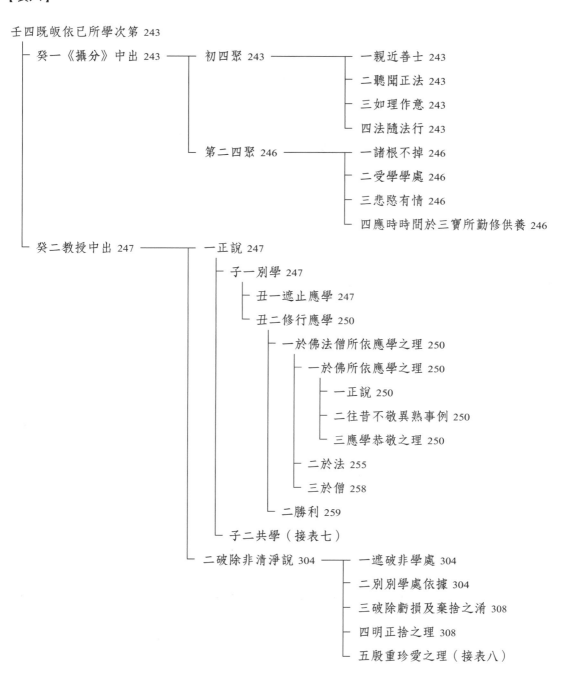

壬四既皈依已所學次第 243
├─ 癸一《攝分》中出 243 ─── 初四聚 243 ─── 一親近善士 243
│   ├─ 二聽聞正法 243
│   ├─ 三如理作意 243
│   └─ 四法隨法行 243
│   └─ 第二四聚 246 ─── 一諸根不掉 246
│   ├─ 二受學學處 246
│   ├─ 三悲愍有情 246
│   └─ 四應時時間於三寶所勤修供養 246
└─ 癸二教授中出 247 ─── 一正說 247
                        │   ├─ 子一別學 247
                        │   │   ├─ 丑一遮止應學 247
                        │   │   └─ 丑二修行應學 250
                        │   │   ├─ 一於佛法僧所依應學之理 250
                        │   │   │   ├─ 一於佛所依應學之理 250
                        │   │   │   │   ├─ 一正說 250
                        │   │   │   │   ├─ 二往昔不敬異熟事例 250
                        │   │   │   │   └─ 三應學恭敬之理 250
                        │   │   │   ├─ 二於法 255
                        │   │   │   └─ 三於僧 258
                        │   │   └─ 二勝利 259
                        │   └─ 子二共學（接表七）
                        └─ 二破除非清淨說 304 ─── 一遮破非學處 304
                                                    ├─ 二別別學處依據 304
                                                    ├─ 三破除虧損及棄捨之淆 308
                                                    ├─ 四明正捨之理 308
                                                    └─ 五殷重珍愛之理（接表八）

【表七】

【表十】

【表十四】

【表十五】

【表十六】

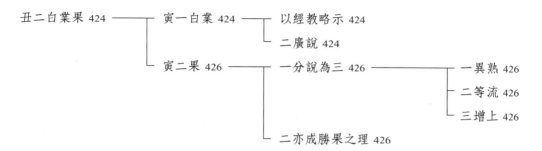
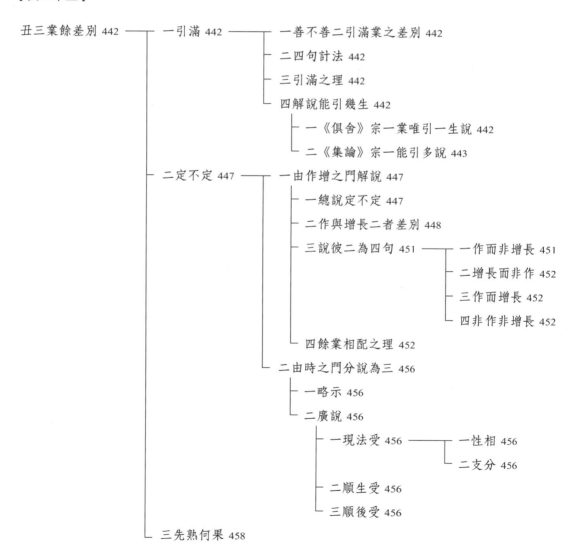

【表二十四】

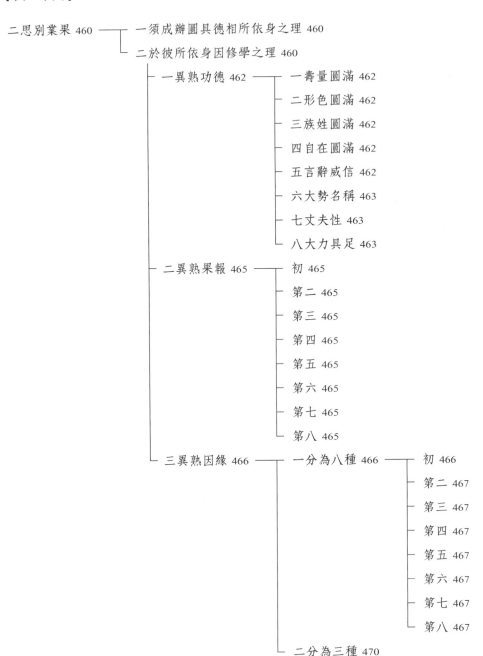

共下士道
念死無常

第二、正取心要❶，分三：⼀`於共下士道次修心；⼆`於共中士道次修心；三`於上士夫道次修心。初中分三：⼀`正修下士意樂；⼆`發此意樂之量；三`除遣此中邪執。初中分二：⼀`發生希求後世之心；⼆`依止後世安樂方便[1]。初中分二：⼀`思惟此世不能久住憶念必死；⼆`思惟後世當生何趣❷，二趣苦樂。初中分四：⼀`未修念死所有過患；⼆`修習勝利；三`當發何等念死之心；四`修念死理。今初✲分六：第一、開示何為粗細常執❸，及其為損害之門[2]：

如是於其有暇身時，取心藏❹中有四顛倒❺，於諸無常執為常倒，即是第一損害之門。其中有二，謂粗及細，於其粗劣死無常中，分別不死❻是損害門。此復僅念❼今後邊際定當有死，雖皆共有，然日日中，乃至臨終，皆起是念：「今日不死[3]，今亦不死。」其心終執不死方面。✲第二、亦遮僅求後世之理：若不作意此執對治，被如是心之所蓋覆，便起久住現法之心。於此時中，謂須如是如是眾事，數數思惟，唯於現法除苦引樂所有方便❽，不生觀察後世、解脫、一切智❾等大義之心，故不令起趣法之意。✲第三、縱或希求，亦令勢力轉弱之理：設有時趣聞、思、修等，然亦唯為現法利故，令所修善勢力微弱。復與惡行罪墮❿相屬而轉，故未糅雜⓫惡趣因者，極為希貴⓬。

第二科、正說取心要的方法，分為三科：⸀在與下士共通的道次第中修心；⸁在與中士共通的道次第中修心；⸂在上士道次第中修心。第一科分為三科：⸀正說修習下士的意樂；⸁生起如此意樂的標準；⸂破除對此的顛倒思惟。第一科分為二科：⸀生起希求後世的心念；⸁依止後世時能夠安樂的方法。第一科分為二科：⸀思惟不會在此生久住，憶念會死亡；⸁思惟後世將會如何、二趣的苦樂。第一科分為四科：⸀不修持念死的過患；⸁修持的利益；⸂應當生起什麼樣的念死之心；⸃修持念死的軌則。第一科分為六科：第一科、說明什麼是粗分與細分的常執，以及它是損害之門：

要如上述在閒暇所依身中獲取心要時，會有四種顛倒。其中，將無常執為恆常的顛倒，即是在最初造成損害之門。這樣的顛倒有粗、細二種，將粗分無常——死亡，想成是不會死，這樣的分別心即是損害之門。關於這點，雖然想到「今生終究會死」的心念是人人都有的，然而直到臨終那一刻，卻日日都想著：「今天不會死」、「今天也不會死」……，內心總是執著不會死的那一方面。**第二科、就連對來生的希求也被常執遮阻的道理：**如果不作意這種執著的對治法，被這樣的心覆蓋，就會生起久住於今世之心，時常想著：「在這段時間裡，需要這些、那些……」只會一再考慮營求純屬此生的安樂，及消除今生痛苦的辦法，不會生起探究後世、解脫、一切智等遠大利益之心，以致無法生起趣入正法之心。**第三科、縱使希求，力量也被削弱的道理：**即使偶然趣入聞、思、修等，也由於只是為了今生，而使造集任何善業的勢力都很微弱，並且做時又會與惡行罪墮相關聯，所以能不摻染惡趣因的行為，實在稀少。

[1]「依止後世安樂方便」雪本作「開示後世安樂方便」。 [2]「分六……損害之門」拉寺本作「分六：第一、何為粗細常執」，哲霍本作巴註。按，下文餘五子科，各本全作妙註，私謂哲霍本誤。 [3]「今日不死」哲霍本作「此間不死」。

❶ **正取心要** 即前冊「正於彼道取心要之理」一科。

❷ **當生何趣** 藏文直譯為「將變成怎麼樣」。

❸ **粗細常執** 下文所述對死無常，執為恆常不死的執著，是粗分常執；對於剎那無常，執為恆常的執著，是細分常執。

❹ **心藏** 心要。

❺ **四顛倒** 執無常為常、執苦為樂、執無我為我、執不淨為淨的四種執著。由於所執持的對境與事實完全相反，因此稱為顛倒。唐玄奘大師譯《阿毘達磨俱舍論》云：「應知顛倒總有四種：一、於無常執常顛倒；二、於諸苦執樂顛倒；三、於不淨執淨顛倒；四、於無我執我顛倒。」唐玄奘大師譯《瑜伽師地論》云：「如四顛倒，謂於無常常倒、於苦樂倒、於不淨淨倒、於無我我倒。」參見《大正新修大藏經》冊29，頁1558；冊30，頁1579（大藏經刊行會編，臺北市：新文豐，2000。以下簡稱《大正藏》）。

❻ **於其粗劣死無常中分別不死** 藏文直譯為「於其粗分死無常，念為不死之分別」。

❼ **僅念** 藏文原文無「僅」字。

❽ **數數思惟唯於現法除苦引樂所有方便** 藏文直譯為「唯於現法除苦引樂所有方便數數思惟」。

❾ **一切智** 亦譯作一切智智，即佛陀的智慧，而非指三智當中聲聞、緣覺證德種類的一切智。

❿ **罪墮** 罪惡與墮罪二者。罪惡指不善的過失，由於不善感生不悅意的異熟，或

者是應輕毀之處，故名罪惡。墮罪指受持戒律的情況下，違背佛制的過失。夏日東活佛認為：罪指性罪，墮指遮罪。法尊法師原譯作「罪犯」，為避免誤解作「犯人」，改譯「罪墮」。參見《至尊夏日東善慧講修海文集》冊1，頁302（夏日東善慧講修著，青海：青海人民出版社，2011。以下簡稱《夏日東文集》）。

⓫ 糅雜 混雜、摻雜。糅，音「柔」，雜也。

⓬ 希貴 此指稀有。希，同稀。

⓼第四、即修後世利益，彼❶ 亦令之延緩之理：設能緣慮後世而修，然不能遮後時漸修延緩懈怠，遂以睡眠、昏沈、雜言、飲食等事，散耗時日❷，故不能發廣大精勤如理修行。**⓼第五、由常執生猛利貪瞋之理**：如是由希身命久住所欺誑故，遂於利養恭敬等上起猛利貪。於此障礙，或疑作礙，起猛利瞋。於彼過患蒙昧愚癡。由利等故❸，引起猛利我慢、嫉等諸大煩惱❹ 及隨煩惱❺，如瀑流轉❻。**⓼第六、由常執生眾多惡行之理**：復由此故，於日日中，漸令增長諸有勝勢❼ 能引惡趣猛利大苦，身語意攝十種惡行、無間❽、隨近❾、謗正法等諸不善業。又令漸棄能治彼等善妙宣說甘露正法，斷增上生及決定勝[1]所有命根。遭死壞已，為諸惡業引導，令赴苦痛粗猛、炎燒非愛諸惡趣處，何有過此暴惡之門？《四百論》亦云⓾：「⁽⁽一⁾⁾ ㊫補特伽羅若有⁽四⁾ ㊫死主，為地下、地上、天上[2]三世主㊫宰，此為第一特法。如是令死

亦躬自^巴為之，此為第二特法。^(二)死主，^(五)^巴親自令死，亦無^巴餘他教^巴之^[3]者，^巴此為第三特法。^(三)既有此具三特法之死主，彼^巴補特伽羅若安然^巴猶如斷除生死之阿羅漢，以安睡^巴等悠閒渙散而住，豈有^巴更^[4]暴^巴惡、非理於此？^巴決定非有。」

第四科、縱然修集後世的利益，也會被常執延緩的道理：縱然能夠緣想著後世而修持，也無法阻擋延緩的懈怠，心想：「之後再逐步修持吧！」並且由於睡眠、昏沉、閒言雜語，以及飲食等散亂而虛度時日，所以無法以強大的精進如理修行。**第五科、從常執生起強烈貪瞋的道理**：如此被希求身命久住的渴望所矇騙，就會對財利恭敬等生起強烈的貪著；當遭遇到阻礙，或者懷疑受到阻礙，便會生起猛烈的瞋恨；對於貪瞋的過患蒙昧無知的愚癡，以及由貪瞋癡而起的傲慢、嫉妒等眾多猛烈的煩惱和隨煩惱，就如同江河一般奔流不息。**第六科、從常執產生眾多惡行的道理**：又由於常執，將日益增長強力招引惡趣等猛烈劇苦的身語意十種惡行、無間罪、近無間罪，以及誹謗正法等不善業。並且使人越來越背離這些惡業的對治品——妙善宣說的正法甘露，斬斷增上生及決定勝的命根。當死亡徹底摧毀今生，便被惡業帶往痛苦猛烈、粗暴、酷熱、不悅意的惡趣處境，怎麼有其他比這個更加暴惡之門？《四百論》中也說：「如果對於補特伽羅而言，死主具有三種特色。這樣的死主明明存在，補特伽羅他還悠哉地像斷除生死的羅漢而愜意安眠等，悠閒渙散地度日，哪有什麼比這個更嚴重的暴惡與非理呢？絕對沒有了。死主是一併統御天上、地上、地下三重世間的主宰，這是第一個特色。而這麼作又是自己親自操作，這是第二個特色。自己親自執掌生死，又不受他人指使，這是第三個特色。」

[1]「增上生及決定勝」 拉寺本作「增上生及彼作善」。按,「彼作善」(དེས་འེགས) 為「決定勝」(ངེས་འེགས) 之訛字。　[2]「^巴死主,為地下、地上、天上」哲霍本作「死主彼作下地、上地、上」,並未標作者。按,藏文中,無下地、上地、上世間之說,誤。

[3]「^巴之」 原果芒本未標作者,今依拉寺本補之。　[4]「^巴更」 哲霍本作「^巴承許」。按,哲霍本此箋文義不通。

❶ **彼** 哈爾瓦·嘉木樣洛周仁波切認為此指常執。

❷ **散耗時日** 此指由睡眠、昏沉、雜言、飲食等散亂,虛度時日。

❸ **由利等故** 此詞藏文直譯為「由彼等故」,法尊法師依前文「利養恭敬等」將「彼等」解為「利等」,指透過利養恭敬引發貪瞋等根本煩惱及隨煩惱;如月格西則認為,依妙音笑大師於此段的科文「由常執生猛力貪瞋之理」,此處應解為「三毒」。義可兩通,故不改譯,而於語譯中依如月格西建議翻譯。

❹ **大煩惱** 指貪、瞋、癡、慢、疑、見六種根本煩惱。此處是相對於下文隨煩惱而言,所以特指我慢等根本煩惱,並非泛指所有煩惱。

❺ **隨煩惱** 指依根本煩惱而起的其他次要煩惱,如嫉妒、慳吝等。

❻ **如瀑流轉** 指煩惱如水流一般,一直不間斷地出生。

❼ **有勝勢** 藏文原意為「強力」。

❽ **無間** 指五無間罪:殺父、殺母、殺阿羅漢、破和合僧、出佛身血。如果造下這五種重罪,來世一定墮入地獄,中間不會有其他生作為間隔,所以稱為無間。

❾ **隨近** 此處指近五無間罪:汙比丘尼、殺住定菩薩、殺有學僧伽、奪僧伽資具、毀塔。這五種惡業與五無間罪相似,故名近五無間罪。

❿ **《四百論》亦云** 《四百論》,中觀部論典、中觀宗根本論典之一,全名《四百論頌》,又名《百論》,共16品,400頌,聖天菩薩(Āryadeva)著。漢譯本有唐玄奘大師譯《廣百論本》1卷;法尊法師譯《中觀四百論》,共二種。玄奘大師譯本只有此論後八品的內容,而法尊法師所譯《中觀四百論》,後八品大致

是依玄奘大師譯本譯出，僅少許不同處依藏文本改動。聖天菩薩，中觀宗祖師，又名提婆。《提婆菩薩傳》記載，菩薩出生於南印度婆羅門族，天資聰穎、名聞遐邇。後依龍樹菩薩（Nāgārjuna）剃髮出家，學道有成，曾以神通力調伏南印度王，並於三個月內度一百多萬人。後有一位邪道弟子，因其師為聖天所折服，心懷恥恨，於是暗殺聖天菩薩。而藏傳的說法中，依賈曹傑大師（རྒྱལ་ཚབ་རྗེ་）所著《中觀四百論釋·善解心要論》，菩薩為獅子島（今錫蘭）的王子，後捨棄王位出家，遊歷至南印度時，成為龍樹菩薩近住弟子。有說菩薩現生已得佛位，也有說是獲得八地聖位。因全論有四百頌，故名為《四百論》。依月稱論師（Candrakīrti）的解釋，論名原無「四」字，以能破除各種邪執，而在梵語中「百」字同時有破除的意思，故名為「百」；能斷除實執，故名「論」。本論的中心思想，是依龍樹菩薩的密意闡述道次第，特申諸法無自性，以及解脫生死一定要現證細分無我。引文法尊法師譯《中觀四百論·明破常執方便品》作：「若有三世主，自死無救者，彼猶安然睡，有誰暴於彼。」參見《大正藏》冊50，頁186；《菩薩瑜伽行四百論釋·善解心要論》，頁2（聖天菩薩造頌，甲操傑大師造釋，唐玄奘大師、法尊法師譯頌，觀空法師講授並校正，任杰聽受譯釋，台北：福智之聲出版社，2005。以下簡稱《四百論解》）。引文見《四百論解》，頁11；《中華大藏經丹珠爾》對勘本冊57，頁783（中國藏學研究中心《大藏經》對勘局對勘，北京：中國藏學出版社，2001。以下簡稱《丹珠爾》對勘本）。

語若爾，此三特法為何[1]？此三特法中初者，以此死主主宰地下、地上、天上三世間界[2]，故無彼所不能至之輪迴處所，由此之故不能逃脫。如有國王，僅治一方，設若遭其治罰，亡走他國容得逃脫；然若此王統轄一切方所，則未能如是免其治罰。第二特法者，謂此國王若遣臣使而行治罰，設於其臣獻金贖罪[3]，容可一免；然若其王自操治罰，則不能爾。如是死主主宰一切，彼又非如遣他臣使，而自現前親來統御，故難脫逃。第三特法者，若王臣等所行治

罰，非彼自主，實為他國王等所敕，設得方便，向彼敕令之王哀求赦免，則王臣所行治罰，或可輕易脫免；然無其餘敕令之人，而為國王親操治罰，則非如此。如是死主主宰一切，又無他所教使，自力自主而為，故難脫免。《入行論》亦云❶：「須棄一切〔走，❷為行之古語。〕我未如是知，為親非親故，作種種罪惡。」

那麼這三項特色是什麼？這三項特色的第一項：死主掌控著天上、地上、地下三重世間，因此輪迴之中，沒有他不能到達之處，所以即使逃亡，終究也無法脫離。好比觸犯了統領一方之主的刑法，如果能夠潛逃他方，容或能逃脫法網；但如果是觸及統治所有地域的君王的刑法，就無法如此免除治罰。第二項特色：假使那位君王派遣大臣等使者來行刑，如果能向那名大臣繳納贖金等，或許還有機會逃脫；但如果是君王親自行刑，就無法這麼做。同樣地，死主統治一切，又不派遣其他使者，而是親自現身前來操控生死，因此實在難以逃脫。第三項特色：如果君王的大臣等行刑，並非自己能作主，而是受君王等其他人的指令，那麼罪犯得到向主使的君王求情的辦法，或許可能輕易地逃脫大臣的刑罰；但是如果沒有其他指使者，而是君王自己主動施刑，那就絕非如此。相同地，死主主宰一切，不受他人指使，自力自主地行事，所以實在難以逃脫。《入行論》也提到：「必須放棄一切而〔去，這是行走的古文。〕我對此一無所知，為了親友與非親，造下各種罪惡。」

[1]「㊣若爾，此三特法為何」 各本原作巴註，依哈爾瓦·嘉木樣洛周仁波切指示，巴梭法王不應為語註設問，此文應作語註，故改之。　[2]「死主主宰地下、地上、天上三世間界」 哲霍本作「彼死主主宰下地、上地、上三世間界」，誤。參前頁45校勘2。
[3]「獻金贖罪」 拉寺本作「交付替身獻金贖罪」。

❶ **《入行論》亦云** 《入行論》，中觀部論典，全名《入菩薩行論》，共10品，寂
天菩薩（Śāntideva）著。漢譯本有宋天息災譯《菩提行經》4卷；隆蓮比丘尼
譯《入菩薩行論》10品；今人如石法師譯《入菩薩行》10品，共三種。寂天菩
薩，偉大行派開派祖師，生於印度金剛座西方柯謨桑，名為寂鎧。父為國王，
母為金剛瑜伽母（Vajrayoginī），又名金剛亥母（Vajravārāhī）化身。6歲從一
位成就者求得文殊修法，勤修不久，即得親見。後父王逝世，繼位前夕，經文
殊指點，逃往那爛陀寺（Nālandā）出家，法名寂天。菩薩長時依止寺院堪布
班智達勝天，精研三藏，同時於文殊菩薩前，聽受顯密圓滿教法，一心專修，
內證高地，但外表卻示現只做食、睡、如廁三事。有人刻意安排他上座說法，
想要讓他知難而去，未料他說法當天，騰空而說《入行論》，隨即飛往南方。
後在他的房樑找到菩薩親筆所書《集經論》與《集學論》。菩薩又於印度各
處，運用神變，和解紛諍、救貧解飢、調伏暴君、摧破外道。著有《入行論》、
《集學論》、《集經論》等著名論典。主要弟子有唉拉達里。此論主要闡述中
觀應成派大乘道果的內涵，並詳盡說明發菩提心的勝利，以及發心以後學習
菩薩行的道理。引文如石法師譯《入菩薩行·懺悔罪業品》作：「因吾不了知，
死時捨一切，故為親與仇，造作諸惡業。」參見《菩提道次第師師相承傳》中
文冊上，頁174（雲增耶喜絳稱著，郭和卿譯，台北市：福智之聲，2004）；藏文
冊上，頁725（榮增·益西堅參著，拉薩：西藏人民出版社，2011。以下中藏版本
簡稱《師師相承傳》）。引文見《入菩薩行》，頁14（寂天菩薩造，如石法師譯，
台北：福智之聲出版社，2010）；《丹珠爾》對勘本冊61，頁959。

第二、修習^鈔念死^[1]之勝利❶，^鈔分三：第一、義利極大者：
謂若真起隨念死心，譬如決斷今明定死，則於正法稍知之士，
由見親屬及財物等不可共往，多能任運遮彼貪愛，由施等門樂

取堅實❷。如是若見為求利敬及名稱等世間法故，一切劬勞皆如扇揚諸空穀殼，全無心實❸，是欺誑處，便能遮止諸罪惡行。由其恆常殷重精進❹，修集皈依及淨戒等諸微妙業，遂於無堅身等諸事取勝堅實。由是自能昇勝妙位❺，亦能於此導諸眾生，更有何事義大於此？是故經以多喻讚美❻。《大般涅槃經》云❼：「一切耕種之中，秋實第一；一切跡中，^妙彼〔象，^妙象與牛之梵文對字❽有相通者，故此處指大象。〕之跡^妙至大，故為第一；^語師云：『雖見此有眾說，然應理者，象王極其聰慧，凡趣何所，皆知其處有無怖畏及斷崖等，行於無險安穩之道。故凡尋其所導行跡，隨踵其後，則必不遇怖畏險阻[2]，故足跡中最為第一。如是凡隨念死之心所引生種種心，皆當成為利樂後世方便，依此亦能斷除三界諸煩惱聚。』^妙應作是解，以大車無著❾之《攝異門分》云❿：『言象跡者，謂於不淨等諸想⓫之中，由是廣大所緣體性而為第一』故。解作牛王及駕車之牛等，皆不應理，喻義不相合故⓬。一切想中，無常、死想是為第一，由是諸想能除三界一切貪欲無明我慢。」如是又以是能頓摧一切煩惱惡行大椎⓭、是能轉趣頓辦一切勝妙大門，如是等喻而為讚美。《集法句》中亦云⓮：「應達此身^妙無常猶如瓦器⓯，^巴另有一譯，作：『應達此身猶如瓶。』如是知法^巴無有自性，等^巴同陽燄⓰，^巴依此通達，能令具足發貪婪等五種作業魔花^巴形相之箭⓱，如是刀劍於此^巴摧折，^巴不為所害。能趣死王^巴不得奪命，下至眼亦無^巴所得見^巴之勝妙果位。」

第二科、修持念死的利益，分為三科：第一科、意義至極重大：如果生起一個真正憶念死亡的心，譬如一旦決斷今天、明天必定會死亡，則凡是對正法有些許理解以上的人，見到親友及財物等無法長隨，多數都能自然地割捨對它們的貪著，想要從布施等方面求取心要。相同地，一旦見到為了財利、恭敬與美名等世間法所作的一切努力，就像簸揚空穀殼一般，最終也得不出堅實之物。是欺罔之處，便能斷絕惡行，以恆久而殷切的精進，修集皈依及淨戒等眾多善妙之業，從沒有精華的身軀等當中求取殊勝的心要。不但自己能由此昇上勝妙的果位，也能引導眾生邁向那些果位，還有什麼較此更有意義？因此經中也以眾多譬喻讚美此事。《大般涅槃經》中說道：「所有農耕之中，以秋季的耕作為第一；一切腳印中，〔大象，象與牛在梵文中用字可相通，所以此處當指大象。〕的腳印巨大，所以是第一；師長曾說：『關於此句，雖然見過多種解釋方法，然而合理的說法是，象王聰慧機靈，無論前往何方，都能知曉該處有無危險與斷崖等，而走在沒有這些危險的安全路線上。因此只要尋找到象王在前引導走過的足跡，沿跡而行，必定不會發生災難，滯留於險途，所以在眾多足跡中最為第一。相同地，只要追隨憶念死無常之心，無論生起此心所引發的任何心，都能成為利益來世以後的方便；憑藉此心，也能斷除三界眾多煩惱。』必須如此解釋，因為大車無著在《攝異門分》中說：『象跡，是指在不淨觀等眾多想中，屬於所緣很廣大的體性，所以是第一。』解釋成牛王及拉車的牛隻等都不合理，因為譬喻和內涵無法相對應。一切想中，也以無常想及死想為第一，因為這些想能夠消除三界的一切貪欲、無明與我慢。」同樣地，又以它是能頓時摧毀一切煩惱及惡行的大錘、是趣向能頓時成辦一切美好的大門等譬喻來推崇讚歎。《集法句》中也說：「應當通曉這個身軀如同陶器一般無常」，也有一些譯本譯作：「應當通曉此身如瓶罐。」「同樣地，要了知萬法宛如陽燄一般沒有自性。憑藉這樣的曉悟，便能將具有催發貪欲等作業的五種魔花樣貌的利箭，這樣的武器就此折斷摧毀，不再被它傷害。能邁向死主不但無法奪去性命等，連眼睛都無法看見的勝妙果位。」

❶ **修習之勝利** 即前頁40「修習勝利」一科。

❷ **樂取堅實** 希欲受取心要。樂，藏文為欲求之意。堅實，即心要之意。下文的「心實」、「堅實」亦同。

❸ **如扇揚諸空穀殼全無心實** 指如同簸揚一堆空穀殼，出不了任何堅實之物。平時簸揚收割完的穀物，是要把無實的空穀殼去掉，留下結實的穀子。但是如果簸揚的全是空穀殼，即使簸到最後，也出不了何穀物。此比喻行諸世間法，就像在簸揚一堆空穀殼，而行世間法的結局，就像簸完所有空穀殼，留不下任何東西，毫無心要可言。

❹ **恆常殷重精進** 常恆精進及殷重精進，又名常恆加行及委重加行。宗喀巴大師解釋：持續精進為常恆精進，對善法強猛欲求為委重精進。慧海大師配合箋註解釋：強猛的行持為常恆精進；當下雖未直接發起精進，但精進的力量不退則是委重精進。夏日東活佛的解釋與慧海大師相反。善慧摩尼大師則說：持續精進行善為常恆精進，歡喜地精進行善為委重精進。參見《大善巧成就自在察雅至尊洛桑諾布吉祥賢文集》冊2，頁272（洛桑諾布著，台北：佛陀教育基金會，2007。以下簡稱《洛桑諾布文集》）；《般若波羅蜜多教授現觀莊嚴論釋廣解・善說金鬘論》冊下，頁218（宗喀巴大師著，印度：洛色林圖書館，2005。以下簡稱《金鬘論》）；《夏日東文集》冊1，頁208；《菩提道次第廣論講授筆記》，頁22（慧海大師著，拉薩：雪巴印經院，1998～1999。以下簡稱《廣論講授筆記》）。

❺ **勝妙位** 指增上生及決定勝等果位。

❻ **是故經以多喻讚美** 原文無「經」而有「又」字，作「是故又以多喻讚美」。

❼ **《大般涅槃經》云** 《大般涅槃經》，經集部經典，全名《聖大般涅槃經》，共15品，56卷。漢譯本有東晉法顯譯《大般泥洹經》6卷；北涼曇無讖譯《大般涅槃經》40卷，世稱《北本涅槃經》；劉宋沙門慧嚴等，依《泥洹經》加之而成36卷25品，即《南本涅槃經》，共三種。此經因緣即世尊於拘尸那城（Kuśinagara）阿利羅跋提河邊娑羅雙樹間，二月十五日將要示現涅槃時，大眾悲啼雲集於此，佛陀於是為大眾宣說佛身常住不壞，涅槃即是法性義，眾生皆有佛性等諸多內涵。引文北涼曇無讖譯《大般涅槃經》作：「世尊！譬如一切眾生跡中象跡為上，是無常想亦復如是，於諸想中最為第一。若有精勤修習之者，能除一切欲界欲愛、色無色愛、無明、憍慢及無常想。世尊！如來若離無常想者，今則不應入於涅槃；若不離者，云何說言修無常想離三界愛、無明、憍慢及無常想？世尊！譬如農夫秋月之時深耕其地能除穢草，是無常想亦復如是，能除一切欲界欲愛、色無色愛、無明、憍慢及無常想。世尊！譬如耕田秋耕為勝，如諸跡中象跡為勝，於諸想中，無常想為勝。」東晉法顯大師譯《大般泥洹經·哀嘆品》作：「善哉！世尊！快說非常苦空之教，如一切眾生跡象跡為上，如是世尊說無常想於諸想中最為第一，精勤修習能離一切欲界貪愛、色愛、有愛，無明、憍慢從此永滅。又復世尊！譬如田夫於秋月時，草實未熟深耕其地，春殖五穀草穢不生，行者如是深念無常想精勤修習，能離一切欲界貪愛、色愛、有愛，無明、憍慢永不復生。夫田家子以秋耕為上，世尊法中以無常想為第一。」見《大正藏》冊12，頁376、861；《中華大藏經甘珠爾》對勘本冊52，頁73（中國藏學研究中心《大藏經》對勘局對勘，北京：中國藏學出版社，2001。以下簡稱《甘珠爾》對勘本），然與原文略有不同。

❽ **對字** 另一種語言中相對應的字詞，如梵文「Candra」、中文「月」、英文「moon」、藏文「ཟླ་བ」互為對字。

❾ **無著** 唯識宗的開派祖師（約公元4、5世紀），梵語Asaṅga及藏語ཐོགས་མེད（妥美）義譯。菩薩出生於北印度健馱邏國（Gandhāra），母親是乘願再來的大乘行者，與王族結婚而生無著菩薩。年少依母親期望出家，不久博達三藏，為求了悟般若隱義的現觀次第，因此前往雞足山專修，求見至尊彌勒（Maitreya）。前後勤修十二年，曾經三次萌生退念，卻由於見到擦杵為針、滴

水穿石、鳥翎磨岩的因緣而繼續專修。最後生起大悲心，割捨身肉以濟蛆犬，終於親見天顏。從至尊彌勒聽受《慈氏五論》，隨聽隨證無量三摩地，進登三地。秉性柔和溫順，但在消滅邪行邪念時卻非常犀利。一切行為皆先請示本尊然後施行，並且弘揚衰微的大乘法，曾令一村之人同時聞法獲得忍位，隨其修學的弟子無不成為三藏法師。對於宗義並不偏執一方，能以一切法門演說，因此聲聞眾也敬重菩薩。眾人共許為大乘教法的宗主，讚為南贍部洲二勝六莊嚴之一，對教法弘佈作出極大貢獻。曾住持那爛陀寺，建立清淨見地與律儀，相傳住世一百五十年。最富盛名的著作為《阿毗達磨集論》、《攝大乘論》、《顯揚聖教論頌》，而在藏傳佛教中認為《瑜伽師地論》亦為無著菩薩所造。首要弟子為世親菩薩（Vasubandhu）。參見《大正藏》冊50，頁188；冊51，頁896；《印度佛教史》，頁121（多羅那他著，張建木譯，成都：四川人民出版社，1988）；《師師相承傳》中文冊上，頁84；藏文冊上，頁122；《新譯大唐西域記》，頁239（陳飛、凡評註釋，臺北市：三民書局，2003）。

❿ 《攝異門分》云　《攝異門分》，即《瑜伽師地論·攝異門分》。《瑜伽師地論》，唯識部論典，共136卷又725偈，藏傳佛教認為《瑜伽師地論》是無著菩薩著，漢傳則認為是至尊彌勒所說。漢譯本有唐玄奘大師譯《瑜伽師地論》100卷；另有北涼曇無讖譯《菩薩地持經》10卷、《菩薩戒本》9卷；宋求那跋摩譯《菩薩善戒經》9卷、《優婆塞五戒威儀經》1卷；陳真諦三藏譯《十七地論》5卷、《決定藏論》3卷等六種節譯本，其中《十七地論》今已失傳。此論顯示三乘行者所觀之境，所修之行，所證之果的內涵，唯識派亦以此論作為主要依據的論典之一。此論分為：《本地分》、《攝決擇分》、《攝事分》、《攝異門分》、《攝釋分》。其中《攝異門分》主要由雜染及清淨門解釋諸經之中諸法名義差別。引文唐玄奘大師譯《瑜伽師地論·攝異門分》作：「象跡者，謂於不淨等想為第一故，所緣廣大故。」參見《中華佛教百科全書》冊8，頁4679（藍吉富主編，台南：中華佛教百科文獻基金會，1994）。引文見《大正藏》冊30，頁765；《丹珠爾》對勘本冊75，頁87。

⓫ 想　五十一種心所之一。依靠自己的力量，能夠執持境界種種行相的心所，即是想。《俱舍論》云：「想蘊謂能取像為體，即能執取青、黃、長、短、男、女、怨、親、苦、樂等相。」參見《大正藏》冊29，頁4。

⓬ **喻義不相合故** 藏文中「象」「牛」二字可通用，故不解經義者，容或混淆而理解為「牛跡」。

⓭ **大椎** 藏文原文無「大」字。椎，音「追」，捶擊工具，藏文原意為槌子。

⓮ **《集法句》中亦云** 《集法句》，阿毗達磨部論典，又名《集法論》、《集法句經》，共4卷，33品，阿羅漢法救所集。漢譯本有吳維祇難等譯《法句經》2卷；晉法炬共法立譯《法句譬喻經》4卷；姚秦竺佛念譯《出曜經》30卷；宋天息災譯《法集要頌經》4卷，共四種。法救（約與釋尊同時），梵語dharmatrātaḥ及藏語ཆོས་སྐྱོབ（確究）義譯，又名法商主。慧鎧論師（Prajñāvarman）於《集法句釋》記載了一段此師的生平：舍衛城一位商主的妻子成婚之後雖有身孕，然因無明顯跡象，她及眾人皆不知情。隨後商主遠赴他方貿易，其妻才逐漸感到自己懷有身孕，深恐產下此兒會被誤會為不貞，於是裝病不出。不久生下一位容貌俊秀的男嬰，只能忍著剜心之痛，乘夜託人將愛子丟棄於勝光王（Prasenajit）平日出巡必經之路。此兒因前世為大臣時，曾赦免無量將遭殺害的生靈，以此福德之力，受到狗、牛、象、馬等許多動物的守護。當時釋尊知道度化他的時機已到，於是與比丘們來到此處，授記他將成為舍衛城的大商主，最後會出家修行，證得阿羅漢果，並取名為法救，囑咐勝光王善加撫養。當時一位商主聽到授記，便請求國王將法救賜給他作為養子。但此商主有一位惡妻，她以家中已育有三男四女，不願收養法救，更下種種毒手謀害，卻始終無法得逞。法救後來厭世出家，得到阿羅漢果。《集法句》內容涵蓋無常、持戒、忍辱、聽聞等諸多內涵。此處引文出自《集法句·華集》。引文吳維祇難等譯《法句經·華香品》及晉法炬共法立譯《法句譬喻經·華香品》皆作：「知世壞喻，幻法忽有，斷魔華敷，不覩生死。」姚秦竺佛念譯《出曜經·華品》作：「觀身如壞，幻法野馬，斷魔華敷，不覩死王。」宋天息災所譯《法集要頌經·華喻品》作：「觀身如壞器，幻法如野馬，斷魔華開敷，不覩死王路。」參見《丹珠爾》對勘本冊83，頁127。引文見《大正藏》冊4，頁563、584、710、786；《丹珠爾》對勘本冊83，頁41。

⓯ **瓦器** 喻易碎之物。

⓰ **陽燄** 指日光照射下，地面空氣受熱蒸騰，光線折射，遠望如水蕩漾。如《月燈三昧經》云：「譬如春日中，暉光所焚炙；陽燄狀如水，諸法亦復然。」參見

《大正藏》冊15，頁557。

⓱具足發貪婪等五種作業魔花形相之箭 指魔王波旬擁有具足五種作業的箭。關於五種作業有不同算法，《明炬論》的算法是：令憍、令愚、令極愚、令昏、令無心。勝慧《聲律廣釋》的算法為：令笑、令合、令愚、令昏、令死。善現月的算法是：令醉、令愛、令愚、令瘦、令死。雖然上述名稱有所不同，然而宗喀巴大師《明炬論註》則解為：令憍箭能令貪欲增長而迷醉；令愚箭能令欲界喜愛導致迷醉而愚昧；令極愚箭能令貪欲導致失去正念；令昏箭能令失壞境、根、識，導致如同大樹倒地一般；令無心箭能令不動如同死尸。此五種情況進入內心，如同箭射入身體，由於顯現為花的行相，所以名為魔花之箭。《藏漢大辭典》的算法是：令醉、令愛、令愚、令瘦或令散、令縛或令昏。《文詞藏釋》提到令醉、令顫等五箭，其他辭藻學著作則提到令殺、令忘等五箭。參見《丹珠爾》對勘本冊15，頁1232；《宗喀巴文集》冊4，頁701（宗喀巴大師著，西藏：色珠出版社，2012）；《貢德大辭典》冊2，頁415（圖滇桑竹著，台北市：佛陀教育基金會，2013）；《辨了不了義釋難未完本·善說心中心藏》，頁6（貢唐丹貝準美著，印度：果芒圖書館，2007。以下簡稱《了不了義釋難》）；《藏漢大辭典》，頁1376（張怡蓀編，北京：民族出版社，2011）。

^語此文所攝義者，謂示了知五近取蘊❶中空如瓶，亦如陽燄無有心要，復如水泡不得久住。由此能斷猶如魔花，依於色等所緣而生之煩惱相續，如是即為超脫死主[1]。^巴即如師云：修深空性為降魔之無上明咒[2]。又云❷：「如見^巴體力羸弱，齒落膚槁❸，皺紋橫生等衰老^巴之苦，及^巴猛烈難忍劇苦所迫病苦，並見^巴身心^巴能依所依係屬分離而死亡，^巴由依此因，菩薩勇士❹^巴堪能斷如牢家，^巴未見如是過患之世庸^巴凡人，豈能遠離^巴在家欲[3]，^巴謂畢竟非能也。」^巴言「如見衰老及病苦」等因緣者❺，謂大世主喬達彌[4]❻於舍衛城❼逝世已，佛與聲聞眾僧畢至，佛云：「一切諸行❽，

具如是法!」鄔陀夷❾云:「斯為世尊養育之母,何故世尊心不憂悽?」世尊遂作是言。「盡其已生及當生」等一偈❿,因緣亦爾,當觀後文因相[5]⓫。

語譯

上文所統攝的內涵,顯示當了知五種近取蘊如同瓶子一般中空、如同陽燄沒有實質、如同水泡無法長存以後,繼而截斷宛如魔花,依靠色等所緣境而生起的煩惱續流,便能超脫死主。如同上師曾說:「修持甚深空性,即是伏魔的無上明咒。」又說:「見到體力衰弱、牙齒鬆脫、膚色黯淡、皺紋橫生等衰老的痛苦,以及見到被極為難忍的感受所煎熬的病苦、捨離心與身彼此相依的關聯的死亡,依著這個原因,菩薩堅強者能夠割捨宛如牢獄的家室,看不見這些過患的普通世俗凡人,豈有能力斷除對家室的欲望?絕對做不到。」「見到衰老以及見到病苦」等句的由來,是大世主喬達彌比丘尼在舍衛城過世後,世尊與聲聞僧眾一齊來到,佛說:「一切諸行,皆具有如此的法則!」鄔陀夷請問道:「世尊為何不感到憂傷?她是世尊的姨母,有著養育之恩。」世尊便答以上文。「所有已出生與將要出生」等一偈的由來也是這件事,請參考其下文為證。

校勘

[1]「㊣此文所攝義者……超脫死主」哲霍本無「㊣」。　[2]「無上明咒」果芒本原作「無上種咒」,拉寺本作「無上明咒」。按,「種咒」(རིགས་སྔགས་) 為「明咒」(རིག་སྔགས་) 之訛字,故依拉寺本改之。　[3]「世庸㊰凡人,豈能遠離㊰在家欲」果芒本原作「世庸㊰在家凡人,豈能遠離欲」,拉寺本作「世庸㊰凡人,豈能遠離㊰在家欲」。按,依前後文義,拉寺本更勝於果芒本,故依拉寺本改之。　[4]「大世主喬達彌」拉寺本作「大世主喬達瑪」。　[5]「㊰言『如見……後文因相」拉寺本作語註。

❶ 五近取蘊　煩惱所生的有漏色、受、想、行、識五蘊。近取，指煩惱。近取蘊有三種解釋：一、此五蘊因從煩惱所生，故名近取蘊，意指從近取出生之蘊。二、此五蘊觀待煩惱，故名近取蘊，意指觀待近取之蘊。三、有漏五蘊會再出生煩惱，故名近取蘊，意指能生近取之蘊。

❷ 又云　引文出自《集法句‧無常集》。吳維祇難等及姚秦竺佛念皆譯作：「老見苦痛，死則意去，樂家縛獄，貪世不斷。」見《大正藏》冊4，頁559、619；《丹珠爾》對勘本冊83，頁6。

❸ 齒落膚槁　牙齒脫落、皮膚枯槁，均年老力衰之相貌。

❹ 勇士　藏文原文作「堅固」，此指菩薩，由於菩薩心中堅穩故。

❺ 言如見衰老及病苦等因緣者　其因緣有兩部分。除了巴梭法王提到的因緣以外，另有一婆羅門聽世尊宣說應斷諸欲後，啟問世尊諸欲悅意應如何斷除，故世尊為其廣說。參見《丹珠爾》對勘本冊83，頁203。

❻ 喬達彌　原指喬達摩姓之女，此指釋尊的姨母。喬達彌，梵語Gautamī（ གོ་ཏ་མི ）音譯，本名幻變天女，又名大世主、大愛道、摩訶波闍波提（Mahāprajāpatī）。喬達彌為釋迦族獅子頰王與倫比尼后之女，摩耶夫人（Mahāmāya）的姊姊，另有一說為妹妹。因其美貌猶如幻變一般，故取名為幻變天女。後與其妹摩耶夫人為淨飯王（Śuddhodana）迎娶至迦毗羅衛國（Kapilavastu）。摩耶夫人生下釋尊七天後逝世，由喬達彌代為教養釋尊，故尊稱其為佛母。也因其對一切眾生皆如愛子一般，故又尊稱為大世主。喬達彌在釋尊成佛後，第二次重返迦毗羅衛城時，帶領五百釋迦女求佛出家多次而佛皆未開許，後由阿難（Ānanda）代為請求，於是佛開許在奉行八敬法的狀況下，應允女眾出家，成為釋迦佛教法中第一位比丘尼。喬達彌於出家後，精進修道成為阿羅漢，隨佛教化四方，直至佛涅槃前三個月，示現許多神通而入涅槃，世壽120。參見《大正藏》冊3，頁153、556；《中華佛教百科全書》冊8，頁5295；《第四世班禪文集》冊1，頁485（第四世班禪著，北京：中國藏學出版社，2009）。

❼ 舍衛城　中印度古城名，梵語Śrāvasti音譯，又名室羅伐城、室羅筏悉底。此城為佛陀時代中印度大國憍薩羅國（Kośala）主要都城，位於阿支羅瓦底河

（Acirarati）岸邊，佛陀時代為憍薩羅國波斯匿王（Prasenajit），和毗琉璃王（Virūḍhaka）所居都城。佛於此地教化四眾時間甚久，故城內外聖蹟頗多，如城內波斯匿王所建大法堂、大愛道精舍（Mahāprajāpatīvihāra）、鴦掘摩羅（Aṅgulimālya）悔改成道處，及城外祇園精舍（Jetavana）、第一雙競神通處、影覆精舍、如來說病比丘處、舍利弗（Śāriputra）降伏外道處、提婆達多（Devadatta）生陷地獄大坑等，但玄奘大師到此地時聖蹟都城多已頹圮。參見《大正藏》冊51，頁899；《中華佛教百科全書》冊6，頁3047；冊8，頁5193；《東噶藏學大辭典》，頁934（東噶·洛桑赤列編，北京：中國藏學出版社，2009。以下簡稱《東噶辭典》）。

❽行　五蘊當中色、受、想、識以外的無常法即是行蘊，例如受、想以外的心所與補特伽羅。《大乘廣五蘊論》云：「云何行蘊？謂除受想，諸餘心法及心不相應行。」參見《大正藏》冊31，頁851。

❾鄔陀夷　佛世六群比丘之一，梵語Udāyīn（ཨུ་དཱ་ཡིན།）音譯，又名優陀夷。鄔陀夷與釋尊同日出生，在釋尊出家前，曾見毒蛇欲害釋尊，拔刀砍殺而中蛇毒，因此身體變成黑色，故又名黑鄔陀夷。釋尊成佛後淨飯王派遣鄔陀夷為使者請佛歸鄉，被佛教化出家，曾示現諸多令佛制戒的因緣，後因勝鬘夫人（Mālyaśrī）勸諫而痛改前非，精進修道，證阿羅漢果。參見《中華佛教百科全書》冊6，頁3439。

❿盡其已生及當生等一偈　此偈因緣參見《丹珠爾》對勘本冊83，頁201。

⓫因緣亦爾當觀後文因相　指通讀《集法句》與《集法句釋》的前後文，便能推知「盡其已生及當生」，與「如見衰老及病苦」的宣說因緣是一樣的。

Ⓜ第二、是為一切圓滿之門者：總之能修士夫義時，唯是得此殊勝暇身期中，我等多是久住惡趣❶，設有少時暫來❷善趣，亦多生於無暇之處，其中難獲❸修法之時。縱得一次堪修之身，然未如理修正法者，是由遇此且不死心。故心執取不死

方面，是為一切衰損之門。其能治此憶念死者，即是一切圓滿之門。^鈔**第三、須斷邪執，至心修持之理者**：故不應執，此是無餘深法可修習者之所修持，及不應執雖是應修，然是最初僅應略修，非是堪為恆所修持。應於初中後三須此之理，由其至心發起定解而正修習。

第二科、是一切圓滿之門：總而言之，只有獲得殊勝閒暇身的這段時間，才是能夠修成士夫利益的時刻。我們大多數時間都是處於惡趣，即使少數幾次來到善趣，也大多生於無暇之處，在這些處境中得不到修法的機會。縱使偶然一次獲得能夠修行的所依身，卻仍然不如理修習正法，就是由於遇到這種想著「姑且還不會死」之心。所以心執取不死那一方面，便是一切衰損的大門；而其對治法——憶念死亡，則是一切圓滿之門。**第三科、必須斷除顛倒思惟，發自內心修持的道理**：因此，不應該認定這樣的法門是那些沒有其他甚深法可修者的行持；或者認為雖然是應修持的法，但只需在剛開始稍作修持，不足以作為恆久的行持。對於前中後三階段都需要這個法門的道理，應該發自內心生起確切不移的認知而進行修持。

❶ **久住惡趣**　藏文原文無「久」字。
❷ **少時暫來**　藏文原意為「少數幾次來到」。
❸ **難獲**　藏文原文作「不獲」。

第三、當發何等念死心者：若由堅著諸親屬等增上力故，恐與彼離起怖畏者，乃是於道全未修習畏死之理，此中非是令發彼心。若爾者何？謂由惑業增上所受一切之身，皆定不能超出於死，故於彼事雖生怖懼，暫無能遮；然未成辦後世義利——滅惡趣因、辦增上生及決定勝因❶，即便沒亡而應恐怖[1]。若於此事思惟怖畏[2]，則於此等有可修作，能令臨終無所怖畏。若未成辦如是諸義，總之不能脫離生死，特當墮落諸惡趣故，深生畏懼，臨終悔惱。《本生論》云❷：「㊁蘇達薩子❸將食月王子❹時，王子神采煥然，無稍不豫❺。彼問之曰：『人皆畏死至甚，爾何不懼？』王子答云：但唯一死耳，吾所以無懼者[3]，以既由業惑增上力故受生，則縱㊁慎防於死，亦㊁不能住不死，㊁且此事不可改，㊁決定必死故，惶然❻而怖畏，於之有何益❼？㊁無所益故。雖則如是㊁世間餘人皆怖畏死，而我所以不懼者，以若㊁總觀世間㊁或有情之法性[4]、㊁實相，諸人㊁因憶昔作罪，㊁死歿之時[5]當憂悔；㊁非唯如是，又㊁念未善作諸妙業㊁而憂悔[6]，㊁由造罪惡不造善故，死後[7]恐於後法❽起諸苦，㊁由此因故，臨終畏懼㊁無所適從，而㊁心蒙昧㊁恐怖。㊁我造若何㊁業能令我意㊁憂悔[8]，我未㊁稍憶作如是㊁罪業事；㊁非唯如是，復善修作白淨㊁善業，㊁是故安住㊁如是如理取捨正法誰畏死？㊁無須畏故。」㊁王子如是答蘇達薩子[9]。《四百論》中亦云❾：「(一)諸凡決定有，思念我必死❿㊁之補特伽羅，或有非假造作念死心之補特伽羅，(三)此㊁於最

初即念死故，已有所預，逮臨死時，勢當棄^巴捨一切怖畏故，^{（二）}^巴最終死時，豈畏於死主？^巴意謂自當無須畏死。」故若數數思惟無常，念身、受用定當速離，則能遮遣希望不離彼等愛著，由離此等所引憂惱增上力故，怖畏死沒皆不得生。

語 譯

第三科、應當生起什麼樣的念死之心：由於對親屬等堅固地貪著，導致害怕與他們分離而生起畏懼，這是絲毫未曾修道的恐懼死亡方式，在此並不是要生起這種心情。那麼是哪一種呢？凡是由於業及煩惱的勢力所受取的一切身，都必定無法超脫死亡，所以對此縱然感到恐懼，暫時也無法阻擋死亡；然而應該恐懼的是在尚未成辦後世的利益——遮阻惡趣之因、成辦增上生及決定勝之因以前，就要步向死亡。因為如果對此思惟恐懼，就有機會成辦這些後世的利益，因而在臨終時沒有畏懼；假若沒有成辦這些利益，不但總體而言無法超脫輪迴，尤其還要懼怕墮入惡趣，臨終時勢必為懊悔所苦。《本生論》中記載，當蘇達薩子準備吃掉月王子時，王子仍舊是神采照人，沒有絲毫不安。蘇達薩子問道：「其他人都極度恐懼死亡，而你卻不以為意，原因何在？」王子答道：「我不害怕單純的死亡，是有理由的。由於業與煩惱的勢力而受生之後，再怎麼竭力避免死亡，也無法久處不死，既然確知必定會不可改變地死亡，那麼驚恐畏懼，對此又有什麼幫助？其實沒有益處。雖然如此，但是世人都害怕死亡，而我卻不恐懼的原因是，如果觀察整體世間有情的法性、真相，人們由於回憶起先前造下罪業，因而在死時心生懊悔。不僅如此，還會心想：『也沒有好好造作善業！』而感到悔恨。由於作惡而沒有行善，因而擔憂死亡之後，來生將要遭遇痛苦，臨終時恐懼而無所適從，內心迷惘恐慌。至於我，我絲毫也不記得，曾犯下任何做了會令我心生懊悔的惡業行為；不僅如此，又善為修持白淨善業。因此，既然安住於這樣如理取捨的正法，誰還會害怕死亡

菩提道次第廣論四家合註白話校註集

呢?不須恐懼。」這是王子告訴蘇達薩子的內容。《四百論》中也提到:「凡是補特伽羅,確定懷著心想『我必然會死』,有不假造作的念死之心的補特伽羅,最後死亡的那一刻,又怎麼會畏懼死主?自然不需要畏懼。因為他從一開始就憶念死亡而做好了準備,臨終時,自然就可以完全放下一切恐懼。」所以,如果一再思惟無常,想到身軀與財富受用都必定會迅速分離,就能遮除期望不與這一切分離的貪愛。因此,由於遠離它們而產生的憂惱所導致對死亡的恐懼,便不會生起。

[1]「即便沒亡而應恐怖」哲霍本作「故於死沒而應恐怖」。 [2]「若於此事思惟怖畏」哲霍本作「於此由思畏已」。 [3]「🈂蘇達薩子……吾所以無懼者」拉寺本作語註。 [4]「以若🈂總觀世間🈂或有情之法性」哲霍本作「以若🈂總觀🈂於世間🈂或有情法性」。 [5]「🈂死歿之時」哲霍本無「🈂」。 [6]「🈂而憂悔」拉寺本、雪本、哲霍本作「🈂而亦憂悔」。 [7]「🈂由造罪惡不造善故,死後」拉寺本無「🈂」。 [8]「🈂憂悔」哲霍本無「🈂」。 [9]「🈂王子如是答蘇達薩子」拉寺本無。

❶ 然未成辦後世義利滅惡趣因辦增上生及決定勝因 法尊法師原譯作「為後當來世間義故,未能滅除諸惡趣因,未能成辦增上生因、決定勝因」,今依藏文改譯。

❷ 《本生論》云 《本生論》,本生部論典,又名《三十四本生論》,共12卷,34品,馬鳴菩薩(Aśvaghoṣa)著。漢譯本有北宋紹德、慧詢等譯《菩薩本生鬘論》,署名聖勇菩薩等著,收於《大正藏》冊3,然與藏譯本內容相差甚大,尚待考證。馬鳴菩薩,中觀宗祖師,出生於喀什米爾境內夏給達嘎的婆羅門族,出生時有種種瑞相,故名聖勇(Āryaśūra)。幼時聰慧明利,僅一過目,便能無礙通曉一切明處,故稱摩咥哩制吒(Mātṛceta),義為慧光。因其讀誦吠陀的聲音,

62

極為悅耳，故名馬鳴。且因恭敬承事父母，又名敬父、敬母。菩薩起初由於種姓的關係，皈信大自在天（Maheśvara），承許常見學說，並往大自在天神湖，精勤誦咒修法七天，獲得大自在天親自祝願，並囑咐大梵天（Mahābrahman）、遍入天（Viṣṇu）、鄔摩天女（Umā）在他辯論時，分別化現鸚鵡、滑石、羅剎女相助。大自在天最後又說：「如果這樣還無法降伏他宗，我會親自到你心中加持，令你制伏一切。」因此，馬鳴掃蕩其境內所有內外道學說，唯留常見學派。後轉至其他地方，擊敗內外諸大論師之宗，所以獲得制伏一切方隅的美譽，號稱「黑莫敵」。此時，其母早已對佛法深生淨信，見此景象不免憂愁，於是祈求度母，盼望其子早日皈依佛門，所以勸說其往那爛陀寺論辯。寺裡的僧眾皆知其摧敗許多內外教徒的事蹟，自忖不能與之論戰，於是向龍樹菩薩請求協助，龍樹菩薩遂派遣聖天菩薩前往論辯。大眾耳聞聖天菩薩將與馬鳴論辯，一時在寺內外聚集了十萬人，國王也親自到現場作證。論戰時聖天菩薩以種種方便使鸚鵡等盡失效用，再以無垢真理，破斥所有常見邪說，馬鳴無法反駁，因此國王判馬鳴論敗，將其監禁於那爛陀寺的藏經閣。馬鳴由於閱讀佛經，巧見往昔佛陀授記自己的種種事蹟，才打從內心深信釋尊，於是在龍樹菩薩座下剃度，成為近侍三子之一。在佛授記中，馬鳴菩薩為不退轉位的菩薩，亦有說是地上菩薩。馬鳴菩薩本欲以詩體撰寫釋尊的五百篇清淨本生及五百篇非清淨本生，闡述釋迦牟尼佛往昔在菩薩位時行六度萬行的事蹟。後因效學釋尊捨身飼虎，故只寫下三十四篇本生。參見《永津班智達智幢文集》冊1，頁6（永津智幢著，尼泊爾：Mahayana Buddhist Society Dhanchl Thall G.P.O.。以下簡稱《永津班智達文集》）。月王子與蘇達薩子的故事，參見《丹珠爾》對勘本冊94，頁283。引文見《丹珠爾》對勘本冊94，頁297。

❸ **蘇達薩子** 　往昔釋迦世尊身為月王子時代的羅剎，梵語Saudāsa（ཟ་ཏ་མའི་བུ）。蘇達薩子天性險惡，吃人無數，為當時著名的壞羅剎。因劫走月王子的因緣，得其攝受聽聞佛法，最後追隨月王子住於國中。典故參見《丹珠爾》對勘本冊94，頁283。

❹ **月王子** 　釋迦世尊的前世，梵語Sutasoma及藏語ཟ་ལག་བ་ཟླ་བ義譯。世尊往昔在因地時，出生在王室，由於國王與王后看到王子具足月亮般的功德，所以取名為月。年幼時學習諸多技能，並且善巧的利益廣大群眾，因此得到民眾的擁護

愛戴。在花園遇到精通善說的婆羅門時，被蘇達薩子劫走，由此月王子展現出菩薩行誼，進而攝受蘇達薩子。典故參見《丹珠爾》對勘本冊94，頁283。

❺ **無稍不豫** 沒有絲毫不愉快、不安。豫，音「預」，喜悅義。

❻ **惶然** 驚慌恐懼的樣子。惶，音「皇」，恐懼。

❼ **慎防亦不住此事不可改惶然而怖畏於之有何益** 法尊法師原譯作「雖勵不能住，何事不可醫，能作諸怖畏，其中有何益」，為配合箋註，故改譯。

❽ **後法** 藏文原意為「後時」。

❾ **《四百論》中亦云** 引文法尊法師譯《中觀四百論·明破常執方便品》作：「若誰有此念，思我定當死，彼已捨貪故，於死更何畏？」見《四百論解》，頁24；《丹珠爾》對勘本冊57，頁785。

❿ **諸凡決定有思念我必死** 法尊法師原譯作「思念我必死，若誰有決定」，為配合箋註，故改譯。

第四、如何修念死者❶：謂應由於三種根本、九種因相、三種決斷門中修習。**此中有三**：一、^囝**第一根本思決定死**；二、^囝**第二根本[1]思惟死無定期**；三、^囝**第三根本思惟死時除法而外，餘皆無益。**

初^囝根本之因相中分三：思惟死主決定當來，此復無緣能令卻退者^囝為一因相：謂任受生何等之身，定皆有死，**《無常集》云❷**：「**若佛若獨覺❸，若諸佛聲聞❹^囝眾，尚須^囝示現捨此身，何況諸^囝異生❺庸夫^囝定死何待言❻！**」任住何境，其死定至者，即彼^囝**《集》[2]中云❼**：「**住於何處^囝所死不入，如是方所定非有，**

空中非有海中無，^巴非唯如是，亦非^巴有可住諸山間^巴或其中。」^語此因緣者，謂琉璃王❽屠釋迦族時，佛為開顯業力，置二釋族子於月輪❾，二子於海中，二子於佛缽。釋族遭屠已，所匿諸釋族子亦死，依此而作宣說[3]。前後時中諸有情類，終為死摧等無差別，即如彼云❿：「盡其^巴往昔已生及^巴後當生^巴一切有情，悉捨此身而他往^巴後世，^語『智者達此悉滅壞』[4]（ देग་ གུན་ འཇིག་ པར་ མཁས་ པས་ རྟོགས་ "ཀྱིས་" ཏེ །）與『安住正法』（ ཆོས་ ལ་ གནས་ "ཏེ" ），似為平庸謄抄者因所謂『後加字 ད་ བས་ 者得 ཏེ，後加字 ག་ ང་ 者得 ཏེ』而誤改古文。有古版《集》箋註本中，作『智者應達此悉壞』（ དེ་ གུན་ འཇིག་ པར་ མཁས་ པས་ རྟོགས་ "ཀྱིས་" ཏེ ）及『應住正法決定行』（ ཆོས་ ལ་ གནས་ "ཀྱིས་" ངེས་ པར་ སྤྱད་ པ་ སྤྱོད་ ），書為命令詞，如此亦易作註；今此則難加箋註也⓫。智者達此^巴等悉滅壞^巴無常，由此力故，當住正法^巴而決定行^巴梵行。」於其死主逃不能脫，非以咒等而能退止，如《教授勝光大王經》云⓬：「譬如若有四大^巴鐵山王，堅硬隱固成就堅實^巴無有空隙，不壞不裂〔無諸隙損，^巴謂無裂縫等[5]。〕至極堅強純一，^巴一切支分悉皆實密。觸天磨地從四方來，研磨一切草木灌叢⓭及諸枝葉，並研一切有情、有命、諸有生者，非是速走易得逃脫，或以力退，或以財退，或以諸物及咒藥等易於退卻。大王！即如是^巴喻，此四極大怖畏來時[6]，^巴諸人亦非於此速走能逃，或以力退，或以財退，或以諸物及咒藥等易於退卻。何等為四^巴怖畏？謂老、病、死、衰。」^巴云何彼等作業？佛更喚：「大王！^巴其作業者，謂老壞強壯，病壞無疾，衰壞

一切圓滿豐饒，死壞命根。從此等 [巴] 四者中，非是速走易得逃脫，或以力退，或以財退，或以諸物及咒藥等易於靜息。」迦摩巴 [14] 云：「現須畏死，臨終則須無所恐懼。我等反此，現在無畏，至臨終時，用爪抓胸。」 [語] 此復自初即隨念死而有所豫 [15]，則臨死時先已預備更無畏怯。若於最初不憶念死，唯計存活，末後定當死時 [7]，先前未起與身受用一切相離之想，忽爾見當捨離 [8]，則念歿後將成何物？縱然惶恐益甚，爾時亦無所能為矣。

第四科、如何修持念死：應該從三項根本、九種原因，以及三種決斷的角度去修持。其中分為三點：⼀`思惟必定會死，是第一項根本；⼆`思惟無法確定何時會死，是第二項根本；⼆`思惟死時除了正法以外，任何事情都沒有幫助，是第三項根本。

第一項根本的原因分為三科：思惟死主必定會來臨，而沒有因緣能夠阻退，這是一種原因：無論受生為哪一種身形，死亡都會來臨。《無常集》中有言：「縱使是佛陀，或是獨覺羅漢，以及諸佛的聲聞弟子們，尚且必須示現拋下這副身軀，何況是那些平庸的異生凡夫，當然會死亡！」無論身處什麼地方，死亡都會降臨。此《集》中說道：「住在何處，死亡就不會侵入，這樣的地方並不存在；空中沒有，海裡也沒有。不僅如此，縱然躲進群山之間，或者山體內部，也沒有這樣的處所。」這一段的緣由，是琉璃王屠殺釋迦族時，世尊為了彰顯業力，將兩名釋迦族童子放進月輪，兩名安置在海中，兩名則收進佛的缽裡。但當釋迦族人被屠殺殆盡時，被藏匿起來的那些釋迦族童子也一併身亡，因此宣說上述法語。無論過去未來的任何時刻，有情終究都會沒有差別地被死亡摧毀。在《集》中說道：「所有往昔已出生與未來將要出生的有情，都會捨卻此身而去向來世。『智者達此悉滅壞』與『安住正法』二句，似乎是某位學識平庸的抄

寫員，因為『後加字ད་ར་ས之後要寫作ྀ，後加字ག་ང之後則須寫作ྀ』的文法規則而產生錯
解，改寫了古文。在某個古本《集》的箋註本中作：『智者應達此悉壞』，以及『應住正法決定
行』，將之寫成命令詞，如此也易於作註，目前看到的這個版本則難以加上箋註。**智者由於
通達這一切都將毀壞**無常，藉由這個力量或原因，因此**安住正法**，在此之上**必定
遵守梵行的行持。**」縱然遁逃，也無法脫離死主，不能靠密咒等令其退走。
《教授勝光大王經》中說：「譬如四座大鐵山，堅硬牢固而密實得毫無空
隙，**沒有損壞、沒有破裂、〔沒有殘缺**，指沒有皺褶縫隙等。〕**堅固至極**，每一部
分都全然密實。頂天磨地從四方壓來，磨碎所有草木、灌木、枝葉，以及
一切有情、生命、生物都磨成粉末。這無法藉由速度而逃脫，或者憑藉
勢力阻退、以財富阻退，或者依靠物品、咒語、藥物等而輕易阻退。大
王！與此譬喻相同的，當這四種大災難降臨，人們無法從中藉由速度而逃
脫，或者憑藉勢力阻退、以財富阻退，或者依靠物品、咒語、藥物等而
輕易阻退。有哪四種**災難？就是老、病、死、衰敗。**」這些的作用為何？佛又喚道：
「大王！這四種的作用分別是：**老邁會前來摧毀盛年；疾病會前來摧毀健康
無病；衰敗會前來摧毀所有的興盛美滿；死亡則會前來摧毀生命。**無法
從這四者中藉由速度而逃脫，或者憑恃勢力阻退、以財富阻退，或者依靠
物品、咒語、藥物等而輕易平息。」迦摩巴曾說：「**現在必須畏懼死亡，
臨終時則必須無所畏懼。我們正好與此相反，現在不覺恐懼，臨死才用
指甲抓胸。**」這也是從一開始就憶念死亡而做了準備，所以臨死時已準備好而沒有恐懼。
一開始不憶念死亡，只籌劃著安住此生，最後確定要死亡時，先前從未想過要與身軀及一切
受用分離，而今突然發現將要捨離，又想到：「死後又會如何？」縱使越來越驚恐，但那時已
莫可奈何了。

[1]「⑪第二根本」雪本、哲霍本無「⑪」。　[2]「⑪《集》」拉寺本無。
[3]「⑱此因緣者……而作宣說」拉寺本此註置於「非以咒等而能退止」之後。按，
《集法句釋》將此琉璃王因緣解為「住於何處死不入」等一偈之因緣，並非《教授勝
光大王經》之因緣，故拉寺本誤。　[4]「⑱『智者達此悉滅壞』」哲霍本作

「📖『善巧達此悉滅壞』」。按，哲霍本下面之《廣論》正文及《丹珠爾》對勘本皆作「智者達此悉滅壞」，故此處應誤。　[5]「📖謂無裂縫等」哲霍本無「📖」。

[6]「此四極大怖畏來時」哲霍本作「此四極大怖畏來時，彼來時」，衍誤。

[7]「末後定當死時」果芒本原作「末後定當死」，拉寺本、雪本、哲霍本作「末後定當死時」。按，循前後文義，果芒本脫「時」字，故依拉寺等本改之。　[8]「忽爾見當捨離」，拉寺本、雪本、哲霍本作「現忽爾見當捨離」。

註　釋

❶ **如何修念死者**　即前頁40「修念死理」一科。

❷ **《無常集》云**　《無常集》為《集法句》中的一品。引文宋天息災譯《法集要頌經・有為品》作：「諸佛與菩薩，緣覺及聲聞，尚捨有為身，何況諸有情？」見《大正藏》冊4，頁777；《丹珠爾》對勘本冊83，頁5。

❸ **獨覺**　小乘行者之一。於最後有時，不須在師長座前聞法，僅依看見白骨等因緣，便能思惟十二緣起流轉還滅的道理，而獨自獲得阿羅漢的果位，所以稱為獨覺，又稱緣覺。

❹ **諸佛聲聞**　諸佛的聲聞弟子。聲聞，小乘行者之一。從他人聽聞教授，如實修行，在最後有時，必須在師長座前聞法才能斷盡煩惱；獲得阿羅漢果位時，會出聲告訴他人自己已獲得阿羅漢果位，所以稱為聲聞。

❺ **異生**　指凡夫。由於凡夫輪迴六道，造種種業，領受種種別異的果報；又因凡夫種種變異，產生邪見造惡，故名異生。《大毘盧遮那成佛經疏》云：「凡夫者，正譯應云異生。謂由無明故，隨業受報不得自在，墮於種種趣中，色心像類各各差別，故曰異生也。」《成唯識論述記》云：「異有二義：一別異名異，謂聖唯生人天趣，此通五趣故。又變異名異，此轉變為邪見等故。生謂生類，異聖人之生類名為異生。」《玄應音義》云：「異生，梵言婆羅必栗託仡那，婆羅，此云愚；必栗託，此云異；仡那，此名生。應作愚異生，言愚痴闇冥，無有智慧，但起我見，不生無漏也。亦言小兒別生，以如小兒，不同聖生，故論中作小兒凡夫是也。又名嬰愚凡夫，亦云嬰兒凡夫。凡夫者，義譯也。」參見《大正藏》冊39，頁592；冊43，頁279；冊54，頁621。

❻ **何待言** 不用說。意為甲事已是如此，乙事不用說更是如此。

❼ **即彼中云** 引文出自《集法句‧無常集》。吳維祇難等譯《法句經‧無常品》，及晉法炬共法立譯《法句譬喻經‧無常品》皆作：「非空非海中，非入山石間，無有地方所，脫之不受死。」姚秦竺佛念譯《出曜經》作：「非空非海中，非入山石間，無有地方所，脫止不受死。」宋天息災譯《法集要頌經‧有為品》作：「非空非海中，非入山窟間，無有地方所，脫止不受死。」見《大正藏》冊4，頁559、577、619、777；《丹珠爾》對勘本冊83，頁5。

❽ **琉璃王** 憍薩羅國勝光王之子，梵語Virūḍhaka音譯，又名聖生、惡生、毗琉璃王。生於憍薩羅國王室，幼時遭釋迦族人侮辱，懷恨於心，即位之後，率軍屠殺釋迦族七萬餘人，七天之後遇火災而死，墮無間地獄。參見《大正藏》冊14，頁183；冊24，頁234；《甘珠爾》對勘本冊10，頁185。

❾ **月輪** 即月亮。

❿ **即如彼云** 引文出自《集法句‧無常集》。宋天息災譯《法集要頌經‧有為品》作：「若住現在世，過去及未來，一切有為事，終歸於盡壞。智者能離繫，恆正念觀察，常思無漏道，是名真智者。」見《大正藏》冊4，頁777；《丹珠爾》對勘本冊83，頁5。

⓫ **今此則難加箋註也** 此段提到「後加字ད་ས་者得ྱ，後加字ག་ང་者得ㆀ」，是藏文文法的規矩之一，若按古本作命令詞，則在藏文語法中很容易解釋；然而若依現今版本，「達」字後有一施動詞，「住」字後有一「之」字作連接詞，在藏文語法中則須另作解釋，所以語王大師方有此註。此處難易的差別，在藏文中極為明顯，然而在中文語法中則無法呈現。

⓬ **如《教授勝光大王經》云** 《教授勝光大王經》，經集部經典，全名《聖教誡大王大乘經》，共1卷。漢譯本有劉宋沮渠京聲譯《佛說諫王經》1卷；唐玄奘大師譯《如來示教勝軍王經》1卷；宋施護譯《佛說勝軍王所問經》1卷，共三種。勝光王，舍衛國之王，舊譯波斯匿王，玄奘大師認為這是梵音訛譯，應譯作鉢邏犀那恃多（Prasenajit），意為勝軍、勝光。此王與佛同日出生，即《說一切有部毘奈耶‧雜事》中提到的憍薩羅國勝光王。此經因緣為勝光王至佛住處瞻仰請益，佛為王宣說當以正法治國，以四攝法饒益眾生，並以種種譬喻闡述人身、親友、五欲受用，皆為生老病死所損壞，勸王切莫耽著世間，應當勵

力斷惡修善。引文劉宋沮渠京聲譯《佛說諫王經》作：「喻如四面有大石山，上下皆有六山俱到同時共合，其中人物含血之類，無有豪賤皆當糜碎。人有四事不可得止：老至體枯、病來心惱、身死神去、所有珍寶皆當棄捐不可得保，此四一至不可得離無避逃處，非口所能守請陳謝，不可財許求哀得解。」唐玄奘大師譯《如來示教勝軍王經》作：「大王當知！如四大山從四方來，牢固堅密無有缺漏無諸間隙，周匝充遍總一合成，上盡虛空下窮地際，其中所有一切草木枝條花葉，及諸有情蠢動之類皆被磨滅，難以決勇而可逃避，難以勢力而能抗拒，難以呪術財貨藥物而可禁止。如是，大王！世有四種大怖畏事，各來磨滅一切眾生，難以決勇而可逃避，難以勢力而能抗拒，難以呪術財貨藥物而能禁止。云何四種大怖畏事？大王當知！一者、老來逼害，磨滅眾生少壯；二者、病來逼害，磨滅眾生調適；三者、死來逼害，磨滅眾生壽命；四者、衰來逼害，磨滅眾生興盛。」宋施護譯《佛說勝軍王所問經》作：「大王！又如四方有四大山從空而來，彼山高廣一一堅牢墮於閻浮，而此地中所有一切草木叢林，皆悉摧滅而無有餘，彼有力者不能為救。大王！此諸世間有四大怖而來逼迫，亦復如是，一切眾生無所逃避，有大力者不能為救。四怖者何？一者、邪行怖；二者、老怖；三者、病怖；四者、死怖。」參見《丁福保佛學大辭典》，頁1553（丁福保編，台北：佛陀教育基金會，2012。以下簡稱《佛學大辭典》）。引文見《大正藏》冊14，頁786、787、789；《甘珠爾》對勘本冊63，頁213。

❸ **灌叢** 法尊法師原譯作「本幹」，藏文原意為灌木叢，指一種從一根而繁衍多分，漸至茂密的小樹，今據藏文改譯。

❹ **迦摩巴** 袞巴瓦的親傳弟子（約公元11世紀），藏語གསལ་བ音譯，本名智慧光（協饒沃·ཤེས་རབ་འོད），又名迦瑪巴、迦摩跋。尊者未出世前，即得阿底峽尊者（Atiśa）授記，謂其母將生一位深具善根的兒子。尊者出生於隆學汝巴（གྲུངས་ཤོད་རུ་བ）。後出家依止袞巴瓦（དགོན་པ་བ），得到袞巴瓦財法兩施的撫育，亦曾在博朵瓦（པོ་ཏོ་བ）座下聽聞法要。尊者具足能將物品轉劣成妙的堅固三摩地等無量的證悟功德。後建迦摩寺（ཀ་མ་དགོན་པ），僧眾約七百人，廣弘佛法，世壽75。參見《師師相承傳》中文冊上，頁293；藏文冊上，頁349。

❺ **豫** 同「預」，預備。

🅑第二因相思惟壽無可添，無間有減者：如《入胎經》云❶：「若於現在🅑時中，於行止等善能🅑戒慎[1]❷，為令自身怡然❸🅑存活而作守護，長至存活百年或🅑較此稍逾之❹。🅑謂若不善守護，則僅爾許❺亦不存活。」🅑即如宣說此經之時，極久邊際僅有爾許，🅑而今六十已是齒牙動搖之時，故僅爾許亦不能住。縱能至彼，然其中間壽盡極速；謂月盡其年，日盡其月，其日亦為晝夜盡銷，此等復為上午等時而漸銷盡，故其壽命總量短少。此復現見多已先盡，所餘壽量，雖剎那許亦無可添，然其損減，則遍晝夜無間有故。《入行論》云❻：「晝夜🅑剎頃亦無暫停，🅑我此壽恆🅑時損減🅑虛耗，🅑彼亦無餘🅑另可🅑稍添[2]，🅑如我🅑輩者何能不死？🅑定當死也！」此復應從眾多喻門而正思惟，謂如織布，雖織一次僅去一縷，然能速疾完畢所織。為宰殺故，如牽所殺羊等步步移時，漸近於死。又如江河猛急奔流，或如險岩垂注瀑布，如是壽量，亦當速盡。又如牧童持杖驅逐，令諸畜類無自主力而赴其所，老、病亦令無所自在引至死前❼。此諸道理，應由多門而勤修習❽。如《🅑無常集》云❾：「🅞此因緣者，謂大師乞食至舍衛城中，見人席坐織布，緯線穿梭，已盡太半，於是宣說。譬如舒經❿🅑線而穿[3]織🅑時，隨所入🅑——纖細緯線，其緯速窮🅑經線之邊際⓫🅑或邊底，🅑緯線雖細，亦速織盡。諸人🅑之命🅑如喻亦爾，🅑剎那剎那流逝，疾當歸滅。非唯僅此，更有他喻。如諸定被殺[4]害有情，牽至屠劍

71

近前之時，隨其步步行，速至^巴或近殺者前，諸人^巴之命亦爾，^巴剎那剎那一一逝去，而近於死。復次，猶如^巴險峭山中所瀉瀑流水，流去無能^巴重返^巴湧回，如是人壽^巴亦復前後剎那漸次盡去，亦定^巴毫不回還。^巴且修此生長壽法者，雖能略超宿業所引定數，然其成就也艱勞，及^巴或精勤略有所成，亦因速當死故，無暇受享，時限短促。^巴縱有幾許受用閒暇，此復有^巴眾多今後諸苦，^巴是故此生唯速疾壞滅，^巴譬如以杖畫^巴湍流[12]水，^巴極難存留，縱然稍住[5]，隨即速滅。^巴亦如牧^巴人執杖驅^巴趕諸畜[6]旁生還其^巴原處，如是^巴譬喻，以老病^巴驅逐[7]，催人^巴無有自主到死主前。」如傳說大覺窩^⑬行至水岸，謂「水淅淅^⑭^巴直流，此於修^巴死無常^巴取以為喻，極為便利^巴現起於心。」說已而修。《大遊戲經》亦以多喻宣說^⑮：「^巴地下、地上、天上三有無常^巴譬如秋雲，^巴忽焉而來，瞬眼即逝。眾生生死^巴無可保信等同觀戲，^巴如一戲者，由依服飾，於剎那間[8]能現眾相，如是眾生生死，亦由善惡業力，剎頃轉作善惡趣道[9]種種之身。又如戲者頭及手足舉措不定，剎頃變轉，如是眾生生死等者，亦復不可一味保信，剎頃即變。眾生之壽^巴疾行^巴或壞失如空電，^巴方生方滅；非唯如是，亦猶崖^巴壁瀑布速疾行。」

第二種原因，思惟壽命無法增添，而減少的因緣不間斷地存在：如同《入胎經》中所說：「如果在現今能善加小心謹慎行為等等，為了使自身**安樂**地存活而守護，最長能活到百歲，或較此稍微再久一些。如果不善加守護，連

這個歲數也活不到。」即使在宣說此經的那個年代，最長的極限也僅止於此；何況現今，六十歲已是牙齒鬆脫的階段，所以連一百歲也活不到。縱使能活到那歲數，然而這之間的壽命也飛速地銷盡，因為「年」被「月」的流逝所銷盡；「月」被「日」的流逝所銷盡；每日又被白晝與黑夜遷流所銷盡，而這些又被由於上午等流逝所銷盡，因此，壽命的總量其實很短少。其中又見到許多在先前已經耗盡，剩餘的歲數，連一剎那都無法增添，而減少的因緣卻日夜都不間斷地存在。《入行論》中說：「日夜一剎那都不曾絲毫停留，我的這些壽命一直在削減虛耗，而且絲毫都不能額外增添。像我這樣的人，怎麼可能不死？一定會死的！」關於這一點，也應當從多種譬喻的角度去思惟，例如織布時，雖然每次都只織入一根緯線，卻能快速地將布織完送出；牽著要被宰殺的羊隻等前往屠宰時，每移動一步，就越靠近死亡。又如同湍急的江河激流奔騰，或者像瀑布從陡峭的山崖傾瀉而下一般，壽命如此飛速消逝。如同牲畜毫無自由地被手持棍棒的牧童趕回住處一般，眾生毫無自由地被衰老和疾病帶到死主面前。這些道理，應當從多種角度去修持。如同《無常集》中提到，這個故事的緣由是，世尊到舍衛城乞食時，看見坐地織布的人穿入緯線，隨著緯線的穿梭，整匹布快要織完的景象而說道：「譬如穿織成織物的時候，每一根纖細的緯線穿織在筆直的經線中，直至緯線織到經線的盡頭；緯線雖然纖細，卻能飛快地把布織完。人們的壽命也與此喻相同，在剎那剎那的流逝中，飛速壞滅。」不僅如此，還有其他譬喻：「例如註定要被宰殺的有情，被帶往屠夫跟前時，每跨出一步，就更加靠近屠夫；人們的壽命也與此相同，在剎那剎那的流逝中，更加靠近死亡。另外，如同從險峻的峭壁洶湧傾瀉而下的瀑布，不可能再迴流而上；與此相同，人的壽命也是隨著在前後剎那而消逝，絲毫都不能重來。而且修持使今生延壽的法門，雖然能修出比宿業所招引的壽量還長的壽數，但要修成卻很艱難；而且即使努力延長少許壽數，仍因很快會死而無暇受用，所以時間短促；無論有再多可受用的閒暇，其中仍有許多現在及未來的痛苦纏身，因此今生唯有快速地壞滅。就像要用棍棒在湍急的水流上描畫圖案，實在太難留存；即便稍微留住，也立刻就飛快隱沒一般。又好比牧人持棍驅趕牲畜返回各自的住處一般，與此譬喻相同，衰老與疾病，也驅趕人們不由自主地趨向死主跟前。」傳說大依怙阿底峽尊者也曾走到河邊，說道：「以河水淅瀝瀝地

向下流淌為譬喻，這對修持死無常，是很容易在心中顯現的。」說完便進行修持。《廣大遊戲經》也由多種譬喻的角度說道：「地下、地上、天上三有皆是無常，就如同秋季的浮雲，忽然而來，轉瞬即逝；眾生的生死不可憑信，好比觀看戲劇。譬如一名演員藉由戲服，可以剎那間表演各種形態；同樣地，眾生的生死，也透過善惡業的勢力，剎那間轉變成各種善趣與惡趣的身形。或者，如同演員的頭部手足等的姿勢會在剎那間變化，不會一成不變；同樣地，眾生的生死等也不可完全地憑信，轉眼就會改變。眾生的壽命飛快地壞滅逝去，就像天空中的閃電，才生即滅。不僅如此，又像峭壁上傾瀉的瀑布，急速地流走。」

[1]「㊀戒慎」哲霍本作「㊀甚深謹慎」。　[2]「㊀彼亦無餘㊁另可㊂稍添」果芒本原作「㊀彼復無餘㊁另可㊂稍器皿」，拉寺本作「㊀彼復無餘㊁另可㊂稍增添」，哲霍本作「㊀彼亦㊁復無餘另可㊂稍添」。此《入行論》文青海本《廣論》、法尊法師原譯作「亦無餘可添」，對勘本作「無餘可增添」。又哲霍本「另」字未標作者。按，果芒本「器皿」(སྣོད)為「添」(སྣོན)之訛字。《入行論》文仍依法尊法師原譯。
[3]「㊀線而穿」哲霍本無「㊀」。　[4]「如諸定被殺」哲霍本作「如諸定將醒」。按，「將醒」(སད་པར་བྱ་བ)為「被殺」(བསད་པར་བྱ་བ)之訛字。　[5]「㊀極難存留，縱然稍住」果芒本原作「㊀極難顯現，縱然稍顯」，拉寺本作「㊀極難存留，縱然稍住」。按，果芒本文意為以杖畫水，所畫之水紋極難明顯，縱稍有紋影，亦隨即速滅。雖似可解，然私謂拉寺本意更易明，故依拉寺本改之。　[6]「㊀趕諸畜」哲霍本作「㊀彼諸畜」。按，依藏文原義，哲霍本之「彼」(དེ)與「趕」(དེད)僅一後加字之差。且除哲霍本外，他本皆作「趕」，故哲霍本之「彼」應為訛字。　[7]「㊀驅逐」哲霍本作「㊀於此從」，誤。　[8]「於剎那間」哲霍本無。　[9]「剎頃轉作善惡趣道」果芒本原作「轉作善惡趣道」，哲霍本作「剎頃轉作善惡趣道」。按，如下文喻及所喻之義，咸欲明剎頃之變轉，故依哲霍本補之。

❶《入胎經》云　《入胎經》，寶積部經典，即《甘珠爾》對勘本中的《聖為難陀說處胎大乘經》，共3卷。漢譯本有唐義淨大師譯《大寶積經・入胎藏會第十四》2卷。此經緣起為佛陀胞弟難陀（Nanda）貪著家室，佛以種種方便度脫出家，並宣說此經令證四果。此經主要闡述苦諦中生苦的內涵。而宇井伯壽等將《聖為難陀說處胎大乘經》經名譯作《聖為阿難說處胎大乘經》；又將《聖為長老阿難說入胎大乘經》經名譯作《聖為長老難陀說入胎大乘經》，然依經文內容，前者實為佛對難陀尊者宣說，而後者則是佛為阿難尊者宣說，故宇井伯壽等所譯經名有誤。引文唐義淨大師譯《大寶積經・佛說入胎藏會第十四》作：「假令身得安樂無病，衣食恣情壽滿百歲。」見《大正藏》冊11，頁331；《甘珠爾》對勘本冊41，頁679，然與正文略有不同。

❷戒慎　小心謹慎。

❸怡然　安適自在的樣子。法尊法師原未譯出，今據藏文補譯。

❹長至存活百年或稍逾之　法尊法師原譯作「長至百年或暫存活」，今據藏文改譯。

❺爾許　猶言如許、如此、這麼多。

❻《入行論》云　引文如石法師譯《入菩薩行・懺悔罪業品》作：「晝夜不暫留，此生續衰減，額外無復增，吾命豈不亡。」見《入菩薩行》，頁15；《丹珠爾》對勘本冊61，頁959。

❼老病亦令無所自在引至死前　法尊法師原譯作「其老、病等，亦令無自在引至死前」，藏文無「其」「等」，故改譯。

❽應由多門而勤修習　藏文原文無「勤」字。

❾《集》云　法尊法師原譯作「《集法句》云」，為配合箋註，故改譯。引文姚秦竺佛念譯《出曜經・無常品》作：「猶如張綜，以杼投織，漸盡其縷，人命如是。」「猶如死囚，將詣都市，動向死道，人命如是。」「如河駛流，往而不返，人命如是，逝者不還。」「所造功勞，永世乃獲，如杖擊水，離則還合。」「譬人操杖，行牧食牛，老死猶然，亦養命蟲。」宋天息災譯《法集要頌經・有為品》作：「如人彈琴瑟，具足眾妙音，絃斷無少聲，人命亦如是。如囚被繫縛，拘牽

詣都市，動則向死路，壽命亦如是。如河急駛流，往而悉不還，人生亦如是，逝者皆不迴。」「所造成功勞，永世獲安樂，如杖擊急水，暫開還卻合。如人操杖行，牧牛飲飼者，人命亦如是，亦即養命去。」此等偈頌因緣出自《集法句釋》。因緣參見《丹珠爾》對勘本冊83，頁179。引文見《大正藏》冊4，頁614、615、616、777；《丹珠爾》對勘本冊83，頁4。

❿ 舒經　舒，伸也，展也。織布伊始，必「伸展經線」，理其端緒。

⓫ 緯速窮邊際　法尊法師原譯作「速窮緯邊際」，為配合箋註，故改譯。

⓬ 湍流　指急流。湍，疾瀨也，音ㄊㄨㄢ。

⓭ 大覺窩　當代佛教宗主、將深見廣行二大傳承匯歸為一的祖師（公元982～1054），藏語རྗོ་བོ་ཆེན་པོ本名勝燃燈智（Dīpaṃkara Śrījñāna），又名阿底峽。師出生於孟加拉國，為善勝王的二王子，名為月藏（Candragarbha）。依止當時諸大成就者，通達世出世間一切明處。後依大眾部出家，名「具德燃燈智」，出家後遍學各宗各派，成為一切佛教的頂嚴，並掌管印度一百零八座大寺的鑰匙，高舉聖教法幢。後應藏王迎請入藏，維護聖教，樹立業果、三寶等正見，藏人避其名諱，尊稱「覺窩貝登阿底峽」（རྗོ་བོ་དཔལ་ལྡན་ཨ་ཏི་ཤ），義為具德殊勝尊者，亦有人稱其為業果喇嘛或三寶喇嘛。著有《菩提道炬論》等。主要弟子有種敦巴尊者（འབྲོམ་སྟོན་པ）等。有關阿底峽尊者生卒年，郭和卿譯《師師相承傳》中公元生卒年，經考查與諸多史書記載不符，故不採納。參見《師師相承傳》中文冊上，頁184；藏文冊上，頁238；《東噶辭典》，頁884。

⓮ 淅淅　此處形容河水長流、通暢無阻。淅，音「析」，擬聲詞。

⓯ 《大遊戲經》亦以多喻宣說　《大遊戲經》，經集部經典，全名《聖廣大遊戲大乘經》，共18卷，27品。漢譯本有唐地婆訶羅譯《方廣大莊嚴經》12卷。此經因緣為佛於中夜入佛莊嚴三昧，從其頂髻大放光明，照耀淨居天宮，使諸天眾憶念過去無數諸佛及佛淨土，而至世尊座前祈請宣說此經。此經主要闡述世尊如何示現十二相事業中前十一相，開示佛寶不可思議的功德。引文唐地婆訶羅譯《方廣大莊嚴經·音樂發悟品》作：「三界煩惱，猶如猛火，迷惑不離，恆為所燒。猶如浮雲，須臾而滅，合已還散，如聚戲場。念念不住，如空中電，遷滅迅速，如水瀑流。」見《大正藏》冊3，頁567；《甘珠爾》對勘本冊46，頁212。

又如說云❶：若有略能向內思惟而定解者❷，一切外物，無一不為顯示無常[1]。故於眾事皆應例思。若數數思能引定解；若略思惟，便言不生，實無利益。如迦摩巴ⓟ謂弟子云：「說思ⓟ法已未生，汝何時思？晝日散逸，夜則昏睡，莫說妄語。」ⓖ若念：逮至死時方須修法，今者則為晏然❸而住之時。此亦非理，以[2]非但壽邊為死所壞，而趣他世，即於中間趨、行、臥三者❹，隨作何事，全無不減壽量之時。首從入胎，即無剎那而能安住，唯是趣向他世而行，故於中間生存之際，悉被老、病使者所牽，唯為死故導令前行。故不應計於存活際，不趣後世安住歡喜，譬如從諸高峰墮時，未至地前空墜之際，不應歡樂。此亦如《四百頌釋》引ⓟ經文說云❺：「人中勇識！ⓟ謂喚如國王者所教誡人之名，而云：如ⓟ入胎結生相續之日落[3]初夜，ⓟ是補特伽羅安住ⓟ此世間ⓟ人之胎胞中，ⓟ即此無間第二剎那，彼從此後，ⓟ但隨一一剎那流逝，便使補特伽羅於日日中，全無暫息ⓟ者，漸次趣ⓟ近死主ⓟ之前。」《破四倒論》亦云❻：「ⓟ譬如ⓟ一人從險峰墮地將壞ⓟ身，ⓟ是人豈於此ⓟ未墜地間掉落空ⓟ時受ⓟ享安樂？ⓟ如彼非爾，輪迴諸有情眾，亦從生ⓟ至未死之間，剎那不住，為死ⓟ之故，常ⓟ時亟奔馳ⓟ走❼，ⓟ如是有情，於ⓟ未正值命終中間豈得樂？ⓟ謂不得也。」此等是顯決定速死。

菩提道次第廣論四家合註白話校註集

因此如同有人說過：對於稍微向內省思而確切理解的人而言，外在一切事物，無不是在顯示無常。所以應該結合眾多事物去思惟。如果再再思惟，就能產生確切的認知；僅略思考一兩次就覺得無法生起，這樣並沒有益處。如同迦摩巴大師曾對自己的弟子說：「聲稱思惟了正法卻無法生起，你何時思惟過了？白天散漫放逸，晚上昏睡不醒，不要說謊了！」若想：「當死亡降臨的那一刻，確實必須修法，但現在卻是要安樂度日的時候。」這也是不應該的，因為不但生命到最後會被死主毀滅而走向來世，即使在這之間，無論正在行走、漫步，還是眠臥，從來沒有一刻壽命不是在減少、消逝。從一入胎開始，就剎那都不停留地朝向來世行進。所以即使中間還存活時，也只是被老病的使者帶領著，為死亡而前行罷了。因此不應認為可以停留在存活的階段，不會走向後世而感到歡喜。就像從高聳的山巔跌落的過程中，在尚未墜地，還在半空中下墜的時刻，不應該感到歡喜一般。這在《四百論釋》中也引述經文道：「〔人類中的勇士！這是稱呼所教誡的國王等的對象。〕哪個補特伽羅，此人在母胎中結生相續的第一天日落的夜裡，才剛入住這個世間中人類的胎腹內。從緊接著的第二剎那這時起，隨著每一剎那的流逝，該補特伽羅，他便日復一日，也無人有辦法延緩步伐地逐漸走近到死主跟前。」《破四倒論》也提到：「譬如有一個人從聳峻的山巔上跌落大地，身體即將碎壞，這時，此人難道會在尚未墜地的半空中，正在墜落時感到快樂？當然不會。相同地，輪迴中的有情也是從出生起直到命終以前，剎那都不停留地為了死亡而一直急劇地奔馳，這樣的有情豈能在尚未真正面臨命終的中途獲得安樂？是得不到的。」以上內涵顯示出必定會迅速地死亡。

[1]「一切外物，無一不為顯示無常」 果芒本原作「無不顯示一切外物之無常」，青海本《廣論》、法尊法師原譯、拉寺本、雪本、哲霍本作「一切外物，無一不為顯示無常」。按，依如月格西解釋，以法尊法師原譯為是。 [2]「若念……此亦非理，

78

以」拉寺本作巴註。　　[3]「^巴入胎結生相續之日落」哲霍本作「^巴入胎結生相續之日不落」。按，下文為初夜，應無日不落之初夜，哲霍本誤。

註　釋

❶ **又如說云**　此段本無引錄原話之文法用詞，故去中文版中原有上下引號。

❷ **若有略能向內思惟而定解者**　法尊法師原譯作「若有略能向內思者」，今據藏文改譯。

❸ **晏然**　安逸的樣子。

❹ **趣行臥三者**　法尊法師原譯作「行、住、臥三」，如月格西解釋：原文「行」（ འགྲོ ）為有目的性的行走，「住」（ འཆག ）為無目的性的漫步，而非「站立」、「坐下」、「安住」等義，故改譯。

❺ **《四百頌釋》引文說云**　法尊法師原譯作「《四百頌釋》引經說云」，為配合箋註，故改譯。《四百頌釋》，中觀部論典，全名《菩薩瑜伽行四百論廣釋》，又名《四百論釋》，共16品，月稱菩薩著，尚無漢譯。月稱菩薩，中觀應成派最具代表性的傳承祖師（約公元7世紀）。師出生於印度南方。幼年通曉五明，後出家跟隨龍樹菩薩、聖天菩薩、清辨論師（Bhavaviveka）的弟子受學顯密教義，尤其盡學中觀論疏及密續。傳說曾任那爛陀寺住持多年，晚年回家鄉廣建寺院，住世三百多年，利生事業無數。一生著述有《顯句論》、《入中論》、《四百論釋》等權威的中觀論疏和密教論典。對於作者是否是龍樹菩薩親傳弟子，歷來雖有各種說法，然在作者所著的《密集根本續釋明燈論》中，自述為龍樹菩薩親傳弟子；阿底峽尊者所著的《入二諦論》中，也說此師是龍樹菩薩親傳弟子。此論所引經文，未明示是何經，才旦夏茸大師認為此經沒有譯成藏文，賈曹傑大師則認為引文出自《三十四本生傳》，經查傳中確有類似頌文。參見《師師相承傳》中文冊上，頁162；藏文冊上，頁214；《才旦夏茸至尊無畏勝正理慧文集》冊9，頁261（才旦夏茸著，北京：民族出版社，2007。以下簡稱《才旦夏茸文集》）；《丹珠爾》對勘本冊94，頁309；《東噶辭典》，頁1838。引文見《丹珠爾》對勘本冊60，頁1014。

❻《破四倒論》亦云　《破四倒論》，書翰部論典，全名《四顛倒斷捨譚》，共32偈，馬鳴菩薩著，尚無漢譯。馬鳴菩薩為了斷除有情的「常、樂、我、淨」四種顛倒，策發出離心，而造此論闡述死無常等法類。引文見《丹珠爾》對勘本冊96，頁525。

❼亟奔馳走　極限式地、迅速地奔跑急馳。亟，音「及」，極的古體，除了極限、極至之外的涵義，也有快速、迅速、急迫之意。

[巴]第三因相思於生時亦無閒暇修行妙法，決定死者：謂縱能至如前所說❶爾許長邊，然亦不應執為有暇。謂無義中，先已耗去眾多壽量，於所餘存[1]，亦由睡眠分半度遷❷。又因其餘散亂虛度多時❸，少壯遷謝至衰耄❹時，身心力退，雖欲行法，然亦無有勤修之力，故能修法時實為少許。《入胎經》云❺：「[巴]縱然以人壽百歲計，**此**[巴]百年中，[巴]每日各有晝夜二分，其中**半**數[巴]夜分**為睡**[巴]映蔽覆蓋過五十年。上半生中，出生直至**十年**[巴]之間，頑稚[巴]時期，身心不能正住。八十以往至大限之**念年**❻，衰老[巴]不堪作為。如是去八十年，餘二十載❼，又因捨離財眷等，意愁、[巴]口嘆、[巴]身苦、[巴]與他不睦之**憂及諸恚惱亦能斷滅**[巴]多時，從[巴]自身所生多[巴]種百[巴]般疾病，其類非一亦能斷滅。[巴]其所餘者，又因憒鬧❽、散亂、雜話等事，非理作意眾妄分別之所斷滅，決定修法之時鮮矣！」《破四倒論》亦云❾：「**此**[巴]人壽百歲之時**諸人**，壽極久僅百歲，**此復**[巴]其中初[巴]十年頑，[巴]又後[巴]二十年老徒銷耗，[巴]百年之半五十年者[2]，為

睡^巴所斷，其所餘者，又為病、^巴煩亂等^巴盡摧^巴欲求修法之意，令^巴此生**無可修**^巴**法之時，**^巴是故，生於由身心**住樂**^巴之門，而得修法之**人中眾生**，**壽餘幾**^巴許？毫許亦無也。」伽喀巴❿亦云：「**六十年中，除去飽食暖衣**⓫**睡****眠疾病，餘能修法，尚無五載。」**

第三種原因，思惟必定會死亡，而且活著的時候也沒有空閒修法：縱使能活到上述的最長年限，也不應認為有閒暇，因為之前已經無義地空耗大量壽命，剩餘的也在睡眠中虛度一半，另外又會因為其他散亂因緣而空過許多歲月。年華消逝，到了衰老的階段，體力心力都已衰頹，即便想要修法，也已無力修持，因此能夠修法的時光寥寥無幾。《入胎經》中說：「即使有人能活到百歲，但**在這一百年之間**，每天都分為晝夜兩階段，佔了其中一半的夜晚，都**被睡眠覆蓋**而過了五十年。前半生，從出生起十年之內**是幼兒**時期，身心都還不穩定。八十歲以後，最後的二十年是老年而不能再有作為。如此扣除八十年後，所剩的二十年中，又由於喪失財富、親眷等，其內心的**哀愁**、言語中的悲嘆、**身體的痛苦**，以及與他人不和睦的**煩憂與恚惱**，也會扣除許多時光；由於從自己的**身體**產生的**數百種**各式各類**疾病**，也會扣除。剩下的時間，又被喧鬧、散漫、閒話等，以及許多非理作意的妄分別而扣除，確定能夠修法的時間，其實所剩無幾！」《破四倒論》也提到：「在這個人壽百歲的時期之中，人們的壽命最長也僅止於百年。其中因為最初十年是幼兒，最後二十年則衰老而毫無意義。一百年之間，佔其中半數的五十年，**由於睡眠**而扣除；剩餘的光陰，又由於**疾病與煩亂**等，以致內心想修法的願望被徹底摧毀，這一生沒有修法的時間。因此，投生到由於身心**處於安樂**而得以修法的人道中的眾生，剩餘的壽命還能有多少？一點都沒有了！」伽喀巴大師也曾說：「六十年之中，扣除進食著衣、睡眠與病痛，剩餘能趣向正法的時間，連五年都不到。」

[1]「於所餘存」 果芒本原作「所餘存」，青海本《廣論》、拉寺本、雪本、哲霍本、法尊法師譯文作「於所餘存」。按，此處果芒本應脫「於」字，故依他本改之。

[2]「^⑫百年之半五十年者」 哲霍本作「^⑫百年半五十年者」，脫「之」字。

❶ 如前所說 即前引《入胎經》所說「長至存活百年或稍逾之」一句。

❷ 由睡眠分半度遣 指一生時間由於睡眠而虛度過一半。

❸ 又因其餘散亂虛度多時 法尊法師原譯作「又因散亂徒銷非一」，略嫌費解，故改譯。

❹ 衰耄 衰老。耄，音「帽」，原指年八十歲以上之老人，此處泛指年老時。

❺ 《入胎經》云 引文唐義淨大師譯《大寶積經·佛說入胎藏會第十四》作：「於此生中睡眠減半，初為嬰兒，次為童子，漸至成長，憂悲患難眾病所逼，無量百苦觸惱其身，難可說盡。」見《大正藏》冊11，頁331；《甘珠爾》對勘本冊41，頁679，然與正文略有不同。

❻ 念年 指二十年。「念」，「廿」之俗稱。

❼ 餘二十載 依上述推算方式，應為餘三十五載。

❽ 憒鬧 混亂喧鬧。

❾ 《破四倒論》亦云 引文見《丹珠爾》對勘本冊96，頁526。

❿ 伽喀巴 噶當教典派傳承祖師之一（公元1101～1175），藏語 སྐད་ཀ་བ 音譯，本名智金剛（耶謝多傑·ཡེ་ཤེས་རྡོ་རྗེ），又名切喀巴（འཆད་ཁ་བ）、甲切喀巴（རྒྱ་འཆད་ཁ་བ）。曾依止惹瓊巴（རས་ཆུང་བ）學習密勒日巴（མི་ལ་རས་པ）尊者所傳的教法；追隨嘉裕瓦（རྒྱ་ཡུལ་བ）等噶當格西學習三藏，成為三藏法師，特別善巧四部宗義，並且背誦顯密教典百部。然而心中深處卻認為：「一定另有成佛的道」，因此常感到不安。之後雖然也依止諸多噶當派格西，學習《修心八偈》、《藍色手冊》，但最終於霞惹瓦（ཤ་ར་བ）座前，獲得菩提心教授，而得定解。後於墨竹（མལ་གྲོ）建

切喀寺（ᠨᠠᠴᠣᠷᠠᠣᠨ），住持十一年，教導九百多位僧眾，世壽75歲。著有《修心七義》。弟子有佛子吉布巴（ᠨᠠᠯᠬᠣᠨ）等人。夏日東活佛認為「伽」字義為墳地，由於此師常於墳地修習死無常，所以稱為伽喀巴。參見《師師相承傳》中文冊上，頁376；藏文冊上，頁426；《夏日東文集》冊1，頁161。

❶ 飽食暖衣 法尊法師原譯作「身腹」，蓋取藏文ᠨᠣ（腹）ᠳᠣᠨ（背）直譯，而實指衣食。以著衣暖背，飲食裹腹，故稱衣食為身腹。今取其義改譯。

◎由此三因相故，決斷須當修法者[1]：如是現法一切圓滿，於臨死時，唯成念境，如醒覺後，念一夢中所受安樂。若死怨敵定當到來，無能遮止，何故愛著現法欺誑？如是思已，多起誓願，決斷必須修行正法。如《本生論》◎第三十二品·厭離鐵家本生》所說❶，◎昔佛薄伽梵於印度中生為大國王時，國中有大節慶，名姑姆達❷饗宴，亦請王子赴會。王子宿昔多生修習厭離心故，無心遊賞，內遮散亂，如是觀察，◎王子心厭而嘆[2]：「(一)嗟呼！世間惑◎或苦眾，◎此喚自之隨眾也。(三)如是盛況[3]匪堅◎且無常故，(二)我於此良景[4]不可◎欣喜，◎其因相者，(四)以今此姑姆達會◎或歡慶，亦當◎夜中人散，但餘荒涼空場，今日此狀，徒成念境❸。◎故諸眾生住於◎下述如是◎實性❹，◎爾等眾生無畏◎此等乃極希有！◎至極非理，謂意感羞惡也。若爾，眾生住於何等相中[5]？死主◎盡諸方面自斷一切◎所行之[6]道，◎是故任往何處皆不得脫；然竟於此全無怖懼，歡樂◎悠游而行，◎實不應理。我等去留不得自主，現有老◎耄疾病死作害◎之眾多大勢怨敵，無能遮止，◎彼等強加牽引，由此定◎當從此速赴他世苦惱◎怖畏處◎所，誰有心知◎思惟者，思愛此

景！謂不應思也。」聖勇所著《迦尼迦王書》中亦云❺：「無悲愍或仁愛死主，無義或無由殺害具力諸士夫，既知如是現前來殺害，具慧智者誰放逸行？謂不應行也。由此因故，此極勇暴無憫念之死主，死亡猛箭❻但凡射出則無漏失或無脫免者，乃至未射放，當勤行正法而修自利。箭但射出，則無可如是為者矣。」應如是思。終當念云：必有一死，此生虛誑何為？由是決斷定須修法，數立誓願。

由於這三個原因，所以決斷必須修法：既然如此，今生的一切美滿，在臨死時都只能成為回憶，就像睡醒後回憶一場夢中享受的歡樂一般。應當思惟：「如果死亡仇敵無可避免一定會來，為何還要耽戀今生的欺誑？」多次地立誓，決斷必須修行正法。《本生論第三十二品·厭離鐵家本生》中記載，從前佛世尊轉生為一位印度的大國王，當地有一個名為「睡蓮饗宴」的盛大節慶，在他身為王子時，也曾受邀前往參加。由於王子在過去多生中串習厭離，以致無心觀賞。他內心摒除散亂，向內如此觀察，王子心生厭離而悲嘆道：「唉呀！煩惱痛苦的世間人！」這是呼喚自己的侍從。「對於這場盛會，我無法欣喜，原因是這樣的盛況都是無常、不堅固的。因此，即使現在這場睡蓮盛會大慶典，到了晚上，人們紛紛散去後，只會留下一座荒涼空曠的會場，今天發生的這一切，也都只會成為回憶中的境界。因此眾生們處在下述這樣的實況中，你們大家竟然對這些不感到害怕，實在太稀奇了，極為不合理！」王子內心感到羞恥。若想：那麼眾生究竟處在怎樣的處境？「所有通向他處的道路，都被死主親自全面封閉，因此無論走向何處，全都無法逃脫。對此竟然毫無疑慮，非常歡樂而悠然地享受，實在不合理。我們並沒有存活的自由，因為正有著眾多老病死亡損害之敵，力量強大而無法擊退，必定會不情願地被他們牽引，因而一定會迅速地從今生走向來世苦惱可怕的處境。既然如此，內心明白思考的人們，誰會思戀這些場景？不應思戀。」馬鳴菩薩所著《致迦尼迦王書》中也提到：「沒有

悲憫、惻隱之心的死主，即使**沒有目的、沒有理由地**，也會殺害具有能力的士夫。**既然明知這樣的殺戮正在到來，有智慧的智者誰會閒散自處？**不應該這麼做。由於這個緣故，死主他**極為勇猛、不懷寬恕**與悲憫，**放出兇狠死亡之箭**，一旦射出，**絕不失手、無人能夠逃脫，因此在此箭還沒射出以前，都應該修行正法，以致力於自己的利益**。箭一旦射出，就不會有那樣的機會了。」**應該要如此思惟**。最終應當想：「如果死亡一定會這樣來臨，今生的欺誑有什麼意義？」多次地立誓，決斷必須修法。

[1]「**妙**由此三因相故……修法者」 拉寺本無。雪本「修法」作「修衣」，誤。
[2]「**巴**王子心厭而嘆」 哲霍本無「**巴**」。　　[3]「**巴**此喚自之……盛況」 原果芒本未標作者，今依拉寺本補之。　　[4]「**巴**且無常故……良景」 原果芒本未標作者，今依拉寺本補之。　　[5]「**巴**至極非理……何等相中」 原果芒本未標作者，今依拉寺本補之。　　[6]「**巴**所行之」 原果芒本未標作者，今依拉寺本補之。

❶ **如《本生論》所說**　法尊法師原譯作「如《本生論》所說而思」。此處思惟內容應包含《本生論》及《迦尼迦書》，故刪「而思」而在《迦尼迦書》引文之後補上「應如是思」。引文見《丹珠爾》對勘本冊94，頁307。
❷ **姑姆達**　梵語Kumuda音譯，義為睡蓮，又名君陀花。月出則開，日出則合。夏日東活佛認為姑姆達即白蓮花或白色鄔波羅花。參見《夏日東文集》冊1，頁290。
❸ **念境**　回憶的內容。
❹ **實性**　一般通指諸法的真相，此處特指世間無常的特性。
❺ **《迦尼迦書》中亦云**　《迦尼迦書》，書翰部論典，全名《呈大王迦膩色書翰》，又名《致迦尼迦書》，共1卷，馬鳴菩薩著，尚無漢譯。迦尼迦王，即迦膩色迦王（Kaniṣka），是《文殊根本續》中所授記的喀什米爾大王。此王於如來

滅度四百年後即位，用武力征服鄰邦，建立健馱邏國（Gandhāra）。後皈依佛門、廣造佛塔，極力護持佛教，有阿育王（Aśoka）第二之稱。漢傳典籍中記載此王在喀什米爾迎請世友菩薩（Vasumitra）、脅尊者（Pārśva）等五百聖者，纂輯三藏，並加以編述註釋，共三十萬頌，九百多萬言，歷時十二年方始完成。其中一部分就是《大毘婆沙論》，屬於說一切有部的一部重要的巨著，我國有新舊兩種譯本，史稱此為第四次集結。此書信為大王想迎請馬鳴菩薩，而菩薩年事已高，不堪遠行，所以回寄此信，勸大王應精勤修善。參見《大正藏》冊51，頁886；《新譯大唐西域記》，頁101、156；《洛桑諾布文集》冊2，頁358。引文見《丹珠爾》對勘本冊96，頁712。

❻無漏失　法尊法師原譯作「無錯謬」，藏文中འཆོར意為「漏失」，與「錯謬」的藏文འཁྲུལ形音似而義有別，故依藏文改譯。

第二、思惟死無定期者，^妙分三：第一、須日日發念死之心者^[1]：謂今日已後，百年以前，其死已定，然此中間，何日而來，亦無定期。即如今日，謂死不死，俱不決定，然心應執死亡方面，須發今日定死之心；以念今日決定不死，或多分不死❶，其心則執不死方面，便專籌備久住現法，不能籌備後世之事，於此中間為死所執，須帶憂悔而沒亡故。若日日中籌備死事，則多成辦他世義利，縱不即死，造作此事亦為善哉；若即死者，則此尤其是所必須。譬如自有能作猛利損害大敵，從此時期至彼時期，知其必至，然未了知何日到來，須日日中作其防慎。若日日中，能起是念：今日必死；下至能念：多分是死，則能

修作所當趣赴後世義利，不更籌備住現世間。若未生起如此意樂，於現世間見能久住，便籌備此，而不修作後世義利。譬如若念久住一處，則計設備住彼所須；若念不住當他往者，則當備作所趣之事，故日日中定須發起必死之心。

第二科、思惟無法斷定何時死亡，分為三科：第一科、必須日日生起憶念死亡之心：從今天起百年之內，死亡必定會來臨，而在這之間，無法斷定是在哪一天到來。因此，就像今日雖然無法斷定會不會死，但是內心應當執取會死那一方面，生起「今日會死」的心。因為如果心想「今天不會死」或「多半不會死」，內心執取不死那一方面，就會準備安住於今生，而不會籌劃來世。一旦中途被死主擒獲，勢必滿懷憂苦地死去。如果每天都為死亡作準備，就能成辦眾多來世的利益，所以即使沒有死去，這麼做也非常好；如果死去了，就尤其需要這麼做。譬如斷定從某時到某時之間，某個能殘酷地傷害自己的大敵必定會到來，卻無法肯定哪一天來臨，勢必每天都要小心提防一般。如果日日都想著「今天會死」，或者至少心想「今天多半會死」，就會去經營所要前往的後世的利益，而不會準備安住於今生。如果沒有生起這樣的想法，看到將安住於今生，便會為此作準備，不會經營後世的利益。就像如果心想要長期定居一處，就會為住在那裡作準備；如果想著：「不在此居住，要去其他地方。」則會籌劃前往該處一樣。所以，每一天都必須生起認為會死的心。

❶多分不死　大概不會死。多分，大概、可能。

^巴第二根本思惟死無定期中，^妙第二、正說因相^[1]，**此中分三^巴因相：思贍部洲❶壽無定者^巴為一因相：總之俱盧❷壽量決定**，諸餘處者各各於自能住壽量雖無決定，然亦多數能得定限。贍部洲壽極無定準，劫初壽數經無量年❸，今後須以滿十歲為壽長際❹；即於現在老、幼、中年，於何時死皆無定故。如是亦如《俱舍論》云❺：「^巴北俱盧千歲，二洲半半減。」謂北俱盧洲壽千歲，西牛貨洲❻五百歲，東勝身洲❼二百五十歲，壽量大抵皆有定數；而「**此^巴南贍部洲中壽無定，末十初無量。**」《集法句·^巴無常品》云❽：「^巴今上日見多人，^巴其中下日有不見^巴者，^巴今^[2]下日多見者^巴中，^巴翌日上日有不見，^巴故非決定。」又云❾：「**若眾多男女**^巴老少，非唯如是，即**強壯亦**^巴隨其所應，或有或無定序而^[3]**歿亡**，^巴是故^[4]**何能保**^巴其中**此人**，^巴因**尚幼**^巴小故，猶**能**^巴**不死定活**^巴之理？應無此理。^語此因緣者，謂有二男子，形貌俊美，為波斯匿

王妃侍從，王恚而殺之，燒其室家，孕婦等女、祖輩耆老亦皆並死。佛聞此事遂作是言：其因相者，一類補特伽羅於母胎中死，如是有於產地即死，又有始能爬而死，亦有方能行走便死，補特伽羅有老有幼稚，亦有中年人，或無定序而死。或有定序依年長次序漸次當趣死沒。此因緣者，謂世尊為眾比丘圍繞，行至林中，見樹果墮，遂說：「諸比丘眾，命無保信」等偈[5]。亦有猶如依熟次第，樹果墮[6][10]地者故。」應當作意所見所聞，若諸尊重或友伴等，壽未究竟，忽由內外死緣未滿心願而死。念我亦定是如是法，應數思惟，應令發生必死之心。

第二項根本、思惟無法斷定何時死亡，第二科、正說原因，其中分為三種原因：思惟南贍部洲的壽命沒有定限，是一種原因：一般而言，北俱盧洲的壽命是固定的，其他洲雖然無法確保能活到各自的壽限，但是大多數都能固定；而南贍部洲的壽命則最不固定，因為最初壽命也曾長達無量歲，之後卻有必須以年滿十歲為壽命上限的時候；現今也能看到，老、幼、中年哪個階段會死，都無法斷定。這樣的情形也如《俱舍論》中所說：「北俱盧洲人壽千年，在其他兩洲是一半一半地遞減。」這是指北俱盧洲人的壽命長達千年，西牛貨洲人的壽命是五百歲，東勝身洲人的壽命是二百五十歲，這個壽數大致上是固定的；然而「**在此**南贍部洲之中就沒有固定，最後只有十歲，最初則長達無量歲。」《集法句·無常品》中說：「在今天上午看到的很多人當中，有些下午就看不到了；在今天下午看到的很多人當中，有些在明天早上就看不到了，因此是不確定的。」又說道：「如果眾多男女老幼，不僅如此，即使連年輕力壯的人都視情況而或有或無固定順序地過世了，那麼既然如此，在這之中如何能說：『因為**此人年紀尚輕**，所以還不會死。』就有把握一定能存活？應當是沒有

把握的。」這一段的緣由，是曾有兩名相貌出眾的男子，擔任波斯匿王的王妃侍從。國王盛怒處死這兩人，放火燒毀他們的住宅。包含孕婦在內的婦女，以及年老的父祖長輩都一併身亡。世尊聽到這個消息，說道：「原因是**有一些**補特伽羅**在母胎中就已身亡，同樣地，有些在剛出生之地**就過世，又**有些才剛會爬行**就過世，相同地，**有些才剛會行走便亡故**；**有些**補特伽羅**是年老，有些是稚齡，**有些人正當盛年，這些人都沒有固定順序而死亡。也有一些是次序固定地依長幼順序而**依次地離世**死亡。這一段的緣由，是世尊在比丘眾的圍繞下走進樹林時，看到果實從樹上掉下而說道：「比丘們！壽命是不可憑信的」這一偈頌。**就如同樹木的果實**，也有依**成熟**的先後順序**而墜落**於地。」應當作意看過或聽過的，上師或友伴等還沒活到壽限，忽然由於內在與外在的死亡因緣，尚未完成心願便過世的情況，應當一再地思惟：「我也一定會是這樣的情形。」盡力生起會死之心。

[1]「^妙第二正說因相」 拉寺本無。　[2]「^巴者，^巴今」 原果芒本未標作者，今依拉寺本補之。　[3]「^巴隨其所應，或有或無定序而」 哲霍本作「^巴隨其所應，或無定序而」，脫「或有」。　[4]「^巴是故」 拉寺本無。　[5]「^巴此因緣者……等偈」 拉寺本作語註。　[6]「^巴次第，樹果墮」 果芒本原作「^巴次第，^語樹果墮」，拉寺本作「^巴次第，樹果墮」。按，依各註風格，此註作巴註為宜，故依拉寺本改之。

❶ 贍部洲　四大洲之一，梵語Jambudvīpa音譯，又名閻浮提洲、剡浮洲。《俱舍論》認為：須彌山在世界正中，東西南北各有一大洲，贍部洲在南方，洲形如馬車，鄰近須彌山的那面與左右兩面皆各二千由旬，另一面有三點五由旬。《瑜伽師地論》則說贍部洲形如車箱。由於洲上有一大樹在無熱惱池右岸，果實纍纍，味道甘美，成熟時落入池中，發出贍部之聲，所以名為贍部樹。贍部洲因有此樹，故名贍部洲。參見《大正藏》冊29，頁57；冊30，頁286、287；《俱舍辨析》，頁373（遍智妙音笑金剛著，印度：果芒圖書館，2002）。

❷俱盧　四大洲之一，梵語kuru音譯，又名拘盧洲、鳩樓洲。《俱舍論》認為：俱盧洲在須彌山的北方，洲形四方，四面各有二千由旬。俱盧直譯為惡聲，由於此洲的人在死前七天時，天空會傳來「你將要死了」的惡聲，故名惡聲洲。參見《大正藏》冊29，頁57；冊30，頁287；冊54，頁314；《俱舍辨析》，頁374。

❸劫初壽數經無量年　《俱舍論》認為成劫時，外在的器世界與內在的情世界漸漸形成，當時出現的有情壽量是無量年，下文所引《俱舍論》即是此意。參見《大正藏》冊29，頁62；《俱舍辨析》，頁447。

❹今後須以滿十歲為壽長際　《俱舍論》將住劫分為二十中劫，其中第一中劫，是從人壽無量歲向下減的一個時期，直至減到人壽十歲為止。此後經過十八次增減，每一次增減時，從人壽十歲漸漸增加到人壽八萬歲，再從人壽八萬歲漸漸減到人壽十歲。第二十中劫時，從人壽十歲，漸漸增加到人壽八萬歲。上述二十中劫的總合，即是住劫。其中第一中劫與第二十中劫只有減或增；中間十八中劫的每一中劫皆包含增減。在前十九個中劫中，最後都會減至人壽十歲，所以此處才說「今後須以滿十歲為壽長際」，下文所引《俱舍論》即是此意。參見《大正藏》冊29，頁62；《俱舍辨析》，頁434。

❺《俱舍論》云　《俱舍論》，阿毗達磨部論典，又名《阿毘達磨俱舍論本頌》，共8品，世親菩薩著。漢譯本有陳真諦三藏譯《阿毘達磨俱舍釋論》22卷；唐玄奘大師譯《阿毘達磨俱舍論本頌》1卷，共二種。世親菩薩，無著菩薩的主要弟子與胞弟（約公元5世紀），又名婆藪槃豆、伐蘇畔度。菩薩出生婆羅門家族，年少依母命出家，不久即博通三藏，為窮究一切學說，往喀什米爾依止眾賢阿闍黎（Samghabhadra），成為著名的小乘學者，然而不承認大乘為佛說。曾見兄長無著菩薩所造的大乘論，不相信是從慈氏所學，並且毀謗大乘學說。無著菩薩為破除其邪執，刻意派遣比丘在其住處旁早晚誦唸《無盡慧經》、《十地經》，世親菩薩一聽即了知其中的涵義，因此對大乘法生起不共信心，所以前往依止無著菩薩。為懺除謗法重罪，註釋五十種大乘經疏，令許多小乘行者迴小向大。此師因修持秘密主獲得成就，能憶持當時世上所有的佛經。後住持那爛陀寺，每日講說二十座不同的大乘教法。曾經以明咒迅速止息火災、瘟疫，五百次破斥外道，引導他們進入佛教；說法造論時恆常有天人散花、非人貢獻寶藏，成為二勝六莊嚴之一。世壽近百歲。著名的著作有《俱

舍論》、《唯識二十頌》、《唯識三十頌》等。著名弟子有聖解脫軍論師（Ārya Vimuktisenā）、安慧論師（Sthiramati）、陳那菩薩（Dinnāga）、功德光律師（Guṇaprabha）等人。此論是專門解釋小乘部對法的論著，為世親菩薩聽聞《大毘婆沙論》等對法論之後，攝其要義所撰寫。其文精鍊，內容包羅萬象，第一、二品廣泛剖析五蘊、十二處、十八界。第三品抉擇苦諦，說明情器世間等形成方式。第四、五品抉擇集諦，廣泛地解釋業及煩惱所有體性、支分等。第六品抉擇滅道二諦，闡述道之所緣、入道之法、得道行者果位的次第。第七、八品描述透過修行所獲的功德。為格魯派修學五部大論中必讀的教典之一。引文陳真諦三藏譯《阿毘達磨俱舍釋論·分別世間品》作：「北鳩婁千年，於二離半半。」「此不定。」「最後十歲。」「初巨量。」唐玄奘大師譯《阿毘達磨俱舍論本頌·分別世界品》作：「北洲定千年，西東半半減，此洲壽不定，後十初巨量。」參見《大正藏》冊50，頁188；冊51，頁896；《印度佛教史》，頁128；《師師相承傳》中文冊上，頁91；藏文冊上，頁130；《新譯大唐西域記》，頁239；《東噶辭典》，頁1763。引文見《大正藏》冊29，頁218、315；《丹珠爾》對勘本冊79，頁22。

❻西牛貨洲　四大洲之一，梵語Aparagodānīya義譯，又名西瞿陀尼。《俱舍論》認為：牛貨洲在須彌山的西方，洲為圓形，方圓七千五百由旬。由於受用牛與貨物，因此名為牛貨洲。《玄應音義》則解釋道：「瞿」，意指牛；「陀尼」，意指交易。此洲多牛，人民多用以交易，所以稱為牛貨洲。參見《大正藏》冊29，頁57；冊30，頁287；冊45，頁622；《俱舍辨析》，頁374。

❼東勝身洲　四大洲之一。梵語Pūrvavideha義譯，又名東弗婆提洲。《俱舍論》認為：勝身洲在須彌山的東方，洲形半圓，鄰近鐵圍山面有三百五十由旬，其他三面各二千由旬。由於此洲的人身體高出贍部洲人一倍，故名勝身洲。參見《大正藏》冊29，頁57；冊30，頁287；《俱舍辨析》，頁373。

❽《集法句》云　引文姚秦竺佛念譯《出曜經·無常品》作：「晨所覩見，夜則不現，昨所瞻者，今夕則無。」宋天息災譯《法集要頌經·有為品》作：「晨朝覩好事，夜至則不現，昨所瞻視者，今夕則或無。」見《大正藏》冊4，頁612、777；《丹珠爾》對勘本冊83，頁4。

❾又云　引文出自《集法句》。姚秦竺佛念譯《出曜經·無常品》作：「我今少

壯，無所恃怙，少者亦死，男女無數。」「諸老少壯，及中間人，漸漸以次，如菓待熟。」「或有在胎喪，已生在外歿，盛壯不免死，老耄甘心受。」宋天息災譯《法集要頌經・有為品》作：「或有在胎殞，或初誕亦亡，盛壯不免死，老耄甘心受。若老或少年，及與中年者，恆被死來侵，云何不懷怖？命如菓自熟，常恐會零落，生已必有終，誰能免斯者。」此二因緣參見《丹珠爾》對勘本冊83，頁172、175。引文見《大正藏》冊4，頁612、613、777；《丹珠爾》對勘本冊83，頁4。

❿ **猶如熟果墮** 法尊法師原譯作「猶如墮熟果」，為配合箋註，故改譯。

🔟**第二因相思惟死緣極多，活緣少者**：謂於此命有多違害，謂諸有心及諸無心❶，若諸魔屬、人、非人等眾多違害，及旁生類損此身命亦有多種。彼等如何違害之理，如是內中所有諸病[1]及外大種違損之理❷，皆應詳思。復次，自身由四大種成，彼等亦復互相違害，諸大種界若不平等有所增減，能發諸病而奪命根，此諸違害是與自體俱生而有，故於身命無可安保。如是亦如《大涅槃經》云❸：「言死想🔟安立之理者，謂🔟作是念：此🔟自命根，🔟猶如恆有眾多怨敵圍繞，剎那剎那🔟亦漸令衰退，全無一事能使增長。」《寶鬘論》亦云❹：「🔟命安住死緣中，如燈處風內。」《親友書》亦云❺：「若其壽命多損害，較風激泡尤無常，出息入息能從睡中，🔟作有暇醒覺🔟之態最希奇，🔟謂不應理也。」《四百論》亦云❻：「🔟自身是由四大所成，此等復為互損害性，如四宿仇同

置一室。彼等由不至於相害或無能^巴相害故^巴而安住之時，於諸^巴四大種，名為『^巴均等因緣聚合』，而^巴於爾時，方得生^❼起其身康泰、生息安和。^巴然而非可一味保信，以其相制之勢稍不均等，身即不適；極不相衡，便成其身不住因緣。故於^巴如將四宿仇同置一處之諸違^巴或不相順共聚合者說云為樂，一切^巴保信非應理。」現是五濁^❽極濃厚時，修集能感長壽久住大勢妙業極其稀寡；飲食等藥勢力微劣，故皆少有能治病力；諸所受用，安然消後，能長身中諸大種分勢用虧減，故難消化，縱能消已亦無大益；資糧寡集^❾，惡行尤重，念誦等事勢力微劣，故延壽等極屬難事。又諸活緣亦無不能為死緣者，為不死故，求諸飲食房舍伴等，此復由其受用飲食太多、太少及不相宜^❿，房舍倒塌，親友欺侮^⓫，是等門中而成死緣，故實不見有諸活緣非死緣者。復次存活即是趣向於死沒故，活緣雖多，然無可憑。《寶鬘論》云^⓬：「死緣極眾多，活緣唯少許，^巴非唯死緣，即此等^巴活緣，大抵亦^巴轉成死^巴緣[2]，故當常修^巴正法。」

第二種原因、思惟死亡因緣極多，而存活的因緣稀少：對於這個壽命，有多種有心識者與無心識者的損害，如人及非人魔族的種種傷害，以及畜生類對於身軀性命造成的眾多損害。對於他們如何造成侵害的情形，以及內在種種疾病與外在的眾多大種產生損害的情形，也都應

該詳細思惟。另外，自身必須由四大種組成，它們彼此也會相互損害，因此當諸大種界不平衡而有所消長時，就會引發疾病而奪去性命。由於這些損害是與生俱來的，所以身軀性命並沒有保障。這些道理在《大涅槃經》中也說：「所謂確立死亡之想的方式，是應當思惟：『自己的生命就像一直被許多仇敵包圍，每一剎那也都被削弱，卻沒有任何辦法增長。』」

《寶鬘論》也提到：「性命處在死主的因緣裡，宛如狂風中的燭火。」《親友書》中也說：「壽命面臨眾多損害，比被風激起的水泡還更無常。既然如此，在一呼一吸當中，能表現出從睡夢中從容地醒來的樣子，實在太稀奇！不應該如此。」《四百論》也說道：「自己這副軀體是由四大所形成，它們又屬於相剋互損的本性，就像將四個宿敵安置在同一個房內。當它們不互相傷害，或沒有能力彼此傷害而共存時，就是所謂所有四大種平衡因緣的匯聚，那時就會產生身體的健康與良好的生活。但是這也不能完全地憑信，因為只要四大相互制約的狀態稍有不均衡，就會身體不適；當嚴重失衡時，更會造成此身不能安住的因緣。因此，如同將四個宿敵安置在同一處那般，將眾多違逆不相順的事物同時匯集稱之為安樂，任何情況下都是不應該憑信的。」現今是五濁橫流的時代，因此修集能感得長壽久住、力量強大的妙善之業的人極其稀少；飲食等藥物也都效力微弱，導致其治癒疾病的能力不足；種種受用安然消化後，進而能夠滋養身體諸大種，而這樣的能力也都減弱了，因此導致難以順利消化；縱使消化，也收效甚微。資糧微薄無力，惡行極其重大，所以唸誦等力量也都趨於微弱，要延年益壽等極端困難。而許多存活因緣，又無一不能成為死亡因緣，為了免於死亡而尋覓飲食、住宅、友伴等，這些卻也會因為受用了太多、太少或不適當的飲食等，房屋倒塌、被親友欺騙等情況，從而成為死亡的因緣，因此實在看不到有不會成為死亡因緣的存活因緣。另外，存活本身就是要趣向死亡，所以縱使有許多存活因緣，也不可憑信。《寶鬘論》中說：「死亡因緣眾多，存活的因緣只有些許。而且不單只是死亡因緣，即使那些存活因緣，大多數也是會轉變為死亡因緣，所以應當恆常修行正法。」

[1]「內中所有諸病」 哲霍本作「內中所有」，脫「諸病」。　　[2]「^巴緣」哲霍本作語註。

❶ **謂於此命有多違害謂諸有心及諸無心** 指我們的壽命，有許多從有情及非有情所產生的損害。

❷ **外大種違損之理** 外在四大損害的情形，譬如火災或水災等造成損害。外大種，即外在的地大、水大、火大、風大。由於地、水、火、風是其他色法的所依、周遍寬廣、形相廣大、發揮種種極大作用，故名大種。

❸ **《大涅槃經》云** 引文北涼曇無讖譯《大般涅槃經·迦葉菩薩品》作：「次修死想觀：是壽命常為無量怨讎所遶，念念損減無有增長。」見《大正藏》冊12，頁589；《甘珠爾》對勘本冊53，頁625。

❹ **《寶鬘論》亦云** 《寶鬘論》，書翰部論典、中觀理聚六論之一，全名《王譚寶鬘》，共1卷，5品，龍樹菩薩著。漢譯本有陳真諦三藏譯《寶行王正論》1卷。龍樹，又名龍猛，梵語Nāgārjuna（ནཱ་ག་རྫུ་ན）義譯，音譯為拿嘎周那。拿嘎譯為龍，周那全名阿周那（Arjuna），譯為成政（སེད་སྒྲུབ）。阿周那，印度神話中的核心人物。其父為般度王，娶貢提國公主普利塔，或稱貢蒂。夫妻二人祈禱天神，恪遵教義，嚴修苦行，以求天神賜子，於是相繼召來正法神、風神、天帝釋而賜予三子，阿周那為天帝釋所賜，故名帝釋之子。武藝超群，箭術第一，破敵制勝，擁立兄長堅戰即位，並鞏固王權，而成印度神話中的猛將。如同龍住海中，具足三種特性：擁有寶庫收藏如意寶、口噴毒火焚燒乾薪，以及為他照明。龍樹菩薩心中亦有斷除二邊證悟空性的寶庫、焚燒一切惡見乾薪、盡除心中無明黑暗，故名龍。如月稱菩薩所造《明顯句論》云：「尊於二邊顯正道，得生大覺智慧海，實證法庫甚深處，以大悲心闡其意。尊以正見熾烈火，焚燒於今猶未除，異端教義諸乾薪，摧此世間意愚暗。」又，龍樹菩薩也具有擁護

法政，破除輪迴敵軍的功德，猶如帝釋之子，擁立王政，調伏敵方的特性，故名阿周那。如《明顯句論》云：「人天所化世界中，尊著離二理聚論，善詮勝出三界法，無餘摧滅三有敵，於彼龍猛敬頂禮。」而法藏大師《十二門論宗致義記》也記載：「近問大原三藏云：西國俗盡說，前代有猛壯之人，名阿順那。翻為猛者，但指彼人，非正譯其名。」至於譯作龍樹的原因，鳩摩羅什大師所譯《龍樹菩薩傳》中說：「其母樹下生之，因字阿周陀那，阿周陀那樹名也。以龍成其道，故以龍配字，號曰龍樹也。」法藏大師《十二門論宗致義記》也說：「又西國有一色樹，亦名阿順那。此菩薩在樹下生，因名阿順那。是故翻為樹者，亦指彼樹，非正翻名。阿順那雖俱無正翻，就義指事，樹得人失。以於樹下而生，龍宮悟道。故云龍樹。」又龍樹藏語為「魯竹」（ཀླུ་སྒྲུབ），「魯」為龍，「竹」為成就、成立、樹立等義。永津智幢大師（ཡོངས་འཛིན་ཡེ་ཤེས་རྒྱལ་མཚན）認為：由於此師從龍宮取回龍泥塑造一千萬座佛塔，及請回《大般若經十萬頌》，所以世人皆尊稱為「魯竹」（ཀླུ་སྒྲུབ）。而布敦大師則將「周那」一詞，解為樹立政權（司竹·སྲིད་སྒྲུབ），所以龍樹的藏語為「魯竹」，「魯」為龍，「竹」為樹立法政。本論為龍樹菩薩寫給樂行賢王的書信，主要闡述深見派的見地與行持。引文陳真諦三藏譯《寶行王正論·正教王品》作：「亦常在死緣，譬如風中燈。」參見《大正藏》冊50，頁185；冊42，頁219；《佛教史大寶藏論》，頁164（布敦大師著，郭和卿譯，台北市：福智之聲出版社，2003）；《師師相承傳》中文冊上，頁150；藏文冊上，頁204；《摩訶婆羅多》（毗耶娑著，黃寶生譯，北京：中國社會科學出版社，2005）；《大宗義》，頁370（妙音笑大師著，印度：果芒圖書館，2000）；《貢德大辭典》冊4，頁399。引文見《大正藏》冊32，頁500；《丹珠爾》對勘本冊96，頁317。

❺ **《親友書》亦云** 《親友書》，書翰部論典，又名《密友書》，共1卷，龍樹菩薩著。漢譯本有劉宋求那跋摩譯《龍樹菩薩為禪陀迦王說法要偈》1卷；劉宋僧伽跋摩譯《勸發諸王要偈》1卷；唐義淨大師譯《龍樹菩薩勸誡王頌》1卷，共三種。此書是龍樹菩薩寄與樂行賢王的書信，大意是勸大王敬奉三寶、孝敬父母、捨惡取善、觀修不淨、廣說三惡趣苦及人天善妙等等。引文求那跋摩譯《龍樹菩薩為禪陀迦王說法要偈》作：「人命短促不久留，如水上泡起尋滅，出息入息眠睡間，念念恆謝常衰滅。」僧伽跋摩譯《勸發諸王要偈》作：「身命

極浮脆，喻風吹水泡，夢覺難可保，出息無必旋。」義淨大師譯《龍樹菩薩勸誡王頌》作：「壽命多災厄，如風吹水泡，若得瞬息停，臥起成希有。」參見《大正藏》冊54，頁227。引文見《大正藏》冊32，頁746、749、752；《丹珠爾》對勘本冊96，頁675。

❻ 《四百論》亦云　引文法尊法師譯《中觀四百論·明破樂執方便品》作：「無能諸大種，和合說名生，相違說為樂，畢竟不應理。」見《四百論解》，頁35；《丹珠爾》對勘本冊57，頁787。

❼ 無能故諸種名聚合而生　法尊法師原譯作「無能諸大種，生起說名身」。身，藏文意為「聚合」，古文多以「身」表達聚合之意，如名身、句身等。今為配合箋註，故改譯。

❽ 五濁　壽濁、有情濁、煩惱濁、見濁、劫濁。《瑜伽師地論》云：「謂依五濁：一者壽濁、二者有情濁、三者煩惱濁、四者見濁、五者劫濁。如於今時人壽短促，極長壽者不過百年，昔時不爾，是名壽濁。如於今時有情多分不識父母，不識沙門若婆羅門，不識家長、可尊敬者、作義利者、作所作者，於今世罪及後世罪不見怖畏，不修惠施不作福業，不受齋法不受淨戒，昔時不爾，是名有情濁。如於今時有情多分習非法貪、不平等貪，執持刀劍、執持器仗、鬥訟諍競、多行諂誑、詐偽妄語、攝受邪法，有無量種惡不善法現可了知，昔時不爾，是名煩惱濁。如於今時有情多分為壞正法、為滅正法，造立眾多像似正法，虛妄推求邪法邪義以為先故，昔時不爾，是名見濁。如於今時漸次趣入饑饉中劫，現有眾多饑饉可得；漸次趣入疫病中劫，現有眾多疫病可得；漸次趣入刀兵中劫，現有眾多互相殘害刀兵可得，昔時不爾，是名劫濁。」《阿毘達磨俱舍論》云：「言五濁者：一壽濁、二劫濁、三煩惱濁、四見濁、五有情濁。劫減將末，壽等鄙下如滓穢故，說名為濁。由前二濁，如其次第壽命、資具極被衰損。由次二濁善品衰損，以耽欲樂自苦行故，或損在家、出家善故。由後一濁衰損自身，謂壞自身身量色力念智勤勇及無病故。」參見《大正藏》冊30，頁538；冊29，頁64。

❾ 資糧寡集　藏文原意為「資糧力微」。

❿ 及不相宜　藏文原意為「不相宜等」。

⓫ 欺侮　藏文意為欺騙。

⑫《寶鬘論》云 引文陳真諦三藏譯《寶行王正論·菩提資糧品》作：「死緣百一種，壽命因不多，此因或死緣，故恆應修善。」見《大正藏》冊32，頁499；《丹珠爾》對勘本冊96，頁313。

㉣第三因相思惟其身極微弱，故死無定期者：身如水沫，至極微劣，無須大損，即如肇因於芒刺所傷❶，且能壞命，故由一切死緣違害，是極易事。《親友書》云❷：「㉣劫壞❸之時，七日❹並出，㉣光芒燃燒㉣之力，令廣博大地，須彌㉣山王[1]❺、外圍大海❻㉣等諸現似堅牢有身❼，㉣最終尚無灰塵得餘留，㉣何況諸至極微弱人㉣之身。」㊙第三、決斷當下即應修法者[2]：如是思後，不見死主何時決定壞其身命，莫謂有暇，應多立誓，決從現在而修正法。如《迦尼迦書》云❽：「㉣此死主於誰悉皆無親㉣無愛[3]，㉣故亦無所羇緣❾ 說情，又復不知何時當來，忽爾而降臨，㉣心中莫想㉣今不修法，明㉣或後㉣日方行，㉣從今即應㉣猛力精進勵❿ 修正法。謂『明㉣方修彼㉣法，今㉣且作此㉣餘事[4]』，是說貽誤㉣諸人⓫，㉣以若如是為之，則於『明日修法』之推托中[5]，汝當何日無㉣有，㉣或其㉣死歿之明日㉣間，定有㉣一餘存者⓬ 故。」瑜伽自在〔吉祥勝逝友慶喜，㉣師說此即是大成就者米札佐季[6]。〕亦云⓭：「㉣彼喚國主⓮㉣而言曰：如得四大所借身，㉣而今[7]無病衰樂住，爾時㉣應將此身取堅實⓯，㉣須令於病死衰無畏，㉣若待病老

衰等^巴覆蔽之時，雖念^巴應取心要，然已不能修故，爾時何^巴亦無所^巴可為^⑯^巴矣。」三根本中極重要者^⑰，厥由思惟死無定期能變其心，故應勵修。^巴終當念云：由是死期不決定故，應多立誓決斷：當下即應修法。

第三種原因、**思惟身軀極度脆弱，所以無法斷定何時死亡**：身體就像水泡一般極度脆弱，因此無需重大的損害，即使肇因於被剌扎傷的損害，也能夠致命，因此要被所有死亡因緣摧毀，是極容易的事。《親友書》中說：「當整個劫毀滅時，在七輪太陽的光焰熾烈地焚燒的威力下，即使是廣闊的大地、須彌山王以及外圍大海等，這些看似無比堅固的物體最後會被燒得連灰燼都不剩，何況是極度脆弱的人身呢？」第三科、**決斷必須即刻起修行正法**：如此思惟之後，最後看不到死主何時確定會摧毀身軀性命，因此不應認為還有閒暇，應該多次立誓，決斷從現在起就要修行正法。如同《致迦尼迦書》中說：「這個死主對誰都不親密不友愛，所以也無從託人求情。而且在不知它何時要來的情況下，忽然就會降臨。因此心中不要想今天先不修法，留待明後天以後再修，而是從現在起就應該精進勇猛地勤修正法。說『那個法等明天再修，今天先做另外這件事』，這樣的說法，實在是貽害眾人。因為如果這麼做，那麼在心想『此法明天再修』的拖延之中，直到何時你會消失死亡的那個明天，在這之間，必定會出現僅剩的那件事。」〔瑜伽自在吉祥勝逝友慶喜，上師說這位便是大成就者米札佐季。〕也曾喚道：「國王！」接著說：「如同獲得向四大種借來的身體，現在正是無病、沒有衰退、安樂而處的時刻，必須要從這個身體中求取心要，以做到不再懼怕疾病、死亡與衰敗；一旦遭到疾病、年老與衰敗等所壓制，縱然心想『必須求取心要』，但已無法修行，那時什麼都不能做了。」三項根本當中，又以思惟無法斷定何時死亡來轉變內心為最重要，所以應當努力。在這之後，最終應當想：「因此，何時死亡是無法斷定的。」因而多次地立誓而決斷道：「即刻起就要修法！」

[1]「 ^巴山王」 原果芒本未標作者，今依拉寺本補之。 [2]「 ^妙第三、決斷當下即應修法者」 拉寺本無此註，哲霍本作巴註。 [3]「 ^巴無愛」 原果芒本未標作者，今依拉寺本、雪本、哲霍本補之。拉寺本、雪本、哲霍本作「無費」。按，此處應作「無愛」（མི་མཛའ）方合文義，故「費」（འཛའ）應為「愛」（མཛའ）之訛字。 [4]「明 ^巴方修彼 ^巴法，今 ^巴且作此 ^巴餘事」 此正文果芒本原作「明彼此我作此」，拉寺本似同，雪本、哲霍本作「明彼此作此」，對勘本作「明彼今作此」。按，《四家合註》各本正文難明其義，依巴註所釋，竟與對勘本相符，故改之。 [5]「 ^巴以若如是為之，則於『明日修法』之推托中」 哲霍本作「 ^巴以如是為已，於『明日修法』之推托中」。 [6]「 ^巴師說此即是大成就者米札佐季」 哲霍本作語註。 [7]「今」 哲霍本作「看我」。按，「看我」（ང་ལྟ）乃「今」（ད་ལྟ）形近之訛字。

❶ **即如肇因於芒刺所傷** 法尊法師原譯作「即如名曰芒刺所傷」，藏文བཏགས་易誤解為「取名」、「名為」，而實為肇因、歸咎之意，故改譯。

❷ **《親友書》云** 引文劉宋求那跋摩譯《龍樹菩薩為禪陀迦王說法要偈》作：「須彌巨海及江河，七日並照皆融竭，如此堅固尚摧毀，況復若斯危脆身。」劉宋僧伽跋摩譯《勸發諸王要偈》作：「大地須彌海，七日皆燒然，廓然無遺燼，況復危脆身。」唐義淨大師譯《龍樹菩薩勸誡王頌》作：「大地迷盧海，七日出燒燃，況此極微軀，那不成煨燼。」見《大正藏》冊32，頁746、749、752；《丹珠爾》對勘本冊96，頁676。

❸ **劫壞** 壞劫時世界漸漸毀壞。《俱舍論》將劫分為成劫、住劫、壞劫、空劫。成劫時世界漸漸形成，住劫時世界安住，壞劫時世界由於水、火、風三種災難而漸漸毀壞，空劫時空無所有。壞劫從沒有新的有情投生至無間地獄開始，直到那一劫將壞的外在器世界完全消失為止。其中包含趣的壞劫、界的壞劫、內在情世界的壞劫、外在器世界的壞劫四種。參見《大正藏》冊29，頁62；《俱舍辨析》，頁433。

❹七日　《俱舍論》認為壞劫時天空出現七個太陽，第一個太陽燒毀草木，第二個太陽燒乾泉水，第三個太陽燒乾大小河流，第四個太陽燒乾無熱惱池，第五、第六個太陽燒乾大海，第六、第七個太陽燒毀須彌山，最後起火，將此世界色界初禪以下的外在器世界悉數燒毀。參見《大正藏》冊29，頁62；《俱舍辨析》，頁450、452。

❺須彌山王　梵語sumeruḥ parvatarājā音譯，又名蘇迷盧山、妙高山王等。《俱舍論》認為須彌山王在四大洲及八小洲中間，高度共十六萬由旬，海面下深八萬由旬，海面上高八萬由旬。由四寶所成，東面為銀，南面為吠琉璃，西面為水晶，北面為金。也有說西面為紅蓮寶石。又有東面為紅蓮寶石，西面為銀之說。參見《大正藏》冊29，頁57；《俱舍辨析》，頁367、368。

❻外圍大海　《俱舍論》認為須彌山在世界中間，周圍有七重金山圍繞，須彌山與七重金山彼此之間的大海是內大海；從第七重金山到輪圍山之間，四大洲與八小洲所處的大海是外圍大海。由於是在七重金山之外的大海，故名外圍大海。參見《大正藏》冊29，頁57；《俱舍辨析》，頁373。

❼七日並出燒大地須彌大海諸有身　法尊法師原譯作「七日燃燒諸有身，大地須彌及大海」，為配合箋註，故改譯。有身，此指色法、物體。

❽《迦尼迦書》云　引文見《丹珠爾》對勘本冊96，頁712。

❾夤緣　指攀附關係。夤，音「銀」。

❿勵　法尊法師原譯作「速」，藏文原為精進之古字，故改譯。

⓫明彼今作此是說貽誤人　法尊法師原譯作「此明後作此，是說非賢人」，按箋註之意，前句意為「聲稱『明天再修那個法，今天先做另外這件事』」，後句依藏文之意為「這樣的說法對人不好」，故改譯。

⓬一餘存者　依如月格西解釋，此段意為：如果一直心想「明天再修法就好了」，那麼到死的那一天以前，都會有一件剩下來沒做的事，那件事就是修法。所以「一餘存者」即指修法。

⓭瑜伽自在吉祥勝逝友慶喜亦云　引文出自《致月王書》。《致月王書》，書翰部論典，共52偈半，大成就者米札佐季（生卒年不詳）著，尚無漢譯。作者即《廣論》文中的吉祥勝逝友慶喜，係《米札百法》的作者，生於東印度惹札地區的大城市，依止帝若巴尊者（Tilopa）嫡傳弟子遊戲金剛，修持名為卡沙拉

巴尼（ཁ་མནྱེ）的觀音法門十二年，親見觀音菩薩為他宣講法義。20歲前往竹洲依止德哇札季，得到觀音菩薩授記：「善男子，為了未來有情的利益，請將四部密續的灌頂儀軌匯編為一部著作傳世。」因此造《米札百法》。後為綽普譯師（ཁོ་ཕུ་ལོ་ཙཱ་བ）迎請至西藏，於後藏上區（གཙང་སྟོད）傳法十八個月，並建綽普經堂（ཁོ་ཕུ་གཙུག་ལག་ཁང）及彌勒大佛。此論為作者駐錫西藏時，以書信的方式寄給印度的月王。其大意為勸誡大王應當思惟無常、棄捨現世、斷惡修善、破斥無前後世及執著我為實有的外道邪宗，引導大王恆修正法、希求解脫。參見《東噶辭典》，頁1622。引文見《丹珠爾》對勘本冊96，頁765。

❹ 國主　夏日東活佛與善慧摩尼大師認為：此段係吉祥勝逝友慶喜在西藏時寄予印度月國王之書信，此處所說之國主即月國王。參見《洛桑諾布文集》冊2，頁362；《夏日東文集》冊1，頁295。

❺ 堅實　即心要之義。

❻ 雖念何所為　原作「雖念有何益」，為配合箋註，故改譯。

❼ 極重要者　藏文直譯為「最重要」。

第三[●]根本^[1]、思惟死時除法而外餘皆無益之三[●]因相者：[●]第一因相：如是若見須往他世，爾時親友極大憐愛、愁苦❶而相圍繞，然無一人是可隨去❷；[●]第二因相：盡其所有悅意寶聚，然無塵許可得持往；[●]第三因相：俱生骨肉尚須棄捨，況諸餘法。[●]此三因相者，謂思死時親友無益、資財無益、身無所益三者。[●]由此因故不著現世一切圓滿，決斷修法者^[2]：是故應思：現法一切圓滿皆棄捨我，我亦決定棄捨彼等而赴他世，此復今日或即當死❸。又應思惟爾時唯法是依、是怙、是援救者❹所有道理。《迦尼迦書》

云⑤：「能生^巴此生諸異熟⑥先前^巴之業棄汝已，^巴謂此業力既已圓盡，與^巴其餘能生後世異熟新業相係，^巴與汝同為死主引去，^巴謂引至後世時，當知^巴是理：除^巴自積造善惡^巴二者之業，^巴其餘^巴動與非動來者❼，皆^巴如送者返^巴回自所，^巴彼等之中定無一隨汝去，故應^巴從今不為現世事業所轉，於自善惡取捨無所顛倒而修妙行。」吉祥勝逝友亦云❽：「^巴彼喚天王^巴而言曰：此生汝任何^巴財寶受用等富饒，^巴從此世間身死赴他世時，^巴譬如敵劫於野，^巴汝獨^巴一人，爾時無子無妃，無衣無知友，無〔城❾，^巴謂宮殿也。〕無王位，^巴汝先雖有無量^巴勢^巴力及四部軍^巴眾❿等，然^巴爾時於彼眼^巴無所見、^巴耳無所聞。^巴非唯如是，眾親眷中下至無一^巴仗義之人，顧戀而隨^巴汝往，總之^巴除說：『先前此土亦曾有一如是國王』，亦但留此名稱於世間而逝，當爾^巴國王逝世之時，尚無名諱^巴相隨，何況餘事。」

第三根本、思惟死亡的時候除了正法，其他什麼都沒有幫助的三項原因：第一個原因：當看到必須如此地前往來世，那時親友再怎麼哀傷憐惜地環繞在周圍，卻連一個人也帶不走；第二個原因：縱使擁有再多心愛的寶藏，卻連灰塵大的寶物都拿不走；第三個原因：連與生俱來的骨肉尚且都要拋棄，何況其他。這三個原因是思惟死時親友沒有幫助、財富受用沒有幫助、身體沒有幫助這三者。由於這些原因，所以不再貪戀今生的一切圓滿而決斷要修法：因此應該思惟：今生的一切圓滿也都會捨棄我，我也終將拋棄這些而前往來世，這一刻一定會到來，而且今天就會來臨。並且要思惟，那時只有正法才是依靠、救怙與援助者的道理。《致迦尼迦書》說

道:「在今生**招引異熟果的過去之業捨棄**了你,夙業的勢力已經耗盡時,**與另一個**能招引後世異熟果的**新業相依隨**,你與它一起**被死主牽引**、帶領而走向來世時,要知道以下的道理:**那時除了自己積累的善與惡兩種業以外**,其他所有動與非動的**送別者都將離開**,如同送行者返回自家一般,他們當中任何一個都必然**不會隨你而去**。從現在起,**應當不被任何今生的事務左右**,無顛倒地**善加修行自己對善惡的取捨。**」吉祥勝逝友也曾喚道:「**天王!**」接著說:「今生**無論您的財寶受用等再怎麼富裕**,從今生死去而前往來世時,就如同在荒野中被敵方擊潰,只剩你獨自一人,那時**沒有王子、沒有嬪妃、沒有衣衫、沒有親友、沒有政權、沒有宮殿**。你原先**雖然擁有無量的威力、四個軍種的部隊**等,但是到了那時,你的眼睛看不到他們、耳朵也聽不見。不僅如此,在這麼多眷屬之中,**連一個情深義重、忠誠追隨你的人都沒有**。**總之**,連『以前這個區域出現過這樣一位國王』這樣的名聲,都只能遺留在這個世間而離去,在前往來世的**那時**,連國王你的名號都沒有辦法隨著你,**何況其他?**」

[1]「⑱根本」 雪本、哲霍本作正文,青海本《廣論》、法尊法師原譯正文無「根本」。
[2]「由此因故不著現世一切圓滿,決斷修法者」 拉寺本無,哲霍本作巴註。

❶**極大憐愛愁苦** 法尊法師原譯無「愁苦」,今據藏文補譯。

❷**隨去** 藏文原意為「帶走」。

❸**是故應思現法一切圓滿皆棄捨我我亦決定棄捨彼等而赴他世此復今日或即當死** 法尊法師原譯作「是故現法一切圓滿皆棄捨我,我亦決定棄捨彼等而赴他世。復應思惟:今日或死」,如月格西解釋藏文中「現法一切」等二句也是所應思惟的內容,故改譯。

❹**援救者** 法尊法師原譯作「示究竟」,藏文義為援救者、援軍、救星,故改譯。

❺《迦尼迦書》云　引文見《丹珠爾》對勘本冊96，頁713。

❻異熟　有情相續中，從有漏善因或不善因所出生的無覆無記的果，稱為異熟，又名異熟果。異熟需要具足三個條件：第一、體性無覆無記；第二、有情相續所攝；第三、從有漏善或不善出生。

❼動與非動來者　「動」指親眷等有情，「非動」指財產。「來者」，法尊法師原譯作「眾生」，依此箋註則不能解釋為眾生，如月格西認為當解作送行者，故改譯。

❽吉祥勝逝友亦云　引文出自《致月王書》。見《丹珠爾》對勘本冊96，頁767。

❾城　法尊法師原譯作「國」，藏文原意為房舍的敬語，今依箋註改譯。城，此指城堡、宮殿。

❿四部軍眾　古代印度的四種軍隊：步兵、騎兵、車軍、象軍。

如是思惟有暇義大而實難得，及雖難得然極易壞，念其死亡。若不勤修後世以往畢竟安樂，僅於命存引樂除苦者，則諸旁生有大勢力，尤過於人，故須超勝彼等之行。若不爾者，雖得善趣❶，仍同未得[1]。如《入行論》云❷：「^巴不唯人爾，諸畜^巴旁生亦不難辦，為^巴成辦[2]是^巴現世安樂小利故，受^巴惡業^巴之力所逼，^巴或薄福者，壞^巴或虛耗此難得^巴殊妙暇滿^巴依身❸。」^巴此語教誡非為惡業所逼迫者[3]，不應為辦此生安樂，虛耗暇滿。

如上所述而思惟閒暇的意義重大而且極為難得，以及雖然難得，卻又極易喪失，憶念這樣的死亡。如果不去成辦來世以後的究竟安樂，僅就經營未死之間的安樂、消除今生的痛苦而言，畜生反而擁有比人類更強大的能力。所以必須有遠勝於牠們的行為，否則雖然得到善趣身，也像是沒有獲得，因為《入行論》中說：「今生的安樂，不僅是人，連牲口等畜生要辦到也不稀罕、不困難，為了成辦這些微小的利益，被惡業的力量壓迫，或福德微薄的人們，摧毀、浪費了這個圓滿而難得的暇滿所依身。」這段法語，是教誡沒有被惡業壓迫的人，不應為了成辦今生的安樂而空耗暇滿。

[1]「雖得善趣，仍同未得」 果芒本原作「雖得善趣身，仍同未得」，拉寺本、雪本、青海本《廣論》作「雖得善趣之身，仍同未得」，哲霍本作「雖善趣之身，仍同未得」。哲霍本脫「得」字。　　[2]「^巴成辦」 哲霍本無「巴」。　　[3]「^巴此語教誡非為惡業所逼迫者」 果芒本原作「^巴此語教誡非惡業之逼迫者」，拉寺本作「^巴此語教誡非為惡業所逼迫者」。按，依藏文文法，應以拉寺本為是，故改之。

❶**雖得善趣** 藏文於「善趣」之後有「依身」一詞。

❷**《入行論》云** 引文如石法師譯《入菩薩行‧靜慮品》作：「彼利極微薄，雖畜不難得；為彼勤苦眾，竟毀暇滿身。」見《入菩薩行》，頁79；《丹珠爾》對勘本冊61，頁1007。

❸**依身** 藏文直譯為所依。一般而言，所依分為身所依與心所依二種。身所依是指所具有的身軀，例如投生為人則擁有人的身所依，投生為天人則擁有天人的身所依。心所依是指某一個心識作為另一個心識的所依，例如以禪定作為

107

心所依而證悟空性時，禪定是證悟空性的智慧的心所依。此處是指暇滿的身所依，所以譯為依身。

以是此心縱覺難生，然是道基，故應勵力。^巴有法相師懷輕蔑心問[1]格西博朵瓦❶曰：「汝宗光顯成立❷者何？除遣遮破❸者何？」問其破立之義。知其意已，曲答所問，實則開示死無常法：博朵瓦云❹：「除我光榮❺者，即是修習無常[2]。由已了知，定當除去親屬資具等現世一切光榮，獨自無伴徑往他世[3]❻。除法而外，皆無所為，不貪❼現法，始得生起。乃至心中未能生此，是乃遮阻一切法道。」鐸巴亦云❽：「若能兼修積集資糧、淨治罪障，啟禱本尊及諸尊長❾；並發刻勤殷重思惟[4]❿，^巴非如附帶而為。雖覺百年亦不能生，然諸無常不安住故，^巴雖似艱難[5]，終當生起⓫。」於迦瑪巴⓬請求另易所緣境時，重述前法。請其後者，則云後者全未能至⓭。

因此雖然此心較難生起，但由於這是道的基礎，所以必須努力。有一位法相學者，心懷輕蔑地質問善知識博朵瓦什麼是破立的內涵，說道：「你那一派的光顯、成立是什麼？除遣、遮破又是什麼？」博朵瓦大師曉得了他的心態，迂迴地回答他的問題，實際是開示了死無常的法要而說道：「消除我的光榮，就是修行無常，因為知道親眷與財物等今生的一切光榮終究都會消除，沒有同伴、獨自一人直接走向來世。知道之後，心想除了正法以外，什麼都不值得做，不貪戀今生的

心才會生起。這點在心中還沒生起以前，就是阻擋了一切法道。」鐸巴大師也曾說：「如果能兼顧累積資糧、淨除罪障、祈禱本尊與上師；並且堅毅認真地思惟，而不是作為附帶的事去做，那麼縱使覺得經過百年也無法生起，但是有為法不會一成不變的緣故，雖然彷彿相當艱難，終究還是會生起。」有人向迦摩巴大師請求更換所緣境時，大師指示重複修習先前的所緣；請求接下來的法類時，則說接下來的根本還無法生起。

[1]「^巴有法相師懷輕蔑心問」 哲霍本作「^巴有法相師問」，脫「懷輕蔑心」。

[2]「除我光榮者，即是修習無常」 哲霍本作「除我光榮者，即是修習修為無常」。按，依藏文語法，衍一「修為」。　　[3]「逕往他世」 雪本作「特往他世」。按，「特」(ཁྱད)為「逕」(བྱད)之訛字。　　[4]「發刻勤殷重思惟」 哲霍本作「發刻勤殷重思惟已」。　　[5]「^巴雖似艱難」 哲霍本作語註。

❶博朵瓦　噶當教典派開派祖師（公元1027～1105），藏語པོ་ཏོ་བ音譯，本名寶明（仁欽色・རིན་ཆེན་གསལ）。出生於澎玉地區哲區壩塘（འཕན་ཡུལ་སྐྱེས་ཀྱི་བཞི་ཐང）的苯教徒家中。從小就有嚴持戒律、厭捨俗家的習氣，因此在峨・菩提生源（རྔོག་བྱང་ཆུབ་འབྱུང་གནས）和蓮・戒覺（ཀླུན་ཚུལ་བྱང）兩位大德座下出家。剛出家時，曾在阿底峽尊者座前聽聞一次道次第法類。後來到熱振寺（ར་སྒྲེང）依止種敦巴尊者七年，聽受全部道次第的法類，並在熱振寺專修。之後在澎玉上部、嘉峨地區（རྒྱལ་རོང）、哲區的博朵寺（སྐྱས་ཀྱི་པོ་ཏོ་དགོན་པ）等處弘揚佛法。一生不貪世財，清修正道，其一千弟子都效學他專務修行，所以名聲遍及四方，印度當時也都傳頌西藏出現一位大菩薩，徒眾一千人皆能住持聖教。示寂前，應僧眾祈請，上座說完法後，合掌發願說：願作一切有情依怙。放下掌時，即示現圓寂，生往兜率內院，世壽79。主要弟子有朗日塘巴（གླང་རི་ཐང་པ）、霞惹瓦、鐸巴（དོལ་པ）等。參見《師師相承傳》中文冊上，頁321；藏文冊上，頁373；《東噶辭典》，頁1285。

❷光顯成立　此處的「光顯」與下文「除遣」相對而言，所以與「成立」同義。「成立」，即「成立法」，直接證達自己的覺知不須直接否定自己的所遮而證達的法，是成立法的定義。

❸除遣遮破　「除遣」與「遮破」同義。「遮破」，即「遮破法」，直接證達自己的覺知必須直接否定自己的所遮而證達的法，是遮破法的定義。

❹博朵瓦云　引文出自《噶當教授藍色手冊頌釋》。《噶當教授藍色手冊頌釋》，道次第相關論典，共26品，拉止崗巴（ལྷ་འབྲི་སྙང་པ）著，尚無漢譯。拉止崗巴生卒事蹟不詳。此論以諸多祖師語錄、典故闡明《藍色手冊》以依止法為首，貫穿整體道次第的密意。此段引文拉止崗巴在《藍色手冊頌釋》中引述博朵瓦尊者這段話之後，提到：心中沒有生起此段所述的內涵以前，是遮阻一切法道而停滯不前。夏日東活佛進一步闡釋：如果修習暇滿難得及死無常之後，乃至自己心續中沒有生起真實感受以前，無論修持三士道、大小乘任何一法，都是被貪著現世所控制，遮阻一切法道而停滯不前。並在開示《四家合註》時提到：不論是誰，觀察他的行為，就可以知道他有無念死；知道他沒有念死的時候，自然就了解他是何種程度的修行人。參見《夏日東文集》冊6，頁301；冊1，頁299。引文見《藍色手冊本注》，頁167（格西博朵瓦等著，北京：民族出版社，1991。以下簡稱《藍色手冊頌釋》）。

❺除我光榮　除光榮，藏文亦可譯為去除顯現。慧海大師認為「去除顯現」指空性，而此段係前輩藏人請問博朵瓦大師證空性時是否去除顯現？博朵瓦大師不說空性即是無常，而說去除顯現（光榮），即是修習無常。此說與巴梭法王的解法不同。參見《廣論講授筆記》，頁26。

❻徑往他世　法尊法師原譯作「而往他世」，藏文中原有 དུ字，阿嘉永津認為，此詞意指直接、毫不拖延；善慧摩尼大師則認為，此詞意指徑直，故改譯。徑，表示不繞道、不耽擱、直接前往。

❼不貪　法尊法師原譯作「不住」，此詞在藏文中有「不住」及「不貪」二義，如月格西謂此處當解作「不貪」，故改譯。

❽鐸巴亦云　引文出自《藍色手冊頌釋》。鐸巴，噶當教典派格西之一（公元1059～1131），藏語དོལ་པ音譯，本名慧海（協饒嘉措・ཤེས་རབ་རྒྱ་མཚོ），又名亞格巴（ཡ་གཏད་པ）。14歲在諸多格西座前聽受《對法》、《中觀》、《因明》等諸多教

法，20歲出家受具足戒，26歲來到卓拉寺（སློ་ལག་དགོན་པ），依止博朵瓦二十二
年，學習噶當教法。之後在鐸達亞給（རོལ་མདའ་ཡ་གད）建寺，聚集僧眾千人，講授
自己所編輯的《博朵瓦語錄・藍色手冊》。世壽73。弟子有拉止崗巴等。鐸巴自
謙說：「由於仍未得不忘陀羅尼，為了憶持上師的教誡，而作筆錄，並不是為了
著作。」因此將記在書上零散的上師教誡，依著三士夫法類次第編纂成手冊，
由於這些文稿以藍布包裹，所以稱為《藍色手冊》。此論直接以依師軌理作為
修習的起首，貫穿一切法類的初中後，這個方式顯然不同於博朵瓦平時以無
常法貫穿其他法類的引導方式，及《喻法集》中以皈依為起修之首，並將依師
軌理置於密法之後、回向之前不同。因此《藍色手冊》是否為博朵瓦的密意，
時人眾說紛紜。但是宗喀巴大師經過多番抉擇，依據經論、正理，最後依循
《藍色手冊》的善說，置依師軌理於修持之首，奠定格魯巴以依止法作為核心
的修行方式。參見《師師相承傳》中文冊上，頁364；藏文冊上，頁396；《東噶
辭典》，頁1113；《噶當派大師箴言集》，頁374（編者不詳，青海：民族出版
社，1996。以下簡稱《噶當箴言集》）。引文見《藍色手冊頌釋》，頁114。

❾ **兼修積集資糧淨治罪障啟禱本尊及諸尊長** 善慧摩尼大師認為，如同對於
生長苗芽來說，水、肥料、溫濕度等俱有緣非常重要。同樣地，對於生起道證
功德來說，積資、淨障、將上師與本尊觀為無二而祈禱，是非常重要的俱有
緣。參見《洛桑諾布文集》冊2，頁364。

❿ **發刻勤殷重思惟** 善慧摩尼大師認為，如同對於苗芽生長來說，僅僅聚合俱
有緣是不夠的，必須有近取因的種子。同樣地，對於生起道證功德來說，最初
必須清淨地聞思，之後必須有如理修習將護所緣行相的近取因。參見《洛桑諾
布文集》冊2，頁364。

⓫ **終當生起** 法尊法師原譯作「略覺艱難即得生起」，正文無「略覺艱難」，法
尊法師蓋取巴註之意譯入正文。「即得生起」，如月格西解釋藏文原意為「雖
然不確定何時會生起，但終究會生起」，故改譯。

⓬ **迦瑪巴** 即迦摩巴。參見前頁70註14。

⓭ **重述前法請其後者則云後者全未能至** 夏日東活佛提到：帕繃卡大師解「重
述前法」意指重複串習前面的法類，「後者全未能至」意指前面的法類尚未生
起，後面的法類怎麼可能生起？阿嘉永津、善慧摩尼大師對「後者全未能至」

的解法與上述相同。此中「後者」藏文即「後續的部分」之意。參見《阿嘉·雍
曾洛桑董智文集》冊上，頁74（阿嘉·雍曾洛桑董智著，蘭州：甘肅人民出版
社，2011。以下簡稱《阿嘉雍曾文集》）；《洛桑諾布文集》冊2，頁364；《夏日
東文集》冊1，頁299。

除我光榮解

此段所說的「光顯法」（སྣང་བ）、「成立法」（སྒྲུབ་བ）、「除遣法」（སེལ་བ）、「遮破
法」（དགག་བ）原本都是法相專有名詞，有其特定範圍。「光顯法」、「成立法」大致的
意涵，是指直接了解這類事物的心識，不需要排除他的反方，就能直接顯現了解的事
物。例如瓶子、柱子等即是光顯與成立法。「除遣法」、「遮破法」大致的意涵，是指
直接了解這類事物的心識，需要排除他的反方，才能直接了解的事物。無我、非瓶等
則是除遣法與遮破法。「光顯法」、「除遣法」等，本與修習無常沒有直接的關聯。

「光顯法」、「除遣法」等，在法相學中有著非常複雜的定義，常會引生許多諍
論。那位法相學者可能認為博朵瓦大師不了解這些法相名詞的內涵，所以故意對此提
問，想要為難博朵瓦大師。博朵瓦大師知道了他的想法，而藏文中「除我光榮」（ངད་ཀྱི་
སྣང་སེལ）一詞也可以解為「我的光顯法與除遣法」，既然那位法相學者並非真正想要
求教法相的內涵，所以博朵瓦大師也就利用同樣的語句開示了完全不同的內涵，表面
上看似在回答那位法相學者提出的問題，實際上是開示修習無常。藏文中一語雙關的
用法，在漢文中無法表達，特此提出以供讀者參考。

如是自心若能堪任，應如前說而正修習；^妙攝彼一切而修者^[1]：若不
堪者，則隨其所稱❶取三根本九種因相，觀現法中所有諸事，
猶如臨殺飾以莊嚴，應當乃至意未厭離，數數修習。^妙一切至言取

為修持之理者[2]：若經論中，何處有說親近知識、暇滿、無常諸法品類，皆應了知是彼彼時所有行持，取而修習，乃能速得❷諸佛密意。餘處亦當如是了知。^妙說順易獲得勝者密意之量，其要即此[3]。^巴終由死時除法而外餘無益者，故應決斷唯當修法，數數立誓。

既然如此，如果內心有能力，就應當依照上述那般修習；統合這一切而修持：如果沒有能力，則應針對三項根本，選取九種原因中能力所及的部分而修。直到內心還未能厭離今生的眾多事務，將之視為像在臨刑者身上佩戴飾品一般，在此之前都應當反覆修持。將一切佛語取而修持的方法：佛語及釋論中，不論何處提到依止善知識、暇滿，以及無常的法類，如果都能了知是各各階段的行持而進行修習，就能順利容易地獲得如來意旨，其他章節中也應當如此了知。上師說順利容易地獲得如來意旨的標準，其精髓就在於此。最後由於死亡的時候除了正法，其他什麼都沒有幫助，所以應當多次立誓，下定決心只修行正法。

[1]「^妙攝彼一切而修者」拉寺本無，哲霍本未標作者。　[2]「^妙一切至言取為修持之理者」拉寺本無。　[3]「^妙說順易獲得……其要即此」拉寺本無。

❶稱　本義為銓衡物之輕重，俗作秤字。此為動詞，適合、相宜之意。稱，音「趁」。

❷速得　藏文直譯為「易得」。

共下士道
三惡趣苦

第二、思惟後世當生何趣，二趣苦樂，❀分二：第一、思惟後世當生何趣道理者[1]：如是決定速死沒故，於現法中無暇久居，然死而後[2]亦非斷無，仍須受生。此復唯除二趣之外，無餘生處，謂生善趣或是惡趣。於彼中生，非自自在，以是諸業他自在故，如黑白業牽引而生。**❀第二、二趣苦樂二者之中，思惟痛苦，分三：第一、須當思苦者[3]**：如是我若生惡趣者，當為何等，故應思惟諸惡趣苦。如龍猛依怙云❶：「❀不僅一返二返，而於**日日恆應**❀當念，❀具**極寒熱**❀苦**地獄**。❀不唯如是，亦應念飢渴所致，❀身極**憔悴諸餓鬼**❀苦。❀又具**極多愚蒙苦旁生**，應❀以眼[4]**觀**❀散居者之苦，復以意念[5]❷❀**居海中**等者。❀應**斷彼**❀三惡趣**因**，行❀生善❀趣因，❀此復殊勝依身──**贍部洲人身難得**，❀現今❀**獲得**❀之時，應勵**斷**❀除**惡趣**❀之因──❀不善法。」

第二科、思惟後世將會如何，二趣的苦樂，分為二科：第一科、思惟後世將會如何的道理：如此確定會迅速地死亡，因此無暇安住在今生，但是死後又非化為烏有，仍然必須投生。而除了二趣以外，沒有其他投生之處，所以會投生到善趣或惡趣。投生其中，自己並不能自主，而是被業力操縱，因此會隨著黑白業如何牽引而投生。第二科、二趣的苦樂二者當中，思惟痛苦，分為三科：第一科、必須思惟痛苦：既然如此，應當思惟惡趣的痛苦，想到：「如果我投生到惡趣，將會如何？」龍樹怙主曾說：「不是僅僅一兩次，而是整日都應當憶念有著極其熾熱與嚴寒

痛苦的地獄。不僅如此，**也應當憶念由於飢渴而身軀極端憔悴的餓鬼們**的眾多痛苦。有著太多愚癡痛苦的畜生，其中散居在陸地的畜生之苦，應當用眼睛**觀看**；並且**內心憶念**海中的動物等。應當**斷絕那些**三惡趣之因，而行持能投生到善趣之因。並且當現在**獲得了殊勝所依——難得的贍部洲人身時，應當專注地切斷、滅除惡趣之因——不善法。」

[1]「^妙分二……當生何趣道理者」拉寺本無，哲霍本作巴註，正文「者」作巴註。

[2]「然死而後」拉寺本作「然力而後」。按，「力」（여）為「死」（여）之訛字。

[3]「^妙第二、二趣苦樂……當思苦者」拉寺本無。　[4]「^巴以眼」果芒本原作「^巴眼之」，拉寺本、雪本、哲霍本作「^巴以眼」。按，藏文語法應以拉寺等本為是，故改之。　[5]「復以意念」果芒本原作「復意之念」，拉寺本作「復以意念」。按，藏文語法應以拉寺本為是，故改之。

❶**龍猛依怙云**　引文出自《修身書・養生露》。《修身書・養生露》，修身部論典，共92偈又1句，龍樹菩薩著，尚無漢譯。修身書，指匯集世間的高尚儀則與治國之道的論典。龍樹菩薩為了培養心智愚稚的人們善良的心態，故將佛法的調心教授寓於待人處事、陶冶品性的道理中，並以修辭詩篇的方式寫成此書。引文見《丹珠爾》對勘本冊114，頁1338。

❷**極多愚蒙苦旁生應觀念**　法尊法師原譯作「應觀念極多，愚苦諸旁生」，為配合箋註，故改譯。

^妙**第二、思苦至為切要之理者**^[1]：**此中所修生死總苦、惡趣別苦，至極切要。謂若自思墮苦海理，意生厭離，能息憍慢❶**；由

見苦是不善果故，於諸惡罪極生警戒❷；不樂眾苦故，而樂安樂，由見安樂是善果故，於修善法深生歡喜；由量自心而悲愍他；由厭生死，希求解脫；由畏眾苦，發起猛利真皈依等，故是能攝眾多修要大嗢柂南❸。如是亦如《入行論》云❹：「無ᴾ憶念輪迴苦則無ᴾ從中求脫之出離，ᴾ由此因[2]故，ᴾ雖略生起輪迴之苦，心！汝應堅忍。」又云❺：「復次ᴾ思惟苦功德者，ᴾ意厭離故除ᴾ我慢及憍傲，ᴾ以己度他，而悲愍生死者，警❻ᴾ苦因罪惡，樂ᴾ樂因善行。」又云❼：「我由畏怖故，ᴾ為從中救脫，將自奉普賢❽。」ᴾ云云。此諸苦德，《入行論》中雖依自身已有之苦增上而說，然其當受眾苦亦爾。

第二科、思惟痛苦是極為切要的道理：在這之中，修習輪迴總體的痛苦，尤其是惡趣痛苦，極端重要。若能如此思惟自己陷落苦海的道理，就會心生厭離，因而平息我慢與驕傲；見到痛苦是不善的結果，就會對惡行與墮罪極為警戒；不想要痛苦，因而希求快樂，又見到快樂是善的結果，就會樂於修善；推己及人，對他人也會心生悲憫；由於厭離輪迴，而對解脫心生渴求；畏懼痛苦，因而引發強猛的皈依等等，實是統合眾多修持關鍵的大總集。這些內容也如《入行論》中所說：「沒有憶念輪迴的痛苦，則無希求從中解脫的出離心。因為這個原因，所以即使偶然出現少許輪迴痛苦，內心哪！你應當堅強地忍受。」又提到：「在此之外，思惟痛苦的功德：由於內心厭離而消除我慢與驕傲；推己及人，而對輪迴的有情生起悲憫；警

戒痛苦之因——罪惡，而喜愛快樂之因——善行。」又提到：「我由於極度畏懼苦難，為了從中被救出，所以將自己奉獻給普賢。」等等。這些痛苦的功德，《入行論》中雖然是就自己相續中已經出現的痛苦而宣說，但是未來將要承受的痛苦也與此相同。

[1]「^妙第二、思苦至為切要之理者」 拉寺本無。　　[2]「^巴由此因」 哲霍本無「^巴」。

❶ **憍慢** 法尊法師原譯作「傲慢」。此詞在藏文中原為兩個不同的詞，其中ང་རྒྱལ་古德譯作慢，ཉེ་རྒྱལ་則譯作憍，雖然兩個詞都可譯作傲慢、憍慢，然而關於憍與慢的細緻差別，論典解釋如下：《阿毘達磨發智論》云：「憍慢何差別？答：若不方他，染著自法，心傲逸相，名憍。若方於他，自舉恃相，名慢。是謂差別。」《阿毘達磨俱舍論》云：「慢憍別者，慢謂對他心自舉性，稱量自他德類差別，心自舉恃數蔑於他，故名為慢。憍謂染著自法為先，令心傲逸無所顧性。」參見《大正藏》冊26，頁927；冊29，頁21。

❷ **於諸惡罪極生警戒** 法尊法師原譯作「於諸惡罪極生羞恥」，此處「羞恥」藏文為འཛེམ་པ，此詞有「警戒」及「羞恥」二義，如月格西謂此處當訓作前義，故改譯。「惡罪」，惡指罪惡，罪指墮罪。見前頁42註10。

❸ **嗢柁南** 梵語uddānaṃ音譯，義為總攝。嗢，音若「挖」，入聲。

❹ **《入行論》云** 引文如石法師譯《入菩薩行·安忍品》作：「無苦無出離，故心應堅忍。」見《入菩薩行》，頁47；《丹珠爾》對勘本冊61，頁981。

❺ **又云** 引文出自《入行論》。如石法師譯《入菩薩行·安忍品》作：「苦害有諸德，厭離除驕慢，悲愍生死眾，羞惡樂行善。」見《入菩薩行》，頁48；《丹珠爾》對勘本冊61，頁982。

❻ **警** 法尊法師原譯作「羞」，今據如月格西解釋，故改譯，見前註2。

❼ **又云** 引文出自《入行論》。如石法師譯《入菩薩行‧懺悔罪業品》作：「因怖驚顫慄，將身奉普賢。」見《入菩薩行》，頁16；《丹珠爾》對勘本冊61，頁960。

❽ **普賢** 梵語Samantabhadra義譯。《貢德大辭典》說「普賢」有七義：一、佛陀總稱之一；二、金剛持佛；三、三面六臂的一位本尊；四、普賢菩薩；五、完全善妙；六、法性或法身；七、五種行持中的一種。此處指普賢菩薩。普賢菩薩，八大隨佛子之一，又名遍吉。《悲華經》說，菩薩於恆河沙等阿僧祇劫以前，受生為轉輪聖王無諍念千子中之第八子，名曰泯圖（Amiga）。轉輪聖王及其千子因寶海梵志的勸導，各請寶藏如來（Ratnagarbha tathāgata）應供三月，將此善根迴向無上正等菩提。泯圖王子在此會上發願於濁世中行菩薩道，修治莊嚴一萬不淨世界，教化無量眾生令心清淨，供養無量無邊諸佛，因此寶藏如來為其改名普賢，授記其於知水善淨功德世界成等正覺，號智剛吼自在相王如來（Jñānavajravijṛmbhiteśvaraketu）。普賢菩薩以不可思議的願行與供養而著稱，如普賢行、普賢供海雲，在此世界應化無窮。參見《大正藏》冊3，頁191；《洛桑諾布文集》冊2，頁204；《貢德大辭典》冊1，頁69。

⑫**第三、思惟惡趣苦之理者**[1]：**以是因緣，思惡趣苦，其中分三：**一`**思惟地獄所有眾苦；**二`**旁生所有眾苦；**三`**餓鬼所有眾苦。初中分四：**一`**大有情地獄；**二`**近邊地獄；**三`**寒冷地獄；**四`**獨一地獄。今初：**

謂從此⑲金剛座過三萬二千踰繕那❶下，有等活地獄。從此漸隔四千四千踰繕那下❷，而有餘七⑫熱地獄。⑲師云：此處雖說如是，然下文謂：此下三萬二千踰繕那處，有寒皰❸獄。次下各隔二千二千踰繕那處，有餘七寒地獄。又說

三　惡　趣　苦

八寒地獄正當八熱地獄橫去一萬踰繕那外處，故前文說從此漸隔四千四千踰繕那[2]下，而有餘七熱地獄，與下文說次下各隔二千二千踰繕那處，有餘七寒地獄，此二不容相對，故想其一或為誤也。

第三科、思惟惡趣痛苦的道理：既然如此，思惟惡趣的痛苦，分為三科：一、思惟地獄苦；二、畜生苦；三、餓鬼苦。第一科分為四科：一、大有情地獄；二、近邊地獄；三、寒冰地獄；四、孤獨地獄。第一科：

從此金剛座向下三萬兩千由旬的深處，有等活地獄。從那裡起，每間隔四千、四千由旬的下方，分別有另外七層炎熱地獄。上師說：在此是這麼宣說的，但下文說從此向下三萬兩千由旬的深處，有寒皰地獄。從那裡起，每間隔二千、二千由旬的下方，有另外七層寒冰地獄。又說這八層寒冰地獄，位於與八層炎熱地獄平行的一萬由旬外。所以上述提到每間隔四千、四千由旬的下方，有其他七層炎熱地獄，與下文所說每間隔二千、二千由旬之下有其他七層寒冰地獄，這兩處地獄無法平行相對，所以或許其中一者不盡正確。

[1]「ᠪᠠ第三、思惟惡趣苦之理者」拉寺本無。　[2]「從此漸隔四千四千踰繕那」哲霍本作「從此漸隔四千踰繕那」，脫一「四千」。

❶踰繕那　梵語yojana音譯，舊譯由旬、俞旬、踰闍那、由延，古印度長度單位名。古印度以人壽百歲時二十四指寬為一肘，以一指寬約二公分而計，一肘約

121

為五十公分,四肘為一弓,一弓約二公尺。依《俱舍論》的說法,五百弓為一俱盧舍,八俱盧舍為一踰繕那,約為現今之八公里左右。依時輪的說法,二千弓為一俱盧舍,四俱盧舍為一踰繕那,約為現今之十六公里左右。據《大唐西域記》記載:舊傳之一踰繕那為古代帝王一日行軍之旅程數目,可換算約為四十里,印度之國俗約為三十里,佛教約為十六里。以一里為半公里計算,則舊傳之一踰繕那約為二十公里,印度國俗約為十五公里,佛教約為八公里,與前二說相近。參見《大正藏》冊51,頁875;《新譯大唐西域記》,頁65;《藏漢大辭典》,頁1622。

❷ 踰繕那下　「下」原為巴註,法尊法師蓋取巴註之意而譯入《廣論》正文。

❸ 皰　原為臉上小瘡,此通指身上所起的水泡。皰,音「泡」。

辨寒熱地獄之方所與間距

妙音笑大師在《俱舍辨析》中引述《俱舍論自釋》與《瑜伽師地論》,提到如果依據《俱舍論》,則八大地獄應在南贍部洲下方;如果依據《瑜伽師地論》,則八大地獄應在無熱惱池下方。夏日東活佛持同樣觀點,並且更進一步提到語王大師的解法與上述論典不同。中文本《俱舍論》云:「此贍部洲下過二萬,有阿鼻旨大捺落迦。」確實「此」字似指贍部洲而非特指金剛座,然而中文本《本地分》相對段落則云:「復成大雪山及無熱池周圍崖岸。次成最下八大那洛迦處諸大那洛迦及獨一那洛迦、寒那洛迦、近邊那洛迦。」藏文本《本地分》則譯為:「雪山位於無熱池周圍崖岸。其下有諸大有情地獄,謂八有情獄、獨一有情獄、寒冰地獄、近邊地獄。」中文本「次成」藏文本作「其下」,所以依藏文本,是表達八大地獄在無熱惱池下方,然而依中文本,則未明示處所位置,略有不同,此處特別提出以供讀者參考。

妙音笑大師提到在無熱惱池的下方,就是在南贍部洲的下方,所以《俱舍論》的說法與《本地分》的說法並不相違。不敗月所著《廣論筆記》則認為燒熱地獄在贍部洲南部的下方,寒冰地獄則在贍部洲北部的下方,所以造成人間南方溫暖,北方寒冷的差別。

關於八大地獄之間的距離，語王大師認為此處提到等活地獄與其他七層地獄相隔四千踰繕那，下文又提到寒皰地獄與其他七層寒冰地獄相隔二千踰繕那，而八大寒冰地獄又在八大有情地獄橫去一萬踰繕那外，上下文對照似有不合理處。然而宗喀巴大師此處是依據《本地分》而寫，《本地分》云：「從此下三萬二千踰繕那，至等活那落迦。從此復隔四千踰繕那，有餘那落迦。如等活大那落迦處，初寒那落迦處亦爾。從此復隔二千踰繕那，有餘那落迦應知。」班禪吉祥智、阿嘉永津、貢唐慧海大師、夏日東活佛與善慧摩尼大師都對此解釋如下：每層寒冰地獄都有高二千踰繕那的雪山，計算每層寒冰地獄之間的距離時，如果從上一層的底部到下一層的地面，是四千踰繕那，如果從上一層的底部到下一層的雪山頂，則只有二千踰繕那。今《本地分》說每層寒冰地獄相隔二千踰繕那，是從第二種角度計算，所以沒有相違的過失。參見《大正藏》冊29，頁58；冊30，頁286、294；《阿嘉雍曾文集》冊上，頁75；《洛桑諾布文集》冊2，頁384；《俱舍辨析》，頁384；《夏日東文集》冊1，頁303、304、305、309；《對法大海意旨備忘・寶炬論》，頁164（貢唐洛追嘉措著，中國：甘肅人民出版社，2001）。

如是八中，初、等活者：^語師云：輕蔑一責心惡作❶，若不悔除防護，當生等活經一晝夜，若多串習，定生爾許壽量❷。謂彼有情，多共聚集，業增上故，種種苦具❸次第而起，互相殘害，悶絕躃地❹。次虛空中，發如是聲：「汝諸有情可還等活。」次復欻起❺，如前殘害，由是當受無量眾苦。^{語妙}**第二**[1]❻、**黑繩者：**其中^語輕蔑別懺❼之罪而不懺悔❽所生諸有情類，謂多當受如是眾苦：諸守獄卒以黑繩拼❾，或為四方，或為八方，或為細段[2]，種種非一紋畫❿，如其所拼，如是以刀或斫或劈⓫。^{語妙}**第三**[3]、**眾合者：**^語輕蔑墮⓬等如前[4]⓭。謂彼[5]有情或時輾轉而共集會，爾時獄卒驅逐⓮令入，如

二羺❶頭鐵山之間。從此無間兩山合迫，爾時從其一切門中血流涌注。如是如諸羊、馬、象、獅及如虎頭合迫亦爾。又集會時，逐入極大榨碾鐵車[6]❶，壓迫全身，如壓甘蔗。又集會時，有大鐵山從上而墮，於鐵地基，若斫若裂，若擣若碾❶。如是等時，血流涌注。^{語妙}**第四**[7]、**號叫者**：^巴輕蔑他勝、僧殘之粗罪❶而不悔護者生於其中❶。謂彼有情，尋求宅舍，即便趣入大鐵室中。始纔入已，火便熾起，由是燃燒。^{語妙}**第五**[8]、**大號叫者**❶：多與前同。其差別者，謂其鐵室層匝有二。^{語妙}**第六**[9]、**燒熱者**：^巴輕蔑別解脫戒根本墮等如前❶。謂彼有情，為諸獄卒置於眾多踰繕那量極熱燒燃大鐵鏊❶中，輾轉燒煿❶，猶如炙魚。熾然鐵弗❶，從下貫入，徹頂而出，從口、二眼、二鼻、二耳、一切毛孔，猛燄熾生。又置熾然大鐵地上，或仰或覆，以極熾然炎熱鐵椎，或打或築❶。^{語妙}**第七**[10]、**極熱者**：謂以三尖大熱鐵弗，從下貫入，左右二鋒徹左右髆❶，中從頂出。由是因緣，從口等門猛燄熾生。又以熾然炎熱鐵鍱❶遍裹其身；又復倒擲熾然涌沸彌滿灰水❶大鑊❶中，其湯涌沸，上下漂轉。若時銷爛皮肉血脈，唯餘骨瑣❶，爾時漉出❶，置鐵地上，待其皮肉血脈生已，還擲鑊中。餘如燒熱。^{語妙}**第八**[11]、**無間者**：謂自東方多百非一❶踰繕那地，猛火熾然，即從其中騰燄而來，由此漸壞彼諸有情皮

肉筋骨，直徹其髓，遍身一切猛燄熾然，燒如脂燭。所餘三方悉皆如是。四方火來，於彼合雜，所受苦痛，無有間隙，唯因號哭叫苦聲音，知是有情。又於盛滿熾然鐵炭大鐵〔箕，^ㄅ即畚也^[12]。〕中，而^ㄅ共^[13]為揄簸^❸。又命登下熱鐵地上諸大鐵山；又從口中拔出其舌，以百鐵釘釘而張之，令無皺襵^❹，如張牛皮。又置鐵地令其仰臥，以大鐵鉗^❺鉗口令開，熾然鐵丸置其口中。又以烊銅^❻而灌其口，燒口及喉，徹諸腑臟，從下流出。所餘諸苦，如極燒熱。此但略說粗顯苦具，非餘種種眾多苦具而不可得^❼。如是所住住處之量及諸苦等，是如《本地分》中所說錄出^❽。

這八層當中，在第一層——等活地獄中，上師說：如果生前輕視一條責心惡作而不懺悔、防護，就會投生到等活地獄一晝夜；如果是屢次串習，必定會投生其中，活到其壽限為止。那些有情彼此碰面後，會逐漸出現由於業力而生的各種武器，便以此互相殺害而昏迷倒地。接著空中發出一陣聲音說：「你們都復活吧！」於是眾人再度起身，又像之前那樣互相殺害，因而受盡無量痛苦。第二、**黑繩地獄中，**有情若輕視別懺罪而不懺悔，就會投生其中，被獄卒以黑繩丈量成四分、八分，或畫出多種細碎圖形，接著被利刃依黑繩畫出的圖形切割、剖開而受苦。第三、**眾合地獄中，**輕視墮等，與之前相同。那些有情聚集在一處時，獄卒便將他們趕進兩座像山羊臉的鐵山之間，接著兩座山便頓時靠攏擠壓，這時從所有孔竅中，血流洶湧而出。同樣也會

被像綿羊、馬、大象、獅子及虎臉的山夾擠。再次聚集時，被趕進巨大的榨碾鐵車中，就像榨甘蔗那般被擠壓。之後又聚集在一起時，從上空墜下巨大的鐵石，在鐵地基上將他們劈斷、砸裂、擣碎、碾平。這些時候，也是血流洶湧而出。**第四、哭喊地獄中，**如果輕視他勝或僧殘的粗罪而不懺悔、防護，就會投生其中，那些有情尋覓住處而進入鐵室。才剛進入，便燃起熊熊烈焰而被焚燒。**第五、大哭喊地獄中，**與之前情況相同，差別在於鐵室是雙層的。**第六、燒熱地獄中，**輕視別解脫的根本罪等，與之前相同。那些有情被獄卒投進長達好幾由旬、冒著烈焰的滾燙鐵鍋裡烹煮，宛如煎魚一般。熾烈燃燒的鐵戟從臀部插入，穿破頭頂，從口中、雙眼、兩鼻、雙耳的孔竅，以及所有毛孔中噴出強猛的火焰。又被放到熾烈燃燒的熱鐵地上仰躺或俯臥，被熾烈燃燒的滾燙鐵錘搗碎、碾平。**第七、極熱地獄中，**三又鐵戟從臀部插入，左右兩個尖鋒刺穿左右肩，主鋒貫穿頭頂，因而從口部等所有孔竅中噴出強猛的火焰。又被熾烈燃燒的滾燙鐵片包裹全身；又被倒豎著擲進盛滿沸騰灰水、冒著烈焰的巨大鐵鍋中烹煮，上下左右地翻騰。等到皮、肉、血等都煮爛脫落，只剩一具白骨時，便被撈起，平鋪在鐵地上，等皮、肉、血液復生，就再度被丟進鍋中。其他情形與燒熱地獄相同。**第八、無間地獄中，**東邊方圓數百由旬的大地上烈焰騰燒蔓延，從那裡襲來的熾烈火力，將那些有情的皮、肉、筋骨一層層燒毀，直徹骨髓，全身被熊熊烈火吞噬，就像燭火的燈芯一般。其他三個方向也與此相同。烈火從四方來襲，交織在一起，使得其中有情毫不間斷地遭受劇苦，只能透過淒厲的哀號，才知道是有情。又被投入鐵簸箕，即鐵畚箕當中，與熾烈燃燒的熱鐵炭一起翻炒；在鐵地上被迫登上大鐵山又走下；又從口中被拔出舌頭，用一百根鐵釘張大拉平，直到毫無皺紋褶痕，就像拉平牛皮一般。又被放在鐵地上仰臥，並用鐵鉗撐開嘴巴，放進冒著烈焰的鐵丸；又將沸騰的銅汁灌入口中，燒穿口腔、喉嚨及腸道，從下身流出。其他痛苦與極熱地獄相同。這些只是粗略的苦難，另外還有種種眾多苦楚。關於處在什麼方位以及這些痛苦，都是依照《本地分》所說而如實錄出。

[1]「<ruby>語妙<rt></rt></ruby>第二」 果芒本原作語註，單註本作妙註。按，妙音笑大師之單註本於八大地獄中後七地獄，皆有科判前數字之箋註，故於各地獄科判前皆補入妙註。詳如下表。 [2]「或為細段」 果芒本原作「或為分隙」，誤。 [3]「<ruby>語妙<rt></rt></ruby>第三」 原果芒本只作語註，今依單註本補入妙註。參本段校勘1。 [4]「<ruby>語<rt></rt></ruby>輕蔑墮等如前」 哲霍本作巴註。按，果芒本及拉寺本於第一、第二、第三地獄科判後之箋註，咸作語註，第四、第六科判後之箋註作巴註。哲霍本第一、第二地獄科判後之箋註，咸作語註，第三、第四、第六科判後之箋註作巴註，今表述如下：

版本別		果芒本　拉寺本	哲霍本	單註本
等活地獄	（科前序號）	宗喀巴大師	宗喀巴大師	宗喀巴大師
	（科後箋註）	語註	語註	無
黑繩地獄	（科前序號）	語註	語註	妙註
	（科後箋註）	語註	語註	無
眾合地獄	（科前序號）	語註	語註	妙註
	（科後箋註）	語註	巴註	無
號叫地獄	（科前序號）	語註	語註	妙註
	（科後箋註）	巴註	巴註	無
大號叫地獄	（科前序號）	語註	語註	妙註
	（科後箋註）	無	無	無
燒熱地獄	（科前序號）	語註	語註	妙註
	（科後箋註）	巴註	巴註	無
極熱地獄	（科前序號）	語註	語註	妙註
	（科後箋註）	無	無	無
無間地獄	（科前序號）	語註	語註	妙註
	（科後箋註）	無	無	無

此處第一、二、三、四、六大地獄，科判後之箋註內容咸為墮地獄之罪因，分作二人似不應理。　[5]「謂彼」果芒本原作「謂彼諸」，然未標作者，拉寺本、雪本、哲霍本皆作「謂彼諸」，經查九種版本《廣論》正文咸無「諸」字。按，蓋果芒本於校對時，於《廣論》正文中查無此字，故作箋註。然各本《四家合註》皆作正文，故作者不明而未標。私謂「諸」字乃《四家合註》初刻時誤入正文，故刪去。　[6]「極大榨碾鐵車」青海本《廣論》、拉寺本作「極大還罪鐵室」。　[7]「⌈語妙⌋第四」原果芒本只作語註，今依單註本補入妙註。參本段校勘1。　[8]「⌈語妙⌋第五」原果芒本只作語註，今依單註本補入妙註。參本段校勘1。　[9]「⌈語妙⌋第六」原果芒本只作語註，今依單註本補入妙註。參本段校勘1。　[10]「⌈語妙⌋第七」原果芒本只作語註，今依單註本補入妙註。參本段校勘1。　[11]「⌈語妙⌋第八」原果芒本只作語註，今依單註本補入妙註。參本段校勘1。　[12]「⌈巴⌋即畬也」哲霍本未標作者，作「即弟子也」。按，「弟子」（སློབ་མ）為「畬」（སློ་མ）之訛字。　[13]「⌈巴⌋共」哲霍本無「巴」。

❶責心惡作　僧人的墮罪之一，透過呵責內心即能懺除的墮罪。包含比丘、比丘尼、學法女、沙彌、沙彌尼、優婆塞、優婆夷心中違犯所受戒律的墮罪中最輕的墮罪。

❷輕蔑一責心惡作若不悔除防護當生等活經一晝夜若多串習定生爾許壽量
內容源自於《觀五篇墮善不善果經》。漢譯本可參後漢安世高大師譯《佛說犯戒罪報輕重經》；宋法天大師譯《佛說目連所問經》。安世高大師譯《佛說犯戒罪報輕重經》云：「若比丘比丘尼，無慚無愧，輕慢佛語，犯眾學戒，如四天王天壽五百歲墮泥犁中，於人間數九百千歲。」法天大師譯《佛說目連所問經》云：「若有苾芻苾芻尼，迷醉犯戒，無慚無愧，輕慢律儀，行非法行，彼人命終生地獄中，壽等四大王天五百年，計人間歲數九百萬歲。」兩種漢譯本對於地獄歲數換算人間歲數與《觀五篇墮善不善果經》、《俱舍論》、《瑜伽師地論》有異，因為此三部經論之中，皆以《佛說目連所問經》所說的四天王天總歲數作為相對應的地獄的一天，而非將四天王天總歲數當作相對應的地獄的總壽數。參見《大正藏》冊24，頁910、911；《甘珠爾》對勘本冊72，頁348。

❸苦具　藏文直譯為「武器」，下文「此但略說粗顯苦具，非餘種種眾多苦具而

不可得」中的「苦具」，藏文直譯則為「損害、損惱」。

❹ **躃地** 跌倒於地，又作躄地。躃，音「必」。夏日東活佛認為宗喀巴大師此處寫「悶絕躃地」是經過仔細分析而寫的，因為在許多噶當派的《道次第》著作裡，寫到等活地獄的受苦有情，每日會上百次死而復活，但這應指粗分的死亡，而非細分的死亡，因為形成了細分的死亡，便無法再度復活，所以大師才用「悶絕躃地」一詞。參見《夏日東文集》冊1，頁305。

❺ **欻起** 忽然起身。欻，音「忽」，有所吹起，義通忽也。法尊法師係依玄奘大師譯《瑜伽師地論》文譯出，藏文中無欻意。

❻ **第二** 法尊法師原譯有「二」，然此「二」與下文的「三」、「四」、「五」、「六」、「七」、「八」皆為箋註之文，《廣論》藏文原文中本無，為配合箋註，故改譯。

❼ **別懺** 比丘、比丘尼的五篇墮罪之一，梵語Pratideśanīya義譯，音譯為提舍尼，又名向彼悔。圓滿違犯近圓戒的正行之墮罪，透過稱別懺之名而進行還淨，便能懺淨的墮罪，即是別懺。由於懺此罪時，必須各別進行發露與懺悔，故名別懺。

❽ **輕蔑別懺之罪而不懺悔** 內容源自於《觀五篇墮善不善果經》。漢譯本可參考後漢安世高大師譯《佛說犯戒罪報輕重經》云：「無慚無愧，輕慢佛語，犯波羅提提舍尼，如三十三天壽一千歲墮泥犁中，於人間數三億六十千歲。」古漢語中，「億」為十萬之義，故三億六十千歲即三十六萬歲，前說四大天王天壽相當人間九十萬歲，依此則三十三天壽反少於四大王天壽，參後經文，疑前經文九百千歲應為九十千歲之訛誤。宋法天大師譯《佛說目連所問經》云：「若有苾芻苾芻尼，迷醉犯戒，無慚無愧，輕慢律儀，若不依說法，彼人命終生地獄中，壽等忉利天一千歲，計人間算數三俱胝六百萬歲。」參見《大正藏》冊24，頁910、911；《甘珠爾》對勘本冊72，頁349。

❾ **拼** 音「抨」，彈，如工匠之彈墨繩為拼。與抨通，又作絣。

❿ **或為細段種種非一紋畫** 法尊法師原譯作「或為種種非一紋畫」，今據藏文改譯。

⓫ **或斫或劈** 斫，音「卓」，以刀、斧砍劈、砍擊。法尊法師原譯作「或斫或割」，「割」於原文為劈開之意，故改譯。

⓬ **墮** 此處特指比丘、比丘尼的五篇墮罪之一，梵語Pāyattika義譯，音譯為波

逸底迦。圓滿違犯近圓戒的正行之墮罪，透過稱墮之名而進行還淨，便能懺淨的墮罪，即是墮。由於犯此罪，令墮惡趣，故名墮。

⓭ 輕蔑墮等如前　內容源自於《觀五篇墮善不善果經》。漢譯本可參考後漢安世高大師譯《佛說犯戒罪報輕重經》云：「無慚無愧，輕慢佛語，犯波夜提，如夜摩天壽二千歲墮泥犁中，於人間數二十億四十千歲。」二十億四十千歲即兩百零四萬歲。觀前後經文及正常的推算方式，六欲天的歲數應該以四倍層層遞增，而此處本應作十四億四十千歲，故二十億四十千歲應為訛誤。宋法天大師譯《佛說目連所問經》云：「若有苾芻苾芻尼，迷醉犯戒，無慚無愧，輕慢律儀，若不依說法，彼人命終生地獄中，壽等夜摩天二千歲，計人間算數一十四俱胝四百萬歲。」參見《大正藏》冊24，頁910、911；《甘珠爾》對勘本冊72，頁350。

⓮ 驅逐　藏文有「強塞」之義。

⓯ 羺　本指一種胡羊，藏文意為山羊，而下文「諸羊」則指綿羊。羺，音ㄋㄡˊ。

⓰ 逐入極大榨碾鐵車　法尊法師原譯作「驅逐令入極大鐵槽」。「鐵槽」，藏文原意為通指帶有孔眼，可插入木樁而進行滾動的鐵製器械。此處特指能夠壓碾榨汁的器械。法尊法師係依玄奘大師譯《瑜伽師地論》文譯出，然不易表達原意，故改譯。

⓱ 若斫若裂若擣若碾　法尊法師原譯作「若斫若剖若擣若裂」，阿嘉永津、夏日東活佛與善慧摩尼大師認為，斫是砍斷手足支節，裂是將身體破為上下兩段等，擣是如同擣芝麻般搗碎，碾是將其壓為扁平狀。今據解釋改譯。參見《阿嘉雍曾文集》冊上，頁75；《洛桑諾布文集》冊2，頁380；《夏日東文集》冊1，頁306。

⓲ 他勝僧殘之粗罪　他勝與僧殘二者的粗罪。他勝，比丘、比丘尼的五篇墮罪之一，梵語Pārājika義譯，音譯為波羅夷。圓滿違犯近圓戒的正行之墮罪，比僧殘以下的其他墮罪還重的根本墮罪，即是他勝。犯此墮罪，則為煩惱所勝，失別解脫戒，故名他勝。僧殘，比丘、比丘尼的五篇墮罪之一，梵語Saṃghāvaśeṣa義譯，音譯為僧伽婆尸沙。圓滿違犯近圓戒的正行之墮罪，透過稱僧殘之名而進行還淨，便能懺淨的墮罪，即是僧殘。犯此墮罪，尚有殘餘少分戒體，必須依靠眾僧乃能還淨，故名僧殘。粗罪，比丘、比丘尼的墮罪之一，梵語

Sthūlātyayaḥ義譯,音譯為窣吐羅底、偷蘭遮。具足粗罪之因所生有表、無表所攝,透過稱粗罪之名而還淨所攝的墮罪,即是粗罪。粗罪雖非他勝與僧殘,然而是與其相近的嚴重墮罪,故名粗罪。

❶⓳ **輕蔑他勝僧殘之粗罪而不悔護者生於其中** 　內容源自於《觀五篇墮善不善果經》。漢譯本可參考後漢安世高大師譯《佛說犯戒罪報輕重經》云:「無慚無愧,輕慢佛語,犯偷蘭遮,如兜率天壽四千歲墮泥犁中,於人間數五十億六十千歲。」宋法天大師譯《佛說目連所問經》云:「若有苾芻苾芻尼,迷醉犯戒,無慚無愧,輕慢律儀,犯吐羅鉢底法,彼人命終生地獄中,壽等兜率陀天四千歲,計人間算數五十七俱胝六萬歲。」參見《大正藏》冊24,頁910、911;《甘珠爾》對勘本冊72,頁351。

⓴ **大號叫者** 　箋註未明犯何戒者生於此中,然《觀五篇墮善不善果經》說犯僧殘罪者將生此獄。漢譯本可參考後漢安世高大師譯《佛說犯戒罪報輕重經》云:「無慚無愧,輕慢佛語,犯僧伽婆尸沙,如不憍樂天壽八千歲墮泥犁中,於人間數二百三十億四十千歲。」宋法天大師譯《佛說目連所問經》云:「若有苾芻苾芻尼,迷醉犯戒,無慚無愧,輕慢律儀,犯僧伽婆尸沙法,彼人命終生地獄中,壽等化樂天八千歲,計人間算數二百三十俱胝四百萬歲。」參見《大正藏》冊24,頁910、911;《甘珠爾》對勘本冊72,頁352。

㉑ **輕蔑別解脫戒根本墮等如前** 　內容源自於《觀五篇墮善不善果經》。漢譯本可參考後漢安世高大師譯《佛說犯戒罪報輕重經》云:「無慚無愧,輕慢佛語,犯波羅夷,如他化自在天壽十六千歲墮泥犁中,於人間數九百二十一億六十千歲。」宋法天大師譯《佛說目連所問經》云:「若有苾芻苾芻尼,迷醉犯戒,無慚無愧,輕慢律儀,犯波羅夷法,彼人命終生地獄中,壽等他化自在天一萬六千歲,計人間算數九百一十五俱胝六百萬歲。」依照換算結果,此處應作九百二十一俱胝六百萬歲。參見《大正藏》冊24,頁910、911;《甘珠爾》對勘本冊72,頁352。

㉒ **大鐵鏊** 　一種鐵製烙餅的大型炊具,此處為地獄有情受苦的一種刑具。其形狀平面圓形,中間稍凸,古器盛行於山東一帶,有石鏊、陶鏊、青銅鏊、鐵鏊。底部具有三足,足高大約六公分左右,在底下燒柴,烙厚薄煎餅等,形似於現今的無柄平底鍋。鏊,音「熬」,又音「傲」。鐵鏊,藏文原意則為鐵鍋,未特指

形狀，於下文中也譯作「鐵鑊」，法尊法師係依玄奘大師譯《瑜伽師地論》文譯出。

㉓ **煿** 用火烤乾食物。煿，音「博」。此詞藏文原意為「煮」，法尊法師係依玄奘大師譯《瑜伽師地論》文譯出。

㉔ **鐵弗** 鐵籤。弗，音「鏷」，烤肉用的籤形串肉器，或竹、或木、或鐵製。藏文此詞特指貫穿人體的利戈，為古代的一種刑具。

㉕ **或打或築** 即前文的「若擣若碾」。

㉖ **徹左右髆** 貫徹左右的肩胛。髆，音「博」，肩胛也。

㉗ **鐵鍱** 用鎚子打成的薄鐵片。鍱，音「頁」。

㉘ **灰水** 藏文直譯為「能變」，一般為鹽、鹼的別名；此處則為「能變之水」簡稱，指鹽水或鹼水一類具侵蝕性的液體，地獄有情經此惱害，下文方說「若時銷爛皮肉血脈，唯餘骨瑣」。於近邊地獄章節時，巴註也是以「注以烊銅及硝鹽等銷離骨肉猛利侵蝕之物」註解無極大河的灰水，今併列出供讀者參考。

㉙ **大鐵鑊** 用來烹煮食物的鐵鑄大鍋子。鑊，音「或」，古代烹煮食物的大鍋子。

㉚ **骨瑣** 藏文原意為無肉的全副骨架，或作「骨鎖」。福智之聲2010年版《廣論》作「骨髂」，遍檢字書，不得此字，故不從。「骨瑣」，指整具的骨架。瑣，音「所」。《廣雅》云：「瑣，連也。」「骨鎖」之「鎖」，蓋亦取相連之意，故義同「骨瑣」。

㉛ **漉出** 濾出。漉，音「路」。

㉜ **非一** 藏文本即前面「多百」的「多」字。

㉝ **揄簸** 法尊法師原譯為「揃簸」，其餘藏經所收《瑜伽師地論》中，或作「簸揃」。「揃簸」義為分割、播揚。揃，音義通「剪」，有剪下分割之意。簸，音「跛」，播揚米穀以除去粗糠的動作。此詞藏文原意為跳躍舞動，譯之為「簸」，尚可想見其關聯，譯之為「揃」，則全不相通，「揃簸」形似「揄簸」。如《詩經·大雅·生民》云：「或舂或揄，或簸或蹂」，此處即為「揄」「簸」並用。「揄」，音「於」，義為揮舞，與藏文此詞涵義相通，而「前」「俞」形似，「揃」應為「揄」之訛字，故改譯。

㉞ **皺褶** 皺紋褶痕。皺，指折紋。褶，音「哲」，同「褶」。

❸❺**大鐵鉗**　夾東西的鐵鑄大型用具。鉗，音「前」，金屬夾子。

❸❻**烊銅**　鎔化的沸銅。烊，音「洋」，鎔化金屬，同「煬」。

❸❼**非餘種種眾多苦具而不可得**　藏文直譯為「另外尚有種種諸多損惱」。

❸❽**《本地分》中所說錄出**　《本地分》，唯識部論典、《瑜伽師地論》其中一個章節，共68卷。漢譯本有唐玄奘大師譯《瑜伽師地論·本地分》50卷。此分是以十七地的方式，顯示一位補特伽羅所要修得的道次第。十七地是：一、五識身相應地；二、意地；三、有尋有伺地；四、無尋唯伺地；五、無尋無伺地；六、三摩呬多地；七、非三摩呬多地；八、有心地；九、無心地；十、聞所成地；十一、思所成地；十二、修所成地；十三、聲聞地；十四、獨覺地；十五、菩薩地；十六、有餘依地；十七、無餘依地。相應段落參見唐玄奘大師譯《瑜伽師地論·本地分中有尋有伺等三地》：「等活大那落迦中，多受如是極治罰苦：謂彼有情多共聚集業增上生，種種苦具次第而起，更相殘害悶絕躄地；次虛空中有大聲發，唱如是言：『此諸有情，可還等活！可還等活！』次彼有情欻然復起，復由如前所說苦具，更相殘害，由此因緣長時受苦。乃至先世所造一切惡不善業未盡未出故，此那落迦名為等活。又於黑繩大那落迦中，多受如是治罰重苦：謂彼有情多分為彼所攝，獄卒以黑繩拼之，或為四方或為八方，或為種種圖畫文像。彼既拼已，隨其處所若鑿若斸若斫若剗，由如是等種種因緣長時受苦。乃至先世所造一切惡不善業未盡未出故，此那落迦名為黑繩。又於眾合大那落迦中，多受如是治罰重苦：謂彼有情或時展轉聚集和合，爾時便有彼攝獄卒，驅逼令入兩鐵㹠頭大山之間。彼既入已兩山迫之，既被迫已一切門中血便流注。如兩鐵㹠頭，如是兩鐵羝頭、兩鐵馬頭、兩鐵象頭、兩鐵師子頭、兩鐵虎頭亦爾。復令和合置大鐵槽中，便即壓之如壓甘蔗，既被壓已血便流注；復和合已有大鐵山從上而墮，令彼有情躄在鐵地，若斫若剌或擣或裂，既被斫剌及擣裂已，血便流注，由此因緣長時受苦。乃至先世所作一切惡不善業未盡未出故，此那落迦名為眾合。又於號叫大那落迦中，多受如是治罰重苦：謂彼有情尋求舍宅，便入大鐵室中，彼纔入已即便火起，由此燒然，若極燒然遍極燒然，既被燒已苦痛逼切發聲號叫，由此因緣長時受苦。乃至先世所造一切惡不善業未盡未出故，此那落迦名為號叫。又於大號叫大那落迦中，所受苦惱與此差別：謂彼室宅其如胎藏故，此那落迦名大號叫。又於燒熱大那落迦中，

多受如是治罰重苦：謂彼所攝獄卒以諸有情，置無量踰繕那熱極熱遍極燒然大鐵鏊上，左右轉之表裏燒煿；又如炙魚，以大鐵弗從下貫之徹頂而出，反覆炙之，令彼有情諸根毛孔及以口中悉皆焰起；復以有情，置熱極熱遍極燒然大鐵地上，或仰或覆，以熱極熱遍極燒然大鐵椎棒，或打或築遍打遍築，令如肉摶，由此因緣長時受苦。乃至先世所造一切惡不善業未盡未出故，此那落迦名為燒熱。又於極燒熱大那落迦中，所受苦惱與此差別：謂以三支大熱鐵弗從下貫之，徹其兩髆及頂而出，由此因緣，眼耳鼻口及諸毛孔猛焰流出；又以熱極熱遍極燒然大銅鐵鍱，遍裹其身；又復倒擲置熱極熱遍極燒然彌滿灰水大鐵鑊中，而煎煮之，其湯涌沸令此有情隨湯飄轉，或出或沒，令其血肉及以皮脈悉皆銷爛，唯骨瑣在，尋復漉之置鐵地上，令其皮肉及以血脈復生如故，還置鑊中，餘如燒熱大那落迦說，由此因緣長時受苦。乃至先世所造一切惡不善業未盡未出故，此那落迦名極燒熱。又於無間大那落迦中，彼諸有情恒受如是極治罰苦：謂從東方多百踰繕那燒熱極燒熱遍極燒然大鐵地上，有猛熾火騰焰而來，刺彼有情穿皮入肉斷筋破骨復徹其髓，燒如脂燭，如是舉身皆成猛焰。如從東方，南西北方亦復如是。由此因緣，彼諸有情與猛焰和雜，唯見火聚從四方來，火焰和雜無有間隙，所受苦痛亦無間隙，唯聞苦逼號叫之聲，知有眾生。又以鐵箕，盛滿燒然極燒然遍極燒然猛焰鐵炭，而簸剪之；復置熱鐵地上，令登大熱鐵山，上而復下下而復上；從其口中拔出其舌，以百鐵釘釘而張之，令無皺襵如張牛皮；復更仰臥熱鐵地上，以熱燒鐵鉗鉗口令開，以燒然極燒然遍極燒然大熱鐵丸，置其口中，即燒其口及以咽喉徹於府藏，從下而出；又以洋銅而灌其口，燒喉及口徹於府藏，從下流出。所餘苦惱如極熱說；由此因緣長時受苦。乃至先世所造一切惡不善業未盡未出故，此那落迦名為無間。」見《大正藏》冊30，頁294、295；《丹珠爾》對勘本冊72，頁760、766。

此諸大苦，要經幾時而領受者，如《親友書》云❶：「如是諸苦極粗暴，ᵉ領受之時者，雖受ᵉ苦經百俱胝❷年，乃至ᵉ其因[1]不善ᵉ之

勢仍[2]未盡出，爾時猶當死而復生，故[3]與命終不離，或苦仍未盡[4]。」謂其乃至能受業力未盡以來，爾時定須受彼諸苦。此就要者而言也，若就解說而言者[5]，此復人間五十歲是四天王眾天❸一日一夜，以此三十為一月，十二月為一歲，此五百歲是四天王眾天壽量。總此一切為一日夜，三十日夜為一月，此十二月為一歲，此五百歲是為等活地獄壽量。如是人間百歲、二百、四百、八百、千六百歲，如其次第是三十三乃至他化自在諸天❹一日一夜。其壽量者，謂各自天千歲、二千、四千、八千、萬六千歲。如此次第是從黑繩乃至燒熱一日一夜，以各自歲從千乃至一萬六千。《俱舍論》云❺：「人中五十歲，是欲界諸天，下者四天王天[6]一日夜，由其所積自之五百年為其壽量。三十三天至他化自在天間諸上上欲天者，其日夜與壽量，俱較下下[7]倍增。」又云❻：「等活乃至燒熱之間[8]等六，其日夜與壽量依次以四天王天總壽量為等活一日夜，如此積累自之五百歲，是為等活壽量。而以他化自在天總壽量為燒熱一日夜，如此積累自之一萬六千歲，是為燒熱壽量。六熱地獄日夜依次與六欲天，其壽量相等。由是因故，從等活至燒熱之間[9]，彼六熱地獄[10]壽量之年歲，數目與六欲天同。然其實義不同，以六欲天壽量由下至上而計之[11]，依次為六熱地獄由上至下而計[12]之一日夜[13]，如是所積六地獄之自歲與六欲天自歲數目[14]相同耳，然其基準之日夜，實則迥異故也。其下二熱地獄壽量者，極熱半中劫❼，無間壽量中劫。」《本地分》中亦同是義❽。

承受這些痛苦要多長時間，在《親友書》中說道：「要承受那樣極為難忍的痛苦的時間是，即使承受痛苦長達十億年之久，只要痛苦的因——不善的力量還沒消盡，那時即使一度死亡也還會復活，因此都不會與生命分離，痛苦不會窮盡。」如上所述，直到承受這些痛苦的業力尚未耗盡之前，都必須承受。

這些是就主要原則而言，如果詳細說明的話，另外，人間的五十年等於四大王眾天的一日，以這樣的三十天為一個月，十二個月為一年，這樣的五百年，是四大王眾天的歲數。將這一切當作一日，這樣的三十天為一個月，十二個月為一年，這樣的五百年，是等活地獄的歲數。同樣地，人間的一百、二百、四百、八百、一千六百年，依序為三十三天至他化自在天的一日，其歲數分別長達那一重天的一千、二千、四千、八千、一萬六千年。而這些依序等於黑繩地獄至燒熱地獄的一日，其歲數分別長達那一層地獄的一千至一萬六千年，因為《俱舍論》中說：「人間的五十年，是欲界眾天神中，下層四天王眾天的一日，由此累計那一重天的五百年，是他們的歲數。從三十三天至他化自在天之間，越上層的欲界天神的一日與歲數**兩者**則是**其**下層的**雙倍**。」又說：「等活地獄至燒熱地獄之間等六層的一日與歲數為：四大王眾天的歲數總和等於等活地獄的一日，以此累計那一層的五百年，是等活地獄的歲數；一直到他化自在天的歲數總和等於燒熱地獄的一日，以此累計那一層的一萬六千年，是燒熱地獄的歲數。六層炎熱地獄，其一日依序分別等同六重欲界天的**壽命**長度。因為**此**原因，等活至燒熱間六層地獄，**他們的壽命**長度的年數名稱，**與六重欲界天神相等**，但是實際意涵則不同，因為由下往上算六重欲界天神的歲數，依序等同由上往下算六層熱地獄的一日，以此累計六層地獄各自的歲數，與六重欲界天神各自的歲數只是數量名稱相同而已，作為基準的一日卻有極大差異。最下二層熱地獄的歲數，**極熱地獄為一半中劫，無間地獄**的歲數則是一個中劫。」《本地分》的說法也與此相同。

[1]「^巴其因」哲霍本作語註。　[2]「^巴之勢仍」哲霍本「仍」字作語註。

136

[3]「㊉猶當死而復生，故」哲霍本作語註。　　[4]「㊉或苦仍未盡」哲霍本作語註。　　[5]「㊉此就要者而言……言者」拉寺本作妙註，哲霍本作語註。[6]「㊉四天王天」拉寺本無「㊉」。　　[7]「較下下」哲霍本作語註，且脫一「下」字。　　[8]「㊉乃至燒熱之間」哲霍本作語註。　　[9]「㊉從等活至燒熱之間」拉寺本作妙註。　　[10]「㊉六熱地獄」拉寺本作妙註。　　[11]「由下至上而計之」哲霍本作「由下至上而飽之」。按，「飽」(འགྲངས་པ) 乃「計」(འགྲངས) 之訛字。　　[12]「由上至下而計」哲霍本作「由上至下而飽」，誤。同上。　　[13]「依次為六熱地獄由上至下而計之一日夜」拉寺本作「如六熱地獄由上至下之次第，作一日夜」。按，依前後文義不通，誤。　　[14]「數目」拉寺本作「數」。

❶《親友書》云　引文劉宋求那跋摩譯《龍樹菩薩為禪陀迦王說法要偈》作：「受此大苦經一劫，罪業緣盡後方免。」劉宋僧伽跋摩譯《勸發諸王要偈》作：「無量諸楚毒，求死不可得，受罪百千歲，惡業盡乃畢。」唐義淨大師譯《龍樹菩薩勸誡王頌》則作：「此處受極苦，經百俱胝秋，如其惡未盡，命捨定無由。」見《大正藏》冊32，頁747、750、753；《丹珠爾》對勘本冊96，頁679。

❷俱胝　梵語Koṭi音譯。又作拘胝、俱致、拘梨。義譯為「千萬」，印度數目單位之一。

❸四天王眾天　欲界六天的第一重天。又名四天王天、四大王眾天。四大天王分別為：東方持國天王、西方增長天王、南方廣目天王、北方多聞天王。另有作東方持國天王、南方增長天王、西方廣目天王、北方多聞天王。四大天王與其天眾居於須彌山腰四方，故名四天王眾天。

❹三十三乃至他化自在諸天　欲界六天的後五重天。依次解釋如下：第二重天為三十三天，又名忉利天、怛利天、怛利奢天。居於須彌山頂，有八財神、十一威猛天、十二日神天、二婁宿子，共有三十三位天神，故名三十三天。第三重天為離爭天，又名夜摩天、焰摩天、時分天。居於須彌山上空，四天王天及三十三天仍須與阿修羅戰爭，此天不須，故名離爭天；按時行樂，故名時分天。第四重天為兜率天，又名睹史多天、知足天、喜足天。在離爭天之上，受用勝於以下諸天，身心安適，並且具足受用大乘法的喜樂，故名兜率天或喜足天。第五重

天為樂變化天,又名樂化天。在兜率天之上,能自己任意變現欲界資具,盡情享用,故名樂變化天。第六重天為他化自在天,在樂變化天之上,不僅能任意受用自己變化出來的資具,還能任意享用其他天人所變化的資具,故名他化自在天。

❺《俱舍論》云　引文陳真諦三藏譯《阿毘達磨俱舍釋論・分別世間品》作:「人中五十年,彼天一日夜,欲下天」、「以此彼壽五百年」、「向上後倍增」。唐玄奘大師譯《阿毘達磨俱舍論本頌・分別世界品》作:「人間五十年,下天一晝夜,乘斯壽五百,上五倍倍增。」見《大正藏》冊29,頁219、315;《丹珠爾》對勘本冊79,頁22。

❻又云　引文出自《俱舍論》。陳真諦三藏譯《阿毘達磨俱舍釋論・分別世間品》作:「與欲界天壽,日夜次第等,於更活等六,壽量如欲天。」「於大燒半劫,阿毘指別劫。」唐玄奘大師譯《阿毘達磨俱舍論本頌・分別世界品》作:「等活等上六,如次以欲天,壽為一晝夜,壽量亦同彼。極熱半中劫,無間中劫全。」見《大正藏》冊29,頁219、315;《丹珠爾》對勘本冊79,頁22。

❼中劫　時間單位名,又名中間劫。《俱舍論》認為世界成、住、壞、空的時間各有二十中劫,所以成劫的二十分之一即是一個中劫。參見前頁91註4。參見《大正藏》冊29,頁62;《俱舍辨析》,頁437。

❽《本地分》中亦同是義　相應段落參見唐玄奘大師譯《瑜伽師地論・本地分中有尋有伺等三地》:「又人間五十歲,是四大王眾天一日一夜;以此日夜三十日夜為一月,十二月為一歲,彼諸天眾壽量五百歲。人間百歲,是三十三天一日一夜;以此日夜如前說,彼諸天眾壽量千歲;如是所餘乃至他化自在天日夜及壽量,各增前一倍。又四大王眾天滿足壽量,是等活大那落迦一日一夜;即以此三十日夜為一月,十二月為一歲,彼大那落迦壽五百歲。以四大王眾天壽量,成等活大那落迦壽量;如是以三十三天壽量,成黑繩大那落迦壽量;以時分天壽量,成眾合大那落迦壽量;以知足天壽量,成號叫大那落迦壽量;以樂化天壽量,成大號叫大那落迦壽量;以他化自在天壽量,成燒熱大那落迦壽量,應知亦爾。極燒熱大那落迦有情壽半中劫。無間大那落迦有情壽一中劫。」見《大正藏》冊30,頁295;《丹珠爾》對勘本冊72,頁764。

近邊者❶：謂彼八種大那落迦❷，一一各有四牆四門，其外皆有鐵城圍繞，其城亦復各有四門，一一門外有餘四四有情地獄，謂煻煨坑❸；屍糞臭泥或穢糞泥，惡臭如屍；利刀道等；無極大河。**其中初者**：謂有煻煨沒齊膝許，彼諸有情為求舍宅遊行至此，下足之時，皮肉及血並皆銷爛，舉足之時，皮等還生。**第二者**：謂即與此無間相鄰有穢糞泥[1]❹，臭如死屍，彼諸有情為求舍宅遊行至此，顛陷其中，首足俱沒。其糞泥內，多有諸蟲，名曰利嘴❺，穿皮入肉，斷筋破骨，取髓而食。**第三者**：謂與此泥無間相鄰[2]有多利刀，仰刃為路❻，彼諸有情為求舍宅遊行至此，下足之時，皮肉筋血❼悉皆刺截，舉足之時，復生如故。與此無間有劍葉林，彼諸有情為求舍宅遊行至此，遂趣其陰❽，纔坐其下，眾多葉劍從樹而落，斫截其身一切支節。是諸有情便即躃地，來諸㹻狗❾攎擊❿脊胎⓫而噉食之。㈺通體而言，設拉末梨⓬林地處無惱池⓭畔，亦說四類大鵬[3]⓮住於其中[4]。從此㈺劍葉林[5]無間有鐵〔設拉末梨[6]，㈻《世施設論》中說⓯：「小千世界⓰中有四千大樹：謂贍部洲千贍部樹⓱、大海邊千設拉末梨高樹、阿修羅族千姿多羅波羅梨樹、三十三天千穿地樹⓲。」謂有四千大樹。《世施設論》又謂：此世間界有卵生等⓳龍族四千，及卵生等鵬類四千。四千大鵬住於四千設拉末梨高樹。卵生大鵬食卵生龍，不食餘三類；胎生大鵬食卵生、胎生龍，不食餘二類；濕生大鵬食卵、胎、濕生三龍，不食化生；化生大鵬遍食四龍。如歡喜、

近喜等八大龍❷，能住一劫諸龍王者，四種大鵬皆不能食。〕林，彼諸有情為求舍宅遊行至此，遂登其上，當登之時，諸刺向下，欲下之時，復迴向上，由是貫刺一切支節。次有大鳥名曰鐵嘴，上彼頭頂，或上其膊❹，探啄眼睛而噉食之。是等同是刀劍苦害，故合為一。

第四者：設拉末梨無間相鄰[7]有廣大河，名曰無極，❷注以烊銅及硝鹽[8]等銷離骨肉猛利侵蝕之物，故[9]沸熱灰水彌滿其中，彼諸有情為求舍宅，墮中煎煮，❷游移不住，上下漂沒，如以豆等置大鑊中，以水彌滿，猛火煎煮。其河兩岸，有諸獄卒❷ 手執杖〔索，❷鐵鉤也[10]。〕及以大網行列而住，遮不令出。或以索羂❷，或以網漉❷，仰置熾然大鐵地上，問何所欲，彼若答曰：「我等今者竟無覺知❷，然甚飢渴。」便以極熱燒燃鐵丸置其口中，及以烊銅而灌其口[11]。此等皆如《本地分》說❷，其中復說近邊、獨一二中壽量無有決定。然其能感如是苦業乃至力能❷ 未盡，爾時即當於如是處恆受諸苦。

近邊地獄：那八層地獄，每一層都有四面圍牆及四道門，其外都以鐵城牆圍起來，城牆也各有四道門，每一道門外都有另外四座有情地獄：火炭坑、屍糞泥——惡臭如腐屍的糞便泥、利刀道等，以及無極大河。

其中第一處：有火炭坑，深度足以蓋過膝蓋，那些有情為了尋覓住處而

來到這裡，腳踏入其中時，皮肉及血全部被燒毀，抬起腳時又長回來。

第二處：緊鄰著火炭坑有糞便泥，惡臭得像是腐屍，尋覓住處的有情要跨越這裡而跌落其中，頭部以下都陷入糞泥。糞泥中有蟲名叫利嘴，牠們會穿破皮肉筋骨，鑽進骨髓中啃食。**第三處**：緊鄰著糞便泥，有佈滿刀鋒的大道，尋覓住處的有情到了那裡，踏足其中，皮肉及血全都被割碎，抬起腳時又恢復如初。與此緊鄰，有一片劍葉林，那些尋覓住處的有情來到那裡，待在樹蔭下時，就從樹上落下利劍，刺穿、肢解他們的手足肢節。當他們受傷倒地時，便跑來許多黑斑狗，從他們的背脊開始撕扯咬食。一般所謂鐵刺樹林，是在無熱惱池的池畔，也有記載那裡棲息著四種金翅鳥。此處則是與此劍葉林緊鄰著，有一片鐵刺樹林，《世施設論》中說：「小千世界中有四千棵大樹，即贍部洲中的一千棵贍部樹、大海邊的一千棵參天鐵刺樹、阿修羅族的一千棵姿多羅波羅梨樹，以及三十三天的一千棵穿地樹。」提到有四千棵大樹。《世施設論》中又說，這個世界上有卵生等龍族四千隻，以及卵生等金翅鳥族四千隻。四千隻金翅鳥棲息在四千棵高大的鐵刺樹上。卵生金翅鳥能吃卵生龍，而不能吃其他三種；胎生金翅鳥能吃卵生及胎生龍，而不能吃另外兩種；濕生金翅鳥能吃卵生、胎生、濕生三種龍，而不能吃化生龍；化生金翅鳥則是四種龍都能吃。而諸如歡喜、近喜等八大龍王，這些壽命長達一劫的龍王，是四種金翅鳥都無法吃掉的。那些尋覓住處的有情到了那裡，被迫攀爬上樹。攀爬時刺尖都朝下，爬下時刺尖則朝上，刺穿、肢解他們的手足肢節。那裡有鐵嘴烏鴉，會站在他們的肩上或頭頂，啄食他們的眼睛。這些同樣都是被兵器所殘害，因此算作同一個。**第四處**：緊鄰著鐵刺樹林，有一條大河名叫無極，充滿著含有銅汁、硝鹽等能分離骨肉的強力腐蝕性物質，因而沸騰不已的石灰水。那些尋覓住處的有情墜落河裡被烹煮，無法穩住身體，上下浮沉，就像豆子等被倒進裝滿水的鍋裡，被大火燒煮。兩側河岸都有手持棍棒、鐵鉤及網子的有情駐守，不讓他們上岸；或是用鐵鉤、網子將他們撈起，放在熾熱的大地上仰躺，問他們想要什麼。當他們說：「我們什麼也不知道、也看不見了，但是又餓又渴。」便將燃著烈焰的鐵丸塞進他們嘴裡，並將沸騰的銅汁灌入口中。這些也都是依照《本地分》而敘述，其中提到近邊地獄與獨一地獄兩處的壽命沒有定限。但是只要承受那些痛苦的業力還沒竭盡，就必須在這些地方長久地受苦。

[1]「謂即與此無間相鄰有穢糞泥」 拉寺本作「謂此與鳥類有穢糞泥」。按,「鳥類」（ བྱད་པ་ཆགས། ）為「無間相鄰」（ བརྣབས་ཆགས། ）之訛字。　 [2]「謂與此泥無間相鄰」 拉寺本作「謂此泥與鳥類」,同前誤。　 [3]「四類大鵬」 哲霍本作「四類群」。按,「群」（ ཚོ ）為「大鵬」（ ཁྱུང ）之訛字。　 [4]「 ㊉ 通體而言……住於其中」 拉寺本作語註。　 [5]「 ㊉ 劍葉林」 拉寺本作語註。　 [6]「無間有鐵設拉末梨」 拉寺本作「鳥類有鐵設拉末梨」,參此頁校勘1,誤。　 [7]「設拉末梨無間相鄰」 果芒本原作「設拉末梨與鳥類」,哲霍本作「設拉末梨無間相鄰」。按,「鳥類」（ བྱད་པ་ཆགས། ）為「無間相鄰」（ བརྣབས་ཆགས། ）之訛字,故依哲霍本改之。　 [8]「硝鹽」 果芒本原作「牛熱」,拉寺本作「硝鹽」。按,「牛熱」（ བ་ཚ ）為「硝鹽」（ བ་ཚྭ ）之訛字,故依拉寺本改之。　 [9]「 ㊉ 注以烊銅……猛利侵蝕之物,故」 拉寺本作語註。　 [10]「 ㊉ 鐵鉤也」 哲霍本作語註。　 [11]「及以烊銅而灌其口」 果芒本原作「及以分銅而灌其口」,拉寺本、法尊法師原譯作「及以烊銅而灌其口」。按,「分」（ བགོས། ）為「烊」（ བཞུས། ）之訛字,故依拉寺等本改之。

❶ **近邊者**　即前頁120「近邊地獄」一科。

❷ **那落迦**　梵語naraka音譯,義為無樂及無怙,此翻為地獄,又名㮈落迦。

❸ **煨坑**　火炭坑。煨,音「威」,此指火炭,下文「爐煨」亦同此義。

❹ **泥**　法尊法師原譯作「坑」,藏文原意為「泥」,玄奘大師譯《瑜伽師地論》亦作「埿」,故改譯。

❺ **嘴**　法尊法師原譯作「觜」,通「嘴」,今從通用字,下文「鐵嘴」亦同。

❻ **有多利刀仰刃為路**　藏文原意為「滿布利刃之道」。

❼ **皮肉筋血**　藏文原意為「皮肉及血」。

❽ **陰**　同「蔭」,樹下不被日曬的陰影處,音「音」。

❾ **鼥狗**　福智之聲出版《廣論》各本、《大正藏‧瑜伽師地論》皆作「鼇狗」,高麗藏作「鼥狗」。「鼥」,音「梨」,意為黑中帶黃,今從之。唐玄奘大師譯《阿毘達磨俱舍論》則作:「烏駁狗」,指黑斑狗。阿嘉永津、夏日東活佛與善慧摩

尼大師認為，「鸒狗」意指紫紅色的狗。參見《大正藏》冊30，頁296；冊29，頁
58；《阿嘉雍曾文集》冊上，頁75；《洛桑諾布文集》冊2，頁384；《夏日東文
集》冊1，頁308。

❿ **攄掣** 抓取、摘折。攄，音「渣」，同「揸」，用手抓取東西。掣，音「徹」，抽
取、拉扯。

⓫ **脊胠** 脊椎骨。胠，本作「呂」，音「旅」。

⓬ **設拉末梨** 梵語śālmalī音譯，義為鐵刺樹。《瑜伽師地論》認為此樹在無熱
惱池的北方。阿嘉永津提到，此樹有刺極為粗長。參見《大正藏》冊30，頁
287；《阿嘉雍曾文集》冊上，頁76。

⓭ **無惱池** 梵語an-avataptasya sarasaḥ義譯，又名無熱惱池、無熱池、阿耨達
池、瑪那薩羅沃池。《俱舍論》認為此池位於南贍部洲的北方，長寬相等，四面
各有五十踰繕那，其中盈滿八功德水，沒有獲得神通的人無法親臨其境。東方
有銀岩形如大象口，流出恆河引出銀沙；南方有金岩形如牛王口，流出信度河
引出金沙；西方有吠琉璃岩形如馬口，流出縛當河引出吠琉璃沙；北方有金剛
岩形如獅子口，流出徙多河引出金剛沙。此四條大河各有五百條小河，右繞無
熱惱池七圈而流向四方。參見《大正藏》冊29，頁58；《俱舍辨析》，頁376。

⓮ **四類大鵬** 大鵬，又名妙翅鳥、金翅鳥。四類大鵬即卵生、濕生、胎生、化生
四類大鵬鳥。

⓯ **《世施設論》中說** 《世施設論》，阿毗達磨部論典，共8卷，目犍連尊者著，
尚無漢譯。目犍連尊者，佛陀十大弟子中神通第一、第一雙之一（生卒年不
詳），梵語maudgalyāyana音譯，義為採菽子。最初與舍利弗尊者（Śāriputra）
同為六師外道中刪闍耶毗羅胝子（Samjayin）的弟子，精通外道經論，各帶領
兩百五十位弟子，與舍利弗尊者相約，先得道者必相告知，而精進修習。之後
舍利弗尊者見馬勝比丘（Aśvajit）儀容端正，威儀庠序，請問從何師受學，得
知佛陀現住世間。於是到竹林精舍（Veṇuvana）聽聞佛陀說法，獲得法眼
淨。即將此事告知目犍連，二人便與五百弟子共同追隨佛陀出家學道，並且證
得阿羅漢果。尊者曾祈請佛陀救其母親出離餓鬼道，佛陀為說《盂蘭盆經》，
在七月十五僧自恣日供養十方大德僧眾，濟拔母親出離惡道，此為現今盂蘭盆
會之由來。尊者常以神通教化眾生，曾以神通測量佛頂的高度、梵音遠播的極

限、與舍利弗尊者比試神通等，令具緣弟子對佛陀生起淨信。比丘尼中神通第一的蓮花色（Utpalavarṇā），亦是由尊者所攝受教導而成就的。晚年在王舍城（Rājagṛha）內行乞時，慘遭嫉恨佛陀教團之婆羅門以落石擊致重傷，阿闍世王（Ajātaśatru）震怒非常，將外道逐出國境，急令醫生救治。舍利弗尊者了知後，先於目犍連尊者示寂，隨後目犍連尊者也與七萬七千位羅漢弟子於下午同時入滅。佛陀於竹林精舍門邊建塔紀念。此論為目犍連尊者將佛語中關於情器世間的建立集要而述，內容包括：山河大地的數量、大小，有情的身形、壽量、生活方式，世界成住壞空的衍變過程等等。與此段引文相應的經文可參考後秦佛陀耶舍共竺佛念譯《長阿含經・世紀經・閻浮提洲品》：「閻浮提有大樹王，名曰閻浮提，圍七由旬，高百由旬，枝葉四布五十由旬。金翅鳥王及龍王樹，名俱利睒婆羅，圍七由旬，高百由旬，枝葉四布五十由旬。阿修羅王有樹，名善晝，圍七由旬，高百由旬，枝葉四布五十由旬。忉利天有樹，名曰晝度，圍七由旬，高百由旬，枝葉四布五十由旬。」《長阿含經・世紀經・龍鳥品》云：「大海北岸有一大樹，名究羅睒摩羅，龍王、金翅鳥共有此樹。其樹下圍七由旬，高百由旬，枝葉四布五十由旬。此大樹東有卵生龍王宮、卵生金翅鳥宮，其宮各各縱廣六千由旬，宮牆七重、七重欄楯、七重羅網、七重行樹，周匝校飾，以七寶成，乃至無數眾鳥相和悲鳴，亦復如是。其究羅睒摩羅樹南有胎生龍王宮、胎生金翅鳥宮，其宮各各縱廣六千由旬，宮牆七重，七重欄楯、七重羅網、七重行樹，周匝校飾，以七寶成，乃至無數眾鳥相和悲鳴，亦復如是。究羅睒摩羅樹西有濕生龍宮、濕生金翅鳥宮，其宮各各縱廣六千由旬，宮牆七重，七重欄楯、七重羅網、七重行樹，周匝校飾，以七寶成，乃至無數眾鳥相和而鳴，亦復如是。究羅睒摩羅樹北有化生龍王宮、化生金翅鳥宮，其宮各各縱廣六千由旬，宮牆七重，七重欄楯、七重羅網、七重行樹，周匝校飾，以七寶成，乃至無數眾鳥相和悲鳴，亦復如是。若卵生金翅鳥欲搏食龍時，從究羅睒摩羅樹東枝飛下，以翅搏大海水，海水兩披二百由旬，取卵生龍食之，隨意自在，而不能取胎生、濕生、化生諸龍。若胎生金翅鳥欲搏食卵生龍時，從樹東枝飛下，以翅搏大海水，海水兩披二百由旬，取卵生龍食之，自在隨意。若胎生金翅鳥欲食胎生龍時，從樹南枝飛下，以翅搏大海水，海水兩披四百由旬，取胎生龍食之，隨意自在，而不能取濕生、化生諸龍食也。濕生金翅鳥欲食卵生

龍時，從樹東枝飛下，以翅搏大海水，海水兩披二百由旬，取卵生龍食之，自在隨意。濕生金翅鳥欲食胎生龍時，於樹南枝飛下，以翅搏大海水，海水兩披四百由旬，取胎生龍食之，自在隨意。濕生金翅鳥欲食濕生龍時，於樹西枝飛下，以翅搏大海水，海水兩披八百由旬，取濕生龍食之，自在隨意，而不能取化生龍食。化生金翅鳥欲食卵生龍時，從樹東枝飛下，以翅搏大海水，海水兩披二百由旬，取卵生龍食之，自在隨意。化生金翅鳥欲食胎生龍時，從樹南枝飛下，以翅搏大海水，海水兩披四百由旬，取胎生龍食之，隨意自在。化生金翅鳥欲食濕生龍時，從樹西枝飛下，以翅搏大海水，海水兩披八百由旬，取濕生龍食之。化生金翅鳥欲食化生龍時，從樹北枝飛下，以翅搏大海水，海水兩披千六百由旬，取化生龍食之，隨意自在。是為金翅鳥所食諸龍。復有大龍，金翅鳥所不能得。何者？是娑竭龍王、難陀龍王、跋難陀龍王、伊那婆羅龍王、提頭賴吒龍王、善見龍王、阿盧龍王、伽拘羅龍王、伽毗羅龍王、阿波羅龍王、伽甗龍王、瞿伽甗龍王、阿耨達龍王、善住龍王、優睒伽波頭龍王、得叉伽龍王，此諸大龍王皆不為金翅鳥之所搏食，其有諸龍在近彼住者，亦不為金翅鳥之所搏食。」參見《大正藏》冊1，115、127；冊23，頁898；冊24，頁287；《佛光大辭典》冊3，頁2666（慈怡、永本著，高雄市：佛光文化，2014）；《佛學大辭典》冊下，頁2576。引文見《丹珠爾》對勘本冊78，頁632、638。

⓰ **小千世界**　《俱舍論》認為須彌山、七重金山、四洲八渚、鐵圍山、日、月、六欲天、初禪梵天各一千個，組成小千世界，因為須彌山等各有一千，又小於中千及大千世界，故名小千世界。《集論》則認為每一個小千世界更有一個鐵圍山環繞。參見《大正藏》冊29，頁61；冊31，頁674；《俱舍辨析》，頁419。

⓱ **贍部樹**　樹名。《俱舍論》等論典認為此樹在無熱惱池右岸，果實纍纍，味道甘美，成熟時落入池中，發出贍部之聲，所以名為贍部樹。贍部洲亦因此樹而得名。參見《大正藏》冊29，頁58；冊30，頁287。

⓲ **穿地樹**　樹名，又名圓生樹，一種天上的樹。《俱舍論》認為此樹在三十三天善法城外東北方，是三十三天集會的處所之一，盤根深廣五十踰繕那，高一百踰繕那，挺葉開花妙香芬馥，順風時香味熏滿百踰繕那，逆風時則能遍佈五十踰繕那。參見《大正藏》冊29，頁59。

⓳ **卵生等**　卵生、胎生、濕生、化生。在卵當中形成凝酪、皰階段是卵生的體

性；在母胎中形成凝酪、皰、六處後才出生是胎生的體性；不從胎或卵中出生，而是從溫度與濕度出生是濕生的體性；同時完整形成諸根，是化生的體性。

❷⓿ **八大龍**　即八大龍王，住在七重金山之間的內海。八大龍王有不同說法，《法華經》的說法是：難陀龍王、跋難陀龍王、娑伽羅龍王、和脩吉龍王、德叉迦龍王、阿那婆達多龍王、摩那斯龍王、優鉢羅龍王。《瑜伽師地論》說八大龍王分別為：持地龍王、歡喜龍王、近喜龍王、馬螺龍王、目支隣陀龍王、意猛龍王、持國龍王、大黑龍王、鱉羅葉龍王。妙音笑大師的說法為：歡喜龍王、近喜龍王、馬事龍王、取捨龍王、威猛龍王、護國龍王、大黑龍王、伊波羅龍王。另有一種說法為：廣財龍王、蓮花龍王、力遊龍王、安止龍王、大蓮龍王、護貝龍王、具種龍王、無邊龍王。此八大龍王都是一面二臂，上身為人身，下有蛇尾，頭有七個蛇冠，壽長一劫。其他經論尚有許多不同說法。參見《大正藏》冊9，頁2；冊30，頁286；《俱舍辨析》，頁371；《貢德大辭典》冊1，頁91；《藏漢大辭典》，頁44。

❷① **膊**　上肢近肩膀的部位。膊，音「博」。藏文原意為「肩膀」。

❷② **獄卒**　藏文原意為有情，法尊法師係依玄奘大師譯《瑜伽師地論》文譯出。

❷③ **索罥**　鐵鉤繫取。索，本為繩索，此指鐵鉤；罥，繫掛、繫取，又作「罥」，音「狷」。

❷④ **網漉**　用網濾出。漉，音「路」，過濾。

❷⑤ **竟無覺知**　藏文意為「完全不知、不見」，「竟」，徹底之意。

❷⑥ **《本地分》說**　相應段落參見唐玄奘大師譯《瑜伽師地論·本地分中有尋有伺等三地》：「又於近邊諸那落迦中，有情之類受用如是治罰重苦，謂彼一切諸大那落迦，皆有四方四岸四門鐵牆圍遶，從其四方四門出已，其一一門外有四出園，謂煻煨齊膝，彼諸有情出求舍宅遊行至此，下足之時皮肉及血並即消爛，舉足還生。次此煻煨無間即有死屍糞泥，此諸有情為求舍宅，從彼出已漸漸遊行，陷入其中首足俱沒。又屍糞埿內多有諸蟲，名孃矩吒，穿皮入肉斷筋破骨取髓而食。次屍糞埿無間有利刀劍，仰刃為路，彼諸有情為求舍宅，從彼出已遊行至此，下足之時皮肉筋血悉皆消爛，舉足之時還復如故。次刀劍刃路無間有刃葉林，彼諸有情為求舍宅，從彼出已往趣彼蔭，纔坐其下微風遂起，

刃葉墮落斫截其身一切支節，便即躄地有黑㸲狗，擸掣脊胋而噉食之。從此刃葉林無間有鐵設拉末梨林，彼諸有情為求舍宅，便來趣之遂登其上，當登之時一切刺鋒悉迴向下，欲下之時一切刺鋒復迴向上，由此因緣貫刺其身遍諸支節。爾時便有鐵䰄大烏，上彼頭上或上其髆，探啄眼睛而噉食之。從鐵設拉末梨林無間有廣大河，沸熱灰水彌滿其中，彼諸有情尋求舍宅，從彼出已來墮此中，猶如以豆置之大鑊，然猛熾火而煎煮之，隨湯騰涌周旋迴復。於河兩岸有諸獄卒，手執杖索及以大網，行列而住，遮彼有情不令得出。或以索羂，或以網漉，復置廣大熱鐵地上，仰彼有情而問之言：『汝等今者欲何所須？』如是答言：『我等今者竟無覺知，然為種種飢苦所逼。』時彼獄卒即以鐵鉗鉗口令開，便以極熱燒然鐵丸置其口中，餘如前說。若彼答言：『我今唯為渴苦所逼。』爾時獄卒便即洋銅以灌其口，由是因緣長時受苦。乃至先世所造一切能感那落迦惡不善業未盡未出。此中若刀劍刃路，若刃葉林，若鐵設拉末梨林，總之為一故有四園。」見《大正藏》冊30，頁296；《丹珠爾》對勘本冊72，頁772。

㉗力能　法尊法師原譯無此詞，今據藏文補譯。

八寒地獄者❶：謂從八大有情地獄橫去一萬踰繕那外，是有彼處。即從此下三萬二千踰繕那處，有寒皰獄，^語此即正當等活，應不應理，如前已說[1]❷。次下各隔二千二千踰繕那處，有餘七焉。其中皰❸者，謂遭廣大寒觸❹所觸，即如瘡皰^巴若何，一切身分悉皆^巴爾許[2]卷縮❺。皰裂之中所有差別，謂如泡潰^巴若何，其身^巴即爾許[3]卷皺❻。噈哳詀❼、郝郝凡、虎虎凡者，是以叫苦聲音差別而立其名。裂如青蓮者，謂遭廣大寒觸所觸，其色青瘀，裂五或六。裂如紅蓮所有差別，謂過青已，變為紅赤，皮膚分裂或

十或多。裂如大紅蓮所有差別，謂其皮膚變極紅赤，分裂百數，或更繁多。如是次第、處所量齊及諸苦等，皆是依於《本地分》說❽。《本生論·^語第二十品[4]》云❾，^語昔薄伽梵生於梵界，時勝身洲有王名曰施支分，由惡知識增上力故，執無後世，行諸不善。為止彼王邪見，故說此語[5]：「^巴前世串習斷無^巴前後世、業果等[6]見者，^巴其果於後世生於寒地獄中，當住寒^巴冷風^巴起、幽深黑暗中，由此亦能^巴深深引發銷皮及肉，乃至銷骨之病❿，^巴補特伽羅誰欲自利^巴益而趣彼？^巴謂不應趣也。」此說^巴亦住於黑暗之中。《弟子書》中亦云⓫：「^巴強弱之力無可堪比^巴之嚴寒，不唯及外，其力^巴尚能侵^巴透骨^巴髓，遍身寒冷^巴僵木，於是戰慄而縮屈⓬，百皰起裂生諸蟲，嚼抓^巴成屑脂髓水淋滴，^巴凄厲悲苦⓭，^巴且復齒戰毛髮豎^巴立，^巴又盡壞眼耳喉^巴等身分，遍^巴然寒逼⓮，身心中間極蒙蔽^巴頹喪，^巴生而住於^巴如是寒地獄中，^巴甚憂苦故，號聲凄厲⓯。」

八層寒冰地獄：在與八層大有情地獄平行的一萬由旬外。從這裡向下三萬二千由旬的深處，有寒皰地獄，它與等活地獄平行這點是否合理，前文已經說過。從那裡起，每間隔二千、二千由旬，便有另外七層。其中寒皰地獄，由於強勁的寒風吹襲，全身冒出了越多的水泡而越發蜷縮著。皰裂地獄的差別是，水泡破裂得越多而越發蜷縮著。喝哳詀地獄、郝郝凡地獄及虎虎凡地獄，是以哀嚎的方式命名。裂如青蓮地獄，由於強勁的寒風吹襲而膚色發青，周身有五到六處凍裂。裂如紅蓮地獄的差別，在於膚色過了

青色而轉為赤紅，身上有十處或更多處凍裂。裂如大紅蓮地獄的差別，是皮膚轉為極度赤紅，全身上百處或是更多處皮開肉綻。這些地獄的順序、所在的方位，以及其中的痛苦，都是如實依循《本地分》的說法。

《本生論·第二十品》中記載，從前世尊投生到梵天世界時，東勝身洲有一位名叫施支分的國王，由於被惡知識影響而認定沒有來生，因此犯下各種惡行。為了遮止這位國王的邪見，世尊說道：「在前世串習、主張前後世與業果等斷滅的人，後果是會導致後世投生於寒冰地獄。這些人所處的地方一片幽暗漆黑，而且寒風鼓蕩，由此從體內深處引發出不止是損壞皮肉，甚至會摧毀骨頭的疾病。凡是想為自己好的補特伽羅，誰會讓自己投生到那裡？不應讓自己投生到那裡。」這裡提到也會處在黑暗之中。《弟子書》中也說：「力量強弱程度無法比擬的寒風，其威力不止是在表面，甚至能夠侵入骨髓深處，使全身冰凍僵硬麻木，顫慄而蜷縮扭曲，冒出上百個水泡而破裂，被從中出生的蟲子啃食鑽咬成碎片，滴下油脂、黃水與骨髓。牙齒打顫，毛髮雜亂，飽嚐淒苦。眼耳喉部等全身上下都遭受苦難的折磨，身心之間極為昏昧頹喪，投生而處在這樣的寒冰地獄裡，悲苦地發出淒厲的哀嚎。」

❶八寒地獄者　即前頁120「寒冷地獄」一科。

❷此即正當等活應不應理如前已說　參見前頁120語註。

❸皰　見前頁122註3。

❹寒觸　藏文原意為風,下文亦同。

❺即如瘡皰一切身分悉皆卷縮　法尊法師原譯作「一切身分悉皆卷縮,猶如瘡皰」,為配合箋註,故改譯。

❻謂如泡潰其身卷皺　法尊法師原譯作「謂瘡卷皺,如泡潰爛」,今據藏文改譯。

❼嚘哳詀　叫苦的狀聲詞,音「喝札沾」(aṭaṭa),與下文「郝郝凡」(hahava)、「虎虎凡」(huhuva)比較,屬於較輕的叫苦聲。

❽《本地分》說　相應段落參見唐玄奘大師譯《瑜伽師地論·本地分中有尋有伺等三地》:「又於寒那落迦受生有情,多受如是極重寒苦:謂皰那落迦中受生有情,即為彼地極重廣大寒觸所觸,一切身分悉皆卷縮猶如瘡皰,故此那落迦名皰那落迦。皰裂那落迦與此差別:猶如皰潰膿血流出其瘡卷皺,故此那落迦名為皰裂。又嚘哳詀、郝郝凡、虎虎凡,此三那落迦由彼有情苦音差別,以立其名。青蓮那落迦中,由彼地極重廣大寒觸所觸,一切身分悉皆青瘀,皮膚破裂或五或六,故此那落迦名曰青蓮。紅蓮那落迦與此差別:過此青已色變紅赤,皮膚分裂或十或多,故此那落迦名曰紅蓮。大紅蓮那落迦與此差別:謂彼身分極大紅赤,皮膚分裂或百或多,故此那落迦名大紅蓮。」見《大正藏》冊30,頁297;《丹珠爾》對勘本冊72,頁774。

❾《本生論》云　參照《丹珠爾》對勘本,此本生是《三十四本生傳》中〈第二十九品〉,而非〈第二十品〉,《四家合註》中說為《第二十品》,應是版本不同所致。引文見《丹珠爾》對勘本冊94,頁267。

❿由此能發銷骨病　法尊法師原譯作「由此能銷諸骨節」,為配合箋註,故改譯。

⓫《弟子書》中亦云　《弟子書》,書翰部論典,共1卷,月官論師著,尚無漢譯。月官論師,中觀自續派祖師(約公元7世紀),梵語Candragomin及藏語བཙུན་པ་ཟླ་བ(尊巴達瓦)義譯,又名大德月。生於剎帝利種,班智達衛世沙迦(Viśeṣaka)之子。7歲時,善巧駁斥了當時文法權威的外道,後依阿殊迦阿闍黎(Aśoka)學法。傳說曾在那爛陀寺,與月稱菩薩辯論長達七年之久。此

師精通五明，並親得觀音及度母的攝受指導。相傳有著述、讚頌、內明、工巧各一百零八部，其他零散論著四百三十三部等傳世，然皆未漢譯。此書因緣為月官論師的弟子寶稱王子出家後，大臣因國政的需求，勸請王子還俗執政，迫於情勢，王子遂捨去梵行執掌國事，因而耽著女色，月官論師便撰寫此書勸諫國王，使國王如法而行。本書歷述人間的生老病死苦以及三惡趣的種種大苦，勸勉應當把握堪修大乘的暇滿人身，並引導透過觀察輪迴過患而推及一切如母有情，發展慈心、悲心的修行，使現前充滿安樂，最後證得寂靜的甘露勝位。參見《如意寶樹史》，頁162（益西班覺著，蒲文成才讓譯，甘肅：甘肅民族出版社，1991）；《菩提道燈抉微》，頁214（釋如石著，臺北市：法鼓文化，1997）；《洛桑諾布文集》冊2，頁305。引文見《丹珠爾》對勘本冊96，頁694。

❶ **無比嚴寒力侵骨遍身寒戰而縮屈** 法尊法師原譯作「無比嚴寒侵骨力，遍身慄戰而縮屈」，為配合箋註，故改譯。

❸ **悲苦** 法尊法師原譯作「寒迫」，為配合箋註，今據藏文改譯。

❹ **壞眼耳喉遍寒逼** 法尊法師原譯作「眼耳喉等遍寒逼」，為配合箋註，今據藏文改譯。

❺ **號凄厲** 法尊法師原譯作「苦最極」，今據藏文改譯。

受如是苦經幾時者，謂❶如前說乃至未盡如是惡業。此又如《本地分》云❶：「生寒地獄有情壽量，當知望於諸大有情地獄有情❶壽量，次第相望各近其半。」《俱舍釋》中引經說云❷：「諸比丘❸！譬如此間摩羯陀國❹，納八十斛❺胡麻❻〔大篅❼，❶師云：容器名也。或有地域呼作「仲」、「邦」，亦即倉廩等也。以其未加小升❽ 而簡別故，或為大升❾。〕，以諸胡麻高盛充滿。次若有人經越百歲，取一胡麻。諸比丘！由是漸次容八十斛胡麻大篅速當永盡，然我不說生寒

皰中諸有情壽而能永盡。諸比丘！如二十皰，如是乃為一皰裂量。」廣說乃至「又諸比丘，如其二十裂如紅蓮，如是裂如大紅蓮量，其一亦爾。」謂乃至爾許壽量受苦。⑫《俱舍論》亦云❿：「百年從麻簏，取一麻至盡，是即皰獄壽，後後倍二十。」

這些痛苦要承受多長時間？如前所述，是直到那些惡業還沒消盡以前。這也如《本地分》所說：「投生到寒冰地獄的有情的壽限，應當曉得依次是投生到大有情地獄的有情壽限的一半。」《俱舍釋》中引據經文說：「比丘們！例如此處摩羯陀境內能裝進八十斗芝麻的大籠，上師說：這是一種容器的名稱，在某些地區也稱之為「仲」與「邦」，也就是糧倉等等。由於未指明是小升，所以或許是大升。將芝麻滿滿地裝入其中。接著如果有人每過一百年拿掉一粒芝麻，比丘們！這樣逐步地使摩羯陀地區的容納八十斗芝麻的大籠完全清空，還算是非常迅速的；但是我不會說投生到寒皰地獄的有情的壽命就此結束。比丘們！二十個寒皰地獄那樣長的壽命，等於一個皰裂地獄的壽限。」一直詳細說到「另外，比丘們！二十個裂如紅蓮地獄那樣長的壽命，等於一個裂如大紅蓮地獄的壽限。」所以是在這麼長的壽命之中受苦。《俱舍論》中也提到：「每一百年從芝麻籠中取出一粒芝麻，直到取完，是寒皰地獄的壽限，其他的壽限則乘以二十倍。」

❶《本地分》云　引文唐玄奘大師譯《瑜伽師地論・本地分》作：「又寒那落迦於大那落迦，次第相望壽量近半。」見《大正藏》冊30，頁295；《丹珠爾》對勘本冊72，頁765。

❷《俱舍釋》中引經說云　《俱舍釋》，阿毗達磨部論典，全名《阿毗達磨俱舍釋論》，又名《俱舍論自釋》，共9品，世親菩薩著。漢譯本有陳真諦三藏譯《阿毗達磨俱舍釋論》22卷；唐玄奘大師譯《阿毗達磨俱舍論》30卷，共二種。此論因緣漢藏說法不同，漢地傳稱世親菩薩曾為眾人講述《大毗婆沙》，每日總攝當日所說內涵而造一偈，經過六百多日而造六百多偈，即《俱舍論頌》。之後將此論寄回罽賓國，國中毗婆沙師不了解其中意涵，又請菩薩造論解說，於是菩薩遂造此釋論。藏傳則認為世親菩薩為了懺悔往昔毀謗大乘的惡業，依循至尊慈氏的引導，廣造大乘經論，其中包含了《俱舍論》及其自釋。引文陳真諦三藏譯《阿毗達磨俱舍釋論‧分別世間品》作：「於寒地獄壽量云何？偈曰：從婆訶百年，除麻盡為壽，頞浮陀二十，倍倍後餘壽。釋曰：約譬喻佛世尊說，寒地獄壽量如經言：『比丘，譬如此中二十佉梨，是摩伽陀量一婆訶麻遍滿高出。從此有人，一百年度除一粒麻。比丘，如此二十佉梨、一婆訶麻，由此方便，我說速得減盡，我未說於頞浮陀生眾生壽量得盡。比丘，如頞浮陀壽量，更二十倍為尼浮陀壽量，乃至比丘，二十倍波頭摩壽量，為分陀利柯壽量。』」唐玄奘大師譯《阿毗達磨俱舍論‧分別世品》作：「寒那落迦云何壽量？世尊寄喻顯彼壽言：『如此人間佉梨二十成摩揭陀國一麻婆訶量。有置巨勝平滿其中，設復有能百年除一，如是巨勝易有盡期，生頞部陀壽量難盡，此二十倍為第二壽，如是後後二十倍增，是謂八寒地獄壽量。』」參見《大正藏》冊50，頁190；《師師相承傳》中文冊上，頁93；藏文冊上，頁133。引文見《大正藏》冊29，頁219、61；《丹珠爾》對勘本冊79，頁380。

❸比丘　梵語bhikṣuḥ音譯，義為乞士，又名乞善男、乞淨食男，別解脫七眾之一。具足《戒經》所說二百餘條比丘戒律的男性。

❹摩羯陀國　中印度古國名，梵語Magadha（ མ་ག་ཏ ）音譯。位於恆河中下游地區，大體相當於今比哈爾邦（Bihār）的中南部。此地曾盛產奇特稻米，米粒碩大，色香俱全，被當地人稱為「供大人米」。風俗純樸，百姓重視學業，篤信佛法。著名的金剛座、大菩提寺、那爛陀寺等佛教聖地，都在這個國家境內。阿育王和旃陀羅笈多二世（Candragupta II），是這國家佛教鼎盛時期的兩位統治者。參見《大正藏》冊51，頁910；《新譯大唐西域記》，頁359；《東噶辭典》，頁1604。

❺斛 容量與重量單位名。藏人的計算方式如下：一斛約二十個藏升，二十八市斤，相當於一百二十個藏合，摩羯陀國的二十個大斗。另有一種計算方式為：約二十藏兩，七市斤。

❻胡蘇 指芝麻。因產自胡人地區，故稱胡蘇。

❼大篅 竹製的圓形穀倉。藏文原意為在室內圍成的沒有頂蓋的儲糧小倉，又名囷子。篅，音「船」。

❽小升 容量與重量單位名。藏人的計算方式如下：常人一個手掌略向內屈所得容量為一掬，約為二兩，又名單掬。七個掬等於兩個藏合，亦即摩羯陀國的一小斗。

❾大升 容量與重量單位名。藏人的計算方式如下：常人一個手掌略向內屈所得容量為一掬，約為二兩，又名單掬。二十一個掬等於六個藏合，亦即摩羯陀國的一大斗。簡言之，大斗是小斗三倍的容量。

❿《俱舍論》亦云 引文陳真諦三藏譯《阿毘達磨俱舍釋論》作：「從婆訶百年，除麻盡為壽，頌浮陀二十，倍倍後餘壽。」唐玄奘大師譯《阿毘達磨俱舍論本頌・分別世品》作：「頌部陀壽量，如一婆訶麻，百年除一盡，後後倍二十。」見《大正藏》冊29，頁219、315；《丹珠爾》對勘本冊79，頁22。

獨一地獄者：謂於寒熱地獄近邊；《本地分》說❶人間亦有；《事阿笈摩》亦說❷住於近大海岸，猶如《⑨童子僧護因緣》中說❸。《俱舍釋》亦云❹：「如是十六有情地獄，⑨唯為已生或當生之類❺，故是由一切有情⑨共通之業❻增上而成。獨一地獄⑨是生彼中別別有情，**或由眾多、或二、或一別業而成；此等形相差別者，**⑨說有樹、柱、繩等形相，是故**形相非一也**❼。⑨彼等[1]處所無定，若河、若山、若曠野處、若所餘處[2]、若於地下[3]，悉皆有故。」

孤獨地獄：地處炎熱地獄與寒冰地獄附近。《本地分》說在人間也有，《事教》中也說處在靠近大海岸處，一如《童子僧護因緣經》中所說。《俱舍釋》也提到：「這十六座有情地獄，由於是純屬已生或是將要投生的種姓，所以是藉由一切有情的總體共通業力所形成；而那些孤獨地獄，則是由於眾多或兩個，或一個投生其中的個別有情各自的業力所形成。其中的形態，經典提到有樹木、柱子、繩索等樣貌，所以有許多類型。他們的所在地並不固定，因為在河流、山區及荒漠地帶，還有其他地方，甚至地底下都有。」

[1]「^巴彼等」哲霍本作妙註。 [2]「若所餘處」雪本、哲霍本作巴註，誤。按，今查八種版本《廣論》，「若所餘處」咸作正文。 [3]「若於地下」「地」果芒本原作巴註，哲霍本作妙註。按，「地」字，本為箋註，法尊法師漢譯時譯入正文。

❶《本地分》說 相應段落參見唐玄奘大師譯《瑜伽師地論·本地分中有尋有伺等三地》：「復有獨一那落迦、近邊那落迦，即大那落迦及寒那落迦，以近邊故不別立處。又於人中亦有一分獨一那落迦可得，如尊者取菉豆子說：『我見諸有情。』」見《大正藏》冊30，頁294；《丹珠爾》對勘本冊72，頁761。

❷《事阿笈摩》亦說 《事阿笈摩》，即《事教》，說一切有部的律典，又名《十七事》，共109卷。漢譯本在宇井伯壽等編《德格版·西藏大藏經總目錄》中說是唐義淨大師譯《根本說一切有部毘奈耶·出家事》等七事，對照《甘珠爾》和《大正藏》律文，確有相似的段落，然義淨大師並未完整譯出《事教》。此律典是說一切有部的四部律典之一，主要說明出家的規範、應如何安居、結夏、解夏等十七件事。相應段落參見唐義淨大師譯《根本說一切有部毘奈耶·

出家事》：「爾時僧護在沙磧上睡，日炙便覺。起立四顧都無一人，便作是語：
『此商主等捨我而去。我不可住，宜應前進。』即漸次行，無有人蹤但見小徑，
尋徑而行至一大林，於中見寺嚴麗精妙，床座榻席氍毹罽毺，殿堂樓閣窓牖殊
妙。其中亦有流泉清沼，寶樹行列，奇異雜色枝葉隱映。於彼池中亦有眾鳥，
白鶴、孔雀、鸚鵡、舍利、白鵝等鳥，猶若天宮。於此寺中有諸苾芻，威儀具足。
爾時僧護見同梵行，即往至彼，恭敬頂禮。彼苾芻言：『善來善來。僧護！汝從
何來？』僧護以具如上事答。時彼苾芻令憩定已，將入寺中，見諸好座，有妙飲
食。苾芻問曰：『汝飢渴不？』答言：『飢渴。』報曰：『汝飢，噉食。』答曰：『待
僧伽食，我當同食。』苾芻報曰：『汝在路疲乏，宜應具食。若至食時，有諸過
失。』僧護食訖，向一邊住。既至食時，鳴揵椎、集僧伽，各自持鉢至食堂中，
次第而坐。于時寺舍便即隱沒，其鉢變為鐵樋，各用此樋更互相打，頭面俱碎、
血流遍地，受諸劇苦。食時既過，其寺復現，其諸苾芻平復如故，諸根寂
靜次第而坐。是時僧護詣苾芻處白言：『聖者！作何因業，有如斯事，受諸苦
惱？』答曰：『大德僧護！彼瞻部洲人無有信心。』僧護報曰：『我今現見，何故
不信？』告言：『僧護！我等往昔於迦攝波佛所而作聲聞，欲至食時遂相鬪打。
由斯業故，令我於此別受地獄且受輕苦；於此命終，當墮大地獄。汝今應去報
瞻部僧伽，每於食時勿相鬪打。若鬪打者，必獲斯苦。』僧護答言：『唯唯，如
是。』即辭而去。」見《大正藏》冊23，頁1035；《甘珠爾》對勘本冊1，頁236。

❸ 《僧護因緣》中說　《僧護因緣》，出自於《根本說一切有部毘奈耶・出家
事》。漢譯本有佚名譯《佛說因緣僧護經》，疑是從《根本說一切有部毘奈
耶・出家事》節錄而出，然所述較〈出家事〉更廣。《僧護因緣》中描述僧護比
丘隨商人出海，回程時在海邊見到種種獨一地獄的景象，於是啟白佛陀，佛即
為尊者說明這些地獄眾生的業報因緣，並告誡弟子當持淨戒，應如法受用僧
物。參見《大正藏》冊23，頁1035；冊17，頁566；《甘珠爾》對勘本冊1，頁235。

❹ 《俱舍釋》亦云　引文陳真諦三藏譯《阿毘達磨俱舍釋論・分別世間品》作：
「如此十六地獄，一切眾生，增上業所起；有別處地獄，由眾生自業所起，或多
人共聚，或二人或一人。此別地獄，差別多種。處所不定，或在江邊、或在山
邊、或在曠野、或在餘處。」唐玄奘大師譯《阿毘達磨俱舍論・分別世品》作：
「如上所論十六地獄，一切有情增上業感；餘孤地獄各別業招，或多或二或一

所止。差別多種。處所不定，或近江河山邊曠野，或在地下空及餘處。」見《大正藏》冊29，頁216、59；《丹珠爾》對勘本冊79，頁364。

❺ **已生或當生之類** 如月格西解為，之前已投生地獄而現在仍在其中的有情，以及未來將投生到地獄的有情。已生不能解為「曾經投生於地獄」，因為所有聖者都曾經在六道輪轉過，而此處的已生或當生之類，特指一般由於業力投生的有情。

❻ **一切有情之業** 法尊法師原譯作「一切有情共業」，其「共」字本為箋註而非原文，為配合箋註，故改譯。

❼ **此等形相差別者形相非一也** 法尊法師原譯作「此等形相差別非一」，為配合箋註，今據藏文補譯。

如是能感於彼等中受生之因，如下當說極近易為，於日日中亦集多種，先已集者，現有無量，是故不應安穩而住，應思此等深生畏怖，與彼中間唯除隔絕奄奄之息❶而無餘故。如是亦如《入行論》云❷：「已作地獄業，何故安穩住？」《親友書》亦云❸：「諸作惡者ᴾᴬ自唯以出ᴾᴬ入息，未〔斷，ᴾᴬ氣絕也。〕之時而間隔ᴾᴬ今生後世，聞ᴾᴬ此諸地獄無量苦，仍無畏ᴾᴬ懼者，其心是金剛性❹。見畫地獄ᴾᴬ之相及聽聞ᴾᴬ談說其狀，ᴾᴬ心中憶念ᴾᴬ彼義共相[1]❺，讀誦ᴾᴬ開示其理教典，觀視以面具衣飾等所[2]造ᴾᴬ其形相，尚能引發諸恐怖，ᴾᴬ何況諸ᴾᴬ正為領受❻ᴾᴬ極猛ᴾᴬ業異熟ᴾᴬ地獄者哉。」生死苦中，諸惡趣苦極難忍受，其中復以地獄諸苦極難堪忍；於一日中，以三百矛無間猛刺所有痛苦，於地獄中微苦少分[3]亦莫能比。諸地獄中，又

以無間苦為至極。《親友書》云❼：「如於一切安樂中，永盡諸愛 ⑭或斷滅輪迴之樂為樂 ⑭之主 ⑭或最勝者；如是一切眾苦中，無間獄苦 ⑭至極粗猛、⑭最為難忍。⑭設謂：若爾，其量云何耶？此間日以三百矛，⑭於一人無間極猛貫刺所生 ⑭非唯大苦，比於地獄輕微苦，非喻非能及少分。」能感如是眾苦之因，唯是自內三門惡行，如是知已，應盡士夫力用策勵，輕微惡行莫令染著。即前書云❽：「此諸〔不善果，⑭即甫所說地獄之苦。〕種子 ⑭或因，⑭唯即 ⑭自之身語意諸惡行，⑭故國王汝應 ⑭竭盡 ⑭心力、⑭力能而策勵，縱其塵許 ⑭惡行亦莫令侵。」

既然如此，如同下文所說，投生其中的因太容易發生，所以每一天都累積很多，而過去造下的也還有無量無邊，因此不應該怡然自處，應當思惟這些而深生恐懼，因為跟這些地獄痛苦之間的區隔，也無非是那微弱的氣息斷絕而已。這也如《入行論》所說：「已經造下地獄業，為何還這麼怡然自處？」《親友書》也提到：「那些僅以自己的呼吸停止、氣息斷絕的時間來區隔今生與後世的罪人，聽到這些無窮的地獄苦，無論如何也不害怕，那些人的心真是金剛的體性啊！看見描繪地獄的景象，以及聽到對其中情景的陳述、心中憶念其義共相、讀誦開示這些內容的教典，還有看見以面具及戲服等飾演出其中的相狀等的人，尚且還會產生恐懼，更何況是親身經歷最為劇烈的業異熟──地獄──的人呢？」輪迴的痛苦中，惡趣的痛苦難以忍受；而其中，地獄的痛苦尤其難忍。因為即使一天之內，被三百支銳利的矛毫不間歇地刺擊，其痛苦也比不上輕微的地獄苦一小部分。而地

獄苦當中，又以無間地獄的痛苦最極劇烈。《親友書》中說：「如同一切快樂之中，以滅盡貪愛、斷除輪迴的快樂為快樂之首，最為超勝；同樣地，一切痛苦當中，無間地獄的痛苦極其劇烈，是最難忍受的劇苦。那麼究竟達到什麼程度？在這裡，一天之內以三百支短矛毫不間歇地猛力刺擊一個人的痛苦，別說是大苦，甚至不足以約略比擬輕微的地獄苦，連少部分都比不上。」產生如此痛苦的起因，完全是自己三門的惡行。曉得之後，應當竭盡所能地努力，即使輕微的惡行都不要被沾染。前面那部典籍中說：「剛才提到的這些不善果——地獄之苦——的種子、起因，完全就是自己的身語意的惡行。因此，國王啊！你應該竭盡所能地用心努力，直到無論如何都不染纖毫惡行。」

❶ **隔絕奄奄之息**　「奄奄」，法尊法師原譯作「悠悠」，藏文原意為動搖不穩，以形容呼吸不暢、忽急忽緩，故改譯。「隔絕」，藏文另有「斷絕」之義，合前後文義為「此生與地獄中間只差斷絕奄奄之息」。

❷ **《入行論》云**　引文如石法師譯《入菩薩行·精進品》作：「已造獄業者，云何復逍遙？」見《入菩薩行》，頁61；《丹珠爾》對勘本冊61，頁993。

❸ **《親友書》亦云**　引文劉宋求那跋摩譯《龍樹菩薩為禪陀迦王說法要偈》作：「若人於此短命中，聞上諸苦不驚畏，當知此心甚堅固，猶如金剛難摧壞。若見圖畫聞他言，或隨經書自憶念，如是知時已難忍，況復己身自經歷。」劉宋僧伽跋摩譯《勸發諸王要偈》作：「若人隨癡惑，具造眾惡業，出息未反

間，聞是諸大苦，其心不驚怖，是則木石人。眼見報應像，復聞智者說，彼採佛經典，內心正思惟，則應大怖畏，何況身自經。」唐義淨大師譯《龍樹菩薩勸誡王頌》作：「若人具造眾罪業，聞苦身自不干墮，如此頑駃金剛性，氣盡泥犁遭猛火。時觀盡變聞應念，讀誦經論常尋鞠，泥犁聽響已驚惶，如何遣當斯異熟。」見《大正藏》冊32，頁747、750、753；《丹珠爾》對勘本冊96，頁678。

❹ **仍無畏是金剛性** 法尊法師原譯作「如金剛性無所畏」，似在表達造惡者的心就像金剛的體性，只是以斷氣的時間來隔絕今生與後世而已，聽了地獄苦還不知道怖畏。但是下文緊接著就說只要見聞地獄的形相，就會引發恐怖，如此則前後所要表達的意涵難以連接。觀原文及箋註的語氣，其所表達的意思應為「造惡者只是以斷氣的時間來隔絕今生與後世而已，如果聽了地獄苦卻還不知道怖畏，那只能說他的心真的就是金剛的體性。」如此，則此段只是以另一種形式表達地獄苦有多恐怖，只有那種心是金剛做的人聽了才會不感到害怕，與下文之意相連貫，故改譯。

❺ **義共相** 分別心在執持自己的境時所顯現的一種行相。僅僅在分別心的顯現中成立的增益分，即是義共相。譬如事實上不是與瓶子完全相同，執持瓶子的分別心卻顯現為與瓶子完全相同而增益的那一分，即是瓶子的義共相。簡言之，執持瓶子的分別心顯現為瓶子的行相，即是瓶子的義共相。由於分別心在執持自己的對境時，都是從內義共通或總體的角度顯現，所以稱這樣的行相為義共相。

❻ **領受** 法尊法師原譯作「正受」，「正」原為箋註之文，為配合箋註，故改譯。

❼ **《親友書》云** 引文劉宋求那跋摩譯《龍樹菩薩為禪陀迦王說法要偈》作：「如於一切安樂中，永盡諸愛為樂主；如是一切眾苦中，無間無救大地獄，此中諸苦難窮盡。若復有人一日中，以三百矛穧其體，比阿毗獄一念苦，百千萬分不及一。」劉宋僧伽跋摩譯《勸發諸王要偈》作：「一切受苦中，無擇最大苦，一切受樂中，愛盡第一樂。日夜各三時，三百槍貫身，欲比無擇苦，百千倍非譬。」唐義淨大師譯《龍樹菩薩勸誡王頌》作：「於諸樂中誰是最，愛盡無生樂最精，於眾苦內誰為極，無間泥犁苦極成。人間一日中，屢刺三百槊，比地獄輕苦，毫分寧相捅。」見《大正藏》冊32，頁747、750、753；《丹珠爾》對勘本冊96，頁679。

❽即前書云　引文出自《親友書》。劉宋求那跋摩譯《龍樹菩薩為禪陀迦王說法要偈》作：「如是苦惱從誰生，皆由三業不善起，大王今雖無斯患，若不修因緣墜落。」劉宋僧伽跋摩譯《勸發諸王要偈》作：「不淨苦果報，身口業為種，不種則不有，王宜斷苦本。」唐義淨大師譯《龍樹菩薩勸誡王頌》作：「如是諸惡果，種由身語心，爾勤隨力護，輕塵惡勿侵。」見《大正藏》冊32，頁747、750、753；《丹珠爾》對勘本冊96，頁679。

思惟旁生苦者❶：謂旁生中諸羸劣❷者，為諸強力之所殺害。又為人天資生之具[1]，自無自在，為他驅馳，遭其傷殺❸撻打❹損惱。《本地分》說❺：與諸人天共同行止❻，無別處所。《俱舍釋》云❼：「旁生謂諸水、陸、空行，其處根本是謂大海，餘者皆從大海散出。」《親友書》亦云❽：「旁生趣中遭殺害，繫縛打等種種苦，諸離寂滅淨善者，互相吞噉極暴惡[2]。有因真珠❾及毛骨，由肉皮故而死亡，無自在故由他驅，足手鞭鉤及棒打。」其中初頌，顯示總苦；其第二頌，顯示別苦。言打等中，等攝驅馳及穿鼻等，此是依於由人非人作殺害等[3]；互吞噉者，是約旁生同類❿中所為損害；寂滅淨善者，謂能證得涅槃善法，遠離此者，顯極愚蒙，不堪道器[4]⓫；從足踢使，至以棒打而為驅使，五事如次謂馬、水牛、驢、象、牛等，此等是如《親友書釋》中所說⓬。其餘尚有生於黑暗及以水中，老死於彼、負重疲勞、耕耘、剪毛、強逼驅使；又以非一殺害方便，苦

惱而殺；又受飢渴、寒暑逼惱❸；又由獵士多方惱害，故於此等常懸畏懼。由是應思眾多苦惱道理❹，厭患出離。其壽量者，《俱舍論》云❺：「旁生長經劫。」謂壽長者，能達劫量❻，短則無定。

語 譯

思惟畜生的痛苦：弱小的畜生會被力量強大的畜生殺害；成為人與天人的資產，喪失自由而被他人控制，因而遭受屠殺、捶打與傷害。《本地分》提到，由於和人與天人一起活動，因而沒有另外的住處。《俱舍論釋》中說：「畜生是指生活在陸地、水裡、空中的動物。牠們的原始住處是大海，其他都是從大海中散出。」《親友書》也提到：「畜生道也有被殺戮、捆綁、鞭打等各種痛苦；斷絕了能帶來寂滅的淨善，牠們極度殘暴地互相獵食。有些是因為珍珠、毛、骨、肉、皮而致死；喪失自由，被他人腳踢手打，用鞭子、鐵鉤及木棒攻擊而奴役。」其中第一偈指出總體的痛苦，第二偈則指出個別的痛苦。「鞭打等」的「等」字中，包含驅使及打穿鼻孔等，是就被人與非人殺戮等而言；「互相獵食」則是就畜生同類相殘而言。「能帶來寂滅的淨善」，是指能獲得涅槃的善法；斷絕了這種善法，意指極度愚昧，不能成為修道的法器。從用腳踢踐而奴役，一直到用木棒擊打而奴役，這五者依序是對馬、水牛、驢子、大象、牛等。以上這些是依據《親友書釋》所作的解釋。另外還有投生並老死於幽暗處及水中、背負重物而疲勞、耕耘、被剪毛，以及遭受驅趕。又被眾多不同的殺害方式折磨之後殺害，並且為飢渴、日曬風吹所苦，以及遭受獵人用各種方式凌虐殘害，因而始終對這些痛苦深懷恐懼。應當思惟受這些苦的情形，心生厭惡，想要出離。其壽命長度，《俱舍論》中說：「畜生最長可至劫。」是說長壽的畜生最多能活到一劫，壽短的則沒有定限。

[1]「又為人天資生之具」 拉寺本作「又為母天資生之具」，誤。 [2]「互相吞噉極暴惡」 果芒本原作「互相吞噉極無盡」，《丹珠爾》對勘本、拉寺本、法尊法師原譯作「互相吞噉極暴惡」。按，依此偈意，「無盡」(ཟད་མེད) 為「暴惡」(མི་བཟད) 之訛字，故依拉寺等本改之。 [3]「人非人作殺害等」 果芒本原作「人及是人作殺害等」，拉寺本、雪本、哲霍本、法尊法師原譯作「人非人作殺害等」。按，果芒本之「人及是人」(མི་དང་མི་ཡིན་པ) 義有重複，作「人非人」(མི་དང་མི་མ་ཡིན་པ) 則知旁生非僅為人所殺，抑或為非人所殺，文暢意明。以是知果芒本脫「非」(མ) 字，故依拉寺等本改之。 [4]「不堪道器」 果芒本原作「堪名道器」，拉寺本、雪本、哲霍本、法尊法師原譯作「不堪道器」。按，此乃解釋《親友書》偈，欲明畜生愚蒙不堪修道，故與「堪名道器」去意甚遠，「堪名」(མིང་རུང) 為「不堪」(མི་རུང) 之訛字，故依拉寺等本改之。

❶ **思惟旁生苦者** 即前頁120「旁生所有眾苦」一科。

❷ **羸劣** 弱小。羸，音「雷」，瘦弱。

❸ **傷殺** 藏文原文無「傷」字，只有「殺害」之義。

❹ **撻打** 用鞭子或棍子擊打。撻，音「踏」。此詞於藏文中通指各種擊打的動作。

❺ **《本地分》說** 相應段落參見唐玄奘大師譯《瑜伽師地論·本地分》：「傍生即與人天同處，故不別建立。」見《大正藏》冊30，頁294；《丹珠爾》對勘本冊72，頁761。

❻ **行止** 法尊法師原譯作「依止」，藏文原意為活動，故改譯。

❼ **《俱舍釋》云** 引文陳真諦三藏譯《阿毘達磨俱舍釋論·分別世間品》作：「畜生行處有三，謂地、水、空；大海為本處，從海行於餘處。」唐玄奘大師譯《阿毘達磨俱舍論·分別世品》作：「傍生住處，謂水、陸、空；本處大海，後流餘處。」見《大正藏》冊29，頁216、59；《丹珠爾》對勘本冊79，頁365。

❽ **《親友書》亦云** 引文劉宋求那跋摩譯《龍樹菩薩為禪陀迦王說法要偈》作：「於畜生中苦無量，或有繫縛及鞭撻，無有信戒多聞故，恒懷惡心相食噉。

或為明珠羽角牙，骨毛皮肉致殘害，為人乘駕不自在，恒受瓦石刀杖苦。」劉宋僧伽跋摩譯《勸發諸王要偈》作：「若墮畜生趣，繫縛殺害苦，貪害狂亂心，怨結更相食。或為取珠寶，毛尾皮肉骨，由是喪身命，解剝斷截痛。駿足有大力，穿頸服乘苦，狂逸不調馴，策勒而榜楚。」唐義淨大師譯《龍樹菩薩勸誡王頌》作：「或入傍生趣，殺縛苦恒親，遠離於寂善，更互被艱辛，或被殺縛苦，求珠尾角皮，錐鞭鉤斲頂，踏拍任他騎。」見《大正藏》冊32，頁747、750、753；《丹珠爾》對勘本冊96，頁679。

❾ **真珠**　又名珍珠、蚌珠；一種產生於蚌或蛤內的凝結物，可作食品、藥品及裝飾等。

❿ **同類**　法尊法師原譯作「眾同分」，藏文作「同類」，雖與眾同分音義相似，然為不同的法相名詞，故改譯。

⓫ **不堪道器**　不能成為修道的法器。

⓬ **《親友書釋》中所說**　《親友書釋》，書翰部論典，全名《親友書廣釋‧顯句論》，大慧阿闍黎（Mahāmati）著，尚無漢譯。大慧阿闍黎生卒事蹟不詳。本論逐句解釋《親友書》的文意，並仔細剖析前後段落的關聯，重要段落又詳解其內涵，例如：在解釋《親友書》中畜生苦時，先解釋《親友書》中「旁生趣中遭殺害」一偈，闡述畜生的總苦，並且詳解畜生遠離寂滅淨善的痛苦。後解釋《親友書》中「有因真珠及毛骨」一偈，闡述畜生的別苦。此段是取經文大意，非錄原文，相應段落參見《丹珠爾》對勘本冊96，頁841。

⓭ **寒暑逼惱**　藏文原文為「被風吹日曬所苦」之意。

⓮ **又由獵士多方惱害故於此等常懸畏懼由是應思眾多苦惱道理**　法尊法師原譯作「又由獵士多方惱害。應於此等常懸畏懼，思惟眾多苦惱道理」，依此譯文，「應於此等常懸畏懼」當解為修持者應當對於上述所說的畜生苦常懷恐懼。然藏文原意為，由於有上述的種種痛苦，所以畜生長時間對這些痛苦感到恐懼，故改譯。

⓯ **《俱舍論》云**　引文陳真諦三藏譯《阿毘達磨俱舍釋論‧分別世間品》作：「畜生極別劫。」唐玄奘大師譯《阿毘達磨俱舍論本頌‧分別界品》作：「傍生極一中。」見《大正藏》冊29，頁219、61；《丹珠爾》對勘本冊79，頁22。

⓰ **能達劫量**　此指中劫，又名中間劫。計為人間一千五百九十九萬年。

思惟餓鬼苦者❶：謂諸習近上品慳❷者，生餓鬼中。彼復常與餓渴相應，皮及血肉悉皆枯槁，猶如火炭❸，散髮覆面，口極乾焦，舌常舐略❹。此中有三：於諸飲食有外障者，謂彼若趣泉、海、池沼，即於其處，為餘有情持劍、槍、矛遮其泉等，不令趣近，及見其水變為膿血，自不樂飲。於諸飲食有內障者，謂有其口細如針孔，口或如^巴火燃❺，或有頸癭❻，或腹廣大；縱得飲食[1]，無他障礙，然自不能若食若飲。於諸飲食自有障者，謂有餓鬼名「猛燄鬘」，所有一切若飲若食悉皆燃燒；有名「食穢」，食糞飲溺，及有唯能飲食不淨、生熟❼臭穢、有損、可厭_{巴餘則不能}；或有唯能割食自肉，不能受用淨妙飲食。

語 譯

　　思惟餓鬼的痛苦：嚴重地串習慳吝的有情，會投生為餓鬼。他們也飽嚐飢渴，皮、肉、血脈全都乾枯得像焦木，亂髮覆臉，口腔極度乾燥，靠舌頭來舐濕。其中分為三類：對於飲食有外在障礙者，他們前往泉水、湖泊、池塘時，會有手持劍、長槍、短矛的有情將他們驅離泉水等；還會將水看成膿血而不想飲用。對於飲食有內在障礙者，嘴巴細得像針孔、口中燃燒著火焰、頸上長瘤、腹部巨大；他人並未加以阻礙，但是即使獲得了飲食，自己也無法食用。飲食本身具有障礙者，有名叫「猛焰鬘」的餓鬼，所有入口的飲食都會化為烈焰；有名叫「食穢」的餓鬼，食糞飲尿，只能食用汙穢、惡臭、有害及低劣的食物，_{無法食用其他食物}。有些則是割下自己的肉食用，無法享用潔淨美好的飲食。

❶ 思惟餓鬼苦者　即前頁120「餓鬼所有眾苦」一科。

❷ 慳　一種心所。《大乘廣五蘊論》云：「云何慳？謂施相違，心悋為性。謂於財等，生悋惜故，不能惠施，如是為慳。心遍執著利養眾具，是貪之分。與無厭足，所依為業。無厭足者，由慳悋故，非所用物，猶恒積聚。」參見《大正藏》冊31，頁853。

❸ 火炭　藏文原意為焦木。

❹ 舐略　用舌頭舔。舐，音「是」。

❺ 口或如燃　嘴巴上有火在燃燒，燃，為「然」的後起字。法尊法師原譯作「口或如炬」，為配合箋註，故改譯。

❻ 頸癭　脖子上的囊瘤。癭，音「影」。

❼ 生熟　藏文無此詞，法尊法師係依玄奘大師譯《瑜伽師地論》文譯出。

是等處所，如《俱舍釋》云❶：「諸餓鬼王名為琰魔❷，諸鬼本處琰魔王國，於此贍部洲下過五百踰繕那而有[1]，從此展轉散居餘處。」❤昔諸師云：「《念住經》中說❸，閻摩法王者，由不善能引業❹ 所引，善能滿業❺ 所圓滿，故享天人福德，為諸不自知如何造生地獄業者，明其罪過。其眷屬有三十六類❻。」《親友書》亦云[2]❼：「❤惡趣位不唯二種，於餓鬼中❤有當須依近，❤因位欲乏所生[3]❤果位〔相續，❤謂無間出生。〕之苦，〔無治，❤謂異

熟既成，難改難遮。〕其苦云何？**飢渴寒熱勞，怖畏所生極**⒓**猛暴苦**⒓**楚。**
⒓此若廣說，則**或有口細如針孔，腹等山量為飢逼，尋常**❽**捐棄不
淨物，尚不具足尋求力。有存皮骨裸形體，如多羅樹**❾⒓之〔頂
上⒓者，梢也，若言「揚妥」，則為果實，謂如樹果、莊稼。〕**乾枯**❿**，有於夜分口熾
然，受用口中燒燃食。有下種類諸不淨，膿糞血等亦無得，面
互相衝**⓫**有受用，頸瘻成熟所生膿。諸餓鬼**⓬**中於夏季**[4]，月炎
冬季日亦寒，令樹無果諸餓鬼，略視江河亦當乾。」其中初頌
顯示總苦，所餘諸頌顯示別苦。勞為食故遍處馳求；畏謂由見
執劍、杵、索諸士夫故，而起畏怖；尋常捐棄謂隨意棄。夜分
者，謂至夜間其口燒燃。口中燒燃者，謂隨所食皆燒其口。受
用謂食。眼如惡毒之所燃燒，甘涼泉、河悉當枯竭。又於一類
顯似猛燄，火炭充滿。又於一類顯為膿河，種種穢蟲彌滿流
注，是《釋》中說**⓭**。

他們的住處，如同《俱舍釋》所說：「餓鬼的國王名叫閻摩，他們的根本
住處是閻摩王的都城，位於這個南贍部洲向下五百由旬的地方，其他的
則是從那裡散出。」往昔的上師們：「《正法念處經》提到，閻摩法王是由不善的能引
業引生，由善妙的能滿業圓滿，因此享有天神的福德，並且為不知為何造下投生地獄業的有
情揭示其罪過。他的眷屬有三十六族。」《親友書》也提到：「惡趣的狀態不止這兩種，
餓鬼當中，也有由於欲望落空為因，而產生連續不斷出現的痛苦之果，不能

改變，因為異熟已經形成，難以更改、挽回。那是什麼樣的痛苦？必須要面臨飢渴、寒熱、疲勞及恐懼所引起極度劇烈的痛苦。如果詳細地說明，有些嘴巴只有針孔大小，腹部卻大如山丘，為飢餓所苦，連少許平常丟棄的穢物都無力尋覓；有些裸露著身軀，瘦得剩下皮包骨，就像多羅樹的〔頂部，如果照此文，是指樹梢；若作「揚妥」，是指果實，譬如水果、禾稼。〕一般枯槁；有些是嘴巴會在夜間燃燒，受用燃燒口內的食物。有些弱勢族群，連膿、糞便、汙血等穢物都無法獲得，互相毆打對方的臉，吸食頸部腫瘤爛熟所產生的膿。對這些餓鬼而言，時當盛夏，連月亮都是炎熱的；在冬季，就連太陽也是寒冷的。這些餓鬼會使樹木的果實消失，他們只需稍微觀看，就足以讓江河都乾涸。」其中第一偈說明總體的痛苦，其他偈說明了個別的痛苦。「疲勞」，是指為了食物而奔波。「恐懼」，是指見到手持劍、杵、繩索者而心生畏懼。「平常丟棄」，是指隨意拋棄。「夜間」，是指到了夜晚從口中燃起火焰。「口內燃燒的食物」，是指會燃燒口部的食物。「受用」是指進食。眼睛彷彿被劇毒焚燒，連甘美清涼的河水都會枯竭。有些是看到其中充滿燃著烈焰的火炭，有些則是流淌著充斥各種蟲子的膿河，這是《釋論》中所說。

[1]「諸鬼本處琰魔王國，於此贍部洲下過五百踰繕那而有」 果芒本、雪本《廣論》、塔爾寺本《廣論》、二種重刻札什倫布寺舊本《廣論》作「諸鬼本處從王舍城下贍部洲過五百踰繕那而有」，單註本、拉卜楞寺本《廣論》、法尊法師原譯作「諸鬼本處琰魔王國，於此贍部洲下過五百踰繕那而有」，《丹珠爾》對勘本《俱舍釋》、德格本《廣論》、青海本《廣論》、中國藏學出版社本《廣論》作「諸鬼本處琰魔王國者，於此贍部洲下過五百踰繕那而有」。按，於玄奘大師譯《俱舍論》中，此處文義同單註本、拉卜楞寺本《廣論》、《丹珠爾》對勘本、德格本《廣論》、青海本《廣論》、中國藏學出版社本《廣論》，故仍依法尊法師原譯。 [2]「《親友書》亦云」 哲霍本作「《親友書》云」。 [3]「欲乏所生」 果芒本原作「欲所煩惱」，拉寺本、雪本、哲霍本、法尊法師原譯作「欲乏所生」。按，漢譯本各家皆取欲乏之意，除果芒本外，藏文餘本皆作欲乏。又藏文中「煩惱」（འདོད་ཆགས་པ） 是名詞，欲所煩惱於文法中略顯不通，故仍依法尊法師原譯。 [4]「諸餓鬼中於夏季」 果芒本原作「從諸^巴餓鬼於夏季」，

拉寺本、雪本、哲霍本作「諸^巴餓鬼中於夏季」，法尊法師原譯作「諸餓鬼中於夏季」。
按，法尊法師採巴註譯入正文，果芒本文義有誤，仍依法尊法師原譯。

❶ **《俱舍釋》云** 引文陳真諦三藏譯《阿毘達磨俱舍釋論・分別世間品》作：
「鬼神以閻摩王處為本處。此王處於剡浮洲向下深五百由旬，有大國土，縱廣
亦五百由旬，是鬼神本所住處，從此本處散行餘處。」唐玄奘大師譯《阿毘達
磨俱舍論・分別世品》作：「諸鬼本處琰魔王國，於此贍部洲下過五百踰繕那
有琰魔王國，縱廣量亦爾，從此展轉散居餘處。」見《大正藏》冊29，頁
216、59；《丹珠爾》對勘本冊79，頁365。

❷ **琰魔** 梵語yama音譯，義為死主，又作閻魔、閻摩、閻羅，全名閻曼惹雜、閻
曼羅雜。

❸ **《念住經》中說** 《念住經》，經集部經典，全名《聖正法念住經》，又名《正
法念處經》，共120卷。漢譯本有元魏般若流支譯《正法念處經》70卷。此經因
緣是諸比丘在王舍城乞食時被外道師問難：外道師與佛陀有何差異，兩者都
宣講十善業道，但為何佛陀說自己是一切智人？諸比丘無法回答，離開後值
遇舍利弗尊者，舍利弗尊者引導比丘回城啟白釋尊。於是比丘將此事請問釋
尊，釋尊即為諸比丘宣講此經。相應段落參見元魏般若流支譯《正法念處
經・身念處品》：「何等為三十六種？一者迦婆離，鑊身餓鬼；二者甦支目佉，
針口餓鬼；三者槃多婆叉，食吐餓鬼；四者毘師咃，食糞餓鬼；五者阿婆叉，無
食餓鬼；六者揵陀，食氣餓鬼；七者達摩婆叉，食法餓鬼；八者婆利藍，食水餓
鬼；九者阿賒迦，悕望餓鬼；十者呸吒，食唾餓鬼；十一者摩羅婆叉，食鬘餓
鬼；十二者囉訖吒，食血餓鬼；十三者瞢娑婆叉，食肉餓鬼；十四者蘇揵陀，食
香烟餓鬼；十五者阿毘遮羅，疾行餓鬼；十六者蚩陀邏，伺便餓鬼；十七者波
多羅，地下餓鬼；十八者矣利提，神通餓鬼；十九者闍婆隸，熾燃餓鬼；二十者
蚩陀羅，伺嬰兒便餓鬼；二十一者迦摩，欲色餓鬼；二十二者三牟陀羅提波，海
渚餓鬼；二十三者閻羅王使，執杖餓鬼；二十四者婆羅婆叉，食小兒餓鬼；二十
五者烏殊婆叉，食人精氣餓鬼；二十六者婆羅門羅剎餓鬼；二十七者君茶火

爐，燒食餓鬼；二十八者阿輸婆囉他，不淨巷陌餓鬼；二十九者婆移婆叉，食風
餓鬼；三十者鶖伽囉婆叉，食火炭餓鬼；三十一者毘沙婆叉，食毒餓鬼；三十二
者阿吒毘，曠野餓鬼；三十三者賒摩舍羅，塚間住食熱灰土餓鬼；三十四者毘
利差，樹中住餓鬼；三十五者遮多波他，四交道餓鬼；三十六者魔羅迦耶，殺
身餓鬼。是為略說三十六種餓鬼，廣說則無量，重心造惡，業行各異，種種慳
心，不行布施，貪心因緣受種種身。」「修行者隨順觀外身。過大海已，復有何
等山河渚耶？彼以聞慧或以天眼：過前大海，見閻羅王決罪福處，一切眾生證
業果處，是閻羅王所住境界。閻羅王法治諸罪人，是諸眾生自心所誑，住黑闇
處。過此住處一百由旬但有虛空，過百由旬至閻羅王所住宮殿。其王宮殿，閻
浮那提金之所成就，一切眾寶以為莊嚴，河泉流水蓮花嚴飾，縱廣一百由旬，
其殿光明如第二日。」見《大正藏》冊17，頁1、92、402；《甘珠爾》對勘本冊
68，頁238、698；冊71，頁432。

❹ **能引業** 由自心中的初支無明發起，在輪迴中引生異熟的業，即是引業。分為
善趣的能引業與惡趣的能引業兩種。

❺ **能滿業** 在能引業所引的所依身當中，引生領受苦樂異熟的業，即是滿業。
分善惡滿業兩種。

❻ **眷屬有三十六類** 《正法念處經》提到三十六類眷屬如下：一、鑊身餓鬼；
二、針口餓鬼；三、食吐餓鬼；四、食糞餓鬼；五、無食餓鬼；六、食氣餓鬼；
七、食法餓鬼；八、食水餓鬼；九、悕望餓鬼；十、食唾餓鬼；十一、食鬘餓鬼；
十二、食血餓鬼；十三、食肉餓鬼；十四、食香烟餓鬼；十五、疾行餓鬼；十六、
伺便餓鬼；十七、地下餓鬼；十八、神通餓鬼；十九、熾燃餓鬼；二十、伺嬰兒便
餓鬼；二十一、欲色餓鬼；二十二、海渚餓鬼；二十三、執杖餓鬼；二十四、食小
兒餓鬼；二十五、食人精氣餓鬼；二十六、婆羅門羅剎餓鬼；二十七、燒食餓
鬼；二十八、不淨巷陌餓鬼；二十九、食風餓鬼；三十、食火炭餓鬼；三十一、食
毒餓鬼；三十二、曠野餓鬼；三十三、塚間住食熱灰土餓鬼；三十四、樹中住餓
鬼；三十五、四交道餓鬼；三十六、殺身餓鬼。參見《大正藏》冊17，頁92。

❼ **《親友書》亦云** 引文劉宋求那跋摩譯《龍樹菩薩為禪陀迦王說法要偈》
作：「餓鬼道中苦亦然，諸所須欲不隨意，飢渴所逼困寒熱，疲乏等苦甚無
量。腹大若山咽如針，屎尿膿血不可說，裸形被髮甚醜惡，如多羅樹被燒剪。

其口夜則大火燃，諸虫爭赴共唼食，屎尿糞穢諸不淨，百千萬劫莫能得，設復推求得少分，更相劫奪尋散失。清涼秋月患焰熱，溫和春日轉寒苦，若趣園林眾果盡，設至清流變枯竭。」劉宋僧伽跋摩譯《勸發諸王要偈》作：「餓鬼思飲食，所念未曾有，飢渴寒熱迫，長夜無休息。或身如大山，咽口若針鋒，飢渴內燒燃，對食食無從。或見糞膿唾，群走競馳趣，到則自然滅，望絕增苦惱。飢渴煎其內，瘤癭發癰疽，更共相撮搏，齩齚唼膿血。羸瘡皮骨連，裸形被長髮，身長若枯木，熾焰從口出，還自焚其身，狀燒多羅樹。處夏希夜涼，月光增其熱，在冬思晝溫，日出逾冰結，向樹果即消，趣河水輒竭。」唐義淨大師譯《龍樹菩薩勸誡王頌》作：「受鬼望不遂，無敵苦常臨，飢渴及冷熱，困怖苦恆侵。口小如針孔，腹大等山丘，飢纏縱已糞，得少定無由。形如枯杭樹，皮方作衣服，炬口夜夜然，飛蛾墮充食。血膿諸不淨，福少獲無從，更相口排逼，還飡癭熟癰。月下便招熱，日中身遂寒，望菓唯空樹，瞻江水剩乾。」見《大正藏》冊32，頁747、750、753；《丹珠爾》對勘本冊96，頁679，然與正文略有不同。

❽**尋常** 法尊法師原譯作「下劣」，藏文中此詞有尋常、凡庸義及低劣義。大師後文的解釋及阿嘉永津皆取前者，故改譯。下文「下劣捐棄謂隨意棄」改譯為「尋常捐棄謂隨意棄」亦同。參見《阿嘉雍曾文集》冊上，頁76。

❾**多羅樹** 即棕櫚樹。《大毘婆沙論》云：「有多羅樹高逾百肘，上亦少葉其形如蓋，質幹雖長菓實甚少。」《一切經音義》云：「多羅樹者，形如此方椶櫚樹，其葉繁密。」《西域記》云：「樹形如椶櫚，高六七十尺，果熟則赤似此國石榴，東印度多有國人收取食之也。」《翻譯名義集》云：「多羅，舊名貝多，此翻岸。形如此方椶櫚，直而且高。極高長八九十尺，華如黃米子。有人云：一多羅樹，高七仞，七尺曰仞，是則樹高四十九尺。《西域記》云：南印建那補羅國北不遠有多羅樹林，三十餘里。其葉長廣，其色光潤，諸國書寫，莫不采用。」凡棕櫚科的植物，皆依靠頂芯而生長，因此頂芯枯萎或被砍斷之後，整株樹便會枯死。參見《大正藏》冊27，頁98；冊54，頁451、464、1102。

❿**如多羅樹頂上枯** 法尊法師原譯作「如枯枝葉多羅樹」，為配合箋註，今據藏文改譯。頂上一詞，藏文中原作「雅妥」(ཡ་ཐོག)，係古語，不易解，註家各有歧義，故有此巴註。

⓫**面互相衝** 藏文中此詞包含互打對方的臉與雙方的臉貼緊兩種涵義。阿嘉永

津、夏日東活佛與善慧摩尼大師認為此處應解為互打對方的臉。參見《阿嘉雍曾文集》冊上，頁76；《洛桑諾布文集》冊2，頁388；《夏日東文集》冊1，頁315。

⓬ **餓鬼** 藏文原作「此等」，而無「餓鬼」一詞，法尊法師係取巴註註文譯之。

⓭ **《釋》中說** 此處是指《親友書廣釋・顯句論》。此段是取經文大意，非錄原文，相應段落參見《丹珠爾》對勘本，冊96，頁843。

《弟子書》亦云❶：「〔猛，ⓟ言極猛者，劇烈之古語也。〕渴ⓟ逼惱，第一剎那，遙遙見無垢ⓟ染河，欲飲ⓟ之，馳趣彼ⓟ前，於次剎那，由業力故，江河即變[1]，ⓟ前者消逝，而雜髮青污❷及ⓟ惡臭〔爛，ⓟ臭❸也，腐也。ⓛ若是臭義，則應作無再加字❹之ཟང་音宋。若作腐義，則應作有再加字之ཟངས་音宋，如言糌粑腐。〕膿，臭泥血糞充滿水。ⓟ夏日風揚，ⓟ波浪灑山，ⓟ甚為清涼，檀樹青蔭末拉耶❺ⓟ或妙林苑，彼ⓟ餓鬼趣ⓟ之，猛燄即遍燒ⓟ叢林，無量株杌❻亂雜倒。若奔畏浪高翻滾ⓟ或滿盈，泡沫飛濺[2]❼大水藏，彼ⓟ餓鬼於此見熱沙ⓟ黑煙霧，ⓟ可怖紅風猛亂大曠野。此ⓟ餓鬼住其中ⓛ時，因熱沙等炎酷苦逼，遂[3]望雲雨，ⓟ初時雲起，然ⓟ其雲降鐵箭，ⓟ並具ⓟ火炭ⓟ熱灰，煙ⓟ氣噴騰，流飛ⓟ火焰熾炎金剛石，金色電閃降於身。熱逼雪紛亦炎熱，寒迫雖火亦令寒，猛ⓟ烈惡業ⓟ果報成熟所愚蒙，ⓟ餓鬼於此種種ⓟ顯現，盡皆顛倒。針口無量由旬❽腹，苦者雖飲大海水，未至寬廣咽喉內❾，ⓛ方才嚥之，即[4]因口毒滴水悉乾銷。」所說如是亦當思惟❿。

《弟子書》中也說：「〔強猛，極其強猛，是劇烈的古文。〕的乾渴逼迫之下，第一剎那間遠遠望見潔淨的河流，想要飲用而前往河邊那裡，但是第二剎那，由於業力的作用，那河卻不復以往，化為夾雜著毛髮、青苔叢，以及散發惡臭、腐爛氣味的膿血。這裡如果是指氣味，則是用沒有再後加字的 དྲི་音宋；如果是指腐敗，則是用有再後加字的 དྲིས་音宋，就像說腐敗的糌粑一般。並且充滿爛泥、穢血、糞便的汙水。夏季涼風拂起的浪潮，漫灑山巔而無比清涼，末拉耶山上，美麗的林園中生長著青翠蓊鬱的栴檀樹。但是當餓鬼他來到那裡，就化為遍佈著焚燒森林的烈火，大量焦木傾倒而遍地狼籍。即使前往翻騰著驚人的滔天巨浪，激起雪白耀眼的泡沫四處飛濺的水域，但是在此餓鬼面前，卻都化為被熱沙塵與暗紅色霧氣、狂猛駭人的暴風漫天席捲的曠野荒原。當餓鬼他處在那裡時，被熱沙塵等酷熱的痛苦煎熬，因而渴望雨雲繚繞。即使最初出現雲朵，但是從那雲中卻會降下鐵箭雨，還夾帶著火炭熱灰，煙氣騰騰，迸射出金剛石的火星。金黃色的電光奔竄著，像雨點般打在身上。被酷熱折磨時，連暴風雪都燠熱難當；遭受寒風侵襲時，即使火焰也令他感到冰冷，由於極度猛烈的惡業果報完全成熟，使他徹底蒙蔽，這種種景象，都只會顛倒地顯現在餓鬼他面前。嘴巴只有針孔大小，腹部卻量達好幾由旬，即使辛苦地汲飲大海水，卻不能流進咽喉深處那寬廣的腹部，才剛喝下，就因為口中的毒，連水滴都一併枯竭。」所說這些也應該思惟。

[1]「由業力故，江河即變」 果芒本原作「業力之江河即變」，拉寺本、哲霍本作「由業力故，江河即變」。按，此箋本為說明業力乃餓鬼見江河成臭泥水之原由，果芒本誤，故依拉寺等本改之。　[2]「泡沫飛濺」 果芒本原作「泡沫損害」，拉寺本作「泡沫光彩四射」。按，「損害」（འཚོ་བ）為「四射」（འཚེར་བ）之訛字。此處藏文原意不易表達，故改譯，詳見此段註釋7。　[3]「 語 時，因熱沙……遂」 拉寺本作巴註。
[4]「 語 方才嚥之，即」 拉寺本作巴註。

菩提道次第廣論四家合註白話校註集

註釋

❶《弟子書》亦云　引文見《丹珠爾》對勘本冊96，頁691。

❷青汙　阿嘉永津、夏日東活佛與善慧摩尼大師認為，此處青汙即指水中的青苔。參見《阿嘉雍曾文集》冊上，頁76；《洛桑諾布文集》冊2，頁388；《夏日東文集》冊1，頁316。

❸臭　指氣味，音「秀」。此處不可作臭味解，下文語註亦同。

❹再加字　藏文字詞中加在後加字之後的字母。阿嘉永津認為無再加字作ᢒᢒᢒ時，是香味義；有再加字作ᢒᢒᢒᢒ時，是腐臭一詞，與語註解釋略異。參見《阿嘉雍曾文集》冊上，頁76。

❺末拉耶　古印度的香山名。梵語malaya音譯，義為香山，又名瑪拉雅、摩羅耶、秣剌耶山、摩羅延，位於今南印度卡爾達蒙（Cardamon）山。傳說此山在藥都善見城的西方，盛產岩精、寒水石、溫泉、白檀香樹、樟樹、龍腦香。《大唐西域記》云：「（秣羅矩吒）國南濱海，有秣剌耶山，崇崖峻嶺，洞谷深澗。其中則有白檀香樹、栴檀你婆樹。樹類白檀，不可以別，唯於盛夏，登高遠瞻，見有大蛇縈者，於是知之。猶其木性涼冷，故蛇盤也。既望見已，射箭為記，冬蟄之後，方乃採伐。羯布羅香樹，松身異葉，花菓斯別。初採既濕，尚未有香，木乾之後，循理而析，其中有香，狀若雲母，色如冰雪，此所謂龍腦香也。」《一切經音義》云：「摩羅耶山，亦云摩羅延。摩羅，此云垢也，耶，此云除也。山在南天竺境，因國為名。其山多白旃壇香，入者香潔，故云除垢也。」參見《大正藏》冊51，頁932；冊54，頁479；《新譯大唐西域記》，頁559。

❻株杌　樹木露在地面上的根部為株，沒有枝葉的樹木為杌。杌，音「物」。藏文原意為燒焦的木頭。

❼飛濺　法尊法師原譯作「充溢」，藏文原意為光彩四射，此處蓋指浪濤沖激而產生泡沫，在光線的折射下，泛出白花花的光彩。此處權譯作「飛濺」。

❽由旬　梵語yojana音譯，舊譯由旬、踰繕那、由延，古印度長度單位名。見前頁121註1。

❾未至寬廣咽喉內　餓鬼咽喉極細，故此處非指飲水進不了餓鬼廣大的咽喉之中，「咽喉內」指的是咽喉深處底下的腹部，此方能與「寬廣」之義相合。

❿所說如是亦當思惟　法尊法師原譯無，今依藏文補之。

其壽量者，《本地分》❶及《俱舍論》說❷，鬼以人間一月為一日，乘此自年能至五百。《親友書》云❸：「常無間息^巴恆受眾苦，由其^巴夙昔惡行^巴至堅業索，繫縛一類^巴餓鬼有情壽，五千及^巴一類萬_亦終不死^巴歿。」其《釋》說為❹一類餓鬼壽量五千，或有一類壽量萬歲。^語師云：或將前後二說密意結合為一，謂總體而言，餓鬼壽一萬五千歲，若計之，則如前說之自歲五百，此與後說一萬五千為等數❺。然根本頌中已說是一類餓鬼，宗喀巴大師於此亦云：「其《釋》說為一類餓鬼壽量五千，或有一類壽量萬歲。」別別說故，二者等數亦非密意[1]。《本地分》說❻，三惡趣中身量無定，由其不善增上力故，大小非一。^語善趣中雖以身量廣大為善，然惡趣中，大抵身量大者，受苦益劇，故反為劣。

壽命長度，在《本地分》及《俱舍論》中提到，人間一個月等同餓鬼的一天，以此起算可長達他們的五百年。《親友書》中說：「不斷地持續受苦、被過去極為牢固的罪業繩索捆綁的餓鬼有情，有些壽命五千多歲，有些甚至到一萬歲也不會死去。」《釋論》中解釋說，有些餓鬼壽長五千年，有些壽命長達一萬年。上師說，對此有人將前後二文的意旨統合為一，認為餓鬼總體的壽命長度是一萬五千年，因為計算時，前一種說法中餓鬼自己的五百年，與後者的一萬五千年是等量的。雖然這麼說，但是根本頌提到「有些餓鬼」，對此宗喀巴大師也說：「《釋論》中解釋道，有些餓鬼壽長五千年，有些壽命長達一萬年。」都是各別說明，所以即使二者是等量，那也不是經論的原意。《本地分》說，三惡趣中體型大小都不固定，由於不善的勢力所致，會形成各種大小。在善趣中雖然以體型大為佳；但是在惡趣，大抵體型越大痛苦就越劇烈，所以反而不好。

[1]「師云……亦非密意」 果芒本原作巴註,拉寺本似作語註。按,此類箋註應為語王尊者之風,似作語註為宜,故改之。

❶《本地分》 相應段落參見唐玄奘大師譯《瑜伽師地論‧本地分》:「傍生餓鬼壽量不定。」僅說餓鬼壽量不定,未見「鬼以人間一月為一日,乘此自年能至五百」之說,待考。見《大正藏》冊30,頁295;《丹珠爾》對勘本冊72,頁765。

❷《俱舍論》說 相應段落參見陳真諦三藏譯《阿毘達磨俱舍釋論‧分別世間品》:「偈曰:鬼日月五百。釋曰:人中一月,於鬼神是一日夜,以此日夜壽量五百年。」唐玄奘大師譯《阿毘達磨俱舍論本頌‧分別世界品》:「鬼月日五百。」其譯《阿毘達磨俱舍論‧分別世品》:「鬼以人間一月為一日,乘此成月歲壽五百年。」見《大正藏》冊29,頁219、315、61;《丹珠爾》對勘本冊79,頁22。

❸《親友書》云 引文劉宋求那跋摩譯《龍樹菩薩為禪陀迦王說法要偈》作:「罪業緣故壽長遠,經有一萬五千歲,受眾楚毒無空缺,皆是餓鬼之果報。」劉宋僧伽跋摩譯《勸發諸王要偈》作:「經萬五千歲,業持命不絕,久受無量苦,斯由宿罪緣。」唐義淨大師譯《龍樹菩薩勸誡王頌》作:「如是受眾苦,經萬五千年,長時繫身命,良由苦器堅。」見《大正藏》冊32,頁747、750、753;《丹珠爾》對勘本冊96,頁680。

❹其《釋》說為 其《釋》即《親友書釋》。參見《丹珠爾》對勘本冊96,頁845。

❺則如前說之自歲五百此與後說一萬五千為等數 指餓鬼自歲五百年,等於人間一萬五千年。因為餓鬼以人間一月為一日,所以其自歲一年是人間歲數的三十倍長。

❻《本地分》說 相應段落參見唐玄奘大師譯《瑜伽師地論‧本地分》:「又大

那落迦身量不定，若作及增長極重惡不善業者，彼感身形其量廣大，餘則不爾。如大那落迦，如是寒那落迦、獨一那落迦、近邊那落迦、傍生、餓鬼亦爾。」見《大正藏》冊30，頁295；《丹珠爾》對勘本冊72，頁763。

結合往昔故事，直至未發覺受之間應當修習之理[1]：若思如是惡趣眾苦，應作是念：「現在探手煻煨❶之中住一晝夜，或於嚴冬極寒冰窟裸而無衣住爾許時，或數日中不用飲食，或蚊虻等唼咬❷其身，尚且難忍，何況寒熱諸那落迦、餓鬼，旁生互相吞噉，是等眾苦，我何能忍？」度現在心，乃至未能轉變心意起大怖畏，應勤修習。若雖知解，或未修習，或少修習，悉皆無益❸。

語譯

結合過去的典故，直到還沒生出覺受以前都必須修持的道理：如此思惟這些惡趣痛苦時，應該想到：「現在將手伸進火炭裡停留一天；或赤裸地在嚴冬酷寒的冰窟中停留那樣長的時間；或幾天內不吃不喝、身體被蚊蟲等叮咬，如果連這樣都難以忍受，那麼炎熱地獄、寒冰地獄、餓鬼，以及畜生活生生地互相吞食的痛苦等，我又怎麼能忍受？」衡量當下的感受，直到還未產生極度恐懼害怕的內心轉變以前，都應該修持。知道了卻不在內心串習，或者在短暫時間內偶爾修持，都不會有任何轉變。

[1]「^妙結合往昔……修習之理」 拉寺本、單註本無。

❶糢煻　見前頁142註3。

❷唭咬　叮咬。唭，音「札」。

❸悉皆無益　藏文直譯為「不會有任何轉變」。

如《事阿笈摩》說❶，慶喜❷妹家二甥❸出家，教其讀誦，彼讀數日[1]，懈怠不讀，付與^巴神通第一目犍連子，^巴依然仍如前行。慶喜囑曰：「應令此二意發厭離。」目犍連子引至晝日所經處所[2]，化為有情大那落迦，彼等聞其斫截等聲，遂往觀視，觀見斫截所有眾苦，又見彼處有二大鑊，涌沸騰然。問云：「此中全無入者耶？」報云：「阿難陀有二甥，既出家已，懈怠廢時，死後當生此中。」彼二極為❹慌恐，作如是念：「設若知者，現或置入。」次返目犍連子處，詳白所見。目犍連子告云：「二求寂❺，若此過患，若餘過患，悉是由其懈怠所生，當發精進。」彼二遂發精進，若未食前，憶念地獄，則不飲食；若於食後而憶念者，即便嘔吐。又引至餘晝經行處，於餘一處化為諸天，彼

由聞其琵琶等聲，遂往觀視，見有天宮，天女充滿而無天子，問其無有天子因緣，答云：「阿難陀有二甥，既出家已，發勤精進，彼二死後，當生此中。」彼二歡喜，還白目犍連子。教曰：「二求寂，若此勝利，若餘勝利，悉從勤發精進而生，應發精進。」次發精進受聖教時，見如前引《真實相應經》中宣說❻，從諸善趣而生惡趣。㉕喚而問云：「聖者，我等若從人天之中死後復生三惡趣耶？」㉖請問目犍連子，喚而[3]告云：「二賢首❼，乃至未能斷諸煩惱，爾時於其五趣❽生死，如轆轤❾理，應須輪轉。」㉗既說已，彼二厭離，作是白云：「今後不行諸煩惱行，惟願為說如是正法。」目犍連子為說法已，證阿羅漢。

是故能滅懈怠，能發精進勤修正道，策發其意令希解脫，及證解脫，其根本因者，謂讚修苦。縱有大師現住世間，於此教授❿，更無過上而可宣說。即於此中，發生下、中士夫意樂，次第極顯。淨修心量，亦是乃至未起如是意樂以來，應須恆常勵力修習。

如同《事教》中記載，阿難的兩個外甥出家後，吩咐他們讀誦，他們讀了短短幾天就懈怠不肯再讀，即使託付給神通第一目犍連尊者，也還是

依然故我。這時阿難說：「應當讓他倆心生厭離。」於是目犍連尊者便帶領他們到白天活動的地方，變化出有情地獄。他們聽到切割、鋸砍等聲響，便前去觀看，見到砍殺等痛苦，並且看見那裡有兩個沸騰的大鐵鍋，於是問道：「沒有任何人被扔進這裡嗎？」答道：「阿難有兩個外甥，出家後懶散度日，死後就會投生到這裡。」他倆極度驚慌，心想：「如果被知道了，現在就會被扔進去！」於是回到目犍連尊者那裡，敘述剛才發生的經過。目犍連尊者告訴他們：「兩位沙彌！這些禍害以及其他災殃，都是從懈怠產生的，所以要精進！」他倆因此發起精進，如果用餐前回憶起地獄，就不肯進食；如果在用餐後想起，就會嘔吐。又帶領他們到另一個白天活動的地方，在某個方位變化出眾多天人，兩人聽到琵琶等的聲響，便前去觀看，看到無量宮裡充滿了天女，卻沒有天子，便詢問沒有天子的原因。答道：「阿難的兩個外甥出家後發起精進，因此他們死後會投生到這裡。」他倆歡喜地告訴目犍連尊者，尊者教導道：「兩位沙彌！這些利益，還有其他利益，都是從發起精進產生的，所以要精進！」因而奮發精進。當他們受學經教時，看到《真實相應經》中如同之前引述，提到會從善趣投生惡趣，於是請問目犍連尊者，喚道：「聖者！我們從人天當中死後，也必須投生三惡趣嗎？」尊者回答而喚道：「二位賢首！只要眾多煩惱的續流還沒截斷，就必須像水車運轉的道理一般，在五道輪迴中流轉。」說完後，他倆因此心生厭離，稟告尊者道：「從此再也不作煩惱行！懇請宣說這樣的正法。」因此目犍連尊者為他們說法，最終獲得阿羅漢果。

所以，能制止懈怠、發起修道的精進、鞭策內心希求解脫，並獲得解脫的根本因素，就是所推崇稱讚的修習苦。因此縱然導師世尊還在世，也沒有比這個更超勝的口訣可以宣說了。在這之中，能依序生起下士、中士的心念，這個道理非常明顯。而內心的程度，也是在還沒生起這樣的心念以前，都必須持續精進地修持。

[1]「彼讀數日」 果芒本原作「彼數日優異」,哲霍本作「彼讀數日」。按,「優異」（རྒྱས）為「讀」（བཀླགས）之訛字,故依哲霍本改之。　[2]「晝日所經處所」 拉寺本作「晝日所打滾處」。按,「打滾」（འགྲེ）為「經」（འགྲོ）之訛字。　[3]「喚而」哲霍本作語註。

❶ 《事阿笈摩》說　此段是取經文大意,非錄原文,今漢譯本未見相應段落。參見《丹珠爾》對勘本冊1,頁200。

❷ 慶喜　佛陀的侍者、十大弟子中多聞第一、第二代付法藏師、佛陀的堂弟、提婆達多的弟弟（生卒年不詳）,梵語Ānanda及藏語ཀུན་དགའ་བོ義譯,又名阿難陀、阿難。尊者與羅睺羅尊者（Rāhula）同時生於佛成道日,因當時迦毗羅衛城（Kapilavastu）舉國同慶,故其父甘露飯王（Amṛtodana）取名慶喜。佛陀成道六年後回國,尊者即追隨佛陀,佛陀遂交付給迦葉尊者（Kāśyapa）,為其剃度受具足戒。尊者出家不久後,背上生一小瘡,佛令醫王耆婆（Jīvaka）為其治療,醫王趁尊者聽法之時,為其切除背瘡,因尊者至心聽法,所以絲毫不覺。後佛陀表示需要一位侍者,諸阿羅漢紛紛請求擔任,最後佛陀屬意尊者,目犍連尊者便前去致意,尊者於是開出三個條件,佛陀歡喜應允,之後尊者便擔任佛陀終身侍者。在尊者侍奉佛陀期間,常為大眾請法。此外還有諸多事蹟,如:為大世主喬達彌等五百釋迦女向佛陀懇求出家、因摩登伽女（Mātaṅgī）的因緣佛為其宣說《楞嚴經》、又曾因壽難佛為其宣說施食法門等。佛陀示寂後,迦葉尊者指責其侍奉佛陀時所犯的過失,擯出結集三藏之列。尊者因此一心向道,成就阿羅漢,後被大眾推舉為經藏結集者。據《付法藏因緣》記載,尊者曾指正一沙彌口誦經文有誤,沙彌稟告其師,答云:阿難老朽矣!尊者聽到後感歎教法衰退,將法付於弟子商那和修（Śāṇakavāsa）後,於恆河上示現涅槃。尊者為人謙遜誠懇,見者歡喜,侍奉佛陀具備八種功德:一、不隨佛受食;二、不受佛的舊衣;三、不非時見佛;四、隨佛出入,見諸

女眾不生欲心;五、佛陀所說言教,受持不忘;六、無他心智,亦能知佛所入諸定;七、成就定慧;八、從聞生慧。參見《大正藏》冊1,頁122、474;冊24,頁105、124、165;冊12,頁600;冊25,頁83;冊50,頁301;《東噶辭典》,頁74;《貢德大辭典》冊1,頁63。

❸ **妹家二甥**　佛教中最初的兩位「驅烏沙彌」。兩位沙彌為阿難尊者外甥,從小父母即死於琉璃王屠殺釋迦族的事件當中,因此流離失所,所幸遇到認識的舍衛城商人為他們變賣財產,並帶他們到祇園精舍找阿難尊者。但當時佛制未滿十五歲不能出家,阿難尊者為供應他們飲食,與比丘們協商數次都未達成協議。釋尊知道這件事之後,即開許僧眾可以將食物分給想出家的人,以及凡是滿七歲而且能驅趕烏鴉的小孩即可出家。兩位外甥出家不久,就開始不認真誦讀經典,目犍連尊者為了調伏他們而示現神通,化現地獄,令他們心生恐懼,又化現天宮仙女,使他們精進向學。最後尊者漸次引導他們了解升天之後仍會墮落,他們因此誠心請教斷除煩惱的方法,尊者應機說法,他們即證阿羅漢果。參見《甘珠爾》對勘本冊1,頁1980。

❹ **極為**　法尊法師原譯無,今據藏文補譯。

❺ **求寂**　即沙彌。又名勤策男、勞策、息慈等。別解脫七眾之一,指未受比丘戒,而承許守護十戒及相關學處的出家男子。《南海寄歸內法傳》云:「於本師前,阿遮利耶,授十學處,或時闇誦,或可讀文。既受戒已,名室羅末尼羅,譯為求寂,言欲求趣涅槃圓寂之處。」《翻譯名義集》云:「南山〈沙彌別行篇〉云:『此翻息慈,謂息世染之情,以慈濟群生也。』又云:『初入佛法,多存俗情故,須息惡行慈也。』《音義》云:『沙彌二字,古訛略也。』唐三藏云:『室利摩拏路迦,此翻勤策男。』」參見《大正藏》冊54,頁219、1073。

❻ **見如前引《真實相應經》中宣說**　即《廣論・暇滿難得》段落所引《事教》之內容。此段《事教》為《律本事・出家事》中的一段,尚無漢譯。查《出家事》原文,此段為《律藏》中引述《真實相應經》之經文。夏日東活佛認為《真實相應經》即《戒真實相應經》,然查《戒真實相應經》並無此文。參見《甘珠爾》對勘本冊1,頁204;《夏日東文集》冊1,頁318。

❼ **賢首**　如月格西解釋,此為對平輩或晚輩中較親密者的稱呼,猶云好朋友、好弟兄,通用於男女。清涼國師澄觀亦解之為善友之義,《大方廣佛華嚴經隨疏

演義鈔》云：「賢首有三義：一者人善知識。」又云：「即人善友。」參見《大正藏》冊36，頁665。

❽**五趣** 指天、人、畜生、餓鬼、地獄。

❾**轆轤** 法尊法師原譯作「轤轆」，辭典中只有轆轤沒有轤轆，故改譯。轆轤為利用輪軸原理製成可於井上汲水的裝置，音「路盧」。藏文原意指古代在河中用以汲水的水車。參見《阿嘉雍曾文集》冊上，頁77。

❿**教授** 藏文原意為口訣。

⓿生起怖畏惡趣及因之心，從今即須求皈依者[1]：內鄔蘇巴❶亦云：「應觀能生彼中之因，先作未作，現作未作，為念不念當來應作。若先已作，或現正作，或念後時而當作者，則當生彼。若生彼中，爾時我當何所作耶[2]？我能忍乎？作是念已，作意思惟，必須令其腦漿炎熱❷，起坐憧慌❸，無寧方便❹，隨力令發畏怖之心。」此是切要，現得善身，若如是思，能淨先作，未來減少；先所作善，由猛欲樂發願令轉增長繁多，諸當新作堪能趣入，則日日中能使暇身具足義利。若於現在不思彼等，墮惡趣時，雖求從彼畏怖之中救護依處，然不能得。⓿先輩諸師云：「諸佛菩薩與之具業緣者，爾時能救，故今即須安立業緣[3]。」爾時於其應不應作，無慧力故，不能取捨。

生起恐懼惡趣及其因的心，必須從現在起尋求皈依：**內鄔蘇巴**也曾說：「應當觀察以前是否造作過投生其中的因？現在是否正在造作？是否想未來造作？如果以前已經作了，或者現在正在作，或是想要未來作，那就會投生其中。如果投生其中，那時我還能做什麼？我能夠忍受嗎？要思惟到腦部發燙，坐著會恐慌得起身，根本無法平靜，應當竭盡所能地生起恐懼害怕的心。」這是關鍵之處，因為藉由現在的賢善所依身，如果能夠這樣思惟，以前造作的就能被淨化，未來將造作的也會減少；以前累積的善行，透過強烈希求的發願而轉化增多，並且能夠趣入多種新造善行的門徑，因此每日都能使閒暇具有意義。如果現在不思惟這些，將來墮入惡趣時，即使要找能夠救離那些苦難的依怙也找不到，_{過去的上師}們說：「具業緣的佛菩薩那時會來相救，所以現在就必須建立業緣。」在那時，對於應作和不應作，沒有慧力進行取捨。

[1]「^妙生起怖畏……求皈依者」 拉寺本、單註本無。　[2]「爾時我當何所作耶」 果芒本、青海本《廣論》原作「爾時現何可作」，《夏日東文集》夾註謂甘丹舊本《廣論》、哲霍本《廣論》、法尊法師原譯作「爾時我當何所作耶」。　[3]「^語先輩諸師云……安立業緣」 哲霍本作妙註，單註本無此註。

❶內鄔蘇巴　袞巴瓦大師主要弟子之一（公元1042～1118），藏語སྣེའུ་ཟུར་པ་音譯，本名智燃（耶謝跋·ཡེ་ཤེས་འབར），相傳為普賢菩薩的化身。出生於哲區內鄔蘇村沙溝通區（སྣེའུ་ཟུར་གྱི་ས་སྒོར་ཐོང་བ），擁有與生俱來的堅固三摩地，不待他人策勵，即能生起強烈的出離心。於札焦寺（ཟག་ཅུག）出家後，由於札焦寺住持釋迦戒（ཤཱཀྱ་ཚུལ）的引薦，所以前往熱振寺袞巴瓦大師座前聽聞眾多顯密教

法。師徒之間不待言語，衮巴瓦大師即能滿其所願。衮巴瓦大師曾在他頂上留下三個指跡，表示對他的守護，直至壽盡。衮巴瓦大師示寂後依止三昆仲，特別承事博朵瓦大師十四年，聽聞教法。由於念死無常，晝夜恆常精進，一心專修，真實獲得道次覺受。博朵瓦等大師示寂後，其徒眾都來依止內鄔蘇巴。此師在每年的冬夏二季，依循衮巴瓦大師的傳規，宣講菩提道次第引導，一時道次第的修法普弘於藏地。也常以各種方式治癒龍病、痲瘋等重病，消除許多修行人的道障。示寂時，從頂門放出一道白光，上升虛空，意指前往兜率內院，世壽77。其弟子有塔瑪巴（ཐར་མ་པ）等。參見《師師相承傳》中文冊上，頁302；藏文冊上，頁355；《東噶辭典》，頁1264。

❷ 腦漿炎熱　阿嘉永津解釋為頭髮蓬亂直豎、腦部發燙之意。參見《阿嘉雍曾文集》冊上，頁77。

❸ 起坐憧慌　阿嘉永津解釋為身體無法安坐，會一直起身之意。憧，音「章」，恐懼。參見《阿嘉雍曾文集》冊上，頁77。

❹ 無寧方便　完全無法安寧。

如《入行論》云❶：「若 ᵉ時具 ᵉ足行 ᵉ持善 ᵉ法之緣❷，然我 ᵉ爾時未作善，ᵉ一旦墮於惡趣 ᵉ已，意為苦 ᵉ所遍 ᵉ然蒙蔽，爾時我何為？ᵉ無能為也。」又云❸：「誰 ᵉ為依處，從此大 ᵉ怖畏[1]，能善救護我 ᵉ作依怙？ᵉ因怖畏故，竭力睜其恐懼眼[2]，四方覓皈依。ᵉ如是尋時，見四方無依，次乃遍迷悶，ᵉ心念彼 ᵉ輪迴之處非有依，爾時我何為？ᵉ於輪迴及惡趣所，無有餘他堪為救拔怖畏之究竟皈處[3]，由是因相，故自 ᵉ當下現今皈依，諸佛 ᵉ世尊為一切眾生 ᵉ共同依怙，ᵉ不逾調化時機，勤 ᵉ於救眾生事 ᵉ故為普救[4]，ᵉ具足大力 ᵉ故能救拔，由是成為除諸畏 ᵉ之最勝依處。」此僅粗分，廣如《念住經》說❹，ᵉ不閱則不知之，故定須觀閱，ᵉ僅閱一二次，

不能定解，故**當數數觀閱，**^巴若不思惟復不修習，無益相續，故**於所觀閱**^巴之義**應當**^巴**數數思惟**^巴修習。^語大師遺教即是契經，故須觀閱，然而閱經亦須善知識。博朵瓦云：未值遇善知識時，自雖略涉之，然如睜眼瞎看。樸窮瓦^❺則置身諸教典之中，謂今當分上中下機，如其根量能得進益，此能對治無知而生墮罪，故置枕前，不離目前而閱之^[5]。

如同《入行論》中說：「如果當我擁有行善的機會時，那時卻沒有造善；一旦陷入惡趣，內心被痛苦完全遮蔽，那時我還能做什麼？無能為力。」以及「『誰是皈依處，能作為依靠，將我從這個極大的苦難中善為救出？』由於恐懼，睜著驚恐的雙眼四處尋求皈依處。如此尋覓之下，當發現四方都沒有皈依處，接著就會深深地陷入沮喪，心想：『如果輪迴這個地方沒有依靠，這時，我該怎麼辦？』在輪迴及惡趣之處，沒有其他足以作為救離苦難的究竟皈依處，所以一切有情共同的依怙——諸佛世尊，絕不耽誤度化的時機，精進於救護眾生的事業，所以是普遍救度；由於具備強大的力量，所以能夠救度，因此成為能完全消滅苦難的最超勝的皈依處。由於這個原因，所以**從今天現在起就要皈依他。**」這些僅是粗略的內容，詳細內容都載於《正法念處經》中，不閱讀就不會了解，所以一定要閱讀，而且僅閱讀一二次，無法確切了解，所以**必須反覆閱讀。**如果不思惟、不修持，則對心續沒有幫助，所以**對所閱讀的內涵必須反覆思惟**並修持。導師世尊的遺訓就是經典，所以必須閱讀；閱讀經典又必須要善知識。博朵瓦大師曾說，在還未遇到他的善知識以前，自己雖閱讀些許，往往是睜著眼卻看不見。樸窮瓦大師則置身於典籍當中，說現在必須分辨出上中下根機，產生符合程度的長進；這能對治由無知而產生墮罪，所以放在枕邊，不離開視線範圍地閱讀。

[1]「^巴怖畏」哲霍本無「^巴」。 [2]「^巴因怖畏故，竭力睜其恐懼眼」果芒本原作「^巴因怖畏故，睜其恐懼眼」，拉寺本作「^巴因怖畏故，竭力睜其恐懼眼」。按，此

處拉寺本之巴註有「ꦥꦺꦴꦢꦲꦢꦴꦤ」一詞，在「ꦲꦢꦴꦤ」字上有汙點，依哈爾瓦·嘉木樣洛周仁波切指示，應作「ꦥꦺꦴꦢꦲꦣꦺꦴꦤ」，義為「竭盡全力」，故依拉寺本補之。　　[3]「救拔怖畏之究竟皈處」 果芒本原作「救拔怖畏之皈依處」，拉寺本作「救拔怖畏之究竟皈處」。按，據如月格西解釋，拉寺本文義勝於果芒本，故依拉寺本改之。　　[4]「巴故為普救」 原果芒本未標作者，今依拉寺本補之。　　[5]「語大師遺教……不離目前而閱之」 果芒本原作巴註，拉寺本作語註。按，此註有語王大師之風，私謂作語註為宜，故依拉寺本改之。

❶《入行論》云 引文如石法師譯《入菩薩行·不放逸品》作：「若具行善緣，而我未為善，惡趣眾苦逼，屆時復何為？」見《入菩薩行》，頁25；《丹珠爾》對勘本冊61，頁966。

❷若具行善緣 法尊法師原譯作「若時能行善」，為配合箋註，故改譯。

❸又云 引文出自《入行論·懺悔罪業品》。如石法師譯作：「誰能善護我，離此大怖畏？睜大凸怖眼，四方尋救護。四方遍尋覓，無依心懊喪；彼處若無依，惶惶何所從？」見《入菩薩行》，頁15；《丹珠爾》對勘本冊61，頁960。

❹廣如《念住經》說 指《念住經》前五品中廣說三惡趣苦的章節。

❺樸穹瓦 噶當三昆仲之一（公元1031～1106），藏語ꦥꦴꦕꦸꦴꦲꦢꦴꦤ音譯，又名樸窮瓦，本名童幢（宣努堅參·ꦒꦴꦮꦺꦴꦤꦴꦒꦸꦴꦨꦸꦭꦴꦩꦕꦤ），出生於澎玉（ꦲꦥꦤꦴꦲꦸꦭ）地區的傑之吉惹正喀村（ꦨꦸꦭꦴꦒꦺꦴꦥꦺꦴꦩꦺꦴꦬꦴꦫꦺꦴꦥꦤ）。由於多生薰修佛法，幼時心中自然生起無常的覺受，不慕世間榮華，志求披剃出家，於是離家前往祥大師（ꦤꦴꦕꦺꦤꦴꦥꦺꦴ）和蓮·戒覺（ꦨꦸꦤꦴꦖꦭꦴꦨꦴꦫꦤ）二師座前落髮，賜法名為童幢。自出家後，嚴持戒律，遊歷參學，曾於阿底峽尊者座下學法。後赴熱振寺依止種敦巴十一年，獲得一切教授。種敦巴示寂後，志求獨處山林，靜修顯密全圓道體，於是赴澎玉地區的樸穹寂靜處清修。後從慧幢（ꦩꦺꦴꦫꦴꦥꦴꦨꦸꦭꦴꦩꦕꦤ）獲得十六明點教授，數數精修，證得雙運身位。其後將此法與《幻化寶笈》傳授給寶幢（ꦫꦺꦤꦴꦕꦺꦤꦴꦨꦸꦭꦴꦩꦕꦤ），隨即化為虹光身示寂。參見《師師相承傳》中文冊下，頁1236；藏文冊下，頁767；《東噶辭典》，頁1337。

共下士道
皈依三寶

第二、習近後世安樂方便❶，分二：一`趣入聖教最勝之門 淨修皈依；二`一切善樂所有根本發深忍信❷。初中分四： 一`由依何事為皈依因；二`由依彼故所皈之境[1]；三`由何道 理而正皈依；四`既皈依已所學次第。❺初中分二：一`解說 此處之因；二`開示主要二因。今初：

❺由大小乘及時節增上力故，皈依之因雖多種❸，然於此❺共下士中是如前 說，於現法中速死不❺久住，死歿之後，於所生處亦無自在，是 為諸業他自在轉。其業亦如《入行論》云❹：「❺譬如幽暗夜❺濃 厚陰雲❺或昏黑之中❺，❺但一剎那電閃❺纔生即滅，至極明顯，如是❺譬 喻，因由佛❺之力❺或大悲故，❺此世間❺中，但容偶〔或，❺謂僅一次許。〕萌 ❺修福❺善之慧❻，由是❺因故，其善唯贏劣❼，❺於恆❺時中，作重罪 極強猛。」❺於因位中，諸白淨業勢力微劣，諸黑惡業至極強力， 故❺於果位定墮惡趣。由思此理，起大畏怖，次令發生求依之心。 猶如陳那菩薩❽ ❸《雜讚》❾ 者，原頌即聖勇阿闍黎所造《一百五十讚》❿，增本為 陳那阿闍黎糅雜讚歟。此復原頌如有問語，增本則答而應之；原頌如有答文，增本則設問詢 之，茲如後者也，故❺問云⓫：「(一) ❺我等安住(三) ❺此無邊底，❺故極難脫 (二) 生死大❺苦海中，(四) 貪等❺煩惱極暴惡，大鯨嚼其身，今當皈 依誰❺能救此苦皈處？」❺第二、開示主要二因者：總為二事，由 惡趣等自生怖畏，深信三寶有從彼中救護堪能。故若此二唯有

虛言，則其皈依亦同於彼；若此二因堅固猛利，則其皈依亦能變意，故應勵力勤修二因。

第二科、依止後世時能夠安樂的方法，分為二科： ⁻ 進入聖教的殊勝大門──淨修皈依；⁻ 一切妙樂的根本──生起信解信。**第一科分為四科：** ⁻ 憑藉什麼原因而皈依；⁻ 由此原因而皈依的對象；⁻ 如何皈依的方法；⁴ 皈依之後應當學習的次第。**第一科分為二科：** ⁻ 說明此處的原因；⁻ 指出兩個主要原因。**第一科：**

一般而言，由於大小乘及階段差異所致，雖然有多種皈依的原因，但是在與下士夫共通的這個階段，則如前述，由於不會長久安住於今生，很快就面臨死亡，死後會投生何處也無法自主，而是被業力操控。業，又是如《入行論》所說：「如同在一片漆黑的深夜，濃密烏雲幽暗之中，閃電一閃即逝，僅僅在剎那間大放光明。與此譬喻相同，由於佛陀的威力、悲心，難得在這個世間中，絕無僅有的偶然一次萌發修持福德善行的智慧。因為此原因，所以善業微弱，而罪業的力量卻始終強大，極其凶猛。」在因的階段，白業微弱，而黑業至極強力，因此在果的階段必定會墜入惡趣。思惟這些道理，心生恐懼害怕，因而萌發尋求皈依之心。如同尊者陳那菩薩的《雜讚》，此頌文是陳那阿闍黎在聖勇阿闍黎所著的《一百五十頌》中，交疊頌文而作讚歎。其中原頌若是疑問句，疊加的頌文則採回答的形式交疊；原頌若是回覆句，疊加的頌文也會以提問的形式交疊。此處則是後者。其中曾問說：「我們處在輪迴大苦海，其中深不見底，因此難以解脫，被貪欲等凶猛的煩惱鯨魚吞噬身軀，而今要皈依誰，才是能救離這種痛苦的皈依處？」**第二科、指出兩個主要原因：** 歸結起來，就是自身恐懼惡趣等，以及相信三寶具有從中救離的能力這兩點。因此，如果這兩點只流於空談，則其皈依也與此相仿；如果這兩點在心中強而有力並且堅固，則其皈依也就能轉動內心，因此應當致力於這兩個因。

[1]「由依彼故所皈之境」 拉寺本、雪本、單註本作「由親近彼故所皈之境」。

❶ **習近後世安樂方便** 即前頁40「依止後世安樂方便」一科。

❷ **深忍信** 藏文直譯為信解信。依哈爾瓦・嘉木樣洛周仁波切的解釋,對於成辦所希求事的方法生起的確信,即是信解信。另有一說,對於業果及三寶的信解,即是信解信。此處應理解為對成辦善樂的根本——業果的道理生起確信。參見《藏漢大辭典》,頁2573。

❸ **因雖多種** 善慧摩尼大師認為:僅僅怖畏惡趣的痛苦,並且深信三寶能救,是下士皈依的因;僅僅怖畏輪迴的痛苦,並且深信三寶能救,是中士皈依的因;怖畏自他一切有情有寂二邊的痛苦,並且深信三寶能救,是上士皈依的因。參見《洛桑諾布文集》冊2,頁402。

❹ **《入行論》云** 引文如石法師譯《入菩薩行・菩提心利益品》作:「猶於烏雲夜,剎那耀閃電;如是因佛力,世萌修福意。故善恆微弱,惡大極難堪。」見《入菩薩行》,頁3;《丹珠爾》對勘本冊61,頁952。

❺ **如幽暗夜陰雲中** 法尊法師原譯作「如黑暗依陰雲中」,「依」疑為夜之訛字,為配合箋註,今據藏文改譯。善慧摩尼大師解釋為,沒有日光的夜晚、沒有月光的幽暗、濃密烏雲遮蔽而沒有星光的陰雲,比喻沒有如太陽的佛語,所以如夜;沒有如明月的祖師言教,所以如幽暗;沒有如星光的上師教誨,所以如陰雲。參見《洛桑諾布文集》冊2,頁400。

❻ **如是因由佛力故世間偶或萌福慧** 法尊法師原譯作「如是佛力百道中,世間福慧略發起」,其中「百道」為藏文直譯,意譯為暫且、偶然、萬一,為易解故改譯。「慧」,巴註解為修善之慧;善慧摩尼大師認為有三種:未為出離心所攝持,僅修順福德分善法的下士之心;由出離心所攝持,僅修順解脫分善法的中士之心;為利他求大菩提的上士之心。參見《洛桑諾布文集》冊2,頁401。

❼ **羸劣**　微弱。羸，音「雷」，疲也；劣，弱也。

❽ **陳那菩薩**　佛教新因明學開派祖師（約公元6世紀），梵語Diṅnāga音譯，義譯方象。菩薩生於南印度的婆羅門種姓，不久即精通婆羅門所有吠陀及明處，繼而由強猛的出離心策動，不貪戀高貴種姓、財富及廣大的弟子眷屬，於犢子部的親教師象授（Nāgadatta）尊前出家，取名方象，依此師精研聲聞宗義。又到世親菩薩前聽受大小乘眾多教法，特別是彌勒菩薩所傳的大乘口訣，並能持誦五百部大乘經典。此後修持文殊法門而親見本尊容顏，能隨時面見本尊而聽法。曾以辯才擊敗無數外道，為各僧團廣說三藏，大弘佛教。特別綜集百部零散因明論著的扼要，感得極大瑞應，雖遭外道阻撓，終因文殊菩薩勸慰而著成《集量論》，以正理之眼授予有情。陳那菩薩長時駐錫於沃枳毗夏地區的僻靜岩洞中一心專修，親見諸佛、獲得數百種三摩地，感天降花雨，樹木、鮮花、群獸俯首致敬，令該地王臣皈信佛教，建立十六座大寺及十六大僧團。為使人們於佛教生信，曾用諦語力令乾枯的大樹恢復生機，最後在岩洞中示寂，出現許多希有的瑞兆。著有《集量論》及其《自釋》、《因明正理門論》、《八千頌攝義》等諸多論著傳世，著名的弟子有自在軍論師（Śaṅkarasvamin）。陳那菩薩，藏文直譯為陳那大士。參見《師師相承傳》中文冊上，頁100；藏文冊上，頁140；《大師父子三尊文集因明部分合刊》冊上，頁214（宗喀巴大師、賈曹傑大師、克主傑大師著，印度：甘丹東頂圖書館，1999）；《東噶辭典》，頁1368。

❾ **《雜讚》**　禮讚部論典，共1卷，13品，306偈半，馬鳴菩薩與陳那菩薩合著，尚無漢譯，主要讚歎三寶功德。此讚以馬鳴菩薩所造《一百五十讚》為底本，陳那菩薩於中穿插加入個人讚歎三寶的頌文。「雜」，糅也，同類異種之物雜陳之義。

❿ **《一百五十讚》**　禮讚部論典，共1卷，13品，馬鳴菩薩著。漢譯本有唐義淨大師譯《一百五十讚佛頌》1卷。永津班智達所造《一百五十讚大疏·顯甚深道大寶炬》中引《文殊根本續》云：「此多聞比丘，將於彼時出，其名為敬母，作我之讚頌，功德善如何，如實作宣說。」說明佛陀親口授記馬鳴菩薩，在佛涅槃後會造出特別超勝的讚頌——《一百五十讚》。參見《永津班智達文集》冊6，頁1。

⓫ **陳那菩薩云**　引文出自《雜讚》。此文即下段「若誰一切過」第一偈之問。引文見《丹珠爾》對勘本冊1，頁532。

^妙第二^[1]❶、由依彼故所皈之境，分二：一`正明其境；二`應皈依此之因相。今初：

如^巴原頌^[2]《百五十頌》^巴以答前問之理而云❷：「若^巴皈處誰一切過^巴並其習氣，畢竟皆永無，^巴如是依處，若是^巴時、處、自性一切種，^巴非片面功德，而為具一切^巴種德^巴或其依處。^巴凡有如是德者，則如前說求度輪迴苦海補特伽羅，設是有心^巴辨取捨者^[3]，即應皈依此^巴盡一切過、具一切德者，讚此^巴功德，由財及身語修持而恭敬^巴承事此^巴皈處，應^巴由聞思修三依次趣入而住^[4]^巴皈處其^巴教證聖教。」^巴此未明顯連結名義係屬❸而說應皈依彼盡一切過，圓滿一切德者，謂若有一能辨^巴誰為是依非依^巴之慧^巴力者，^巴善為觀擇之時，於無欺皈處^巴見即佛薄伽梵^巴而理應皈依❹^巴之。^巴此諸頌釋，是顯「既得如此堪皈依處，若仍不皈依之，是無心也。」此復如前所說，誰有如是盡一切過、具一切德者，即堪為畢竟依處，而若善觀擇之，則唯佛陀方有，餘非有故。開顯佛陀堪為究竟依處，由此亦表法及僧寶，^巴表徵之理，於後文宣說法、僧功德之時出之。此如《皈依七十頌》^巴明晰結合三寶名義係屬而云❺：「佛法及僧伽^[5]^巴三寶，^巴此是^巴堪為求^巴得脫者^巴畢竟之依。」

第二科、由此原因而皈依的對象，分為二科：一`辨識對象；二`他堪為皈依處的原因。第一科：

如同原頌《一百五十頌》中以回答上述提問的形式而說：「有誰是皈依處，一切過失連同習氣都徹底地完全斷絕？誰是這樣的皈依處，在任何時間、地點與體性的狀況下，不是只有片面，而是都具足並安住於所有種類的功德？凡是具備了這樣的條件，前述想要尋覓能救離輪迴大海之皈依處的那些補特伽羅，只要是有辨別取捨之心的人，都應該皈依他這樣滅盡一切過失、齊備一切功德之人，稱頌讚歎他的功德，以財物、身語、修行的方式，恭敬侍奉他——皈依處，以聞思修依序進入而安住於他——皈依處的教證教法。」其中並未明確地連結名稱與內涵的關聯，只說滅盡一切過失、具足一切功德者堪為皈依處。凡是具有能夠分辨何者是皈依處與非皈依處之心力，於善加觀察時，見到沒有欺誑的皈依處唯是佛世尊，接著就理應皈依他。這些頌文的解釋，說明「找到了如此堪為皈依之處，如果還不皈依，那就是無心。」這也是如上所述，誰具有滅盡一切過失、齊聚一切功德這樣的條件，就堪為究竟的皈依處。如果善加觀察，會發現唯有佛陀才具有此條件，其他人都不具備。說明佛陀堪為究竟皈依處，以此也表徵了法寶與僧寶。表徵的方式，會在後面宣說法功德與僧功德的章節中提出，而這即是如同《皈依七十頌》中，將三寶的名稱與內涵的關聯明確地連結而說：「佛陀、法與僧伽這三寶，即是堪為追求獲得解脫者的究竟皈依處。」

[1]「妙第二」拉寺本、單註本無。　[2]「巴原頌」哲霍本作「巴增四」，誤。
[3]「巴辨取捨者」拉寺本作「巴行取捨者」。　[4]「巴由聞思修三依次趣入而住」原果芒本未標作者，今依拉寺本補之。　[5]「佛法及僧伽」拉寺本作「佛巴及法及僧伽」。

❶第二　法尊法師譯作原文，今據藏文改為箋註。

❷《百五十頌》云　引文唐義淨大師譯《一百五十讚佛頌》作：「世尊最殊勝，善斷諸惑種，無量勝功德，總集如來身。唯佛可歸依，可讚可承事，如理思惟者，宜應住此教。」見《大正藏》冊32，頁758；《丹珠爾》對勘本冊1，頁346。

❸**名義係屬**　此處的「名」是指「三寶」這個名稱;「義」,則是指其「堪為希求解脫者的究竟皈依處」這個意涵;係屬,指這兩者之間的關聯。

❹**於無欺皈處佛薄伽梵理應皈依**　法尊法師原譯作「理應皈依無欺皈處佛薄伽梵」,為配合箋註,故改譯。

❺**《皈依七十頌》云**　《皈依七十頌》,中觀部論典,全名《三皈依七十頌》,又名《皈依七十論》,共1卷,68偈,月稱菩薩著,尚無漢譯。此頌文闡明為何皈依三寶、皈依的勝利,同時也讚頌三寶的功德。引文見《丹珠爾》對勘本冊65,頁685。

應皈[巴]**三寶之因相**❶,**妙分三:一`廣說;二`攝義;三`殷重教示修持主因信解。**妙初中分四:初者,謂**[巴]若念云:「佛或非能救一切怖。」此非然也,以**自即是極調善性,已能證得無畏位故;若未得此,則如**[巴]**一倒者依於**[巴]**餘倒者,**[巴]**終不能立;自未解脫怖畏,是以不能從其一切畏中救護他故。第二者,謂**[巴]若念云:「佛或能救一切怖畏,然其不知能救方便。」此亦不然,以**於一切種度所化機善方便故;此若無者,縱往皈依,亦不能辦**[巴]**救怖畏之所求事故。第三者,謂**[巴]若念云:「雖能救護,亦嫻方便**❷**,然未必救之。」此亦非然,以於一切有情**具大悲**[巴]**如母愛獨子故;此若無者,雖趣皈依,不**[巴]**遍救護故。第四者,謂**[巴]若念云:「雖則如是,然或但救熟識、侍候等諸親友[1],而不救餘。」非爾也,**以一切財而興供養**[巴]**彼未將為喜,要以正行而修供養乃生喜故;此若無者,則定顧視先有恩惠,不與一切**[巴]**有情作**[巴]**總皈處故。**

三寶堪為皈依處的原因，分為三科：一、詳盡宣說；二、歸結其義；三、殷重教誡修持主要之因——信解。第一科分為四點：**第一**，是如果心想：「佛陀也許沒有能力拯救所有的恐懼。」並非如此，因為自身已成就極度調伏的體性，獲得了無所恐懼的果位；因為如果尚未獲得此果位，就如一個倒地的人依靠著其他倒地的人，是無法站起來一般，自己尚未免除恐懼，就沒有能力將他人救離所有恐懼的緣故。**第二**，是如果心想：「佛陀即使有能力拯救恐懼，但是也許不知道拯救的方法。」也並非如此，因為已精通在任何狀況下度化所化機的方法；因為如果沒有這一點，即使皈依了，也無法達成救離恐懼的目的。**第三**，是如果心想：「即使有能力拯救，也精通拯救的方法，但是未必會施救。」並非如此，因為他對一切有情都心懷大悲，宛如母親對待獨子般的悲憫；因為如果沒有這一點，即使皈依了，也不一定會拯救。**第四**，是如果心想：「雖然如此，但也許拯救的是熟識並且會恭敬承侍的親友，其他則不施救。」並非如此，因為用所有財物的供養無法取悅他；要以修行的供養才會歡喜；因為如果沒有這一點，就會考慮是否曾施予恩惠，而不會作為一切有情的共通皈依處。

[1]「親友」 果芒本原作「近處」，拉寺本作「親友」，雪本作「罪」。按，「罪」字誤，「近處」、「親友」義可兩通，親友義勝，故依拉寺本改之。

❶應皈之因相 即前頁194「應皈依此之因相」一科。
❷嫻方便 善巧種種救拔眾生的方法。嫻，同「嫻」，熟練也。

㊗第二、總攝❶者：總之，自正解脫一切怖畏，善巧於畏度他方便，普於一切無其親疏，大悲遍轉，普利一切有恩無恩❷㊚具此四相，是㊚有情共同畢竟應皈處。此亦唯佛方有，非㊚餘外道神自在天等，故佛㊚陀即是㊚畢竟所皈依處。由如是㊚因故，佛所說法，佛㊚陀弟子❸眾，皆可皈依。**㊗第三、主因信解切要之理❹**：由是若於《攝分》所說❺此諸理上，能引定解❻，專心㊚寄望依仰❼，必無不救，故應至心發起定解。由㊚皈依處能救自㊚須具足內外二種因中，外支或因無所缺少，大師已成，然是內支未能實心❽㊚於皈依處持為皈依而㊚自昔來致苦惱故。㊚此自昔來為苦惱者，非皈處之過，是自過失，由是㊚因故，應知㊚或識他人雖未請求，由㊚心續之大悲引㊚發，而作㊚除他痛苦、成辦利樂助伴，㊚如此為之，復㊚不逾越調化時機，故無懈怠，㊚如是無㊚可匹比勝妙真皈依處，現前安住為自作怙，故應皈此。

《讚應讚》云❾：「㊚大師自㊚廣宣：『我是汝㊚眾生無怙者㊚依怙及作饒益助伴』，由大悲㊚愍繩索，緊密抱持，一切諸眾生㊚而攝受之。」「㊚總而言之，大師㊚是具大悲㊚之體性者，㊚於一切有情有愍㊚念心，且㊚由此大悲哀愍❿㊚而具意樂圓滿，㊚以此等起⓫，勤此㊚他利無懈怠，㊚而具加行圓滿[1]，㊚故餘㊚大師有誰與尊相等㊚者？㊚謂非有也。願世尊[2]汝為⓬㊚無餘諸有情依怙，㊚為總㊚體有情利樂勝親，不求㊚妙善依怙尊㊚現住為㊚我等一切有情依㊚怙皈處⓭，㊚因由無知，或無成就定解依仰之心[3]，故眾㊚愚夫異生沈溺㊚輪迴泥沼。」「㊚婆羅門《吠陀》⓮等教典中說：『我此《吠陀》之法，為勝上之人言之，則

有義利。若為鄙劣或卑下之人言之，則有浪擲❶《吠陀》重罪，不成利彼相續義利。』導師世尊汝則言曰：『我教法中，不以種姓為主，而以各自殷重修持為主。』由是道理，若❷自正受❷持修習何❷宣示之法，❷由此正法之力，不唯勝上補特伽羅，乃至至極下者亦能助❷他滅除痛苦、成辦利樂，或有廣大義利，❷開示如是乃至卑下者亦能助益諸法❶，除❷薄伽梵尊非餘❷外道師等誰所了知[4]。❷又皈依處救護、攝受所化，須具內外之力或二因支[5]，而攝受所化之一切外❷因支❷或力，❷薄伽梵尊❷於三大阿僧祇劫中已正成辦❷完具[6]，❷然由❷淨信、信解信及祈求等所化之內力❷或因支未全，❷我等愚夫❷異生從無始來直至於今[7]，而❷當於輪迴受苦。」

第二科、歸結：歸結起來，自己脫離所有恐懼；精通救度其他有情脫離恐懼的方法；大悲心普及一切，不分親疏；不論有無恩惠，致力於一切有情的利益，具備這四個條件，就堪為有情共同的究竟皈依處。而這也只有佛陀才具備，大自在天等其他外道的天神都沒有，所以佛陀他才是究竟的皈依處。因為此原因，佛陀開示的正法，與佛陀他的聲聞僧伽都堪為皈依處。

第三科、主要之因──信解──相當重要的道理：因此，如果對於《攝分》所宣說的這些內容引生確切的認知，一心寄望歸投依靠，絕不可能不拯救，所以應當發自心髓深處產生確切的認知。因為皈依處要能拯救自己，所需具備的內外兩個因素當中，外在的條件、因素，導師世尊都已經毫無缺漏地具備了；然而內在的條件，並未歸心於皈依處而奉為皈依處，所以一直以來都痛苦不已。一直以來都痛苦不已，這並非皈依處的過失，而是自己的過失。因為此原因，應當了解、認識到，世尊未經別人請求，便由心續中的大悲心引發而作為消除他人的痛苦並成就利益安樂的友伴；這麼做時，又從不耽誤度化的時機，所以是絕無懈怠；如此無與倫比的善妙皈依處，正在作為自己的依

怙，應該要皈依他。《讚應讚》中說：「導師世尊廣泛地宣示：『缺乏依怙的眾生者！我是你們的依怙，以及幫助你們的友伴。』以大悲心的繩索，緊緊地懷抱攝受一切眾生。」「一般而言，導師世尊的體性是心懷大悲，內心對一切有情都具足悲憫。因為這樣的悲憫而心懷憐憫的意樂圓滿；以及以此為動機，精進於利他這件事而絕無懈怠的加行圓滿，二者都具足。因此其他導師還有誰能像您一樣？完全沒有。世尊，願您成為所有一切有情的依怙！雖然您是有情共同的利益安樂的善良親友，而善妙的救護主您也正在作為我等一切有情的依怙、皈依處，但是由於無知、缺乏生起確切認知的歸投之心，沒有請求您作為依怙，所以眾多愚夫異生才會沉淪於輪迴泥沼當中。」「婆羅門的《吠陀》等典籍中說道：『我此《吠陀》之法，如果為上等人宣說，會很有意義；如果是為低劣、下等的人宣說，則會導致糟蹋《吠陀》的重罪，不會有利益其心續的價值。』然而導師世尊您卻說：『在我的教法中，不看重種姓與血統，而是看重各自認真修行。』由於這個道理，能夠正確地受持而實修您所開示的**任何教法**，由於正法的力量，不僅是上等的補特伽羅，**即使最極下等的人也能夠幫助**他人消除痛苦、成就利益安樂，具有重大的意義。如此地開示了甚至**能對下等補特伽羅產生幫助**的眾多正法，除了世尊您以外，外道導師等**任何人**，誰都無法通曉、了解。另外，皈依處要能拯救、攝受所化機，必須具足內外兩種力量，或兩種因素條件，其中攝受所化機的**所有外在的因素條件**或者力量，世尊您已經在三大阿僧祇劫中**真實地**修成而具足；然而**由於淨信、信解，以及祈求等所化機內在的眾多力量**或因素條件不具足，我等**愚夫異生從無始以來直到現在**，都必須在輪迴中**遭受痛苦**。」

[1]「ᰌ而具加行圓滿」哲霍本無「ᰌ」。　[2]「願世尊」哲霍本「願」字未標作者。　[3]「或無成就定解依仰之心」拉寺本作「或不為成就定解依仰之心所修改」。　[4]「非餘ᰌ外道師等誰所了知」哲霍本作「非餘ᰌ外道師等誰所知ᰌ且不吉祥」，誤。　[5]「又皈依處救護、攝受所化，須具內外之力或二因支」果芒本原作「又救護、攝受皈依處之所化，須具內外之力或二因支」，拉寺本作「又皈依處救護、攝受所化，須具內外之力或二因支」。按，此處說明所化得救須內外二因，拉寺本則明示能救者，易解此文，故依而改之。　[6]「ᰌ完具」雪本、哲霍本作「達量」。
[7]「ᰌ異生從無始來直至於今」哲霍本「異生」未標作者。

❶ **總攝** 即前頁196「攝義」一科。

❷ **自正解脫一切怖畏善巧於畏度他方便普於一切無其親疏大悲遍轉普利一切有恩無恩** 善慧摩尼大師解釋如下：「自正解脫一切怖畏」顯示斷德圓滿的功德。「善巧於畏度他方便」顯示智慧圓滿的功德。「普於一切無其親疏大悲遍轉」顯示悲心圓滿的功德；第二、三句顯示證德圓滿的功德。「普利一切有恩無恩」顯示事業圓滿的功德。參見《洛桑諾布文集》冊2，頁404。

❸ **弟子** 藏文直譯為「聲聞」，古漢譯中「佛弟子」與「佛聲聞」有時可通用。下文亦同。

❹ **主因信解切要之理** 即前頁196「殷重教示修持主因信解」一科。

❺ **《攝分》所說** 《攝分》，即《瑜伽師地論·攝決擇分》。《攝決擇分》，唯識部論典、《瑜伽師地論》其中一個章節，共43卷，無著菩薩著。漢譯本有唐玄奘大師譯《瑜伽師地論·攝決擇分》30卷。此分主要是更深入地抉擇《本地分》中的問題，及詳述《本地分》中未詳述的義理。相應段落參見唐玄奘大師譯《瑜伽師地論·攝決擇分》：「四緣故有爾所歸依：一、由如來性極調善故；二、於一切種所調能調善方便故；三、具大悲故；四、以一切財而興供養未將為喜，要以正行而興供養乃生歡喜。由如是故，彼所立法、彼弟子眾皆可歸依。」參見《大正藏》冊30，頁652；《中華佛教百科全書》冊8，頁4765；《丹珠爾》對勘本冊74，頁447。

❻ **能引定解** 夏日東活佛解為獲得信解。參見《夏日東文集》冊1，頁326。

❼ **專心依仰** 專心，夏日東活佛解為沒有疑惑。依仰，如月格西認為，此詞在藏文有將身心所有一切託付給三寶之意。參見《夏日東文集》冊1，頁326。

❽ **實心** 藏文意為歸信、寄望。

❾ **《讚應讚》云** 《讚應讚》，禮讚部經典，全名《適當讚嘆佛薄伽梵嘆德文中難讚之讚》，共13品，馬鳴菩薩著，尚無漢譯。作者原係數論派外道，後被聖天菩薩降伏而皈依佛門，為滌淨往昔信奉外道的罪愆，故造此讚以讚如來。作者精通詞藻，又於佛德深生淨信，故本篇文情並茂，扣人心弦。本讚可分為十三品：〈讚難讚品第一〉、〈讚禮敬品第二〉、〈讚成一切智品第三〉、〈讚力無

所畏品第四〉、〈讚語清淨品第五〉、〈讚無諍品第六〉、〈讚順梵說品第七〉、〈讚饒益品第八〉、〈讚難報品第九〉、〈讚身一分品第十〉、〈讚舌品第十一〉、〈讚發厭離諸有品第十二〉、〈喻讚品第十三〉。引文見《丹珠爾》對勘本冊1，頁293。

❿ **有愍且哀愍** 法尊法師原譯作「有愍願哀愍」，今據藏文改譯。

⓫ **等起** 想要做某件事情的想法或念頭。

⓬ **汝為** 法尊法師原譯作「汝是」，為配合箋註，故改譯。

⓭ **不求妙善依怙尊現住為我等一切有情依怙皈處** 此句頌文本意為「不求您為作我們的依怙」，而經過巴註之後，意涵變為「您現在正在作我們的依怙，而我們卻不求您作為依怙。」但因漢文語序問題，頌文無法依巴註理解的方式而改譯，以致於本段頌文加入巴註後，意思變成「不求您現在就作為我們一切有情的依怙。」但是這並非巴註的原意。故此處保留法尊法師原譯，巴註註解後的意涵，則請參語譯譯文。

⓮ **《吠陀》** 印度諸多外道的根本論典，又名《韋陀》、《毘陀》等。起源於公元前一千年以前，為印度外道最古老的典籍。全書包含四大《吠陀》：一、《利俱吠陀》；二、《莎摩吠陀》；三、《夜柔吠陀》；四、《阿達婆吠陀》。其內容大意分別為：一、為婆羅門朝夕祈禱的頌文；二、祭祀時用頌文；三、祭祀時用的咒語等；四、驅邪降魔、捉鬼治病的咒語。印度諸外道師依據此，而開演出數論派、吠陀派等諸派別。參見《大唐西域記校注》，頁188（玄奘大師著，季羨林等校注，北京：中華書局出版社，1985）；《佛學大辭典》冊下，頁1622。

⓯ **浪擲** 此指浪費。

⓰ **下者亦能助能助益諸法** 法尊法師原譯作「下者能獲利，能利他諸法」，為配合箋註，故改譯。

第三❶、由何道理而皈依者❷，《攝決擇》中略說四事❸：

一、知功德；二、知差別；三、自誓受；四、不言有餘而正皈依。

初知功德而皈依者，須能憶念皈處功德，其中有三：一、佛功德；二、法功德；三、僧功德。今初^妙分二：一、正說佛功德；二、引申義。初中分四：

身功德者：謂於諸佛相好❹ ^巴既了知已，現其義共相❺ 而正思念[1]之❻，此亦應如〈喻讚〉❼ 所說，而憶念之。如云❽：「相莊嚴^巴薄伽梵尊^巴之身[2]，^巴至極殊妙眼甘露，^巴譬如^巴夏日雨滌空中揚塵、不起冬日沙塵[3]之無雲^巴清明秋空，以星聚^巴遍莊嚴。」又「能仁^巴佛薄伽梵身具金色，^巴鵝黃法衣^巴極端嚴覆，等同^巴如金山頂，為^巴晚霞^巴彩雲縛纏。」^巴又「薄伽梵尊怙無^巴耳環釧❾ 等嚴飾，然^巴尊面輪^巴至極^巴妙嚴光滿，^巴如是者，離雲^巴翳❿ 十五圓滿月輪，亦莫能及此^巴前者。」^巴又「薄伽梵尊口^巴雙唇妙^巴紅蓮花，與^巴紅蓮日開放，蜂見^巴此二者時，猶豫二邊[4]，疑^巴何為真[5]蓮華，當^巴宛如懸索轉⓫，^巴彼此不觸[6]而住。」又「薄伽梵尊^巴之面^巴容具金色，^巴具足潔白^巴四十齒端嚴，^巴譬[7]如^巴塗抹白[8]淨秋月光，照入金山〔隙，^巴中間也。〕^巴又天等世間所應供^巴之薄伽梵尊右手^巴掌心，為輪相^巴而殊飾，由以手^巴勢，如安慰生死^巴苦所怖人，^巴告云：『莫怖，我當救護[9]。』」^巴又「薄伽梵能仁遊行時，雙足^巴掌心如妙蓮^巴吉祥紋，^巴即此印畫此地上^巴之妙相莊嚴，〔蓮華⓬，^巴謂蓮華園。〕何能嚴^巴此地[10]！^巴謂不足嚴飾也。」

如何皈依的方法，《攝決擇分》所說的有四點：一、了知功德而皈依；二、了知差別而皈依；三、承諾而皈依；四、不說有其他而皈依。第一科、了知功德而皈依，必須憶念皈依處的功德，因此其中分為三科：一、佛陀的功德；二、法的功德；三、僧伽的功德。第一科分為二科：一、正說佛陀的功德；二、引申義。第一科分為四科：

身功德：對佛陀的相好了知後，顯現其義共相而憶念於心，而且應當如〈喻讚〉所描述而憶念：「妙相嚴飾著世尊您的身軀，極其秀美的眼甘露，譬如像那夏日的雨水，一洗飄浮於空中的塵埃，而冬季的沙塵尚未揚起，皎潔無雲的秋季夜空，滿天綴飾著萬點繁星。」又提到：「能仁佛陀世尊的身軀具有金黃的色澤，鵝黃色的法衣覆身而顯得極盡莊嚴，有如金山的山巔，被黃昏的紅黃彩霞繚繞。」又提到：「怙主世尊，您並未以耳環、釧鐲等飾品裝飾，但是您的面容極盡莊嚴。如此美妙的光輝，即使遮蔽的浮雲消散後，最為圓滿的圓月，也無法比擬上述這樣的面貌。」又提到：「世尊，您嘴唇上的艷紅蓮花，與太陽照耀下綻放的鮮紅蓮花，蜜蜂看見了二者時會心疑：『哪個方為真正的蓮花？』而猶疑兩端，就如同懸吊的繩索一般盤旋，無法觸及任何一邊。」又提到：「世尊，您的面容擁有金黃的色澤，具四十顆端正潔白的牙齒，好似秋季那一抹潔白無垢的月光，照耀在金山的間隙中。應受包括天神在內，舉世供養的世尊，您右手掌心為輪相所莊嚴，彷彿以手勢撫慰著被輪迴痛苦所驚嚇的人們，說道：『別怕！我來拯救。』」又提到：「能仁世尊，您行走時，雙足掌心宛如吉祥蓮花的吉祥圖案，刻畫在這大地上。那麼妙相莊嚴的景象，蓮花園又豈能點綴這片大地！無法裝飾。」

[1]「㊷既了知已，現其義共相而正思念」 原果芒本未標作者，今依拉寺本、雪本、哲霍本補之。　[2]「相莊嚴尊身」 哲霍本誤將「相莊嚴」入箋，正文作「尊身」。

[3]「冬日沙塵」 拉寺本作「冬日後塵」,誤。 [4]「᠎此二者時,猶豫二邊」 雪本、哲霍本「猶豫二邊」未標作者。 [5]「᠎何為真」 雪本、哲霍本「何為」未標作者。 [6]「᠎彼此不觸」 果芒本原作「᠎彼此不明」,拉寺本作「᠎彼此不觸」。按,此處《廣論》註釋多解為彼此不觸,故依拉寺本改之。 [7]「᠎譬」 哲霍本無「᠎」。 [8]「᠎塗抹白」 拉寺本作「᠎星光流閃」。 [9]「᠎告云:莫怖,我當救護」 原果芒本未標作者,拉寺本作「᠎告云:莫怖,我已救護」。今依拉寺本補之。 [10]「᠎此地」 哲霍本無「᠎」。

❶ 第三 藏文原文無。

❷ 由何道理而皈依者 即前頁190「由何道理而正皈依」一科。

❸ 《攝決擇》中略說四事 相應段落參見唐玄奘大師譯《瑜伽師地論・攝決擇分》:「齊四緣故說能歸依:一、知功德故;二、知差別故;三、自誓願故;四、更不說有餘大師故。」善慧摩尼大師認為,知功德是因,不言有餘是它的結果,因而可結合為「由於知功德而不言有餘」。又,知差別為因,自誓受是它的結果,因而可結合為「由於知差別而誓受」。如此配合,能產生強有力的確切認知。夏日東活佛則認為,不知功德則無法發自內心皈依;了知各別功德之後,為了去除只要皈依三寶其中一寶即可的想法,而了解皈依三寶各別不同的目的、特色,所以要知差別。之後按著皈依三寶各別不同的目的、特色,承許佛是開示皈依大師、法是正皈依、僧是修持皈依助伴。見到只有三寶是正皈依,所以也不說有其他皈依處。因此,皈依必須具備上述四法。見《大正藏》冊30,頁653;《丹珠爾》對勘本冊74,頁448;《洛桑諾布文集》冊2,頁406;《夏日東文集》冊1,頁328。

❹ 相好 指佛的三十二相及八十隨好。三十二相,全名三十二大丈夫相,由於這三十二種功德能表徵佛陀為大丈夫,故名大丈夫相。八十隨好,全名八十隨形好,修飾三十二相,令有情了知佛陀色身的妙好莊嚴,故名隨好。

❺ 義共相 見前頁160註5。

❻ 謂於諸佛相好正思念之 法尊法師原譯作「謂正思念諸佛相好」,為配合箋註,故改譯。

❼〈喻讚〉　即馬鳴菩薩所造《讚應讚》的第十三品,此中用種種譬喻來讚歎佛功德。

❽如云　引文出自《讚應讚》。見《丹珠爾》對勘本冊1,頁305。

❾釧　原義為臂環,此處泛指環形飾物。釧,音若「穿」,去聲。

❿雲翳　遮蔽月亮的雲。翳,音「意」,本為用羽毛做的華蓋、舞具,在此作動詞,為遮蔽,掩蓋義。

⓫當如懸索轉　在頌文中,「當如懸索轉」的「轉」字,既可指蜜蜂如懸索而轉動,也可指蜂心中隨疑念而轉。經過巴註之後,則專指蜂心中隨疑念而轉。由於漢文語序的關係,無法準確表達,僅於此註解以明原意。

⓬蓮華　藏文直譯為「具蓮」,故巴梭法王如此註之。

語功德者[1],^巴分二:第一、於一時中酬答諸問:謂隨世界所有有情,同於一時,各各申一異類請問,能由剎那心相應慧悉皆攝持,以一言音答一切問,彼等亦能各隨自音而生悟解。應思惟此希有❶道理。如^巴為攝受裸形外道❷,現外道相說諦實者所請問之《^巴大寶積經❸·諦者品》云❹:「^巴大師之語功德,若^巴世間界一切諸有情於一時^巴中,發多〔定語,^巴謂因相也[2]。〕而請問^巴各所欲求眾多異問,^巴爾時世尊[3]於一剎那心遍證知^巴所問諸義,由一音酬各各^巴相異諸問,^巴彼等亦由各自言語領解。由是^巴因故,應知勝導師^巴佛薄伽梵,宣說梵音於^巴所化世間^巴無可匹敵,此能善轉^巴隨自機緣相應正法輪,^巴如是宣說,為遍消盡諸人天^巴等一切眾生苦邊際。」^語第二、開顯一切諸語遍適所化,所有煩惱對治理者[4]:又如《百五十頌》云❺:「觀尊面

可愛，從彼聞此等，極和美言音，如月注甘露。尊語能靜息，貪塵如雨雲，㉑從根拔除瞋毒蛇[5]㉒之罪惡，等同妙翅鳥❻。摧壞極無知，翳障❼如日光，由摧我慢山，故亦等金剛。㉓如實見㉔所取捨義故無欺，㉕如其所說而修，〔無，㉖謂不容出生。〕過㉗失故隨順，㉘於是善綴㉙諸有情眾各自所求之義，故易解，尊語具善說[6]❽。且初聞尊語，能奪聞者意，次若正㉚如實思惟㉛串習，亦除諸貪㉜瞋癡㉝現行及其種子❾，令終不生。㉞是故慶慰諸㉟苦楚匱乏，亦作放逸者㊱遮除惡行之皈，㊲開示令樂㊳輪迴者㊴意得厭離㊵輪迴之法，故尊㊶之語相稱[7]㊷一切㊸諸心而轉。能生㊹圓證諸義智者㊺滿足之喜，能㊻輾轉增㊼略有證達之中者慧，能摧㊽心智下者㊾未證、邪解、疑惑之翳，此語利㊿上中下[8]眾生。」應如是念。

語功德，分為二科：第一科、同時回答任何提問：世間所有的有情，即使同時間各各提出完全不同的問題，也能在心的一剎那間以智慧聽取，接著一語回答所有的提問，而他們也都能以各自的語言理解，應當思惟這極其稀有的行誼。如同說諦實者為了攝受裸形外道而示現成外道的樣貌，他所請問的《大寶積經·諦者品》中說：「導師世尊的語功德，如果世間上盡其所有一切有情，在同一時間以眾多〔定語，指的是理由。〕隨著各自的意願，提問種種不同的問題，那時世尊能在一剎那心中理解那些問題的內容，以一個聲音分別回答那些不同的問題，他們也都能以各自的語言理解。因為此原因，應當了解導師佛世尊在所化世間無可匹敵地宣揚梵音的教言，這是大轉適合各自機緣的正法輪，

如此宣揚，為的是完全消滅、**終結人與天神**等一切眾生的痛苦。」**第二科、顯示所有佛語都是適合一切所化機，是一切煩惱的對治的道理**：另外，如《一百五十頌》中說道：「觀看您的面容極其美妙；如果在您跟前聽聞，悅耳的法音有如明月中流淌出甘露。您的話語能夠平息貪欲的塵埃，好似雨雲；從根拔除瞋恨毒蛇的罪惡，如同大鵬金翅鳥；摧毀重重無知的昏暗，宛如麗日豔陽；徹底摧毀我慢高山，所以也像金剛杵。如實徹見應取應捨的義理，所以是不矯誑；遵循所宣說的去修行，不會、不可能產生錯誤、過失，所以是符順。因此，能夠善於結合有情各自的目的，所以容易領會，您的話語具足善說。最初剛聽到您的話語，就能吸引住聽眾的心；如果接著在心中如實地思惟並且串習，也能消除眾多貪欲、瞋恨和愚癡的現行及種子，永不再生。所以能撫慰痛苦與匱乏的人們，也作為眾多放逸者停止惡行的皈依處；開示令享輪迴樂的人們對輪迴心生厭倦之法，所以您的話語適合一切眾生的心。圓滿通曉內涵的智者能生起心滿意足的歡喜，也能層層增進約略通曉義理的中等人的智慧，摧毀智慧低劣者不解、錯解、迷惑的黑暗，因此這種話語能裨益上中下三種的一切眾生。」應當這樣去憶念。

[1]「語功德者」單註本另有妙註如下：「⬤分二：第一、雖無分別，一語亦能顯示多義之梵音差別」。　[2]「謂因相也」拉寺本作「謂因箋也」。按，「因箋」（ཀྲ་མ་ཚན）為「因相」（ཀྲ་མ་ཚན）之訛字。　[3]「⬤爾時世尊」哲霍本無「⬤」。　[4]「⬤第二、開顯一切……對治理者」拉寺本、單註本作妙註。按，揆諸上文，此處應為語功德中巴註所分第二子科，諸本作語或妙註，或因語妙二師為補巴註，或為編誤，或為刻版之誤。私謂作巴註為宜。　[5]「瞋毒蛇」哲霍本作「瞋毒幻化」。按「幻化」（སྒྱུ）為「蛇」（སྒྱུ）之訛字。　[6]「尊語具善說」《廣論》、《四家合註》各本皆作「尊語具善說」，《丹珠爾》對勘本之《百五十頌》作「尊語具三善」。按，漢藏二譯於此皆作「三善」（ལེགས་གསུམ），唯有《廣論》及《四家合註》引用時皆作「善說」（ལེགས་གསུང）。原梵典應為「三善」，故漢藏譯師皆翻「三善」，而因藏文「三」（གསུམ）形近「說」（གསུང），故致此異。　[7]「語相稱」果芒本原作「語界隅」，拉寺本、雪本、哲霍本、單註本作「語相稱」。按，「界隅」（མཚམས་པར）為「相稱」（འཚམས་པར）之訛字，故依拉寺等本改之。　[8]「⬤上中下」哲霍本未標作者。

● **希有** 藏文原意為「極其稀有」、「極其殊勝」。

● **裸形外道** 古印度外道之一，又名無慚外道、塗灰外道、周遊外道。此外道無慚裸體，故名無慚；以灰塗身，故名塗灰；四處化緣，故名周遊。其教義承許命、漏、律儀、老、縛、業、罪、福、解脫，共為九句義。

● **大寶積經** 《甘珠爾》中分類的部名，又名寶積部，共6函，49部經。漢譯有唐菩提流志《大寶積經》49會，120卷，及諸多譯師節錄的單行本。相傳那爛陀寺曾三次遭受外道報復，在第三次時，外道徒放火焚燒那爛陀寺，並連同燒毀三間供奉經典的殿堂。大火後，寶積部一千部經典只剩49部；華嚴部一千品只剩38品；大集經一千品只剩9品；《入楞伽經》只剩不完整的〈如來藏品〉。因此現存《大寶積經》僅剩49部。參見《貢德大辭典》冊1，頁97。

● **《諦者品》云** 《諦者品》，經集部經典，全名《聖菩薩行境變現方便境大乘經》，共8品。漢譯本有劉宋求那跋陀羅譯《佛說菩薩行方便境界神通變化經》3卷；元魏菩提留支譯《大薩遮尼乾子所說經》10卷，共二種。佛在鬱舍延城時，放大光明映蔽諸天。文殊菩薩見佛現此瑞光，即從座起為四眾弟子祈請佛宣說菩薩行方便境界奮迅法門，佛即開示究竟一乘道的內涵。當時有位示現外道形相的大菩薩，名大薩遮尼乾子，接受國王的請益，透過問答，讚歎佛的無量功德，令王生信，領王親見佛陀，佛陀即為此菩薩授菩提記。引文菩提留支譯《大薩遮尼乾子所說經》作：「眾生界差別，隨類各異問，瞿曇一念智，一音答令解。瞿曇現世間，能以梵音聲，轉最上法輪，令天人苦盡。」求那跋陀羅譯《佛說菩薩行方便境界神通變化經》中則無此相應段落。又巴梭法王註此經為寶積部經典，疑似大藏經版本不同所致。見《大正藏》冊9，頁344；《甘珠爾》對勘本冊57，頁311。

● **《百五十頌》云** 引文唐義淨大師譯《一百五十讚佛頌》作：「覩者皆歡喜，聞說並心開，美顏宣妙詞，如月流甘露。慈雲灑法雨，能清染欲塵，如彼金翅王，吞滅諸龍毒。能殄無明闇，喻如千日光，摧碎我慢山，譬猶天帝杵。現證非虛謬，靜慮除亂心，如實善修行，三事皆圓滿。創聞佛所說，心喜已開明，從此善思惟，消除諸垢染。遭苦能安慰，放逸令生怖，著樂勸厭心，隨事皆開誘。上

智證法喜，中根勝解生，淺劣發信心，尊言遍饒益。」見《大正藏》冊32，頁760；《丹珠爾》對勘本冊1，頁353。

❻ **妙翅鳥**　天龍八部之一，又名金翅鳥、頂癭鳥、迦樓羅、迦留羅、揭路荼。《探玄記》云：「迦留羅，新名揭路荼，此云妙翅鳥。鳥翅有種種寶色莊嚴，非但金色。依《海龍王經》，其鳥兩翅相去三百三十六萬里，閻浮提止容一足。依《涅槃經》，此鳥能食消龍魚七寶等，唯除金剛，以不能令消故。又食應命終龍，又過去受三歸者不食，袈裟縷繫者亦不食。又依《增一經》，四生金翅中，如卵生鳥，從鐵叉樹下入海取卵生龍，水猶未合還至本樹上食之，若向胎生龍鳥身即死。若胎生鳥，得取胎卵龍，不得餘二。若濕生鳥，得取三生龍，不得取化生龍。若化生鳥，得取四生龍。又日別食一大龍王五百小龍，達四天下，周而復始，次第食之。命欲終時，諸龍吐毒，不能復食。飢火所燒，聳翅直下至風輪際，為風所吹還復上來。往還七返，無處停足，遂至金剛輪山頂上命終。以食諸龍身肉毒氣，發火自焚。難陀龍王恐燒寶山，降雨滅火渧如車軸，身肉消散唯有心在，大如人髀，純青琉璃色。輪王得之，用為珠寶。帝釋得之，為髻中珠。」《一切經音義》云：「迦樓羅，或曰揭路荼，此云食吐悲苦聲也。謂此鳥凡取得龍，先內嗉中，得吐食之，其龍猶活，此時楚痛出悲苦聲也。或曰：此云大嗉頂鳥，謂此鳥常貯龍嗉內，益其頂矗也。舊云金翅妙翅者，且就狀而名，非敵對翻也。然其翅有種種質色，非唯金耳。」參見《大正藏》冊35，頁135；冊54，頁435。

❼ **翳障**　此指障蔽，下文亦同。

❽ **尊語具善說**　善慧摩尼大師提到，《百五十頌》及《百五十頌釋》此句皆作「尊語具三善」，三善即前三句「見義故無欺，無過故隨順，善綴故易解」所說的無欺、隨順、易解三種善妙功德。參見《洛桑諾布文集》冊2，頁424。

❾ **現行及其種子**　此處是指現行的心識及心識的種子。現行的心識，指最容易感受到的心識；心識的種子，指當時並非心識而是處於一種心識的能力的狀態。種子之後遇到外緣時，會再度從能力的狀態轉為心識。例如當自己正在貪著某個境界時，貪心就是現行的心識，而瞋心當時可能就處於種子的狀態，等到離開所貪著的對境，面對其他令自己討厭的事物時，貪心就可能處於種子的狀態，而瞋心則成為現行的心識。

意功德，分二：智功德者：謂於如所有性❶，盡所有性❷，一切所知❸，如觀掌中菴摩洛迦❹，智無礙轉，能仁智遍一切所知。除佛餘者，所知寬廣，智量狹小，悉不能遍。此復❺ 如《讚應讚》云❻：「🈂️如《二諦論》云❼：『以一剎那智，周遍所知輪❽。』唯🈂️佛薄伽梵尊智🈂️剎那能🈂️由同時現見門而周**遍一切**🈂️如所有、盡所有**所知事，**🈂️故觀待於尊，境與有境❾二者之中，有境智慧為勝。🈂️如云❿：『如日於雲天，此智偏一隅。』自十地最後續流⓫ 以下有學道⓬ 中，唯能於如所有及盡所有法，以根本後得⓭ 交替而證。故除🈂️薄伽梵尊，餘一切🈂️有學[1]🈂️之心與所知境二者中，唯所知🈂️境寬廣。」又云⓮：「🈂️又佛世尊於墮🈂️三時法⓯，🈂️其一切種〔生本🈂️者，因之名也。此復有二，謂能生因與能知因⓰，斯為後者，謂其因相或憑證[2]⓱。〕，如掌中🈂️置酸果，是尊意🈂️現前所行境。」「諸法動🈂️情世間⓲ 非動🈂️器世間⓳，若一若種種，如風行於空，尊意無所礙。」應如是念。

意功德，分為二科：智慧的功德：智慧能毫無滯礙地深入一切如所有與盡所有的所知，就像將菴摩羅果放在手掌心一般，所以能仁的智慧遍及一切所知。除了佛陀以外，其他皆是所知寬廣而心識狹隘，因此都無法遍及。這也應當如《讚應讚》中所說而憶念：「如同《二諦論》中說道：『以一剎那間的智慧，也能遍及所知的全部範圍。』唯有佛世尊您的智慧，能以剎那間同時現前觀見的方式遍及一切如所有與盡所有的所知。因此就您而言，境與有境二者當中，以有境智慧為超勝；如同有言：『就像太陽在看得見雲的天空中一般，在這當中運行的智慧局限於一方。』十地最後續流者以下的有學道中，行者只能以根本智及後得智，交替證達如

所有與盡所有法。因此，世尊您以外的其他一切有學位行者，心與所知境二者之中，都是所知境超出於心。」又提到：「佛世尊，對於一切三時所涵蓋的一切法，其所有〔所謂根源，是因的名稱，其中又分為能生起的因與能了知的因兩者，在此是指後者，包含了這些的原因與憑證在內。〕，像是放在掌心的菴摩羅果一般，都是您的現前心所證達的境界。」「變動的情世間與不變動的器世間萬法，無論單一或者繁多，您的心對此種種都毫無滯礙，就像風在空中流動一般。」

[1]「<ruby>語<rt></rt></ruby>有學」哲霍本作巴註。　[2]「憑證」果芒本原作「義因」，拉寺本作「憑證」，哲霍本作「義、證得」。按，「證得」（ཐོབ）應為「因」（ཐོབ）之訛字。「義因」於藏文中語法不暢，故依拉寺本改之。

❶ **如所有性**　即空性。《瑜伽師地論》云：「如所有性者，謂即一切染淨法中所有真如，是名此中如所有性。」參見《大正藏》冊30，頁725。

❷ **盡所有性**　除了空性以外的一切法。《瑜伽師地論》云：「盡所有性者，謂諸雜染清淨法中所有一切品別邊際。如五數蘊、六數內處、六數外處，如是一切。」參見《大正藏》冊30，頁725。

❸ **所知**　堪為覺知的境，是所知的定義。凡是存在的事物，都是能被心識所了知的境界，故名為所知。

❹ **菴摩洛迦**　梵語Āmalaka音譯，又名庵摩羅迦果，俗名酸果、餘甘子、油柑、橄欖子。於印度傳統醫方，其花果根葉等均可入藥。果味酸甘苦澀，食用普遍，或醃或蜜。鮮果晶瑩剔透，置於掌中，內外紋理清晰可見，經論常以此比喻智慧無礙澈見事物。

❺ **此復**　法尊法師原譯無，今依藏文補之。

❻ **《讚應讚》云**　引文見《丹珠爾》對勘本冊1，頁280。

❼ **《二諦論》云**　《二諦論》，中觀部論典，全名《分辨二諦釋》，智慧藏阿闍

黎（Jñānagarbha）著，尚無漢譯。智慧藏阿闍黎，經部行中觀自續派祖師（約公元7、8世紀），生於歐提毗舍國（Oḍiviśa），在具德隱阿闍黎座下聞法，而成為執持經部行中觀自續派的中觀師。之後常時修持聖觀自在的法門，最後親見本尊，生起神通等功德，並作出諸多事業利益眾生。此論為作者所作《分辨二諦頌》的自釋，其中說明導師宣說二諦的本懷，並分別詳解勝義及世俗二諦的意涵。參見《印度佛教史》，頁192。引文見《丹珠爾》對勘本冊62，頁763。

❽ **輪** 藏文中「輪」有壇城、範圍、圓圈等義，此處指範圍。

❾ **境與有境** 被量所證得者即是境，凡是存在的事物都是境。有境，趣入自己的境界之法，即具有趣入境界能力的這種法，比如心識或補特伽羅。

❿ **如云** 引文出自《寶性論大疏》。《寶性論大疏》，瑜伽部論典，全名《大乘後續論大疏》，共5品，無著菩薩著。漢譯有後魏勒那摩提譯《究竟一乘寶性論》4卷。主要以中觀派的角度，闡釋《陀羅尼自在王經》、《吉祥獅子吼經》、《如來藏經》、《寶女請問經》、《入一切佛陀境界廣大慧光經》五本經中見、修、行三者的內涵，並且詮釋三寶的功德、十二事業等內涵。引文勒那摩提譯《究竟一乘寶性論·無量煩惱所纏品》作：「譬如薄雲中，見虛空有日。」見《大正藏》冊31，頁840；《丹珠爾》對勘本冊70，頁1081。

⓫ **十地最後續流** 十地菩薩成佛前一剎那。由於是有情續流的最後剎那，所以稱為最後續流，並非成佛後補特伽羅的續流斷滅。

⓬ **有學道** 指有學位行者心中的道。以希求究竟成佛而言，大乘加行位、見道位、修道位的行者是有學位，而二乘加行位、見道位、修道位、阿羅漢的行者也是有學位。由於修習佛道未至圓滿，未斷盡所知、煩惱二障，尚需為了斷除二障的怖畏而修學，故名有學位。反之佛則是無學位。如果僅以小乘為究竟，則阿羅漢是無學位。

⓭ **根本後得** 根本，即聖者的根本智，指聖者修定時專注於對境的淨智；後得，相對根本智而言，指聖者出定後的淨智，稱為後得智。除了佛地以外，根本後得只能交替出現，至佛地時，則恆時處於根本後得同位的狀態。

⓮ **又云** 引文出自《讚應讚》。見《丹珠爾》對勘本冊1，頁278。

⓯ **墮時法** 指屬於過去、未來、現在其中一者的法，意指一切所知。「墮」，屬於

之義。參見《洛桑諾布文集》冊2,頁424。

❶ **能生因與能知因** 能生因,指能出生事物的因緣,比如苗芽的生因是種子。能知因,指能推知此事理的理由、原因,比如用有為法是因緣所生的原因,可推知有為法是無常的。

❷ **憑證** 夏日東活佛解釋為確鑿的原因。參見《夏日東文集》冊1,頁333。

❸ **情世間** 佛教將世間分為情世間及器世間,情世間指眾生,包含有學聖者、凡夫等。

❹ **器世間** 佛教將世間分為情世間及器世間,器世間指眾生所居住的外在環境,如房子、土地等。

悲功德者:如諸有情為煩惱縛,無所自在,能仁亦為大悲繫縛無所自在,是故若見諸苦眾生,常起大悲恆無間斷。如《百五十頌》云❶:「此一切眾生,惑縛無差別,尊為解眾生,煩惱長悲縛。為應先禮尊?為先禮㊣敬其因大悲──令㊣薄伽梵尊㊣明知㊣輪迴過失,猶㊣盡輪迴際如此久住生死❷㊣處之主因?」《諦者品》亦云❸:「㊣佛陀大悲發起之因,謂初若見㊣因位時執二我相❹癡㊣之黑暗,常㊣時[1]覆心之〔眾生❺,㊣謂一切有情。〕,及㊣依此因,於果位時陷入生死獄㊣之苦逼有情,㊣由是勝仙㊣佛薄伽梵發㊣大悲心。㊣師云:『由此之故,佛陀大悲發起之因,唯是觀見有情苦迫,無須餘因。由此因故,有情無時不為苦迫,是以佛陀大悲無時間斷。』」又云❻:「㊣其廣說者,謂若見欲蔽意,大愛常耽境,〔墮愛貪大海,㊣謂受用痛苦之因。〕,勝者發大悲。」㊣又云:「見煩惑眾生,

皈 依 三 寶

^巴由彼等因，於感果時，多病憂逼惱，為除眾苦故，十力^❼生大悲。能仁常起悲，終無不起時，住眾生意樂^❽，故佛無過失。」應隨憶念。

悲心的功德：如同有情遭受煩惱束縛，無法自主，能仁也被大悲束縛而無法自主，所以見到受苦的眾生，就會毫不間斷地生起大悲心。如《一百五十頌》所說：「這一切眾生都沒有差別地遭受眾多煩惱束縛，而您為了解開眾生的煩惱，被大悲長久地束縛。應當先敬禮您嗎？還是應當先敬禮大悲——那使得世尊您明知輪迴的過失，卻仍然永遠長久地如此安住於輪迴之處的主因？」《諦者品》中也說：「佛陀的大悲心生起之因，首先是見到在因位的階段，被執著二種我相的愚癡黑暗長時蒙蔽內心的一切有情眾生，以及由於這個因緣，而在果位的階段，身陷輪迴的監獄，遭受痛苦逼迫的有情。藉此，殊勝的大仙——佛世尊——於是發起大悲心。上師說：『所以佛陀的大悲心生起之因，純粹是見到有情遭受痛苦壓迫，不需其他理由。因此，由於有情沒有不被痛苦壓迫之時，所以佛陀的大悲心也永無間斷的時候。』」又說道：「如果詳細宣說，當見到心被欲望壓伏，貪愛熾盛而長時沉迷於外境，墜入貪愛欲望大海，受用著痛苦之因的人，佛陀於是興起大悲心。」又說道：「當見到所有煩惱的有情，在這些因緣感果的階段，深受眾多疾病與憂愁侵害，為了盡除一切痛苦，具足十力者強烈地發起悲心。能仁永遠都會生起大悲心，不可能有不生起的時候，安處於一切眾生的心念，所以佛陀毫無過失。」應當如此憶念。

[1]「^巴時」 雪本作「^巴骨」。按，「骨」（དས）為「時」（དས）之訛字。

❶《百五十頌》云 引文唐義淨大師譯《一百五十讚佛頌》作：「一切有情類，皆因煩惱持，唯佛能善除，由悲久住世。誰當先敬禮，唯佛大悲尊，聖德超世間，悲願處生死。」見《大正藏》冊32，頁759；《丹珠爾》對勘本冊1，頁352。

❷令尊知過失猶久住生死 法尊法師原譯作「尊知生死過，令如此久住」，為配合箋註，今依藏文改譯。

❸《諦者品》亦云 引文劉宋求那跋陀羅譯《佛說菩薩行方便境界神通變化經》作：「無明愚癡大闇黑，見無明瞖蔽眾生，見眾生趣生死獄，是故人尊生大悲。」元魏菩提留支譯《大薩遮尼乾子所說經》作：「瞿曇見眾生，閉在世間獄，輪迴遍諸趣，常受一切苦。癡闇覆其心，不知生厭離，是故無上尊，常起大悲心。」見《大正藏》冊9，頁346；《甘珠爾》對勘本冊57，頁318。

❹執二我相 指補特伽羅我執與法我執。

❺常覆心眾生 法尊法師原譯作「常覆眾生心」，為配合箋註，故改譯。

❻又云 引文出自《諦者品》。劉宋求那跋陀羅譯《佛說菩薩行方便境界神通變化經》作：「見為利養所覆蔽，復次境界無厭足，墮於欲有之大海，是故十力有大悲。多於種種憂愁病，見諸眾生苦惱已，為是一切諸苦惱，是故十力有大悲。知於非有亦非無，彼常有於大悲心，一切眾生普遍心，是故一切智無過。」元魏菩提留支譯《大薩遮尼乾子所說經》作：「瞿曇見眾生，在有貪海中，利養覆心故，常求愛境界。貪心如野火，熾然不知足，是故十力者，常起大悲心。瞿曇見眾生，具造諸苦業，常為諸憂悲，苦惱之所逼。為拔彼眾生，種種諸惱害，是故十力者，常起大悲心。瞿曇恒觀彼，一切眾生界，常起大悲心，是故無過失。」見《大正藏》冊9，頁347；《甘珠爾》對勘本冊57，頁319。

❼十力 佛的十種智慧。十力為：知處非處智力、知業報智力、知種種解智力、知種種界智力、知根勝劣智力、知遍趣行智力、知靜慮解脫等持等至智力、知宿住隨念智力、知生死智力、知漏盡智力。由於對所知沒有障礙，具足大力，故名為力。此處藏文直譯為「具足十力者極生大悲」，法尊法師由於偈頌字數限制，故譯為「十力生大悲」。

❽**住眾生意樂**　善慧摩尼大師提到，眾生的意樂無非是想要離苦得樂，佛陀也無非是宣說眾生離苦得樂的方法，所以稱為住眾生意樂。參見《洛桑諾布文集》冊2，頁424。

業功德者：謂身語意業，由其任運、無間二相而正饒益一切有情。^語饒益有情時，止息功用❶等起分別心，不作是念：「應行如是如是」，由此門中隨轉者，是為任運體性。設有功用之分別心，則當交替安立，故容間斷❷；而離此者，是為事業無間因相[1]，或成其因。**此復由於所化之別，堪引化者，能仁無不令其所化會遇圓滿、遠離衰損，定作一切所應作事。如《百五十頌》云**❸：「^(二)^巴薄伽梵[2]尊^巴於所化^(四)亦說^巴須摧痛苦之因煩惱^巴及其道理。既斷彼已，^(六)^巴又復顯示^巴應當慎防輪迴之魔諂動❹技倆而行欺誑之理故，^(三)^巴亦說生死^巴具足暴惡痛苦自性^巴本質。於斷彼方便[3]，^(五)亦示^巴獲得無畏所❺——^巴解脫——之理。^巴行持如是取捨之時❻，^(一)思利大悲者^巴薄伽梵有法[4]❼，^巴尊凡^巴於能^巴行利^巴益有情^巴之時，此^巴應饒益事尊未行，豈有此餘事？^巴應非有也[5]。」**《讚應讚》云**❽：「**豈有何衰損，尊未令眾**生離？^巴行持如是取捨之時，**豈有何盛事，未令世間會**❾？」應憶念之。

事業的功德：指身語意的事業，都在任運自然，以及連續不斷兩種狀態中利益著一切有情。利益有情時，平息了想著：「要做如此如此事」的功用等起分別心而去做，這便是任運自然的體性。如果還有功用的分別心，就會導致有所交替，因而可能間斷；沒有這一點，便是事業連續不斷的原因、因緣。而就所化機那方面而言，如果已經足以度化，能仁從未不使所化機與圓滿相遇及脫離衰損，所以必定會做到所有應做的事。《一百五十頌》說道：「心想利他的世尊、大悲心者有法，您應對有情利益的時機如果來臨，該做利益的事您不做，難道還有其他事要做嗎？應當沒有，因為世尊您對於所化機，既宣說了輪迴的自性、真相是具有殘酷的痛苦，也指出解決之道，是必須要消滅苦因——煩惱，以及說出消滅的方法；也指示出斷除煩惱之後，獲得解脫——沒有輪迴恐懼的方向的方法。還指示了當進行如此的取捨之時，會被魔羅的誆惑手法誘騙，所以對此必須謹防的道理的緣故。」

《讚應讚》中說：「豈有什麼衰損，是您不會從中救出眾生的？當進行如此的取捨之時，又豈有什麼圓滿盛事，您不會使其與世間相遇？」應當如此憶念。

[1]「故容間斷；而離此者，是為事業無間因相」 雪本、哲霍本作「故容間斷；而離此者，是為事業無間因相故容間斷；而離此者，是為事業無間因相」。按，雪本、哲霍本「故容間斷；而離此者，是為事業無間因相」重出衍誤。　[2]「🝝薄伽梵」 原果芒本未標作者，拉寺本無此註，哲霍本作巴註。按，依前後註文此箋應為巴註，今依哲霍本補之。　[3]「於斷彼方便」 拉寺本作「於斷彼方便，謂彼因」。　[4]「🝝薄伽梵有法」 拉寺本作「🝝薄伽梵」，哲霍本無「🝝」。　[5]「🝝應非有也」 原果芒本未標作者，今依拉寺本補之。

❶ **功用** 藏文直譯為勤勉、精勤。此處指刻意努力完成想要完成的事。佛陀利益有情，已經無需透過刻意的努力，而是自然任運。

❷ **交替安立故容間斷** 交替安立，指根本智與後得智的狀態交替更換。故容間斷，指根本智與後得智無法同時出現的話，則菩薩安住於根本智時，無法化身利益有情，故饒益有情的事業容有間斷。

❸ **《百五十頌》云** 引文唐義淨大師譯《一百五十讚佛頌》作：「魔怨興惱害，佛力已能除，無畏功德中，斯但顯少分，悲心化一切，聖意絕希求，利樂無不施，能事斯皆畢。」慧海大師提到，「尊說摧煩惱」是說摧壞的方便，顯示道諦；「顯示魔諂動」講述了粗分及細分的四魔，開示集諦；「說生死苦性」表示了苦諦；「亦示無畏所」也開顯滅諦，因此怎麼可能有哪個利益所化機的方法是大悲世尊沒說的呢！夏日東活佛也照錄此文來解釋頌文的內涵。參見《夏日東文集》冊1，頁335；《廣論講授筆記》，頁28。引文見《大正藏》冊32，頁761；《丹珠爾》對勘本冊1，頁359。

❹ **顯示魔諂動** 善慧摩尼大師提到有四種魔羅的諂動：「令鬥諍魔」會令修道者諍論、相鬥，並且極力促成此事。「令散動魔」會增長修道者的昏睡或散亂，也會增長聽法者的昏睡或散亂。「令貪愛魔」多障礙在家行者布施妻子、兒女、自身時，令他們生起如割身肉的想法。「顛倒想魔」多障礙欲出家者，生起出家的想法時，令他們貪著欲樂、飲食的快樂、歌舞等等，從而成為出離的障礙；已出家者，令他們作意女眾的形相、回憶以前的歡笑、貪著買賣種田等事，以種種方法令他們失去出家身，或者染汙他們清淨的梵行。參見《洛桑諾布文集》冊2，頁425。

❺ **所** 藏文此字有「方向」之意。

❻ **行持如是取捨之時** 在藏文版中對《一百五十頌》此偈標示兩種閱讀順序，目前是依其中一種較完整的閱讀順序而翻譯。另一種只標示到「行持如是取捨之時」之前的閱讀順序，茲翻譯如下，以供讀者參考：「❷薄伽梵尊❷於所化亦說生死❷具足暴惡❷痛苦自性❷本質。於斷彼方便，亦說❷須摧❷痛苦之因煩惱❷及其

道理。亦示^㉒既斷彼已，獲得無^㉒輪迴畏所——^㉒解脫——之理。又復顯示^㉒行持如是取捨之時，應當慎防魔諂動^㉒技倆而行欺誑之理故。」

❼ **有法** 意為帶有某種屬性的事例，在此指論式的所諍事，亦即雙方據之諍論的事例。在一般辯論格式當中，雙方必須舉出一個事例作為焦點進行討論。例如就瓶子而言，無常、存在、色法等是瓶子的屬性，也就是瓶子所具有的法，所以瓶子名為有法。

❽ **《讚應讚》云** 引文見《丹珠爾》對勘本冊1，頁292。

❾ **豈有何衰損尊未令眾離豈有何盛事未令世間會** 法尊法師原譯作「尊未度眾生，何有是衰損？未令世間會，豈有此盛事」，文意難明，今依藏文改譯。

[㊋]**第二、引申義，分三：第一、於三寶功德由種種門以觀察修數數憶念之勝利者**^[1]：此是略說念佛❶道理，若由種種門中憶念，亦由多門能發淨信，若能數數憶念思惟❷，則勢猛利常恆相續。餘二寶德，亦復如是。[㊋]**第二、若修三寶功德，當順易獲勝者密意之理者**^[2]：由如是修，若善了解，則諸經論多是開示三皈功德，[㊋]說無不顯佛身語意及因果功德之至言^[3]❸，此等皆能現為教授。[㊋]棄捨觀察修之過患者^[4]：念觀察修皆是分別，於修行時而棄捨者，是遮此等集聚資糧、淨治罪障非一門徑，故於暇身攝取無量堅實心藏❹，應當了知為大障礙❺。

第二科、引申義，分為三科：第一科、對於三寶的功德，以觀察修從各種角度反覆憶念的利益：這些是憶念佛陀的方法概要，如果能從各種角度憶念，也就能從各種角度生起信心；如果反覆地憶念，其力量就會強大而持久。其餘二寶的功德也是如此。第二科、如果修持三寶的功德，能順利容易獲得佛陀意旨的道理：經過如此修持，如果能精確地了解，由於經論大多是開示三皈依處的功德，所以說沒有不開示佛陀的身語意及因地、果位功德的經典。這些都能體現為教授。捨棄觀察修的過患：認為觀察修是分別心，而在修行時捨棄不用的人，是阻斷了這樣地累積資糧、淨化罪障的眾多門徑。所以應當曉得，這是在閒暇所依中獲取無量心要的重大障礙。

[1]「第一、於三寶功德由種種門以觀察修數數憶念之勝利者」 拉寺本、單註本作「第一、以觀察修數數憶念之勝利者」。 [2]「第二、若修三寶功德……之理者」 拉寺本、單註本作「第二、當順易獲勝者密意之理者」。 [3]「⊕說無不顯佛身……之至言」 拉寺本、單註本無。 [4]「⊕棄捨觀察修之過患者」 拉寺本、單註本無。

❶念佛 此處非指持名誦念彌陀聖號，特指透過各種角度憶念佛陀的種種功德。

❷憶念思惟 藏文原文無「思惟」。

❸說無不顯佛身語意及因果功德之至言 才旦夏茸大師列舉了道次引導修法中提到的經典，如《寶雲經》、《陀羅尼自在王請問經》、《賢劫經》、《不可思議秘密經》、《寶性論》、《現觀莊嚴論》、《寶鬘論》、《經莊嚴論》、《攝決擇分》、《解釋正理論》、《百五十頌》、《無邊功德讚》等，另外大師自己也舉出

《集學論》、《入行論》、《本生論》、《法句經》、《讚應讚》、《入中論》、《集論》、《俱舍論》等，各別提及佛陀三門及因位、果位的功德。參見《才旦夏茸全集》冊9，頁357。

❹ **堅實心藏** 即心要之意。

❺ **應當了知為大障礙** 慧海大師提到，反覆的觀察修，能將一切經典體現為皈依的教授，同樣對於暇滿難得、死無常、空性等法類，也必須透過反覆地觀察修，將一切經典體現為該法類的教授。譬如一部主要開示世俗諦的經典，其中如果有一句開示勝義的文句，要將其他所有經文體現為它的支分。認識這些都有賴於觀察修，所以遮阻了觀察修，就是阻斷了所有集資淨障的門徑，宗喀巴大師之所以一再強調觀察修，也是因為過去有人認為不需要觀察修的緣故。任何善所緣，透過反覆觀察而熟練，就是觀察修。因此二世妙音笑大師說，觀察修在辯論場為宜，止住修在僻靜處為善。夏日東活佛亦採錄全段來解釋此文。參見《夏日東文集》冊1，頁335；《廣論講授筆記》，頁28。

❀第三、於清淨皈依因——信解，得不得覺受之差別[1]，分二：得信解者：此等若作常時修持，心隨修轉。故於初時修心稍難，後時於彼能任運轉。又若能念：願我當得，如所隨念如是佛者，是發菩提心。一切晝夜恆得見佛。於臨終時任生何苦，然隨念佛終不退失。《三摩地王經》云❶：「❀佛喚云：我所正**教示**，汝❀今應悟解[2]，❀此復云何？譬如❀總體而言，(一)凡人❀任於何義，(三)但多❀返**觀察**、❀串習時，如所串習，(二)由❀多返**住彼**❀或思惟**觀察**，(四)**心**❀縱不特為觀緣，亦能❀自然**如是**[3]❀義而**趣**❀其義。❀成立共通周遍已，如是❀譬喻，此處之義——念能仁，佛身無量智❀等功德，❀又復**常**❀時相續

能^巴數數修隨念^巴佛，^巴縱然心^巴不特為繫念於佛，亦能自然趣注於此。^巴如是此^巴一切舉止行住坐時，欣樂〔善士，^巴謂佛陀也。〕之智，欲我成無上勝世^❷，故亦願求^巴無上菩提^巴此亦即是發心。」又云^❸：「^巴復次，如是補特伽羅，彼由清淨身語意，常讚佛勝德，如是修心續，晝夜見世依。若時病不安，受其至死苦，不退失念佛，苦受莫能奪。」^巴又《寶炬經》云^❹：「諸凡隨念作意佛，彼恆得見無邊佛[4]。」謂有極大勝利。^語師云：「此復若於意中數數修習佛陀身相，及思惟身語意功德而修信心，則當恆時得見佛陀。以己不見佛者，是因於彼無有信心，又復相續不淨增上，設若相續清淨[5]，任於何處皆得見佛。譬如琉璃大地之上，顯不顯現天主影像^❺，當視彼地是否為塵垢等染雜；又如聖無著及吉祥比丘尼^❻修習慈氏怙主及觀世音之史跡也[6]。」

語譯

第三科、對於清淨皈依的因——信解心，是否獲得覺受的差別，分為二科：獲得信解心： 如果將這些作為持續的修持，由於心會隨著串習而起作用，所以剛開始修心時雖然會稍有困難，之後就能自然而然地趣入。並且心想：「多希望我也能獲得如我所憶念這樣的佛果！」而發起菩提心；日日夜夜都能見到佛陀；臨終時無論產生任何痛苦，對佛陀的憶念都不會退減。《三摩地王經》提到，佛說：「我正在告誡你，而你現在應當要領悟的是什麼？例如：大凡人們如果能以多次安住或思惟任何一種義理的分別心，對此義理多次地觀察並且串習時，那麼即使不刻意緣想，內心也將會自然如所串習那樣地貫注於此義理。成立起通則之後，與此譬喻相同地，此處的內涵則是應當從佛陀的身與隨好，以及他的無量智慧等功德而憶念能仁；如果能時間上恆常持續地反覆修持憶念佛陀，則內心縱然沒有刻意集中注意力於佛陀，

也能自然而然地全神貫注於此。這樣的狀態，是在行住坐立一切行為的時候，都在渴求殊勝士夫佛陀的智慧，希望自己成為世間中無上尊勝，為此也希願無上菩提，這也就成為發心。」又提到：「另外，這樣的補特伽羅，他以純淨的身語意，一直歌頌對諸佛的讚美，由於他如此修持心續，因此日夜都能見到世間的依怙。如果他患病了，感受到不適乃至瀕死的痛苦時，對佛陀的憶念不會退減，完全不會被苦受侵奪。」《寶炬經》中說：「誰能憶念作意佛陀，他們就能一直見到無邊諸佛。」提到利益極大。上師說：「另外，如果心中反覆修持佛陀的身相，以及思惟身語意的功德而修持信心，將能一直見到佛陀。因為自己無法見到佛陀，是由於沒有信心，並且心續不清淨所致；如果心續清淨，何處都能見到佛陀。就像在琉璃大地上，是否能顯現帝釋天王的影像，差別在於這塊地是否沾染了汙垢等；又有如聖者無著修持慈氏怙主、吉祥比丘尼修持觀世音時的史跡一般。」

[1]「^妙第三、於清淨皈依因——信解，得不得覺受之差別」 拉寺本、單註本作「^妙第三、於清淨皈依之因——信解，得不得覺受之差別」。按，果芒本原文可作二解，一同於拉寺本、單註本作「^妙第三、於清淨皈依因——信解，得不得覺受之差別」，一為「^妙第三、清淨皈依，謂於信解因得不得覺受之差別」，今取拉寺本、單註本句意。　[2]「我所正教示，汝^巴今應悟解」 拉寺本作「有一我所教示汝應悟解」。[3]「^巴自然如是」 果芒本原作「^巴自然^巴如是」，拉寺本作「^巴自然如是」，哲霍本作「^巴自然如^巴是」。按，哲霍本顯將正文誤作箋文，果芒本以正文字大小卻標巴註亦不合體例，故依拉寺本改之。　[4]「彼恆得見無邊佛」 哲霍本作「彼從恆想佛得見」，誤。　[5]「設若相續清淨」 哲霍本作「相續清淨已」。　[6]「^語師云……史跡也」 哲霍本作妙註。

❶《三摩地王經》云　《三摩地王經》，經集部經典，全名《聖開演萬法自性真如三摩地王經》，又名《聖顯一切法自性平等三昧王大乘經》，共15卷，39品。漢譯本有高齊那連提耶舍譯《月燈三昧經》10卷；宋先公譯《佛說月燈三

昧經》殘本1卷；宋先公譯《文殊師利菩薩十事行經》1卷，共三種。此經因緣為佛在王舍城耆闍崛山，月光童子菩薩啟問佛為何能為世間作大光明，遠離三業雜染、戒行清淨、得勝智慧。佛說：於眾生起平等心、救護心、無礙心、無毒心，依此證得諸法體性平等無戲論三昧，即能獲得如是功德。並開示如何獲得此三昧法，及獲得此三昧的各種利益。引文高齊那連提耶舍譯《月燈三昧經》作：「我今為汝善說之，彼彼趣於如是處，所謂覺知諸緣事，無量思量常不斷。若有能生如是心：『念佛相好及智慧。』彼人能修如是念，一心趣向無退轉，若行、若坐、若經行，於諸佛智無疑惑。得無疑已作是願：『令我得佛三界尊。』」見《大正藏》冊15，頁553；《甘珠爾》對勘本冊55，頁32。

❷ **無上勝世**　藏文直譯為「在世上無上尊勝」。

❸ **又云**　引文出自《三摩地王經》。高齊那連提耶舍譯《月燈三昧經》作：「身、口及意皆清淨，讚歎諸佛常不斷，常修如是念佛相，日夜恒見諸如來。若遇垂死最重疾，痛惱逼迫極無聊，念佛三昧常不捨，不令苦切奪此心。」見《大正藏》冊15，頁553；《甘珠爾》對勘本冊55，頁33。

❹ **《寶炬經》云**　《寶炬經》，經集部經典，全名《聖寶大拉拉陀羅尼大乘經》，共4卷。漢譯本有宋法天譯《大方廣總持寶光明經》5卷。「大拉拉」是油燈燃燒時發出聲音的狀聲詞。此經是佛在王舍城鷲峰山時，應普賢菩薩、妙吉祥童子等請問而說。引文法天譯《大方廣總持寶光明經》作：「若能智慧志堅固，常見彼佛不思議。」見《大正藏》冊10，頁897；《甘珠爾》對勘本冊57，頁167。

❺ **譬如琉璃大地之上顯不顯現天主影像**　此喻出自《聖入一切諸佛境界智慧光明莊嚴大來經》。《聖入一切諸佛境界智慧光明莊嚴大來經》，經集部經典，共3卷。漢譯本有元魏曇摩流支三藏譯《如來莊嚴智慧光明入一切佛境界經》2卷；梁僧伽婆羅三藏等譯《度一切諸佛境界智嚴經》1卷；宋法護大師等譯《佛說大乘入諸佛境界智光明莊嚴經》5卷，共三種。此經為佛在王舍城鷲峰山頂的法界殿中與聲聞、菩薩大眾集會時，世尊欲為諸菩薩眾廣說正法，即放光召集十方佛剎無數大菩薩眾來集，而加持諸大菩薩屬意文殊菩薩代為請法。據無著菩薩《寶性論釋》，此經廣說無為、任運、非他緣現證、智、悲、力等如來的六種功德。譬喻相應段落參見曇摩流支三藏譯《如來莊嚴智慧光

明入一切佛境界經》：「彼三十三天善法之堂，釋提桓因五欲境界，以不實故不生不滅，以大毘琉璃寶地清淨鏡像現故。文殊師利！如是如是，一切眾生依清淨心，如實修行見如來身。」僧伽婆羅三藏等譯《度一切諸佛境界智嚴經》：「如此宮殿實無生滅，以地淨故影現其中。彼宮殿影，亦有亦無不生不滅。文殊師利！眾生見佛亦復如是，以其心淨故見佛身。」法護大師等譯《佛說大乘入諸佛境界智光明莊嚴經》：「而彼吠琉璃地本無所有，忉利諸天及彼帝釋天主所居大廣勝殿亦無所有，皆是清淨所成影像對現而亦常在，而實不生亦復不滅。妙吉祥！一切眾生亦復如是，以清淨心如是觀想，如來即為對現身相。」見《大正藏》冊12，頁240、251、255；《甘珠爾》對勘本冊47，頁736；《丹珠爾》對勘本冊70，頁995、997。

❻吉祥比丘尼　德女派十一面觀音傳承的開派祖師（約公元9世紀），梵語Bhikṣuṇī śrīmatī及藏語དགེ་སློང་མ་དཔལ་མོ（格隆瑪貝莫）義譯，又名德女。出生於印度王族，童貞出家，依止多位高量的上師學習三藏及四部密續獲得善巧；受比丘尼戒之後，一如律典所言，如眼珠般守護戒律；又曾向大成就者帕倉巴等諸位上師，求受許多灌頂及教授而精進修持密咒。師曾示現患痲瘋病，痛苦難忍，於是向因陀羅補底王（Indrabhūti）請教，王指示道：「龍及地祇的首領就是大悲觀音，里卡辛佩那裡有一尊極具加持的十一面大悲觀音。再過去一點的達布達掬園有加持力很大的六字觀音主眷三尊，你去那裡修持大悲觀音。」師於是立刻赴達布達掬園祈禱六字觀音，然而身體未見起色，所以再赴十一面觀音前，日日祈禱。傍晚因為當地僧眾不許女眾停留，於是又回到六字觀音像前，經七日閉目殷重祈禱，第七天睜眼時，即見六字觀音轉成十一面觀音，師痲瘋病因而立即痊癒，過去身上的死肉等全數消除，外貌變得更為莊嚴，也獲得殊勝證悟，生起強猛的慈心、悲心、不可思議三摩地門，並以慈心、悲心、菩提心調伏邪魔等一切對聖教作障礙者。另外也親見至尊度母、不空羂索五尊等殊勝本尊天顏，尤其是四月十五日上午，大悲觀音親現尊容，傳授灌頂及教授，使師心續中生出上百種三摩地而獲得成就。此後，師再回到城中，為大眾傳授灌頂及加持，使當地出現許多成就者，因此美譽遍揚。師為了利益教法及眾生，著有《十一面觀音修法》、《普陀山讚》、《亥母修法》等著作。主要的弟子有班智達月童及班智達智賢。「比丘尼」，梵語Bhikṣuṇī音

譯，義為女乞士，又名乞善女、乞淨食女，別解脫七眾之一。具足《戒經》所說三百餘條比丘尼戒律的女性。參見《永津班智達文集》冊9，頁95。

博朵瓦云：「若數數思，漸能深信，漸淨相續，能得加持❶。由於此上獲得定解，故能由其誠心皈依，若於所學能正習學，則一切事悉成佛法。❀第二、未獲信心者[1]：吾等對於諸佛妙智，尚不計為準洽占卜。」此復說云：「譬如有一準利卜士❷說云，我知汝於今年無諸災患，則心安泰。彼若說云，今歲有災，應行此事，彼事莫為，則勵力為；若未能辦，心則不安，起是念云，彼作是說，我未能辦。若佛制云：此此應斷，此此應行。豈置心❸耶？若未能辦，豈憂慮耶？反作是言，諸教法中，雖如彼說，然由現在，若時若處，不能實行[2]❹，須如是行。輕棄佛語，瞬頃即歸自之知解❺。」若不觀察，隨心愛樂，唯亂於言。若非爾者，內返其意，詳細觀察，極為諦實❻ ㊁確切[3]。❀殷重教誡發起信心或定解者[4]：故當數數思佛功德，勵力引發至心定解。此若生者，則於佛所從生之法及修法眾❼，亦能發起如是定解❽，是則皈依至於扼要；此若無者，即能轉變心意皈依，且無生處，況諸餘道。

博朵瓦大師曾說：「如果一再思惟，信心就會逐漸加深，心續逐漸清淨而獲得加持。由於對此獲得確切的認知，所以能發自心髓深處皈依，繼而學習其學處時，所作一切都會成為行持佛法。**第二科、沒有獲得信心**：我們甚至不認為佛陀的智慧比得上最靈驗的算命師。」又說：「如果有一位最靈驗的算命師說：『我知道你今年不會有凶災。』就會心安自在；如果他說：『今年會出事，要做這件事、那件事不能做。』就會竭力做到，如果沒有做到，還會心想：『他交代的，我沒做到。』而惴惴不安。而佛陀制定說：『這個與這個應當斷捨』、『這個與這個應當修持』，是否相信？如果沒有做到，是否會不安？還是說：『正法當中雖然這麼說，但是在現今的時空條件下，不適合如此，必須那樣做。』輕易地蔑視而完全拋棄佛語，頃刻間回到自己的認知。」如果不觀察，就只是隨心所欲地曲解詞句；如不是這樣，心回歸於內在而仔細觀察，就會發現極其真實確切。鄭重教誡要引發信心或確切的認知：所以應當反覆思惟佛陀的功德，盡力引生發自心髓的確切認知。如果能生起，則對於能夠出生佛陀的法，與修持此法的僧伽，也都能生起與此相同的確切認知，因此就把握住皈依的扼要；如果沒有這點，不必說其他道，連能轉動內心的皈依都無從出現。

[1]「⟨妙⟩第二、未獲信心者」哲霍本作巴註，單註本作「⟨妙⟩第二、未獲信心之差別者」。　[2]「不能實行」果芒本原作「不割實行」，哲霍本、單註本、青海本《廣論》作「不能實行」。按，果芒本文義有誤，故依哲霍等本改之。　[3]「極為諦實⟨巴⟩確切」哲霍本無「⟨巴⟩」。　[4]「⟨妙⟩殷重教誡……定解者」拉寺本、單註本無。

❶ **加持** 指能轉變他人的思緒等的一種威勢、能力。

❷ **準利卜士** 指占卜準確率最高的算命師。

❸ **置心** 藏文意為相信。

❹ **諸教法中雖如彼說然由現在若時若處不能實行** 慧海大師提到，有人說佛
經所說的教言，因為現在時空的關係而不能實踐，這種話連僅僅在來生獲得
人身都很困難，何況成佛。因此這話流露出此與某類外道說沒有業果及前後
世是沒差別的。應當縈繞於自己的心續上，反省能否按照佛說的實踐。夏日東
活佛亦摘錄此段解釋。參見《夏日東文集》冊1，頁337；《廣論講授筆記》，
頁29。

❺ **輕棄佛語瞬頃即歸自之知解** 法尊法師原譯作「輕棄佛語，唯住自知」。夏
日東活佛解釋輕棄佛語，指毫不在意地完全捨棄。唯住自知，藏文原文有「頃
刻而至」之語，直譯為「頃刻又回到了自己知道的這方面」。夏日東活佛解釋
「頃刻而至」為「瞬間而至」或「自動而至」。今據藏文改譯。參見《夏日東文
集》冊1，頁336。

❻ **極為諦實** 對於宗喀巴大師引用博朵瓦的話之後的這一段，慧海大師解釋
說，博朵瓦這樣說了，如果還不觀察反省，那就只是隨心所欲而已；如果不是
只在文句上說明，而是縈繞於心去思考，則這現象是非常真實的。夏日東活佛
亦摘錄此段解釋，並下按語說：這是經驗之談。參見《夏日東文集》冊1，頁
336；《廣論講授筆記》，頁29。

❼ **修法眾** 藏文直譯為「修彼法之僧伽」。

❽ **亦能發起如是定解** 慧海大師解釋說，如果見到佛的功德，由於佛是依靠滅
道所攝的法而出生，因而能見到法的功德。如果見到佛與法的功德，由於僧
伽即是法器，是在因地依法修習佛果的人，因此能夠了知僧的功德。夏日東活
佛則在「法功德」的段落摘錄此文。參見《夏日東文集》冊1，頁338；《廣論講
授筆記》，頁29。

法功德者，謂^巴前說由佛堪為皈處因相，故法及僧亦堪為皈處者，亦即此也。以見佛德即如無間所說已[1]，由敬佛而為因緣，應作是念，佛具無邊功德者，是由證修滅、道二諦❶，除過引德，以為自性，教、證二法，而得生起。如《正攝法經》云❷：「諸佛世尊所有無邊無際功德，^巴非從餘因而生，唯從法生起，^巴誰修是法，即受行^巴彼所得法分[2]，^巴無漏之法所化現[3]，^巴由戒法為其主^巴緣❸ 而出生，從^巴定法出生[4]，^巴初為教正法❹ 行境^巴者，^巴中依於^巴證正法❺，^巴後為證正法所成辦❻，^巴謂由教證法之所成辦。」

　　法功德，前文提到以佛陀堪為皈依處為由，而說正法與僧伽也堪為皈依處，這也正是此段的內容。由於見到如同適才所說的佛陀功德而恭敬佛陀，因而應當憶念道：具有無邊功德的佛陀，是透過教正法，與證正法——現證了以斷除過失為體性的滅諦、修持以成辦功德為體性的道諦才出現的。《正攝法經》中說：「諸佛世尊，他們擁有無邊無際的功德，這些不是從其他因緣產生，完全是從正法出生的；誰修持正法，誰就能受用所得分內的正法；無漏正法所變現；以戒法為主上緣而生起；從禪定法而生；起初以教正法為所行境；中間信從證正法；最後以證正法成就，藉由教證正法而修成。」

[1]「^巴前說由佛……無間所說已」 拉寺本作語註。　　[2]「^巴誰修是法，即受行^巴彼所得法分」 哲霍本皆無「^巴」。　　[3]「法所化現」 拉寺本作「法之化現」。

按，此處經義以佛功德為所生、所化，以明法之功用，若作「法之化現」則佛德法德同
體而失佛法二者之因果。私謂果芒本文義較勝。 　[4]「⑬定法出生」哲霍本無
「⑬」。

❶ **滅道二諦**　斷除無間道對應的所斷而獲得的擇滅，即是滅諦。能夠獲得滅諦
的聖道，即是道諦。

❷ **《正攝法經》云**　《正攝法經》，經集部經典，全名《聖正攝法大乘經》，共
7卷，12品。漢譯本有元魏菩提流支譯《佛說法集經》6卷。其因緣為佛在最勝
樓閣妙寶臺上，為聲聞及菩薩等大眾，宣講入一切修行次第法門時，奮迅慧菩
薩問無所發菩薩：「云何菩薩摩訶薩知諸佛、如來、應供、正遍知生？云何菩
薩摩訶薩知諸佛如來真實身？」等問題。無所發菩薩由此承佛威神力，宣講種
種菩薩入十種法行。引文菩提流支譯《佛說法集經》作：「諸佛如是無量功德
皆從法生、從法化、從法得、從法增上、從法有、從法境界、從法依、從法成
就。」見《大正藏》冊17，頁630；《甘珠爾》對勘本冊65，頁116。

❸ **主緣**　即主上緣、增上緣。

❹ **教正法**　三藏所攝的經論。主要抉擇修行者所要修持的質量次第等內容。

❺ **證正法**　按照經論所說的內涵修持而在心中生起的證德。譬如對善知識的
信心、增上三學等。

❻ **法所成辦**　才旦夏茸大師提到，在一本《集學論古註》裡，解釋《正攝法經》
經文的意思與巴註不同，《古註》的解法是：因從法生起，非受財物，是行三身法
分，從微因生，故法所化現，非為無因，是法為其主，非從不順因，是從法出生，初為正
法行境，中依於正法，後由法所成辦。夏日東活佛亦照錄此段解釋經文。參見
《才旦夏茸文集》冊9，頁361；《夏日東文集》冊1，頁338。

僧功德中①，正謂諸聖補特伽羅②，此亦由念正法功德，由其如理修行門中，而為憶念。《正攝法經》云③：「於諸僧伽，應如是念，謂^巴語說^巴教正法，^巴身受行^巴所修正法，^巴意思惟正法^巴之義，^巴故其三門是^巴證正法田，受持^巴教及所修正法，^巴恆時依止於法，供養於法，^巴由十法行④門作法事業，法為行境，^巴斷捨財利緣於法故法行圓滿，^巴無諂誑故自性正直，^巴斷煩惱故自性清淨，^巴大乘者具足欲救有情痛苦之大哀愍法性⑤，^巴總體而言，內道佛教徒悲心增上，故成就^巴欲令有情離苦之悲愍，常以^巴斷捨世間八法⑥、憒鬧⑦之遠離為所行境，恆^巴以聞思修慧趣向法^巴性，常行^巴斷惡修善之白淨⑧^巴法。」^巴此派先輩諸師謂：「稟性如此，方為僧伽，若不爾者，但為剃頭白衣⑨耳。若如是者，吾輩則未入僧伽數也。是歟非歟，當自檢校[1]⑩。」

僧功德當中，主要是就聖者補特伽羅而言。這也應當從憶念法功德，亦即從他如理修持的角度而憶念。《正攝法經》中說：「應當想道：僧伽是以言語宣說教正法、以身奉行修證的正法、內心思惟正法的義理，因此三門都是證正法之田。受持教理與修行的正法、恆常信從正法、供養正法、透過十法行而從事正法的行為、以正法為所行境；由於斷除財物而緣念正法，因此奉行正法達到圓滿。沒有諂誑，所以自然地正直；斷除煩惱，所以自然地清淨。大乘行者，具有希望將有情救離痛苦的大悲心的體性；總體而言，內道佛教徒深懷悲憫，所以具有希望有情脫離痛苦的悲憫。恆常以斷除世間八法與喧囂之寂靜為所行境、恆常以聞思修的智慧專注於法性、恆常行持斷惡修善的白淨法等等。」本派的前輩

上師們說過：「具有這樣的心性的人們才是僧伽；與此相反的，不過是光頭俗人罷了。既然如此，我們其實不能算入僧伽之列。是否如此，應當好自檢點。」

[1] 「⑪此派先輩諸師謂……當自檢校」 哲霍本作語註。

❶ 僧功德中　夏日東活佛提到將《隨念僧經》所說的大乘僧總相的角度，與《現觀莊嚴論》所說的廿僧相配合研閱甚佳。參見《夏日東文集》冊1，頁339。

❷ 聖補特伽羅　即聖者。是否為聖者由是否現證空性而分判，四位凡夫比丘則代表僧寶。參見《夏日東文集》冊1，頁339。

❸ 《正攝法經》云　引文元魏菩提流支譯《佛說法集經》作：「善男子，何者是菩薩摩訶薩念僧？善男子，菩薩作是思惟：僧者，名為如法語者、名為法行者、名為思法者、名為福田法者、名為住持法者、名為依法者、名為供養法者、名為所作如法者、名為如境界法者、名為修行成就法者、名為實法者、名為直法者、名為實清淨法者、名為救眾生者、名為大慈悲者、名為常寂靜境界者、名為常歸依法者、名為常自淨行法者。」見《大正藏》冊17，頁630；《甘珠爾》對勘本冊65，頁118。

❹ 十法行　十種與正法有關的行持。關於十法行，諸論有不同說法，《辨中邊論》以寫經、供養、布施、聽聞、讀誦、受持、講說、諷誦、思惟、修習十事為十法行。《現觀莊嚴論》中所說十法行，據獅子賢論師（Haribhadra）所著《般若經八千頌廣釋》，及賈曹傑大師所著《心要莊嚴釋》，則解釋為表徵遍智的十法：發心、教授、順決擇分、正行所依、正行所緣、正行所為、鎧甲正行、趣入正行、資糧正行、出離正行。而獅子賢論師的另一本著作《顯明義釋》及宗喀巴大師所著《金鬘論》，則解釋為布施、持戒、忍辱、精進、禪定、般若、方便、願、力、智慧十波羅蜜。參見《心要莊嚴釋》冊上，頁70；《丹珠爾》對勘本冊70，頁911；《金鬘論》冊上，頁109。

❺**哀愍法性**　法尊法師原譯作「法性哀愍」，為配合箋註，故改譯。

❻**世間八法**　指對自己稍有損益即生喜怒的世間八事：利、衰、毀、譽、稱、譏、苦、樂。《瑜伽師地論》云：「又於世間三處轉時，恆常世間八法所觸。謂樂欲處、功用處、眾緣處。於樂欲處轉時，或觸於利、或觸非利。於功用處轉時，或稱他意、或不稱意。於背面位，觸於毀譽；於現前位，觸於稱譏。於眾緣處轉時，或由先世、或由現法苦樂眾緣，觸於苦樂。」《佛地經論》云：「世間諸法略有八種：一利、二衰、三毀、四譽、五稱、六譏、七苦、八樂。得可意事名利，失可意事名衰。不現誹撥名毀，不現讚美名譽。現前讚美名稱，現前誹撥名譏。逼惱身心名苦，適悅身心名樂。如是八種總有二品：四違名苦、四順名樂，生欣慼故。或復此中略說最後苦樂一對。聖者居中恒常一味，得利不高、遇衰不下，如是乃至樂而無愛、苦而無恚。如契經言：『聖處世間平等一味猶如虛空，凡愚在世計有差別。由彼遠離遍計所執，世間八法於一切處皆同一味。』」參見《大正藏》冊30，頁355；冊26，頁315。

❼**憒鬧**　喧鬧不安靜。憒，音「潰」。

❽**常行白淨**　法尊法師原譯作「常白淨行」，為配合箋註，故改譯。關於《正攝法經》闡述僧功德經文，才旦夏茸大師引《集學論註》，解釋與巴註略異，提到：謂語說正法，身受行正法，意思惟正法，從僧生法，故是正法田，受持三藏正法，不依人而依止於法，不供世間法而供養於出世間法，不作餘業而作法事業，行境取法，故法為行境，不雜過之法行圓滿，無諂誑故自性正直，果報自性清淨，哀愍趣苦因者法性，於具苦者成就悲愍，常以遠離憒鬧及散亂心為所行境，恆趣向善法，開示四法印故常行白淨。夏日東活佛則引六世班禪的解釋說，說正法指開導正法，行正法指修持正法，思正法指觀擇正法，正法田指產生正法的根基，持法指持教，依止於法指信解正法，作法事業指透過正法救他有情，法為行境指法能安住的根基，法行圓滿指透過法行利益自他。自性正直以下，夏日東活佛則照錄巴註而解釋，今一併列出以供參考。參見《才旦夏茸文集》冊9，頁364；《夏日東文集》冊1，頁339。

❾**剃頭白衣**　指但外表出家，而內涵不異俗人。

❿**檢校**　本義查核、核實；此指內心自我檢點省察。

由知差別而皈依者❶：如《攝分》說❷，由知三寶內互差別而正皈依。**此中分六：相差別者**：現正等菩提是佛寶相，即彼證果㊀成正覺已圓轉法輪[1]是法寶相，由他教授❸而正修行是僧寶相。**業差別者**：如其次第，㊀佛者善轉教業，㊀法者斷煩惱苦所緣為業，㊀僧寶者，由修正法，得四果❹等教證功德，其餘補特伽羅見已，亦念我當如是，勇猛增長㊀而隨趣業。**信解差別❺者**：如其次第，㊀佛者應樹❻親近承事信解，㊀法者應樹希求證得信解，㊀僧者應樹和合同一法性❼共住信解。**修行差別者**：如其次第，㊀佛者應修供養承事正行，㊀法者應修瑜伽方便正行，㊀僧者應修共受財法正行❽。

隨念差別者：謂應別念三寶功德，如云❾：「㊀佛薄伽梵者❿」等。**生福差別者**：謂依補特伽羅及法增上，生最勝福，佛及僧二是依初義；此復依一補特伽羅㊀生長福德，故為佛陀[2]，及依眾多補特伽羅生長福德㊀為僧伽，以㊀律中說於僧伽定有四故⓫。

藉由了知差別而皈依：是如同《攝分》所說，了知三寶彼此間的差別而皈依。**其中分為六科：由性相所形成的差別**：佛寶是現證圓滿菩提的性相；法寶是其結果，成佛後圓滿地轉正法輪；僧寶是透過他人的口訣而正確地修行的性相。**事業的差別**：依序是佛陀具有巧妙地傳授經典的事業；正法具有以斷除煩惱及痛苦為所緣的事業；僧寶是具有藉由修持正法，而獲得四果等教證功德。當其他補特伽羅看見了，也會心想：「希望我能夠如此。」而能奮發

踴躍地追隨其後的事業。**信解的差別**：依序為虔誠地樂於侍奉佛陀、虔誠地樂於現證正法、虔誠地樂於以如法的狀態與僧伽共住。**修行的差別**：依序為應當供養侍奉佛陀、於法串習瑜伽加行、與僧伽共同受用正法與財物而修行。**憶念的差別為**：心想：「佛陀世尊是……」等等，分別憶念三寶的功德。**由增長福德所形成的差別**：在於透過補特伽羅與法，增長最超勝的福德。佛與僧二者是第一種情形，其中又有依靠一位補特伽羅而增長福德，因此是指佛陀；與依靠眾多補特伽羅而增長福德，是指僧伽，因為律典中提到僧伽必定要有四位的緣故。

[1]「⑭成正覺已圓轉法輪」 原果芒本未標作者，今依拉寺本、雪本、哲霍本補之。

[2]「此復依一補特伽羅⑭生長福德，故為佛陀」 拉寺本作「此復依一補特伽羅及⑭依彼生長福德，故為佛陀」。按，果芒本置此箋處，不為「及」字阻隔前後文義，其義較勝。

❶ **由知差別而皈依者** 即前頁202「知差別」一科。

❷ **《攝分》說** 相應段落參見唐玄奘大師譯《瑜伽師地論・攝決擇分》：「復次由六種相，佛法僧寶差別應知：一、由相故；二、由業故；三、信解故；四、修行故；五、隨念故；六、生福故。云何相故三寶差別：謂自然覺悟相，是佛寶；覺悟果相，是法寶；隨他所教正修行相，是僧寶。云何業故三寶差別：謂轉正教業，是佛寶；捨煩惱苦所緣境業，是法寶；勇猛增長業，是僧寶。云何信解故三寶差別：謂於佛寶應樹親近承事信解，於法寶所應樹希求證得信解，於僧寶所應樹和合同一法性共住信解。云何修行故三寶差別：謂於佛寶應修供養承事正行，於法寶所應修瑜伽方便正行，於僧寶所應修共受財法正行。云何隨念故三寶差別：應以餘相隨念佛寶，應以餘相隨念法寶，應以餘相隨念僧寶，謂是世尊乃至廣說。云何生福故三寶差別：謂於佛寶依一有情生最勝福，於法寶所

即依此法生最勝福，於僧寶所依多有情生最勝福。」見《大正藏》冊30，頁653；《丹珠爾》對勘本冊74，頁449。

❸**教授**　藏文原意為「口訣」。

❹**四果**　四種小乘聖者的果位。分別為：預流果、一來果、不還果與阿羅漢果。

❺**信解差別**　善慧摩尼大師與夏日東活佛都提到，信解差別指等起或意樂的差別，修行差別指加行的差別。參見《洛桑諾布文集》冊2，頁430；《夏日東文集》冊1，頁340。

❻**樹**　藏文字面意為「恭敬、虔誠地執取」，善慧摩尼大師將「執取」解為「樂於、歡喜」之義。法尊法師係依玄奘大師譯《瑜伽師地論》文作「樹」，義為「樹立、建立、培養」。

❼**和合同一法性**　藏文直譯為「如法的體性」或「如法的事情」，因為僧伽的法業都必須符順佛陀的制戒、符順整體僧伽，不能造作非法，所以要以如法的狀態與僧團共住。

❽**應修供養承事正行應修瑜伽方便正行應修共受財法正行**　藏文直譯為「應以供養承事、串習瑜伽加行、共受財法而修正行」。

❾**如云**　引文出自《聖隨念佛經》。《聖隨念佛經》，經集部經典，共1卷。漢譯本有法尊法師譯《聖隨念佛經》1卷。此經主要以種種言辭讚歎佛陀的功德。引文中「等」字則包含《聖隨念法經》、《聖隨念僧經》的內涵。法尊法師則將三本經典合為一本，名為《聖隨念三寶經》。引文法尊法師譯作：「佛薄伽梵者。」見《隨念三寶經等合刊》，頁1（台北：福智之聲出版社，2000）；《甘珠爾》對勘本冊68，頁158。

❿**薄伽梵者**　法尊法師原譯作「謂是世尊」，今據藏文改譯。

⓫**律中說於僧伽定有四故**　僧伽，梵語saṃgha音譯，義為眾。唐義淨大師譯《根本說一切有部毘奈耶》云：「為眾作者，謂為如來及苾芻僧眾。」法友論師於其所造《律經根本廣釋》解此云：「所謂為眾者，於此意指若出家者或非出家，四人以上，名之為眾。」漢傳、南傳律典亦載此說。劉宋佛陀什共竺道生等譯《五分律》云：「僧者：從四人已上。」唐愛同錄譯《彌沙塞羯磨本》云：「佛說四人已上名僧。」《漢譯南傳大藏經·衣犍度》云：「世尊定四人以上眾為僧伽。」參見《大正藏》冊23，頁691；冊22，頁20、223；《漢譯南傳大藏經》

冊3，頁388（元亨寺漢譯南傳大藏經編譯委員會編輯，高雄市：元亨寺妙林出版社，1995）；《丹珠爾》對勘本冊90，頁456；《貢德大辭典》冊4，頁338。

由自誓受而皈依者❶：謂由誓受依佛為師，依涅槃法為正皈依❷，皈依僧伽為修助伴，由如是門而皈依之❸，如《毘奈耶廣釋》中說❹，^図即猶今受皈依戒也❺。

由不言餘而皈依者❻：謂由了知內外大師及其教法、諸學法者所有勝劣，唯於三寶執為皈處，不執與此相違師等，是所^図畢竟應皈。^図此須了知內外道大師等差別，故於此二所有差別之中，師差別者，佛無過失功德圓滿❼，所餘大師與此相違。《殊勝讚》云❽：「我捨諸餘^図外道等師[1]，我^図唯皈依世尊，此何^図因相故？為^図薄伽梵尊，無過具^図一切功德，^図是見餘諸外道師等與之違倒故爾，非由貪自黨、瞋他派所致。」又云❾：「於餘外道教，如如善思惟，如是如是我，心信於依怙。如是^図由染非遍智^図謂遍智以外，^図外道等惡宗過[2]^図自壞其心[3]，^図不識功德過患之心壞者^図外道師，為墮黨類所障蔽故不見，無過大師尊^図為無過。」教差別者，謂佛聖教，由安穩道得安樂果、息生死流、淨諸煩惱、終不欺罔樂解脫者、唯一善妙、清淨罪惡，外道教法與此相違。如《殊勝讚》云❿：「何^図因相故，由^図佛薄伽梵尊教，^図道安樂故得安樂^図果，^図由是因故於說法獅⓫^図佛陀尊教，此

^巴等眾生喜^⑫。」《讚應讚》亦云^⑬：「謂^巴佛語為應趣，^巴外道言為應遮^⑭，^巴又佛語為清淨^巴品及^巴外道言為雜染^巴品，此是雄^{⑮巴}佛薄伽梵尊^巴之語，與餘^巴一切外道言差別。^巴又薄伽梵此^巴語如實義而住，純^巴開顯真如^[4]，彼^巴外道言不住實義，唯欺罔法，^巴若解了此，薄伽梵尊語與餘^巴一切外道言^巴二者，除此須何殊？^巴謂無須也。」又云^[5]：「此^巴薄伽梵語^[6]專一妙善，彼^巴外道言純^[7]唯障礙^巴解脫法，^巴薄伽梵^[8]尊語與餘^巴一切外道^[9]言，除此有何^巴更甚差別^[10]？^巴謂非有也。又由彼^巴外道言為輪迴過患所染極染，由此^巴佛語能^巴令諸昔為輪迴過患所深染者亦得清淨，此即依怙^巴佛薄伽梵之語，與餘^巴一切外道言差別。」僧伽差別由此能知^⑯。

由承諾而皈依：如同《毘奈耶廣釋》所說，是認定佛陀為開示皈依的導師，涅槃正法是正皈依，僧伽是修行皈依的友伴，從這樣的角度而皈依，就像現今受持皈依戒一般。

由不說其他而皈依：是在了知內外道的導師、教法，以及其學習者的優劣之後，只認定三寶為皈依處；與這些不相符的導師等，則不認定為究竟的皈依處。對此必須了解內外道導師等的差別，因此在這兩者的差別中，導師的差別為：佛陀沒有過失並且功德圓滿，其他導師則與此相反。《殊勝讚》中說：「我捨棄外道等其他導師，我只皈依世尊您，這是因為什麼？是由於見到世尊您不懷過失，具足一切功德，而其他外道導師等則與此相反；並不是因為偏愛自宗、瞋恨他宗等所致。」又提到：「越是深入思索其他外道的教義，我的心就越是虔信怙主您。由於沾染了不是一切智、遍智以外的外道等惡劣宗義，這樣的過失導致自己損壞了自己的內心，那些不知功德過失、內心損壞之

外道徒，由於偏執的遮蔽，看不見沒有過失的導師您是沒有過失的。」教法的差別為：佛陀的教法，是以安樂道獲得安樂的果、阻止輪迴之流、淨化煩惱、不欺瞞追求解脫者、純然善妙、淨除過失。外道的教法，則與上述相反。《殊勝讚》中說：「是由於什麼原因？因為佛陀世尊您的教法，是以安樂道獲得安樂果。因為此原因，對於說法之獅，世尊您的教義，這些眾生心生歡喜。」《讚應讚》也說：「佛陀的教誨，是應當趣入，以及外道的言論，是應當捨棄；另外，外道的言論屬於染汙品，以及佛陀的言語屬於清淨品，這即是大雄佛陀世尊您的教誨和其他一切外道言論的差別。另外，唯有這世尊的教誨是符合事實，顯示真如，那些外道的言論，都只是不符合事實的欺騙之法。如果通曉這一點，世尊您的教誨與其他一切外道的言論二者，除此還要尋找什麼其他的差異？不需要了。」又提到：「此佛陀的教誨是純然善妙，而那外道的言論是純屬障礙解脫。既然如此，世尊您的教誨和其他一切外道的言論，除此之外還有什麼更重大的差異？沒有了。另外，那些外道的言論會導致被輪迴的過失所染汙，而且是嚴重地染汙；而藉由這些佛陀的教言，就連先前被輪迴過失嚴重染汙者也能夠淨化，這就是怙主佛陀世尊您的教誨，和其他一切外道言論的差異。」由此也能了解僧伽的差別。

[1]「⑫外道等師」 原果芒本未標作者，今依拉寺本補之。　[2]「⑫由染……外道等惡宗過」 果芒本原作「⑫由非遍智⑫謂遍智以外，⑫外道等惡宗⑫所學過」，拉寺本作「⑫由染非遍智⑫謂遍智以外，⑫外道等惡宗過」。按，參下文，此偈為明「心壞者⑫外道師」由外道宗所染汙而不見無過大師，非如果芒本「⑫外道等惡宗⑫所學過」句，主詞作外道惡宗，不符文義，故依拉寺本改之。　[3]「⑫自壞其心」 果芒本原作「⑫自之壞其心」，拉寺本、哲霍本作「⑫自壞其心」。按，果芒本語意不通，故依拉寺等本改譯。　[4]「⑫又薄伽梵此⑫語如實義而住，純⑫開顯真如」 果芒本原作「⑫又薄伽梵以此⑫語如實義而住，純⑫開顯真如」，拉寺本、哲霍本作「⑫又薄伽梵此⑫語如實義而住，純⑫開顯真如」。按，果芒本之主詞作薄伽梵，拉寺本、哲霍本作薄伽梵語。此處引《讚應讚》文，乃為成立佛語勝於外道言，主詞應與下句相對為言語。故純顯真如之主詞應作佛語非薄伽梵，故依拉寺等本改之。　[5]「⑫謂無須

也。又云」原果芒本未標作者，今依拉寺本補之。 [6]「^巴薄伽梵語」原果芒本未標作者，今依拉寺本補之。 [7]「^巴外道言純」哲霍本無「^巴」。 [8]「^巴薄伽梵」哲霍本無「^巴」。 [9]「^巴一切外道」哲霍本無「^巴」。 [10]「^巴更甚差別」果芒本原作「^巴代表差別」，哲霍本作「^巴更甚差別」。按，「代表」(ཚབ)為「更甚」(ཆེབས)之訛字。

 註 釋

❶ 由自誓受而皈依者 即前頁202「自誓受」一科。

❷ 依涅槃法為正皈依 法尊法師原譯作「依般涅槃為正修法」，今據藏文改譯。涅槃，梵語Nirvāṇa音譯，義為超越憂苦。斷除煩惱障的滅諦，即是涅槃。

❸ 由如是門而皈依之 善慧摩尼大師提到，如同行經路上，若有引路人、好的道路及益友，能夠到達想去的地方。同樣地，如理依止間接開示所皈依法的佛陀，及直接為我開示的上師，並將自己的法友僧伽等認定為助伴，修持正皈依——道次第等，能易於獲得佛位，即是此意。法尊法師原譯作「由如是門而正皈依」，今據藏文改譯。參見《洛桑諾布文集》冊2，頁431。

❹ 《毘奈耶廣釋》中說 《毘奈耶廣釋》，律部論典，又名《律經廣釋》、《律經大疏》，共70卷，法友論師（Dharmitra）著，尚無漢譯。作者的生卒事蹟不詳。本論是解釋功德光律師造的《律經》，逐字逐句地層層剖析、解釋《律經》所闡述的比丘戒、十七事等等的開遮持犯。相應段落參見《丹珠爾》對勘本冊90，頁18。

❺ 即猶今受皈依戒也 皈依戒，又名皈依律儀、三皈，是一切戒律之根本。指皈依佛、法、僧，並承許如理護持其應止、應修的一切學處。如月格西及夏日東活佛將此句解為如同現今受皈依戒時，會唸誦「皈依佛，兩足尊；皈依法，離欲尊；皈依僧，眾中尊。」此句即顯示了佛是示道大師，法是正皈依，僧是修行助伴。參見《夏日東文集》冊1，頁341。

❻ 由不言餘而皈依者 即前頁202「不言有餘而正皈依」一科。

❼ 佛無過失功德圓滿 法尊法師原譯作「謂佛圓滿無邊功德」，今據藏文改譯。

❽《殊勝讚》云　《殊勝讚》，禮讚部論典，又名《超勝讚》，共77偈，陀尊成就尊（Udbhaṭasiddhasvāmin）著，尚無漢譯。據慧鎧論師《殊勝讚廣解》及《超勝諸天讚廣釋》記載，此讚作者陀尊成就尊生於東印度婆羅門種姓，精通四部《吠陀》，愛好婆羅門六業，被諸婆羅門奉為尊主。此師與其弟陀尊安樂主（Śaṃkarasvāmin）通曉一切外道論典之後，為了確定其所崇奉的大自在天（Maheśvara）與佛薄伽梵究竟何者為勝，遂毅然前往岡底斯山（Kailāsa），欲請問大自在天。到接近比丘用齋時分，無熱惱池的五百阿羅漢凌空而降，前來應供，大自在天及鄔摩天女等眷屬恭敬地捧著各種供具迎接、承事，並獻上各種飲食，諸阿羅漢為其說法後即行離去。大自在天向兄弟二人說明他本人是日日歡喜地供養佛的眾弟子，所以勸發他們也應供養功德無與倫比的佛陀及其教法。兄弟二人由於了知如來的教法是無過的，返鄉後便將吠陀典籍棄如草芥，繼而出家，陀尊成就尊著《殊勝讚》，陀尊安樂主著《超勝諸天讚》以讚佛。《殊勝讚》列舉各種外道及其所信奉諸神的行跡及言論，與佛陀的行誼及言教逐一對比，顯現出內外道的優劣差別。又夏日東活佛說，此處不引「經」而引用此讚的理由，是因為作者原是外道大論師，後來由於了解佛教導師及教法的特色，而發起信心，這是作者經驗定量之語。參見《丹珠爾》對勘本冊1，頁13、125；《夏日東文集》冊1，頁342。引文見《丹珠爾》對勘本冊1，頁3。

❾又云　引文出自《殊勝讚》。見《丹珠爾》對勘本冊1，頁10。

❿《殊勝讚》云　引文見《丹珠爾》對勘本冊1，頁9。

⓫說法獅　福智之聲2010年版《廣論》改作「說法師」，雖然古文「師」可通「獅」，然此處用「師」字易誤解為法師之義，故今據藏文及常用字改回原譯。獅，佛的稱號之一。因為佛在世間當中最為雄勇，如同獅子，所以稱人中獅子。《佛說菩薩行方便境界神通變化經》云：「文殊師利，喻諸禽獸無力能住師子王前，如是文殊師利，諸外道出家無能便入如來境界，亦不能與如來諍論。大人師子，持於十力，得四無畏，在其前吼，無有是處，惟除如來之所加持。」《大智度論》云：「又如師子，四足獸中獨步無畏，能伏一切；佛亦如是，於九十六種道中一切降伏無畏故，名人師子。」參見《大正藏》冊9，頁305；冊25，頁111。

⓬ **尊教此眾生喜** 法尊法師原譯作「尊教此眾生」。此句於各本藏文廣論中，皆作「尊教此眾生」，而於各本丹珠爾中皆作「尊教此眾喜」。依《丹珠爾》方可理解，故於譯文中加一小字「喜」。

⓭ **《讚應讚》亦云** 引文見《丹珠爾》對勘本冊1，頁288。

⓮ **謂應趣應遮** 夏日東活佛引帕繃卡大師的說法，認為此下所引頌文，旨在證明上述息滅生死流等特點，因而此處當指外道教義為能趣（應趣）生死輪迴，佛教為能遮（應遮）生死輪迴。參見《夏日東文集》冊1，頁344。

⓯ **雄** 藏文原意為「勇士」。

⓰ **僧伽差別由此能知** 才旦夏茸大師及夏日東活佛皆解釋說：由於知道法的差別而能了解僧的差別，指內道僧是由安穩道得安樂果，乃至能清淨罪惡；反之，外道僧則由痛苦道得痛苦果，乃至非純然善妙、能增長罪惡。參見《才旦夏茸文集》冊9，頁372；《夏日東文集》冊1，頁344。

第四❶、既皈依已，所學次第❷，分二：⼀`《攝分》中出❸；⼆`教授中出❹。

初中有二四聚❺：初四聚中，⼀`**親近善士者**[1]❻：謂如前說，善知識者，乃是一切功德依處，觀見是已而正親近[2]，由皈依佛即是皈依示道大師，隨順此之正行，即是親近❼示道師故。⼆`**聽聞正法❽**及⼆`**如理作意者**：隨其所應❾，謂當聽聞若佛所說，若佛弟子所說法教諸契經等，及若作意何種所緣，能息煩惱，即應作意。由皈依法，於教、證法應當現證[3]，此㉕聞法及修習二者即是彼隨順行故。⼆`**法隨法行**[4]❿ 者：謂應隨順

般涅槃法，而修正行，^㉒即殷重行聞思修與三學^⑪也。由皈依僧，於趣涅槃補特伽羅應執為伴。其隨順行，謂應與諸趣解脫者，共同學故。

　　皈依之後應當學習的次第，分為二科：一`出自《攝分》者；二`出自口訣者。第一科有兩組四法：第一組四法中，一`依止殊勝士夫**：如同前述，見到善知識是一切功德的依處而依止。因為皈依佛陀，所以將開示正道者認定為皈依處；而與此相符的修行，即是直接依止開示正道者。**二`聽聞正法，以及三`如理作意**：是指對於殊勝的佛陀，以及佛陀的聲聞弟子所宣說的經典等佛法，應當依其所需而聽聞。而如果作意何種所緣，能夠遮止煩惱，便作意那種所緣。因為皈依正法，所以將教證正法認定為所要現證的內容；而與此相符的修行，即是聽聞與修行正法此二者的緣故。**四`修行符合正法之法：是指符合涅槃正法而修行，即鄭重地行持聞思修三者與三學。因為皈依僧伽，所以將邁向涅槃的補特伽羅認定為友伴；而與此相符的修行，即是與為了解脫而入道的行者們共同學習。

[1]「親近善士者」 果芒本原作「依止善士」，法尊法師原譯作「親近善士」。
[2]「而正親近」 果芒本原作「而正依止」，青海本《廣論》、拉寺本、單註本、法尊法師原譯作「而正親近」。　[3]「應當現證」 果芒本原作「唯當現證」，拉寺本、單註本、法尊法師原譯作「應當現證」。　[4]「四`法隨法行」 拉寺本、單註本脫「四」。

❶ **第四** 藏文原文無。

❷ **既皈依已所學次第** 才旦夏茸大師說，道次第中提到《攝分》開示的八個學處，《涅槃經》提到的三種應遮止的學處，無垢友尊者（Vimalamitra）《皈依六支論》說的三種應修的學處，及《道炬論自釋》所說的六種共通學處，共二十種。「所學」或「學處」，是指從應遮、應修兩個方面，來防止生起皈依後退失，及使之不退而增長的應學習的內容。參見《才旦夏茸文集》冊9，頁377。

❸ **《攝分》中出** 相應段落參見唐玄奘大師譯《瑜伽師地論・攝決擇分》：「當知歸依有四正行：一、親近善士；二、聽聞正法；三、如理作意；四、法隨法行，若有成就此四正行乃名歸依。當知復有四種正行：一、諸根不掉；二、受學學處；三、悲愍有情；四、應時時間於三寶所勤修供養。」慧海大師認為，雖然說成「八種利益」更方便，但是《瑜伽師地論》分成兩組四法，是取自經典的講法而說的。夏日東活佛亦摘錄此段而說明。見《大正藏》冊30，頁653；《丹珠爾》對勘本冊74，頁448；《夏日東文集》冊1，頁345；《廣論講授筆記》，頁31。

❹ **教授中出** 教授，此處為口訣之意。慧海大師認為，此是將此道次第傳承祖師的零散說法匯集為一處，所以有此稱呼。夏日東活佛亦摘錄此段而說明。參見《夏日東文集》冊1，頁345；《廣論講授筆記》，頁31。

❺ **初中有二四聚** 法尊法師原譯作「今初：初中有二四聚」，藏文原文無「今初」，今據藏文改譯。

❻ **⁻親近善士者** 此中之小數字於福智之聲出版社2003、2010年版《廣論》皆無，然於《四家合註》原文中有，蓋為令讀者易於閱讀，故增之，然非原文，故作小字。下文及第二四聚之數字亦同。

❼ **即是親近** 藏文原意為「即是直接依靠」。

❽ **聽聞正法** 夏日東活佛解釋說，觀察自心哪個煩惱較強，即應聽聞這個煩惱的對治法。參見《夏日東文集》冊1，頁346。

❾ **隨其所應** 夏日東活佛解釋說，譬如未受比丘戒，即不應也不可聽聞比丘學處。參見《夏日東文集》冊1，頁346。

⑩ **法隨法行** 此句意為「修行符合正法之法」，「正法」指涅槃，「符合正法之
法」，則指與涅槃相順之法，如十善、念死等等。

⑪ **三學** 即戒、定、慧。

第二四聚中，一`**諸根不掉者**：謂根於境放散[1]之後，意亦隨
逐，於境掉動，深見過患，令意厭捨。二`**受學學處者**：謂隨力
受學佛制學處。三`**悲愍有情者**：謂佛聖教由悲差別，故皈依
此，於諸有情，亦應悲愍，**斷除損害**。❀此三[2]所以成皈依三寶學處之因
相者，以依止三寶殊勝對境，是為薰染❶其行誼或功德也。不學此者，庶幾不能成賢善行。
即如依止善知識，是為需其賢善行故也[3]。得此，則為承事；失此，則成善識恥辱也。四`**應
時時間於三寶所勤修供養者**：謂應日日供養三寶。

第二組四法中，一`**諸根不掉舉**：是指諸根放縱於外境後，內心隨著放
縱於眾多外境，將此視為過失，而將內心導回。二`**正確地受持學處**：是
指盡力受持佛陀制定的學處。三`**悲憫有情**：是指佛陀的教法以悲心為
特色，因此皈依佛法，也應當悲憫有情，**斷除損害**。這三者之所以成為皈依三
寶的學處，原因是依靠諸如三寶等殊勝境的目的，就是為了薰習其行誼或是功德；如果不學習
這三者，則不會有如此賢善的行誼。就如依止善知識的目的，是為了想要他的賢善行誼。如果
具備這樣的行誼，就成為對他的承侍；如果沒有，則成為善知識的恥辱。四`**應當時時勤
於供養三寶**：是指要日日供養三寶。

[1]「於境放散」 拉寺本作「於境漸散」。按,「漸散」(བགས་ཡངས)為「放散」(བགས་ ཡངས)之訛字。　[2]「᪄此三」 拉寺本作「᪄此第三」。按,此註明薰染三寶功德,成賢善行,為皈依三寶之所為。上述三項學處既同具此能生賢善行之功用,何以不能同為皈依學處。故「此第三」(གསུམ་པ)應為「此三」(གསུམ་པོ)之訛字。　[3]「是為需其賢善行故也」 拉寺本作「是為受其賢善行所薰故也」,雪本、哲霍本作「是為薰其賢善行故也」。按,各本義皆可通。

❶**薰染** 沾染、感染,謂受到某種影響。《說文解字》云:「薰,香艸也。從艸,熏聲。」《康熙字典》云:「《本草註》:古人祓除,以此草薰之,故謂之薰。」《說文解字》云:「染,本義:使布帛等物著色。形聲,從水,杂聲。一說從木、從水、從九,會意。」古染料多來源於植物,故從木;染料須加工成液體,故從水;染須反復進行,故從九。《說文段注》云:「言移易本質必深入之也。」

第二❶、教授中出,᪄分二:一`正說;二`破除非清淨說[1]。初中分二:一`別學;二`共學。初中分二:一`遮止應學;二`修行應學。今初:

如《涅槃經》云❷:「若皈依三寶,是謂正近事❸,終不應皈依,諸餘天神等。皈依正法者,᪄所謂法者,最勝寂靜性也。而損害者,非寂靜也。如云:『無害是為法中勝,一切宗義所共許[2]』。應離殺害心。皈依於僧伽,不共外道住。」此說有三,謂不皈餘天,於諸有情捨離損

247

害，與諸外道不應共住❹。其中初者，謂於世間若大自在、遍入天❺等，尚不執為畢竟皈處，況諸鬼趣山神、龍等。此是不可不信三寶，歸心彼等。若於彼等，請其助伴現前如法所作事業，則無不可，如求施主為活命伴，依諸醫師為治病伴。第二，謂於人及畜等，若打若縛若禁、穿鼻，實不能負強令負等，意樂加行損害有情，悉應遠離。第三，謂與不信三寶為可皈宿而毀謗者，不應共住。

出自口訣者，分為二科：一`正說；二`破除不清淨的說法。第一科分為二科：一`各別的學處；二`共通的學處。第一科分為二科：一`須禁止的學處；二`要行持的學處。第一科：

如同《涅槃經》所說：「凡是皈依了三寶，便是真正的近事，永遠都不應皈依其他天神。正法是最為寂靜的體性，而傷害則不是寂靜，所謂：『不傷害是最殊勝的法，因此所有宗義都共同承許。』皈依了正法，就要遠離傷害及殺戮之心。皈依了僧伽，就不可與外道為伍。」是說不皈依其他天神、捨棄對有情的傷害、不與外道為伍三者。其中第一點，連世間的大自在天、遍入天等天神，尚且不可執為究竟的皈依處，何況是屬於餓鬼的地神以及龍族。而這是指如果不信解三寶就寄望於他們，是不允許的；但是僅是請求他們協助某些暫時的如法行為，並非不可。就好比尋求施主協助生計，以及寄望醫師療癒疾病一般。第二點，對於人與畜生等，鞭打、捆綁、監禁、穿鼻，以及強迫牠們背負超出所能負荷等等，經由心念與行為對有情造成的侵損與傷害，都應該捨棄。第三點，不相信三寶為皈依處而且詆毀者，不應與他們為伍。

❶ 第二 藏文原文無。

❷ 《涅槃經》云 引文北涼曇無讖譯及宋慧嚴等編《大般涅槃經》皆作：「歸依於佛者，真名優婆塞，終不更歸依，其餘諸天神；歸依於法者，則離於殺害；歸依聖僧者，不求於外道。」東晉法顯大師譯《大般泥洹經》作：「為優婆塞法，歸依於佛者，一切諸天神，不生歸依想。為優婆塞法，歸依於法者，不以害生法，而為非法祠。為優婆塞法，歸依於僧者，不於眾邪道，請求良福田。」見《大正藏》冊12，頁409、650、884；《甘珠爾》對勘本冊52，頁272。

❸ 正近事 承許守護居士戒的男居士，又名近善男、鄔波索迦、優婆塞。由於親近承事善法，故名近事。

❹ 與諸外道不應共住 夏日東活佛認為，這是指不能與外道一樣內心不信三寶等等，而不是指不能與外道共處一處，因為就像搭乘火車、汽車時，會跟他們共乘的緣故。如月格西提到，不論是自願或被迫，欽羨外道的言行儀軌而刻意仿效，因此捨棄內道原有的儀軌，即是與外道共住。如果出於調伏或幫助對方為目的則不在此限。與外道共住，不需要與外道住在一起，甚至不用碰面。參見《夏日東文集》冊1，頁348。

❺ 大自在遍入天 大自在天與遍入天兩位天神的名號。大自在，大自在天的簡稱，梵語Maheśvara義譯，又名摩醯天、摩醯首羅天，內外道共同提到的一位天神。有人認為他是色界天主，有人認為此天王在大千世界中獲得自在，所以稱為大自在天。遍入天，梵語Viṣṇu義譯，又名毗濕奴、毗濕紐、維濕奴、維修奴。古印度遍入天派認為遍入天是世界的造物主，由於遍滿所有情器世間，所以稱為「遍」，以十種方式入世，所以稱為「入」，合稱「遍入」。參見《大正藏》冊54，頁367、477、947、951；《藏漢大辭典》，頁251。

修行應學，^妙分二：^一於佛法僧所依❶應學之理；^二勝利。**第一、於佛法僧所依應學之理，分三❷：**^妙初❸中分三：^一正說；^二往昔不敬異熟事例；^三應學恭敬之理。今初：謂於佛像，若塑若畫，隨好隨醜，不應譏毀，置塵險處❹，及押當等，不敬輕毀，皆當斷除，應當執為是可敬田，猶如大師。《親友書》云❺：「隨工巧拙木造等，智者應供善逝像。」^妙**第二、往昔不敬事例❻者：**《分辨阿笈摩》說❼，劫毘羅摩納婆，由於學、無學❽僧眾，說十八種異類惡語，謂云：「汝等象頭，豈能了知是法非法」等，感有十八異類頭形❾摩羯陀魚❿，自迦葉大師⓫時，乃至釋迦法王住旁生中。^語於此引是典故，意在任凡造像好醜，皆不得譏評類於何物。《雜事》中說⓬，拘留孫大師⓭般涅槃後，端妙大王令建大塔。有一工人曾經二次作是譏云：「今令樹其如是大塔，不知何日乃得完竣？」後善成已，深生憂悔，將其工價，造一金鈴，掛於塔上，其後感生容顏醜惡，身形倭小⓮，聲音和美，名曰善和⓯。^妙**第三、應學恭敬之理者：**故於佛像不應說言：「此如此類。」於他所造諸佛像等，若因⓰善妙，若量廣大，不應譏毀，反於此者，亦不應訾議等⓱。大瑜伽師⓲奉曼殊像於覺窩前，請觀視云：「此善醜何似？若善妙者，可將絨巴迦格瓦⓳所供之四錢金授予購取。」覺窩答云：「至尊妙

音之身無所不善，師工中等。」說已置頂。於一切像[20]，悉如是

行。[語]師云：「由此史跡度之，雖不得販售身語意像等，然似可不爭議其價值不值等，而請

贖之。設若不可，則覺窩想應徑語大瑜伽師，不得將絨巴迦格瓦所供之四錢金購取曼殊像，

然師未作是言，但說師工巧不巧故[21]。」

要行持的學處，分為二科：㈠對於佛法僧所依，應當學習的道理；
㈡利益。第一科、**對於佛法僧所依，應當學習的道理**，分為三科：第
一科分為三科：㈠正說；㈡往昔不恭敬之異熟的實例；㈢應當學習
恭敬的道理。**第一科**：塑造與繪製的佛像無論美醜，都不應批評、置
於危險之處、抵押等，這些不敬及輕蔑的做法都應捨棄，應當視為如導
師世尊一般的恭敬之田。《親友書》中說：「即使是木雕的佛像，無論工
藝優劣，智者都應當供養。」**第二科、往昔不恭敬的實例**：《分辨教》
中記載，劫毗羅摩納婆，由於對有學、無學的僧眾，口出十八種不同的惡
語，諸如：「大象頭！你們哪懂得什麼是正法或非法？」因而感生為具有
十八種頭的鯨魚類，從導師迦葉佛的時代起直到釋迦法王之間，都處
於畜生道。在此引用這一則典故，意味著佛像無論美醜等，都不可批評道：「這就像是某
物。」《雜事》中則提到，導師拘留孫佛入涅槃後，端妙王下令建造一座
大塔，當時有一名工人曾兩度譏諷道：「下令建造這麼巨大的塔，真不
知何時才能完工！」後來佛塔完善落成時，他心生懊悔，於是用他的工
資打造金鈴，懸掛在塔上。由此感生為容貌醜陋、身材矮小，但是聲音
悅耳，名叫具善音聲。**第三科、應當學習恭敬的道理**：因此對於佛像
不應說：「這就像是某物。」對於他人用上好的材質塑造佛像，或者塑
造巨大佛像，不應出言譏諷；對於相反的狀況，也不能批評非議等。大
瑜伽師曾請阿底峽尊者觀看一尊文殊像，並且問道：「此像優劣如何？
如果善妙的話，可以用絨巴迦格瓦供養的四錢金子付款購買。」阿底峽

尊者回答：「至尊文殊之身沒有不善妙的，至於雕塑工人的手藝則是中等。」說完後就捧在頭頂上。據說對所有完工的塑像都是這麼做的。上師說：「透過這段史事推斷，雖然不容許販賣身語意像等，然而不爭論其價格是否合理，而將佛像贖買回來，似乎是容許的。因為如果不能這麼做，阿底峽尊者理應直接告誡大瑜伽師，不可用絨巴迦格瓦供養的四錢金子付款贖買文殊像，但是尊者並未這麼說，只提到雕塑工人的技藝精湛與否。」

❶ **佛法僧所依** 如月格西提到，此處的所依指代表、代替者，所以佛寶的所依指代表佛寶者，而不是佛寶所依靠的對象，法寶與僧寶依此類推。

❷ **修行應學分三** 法尊法師原譯「三種修行應學者」，為配合箋註，故改譯。

❸ **初** 指「於佛法僧所依應學之理」所分「於佛所依應學之理；於法所依應學之理；於僧所依應學之理」三科中的初科：「於佛所依應學之理」。

❹ **塵險處** 藏文原文無「塵」字，下文亦同。善慧摩尼大師認為，此指會導致損壞之處。夏日東活佛解為會被跨越之處。參見《洛桑諾布文集》冊2，頁434；《夏日東文集》冊1，頁349。

❺ **《親友書》云** 引文劉宋求那跋摩譯《龍樹菩薩為禪陀迦王說法要偈》作：「譬如刻畫造佛像，智者見之宜恭敬。」劉宋僧伽跋摩譯《勸發諸王要偈》作：「如以眾雜木，造立如來像，智者恭敬禮，依佛故尊視。」唐義淨大師譯《龍樹菩薩勸誡王頌》作：「隨何木等雕佛像，諸有智者咸供養。」見《大正藏》冊32，頁745、748、751；《丹珠爾》對勘本冊96，頁669。

❻ **往昔不敬事例** 前文科判作「往昔不敬異熟事例」。

❼ **《分辨阿笈摩》說** 《分辨阿笈摩》，律部經典，又名《廣戒經》、《分辨教》、《律分別》、《辨阿笈摩》，共83卷，24900頌。漢譯本有唐義淨大師譯《根本說一切有部毗奈耶》50卷，及《根本說一切有部苾芻尼毗奈耶》20卷。此經相傳最初為佛陀十大弟子中持律第一的優波離尊者（Upāli）所集結，主要闡述比丘、比丘尼戒每一條戒的制戒因緣、開遮持犯。典故參見《大正藏》冊23，頁670；《甘珠爾》對勘本冊5，頁403。

❽ **學無學** 有學與無學的簡稱。三乘各別的有學指三乘各自五道中的加行道、見道與修道三個階段的補特伽羅。有學的詞義解釋為：為了獲得解脫的果位而修學諸道，所以稱為有學。三乘各別的無學指三乘各自的無學道階段的補特伽羅。獲得無學道果位時，於其乘中所學已竟，更無有上，故稱無學道，又稱究竟道。

❾ **十八異類頭形** 此處所說十八種頭形即：人、象、馬、駱駝、驢、牛、猴、獅、虎、豹、熊、羆、貓、鹿、水牛、豬、狗、魚等十八種頭形。參見《大正藏》冊23，頁668；《甘珠爾》對勘本冊5，頁424。

❿ **摩羯陀魚** 梵語makara音譯，義為鯨魚、巨鰲，又名摩伽羅。生長在大海中，體形巨大。

⓫ **迦葉大師** 過去七佛的第六尊佛，及賢劫千佛中的第三尊佛。梵語Kāśyapa（ཀཱ་ཤྱ་པ）音譯，又名飲光佛。據《賢劫經》所說，迦葉佛未成佛時，曾供養思夷最如來珍寶而發菩提心。人壽二萬歲時，出生為神氏城的梵志種姓，父名梵施，母字經業，後於尼拘律樹下成等正覺。正法住世八萬年，上首弟子為提舍和婆羅婆。拘留孫佛（Krakucchanda）、毗婆尸佛（Vipaśyin）、尸棄佛（Śikhin）、毗舍浮佛（Viśvabhu）、拘那含牟尼佛（Kanakamuni）、迦葉佛及釋迦牟尼佛（Śākyamuni）共稱過去七佛，其中的後四佛則為此賢劫的前四佛。平常聽到的「諸惡莫作，眾善奉行；自淨其意，是諸佛教。」即是迦葉佛所說的戒經。參見《大正藏》冊14，頁50、58；《佛光大辭典》，頁5006。

⓬ **《雜事》中說** 《雜事》，律部經典，又名《雜事教》、《律小事》，共59卷。漢譯本有唐義淨大師譯《根本說一切有部毗奈耶‧雜事》40卷。為根本說一切有部的四部律典之一，主要是補充《事教》、《分辨教》未闡述到的內容。典故參見唐義淨大師譯《根本說一切有部毗奈耶‧雜事》：「爾時世尊告諸苾芻：『汝等應聽！乃往古昔此賢劫中人壽四萬歲時，有拘留孫佛出現世間，十號具足。時彼世尊所有佛事悉皆圓滿，入無餘依妙涅槃界。時彼國主名曰無憂，供養世尊遺餘舍利，造窣堵波，周圓一踰繕那、高半踰繕那，令入守當漸次修造。其人信心意樂賢善，慇懃營作不生勞倦。時有作人見窣堵波其量高大，遂生嫌慢作如是語，告同伴曰：「王今造此大窣堵波，多費人功何日成就？」守人報曰：「汝不能作，隨意當去，因何輒出嫌慢之言？」彼默無對。其守當人欲驅

令出，彼便收謝還依舊作，塔猶未了復生嫌慢。守人與杖驅之令出，更還懺謝遣復本功，乃至塔成觀者忘倦，百千眾生悉皆歡喜。嫌者見已便自悔恨：「我於往時所為不善，見塔高大作輕慢言。我今宜可辦其供養。」即以比來所得雇直，造妙金鈴懸在塔上。汝等應知，彼傭力人即善和是。由於塔處生嫌慢心，今獲人身其形醜陋。由奉金鈴，言音和雅，能令聽者無不歡悅。』」參見《大正藏》冊24，頁222；《甘珠爾》對勘本冊10，頁101。

⓭ 拘留孫大師　過去七佛中的第四佛，賢劫千佛的第一佛。梵語Krakucchanda音譯，又名迦羅鳩孫陀佛、鳩留秦佛，義為所應斷已斷、成就美妙。據《賢劫經》所說，拘留孫佛未成道時，曾於月意佛座下供養寶蓋而發菩提心。人壽四萬歲時，出生於婆羅門種，父名記得，母名善枝。最後於安和王城內的尸利沙樹下成道，佛身長二十五由旬，圓光三十二由旬，通身光五十由旬，相好具足如紫金山。凡是見到此佛的人，常生淨土，臨命終時，諸佛必來迎接。主要弟子有薩尼、毗樓及善覺等。據《高僧傳》記載，舍衛城東南方立有佛塔，為其遺蹟。參見《大正藏》冊1，頁159；冊14，頁50、58；《佛光大辭典》，頁4112。

⓮ 倭小　指身材短小。倭，音「窩」；形聲，從人委聲，委字本義由矮而來，有曲、短、小義。

⓯ 善和　釋尊聲聞弟子中音聲美妙第一。為憍賞彌（Kauśāmbī）人，出生時因音聲美妙和雅，又因其父名大善，故立名為善和。師於舍利弗尊者座下出家，成為釋尊聲聞弟子眾中，諷誦經典之音聲美妙最為第一，能令聞者發歡喜心，甚至曾令波斯匿王所騎象王聞聲駐足忘前。僧眾曾啟問釋尊，為何尊者身形醜陋卻音聲和雅，又誦經音聲能達梵天，並且於聲聞弟子中音聲美妙第一？釋尊於是述說尊者往昔曾對拘留孫佛的舍利塔不恭敬，所以身形醜陋；因為看見佛塔落成後極為莊嚴，於是懺悔之前譏嫌佛塔的惡業，並且供養佛塔金鈴，所以感得音聲和雅；又於迦葉佛時，投身為鳥，生歡喜心旋繞佛陀，以音聲供養，所以感得誦經音聲能達梵天；又曾為沙彌時，於往生前段重發願成為釋迦世尊弟子中音聲美妙第一，因此得到妙音的果報。參見《大正藏》冊24，頁221；《甘珠爾》對勘本冊10，頁108。

⓰ 因　此指材質。

⓱ 不應譏毀反於此者亦不應訾議等　「反於此者，亦不應訾議等」，如月格西

解釋，此指如果所造的佛像與前述相反，造的材質不好，或者太小等，也不應該批評等。法尊法師原譯作「不應譏毀及遮止等」，今據藏文補譯。

⓲ **大瑜伽師** 阿底峽尊者座下四大瑜伽師之一（公元1015～1077），藏語ནག་ འཚོར་བ་ཆེན་པོ（內玖巴欽波）義譯，本名菩提寶（絳秋仁欽·བྱང་ཆུབ་རིན་ཆེན）。出生於康區，年幼出家，在阿底峽尊者座下聽法，長時隨侍尊者。尊者示寂後奉師教依止種敦巴大師，常駐熱振寺（རྭ་སྒྲེང）。種敦巴大師示寂後，住持熱振寺十三年之久，期間擴建寺院，培育僧才。主要弟子有堆隆巴（སྟོད་ལུང་པ）等。參見《師師相承傳》中文冊上，頁231；藏文冊上，頁291。

⓳ **絨巴迦格瓦** 阿底峽尊者的居士弟子（約公元11世紀），藏語རོང་པ་འགར་དགེ་བ音譯。曾到芒域（མང་ཡུལ）迎請尊者，經尊者的教導而通達密法。因其向尊者求受歡喜金剛、勝樂金剛等法門，現今始見阿底峽尊者在歡喜金剛、勝樂金剛方面的著述。參見《師師相承傳》中文冊上，頁227；藏文冊上，頁287。

⓴ **於一切像** 藏文直譯為「於一切完工之像」。

㉑ **但說師工巧不巧故** 語王大師之意，是指從這段公案來看，雖然說不允許賣佛像經典，但似乎可以贖購佛像經典。因為如果連贖購佛像經典都是不允許的話，阿底峽尊者在面對大瑜伽師請問是否贖購曼殊像時，應該直斥不得贖購佛像，因為佛像是不能買的。但阿底峽尊者卻沒這麼說，只說了這尊像的造工中等。這樣的回答反映了尊者不贖購此曼殊像的原因在於造工，而不在於佛像不能贖購。

第二、於法者：雖於正法四句以上應離不敬，又應斷除一切不敬，謂抵押經卷，貿為貨物❶，置禿土地灰塵險處，鞋襪❷並持及跨越等，應起恭敬，等如法寶。傳說懂哦瓦❸善知識，凡見有持❹經典來者，合掌起立，後不能起，殷勤合掌。又說覺窩至阿里❺時，有一咒師不從聞法，大依怙尊，見一記錄❻以齒

污穢沾其經書，深生不忍，說云：「可憫❼，不可！不可！」咒師生信，遂從聞法。霞惹瓦亦云❽：「我等於法任何玩耍，無所不作，然不敬法及法師者，是壞慧因，現在愚蒙，如此已足，莫更作集愚癡之因，若愚過此，更有何能？」^語如云：「邪說、謗法、異❾、損師^[1]，不敬法、法師許六，說此六為正法障。」

第二科、對於正法：對於四句偈以上的正法，都應當斷除不恭敬。抵押經函、當作貿易品、放在光禿的土地與危險之處、連同鞋子一起攜帶以及跨越等，這一切不恭敬的行為都應該斷除，應當視同法寶而恭敬。相傳格西懂哦瓦見到迎請經典者，就會合掌起立，後來無法起立時，還是會合掌。傳聞阿底峽尊者駐錫阿里時，一位密咒師不去尊者那裡聽法。尊者看見一位文書人員將齒垢沾在經書上，便心生不忍地說：「哎呀！不可不可。」那位密咒師因此生起信心而聽法。霞惹瓦大師也曾說：「我們對法開遍了所有的玩笑，然而不恭敬法與說法師是智慧敗壞之因。愚癡到現在這個地步，夠了！不要再累積愚癡之因了。如果比現在更加愚癡，還能做什麼？」有提到：「承許有顛倒說、謗法、宣說相異法、傷害說法師、不恭敬正法與說法師六者，說這六者是正法的障礙。」

[1]「邪說、謗法、異、損師」 拉寺本作「邪說、謗法皆損師」。按，六種正法障中，拉寺本缺其中一者，故「皆」（ཐམས་ཅད）應為「異」（ཐ་དད）之訛字。

註釋

❶ **貿為貨物** 把法寶當作貨物買賣。貿，交易財貨。

❷ **鞋襪** 藏文原文無「襪」字。

❸ **懂哦瓦** 噶當三昆仲之一、噶當教授派開派祖師（公元1033～1103），藏語 སྤྱན་སྔ་བ 音譯，本名戒燃（促青跋 · ཚུལ་ཁྲིམས་འབར）。出生於年區的朗惹崗（ཉན་གྱི་ལྲང་ར་སྒང），童年時常親見本尊，18歲在堆隆的察脫寺（སྟོད་ལུང་ཚ་ཐོག་དགོན）出家。隨後在涅區的拿謨切（སྙེའི་ན་མོ་ཆེ）晉見阿底峽尊者，尊者授記此師將成為傳持尊者教法的大德。25歲因母親的指示，赴熱振寺依止種敦巴尊者八年，聽受無量顯密教法，同時也依止袞巴瓦等大德。常以暇滿難得和念死無常鞭策自心，勤修道次。在加行法上毫不懈怠，供養的香足以裝滿一間房間，自製泥質佛像有一小山丘之多。此師宣揚菩提道次第也不遺餘力，後人稱其所傳的道次第法脈為「噶當教授派」。於紐絨（སྒྲག་ཏུམ）示現圓寂，世壽71。主要弟子有嘉裕瓦（རྒྱ་ཡུལ་བ）、堆隆巴等。參見《師師相承傳》中文冊上，頁406；藏文冊上，頁454；《東噶辭典》，頁1315。

❹ **持** 藏文原意為「迎請」。

❺ **阿里** 地區名。藏語 མངའ་རིས 音譯，在今西藏自治區西部，地處喜馬拉雅山和崑崙山之間，包括噶爾、日土、札達、普蘭、革吉、改則、措勤等七個縣。法尊法師原譯作「哦日」，今依通用譯法改譯。參見《藏漢大辭典》，頁683。

❻ **記錄** 記錄者，即抄寫典籍的文書，舊稱錄事。

❼ **可愍** 藏文原為語氣詞，猶言「哎呀」。

❽ **霞惹瓦亦云** 霞惹瓦，噶當教典派的第二代祖師（公元1070～1141），藏語 ཤ་ར་བ 音譯，本名德稱（雲丹札 · ཡོན་ཏན་གྲགས）。師為弘揚阿底峽尊者父子的教授，乘願再來的大菩薩，出生於熱振往亞澤（ཡ་ཚད）的小村莊絨波（རོལ་པོ）。他的母親坐在一個大石板上生下這位祖師，據說石板上仍留著他的足印。此師天資聰穎，為人慈悲，常有家室如牢獄之感，一心期盼出家修行。18歲時，家人為他籌辦婚事，於是逃家來到隆學寺（ཀླུངས་ཤོད）剃髮，法號德稱。師曾跟隨懂哦瓦大師學習教法。之後來到博朵瓦大師跟前學法，十八年間不曾離開，直至博朵瓦大師示寂。在這期間，他聽受了博朵瓦大師結合《噶當六論》而詳細解

說每一種法類的完整菩提道次第引導。師又將《集經論》、《寶鬘論》、《中論》、《修次三篇》等論著現為菩提道次第教授而開示，因此他獲得宣說一切經論的無畏辯才，通達自他宗義的大海，並將三藏及諸大車軌的論著憶持心中，無礙地將所有的經論要義，總攝在菩提道次第中來教授弟子，因此宗喀巴大師以「智慧無比」來讚美這位祖師。36歲起，就一直精勤於弘法事業。門下有兩、三千位弟子，始終教誡弟子應以淨戒為修行的基礎，進而修習以清淨事師法為根本的三士道次第。巴擦譯師 (པ་ཚབ) 翻譯《入中論》時，曾延請師幫忙校訂，師雖然不諳梵文，然而透過其不共的理智抉擇中觀正見，對巴擦譯師的譯文提出修改意見。巴擦譯師核對梵文原典，發現與師所改不謀而合。當時眾人批評巴擦譯師所弘揚的中觀見為斷滅見，師力排眾議，盛讚巴擦譯師所弘揚的是般若密意，並派遣數十名年輕僧人隨巴擦譯師學習中觀應成見。師著有廣略兩篇《菩提道次第引導文》，及《善知識博朵瓦傳》頌文體一部。主要弟子有切喀巴 (འཆད་ཁ་བ)、棟敦·慧稱 (གཏུམ་སྟོན་བློ་གྲོས་གྲགས) 等。世壽72歲。據《噶當箴言集》所錄，引文出自霞惹瓦所造《道炬論釋》。參見《師師相承傳》中文冊上，頁361；藏文冊上，頁410；《噶當箴言集》，頁366。

❾ 異 哈爾瓦·嘉木樣洛周仁波切解釋為：異於正法、不隨順正法。

🅢**第三、於僧者：若於僧伽或出家眾，持沙門相及於其相不罵不毀，又一切種不應分黨，視如怨敵，云：汝等我等。應當敬重，猶如僧寶。**《勸發增上意樂會》云❶：「**希樂**🅟獲得增上[1]功德🅟**之比丘住林藪**❷，**不應**🅟如偵探**觀察他過失，**🅟若如是觀，則見他過，執己超勝，而**謂我超勝我第一，**🅟會當發生憍傲❸，是故**不應起心作是念**❹。**此憍**🅟或傲是**諸放逸本**🅟故，🅟縱為勝比丘，亦**永不應輕**🅟其餘功德下**劣比丘，**🅟以輕之者，**一劫**🅟或剎頃間，即勝比丘亦**不能得解脫**🅟故。設作是念：然

則諸劣比丘當不能得解脫耶？答曰：不然也。諸劣比丘依次學道，亦獲菩提，**此是此教**正〔**次第**，㊌**謂次序也。**〕故。」㊋《一切法無生經》云❺：「菩提勝行究竟佛陀之無邊德，菩薩念忖一時能觸彼，然彼實非觸及，後仍當依堪能行持之理次[2]及趣行彼之行次第，而得漸漸勝伏煩惱，非從最初須臾或僅一剎那便能斷煩惱故[3]。若念應經何許時耶？經多那由俱胝❻劫，菩薩披著堅固對治鎧甲，餘僅一劫或須臾一剎那等，非能圓滿對治故[4]。」敦巴仁波卿❼與大瑜伽師，見碎黃布❽在行路中，皆不輕越，抖置淨處，如是行持，應隨修學。

㊝**第二、恭敬三寶勝利者**[5]❾：自能如何恭敬三寶，則諸眾生亦能如是恭敬❿自故，如《三摩地王經》云⓫：「㊌任見誰錯謬，不說其過失[6]，作集如何業，當得如是果。」

第三科、對於僧伽：對於僧伽、出家人、只是身具出家相者，甚至僅是他們的象徵，都不應謾罵輕蔑，任何情況下都不可分立黨派，說「你們、我們」而視為敵人，應該視同僧寶而恭敬。《勸發增上意樂會》說道：「追求獲得更高深的功德而居住於森林的比丘，不應如刺探者那般觀察他人的過失，因為如果這麼做，就會見到他人的過失而自以為優越，心想：『我是超勝，我是第一！』產生驕傲自滿，所以不應生起這樣的心念。因為這樣的驕傲、自滿，是一切放逸的根源。所以即使是超勝的比丘，也永遠都不可輕蔑其他功德低劣的比丘，因為如果這麼做，即使超勝的比丘，也會在一劫之中或短時間無法獲得解脫。若想：『那麼，低劣的比丘是否無法獲得解脫？』並非如此，即使是低劣的比丘，逐步地學道，也會獲得菩提，這是**此教法的次第、順序**。」《一切法無生經》中說：「已經究竟圓滿了最超勝的菩提行的佛陀，對於其無邊的功德，菩薩即使心想能在一時觸及，但是其實根本無法企及，因為要藉由之後堪為行持的正理次第，以及趣入其中的行持次第，才能漸漸地戰勝煩惱；無法從

一開始，僅在剎那或瞬間就達到斷除煩惱。若想：『那麼要經過多長時間？』菩薩要在數百萬兆劫中披著堅固的對治鎧甲，而非其他諸如在僅僅一劫，或在瞬間、剎那之中就能達到圓滿對治。」敦巴仁波切與大瑜伽師，每當遇到路上有碎黃布都不會跨越，而是將其抖過再送到乾淨的地方，應當學習這樣的行持。**第二科、恭敬三寶的利益：**因為自己能多麼恭敬三寶，眾生對自己也就會同樣地非常恭敬，《三摩地王經》中說：「無論看到他人的任何錯誤，都不應宣揚他們的過失，造作什麼樣的業，就會獲得那樣的結果。」

[1]「^巴獲得增上」 拉寺本「增上」作語註。 [2]「依堪能行持之理次」 拉寺本作「依堪能行持之明了次第」。 [3]「或僅一剎那便能斷煩惱故」 拉寺本作「或一剎那便能全斷煩惱故」。按，「全」(ঙ᪶ঝ)為「僅」(ঙ᪶ঝ)之訛字。 [4]「^巴《一切法無生經》……對治故」 拉寺本作語註，哲霍本未標作者。 [5]「^語第二、恭敬三寶勝利者」 拉寺本、單註本置於「敦巴仁波卿」之前，拉寺本未標作者。 [6]「^巴任見誰錯謬，不說其過失」 拉寺本作「^巴任誰見錯謬，彼等莫言過」，《甘珠爾》對勘本同果芒本。

❶ **《勸發增上意樂會》云** 《勸發增上意樂會》，寶積部經典，全名《聖勸發增上意樂大乘經》，共2卷。漢譯本有唐菩提流志譯《大寶積經第二十五會‧發勝志樂會》2卷。此經因緣為，佛在鹿野苑（Mṛgadāva）時，彌勒菩薩勸發許多菩薩精進修道，並引領其中六十位菩薩，向佛陀請益。引文菩提流志譯《大寶積經‧發勝志樂會》作：「若在阿蘭若，志求無上道，不應見人過，自謂最尊勝。憍恣放逸本，莫輕下劣人，彼於遺法中，漸次而解脫。」見《大正藏》冊11，頁524；《甘珠爾》對勘本冊43，頁399。

❷ **林藪** 藏文原意為森林。藪，音「叟」，本指草木集聚的沼澤。

❸ **憍傲** 見前頁119註1。

❹ **謂我超勝我第一不應起心作是念** 法尊法師原譯作「不應起心作是念，我

是超勝我第一」,為配合箋註,故改譯。

❺ **《一切法無生經》云** 《一切法無生經》,經集部經典,全名《聖說一切法無生經》,共3卷。漢譯本有隋闍那崛多譯《佛說諸法本無經》3卷。其因緣為佛陀在王舍城鷲峰山（Gṛdhrakūṭa）中,聲聞菩薩大眾雲集,由師子遊步菩薩啟問佛陀法義,而開演此經內涵。引文闍那崛多譯《佛說諸法本無經》作:「如此久必當觸證,最勝菩提無邊德。當漸次學漸次作,不可一時佛即成；多劫俱致那由多,我著鎧甲非今日。」此經本為偈頌體,巴梭法王在箋註中引述經文時一併為經文作註,因此翻譯時以紅色小字標註巴梭法王對該經文的註解。見《大正藏》冊15,頁763；《甘珠爾》對勘本冊60,頁725,然與正文略有不同。

❻ **那由俱胝** 古印度數目單位。那由,梵語Nayuta音譯,又名那由他、那庾多、阿庾多,義為千億。俱胝,梵語Koṭi音譯,義為千萬。那由俱胝,一百萬兆。

❼ **敦巴仁波卿** 噶當派開派祖師、阿底峽尊者的法統傳承人,相傳為觀音菩薩化身（公元1004~1064）,藏語སྟོན་པ་རིན་པོ་ཆེ音譯,本名勝者生源（嘉維迥內·རྒྱལ་བའི་འབྱུང་གནས）,又名種敦巴、仲敦巴。出生於堆隆普（སྟོད་ལུང་སྤུ）。於金剛自在（རྡོ་རྗེ་དབང་ཕྱུག）座前受優婆塞戒。19歲承事色尊喇嘛（སེ་བཙུན）,負責磨麵粉、放牛馬等一切雜務,同時也不鬆懈聞思經典,對於色尊喇嘛,未曾生起一絲不敬不信。嫻熟許多顯密經論後,再前往依止班智達彌帝（Smṛti）,學習聲明及梵文。後從路人口中得知阿底峽尊者來到藏地,即往依止尊者。初見尊者時,供養一盞明燈,直至尊者示寂從未間斷。第二日聽完《菩提道炬論》,從此以後,將所聽到的一切法義,皆攝入三士道而作修持。得阿底峽尊者如瓶注瓶般傳授顯密一切教授,成為尊者心子。尊者示寂後,創建噶當法脈,建立熱振寺,教化徒眾,世壽61。主要弟子有樸窮瓦、懂哦瓦、博朵瓦三昆仲。參見《師師相承傳》中文冊上,頁241；藏文冊上,頁300;《東噶辭典》,頁1593。

❽ **碎黃布** 夏日東活佛認為此處的碎黃布並非泛指一般的碎黃布,而是指比丘與沙彌衣服的碎片。參見《夏日東文集》冊1,頁353。

❾ **第二恭敬三寶勝利者** 即前頁250「勝利」一科。

❿ **恭敬** 藏文原意為「最極恭敬」。

⓫ **《三摩地王經》云** 引文高齊那連提耶舍譯《月燈三昧經》作:「若見彼過

咎,不對說其愆,常念所作業,必獲如是果。」見《大正藏》冊15,頁582;《甘珠爾》對勘本冊55,頁205。

永不應輕劣比丘,一劫不能得解脫另解

這兩句經文可以有兩種理解方式。

第一種:即使是超勝的比丘,也永遠都不可輕蔑其他功德低劣的比丘,因為如果這麼做,即使是超勝的比丘,也會因此在一劫之中或短時間內無法獲得解脫。意即一位原本可以在一劫內獲得解脫的超勝的比丘,會由於輕蔑其他功德低劣的比丘,導致延後他獲得解脫的時間,在一劫之中都無法獲得解脫。

第二種:即使是超勝的比丘,也永遠都不可輕蔑其他功德低劣的比丘,因為即使身為超勝的比丘,實際上自己也無法在一劫之中或短時間內獲得解脫。意即超勝的比丘自己也無法在一劫內獲得解脫,所以不應輕蔑其他功德低劣的比丘。

依據第一種解法,則主要在闡述輕蔑劣比丘的過患,因此就算自己有殊勝的功德,也不應輕蔑他人。第二種解法,則主要在闡述解脫道是非常長遠的,我們既不應當因為自己較為超勝便心生傲慢,也不用因解脫道太遙遠而覺得自他無法成就。依據如月格西解釋,若單讀經典的原文,則其意涵較傾向第一種理解;而巴註的解釋方式,則較傾向第二種理解方式。

下文緊接著提問:「低劣的比丘是否無法獲得解脫?」對於這段的提問,按照上述兩種理解方式,也可以出現兩種不同的解法。

第一種:提問:「如果連超勝的比丘都有可能因為輕蔑其他功德低劣的比丘,導致在一劫之中或短時間內都無法獲得解脫。那低劣的比丘是否永遠都無法獲得解脫?」

第二種:提問:「如果連超勝的比丘都無法在一劫之中或短時間內獲得解脫,那低劣的比丘是否永遠都無法獲得解脫?」

對此巴註的回答是：低劣的比丘逐步學道也能獲得菩提。並且引用經中的修道次第，證成依次修學最終可以成就佛位的立宗。

^妙第二^[1]、共學，分六：初者、隨念三寶功德差別，數數皈依者：謂數思惟如前所說內外差別，及三寶中互相差別並其功德。

第二、隨念大恩恆勤供養，^妙分為相續供養、圓滿供養、意樂差別等十三科。今初、恆勤供養^[2]，嚼噉❶之先亦當供養者：如《三摩地王經》云❷：「^巴諸愚夫眾嗜飲食，飲食不知合其量，由佛福德獲飲食，愚夫不知報佛恩。」此是以獲飲食為喻，隨自所有一切樂善❸，悉應了知是三寶恩，由報恩德意樂供養。

第二科、共通的學處，分為六科：第一科、憶念三寶的差別與功德而再再地皈依：是指再再思惟如上所述內外道的差別、三寶彼此之間的差別，以及其功德。

第二科、憶念大恩而恆久地精進供養，分為持續性的供養、圓滿的供養、心念的差別等十三科。第一科、恆久地精進供養，在受用飲食的最初也進行供養：如同《三摩地王經》中說：「凡夫貪戀食物，飲食不知節制。藉由佛陀的福德獲得了飲食，凡夫對此卻不會報恩。」以獲得飲

食為表徵,自己無論擁有任何安樂善妙,應當了知這一切都是三寶的恩德,以報恩的心進行供養。

[1]「妙第二」拉寺本、單註本無。 [2]「妙分為相續供養……恆勤供養」哲霍本無「妙」。

❶ 嚼噉 嚼食與噉食的簡稱。嚼食,戒律中提到五種嚼食:平常作為蔬菜的根、莖、花、果、葉。噉食,戒律中提到五種噉食:飯、粥、肉、麵粉、油餅。哈爾瓦・嘉木樣洛周仁波切解釋,噉食是指經加工製造的食物;嚼食是指水果等,非人為加工製造的食物。

❷ 《三摩地王經》云 引文高齊那連提耶舍譯《月燈三昧經》作:「愚者貪嗜食,不能知節量,因佛得飲食,都無反報心。」見《大正藏》冊15,頁558;《甘珠爾》對勘本冊55,頁68。

❸ 樂善 善慧摩尼大師提到,此處樂指階段性的快樂,即人天的增上生;善指決定勝,即解脫與一切智的果位。參見《洛桑諾布文集》冊2,頁436。

妙第二、圓滿供養:此中復二:謂供養事及供養意樂。初中有十,一、供養身者:謂供養佛真實色身❶。二、供養塔者❷:謂〔為佛故語者,謂供養佛,或欲隨學,或欲證獲佛位,或信心門[1]。〕供養塔等❸。三、現前供養者:謂前二事,現自根前而設供養。四、不現前供養者:

謂佛、佛塔非現在前，普為一切佛、佛塔故而設供養。又若於佛般涅槃後為供佛故❹，造像及塔，若一數等，亦非現供。若供此二隨一之時[2]，作如是念而供養者，謂此一法性，即是一切法性❺，是故現前供養此二，亦即供養其餘三世一切諸佛，及供十方無邊佛塔，此是俱供現不現前。論說❻ 初者獲廣大福，第二較前獲大大福，第三較前獲最大福。故於一佛或佛像等修供養時，應憶法性無所差別，先當遣意供養一切，極為切要。五、自作供養者：謂非由於懈怠、懶惰、放逸❼ 增上而令他作，唯自手作。六、教他供養者：謂念自己略有少物，然諸貧苦有情薄福無力❽，若教此供，當獲安樂。由悲愍心，唯教他供。又亦勸他共供養者，謂自他俱共同供養。此三福果，大小如前。七[3]、財敬供養者：謂供種種衣服、飲食、臥具、坐具、病緣醫藥、供身什物❾、薰香、末香、塗香❿、華鬘⓫、伎樂及諸燈燭。敬問、禮拜、奉迎、合掌、唱種種讚、五支遍禮⓬、右旋圍繞。又供田等無盡奉施，又供摩尼⓭、耳環、臂釧⓮，諸莊嚴具，下至供養諸小鳴鈴，散諸珍奇⓯，纏寶縷線⓰，供養諸佛或佛塔廟。

第二科、圓滿供養：其中又分為二科：一、供養的行為；二、供養的意樂。

第一科分為十科：一、供養身：指供養真正的佛陀色身。二、供養佛塔：指因為佛陀，亦即想要供養佛陀、追隨佛陀學習，或者想要獲得佛果，或是對佛具有信心，從這些角度而供養佛塔等。三、現前供養：是指供養出現在自己眼前的佛陀與佛塔二者。四、非現前供養：是指普為供養一切佛陀與佛塔，而供養不在眼前的佛陀與佛塔。在佛陀涅槃後，為了供養一切佛與佛塔，而製作一尊佛像、一座佛塔等，也是非現前供養。當供養這二者其中一者時，想著：「由於這其中一者的法性，即是一切的法性，因此既是供養了現前的這二者，也是供養了三世一切諸佛，以及十方無邊無際的佛塔。」這樣地供養，即是對眼前與不在眼前總體的供養。論中提到第一者的福德相當廣大，第二者的福德比前者更加廣大，第三者的福德比之更是至極廣大。所以在供養任一尊佛陀或是佛像等的時候，憶念法性無有差別，而想著是要供養一切，這點相當重要。五、自己親做的供養：是指並非出於懈怠、懶惰、放逸而指使他人去做，而是自己親手做。六、勸導他人去做的供養：是心想：「自己還擁有少量財物，如果那些福德微小、沒有能力的痛苦有情能去供養，他們就能獲得安樂。」於是懷著悲憫，單獨讓他人進行供養。另外，勸導後一起供養，是指自他一起共同供養。這三者的福德果報大小與先前相同。七、財物與恭敬的供養：是指獻上各種衣服、食物、寢具、坐墊、療病的醫藥、資具，以及薰香、香粉、塗香、花鬘、音樂、明燈。還有口說敬語、禮拜、起立迎送、合掌、歌詠各種讚辭、五體投地頂禮、右繞。以及用田產等無盡布施，用珍寶、耳飾、臂飾等裝飾品，乃至於藉由獻上鈴鐺、拋撒錢幣、張掛線網供養佛陀或佛塔。

[1]「語者……或信心門」 拉寺本作巴註。 [2]「若供此二隨一之時」 拉寺本作「若增此二隨一之時」。按,「增」(མཆོད)為「供」(མཆོད)之訛字。 [3]「七」 果芒本無,今依拉寺本、哲霍本、單註本補之。

❶ **謂供養佛真實色身** 法尊法師原譯作「謂親供養真佛色身」,藏文中無「親」,而供養真佛色身未必親自供養,如教他供,故改譯。

❷ **供養塔者** 藏文中塔的字面意義為供養的所依,所以法尊法師譯作「塔」。夏日東活佛則認為,此處的供養所依,泛指所有供養境的所依,包含自己上師的衣服碎片等物。參見《夏日東文集》冊1,頁354。

❸ **謂為佛故供養塔等** 法尊法師原譯作「謂供為佛所建塔等」,今據藏文改譯。

❹ **為供佛故** 藏文直譯為「為彼故」。依據前文「彼」應指及佛塔二者,非獨指佛。

❺ **謂此一法性即是一切法性** 夏日東活佛提到,如同有說:「法性如空雖無別,色身如虹各別顯。」我們在供養面前的世尊唐卡時,如果能以廣大心,作意供養十方三世一切諸佛色身,由於諸佛法性沒有差別,所以這樣即算供養了一切諸佛,並且會獲得不可思議的福德。參見《夏日東文集》冊1,頁354。

❻ **論說** 此論是指《瑜伽師地論·菩薩地》。《瑜伽師地論·菩薩地》,唯識部論典、《瑜伽師地論·本地分》其中一個章節,共22卷,藏傳佛教認為《瑜伽師地論》是無著菩薩著,漢傳則認為是彌勒菩薩所說。漢譯本有唐玄奘大師譯《瑜伽師地論·菩薩地》;北涼曇無讖譯《菩薩地持經》10卷、《菩薩戒本》9卷;劉宋求那跋摩譯《菩薩地戒經》9卷;梁真諦三藏譯《十七地論》5卷,共五種。其中《十七地論》今已失傳。《菩薩地》主要詮釋大乘根道果的內涵。此段是取經文大意,非錄原文,相應段落參見唐玄奘大師譯《瑜伽師地論·菩薩地》:「此中菩薩唯供現前佛及制多,應知獲得廣大福果;若唯供養不現前

佛及以制多，應知獲得大大福果；若俱供養現不現前佛及制多，應知獲得最大福果，為無有上。」見《大正藏》冊30，頁533；《丹珠爾》對勘本冊73，頁828。

❼ **懈怠懶惰放逸** 善慧摩尼大師提到，此處懈怠指推延的懈怠；懶惰指自己隨便地放寬鬆；放逸指不勤於供養。參見《洛桑諾布文集》冊2，頁437。

❽ **然諸貧苦有情薄福無力** 法尊法師原譯作「然諸有情貧苦薄福無力供養」，藏文原文無「供養」，故改譯。

❾ **供身什物** 指平常生活所需的各種物品，藏文直譯為資具。

❿ **塗香** 塗香又作塗身香、塗妙香。以香塗身，以消除臭氣或惱熱。印度自古暑熱甚烈，人體易生臭氣，其地風俗遂以栴檀等香搗成粉末，和水調之，用塗其身。

⓫ **華鬘** 即花鬘，用花作成之鬘。多用絲綴成，或串成、結成頸上身上的裝飾。古代多用「華」，音「花」。《一切經音義》云：「梵言俱蘇摩，此譯云華；摩羅，此譯云鬘。」參見《大正藏》冊56，頁814。

⓬ **五支遍禮** 禮拜方式之一。五支又名五體，分別為頭部與雙手雙足，五體投地的禮拜即是五支遍禮。

⓭ **摩尼** 珍寶，非特指摩尼寶。

⓮ **臂釧** 即臂環，一種套在上臂的環形首飾。釧，音「穿」，去聲。《慧琳音義》云：「釧者，以金銀為環，莊飾其手足。字書云：在足曰鋜，在臂曰釧。」藏文此詞通指臂上的飾物。參見《大正藏》冊54，頁399。

⓯ **珍奇** 此詞藏文為梵語kārṣāpaṇa音譯，藏文音譯作嘎卡巴那。關於此詞有多種解釋，一般通指銀子鑄造的錢幣，但是也有以金、銅、黃銅等材質鑄成。措那瓦大師認為有真品與替代品兩種，真正的嘎卡巴那指一種銀製的錢幣，替代品則指與前者同等價值的貝殼等物品。《貢德大辭典》則認為古代最初進行交易時，一定為先用貝殼，之後各方面日益發達時，才漸漸使用銀製錢幣進行交易，所以真正的嘎卡巴那應該指貝殼等物品，而銀幣只是沿用嘎卡巴那的名稱而已。參見《毗奈耶經本頌疏釋——日光善說經教海論》冊上，頁398（措那瓦大師著，台北市：佛陀教育基金會，2007。以下簡稱《律經釋》）；《貢德大辭典》冊1，頁54。

⓰ **纏寶縷線** 阿嘉永津與夏日東活佛提到，此為防止鳥類棲息造成不潔，而懸

結線網。藏文原文無「寶」字，法尊法師係依玄奘大師譯《瑜伽師地論》文譯出。參見《阿嘉雍曾文集》冊上，頁78；《夏日東文集》冊1，頁355。

八、廣大供養者：謂以如是利養恭敬常時供養。此復有七，謂所供物眾多、微妙、現、非現前、自作、教他、至心歡喜，猛利勝解而為供養，復將此善迴向無上正等菩提。九、非染污供養者：謂不由輕蔑、放逸、懈怠而教他供，自手供養，殷重供養，不散漫心而設供養，不以 ^巴<small>如與他相競之</small>貪等雜染供養，不於信佛國王等所，為得利敬而為供養，以隨順物而設供養，共為六種❶。隨順物者，謂合宜物，遠離不順❷——雌黃❸所塗，酥所灌洗❹，局崛羅❺薰，遏迦花❻ ^巴<small>謂荊棘之類及毒花</small>等及餘非所宜物❼。又若如是財物供養，自無所集，無從他求，應於一切世界之中，所有如來諸供養具，以歡喜俱及於廣大勝解俱心，周遍思惟，一切隨喜，少用功力，而修無量廣大供養，攝集菩提廣大資糧，恆常於此以真善心❽，起歡喜心，當勤修學。又如《寶雲經》❾及《建立三三昧耶經》所說❿，無主攝持諸華、果、樹及珍寶等亦當供養。十、正行供養者：謂於下至搆牛乳 ^巴<small>間</small>頃[1]，精勤修習四無量心⓫、^巴<small>一切有為皆無常，一切有漏皆苦，一切法空無我，涅槃寂靜</small>四種法集⓬，隨念三寶、波羅蜜多，及能勝解甚深空性無分別住，於

淨尸羅起防護心，於菩提分❸、六度、四攝精勤修學。若能由此十種供養供養三寶，應知是名圓滿供養。🅟師云：此等亦皆攝入財、敬、修三。

八、廣大供養：是以這些財物與恭敬長久地供養。其中又有供品眾多、精美、現前、不現前、自己作、請他人作、以發自內心的歡喜與強猛的信解進行供養，並將這樣的善行迴向至圓滿菩提，共七種。九、非染汙供養：是指並非出於輕蔑、放逸、懈怠而指派他人去做，而是自己親手供養；恭敬地供養；心不散亂地供養；不摻雜諸如與他人競爭之心的貪念等，不懷染汙地供養；不寄望從信佛的國王等處獲得財物恭敬而供養；以合適的財物供養，共有六種。所謂合適的財物，是指遠離不合適的物品，如塗抹石黃、以酥油沖洗、用安息香薰過，以及遏迦花，亦即帶刺植物及有毒花朵等，還有其他不合宜的資具。遠離這些，即是合宜的物品。這些財物的供養，如果自己沒有準備，也無法從他人處獲得，則凡是世間中任何供養如來的供品，都應當以歡喜心、勝解為廣大之心，普遍地緣想而心生隨喜。如此就能透過少許的努力，而以無量廣大的供養，匯聚所有菩提資糧，對此應當始終用安樂心、歡喜心而精進行持。如同《寶雲經》與《建立三三昧耶經》所說，沒有歸屬的花果樹木及珍寶等，也應當供養。十、修行供養：即使在僅僅擠取牛乳的時段中，也應當精勤憶念四無量心，以及一切有為法皆無常、一切有漏法皆苦、一切法皆空無我、涅槃寂靜等四種法集與三寶、波羅蜜多，勝解甚深空性並安住於無分別，對戒律生起守護之心，精進修持菩提分、波羅蜜多與四攝法。以這十種供養來供養三寶，即是圓滿的供養。上師說：這些也含攝於財物、恭敬、修行三者之中。

❶ **共為六種** 法尊法師原譯中無，今據藏文補譯。六種供養為：一、自手供養；二、殷重供養；三、不散漫心而設供養；四、不以貪等雜染供養；五、不於信佛國王等所，為得利敬而為供養；六、以隨順物而設供養。

❷ **謂合宜物遠離不順** 法尊法師原譯作「謂諸淨物，遠離不淨」，今據藏文改譯。

❸ **雌黃** 雌黃，一種礦石，又名砒石、信石、石黃，有劇毒。自古東西方俱用作繪畫顏料，亦入中藥，然因其毒性，今人不用。夏日東活佛認為，雌黃所塗指將雌黃當作顏料塗抹。參見《夏日東文集》冊1，頁355。

❹ **酥所灌洗** 夏日東活佛認為，酥所灌洗指以酥油洗唐卡等物。如月格西解釋，酥所灌洗是指，以前有一些國王或富貴人家認為酥油很珍貴，所以什麼供品都用酥油洗了再供。參見《夏日東文集》冊1，頁355。

❺ **局嘔羅** 梵語Gulgulu音譯，一種開花灌木，義為伏鬼，又名黑香、安息香。樹脂可作香料，亦為印度傳統醫方主要藥材，或作為焚香，或與炭同燒，薰香濃煙，引以驅鬼。嘔，音「決」。

❻ **遏迦花** 梵語arka音譯，一種開花植物，又名白艾花、清明蒿花，其葉莖及果，含劇毒乳液。夏日東活佛提到，阿莽班智達與慧海大師認為遏迦花係核桃花；阿嘉永津提到有些大德認為是白艾花、清明蒿花、荊棘花、達拏花；藥典中稱陽性錦葵花為大蜀季花或錦葵花；稱陰性為漢錦葵；稱中性為遏迦花或遏雜花。夏日東活佛認為應作錦葵花解。有毒帶刺，氣味臭惡，故不宜供佛。遏，音「扼」。參見《阿嘉雍曾文集》冊上，頁78；《夏日東文集》冊1，頁355；《廣論講授筆記》，頁33；《藏漢大辭典》，頁3135。

❼ **及餘非所宜物** 法尊法師原譯作「及諸所餘非清淨物」，今據藏文改譯。

❽ **真善心** 藏文義為愉悅安樂之心，法尊法師係依玄奘大師譯《瑜伽師地論》文譯出。

❾ **《寶雲經》** 經集部經典，全名《聖寶雲大乘經》，共7卷。漢譯本有梁扶南三藏曼陀羅仙譯《寶雲經》7卷；梁扶南三藏曼陀羅仙共僧伽婆羅譯《大乘寶雲經》7卷；唐達磨流支譯《佛說寶雨經》10卷；宋法護譯《佛說除蓋障菩薩所問經》20卷，共四種。此經源於佛在象頭山（Gayāśiras）時，從佛頂上放出光明，普照十方世界。時東方大蓮華世界中有菩薩名除蓋障（Sarvanīvaraṇaviṣkambhin），又作除一切蓋障菩薩，看見此大光明，啟問蓮華眼如來，如來為說此光明的緣由後，除蓋障菩薩與諸菩薩共同前往禮拜供養釋尊，並請問法義。相應段落參見梁扶南三藏曼陀羅仙譯《寶雲經》：「云何名菩薩善解方便迴向？一切所有若華、若果、若香、若香樹、若寶、若寶樹、若疊、若疊樹、一切空澤曠野，無主、非我所諸物，盡皆晝三時、夜三時迴心施佛，以是善根迴向阿耨多羅三藐三菩提。於修多羅經中讚歎供養三寶之處深生隨喜，十方世界一切菩薩及諸眾生若起一念善根，身心隨喜悉皆迴向。」法護譯《佛說除蓋障菩薩所問經》：「善男子！云何是善解迴向方便？謂若菩薩於其一切非己所有無攝屬者，若華、若果、若眾香樹、若妙香樹、若諸寶樹、若氎樹、若華樹、若果樹，非己所有無攝屬者，常當晝三時中、夜三時中，想作供養諸佛菩薩，以彼善根迴向阿耨多羅三藐三菩提。又於佛說廣大甚深經中諸供養法，聽已深心而生信樂，以此善根迴向諸佛菩薩。」梁扶南三藏曼陀羅仙共僧伽婆羅譯《大乘寶雲經》：「善男子！云何菩薩善解迴向滿願方便？善男子！菩薩設見若華、若果，無有主甲、非人所護，以此華果於夜三時、日中三時而供養佛及諸菩薩，以是因緣所得功德迴向阿耨多羅三藐三菩提；設見香樹、寶樹、意樹，無有主甲、非人所護，日夜六時而設供養，迴向阿耨多羅三藐三菩提。又諸經中所聞種種供養之具勝妙殊特，以內深心皆悉迴向十方世界諸佛世尊、一切菩薩、一切眾生，所有善業、菩提修行，以深心故，皆悉隨喜迴向阿耨多羅三藐三菩提。」達磨流支譯《佛說寶雨經》：「云何菩薩得迴向方便善巧？謂諸菩薩以非他攝所有花果，晝夜六時奉獻諸佛及諸菩薩，以此善根迴向阿耨多羅三藐三菩提；菩薩以非他攝所有香樹，若諸寶樹、若劫波樹，於晝夜六時供養諸佛及眾菩薩，以此善根迴向阿耨多羅三藐三

菩提。菩薩又於素怛纜中所有廣大承事供養，聞已起於淨信樂心，迴此供養一切諸佛及諸菩薩。」見《大正藏》冊14，頁714；冊16，頁217、250、292；《甘珠爾》對勘本冊64，頁66。

❿《建立三三昧耶經》所說　《建立三三昧耶經》，續部經典，全名《建立三三昧耶王續》，共16品，尚無漢譯。克主傑大師所著《續部總建立論》提到此續為釋尊在淨居天，處獅子座，不待眷屬祈請，自行宣說如來百字明儀軌及其利益，由此引申而說《建立三三昧耶王續》。此續開示釋迦牟尼佛作為壇城主尊的修法等。參見《甘珠爾》對勘本冊87，頁592；《密宗道次第論等五種合刊》，頁22（克主等著，法尊等譯，台北市：新文豐出版股份有限公司，1985）；《克珠·格勒白桑文集》冊8，頁418（克珠·格勒白桑著，北京：中國藏學出版社，2014）。

⓫四無量心　慈無量、悲無量、喜無量及捨無量。希願無量有情具足安樂及安樂因，是慈無量的行相；希願無量有情遠離痛苦及痛苦因，是悲無量的行相；希願無量有情皆大歡喜，是喜無量的行相；希願無量有情，遠離愛惡親疏，住平等捨，或者緣著無量有情，自心遠離愛惡親疏，住平等捨，是捨無量的行相。慈無量對治害心，悲無量對治損惱心，喜無量對治不喜他人圓滿之心，捨無量對治強猛貪瞋。由於緣著無量有情，並且能夠產生無量福德，故名無量。

⓬四種法集　即四法印。善慧摩尼大師提到，如同一個國家的國王所制定的法律，任何人民都不能違越一般，法王世尊所制定的四種法印，所有佛弟子都不應違越，所以稱為法印。參見《洛桑諾布文集》冊2，頁439。

⓭菩提分　三十七菩提分法的簡稱。四念住、四正斷、四神足、五根、五力、七等覺支、八聖道支，合稱三十七菩提分法。由於隨順獲得菩提的道，所以稱為菩提分法。四念住為：身念住、受念住、心念住及法念住。四正斷為：已生惡令斷、未生惡令不生、已生善令增長、未生善令生。四神足為：欲神足、勤神足、心神足、觀神足。五根為：信、進、念、定、慧五根。五力為：信、進、念、定、慧五力。七等覺支為：念覺支、擇法覺支、精進覺支、喜覺支、輕安覺支、捨覺支及定覺支。八聖道支為：正見、正思惟、正語、正業、正命、正勤、正念、正定。

妙第三、意樂差別者：由如是等興供養時，有六意樂，能於三寶隨一之所少分思惟，而生無量廣大果利。一者無上大功德田，二者巴開示三乘道故，無上有大恩德，三者一切有情中尊，四者猶如鄔曇❶妙華極難值遇，五者語異相續之二佛不於一國土中俱時出生，故[1]三千大千世界獨一出現❷，六者巴供養彼者[2]，是一切世間巴增上生人天，及出世間巴三種菩提❸等圓滿巴出生根本，作是思惟而設供養。此等是如《菩薩地》說❹而正摘錄。語師云：猶如意樹，任其枝葉果等有何許德，其於根種之中，皆以力能之相而有。如是佛薄伽梵任有何許身語意德，其於因位菩提心及供養三寶等中，亦皆以力能之相而住。妙第四、時節差別：恆常時中，於如是等隨應而行，若遇佳節及大時會❺，當隨力能修妙供養。巴師云：佳節若能持恆供養，現世亦得漸趨安樂[3]。

![語譯]

第三科、意樂的差別：以這些進行供養時，有六種意樂，能在對三寶任何一者略作思惟時，也產生無量的果報：一、心想是無上的功德田；二、心想由於開示三乘道，所以具有無上的恩惠；三、心想是一切有情中最為尊勝；四、心想宛如優曇缽羅花一般至極稀有；五、心想在三千大千世界之中只出現一位，不同心續的兩位佛陀，不會在同一個世界同時降生，所以是唯一；六、心想供養三寶，是出生世間人天增上生，以及出世間三種菩提等一切圓滿的根基，以這樣的思惟而供養。這些都是依《菩薩地》中所說而摘錄。上師說：如同如意樹的枝葉果實無論有多少功德，在它的根部與種子當中，那些功德都以潛能的形式存在；同樣地，佛陀世尊無論有多少身語意的功德，在因地的菩提心與供養三寶等中，那些功德也

都以潛能的形式存在。**第四科、時間的差別**：平時這些應當隨其相宜地實踐，如果遇到良辰吉日與重大節日，則應當依照自己的能力而獻上精妙的供養。上師說：如果持續在良辰吉日進行供養，今生也能越來越安樂。

[1]「🈂️異相續……出生，故」哲霍本作巴註。 [2]「六者🇵🇱供養彼者」果芒本原作「六者🇵🇱供養彼之」，拉寺本作「六者🇵🇱供養彼者」。按，果芒本文義不通，故依拉寺本改之。 [3]「🇵🇱師云：佳節……漸趨安樂」拉寺本似作語註。

❶ 鄔曇　梵語Udumbara音譯，義為殊妙、伏魔，又名優曇鉢羅，簡稱優曇、曇花。花開葉邊，難開易謝，所以常用來比喻稀有或迅速消逝。夏日東活佛認為此花只有佛出世時才會出現。參見《夏日東文集》冊1，頁356；《藏漢大辭典》，頁3138。

❷ 三千大千世界獨一出現　《俱舍論》認為須彌山、七重金山、四洲八渚、鐵圍山、日、月、六欲天、初禪梵天各一千個，組成小千世界，因為須彌山等各有一千，又比中千及大千世界小，故名小千世界。一千個小千世界，稱為中千世界。一千個中千世界，稱為大千世界，大千世界是由三個千的倍數所組成，所以稱為三千大千世界。善慧摩尼大師提到，此處所說三千大千世界獨一出現，是指在同一個三千大千世界當中，不會有兩位不同心續的佛陀示現勝化身的事業，並非指一位佛陀不能化現無量化身行佛事業，因為釋迦牟尼佛在此三千大千世界當中，示現了十億尊勝化身的事業。妙音笑大師提到，對於共通的所化機而言，不會有兩位不同心續的佛陀同時示現成佛的事業。參見《大正藏》冊29，頁61；《洛桑諾布文集》冊2，頁439；《俱舍辨析》，頁419；《現觀辨析》冊上，頁35（遍智妙音笑金剛著，中國：文化推廣圖書館，2006）。

❸ 三種菩提　聲聞菩提、獨覺菩提與無上菩提。

❹ 《菩薩地》說　相應段落參見唐玄奘大師譯《瑜伽師地論‧菩薩地》:「云何菩薩於如來所供養如來?當知供養略有十種:一、設利羅供養;二、制多供養;三、現前供養;四、不現前供養;五、自作供養;六、教他供養;七、財敬供養;八、廣大供養;九、無染供養;十、正行供養。若諸菩薩親現供養如來色身,是名設利羅供養。若諸菩薩於為如來所造一切若窣堵波,若龕若臺,若故制多新制多所,設諸供養,是名制多供養。若諸菩薩於如來身或制多所,親面對前現矚現見而設供養,是名現前供養。若諸菩薩於如來所,若制多所,現前施設供養具時,發起增上意樂俱心、淨信俱心,作是思惟:若一如來法性,即是去來今世一切如來法性;若一如來制多法性,即是十方無邊無際一切世界所有如來制多法性。是故我今供現如來,即是供養其餘三世一切如來;供現制多,即是供養其餘十方無邊無際一切世界若窣堵波,若龕若臺,若故制多若新制多,當知是名菩薩俱供現不現前一切如來及以制多。若諸菩薩於不現前一切如來,及以制多,作如來想,普為三世一切如來一切十方如來制多,施設供養,當知是名菩薩唯供不現前佛及以制多。若諸菩薩,佛涅槃後,為如來故造立形像若窣堵波,若龕若臺,隨力隨能或一或二或復眾多,乃至百千俱胝等數。如是菩薩於如來所,設不現前弘廣供養,當獲無量大福德果,攝受無量廣大梵福。菩薩由此能於無量劫大劫中不墮惡趣,由是因緣非不圓滿無上正等菩提資糧。此中菩薩唯供現前佛及制多,應知獲得廣大福果;若唯供養不現前佛及以制多,應知獲得大大福果;若俱供養現不現前佛及制多,應知獲得最大福果,為無有上。若諸菩薩於如來所,若制多所,欲設供養,唯自手作,不使奴婢、作使、朋友、僚庶、親屬,不依懈惰諸放逸處而設供養,是名菩薩自作供養。若諸菩薩於如來所,若制多所,欲設供養,非唯自作,亦勸父母、妻子、奴婢、作使、朋友、僚庶、親屬,及他國王、王子、大臣、長者、居士,若婆羅門、國邑聚落饒財商主,下至一切男女、大小、貧匱、苦厄、旃荼羅等,及以親教軌範諸師、共住近住一切弟子、同梵行者、諸出家者、外道等眾,令於如來,若制多所,隨力隨能作諸供養,當知是名菩薩自他咸共供養。若諸菩薩現有少分可供財物,興悲愍心,故思施與貧苦少福無力有情,令於如來,若制多所,持用供養,願彼當來多受安樂。彼得此物供養如來及以制多,菩薩於斯自無所供,當知是名菩薩唯教他設供養。此中菩薩若唯自供佛及制多,應知獲得廣大福

果；若唯教他，應知獲得大大福果；若能自他俱共供養，應知獲得最大福果，為無有上。若諸菩薩於如來所，若制多所，以諸衣服、飲食、臥具、病緣醫藥、供身什物，敬問禮拜，奉迎合掌，種種熏香、末香、塗香、華鬘、伎樂、幢蓋、幡燈、歌頌稱讚、五輪歸命、趨遶右旋而為供養。或復奉施無盡財供，或復奉施末尼、真珠、琉璃、蠡貝、璧玉、珊瑚、車璩、馬碯、虎魄、金、銀、赤珠右旋，如是等寶。或復奉施末尼環珊、寶璩印等諸莊嚴具，乃至奉施種種寶鈴，或散珍奇，或纏寶縷而為供養，是名菩薩於如來所，若制多所，財敬供養。若諸菩薩於如來所，若制多所，長時施設即上所陳財敬供養，若多供具，若妙供具，若現在前不現在前，若自造作教他造作，若淳淨心猛利勝解現前供養，即以如是所種善根，迴向無上正等菩提。如是七種，說名菩薩廣大供養。若諸菩薩於如來所，若制多所，自手供養不懷輕慢，令他供養，不住放逸懈惰不敬而為供養，不輕棄擲，不散慢心，無雜染心而為供養，不於信佛國王大臣諸貴勝前，為財敬故詐設種種虛事供養，不雌黃塗，不酥灌洗，不以種種局崛羅香、遏迦花等餘不淨物而為供養。如是六種，說名菩薩無染供養。又諸菩薩如是財敬廣大無染，供養如來及制多時，或自臂力所集財寶，或從他求所獲財寶，或得眾具自在財寶，能為如是種種供養已得眾具自在菩薩，化作化身，或一或二或復眾多，乃至百千俱胝等數，此一切身皆於如來及制多所，恭敬禮拜；復從如是一一化身化出多手，或百或千或過是數，此一切手皆持無量出過諸天上妙華香殊勝可愛種種珍寶，奉散如來及制多所；復從如是一切化身，化出無量上妙音聲，歌讚如來廣大甚深真實功德；復從如是一切化身，化出無量最上最妙環珊璩印寶莊嚴具，幢蓋幡燈種種供具，供養如來及以制多如是等類。已得眾具自在菩薩，所設供養皆屬自心，如是菩薩不更希求如來出世。何以故？由此菩薩已得證入不退轉地，一切佛土往來供養皆無礙故。又諸菩薩若無自力所集財寶，亦無從他求得財寶，及無菩薩所獲眾具自在財寶可設供養；然於所有或贍部洲，或四大洲，或千世界、二千世界，或復三千大千世界，乃至十方無邊無際諸世界中，下中上品供養如來一切供具，菩薩於彼以淨信俱勝解俱心，周遍思惟一切隨喜。如是菩薩少用功力而興無邊廣大供養，攝受菩提廣大資糧。菩薩於此恒常無間起真善心、起歡喜心，當勤修學。若諸菩薩少時少時須臾須臾，乃至下如搆牛乳頃，普於一切蠢動有情，修習慈悲喜捨俱心，

於一切行修無常想、無常苦想、苦無我想，於其涅槃修勝利想，於佛法僧波羅蜜多修習隨念，少時少時須臾須臾，於一切法發生少分下劣忍智，信解離言法性真如，起無分別無相心住，何況於此若過若增。如是守護菩薩所受尸羅律儀，於奢摩他、毗鉢舍那、菩提分法精勤修學，亦於一切波羅蜜多及諸攝事正勤修學，是名菩薩於如來所正行供養。如是供養為最第一、最上、最勝、最妙無上，如是供養，過前所說具一切種財敬供養，百倍千倍乃至鄔波尼殺曇倍。由此十相，應知是名具一切種供養如來。如供養佛，如是供養若法若僧，隨其所應當知亦爾。如是菩薩於三寶所，由十種相興供養時，應緣如來發起六種增上意樂：一者、無上大功德田增上意樂；二者、無上有大恩德增上意樂；三者、一切無足、二足及多足等有情中尊增上意樂；四者、猶如鄔曇妙華極難值遇增上意樂；五者、獨一出現三千大千世界增上意樂；六者、一切世出世間功德圓滿一切義依增上意樂。由是六種增上意樂，於如來所，若於如來法所、僧所，少分思惟而興供養，尚獲無量大功德果，何況其多。」見《大正藏》冊30，頁533；《丹珠爾》對勘本冊73，頁826。

❺佳節及大時會　佳節與重大節日。善慧摩尼大師提到，佳節指每個月的八日、十五日、三十日；重大節日指神變佳節、在四月十五日的三種重大節日、轉法輪的佳節、天降節等。夏日東活佛則未作如此區分。參見《洛桑諾布文集》冊2，頁440；《夏日東活佛文集》冊1，頁356。

🔵第五、少力圓滿資糧差別：復次，恆須受飲食故，爾時若能首先供養❶無間缺者，少用功力而能圓滿眾多資糧，故隨受用淨水以上，應以先首至心供養[1]。🔵恆供三寶，則得愍念相續無間❷。

🔵第六、不淨供養者：此復非以糕之瘀處、菜葉黃處，是須擇其妙者而供。又供茶❸時，現一切人，如洒揚塵，唯彈少許❹，

不成供養，是霞惹瓦語錄中出。❤**第七、於供養敬重之理**：譬如有一極肥沃田，至下種時而不下種，任其荒蕪，如是廢止，實生不忍。如是能生若現、若後一切善樂最勝福田，於其四季一切時中，常恆無間，堪種一切善樂種子。復應於此如經說云❺：「當以信犁，耕耘福田。」若未能作，至極堪惜。故如《讚應讚》云❻：「如❤薄伽梵尊之福❤德田，三世間❼非有，施處尊第一，是〔淨，❤有謂此以斷十不善之身語意三妙行為三種能淨，是《俱舍論》說❽。〕令座淨。❤此謂如大師坐於受供位次之中，因其悲心而淨信施，凡列座者皆得淨除信施罪過，或不染雜令淨。猶如虛空界，橫豎[2]無邊際，於尊為利害，❤二異熟❤亦無盡際。」❤**第八、捨庸常心勤供養者**：於最勝田，尚不見如庸俗之田，此是我等無賢善相，故一切時[3]，當勤精進供養三寶。❤**第九、如是供養，當得增上生及道等者**：若如是行，由於勝田種善根力，於諸道次，慧力增長。故於聽聞不能持文，思惟不能解義，修習相續不生，慧力至極微劣之時，依福田力，是要教授。❤師云：若有新衣及器皿等可意新物，當供三寶一日。如是亦如吉祥敬母[4]云❾：「❤由具[5]作詩❤等大〔福緣❿，❤如《三補止》云⓫：『自在及妙色，吉祥名稱智[6]，精進圓滿者，此六名福緣。』謂具六種福緣圓滿說為具緣。〕故[7]，我慧依於❤薄伽梵[8]尊⓬，如夏季江河，雖小極增長⓭。❤亦可解為『依於佛薄伽梵尊已，具足作詩等大福緣之我，慧如夏日之河，雖小亦增廣。』」

第十、供養大小等，是心差別之理：又如說云：供養亦復不賴其物，是在自信。若有信心，用曼陀羅❶及諸淨水，並無主攝諸供具等，皆可供養，無餘財物，應如是行。如現實有，而不能捨，遂云❶：「我無福德極貧窮，諸餘供財我悉無❶。」此如博朵瓦所說：諸生盲者，於一穢螺盃中[9]，略擲少許甘松，欺明眼者云：「栴檀冰片妙香水」❶。

語譯

第五科、以少許辛勞圓滿資糧的差別：另外，由於必須持續受用飲食，那時如果能不間斷地供養最新鮮的部分，就能以少許辛勞圓滿眾多資糧。因此從受用淨水起，任何物品最新鮮的部分，都應當發自內心供養。如果長期供養三寶，則能得到相續不斷的悲心眷顧。**第六科、不清淨的供養**：也不應取自如酪糕發青、菜葉發黃之處，而是必須取出最好的作供養。供茶時，凡是只供養少許茶的最新部分，就像彈落灰塵一般，這樣的供養並不算數。以上出自霞惹瓦大師的語錄。**第七科、對於供養心懷敬重的道理**：譬如有一處極其肥沃的田地，在播種的季節沒有下種，等同任其荒蕪，沒有人會忍心這麼棄置。同樣地，能夠生出今生後世所有安樂善妙的最勝妙的田地，在一年四季任何時候都可以持續不斷地播下安樂善妙的種子，在這樣的田地上，也應如經典所說：「要以信仰之犁，耕耘福田。」如果沒有這麼做，實在太可惜。因此如同《讚應讚》所說：「三界當中沒有與世尊您相等的福田，因為您是最殊勝的布施對象，是令同席者都能清淨的清淨者。有提到《俱舍論》中，將此處斷除十種不善的身語意三善行解釋為三種能淨。此處意指世尊如果坐在受供養的行列之中，藉由其悲心淨化信施，使得同席者都能淨除信施的過失，或讓他們清淨不染。如同天空的長與寬都無邊無際，同樣地，利益您與傷害您，二者的異熟果報也都沒有邊際。」

第八科、捨棄凡庸心而精進供養：對於最超勝的福田，居然看得比尋常的田還不如，這是說明我們沒有賢善的品行，因此任何時候都應當精進地供養三寶。**第九科、如此供養，能獲得增上生及道等**：如果這麼做，由於在殊妙的田中種下善根的力量，對於道次第，慧力會越來越強盛。所以，當聽聞卻無法記住詞句，思惟卻無法理解內涵，修持卻無法在心續中生起，慧力極其微弱之際，依靠福田的力量即是口訣。上師說如果得到新衣服、令人喜愛的嶄新器具等，應當供養三寶一日。上述內容也如吉祥敬母阿闍黎所說：「由於具有**創作詩文**等廣大的〔福緣，《三補止續》中說：『自在、美好的容貌、吉祥、名譽、智慧與精進皆圓滿，這六者名為福緣。』由於具有六種圓滿福緣，所以名為具緣。〕，因此，**我的智慧依靠世尊您，就像夏季的河流一般，即使微小也能拓展為極大。**」或是解釋為：「依靠佛陀世尊您，具有寫作詩文等廣大福緣的我，智慧即使如夏季的河流那樣微小，也能盛大地增長。」**第十科、供養的大小等等，在於內心的差別的道理**：如同有言：供養也不是靠著供品，而是在於自己的信心。如果具有信心，用曼達、清水，以及沒有歸屬的供品等，也都可以供養。因此如果沒有財物，應當這麼做。如果事實上擁有卻無法割捨，反而說：「我沒有福德，相當貧窮，其他供養的財物我是一點都沒有。」這種行為就像博朵瓦大師所說，一個天生眼盲者，在髒汙的貝殼碗裡放進些許甘香松，接著哄騙明眼人道：「栴檀、冰片及香水。」

[1]「至心供養」 果芒本原作「至剔供養」，拉寺本、雪本、哲霍本作「至心供養」。按，果芒本誤，今依拉寺等本改之。　[2]「豎」《四家合註》各本皆作「唇」，對勘本、法尊法師原譯作「豎」。按，依前後文義，「唇」（མཆུ）為「豎」（ཆུ）之訛字。
[3]「故一切時」 哲霍本作「故具地洞時」，誤。　[4]「吉祥敬母」《四家合註》各本原有一箋註「㊣先輩上師語教……以是不忍捨離」，然置此處前後文義不相連貫，今依如月格西所示改置284頁「造次亂言」後。　[5]「㊚由具」哲霍本作語註。
[6]「吉祥名稱智」 哲霍本作「吉祥數量智」。按，「數量」（གྲངས）應為「名稱」（གྲགས）之訛字。　[7]「故」 哲霍本作語註。　[8]「㊚薄伽梵」哲霍本作語註。
[9]「於一穢螺盃中」 拉寺本作「於一穢煙盃中」。按，青海本《廣論》亦作「於一穢螺盃中」，拉寺本「煙」（དུ）應為「螺」（དུ）之訛字。

❶ **首先供養** 此處「首先」藏文義為飲食最新的部分，亦即以最新鮮的部分供養。下文「應以先首至心供養」亦同。

❷ **恆供三寶則得愍念相續無間** 如月格西提到，此句意為透過供養而得佛菩薩恆時慈悲的眷顧。佛菩薩的大悲沒有親疏，外支已經具足，但是自己的內支也要具足，才是緣起之法。

❸ **茶** 藏文原為茶新、頭杯茶，指泡好的茶水中的第一杯茶。

❹ **如洒揚塵唯彈少許** 此句藏文直譯為「如同除垢唯供少許」。關於此句的解法，夏日東活佛提到，阿嘉永津認為如同彈去掉落在食物上的灰塵一般，僅以手指彈少許；阿莽班智達則認為如同供養茶新時，為了去除供杯的灰塵而用水清洗。善慧摩尼大師的說法與阿嘉永津相同。參見《阿嘉雍曾文集》冊上，頁78；《洛桑諾布文集》冊2，頁440；《夏日東文集》冊1，頁357。

❺ **如經說云** 引文出自《聖所問廣博仙人大乘經》。《聖所問廣博仙人大乘經》，寶積部經典，共2卷。漢譯本有元魏般若流支譯《毘耶娑問經》2卷；唐菩提流志譯《大寶積經‧廣博仙人會》1卷，共二種。大意為世尊與諸比丘在恆河岸上，廣博仙人與其同行五百仙人來拜見佛陀，並請問佛陀有關布施、施主等內涵。佛陀為他們宣說不清淨的布施、清淨布施等等。其次回答六道眾生投胎的差別，還有持鬘、四天、忉利三種天人生死時相。引文《毘耶娑問經》作：「生福處地，信心犁之。」《大寶積經‧廣博仙人會》作：「彼是福地，應以信心植諸善種。」見《大正藏》冊11，頁682；冊12，頁229；《甘珠爾》對勘本冊44，頁809。

❻ **《讚應讚》云** 引文見《丹珠爾》對勘本冊1，頁303。

❼ **三世間** 天上天界、地上人間、地下龍界。

❽ **《俱舍論》說** 相應段落參見陳真諦三藏譯《俱舍釋論》：「無學身口業，意應知次第，三車那」、「三淨」、「一切三善行。」唐玄奘大師譯《俱舍論本頌》：「無學身語業，即意三牟尼，三清淨應知，即諸三妙行。」見《大正藏》冊29，頁240、317；《丹珠爾》對勘本冊79，頁30。

❾ **吉祥敬母云** 吉祥敬母，馬鳴菩薩的異名。尊敬馬鳴菩薩，故稱吉祥；因馬鳴菩薩恭敬承事其母親，故名敬母。引文出自《讚應讚》。見《丹珠爾》對勘本冊1，頁304。

❿ **福緣** 法尊法師原譯作「善根」，今據藏文改譯。

⓫ **《三補止》云** 《三補止》，續部經典、勝樂與喜金剛共通的釋續，全名《正相合大怛特羅》，又名《相合明點》，加其《後續》共11品，尚無漢譯。經查證《三補止》中並無此頌文，但有相應的散文。另在《吉祥一切如來秘密大瑜伽平等無二怛特羅王金剛吉祥大勝儀軌第一》尋得此頌文。參見《宗喀巴文集》冊6，頁14。引文見《甘珠爾》對勘本冊79，頁236；冊82，頁539。

⓬ **我慧依於尊** 法尊法師原譯作「我慧依尊故」，為配合箋註，故改譯。

⓭ **雖小極增長** 在此頌之中，未明確標出「具足福緣」與「我慧依於尊而增長」這兩者之間的因果關係為何，若配合偈文的箋註，則為由於我具足大福緣，所以我之智慧依於世尊而得增長；若依後面巴註的重新解釋，則為由於依於世尊，具足福緣的我，智慧得以增長。因果的角度略有不同。夏日東活佛提到：馬鳴菩薩透由《百五十頌》讚歎三寶，所以在今生就感得對於詩詞的智慧極為增長廣大。參見《夏日東文集》冊1，頁359。

⓮ **曼陀羅** 梵語maṇḍala音譯，義為壇場、壇城，或譯為曼遮、曼荼羅。指佛陀為主尊，有菩薩等眷屬圍繞的道場。依據宗喀巴大師所造《勝樂略續廣釋·普顯隱義》中提到，曼陀羅，為「曼陀羅帝」的簡稱，有執取心要之義；「曼陀」含有心要的意思，「羅帝」含有執取的意思。透過供養情器世間而獲得廣大福德資糧及殊勝證德的心要，故曼陀羅可直譯為執取心要。參見《宗喀巴文集》冊6，頁61。

⓯ **遂云** 法尊法師原譯作「作是念云」，今據藏文改譯。

⓰ **我無福德極貧窮諸餘供財我悉無** 此偈出自《入行論》。如石法師譯《入菩薩行·懺悔罪業品》作：「福薄我貧窮，無餘堪供財。」見《入菩薩行》，頁11；《丹珠爾》對勘本冊61，頁956。

⓱ **此如博朵瓦所說諸生盲者於一穢螺盃中略擲少許甘松欺明眼者云栴檀冰片妙香水** 法尊法師原譯作「等同博朵瓦云：於一穢螺盃中，略擲少許香草，念云：『栴檀冰片妙香水』，是諸生盲欺明眼者」，今據藏文改譯。甘松，別

名甘香松，敗醬科開花植物，盛產於喜馬拉雅山一帶，漢藏印傳統醫方引為藥用。全株有松脂氣味，根部尤然，練成精油，用作香料。藏香原料亦多有之。

第十一、隨學先德供物無諂之理者：又如樸窮瓦云：「我於最初供養甘松❶，其氣辛辣；次有〔四合，四種香合聚也。〕〔長香，線香之名也。〕供養，其氣甘美；現在供養，若沈水香，嘟嚕迦❷等，其氣香馥。」若於微供輕而弗供，則永生中終是唯爾。若縱微少，發起殷重，漸得上妙，應如此師行持修學。傳說此師每配一次，須用二十二兩金之香。第十二、以得自在者供養之理為不應滿足之喻，破除不清淨說法者：若諸已得資具自在獲得初地以上大菩薩眾，尚化其身為多俱胝❸，於一一身，復各化現百千等手，往一切剎，經無量劫❹，供養諸佛。諸由少許相似功德，便生喜足，云「我不於此上希菩提者」，是於正法極少知解，造次亂言。先輩上師語教中云：「『我不於此上希菩提』者，謂噶當派方興之時，或念此外更有甚深修法而略有微詞，已而心為道次所動，其說便息[1]。故轉心之法無如熱振[2]道次第者，以是不忍捨離[3]。」第十三、以餘物供養之理者：以是應如《寶雲經》中所說❺而行，如云：「應當聽聞諸契經中，所有如是天所廣大供養，人之廣大承事[4]，由其最勝真實善心增上意樂，迴向諸佛及諸菩薩❻。」

皈依三寶

第十一科、效學先賢供品沒有諂誑的道理：如同樸穹瓦大師曾說：「我最初是供養氣味辛辣刺鼻的甘香松，之後便能供養氣味香甜，以四種香合成的四合〔長香，是線香的名稱。〕；而今則是供養香氣濃郁的水沉香、嘟嚕迦香等。」如果輕視微小的供品而不供養，那麼終其一生都會如此；如果從微小的開始生起殷重之心，則會漸入佳境，因此應當效學這位祖師的做法。傳聞他每次供養，都要調配二十二兩黃金的香。**第十二科、用獲得自在者的供養方式作為不應滿足的範例，以破除不清淨的說法**：已經獲得資財自在、獲證初地以上的大菩薩，尚且會變化出數十萬個身軀，每個身體又各變出成百上千的手，到所有的剎土，經歷多劫供養諸佛。那些僅以少許相似的功德就滿足的人聲稱：「我不會從這方面指望菩提。」這是對正法的體會極為淺薄的胡言亂語。先輩祖師開示中曾提到：「所謂『我不會從這方面指望菩提』，是指噶當派剛開始傳揚時，有人心想：『在此之外另有深奧的修行！』而略作非難。其後道次第深植其心時，這樣的議論就不再出現。因此沒有比熱振的道次第法更能轉變內心，所以心中不忍割捨。」**第十三科、以其他物品供養的方式**：因此應當如《寶雲經》中所說而行持，其中說道：「應當聽聞眾多經典中所提到所有天神廣大的供養及人們廣大的侍奉，並且以最殊勝的增上意樂，發自內心將這些迴向諸佛菩薩。」

[1]「其說便息」 拉寺本、雪本、哲霍本作「除此說外更不見他」。 [2]「熱振」 拉寺本作「熱巴振」，誤。 [3]「⬚先輩上師語教……以是不忍捨離」 四家合註各本原置於279頁「吉祥敬母」之後，然置彼處前後文義不相連貫，今依如月格西所示改置此處。 [4]「⬚人之廣大承事」 拉寺本作「⬚人所廣大承事」。

285

❶ **甘松** 法尊法師原譯作「香草」，今據藏文改譯。

❷ **嘟嚕迦** 梵語turuṣka音譯，一種香草名。又名窣魯迦香、杜若香、安春香、懷香。而阿嘉永津與夏日東活佛則說，賢劫海大師認為此處嘟嚕迦即黑沉香，一般而言通指沉香；另有一說認為嘟嚕迦是一種民族的名稱，當地出產的白色香，即以地名作為香名而稱為嘟嚕迦。阿嘉永津提到另一說法，認為嘟嚕迦是一種樹上流下來的物質，具有香味，在寫法上也有所不同。參見《阿嘉雍曾文集》冊上，頁78；《夏日東文集》冊1，頁359；《藏漢大辭典》，頁1258。

❸ **俱胝** 藏文意為「十萬」。俱胝有十萬、百萬、千萬之義，藏文典籍之中多指千萬，法尊法師此處雖譯作俱胝，然依藏文應取十萬之義。

❹ **無量劫** 藏文原文為「眾多劫」。

❺ **《寶雲經》中所說** 引文宋法護譯《除蓋障菩薩所問經》作：「又於佛說廣大甚深經中諸供養法，聽已深心而生信樂，以此善根迴向諸佛菩薩。」梁扶南三藏曼陀羅仙譯《寶雲經》作：「於修多羅經中讚歎供養三寶之處深生隨喜，十方世界一切菩薩及諸眾生，若起一念善根，身心隨喜悉皆迴向。」梁扶南三藏曼陀羅仙共僧伽婆羅譯《大乘寶雲經》作：「又，諸經中所聞種種供養之具勝妙殊特，以內深心皆悉迴向十方世界諸佛世尊、一切菩薩、一切眾生。」唐達摩流支譯《佛說寶雨經》作：「菩薩又於素怛纜中所有廣大承事供養，聞已起於淨信樂心，迴此供養一切諸佛及諸菩薩。」見《大正藏》冊14，頁714；冊16，頁217、250、292；《甘珠爾》對勘本冊64，頁67。

❻ **由其最勝真實善心增上意樂迴向諸佛及諸菩薩** 藏文直譯為「由其最勝增上意樂，至心迴向諸佛及諸菩薩」。

第三、隨念悲故，亦應安立餘❶諸眾生於是道理者：謂由悲愍隨能安立諸餘有情令受皈依。

第四、隨作何事，有何所須，皆當供養啟白三寶，棄捨世間諸餘方便者：謂隨作為何種所作，隨見何等所須❷，應依三寶及興隨順三寶供養❸，於一切種不應依止不順三寶邪道等儀❹，一切時中應當至心歸憑三寶。⸢語⸥此派先覺諸師語教中說：「格西敦巴圓寂前二月[1]，一夜，住於房內，時院落中有一僧病，人為之經懺，越次而誦，敦巴誡云：「此皆非善！我等應如何行除病法事等，密咒之中於其方便無不盡言。唯今無阿闍黎爾。」說已，令悉禁之[2]。謂凡事皆當供養三寶、承事僧眾、誦甚深經、放焰口朵瑪❺、布施擦擦❻等。一切契經皆應如其品目次第而誦，不得混亂。如是密咒[3]，不可隨意為人道之，須是殊勝時、地及補特伽羅。」

語 譯

第三科、憶念悲心，因此也安置其他眾生於這樣的道理：是指懷著悲憫，盡力將其他有情安置於皈依。

第四科、做任何事、有任何需要時，都先供養而祈求三寶，並且捨棄其他世間的方法：是指無論做任何事、看到任何需要，都要依靠三寶，以及進行與依靠三寶相符順的供養三寶等事；任何狀況下，都不容許依止與依靠三寶不相符順的苯教等等。因此，任何時候都應當歸信三寶。本派先輩上師們的語教中提到：「在格西敦巴圓寂前兩個月，有一晚住在房中。那時在院落裡有一位僧人患病，在為他經懺時，發生不照順序而跳著唸誦的情形，種敦巴尊者親口說：『這些做法都不好！我們應該如何照顧病患等等，所有做法，在密續當中沒有一件是沒提到的。現在是沒有阿闍黎！』說完便徹底禁止此事。這是指凡事都要先供養三寶、侍奉僧眾、宣講甚深經典、施放焰口朵瑪、布施擦擦等。所有經典都要依照章節順序而誦讀，不可胡

亂唸誦等，不允許混亂而行。這些密法並非對任何人都可以透露，必須是時間、地點以及補特
伽羅都相當殊勝才行。」

[1]「格西敦巴圓寂前二月」 拉寺本作「格西敦巴二月至九月」。 [2]「令悉禁之」
拉寺本作「令為禁之」。按，「為」(ᠩ5) 為「悉」(ᠵ5) 之訛字。 [3]「如是密咒」 拉
寺本作「如是咒」。

❶ 餘 福智之聲2003、2010年版《廣論》作「於」，今據藏文及漢藏教理院叢書
1942年版《廣論》，改回原譯。

❷ 所須 法尊法師原譯作「緊要重事」，今據藏文改譯。

❸ 應依三寶及興隨順三寶供養 藏文意為「應當依止三寶，並做隨順依止三寶
的供養三寶等事」。

❹ 邪道等儀 藏文直譯為苯教等，無「儀」字。

❺ 放焰口朵瑪 焰口，係一位餓鬼女王，口出火焰，形貌醜惡，有病主、疫主等
千萬部多眷屬。焰口朵瑪，為向焰口供施的食子。此施食儀軌源於經中提到，
阿難尊者修習禪定之時，焰口前來告知尊者將有壽難，須施食予十萬俱胝那
由他恆河沙數餓鬼，並使十萬婆羅門仙人得到飽足，又用她的名義供養三寶，
尊者方能脫此壽難。尊者感到驚怖，急向世尊求救，世尊即垂示陀羅尼咒，並
分別開示依此神咒施餓鬼食、飽足眾仙、供養三寶的儀軌及修此法的眾多利
益。此經的漢譯本有唐不空三藏譯《佛說救拔焰口餓鬼陀羅尼經》；唐實叉難
陀譯《佛說救面然餓鬼陀羅尼神呪經》。許多印度、西藏、漢地的大德皆據此
經而造施食儀軌。參見《大正藏》冊21，頁464、465；《甘珠爾》對勘本冊
91，頁475、484；《第四世班禪文集》冊4，頁572。

❻ 擦擦 藏文ᚠᚠ音譯，究敦譯師 (ᠷᠩᠠᠰᠠᠠᠨ) 認為係由梵語Sacchāya一詞訛變

而成。指用模型印造的小泥像或小泥塔，原意「仿製」。擦擦是代表佛的身、語、意之所依。參見《貢德大辭典》冊3，頁480。

第五、由知勝利，晝三夜三勤修皈依，分二：¯`《攝分》所出勝利❶；¯`教授所出勝利。

初中有二四聚：初四聚中，¯`獲廣大福者❷**：如《無死鼓音陀羅尼》云❸：「佛世尊難思❹，正法亦難思，聖僧不思議，諸信不思議，異熟亦難思。」《攝波羅蜜多論》亦云❺：「皈依福有色，三界器猶狹，如大海水藏，非握❻能測量[1]。」**¯`獲大歡喜❼ 者：如《念集》中云❽：「若諸日夜中，能隨念諸佛，正皈依佛者，此是⑫善獲[2]人⑫中最勝[3]所得❾。」於餘二寶亦如是說。「我今獲得依止如是三寶皈宿，是為善得。」作意思惟，增長歡喜。**¯`獲三摩地；¯`獲大清淨者**：謂由等持及以慧學而得解脫。

第五科、了解利益後，應當白天三次、晚間三次皈依，分為二科：¯`出自於《攝分》的利益；¯`出自於口訣的利益。

第一科分為兩組四法：第一組四法中，¯`獲得廣大的福德：如同《無死鼓音陀羅尼經》所說：「佛陀世尊不可思議，正法也不可思議，聖者

僧伽不可思議。深信此不可思議的人們，其異熟果不可思議。」《攝波羅蜜多論》中也說：「如果皈依的福德具有形體，即使以整個三界作為容器也太狹小，好比汪洋大海的水量，其他人無法用手捧來測量。」^{二、}**獲得歡喜與最殊勝的歡喜**：如同《念集》中說道：「誰能日日夜夜憶念並且皈依佛陀，這些便是完美地獲得人們最超勝的收穫。」這裡也結合了其他二寶而宣說。如上所述而心想：「有幸得以依靠這樣的三皈依處，我真是完美地得到了收穫。」歡喜心會越來越增長。^{三、}**獲得三摩地與^{四、}獲得清淨**：是藉由定學及慧學而解脫。

[1]「非握能測量」 果芒本原作「非餘能握量」，拉寺本、雪本、哲霍本、單註本、法尊法師原譯作「非握能測量」。 [2]「^❷善獲」 果芒本原作語註，拉寺本、雪本作巴註，哲霍本未標作者。按，此註古本皆作巴註，且風格亦類巴註，故依拉寺等本改之。 [3]「^❷中最勝」 果芒本原作語註，拉寺本、雪本作巴註，哲霍本未標作者。按，此註古本皆作巴註，且風格亦類巴註，故依拉寺等本改之。

❶ ^一《攝分》所出勝利 此中之小數字於福智之聲出版社2003、2010年版《廣論》皆如原文作大字，然查藏文並無此字，且於《四家合註》原文中亦無數字，蓋法尊法師為令讀者易於閱讀，故增之，然實非原文，故改作小字。下文亦同。相應段落參見唐玄奘大師譯《瑜伽師地論》：「受歸依者獲四功德：一、獲廣大福；二、獲大歡喜；三、獲三摩地；四、獲大清淨。復獲四德：一、大護圓滿；二、於一切種邪信解障，皆得輕微或永滅盡；三、得入聰叡正行正至善士眾中，所謂大師同梵行者；四、為於聖教淨信諸天歡喜愛念，謂彼天眾心生歡喜唱如是言：『我等成就三歸依故，從彼處沒來生此間，是諸人等今既成就多住歸依，亦當來我眾同分中。』」見《大正藏》冊30，頁653；《丹珠爾》對勘本冊74，頁448。

❷ 一獲廣大福者　此中之小數字於福智之聲出版社2003、2010年版《廣論》皆如原文作大字，然查藏文並無此字，且於《四家合註》原文中亦無數字，蓋法尊法師為令讀者易於閱讀，故增之，然實非原文，故改作小字。下文及「第二四聚」、「教授所出勝利」之數字亦同。

❸《無死鼓音陀羅尼》云　《無死鼓音陀羅尼》，續部經典，全名《聖無量壽智心陀羅尼》。漢譯本有《阿彌陀鼓音聲王陀羅尼經》1卷。此經因緣為釋尊先為五百比丘宣說西方極樂世界無量壽佛的居處、父母、眷屬、弟子等，然後宣說若能修持無死鼓音陀羅尼十日，必能轉生極樂世界，又說稱念無量壽佛洪名的種種利益。引文《阿彌陀鼓音聲王陀羅尼經》作：「所有佛法不可思議；神通現化，種種方便不可思議；若有能信如是之事，當知是人不可思議；所得業報亦不可思議。」見《大正藏》冊12，頁352；《甘珠爾》對勘本冊91，頁809。

❹ 難思　又作不可思議、難可思議、不思議、難思議。夏日東活佛解為「無法以有情的心如實推知」。參見《夏日東文集》冊1，頁362。

❺《攝波羅蜜多論》亦云　《攝波羅蜜多論》，中觀部論典，又名《波羅蜜多集》，共9品，聖勇菩薩著，尚無漢譯。此論為偈頌體，主要闡述大乘行者如何修行三皈依及六波羅蜜多的內涵。引文見《丹珠爾》對勘本冊64，頁1585。

❻ 握　量詞，一勺、一掬。

❼ 獲大歡喜　藏文原意為「獲得歡喜及最勝歡喜」。法尊法師譯文係依玄奘大師譯《瑜伽師地論》文譯出，故未譯出「歡喜」。

❽《念集》中云　《念集》出自於《集法句》。引文吳維祇難等譯《法句經・惟念品》及晉法炬共法立譯《法句譬喻經・惟念品》皆作：「夫人得善利，乃來自歸佛，是故當晝夜，常念佛法眾。」姚秦竺佛念譯《出曜經・惟念品》作：「夫人得善利，乃來自歸佛，是故當晝夜，一心當念佛。」天息災譯《法集要頌經・憶念品》作：「若人得善利，而來自歸佛，是故當晝夜，一心常念佛。」見《大正藏》冊4，頁561、581、701、784；《丹珠爾》對勘本冊83，頁35。

❾ 所得　慧鎧論師《集法句釋》提到：「所得，此謂獲得所求殊勝事物。此復四種：福德、廣大殊勝歡喜、三摩地、清淨體性。此中獲得福德，謂令他世饒益於己，出生圓滿眷屬；獲得廣大歡喜與三摩地二者，謂令圓滿現法樂住；獲得清淨，謂令永盡一切痛苦。」參見《丹珠爾》對勘本冊83，頁556。

第二四聚中，⼀`具大守護者：至下當說。⼆`於一切種邪勝解障皆得輕微或永滅盡❶者：謂由信解，皈依惡師、惡法、惡友增上力故，造諸惡業，皆得輕微，當得清淨。三`得墮入正行正至善士數中；四`為其大師、同梵行者，及於聖教淨信諸天愛念歡喜者❷：謂得趣入善士數中，為大師等之所喜樂。諸天如何歡喜者，謂作是念❸：「㊣昔時我等由其成就皈依，從彼㊣前世處㊣所沒來生此㊣天眾間。㊣於某處所是諸人等，今既成就、多住㊣如是皈依[1]，㊣彼補特伽羅亦當㊣從彼歿已生此天界，來我眾同分中❹。」由是心喜特為讚歎❺。

第二組四法中，⼀`擁有強大的守護：會在下文宣說。⼆`所有顛倒信解的障礙都得以削弱、消滅、盡除：是指經由信解而皈依惡師、惡法、惡友所累積的惡業，都將減弱及淨化。三`能躋身於正確地邁向殊勝的殊勝士夫當中；四`導師世尊與同梵行者，以及喜愛聖教的天神們都會悅意歡喜：這是指進入殊勝士夫的行列，令導師世尊等歡喜。天神如何歡喜呢？他們會心想：「昔日，我們因為具有皈依，所以從前世所居之處那裡過世之後，轉生到這些天神之中；而今在某處的某人同樣具有並且多次安住這樣的皈依。因此，某某補特伽羅，他從那裡過世之後，將會轉生到這裡的天神之中，成為我們的友伴。」心生歡喜而特為讚歎宣揚。

[1]「多住皈依」 單註本作「住多利益皈依」。按，除單註本外，他本及《瑜伽師地論》漢藏兩種譯本皆無「利益」之意，「多利益」（བའ་མང་）與「多」（འབ་མང་）形近，故疑單註本誤。

❶ **輕微或永滅盡** 善慧摩尼大師提到，輕微、永滅、永盡依次是弱、中、強三種程度的滅除。夏日東活佛提到，輕微指減弱，永滅指淨化，永盡指毫無遺留地淨化。參見《洛桑諾布文集》冊2，頁441；《夏日東文集》冊1，頁362。

❷ **得墮入正行正至善士數中為其大師同梵行者及於聖教淨信諸天愛念歡喜者** 《瑜伽師地論》漢藏兩種譯本對於三、四科的分法略有不同。玄奘大師譯本作：「三、得入聰叡正行正至善士眾中，所謂大師同梵行者；四、為於聖教淨信諸天歡喜愛念。」藏譯本則作：「得墮入正行正至善士數中；為其大師諸同梵行者，及於聖教淨信諸天愛念歡喜者。」宗大師在此處，則將三、四科合併作解釋。參見《大正藏》冊30，頁653；《丹珠爾》對勘本冊74，頁448。

❸ **謂作是念** 法尊法師原譯作「謂彼歡喜唱如是言」，今據藏文改譯，並依藏文將「歡喜唱如是言」之義，移至本段之末。

❹ **來我眾同分中** 藏文直譯為「來做我等友伴」，法尊法師係依玄奘大師譯《瑜伽師地論》文譯出。

❺ **由是心喜特為讚歎** 法尊法師原譯無此句，今依藏文將法尊法師原譯「歡喜唱如是言」之義，移至於此。

教授所出勝利， ^妙**分二：一˴正說；二˴破除非清淨說**[1]**。初中分八：一˴得入內道佛弟子者：總有多種建立內外差別道理，**

^❷由見解門而分辨者❶，謂內道諸部，依四法印❷ 而許無我，他部反此^[2]。由行持門而分辨者，謂內道諸部如佛開遮而取進止，他部則依於貪著無厭^[3]與苦行二邊。**然共稱許❸**，覺窩與寂靜論師❹ 以有皈依而為判別，謂得皈依，乃至未捨。是故最初入佛弟子者，須由至心於三寶所受為大師等，此若無者，任作何善，皆不能入佛弟子數。^二**成一切律儀所依處者**：《俱舍釋》云❺：「受皈依者，是_{正受一切}^❷內道律儀^❷最初趣入之門。」《皈依七十論》亦云❻：「^❷受持三皈之具近事^❷名者❼，皈三寶^❷尊，此是八^❷種別解脫律❽ ^❷之本。」此中意趣，謂由皈依而能堅固涅槃意樂❾，從此意樂律儀發生。^三**先集業障輕微、滅盡者**：《集學論》中❿ 顯示皈依能淨罪時，說云：「此中應以生豬因緣而為譬喻。」謂有天子當生豬中，由皈依故，即未生彼，是由皈依能淨當生惡趣因故。^善《豬因緣經》云⓫：三十三天⓬ 有一天子，花飾萎等諸死相現，復知死後當生王舍城^[4]⓭ 內豬頭食肉鬼⓮ 母胎中，遂慟呼云：「嗟吁！三十三天！」悲痛難忍。帝釋⓯ 見而問之，具答如前。帝釋深憫，乃囑之曰^[5]：「別無他策，當依三寶！」天子遵行，死已即生兜率天⓰ 中。帝釋觀其生處，自三十三天以下，皆不見之，而法爾⓱ 不見上界，故問世尊彼生何處。答曰：兜率。帝釋甚覺稀有，遂說「若有皈依佛」諸偈。「若有皈依佛⓲，彼不往惡趣，捨棄人身已^[6]，彼當得天身。^❷若有皈依法⓳」云云，及「若有皈依僧⓴」，於法及僧亦如是說。故先集罪，有者輕微，有者罄盡㉑。^四**積廣大福者**，如前所說。^五**不墮惡趣**，由前應知。

語 譯

出自於口訣的利益，分為二科：㈠正說；㈡去除不清淨的觀點。第一科分為八科：㈠進入內道佛弟子的行列：一般而言，雖然可見到許多安立內外道的方式，從見地的角度區分，內道各部派依著四法印而主張無我，其他部派與此相反；從行持的角度區分，內道部派以佛陀的開遮作為取捨，其他部派則是依循縱情享樂與艱辛困苦兩種極端。然而普遍認為阿底峽尊者與寂靜論師是以皈依作區分，因此應當以獲得皈依而不捨棄來安立。所以最初要進入佛弟子的行列中，必須發自內心將三寶執為導師等；如果沒有這麼做，無論做任何善行，都不會進入佛弟子的行列。**㈡能成為一切律儀的所依**：《俱舍釋》中說道：「皈依是所有清淨受持內道律儀最初進入的門徑。」《皈依七十論》中也說：「受持三皈依、具有近事之名的人皈依三寶，這是八種別解脫律儀的根本。」這是意指藉由皈依來穩固涅槃的意樂，由此而生起律儀。**㈢往昔積累的眾多業障得以削弱、滅盡**：《集學論》在說明藉由皈依能淨化惡業時提到：「此處應當以豬的因緣作為譬喻。」如將要投生為豬的天子，由於皈依而沒有投生其中，是透過皈依而淨化了惡趣之因。

《豬因緣經》中記載，有一位三十三天的天子出現花飾凋萎等死兆，並且曉得死後將投生到王舍城的豬頭食肉女鬼的胎中，因而哀慟地喊道：「啊，三十三天哪！」痛苦得無法忍受。帝釋天見狀而詢問此事，於是稟告了上述原委。帝釋天聽了，心生深切的憐憫而囑咐道：「沒有其他辦法了，皈依三寶吧！」那位天子照著去做，於是死後投生兜率天。帝釋天觀察他死後投生何處，未見他投生到三十三天以下，基於自然法則又無法了知上界，因此請問佛陀他投生何處。佛陀答道：「投生兜率天了。」帝釋天聽了感到稀奇，而說了「有誰皈依了佛陀」等偈頌。

「有誰皈依了佛陀，他們就不會趣向惡趣。當捨棄了人的身軀，他們將會獲得天神之身。有誰皈依了正法……」以及「有誰皈依了僧伽」，對正法及僧伽也同樣這麼宣說。因此，往昔積累的惡業，有些會削弱，有些則會消滅。**㈣累積廣大的福德**，如同前文所說。**㈤不墮入惡趣**，也應當透過前文而了知。

[1]「破除非清淨說」 按,妙音笑大師雖將此科作「教授所出勝利」之第二子科,然詳讀論文,實未見相應正文。後文雖有「第二、破除非清淨說」之科判及正文,然非此「教授所出勝利」之範圍,故此科內容有待商榷。 [2]「他部反此」 拉寺本作「他部反此故」。按,此句應為直述內外道見解之異,非以「他部反此」為由立「由行持門而分辨者」,亦非立「由見解門而分辨者」,故拉寺本誤。 [3]「貪著無厭」 果芒本原作「貪欲乞食」,拉寺本作「貪著無厭」。按,依前後文意,此處應做「貪著無厭」,故依拉寺本改之。 [4]「復知死後當生王舍城」 拉寺本、雪本、哲霍本作「復知死後亦當生王舍城」。 [5]「乃囑之曰」 拉寺本作「乃分之曰」。按,「分」( ) 為「囑」(ཟློས) 之訛字。 [6]「捨棄人身已」 拉寺本作「棄此人身已」。

❶由見解門而分辨者 夏日東活佛提到,有人認為聲聞部派中的犢子部,承許不可說的補特伽羅我,所以從見解門中是外道;三世章嘉所著《宗義須彌莊嚴》也說,犢子部從見解門而言是外道,從皈依門而言是內道;二世妙音笑大師所著《宗義寶鬘》則提到,犢子部所承許的我,是指獨立自主實有的補特伽羅我,而四法印當中的無我,是指常一自主空的無我,而包含犢子部在內的正量五部都承許常一自主空的無我,所以就算從見解門判內外道,他們也都可以是內道。參見《夏日東文集》冊1,頁363。

❷四法印 諸行無常、有漏皆苦、諸法無我、涅槃寂靜四種法印,以此分判印證內道宗義與外道宗義見解的差別。如月格西提到,古代官府公文蓋了官印,百姓不可隨意撕毀。同樣地,佛陀宣說了這四種見解,內道佛弟子也不可任意毀壞逾越,所以稱這四者為四法印。

❸然共稱許 夏日東活佛認為,此處宗喀巴大師之所以用了「稱許」一語,係因雖然在許多語錄中都有提到阿底峽尊者與寂靜論師都承許由有無皈依判別內外道,但是在這兩位大德的著作中沒有看見這樣的說法,所以才用此詞。參見《夏日東文集》冊1,頁365。

❹**寂靜論師** 阿底峽尊者的主要上師之一（約公元10世紀），梵語Śāntipa（ཤཱནྟི་ པ）義譯，又名寶作寂、寶源寂靜（Ratnākaraśānti）、響底巴。師為婆羅門種姓，在摩羯陀國提婆波羅國王（Devapāla）執政時，入佛門出家，博通五明，德名遍揚。曾應斯里蘭卡（Śrīlaṅkā）王迎請渡海至該國。當時全國臣民聽到論師將至，便在海邊等待七天，並將海邊到國內的路途徹底清掃，沿路旗幟飄揚，國王也做了廣大供養。師百歲時，其弟子多希巴大師（Kotalipa）十二年間勤修無分別法，獲得大手印的成就，安住在原始法性中。帝釋天等想迎請他到三十三天，多希巴大師說：「我要去禮拜上師響底巴大師，就算如今我已成佛，上師的恩德依然浩瀚無盡。」即以神通剎那間來到需六個月路程的衛帳系拉晉見響底巴大師，並供養自所證得的一切教授，大師修習十二年後也獲得了大手印的成就。參見《貢德大辭典》冊4，頁286。

❺**《俱舍釋》云** 引文陳真諦三藏譯《俱舍釋論》作：「是故信受歸依行，於一切受護為入門。」唐玄奘大師譯《俱舍論》作：「是故歸依普於一切受律儀處為方便門。」見《大正藏》冊29，頁233、77；《丹珠爾》對勘本冊79，頁454。

❻**《皈依七十論》亦云** 引文見《丹珠爾》對勘本冊65，頁685。

❼**受持三皈之具近事名者** 一種近事。近事，又名近善，指承許守護居士戒的男居士，又名近善男、鄔波索迦。由於親近承事善法，故名近善。一般而言，近事必須受持居士戒，如果僅僅受持皈依而沒有受持居士戒，則僅僅具足近事的名稱，所以稱為受持三皈之具近事名者。

❽**八種別解脫律** 別解脫，為別別解脫的略稱。宗喀巴大師所著《律海心要》中說：「出離心為因，遮損他及依。此復有承許，有色身語業，許相續斷心，及斷心種子。」以出離心為因，承許遮止以身語損害他有情，以及損害有情的所依，如飲酒、非時食等的欲界所攝戒體，即是別別解脫戒。有部及中觀應成派承許別解脫戒為有色的身語業，經部宗、唯識宗及中觀自續派承許別解脫戒為相續的能斷心或能斷心的種子。別別解脫有三種解釋：第一，「別別」在梵語有最初之義，由於最初得別解脫戒才從非戒解脫，所以名為最初解脫；第二，持別解脫戒者才能獲得解脫，因此名為別別解脫；第三，「別別」在梵語中有方便之義，由於別解脫戒是解脫的方便，因此稱為解脫方便。八種別解脫律分別為：比丘戒、比丘尼戒、正學女戒、沙彌戒、沙彌尼戒、優婆塞戒、優婆夷

戒、近住戒。參見《宗喀巴文集》冊2，頁286。

❾ **涅槃意樂**　善慧摩尼大師與夏日東活佛解釋為「欲求解脫與想要斷除輪迴的心」。參見《洛桑諾布文集》冊2，頁442；《夏日東文集》冊1，頁366。

❿ **《集學論》中**　《集學論》，中觀部論典，共14卷，18品，寂天菩薩著。漢譯有宋法護共日稱等譯《大乘集菩薩學論》25卷，然署名為法稱菩薩（dharmakīrttiḥ）著。本論將菩薩所應恆常修學、行持的內容，歸納為對身、受用、善根三者各修施捨、守護、清淨、增長四事等十二門，並引述大量經典而廣為開示。引文《大乘集菩薩學論·清淨品》作：「故諸緣起中釋云。」見《大正藏》冊32，頁110；《丹珠爾》對勘本冊64，頁1242。

⓫ **《豬因緣經》云**　《豬因緣經》，經集部經典，又名《母豬因緣經》，共1卷。漢譯本有宋法天譯《佛說嗟韈曩法天子受三歸依獲免惡道經》1卷。此經其因緣為佛世時有一忉利天天子將投生為豬，心生恐懼，於是帝釋天為他傳授三皈依，此天子因皈依的力量，死後投生兜率天。此段是取經文大意，非錄原文，相應段落參見《大正藏》冊15，頁129；《甘珠爾》對勘本冊75，頁790。

⓬ **三十三天**　見前頁137註4。

⓭ **王舍城**　頻婆娑羅王時期摩羯陀國的首都，梵語Rājagṛha及藏語རྒྱལ་པོའི་ཁབ義譯，又名曷羅闍姞利呬、羅閱祇、王舍國。舊址位於恆河中游巴特那市（Paṭanā）南側比哈爾（Bihār）地方之拉查基爾（Rājgīr）。為頻婆娑羅王（Bimbisāra）、阿闍世王等在位時的首都，也是佛陀弘法傳教的中心地之一。此城附近有靈鷲山（Gṛdhrakūṭa）、竹林精舍等聖地，並有佛陀降伏醉象塔、阿難半身舍利塔、阿育王石柱等佛教遺跡。相傳佛陀入滅以後，第一次結集在此城舉行。阿育王時將摩羯陀國首都移至華氏城。參見《佛光大辭典》冊3，頁1975。

⓮ **豬頭食肉鬼**　夏日東活佛認為經典與《廣論》都提到這位天人原本即將投生為豬，所以註文解為投生豬頭女食肉鬼胎中，應屬訛誤。參見《夏日東文集》冊1，頁366。

⓯ **帝釋**　三十三天的天主。又名憍尸迦、因陀羅、釋提桓因。

⓰ **兜率天**　見前頁137註4。

⓱ **法爾**　指常規的狀態、自然的法則。

⓲ 若有皈依佛 引文出自《集學論·淨罪品》。宋法護共日稱等譯《大乘集菩薩學論·清淨品》作：「若能歸依佛者不墮惡道，捨此人身得生天趣。」此文係《集學論》引自《母豬因緣經》，宋法天譯《佛說嗟韈曩法天子受三歸依獲免惡道經》作：「若歸依於佛，彼不墮惡道，棄捨人身已，當獲得天身。」見《大正藏》冊32，頁110；冊15，頁130；《丹珠爾》對勘本冊64，頁1242；《甘珠爾》對勘本冊75，頁793。

⓳ 若有皈依法 引文出自《母豬因緣經》。宋法天譯《佛說嗟韈曩法天子受三歸依獲免惡道經》作：「若歸依於法，彼不墮惡道，棄捨人身已，當獲得天身。」見《大正藏》冊15，頁130；《甘珠爾》對勘本冊75，頁793。

⓴ 若有皈依僧 引文出自《母豬因緣經》。宋法天譯《佛說嗟韈曩法天子受三歸依獲免惡道經》作：「若歸依於僧，彼不墮惡道，棄捨人身已，當獲得天身。」見《大正藏》冊15，頁130；《甘珠爾》對勘本冊75，頁793。

㉑ 罄盡 窮盡。「罄」，音「慶」。

六、人與非人不能為難者：如❶《聽聞集經》云❶：「❷此明以三寶及戒律為本之聖道，方為依處。諸依顛倒者，非依處也。現大神變時，見有外道依於山，餘者或依林藪，或依園囿，或依廟宇，或依樹木，遂說此偈。**諸遭怖畏人，多皈依山林，及皈諸園囿，皈❷其餘[1]所供❷天及樹木❷神。其皈非尊勝，其皈非第一，雖依其依處，不能脫眾苦。若時有皈依，佛法及僧伽，由知❷果苦❷及因苦集，正超越❷或遮滅如是諸苦，知八支聖道，當趣涅槃樂❷。以智慧觀見，諸四聖諦理，此皈為尊勝，此皈是第一，由皈此皈處，能解脫眾苦。」**此中應以成就風索外道❸等緣而為譬喻。

七、**隨一切想悉當成辦者**：隨行何等如法所作，若先供養皈依三寶，祈禱成辦，則易成就。八、**速能成佛者**：如《師子請問經》云❹：「㉩此由信㉩三寶斷無暇❺。㉩信解信❻斷三惡趣，欲求信❼斷長壽天及邪見，澄淨信❽斷餘三無暇❾。」謂由獲得殊勝閑暇，遇皈依處，學殊勝道，由此不久當得成佛[2]。如是憶念諸勝利已❿，於日日中，晝三夜三，勤修皈依。㉩師云：「密咒中說無量護身之法，廣博已甚。除此[3]，則當於自本尊天供養，禮拜祈禱[4]。」

六、**人與非人不能阻撓**：《聽聞集經》中指出，以三寶及戒律為根本的聖道才是皈依處，那些依靠顛倒者，並非皈依處。顯現大神變時，看見有些外道依靠山嶽，其他有些是依靠著森林，或者林園、神殿、樹木等，因而**宣說道**：「恐懼苦難的人們，多數皈依山嶽、森林、林園，以及除此之外，所供奉的天神與樹神。這樣的皈依處並不崇高，這樣的皈依處也不超勝，即使依靠這樣的皈依處，也不能解脫一切痛苦。何時有人皈依佛法僧，並以智慧觀見四聖諦，知曉果──痛苦，及因──能生痛苦的集，還有徹底超越、息滅這樣的痛苦，以及八支聖道，能夠邁向安樂的涅槃。這樣的皈依處才崇高，這樣的皈依處最為超勝，依靠這樣的皈依處，能解脫一切痛苦。」此處應當以修成風之繩索的外道等典故作為譬喻。

七、**凡有所願，一切都能實現**：要做任何如法的事情，如果最初先供養並皈依三寶，接著祈禱所作能完成，就能順利容易地實現。八、**能夠迅速成佛**：如同《獅子請問經》所說：「在此藉由信仰三寶能夠斷除無暇；以信解信斷除三惡趣，欲求信斷除長壽天與邪見，淨信斷除其他三種無暇。」獲得殊勝的

閒暇身，值遇皈依處，修學殊勝道，由此不久就能成佛。應當如此憶念
利益，然後每日白天三次、晚間三次地修持皈依。上師說：「密法當中宣說無量
的守護法，這一切都太廣大了。在此之外，應該去供養並禮拜祈禱自己的本尊。」

[1]「㊫其餘」 原果芒本未標作者，今依拉寺本補之。　 [2]「由此不久當得成佛」
拉寺本、單註本作「此則不久當得成佛」。　 [3]「除此」 拉寺本作「除此故」。
[4]「禮拜祈禱」 雪本作「禮拜明現」。

❶ 《聽聞集經》云　經查詢，《集法句·聽聞集》並無此文，引文實出自《集法
　句·觀察集》。吳維祗難等譯《法句經·述佛品》作：「或多自歸，山川樹神，
　廟立圖像，祭祠求福。自歸如是，非吉非上，彼不能來，度我眾苦。如有自歸，
　佛法聖眾，道德四諦，必見正慧。生死極苦，從諦得度，度世八道，斯除眾苦。
　自歸三尊，最吉最上，唯獨有是，度一切苦。」晉法炬共法立譯《法句譬喻經·
　愛欲品》作：「或多自歸，山川樹神，厝立圖像，禱祠求福。自歸如是，非吉非
　上，彼不能來，度汝眾苦。如有自歸，佛法僧眾，道德四諦，必見正慧。生死極
　苦，從諦得度，度世八難，斯除眾苦。自歸三尊，最吉最上，唯獨有是，度一切
　苦。」姚秦竺佛念譯《出曜經·觀品》作：「人多求自歸，山川樹木神，園觀及神
　祠，望免苦患難。」「此非自歸上，亦非有吉利，如有自歸者，不脫一切苦。若有
　自歸佛，歸法比丘僧，修習聖四諦，如慧之所見。苦因苦緣生，當越此苦本，賢
　聖八品道，滅盡甘露際。是為自歸上，非不有吉利，如有自歸者，得脫一切
　苦。」宋天息災譯《法集要頌經·觀察品》作：「人多求自歸，山川樹木神，園觀
　及神祀，望免苦患難。此非自歸上，亦非有吉利，如有自歸者，不脫一切苦。若
　有自歸佛，及法苾芻僧，修習聖四諦，如慧之所見。苦因緣苦生，當越此苦本，
　賢聖八品道，滅盡甘露際。是為自歸上，非不有吉利，如有自歸者，得脫一切

苦。」而此段《集法句》的內容，源自於《根本說一切有部毘奈耶・雜事》。唐義淨大師譯《根本說一切有部毘奈耶・雜事》作：「眾人怖所逼，多歸依諸山，園苑及樹林，制底深叢處。此歸依非勝，此歸依非尊，不因此歸依，能解脫眾苦。諸有歸依佛，及歸依法僧，於四聖諦中，恒以慧觀察。知苦知苦集，知永超眾苦，知八支聖道，趣安隱涅槃。此歸依最勝，此歸依最尊，必因此歸依，能解脫眾苦。」見《大正藏》冊4，頁567、601、740、791；冊24，頁333；《丹珠爾》對勘本冊83，頁66；《甘珠爾》對勘本冊11，頁123。

❷**知八支聖道當趣涅槃樂**　法尊法師原譯作「八支聖道樂，當趣般涅槃」。據藏文版《優陀那品》與唐義淨大師譯《根本說一切有部毘奈耶・雜事》，「樂」應與「般涅槃」結合，故改譯。八支聖道，見前頁273註13。

❸**成就風索外道**　前輩噶當派祖師語教當中提到：阿底峽尊者說，以前有位外道修大自在天而成就，大自在天賜給他一條名為風索的繩索，對誰投擲繩索，沒有不歸順的。有一次他對一個小孩投擲繩索，然而那個小孩卻沒有歸順他，他因此想到：「風索的能力已經消失了嗎？」於是用風索鞭打一條狗，沒想到那條狗立刻死亡。那位外道心想：「這個小孩應該有一些功德。」便問小孩：「你有什麼功德嗎？」小孩答道：「我沒有其他任何功德，我是一個皈依三寶的人。」那位外道因此生信而成為佛教徒。參見《阿嘉雍曾文集》冊上，頁79；《洛桑諾布文集》冊2，頁443；《夏日東文集》冊1，頁367。

❹**《師子請問經》云**　《師子請問經》，寶積部經典，全名《聖獅子請問經》，共1卷。漢譯本有唐菩提流志譯《大寶積經・阿闍世王子會》1卷。此經因緣為佛陀與一千二百五十大比丘在王舍城耆闍崛山中，阿闍世王之子名為獅子，與友伴一千五百人，各持種種供品，來至佛陀住處，請問菩薩行。引文唐菩提流志譯《大寶積經・阿闍世王子會》作：「淨信離諸難。」見《大正藏》冊11，頁593；《甘珠爾》對勘本冊44，頁74。

❺**由信斷無暇**　慧海大師提到，道次第先輩上師的語錄中說：「今生修持正法，上者即身成佛，中者中陰成就，下者八生、十六生內成佛，最下也要在這回的所依身中，讓暇滿次序不紊亂。」如果有讓來世不生惡趣、定獲暇滿的把握，即是讓暇滿次序不紊亂。以前不論看經典也好，思惟也好，只有在「從樂而趣樂，有智誰退屈」一段中，才說到如果生起了菩提心，能讓暇滿次序不紊

亂，但這極為困難；除此以外，並沒有找到明顯的依據。所以有一次請問貢唐
文殊大師：在還沒生起菩提心以前，可有讓暇滿次序不紊亂的方法呢？大師
笑而不言，故未強問。後於一次開示中說：「如果修習皈依，便能讓暇滿次序
不紊亂，這點可用《廣論》引《師子請問經》：『由信斷無暇』來證明，所以依
靠皈依能讓暇滿次序不紊亂。」開示以後去思惟時，前面提到由皈依遮除定生
豬趣，而《廣論》引的依據也很清楚。這樣的話，由皈依之門讓暇滿次序不紊
亂是下士，由增上戒學之門是中士，由菩提心即是上士讓暇滿次序不紊亂的
方法。善慧摩尼大師則提到，由對業果生信解信能斷三惡趣，生欲求信能斷
長壽天及邪見，生澄淨信能斷餘三無暇。參見《洛桑諾布文集》冊2，頁444；
《廣論講授筆記》，頁35。

❻ **信解信** 依哈爾瓦·嘉木樣洛周仁波切解釋，對於成辦所希求事的方法生起
的確信為信解信。另有一說，對於業果及三寶的信解為信解信。

❼ **欲求信** 依哈爾瓦·嘉木樣洛周仁波切解釋，確定所希求事的本質正確，並
且可以獲得，而生起的欲求為欲求信。另有一說，希求自己心中能生起所信對
境的功德的欲求，是為欲求信。

❽ **澄淨信** 依哈爾瓦·嘉木樣洛周仁波切解釋，對於所希求事的體性生起的無
有垢染的確信為澄淨信。另有一說，謂了知所信對境的功德而生起的勝解為
澄淨信。

❾ **餘三無暇** 指無佛教、生邊地懱戾車、性為騃啞三者。

❿ **已** 法尊法師原譯作「故」，今據藏文改譯。

第六、下至戲笑乃至命緣，應當守護、不捨三寶者：身命受用[㊊]最終歿時定當捨離，若為此故棄捨三寶，則一切生輾轉❶受苦，故任至何事，不捨皈依。作是念已，數起誓願。[㊋]非唯實不棄捨，下至^[1]雖為戲[㊌]謔❷嬉^[2]笑亦不應說捨皈依語。

^妙第二、破除非清淨說^[3]，分五：^一遮破非學處；^二別別學處依據；^三破除虧損及棄捨之淆；^四明正捨之理；^五殷重珍愛之理。今初：諸先覺等說一學處，謂隨往何方，於彼如來應學皈依，未見根據❸。

^妙第二、依據者❹：如是六種共同學處^[4]，是如《道炬釋論》中說❺。各別學處初三種者，契經中說❻。後三種者，出於《皈依六支論》中❼。如彼說云：「應於^巴佛形像、^巴法頌，及^巴僧諸碎黃布^巴以上，由信解而〔觀，^巴思也。〕為大師，親口說諸法，不謗應頂戴，淨未淨諸人，應觀為善士。」《攝決擇》中所說❽ 此等^巴皈依學處^[5]，不見內鄔蘇巴道次第中，迦摩跋❾ 云：此諸學處，內鄔蘇巴^[6]想亦宣說❿，我二同從阿蘭若師⓫ 所聞。此語出於此師所傳隆巴瓦⓬ 道次第中。

第六科、下至因為玩笑，上至是性命交關，都應當守護而不捨棄三寶：身軀、性命以及受用，_{最終去世之時}都必然要分離，如果為了這些而捨棄三寶，生生世世都將持續受苦。這麼思惟之後，應當一再地立誓，無論面臨什麼遭遇，都不捨棄皈依。_{而且不只實際上不捨棄，就算只是為了嬉鬧與玩笑，也不應說出捨棄皈依的言語。}

第二科、去除不清淨的觀點，分為五科：^一破斥非學處者；^二各個學處的依據；^三去除對虧損與棄捨的混淆；^四說明真正捨棄的道理；

五、鄭重愛惜的道理。其中第一科：前輩祖師們曾提到一則學處：「無論去往何方，都要學習皈依那裡的如來。」但是未見這種說法的依據。

第二科、依據：以上六種共通的學處，是如《道炬論釋》中所說；各別的學處當中，前三者是出自經典，後三者則是出自《皈依六支論》。其中說道：「對於佛陀的聖像、正法偈頌、僧眾縫補用的碎黃布以上，都應當以信解觀想為導師世尊。不誹謗其親口宣說的一切，並恭敬頂戴。對清淨與不清淨的補特伽羅，都應當視為殊勝之士。」《攝決擇分》中所說的皈依學處的部分，在內鄔蘇巴的道次第中並未提及。迦摩巴大師曾說：「這些學處，內鄔蘇巴理應也要宣說，我們是一同從阿蘭若師那裡聽得的。」這些話是出自從他傳承至隆巴瓦的道次第中。

[1]「㊫非唯實不棄捨，下至」哲霍本作妙註。　[2]「㊫謔嬉」哲霍本作妙註。
[3]「㊝第二、破除非清淨說」按，此處科文，應是前247頁「第二、教授中出」一科之第二子科，非為293頁「教授所出勝利」一科之第二子科，因此處正文已出「教授所出勝利」之範圍，且觀此文內容，正為「教授中出」所說別學、共學學處之內涵，故理應為前者之科判所開。然前者科判為巴梭法王所註，此處則標為妙註，蓋或巴註缺漏，而妙音笑大師補之也。　[4]「如是六種共同學處」拉寺本、哲霍本作「彼等六種共同學處」。　[5]「㊫皈依學處」哲霍本作妙註。　[6]「內鄔蘇巴」果芒本原作「內依蘇巴」，拉寺本、雪本、哲霍本、單註本作「內鄔蘇巴」。按，此師本名內鄔蘇巴，故依拉寺等本改之。

❶輾轉　藏文直譯為持續。
❷戲謔　戲弄。謔，音「虐」，以言語相戲弄。
❸未見根據　夏日東活佛認為，關於《消除十方黑暗經》是否是清淨的經典，有不同說法，然而自宗認為是清淨的經典，因為懂哦瓦依據其中釋迦族面明

童子請問的段落，而提到：「應當學習到任何地方，都要皈依那個地方的如來。」然而《廣論》卻提到未見根據。昆敦・吉祥圓滿任運成就大師曾就此請問班禪善慧法幢道：「在《消除十方黑暗經》當中有這個學處的根據，然而傑仁波切卻說未見根據，難道此經不是清淨的經典？」答道：「此經雖然是清淨的經典，但是並非開示皈依學處的依據，所以宗喀巴大師說沒有看見開示那是皈依學處的根據。」參見《夏日東文集》冊1，頁368。

❹ **依據者** 前文科判作「別別學處依據」。

❺ **《道炬釋論》中說** 《道炬釋論》，中觀部論典，全名《菩提道炬釋難》，又名《道炬自釋》，阿底峽尊者著。漢譯本有今人如石法師譯註《菩提道燈抉微》。本論的作者是否為阿底峽尊者，古代大德有不同的說法。種敦巴尊者一系的噶當派祖師都未提及此釋論為阿底峽尊者所著；那措譯師一系則說是尊者所造，並且是獨傳給那措譯師的秘法。宗喀巴大師認為應該是如先輩大德所傳：尊者在補讓（ ম্র্ব্ম ）時曾經撰寫一本《道炬論略釋》，之後在桑耶（ ব্মম্মেম ）時，那措譯師請阿底峽尊者為此論增添解釋，尊者要他自己增廣內容即可。此論的內容中有幾處明顯的錯誤，但是也有許多善說，因此大師擇取無誤的部分，在《廣論》中以為莊嚴。參見中文版《菩提道次第廣論》，頁244（宗喀巴大師著，法尊法師譯，臺北市：福智之聲出版社，2010）；藏文版《菩提道次第廣論》，頁339（宗喀巴大師著，台北市：佛陀教育基金會，2008）；相應段落參見《丹珠爾》對勘本冊64，頁1668。

❻ **契經中說** 即前頁247《涅槃經》所說遮止應學的三種學處。

❼ **《皈依六支論》中** 《皈依六支論》，中觀部論典，共十偈，無垢友尊者（Vimalamitra）著，尚無漢譯。尊者是7世紀出生於印度的大象村城（Hastivana），年幼聰明絕頂，很容易就通曉所學的經義；學五明時，每一門科目同時接受三位老師指導，21歲即成為大班智達。尊者不僅通達多種語言，還嫺熟三藏十二部經教。隨後依止佛密大師（Buddhaguhya）、遊戲金剛阿闍梨（ācārya Līlāvajra）等一百六十多位大成就者學習密續，依照上師的教授修持，證得大圓滿成就，成為當時北印度五百班智達中的頂嚴。8世紀時，藏王赤松德贊（ $\text{দ্র্ৰ্ব্ব্র্ব্ব্র্বৰ্ব}$ ）推行佛教，派遣兩位譯師赴印迎請尊者入藏弘法，經過一番努力，終於迎請尊者到藏地。尊者以三百歲的高齡，為藏人講說般若和

中觀等論典，帶領許多大譯師翻譯經典。尊者致力於推廣藏地教法，並有著作傳世。最後前往五台山，將住世直至劫末。據說龍欽巴（ཀློང་ཆེན་པ）大師、吉美林巴（འཇིགས་མེད་གླིང་པ）大師都是尊者的化身。此論為尊者被藏王臣迎請至藏時，為了破除王臣對自己的疑慮所寫。此論以六個部分簡要地介紹皈依：一、為何皈依之目的；二、皈依的對境；三、時長；四、勝利；五、學處；六、如何受取。後三種各別學處，即下文所引「應於形像頌」等文。引文見《丹珠爾》對勘本冊65，頁693。

❽ 《攝決擇》中所說　即《攝決擇分》所說八種學處。見前頁245註3。

❾ 迦摩跋　即迦摩巴。見前頁70註14。

❿ 想亦宣說　善慧摩尼大師解為「本來應當說卻未說」，夏日東活佛則解為「這些學處內鄔蘇巴應該要說」。參見《洛桑諾布文集》冊2，頁445；《夏日東文集》冊1，頁369。

⓫ 阿蘭若師　阿底峽尊者主要弟子之一（公元1016～1082），藏語དགོན་པ་བ（袞巴瓦）義譯，本名自在幢（旺秋堅參·དབང་ཕྱུག་རྒྱལ་མཚན）。出生於多康（མདོ་ཁམས）上部，年少出家，在準備上山靜修的路上，聽到阿里來了一位大班智達，於是取消上山的念頭，來到後藏依止阿底峽尊者。隨學尊者期間，同時兼任許多事務，但透過尊者的加持，心中生起圓滿道次第的覺受。此師具有廣大神通，卻不以此為重，仍以圓滿的道次第為主要修持。阿底峽尊者示寂後，依止種敦巴尊者。後任熱振寺住持，大弘阿底峽尊者的圓滿教授。世壽67，示寂後生往兜率內院。主要弟子有內鄔蘇巴、奔公甲（འབན་གུང་རྒྱལ）等。參見《師師相承傳》中文冊上，頁285；藏文冊上，頁343。

⓬ 隆巴瓦　博朵瓦及迦摩巴大師之弟子（生卒事蹟不詳），藏語ལུམ་པ་བ音譯，又名智菩提（ཡེ་ཤེས་བྱང་ཆུབ）、格西崗巴（དགེ་བཤེས་གངས་པ），世壽77歲。法尊法師原譯作「壟跋囀」，今依通用字改譯。參見《噶當箴言集》，頁271。

第三、破除虧損及棄捨之淆者[1]：若有違犯此諸學處，當成虧損及捨因❶之理者，有說違犯六種成捨，謂初三種各別學處[2]，及恆修皈依、為命不捨、供養三寶。有說由其九種成捨，謂加違後三種各別學處，其餘僅是虧損之因。第四、明正捨之理者[3]：然與為命亦不棄捨有違犯者❷，實捨皈依。如是雖未棄捨三寶，然俱愛執三寶異品大師等三，亦違不言有餘❸，心未誠皈，故亦成捨。若未犯此，僅違學處，想非捨因❹。

（語譯）

第三科、去除對虧損與捨棄的混淆：關於違背這些學處，就會成為虧損與捨棄之因的道理，某些人主張前三種各別學處、持續地皈依、即使犧牲性命也不捨棄，以及供養三寶等六項，如果違背這些即是捨棄；有些人則主張還要加上違背後三種各別學處，由這九項而構成捨棄，其他僅是作為虧損之因。**第四科、說明真正捨棄的情形：**然而違背「即使犧牲性命也不捨棄」這點，才是真正的捨棄皈依。同樣地，雖然不捨棄三寶，但是又尊奉著不符順三寶的其他導師等三者，也是違背了「不說有其他」，而且由於沒有全心依靠於皈依處，所以是捨棄。如果沒有產生這些過失，則僅是違背學處，我想這並非捨棄之因。

（校勘）

[1]「第三、破除虧損及棄捨之淆者」 拉寺本、單註本作「第三、破除棄捨及虧損之淆者」。 [2]「各別學處」 拉寺本、哲霍本作「各別應學」。 [3]「第四、明正捨之理者」 哲霍本無「妙」。

❶ 捨因　法尊法師原譯作「棄捨」，今據藏文改譯。

❷ 然與為命亦不棄捨有違犯者　法尊法師原譯作「然作是思，若與為命亦不棄捨有違犯者」，今據藏文改譯。

❸ 亦違不言有餘　法尊法師原譯作「亦違不言有餘大師」，藏文原無「大師」，此處所說的「不言有餘」也含攝不言有餘法、不言有餘僧，不應局限不言有餘大師，故改譯。

❹ 想非捨因　法尊法師原譯作「非是捨因」，今據藏文改譯。對此，夏日東活佛解釋說，大師此處雖然說「想非捨因」，然而在大師的著作中，但凡說「我想是」或「我想不是」，其實都是確定的斷語。參見《夏日東文集》冊1，頁369。

◉第五、教誡應當殷重珍愛❶，分三：一` 憶念入門等三種差別❷ 而學；二` 以正皈法寶觀待於己之理教誡勤修；三` 不如是學則不得救，是故教誡應如業果而學。今初：是故皈依是於佛教能入大門。若有皈依非唯虛言，則是依止最殊勝力，內外障緣不能違害。功德差別，易生難退，倍轉增長[1]。故如前說，由於怖畏及由憶念功德等門，受持皈依，勵力不違皈依學處，是極扼要。

第五科、教誡應當鄭重愛惜，分為三科：⼀憶念入門等三種差別而修學；⼆藉由正皈依法寶是取決於自身的道理，而教誡要勤奮修學；⼆若不如此修學則無法救護，因此教誡要遵循業果而修學。第一科：既然如此，皈依即是能進入佛陀聖教的大門。如果具有皈依，而且不是只有空言，那就是依靠了最為超勝的力量，因此內外障礙都無法傷害。各種功德皆容易生起並且難以退失，所以能夠層層增長。因此，如上所述，從恐懼和憶念功德等角度而執為皈依處，並且努力不逾越皈依學處，這是相當重要的關鍵。

[1]「易生難退，倍轉增長」 雪本作「易生而歡愉故，倍轉增長」，哲霍本作「易生難退之倍轉增長」。

❶第五教誡應當殷重珍愛　即前頁304「殷重珍愛之理」一科。

❷入門等三種差別　即下文所說：一、能入佛教大門；二、障緣不能違害；三、功德倍轉增長。

🔸第二者：設作是念，如是念死及思死後當生惡趣而起怖畏，能從其中救拔皈處是為三寶。若皈三寶不違學處，然其皈處如何救拔？如《集法句》者，阿羅漢法商主或法救所集[1]，實則亦為佛語，其

中云❶：「能🈁正[2]斷有箭🈁者為道諦，此及其所獲滅諦，如是法寶為正皈依，是故[3]此道，我🈁已教示爾等，🈁故應修持。如來是大師🈁示皈處者；僧是修持皈處助伴，爾等應須🈁如是承許而行。」佛是示皈處者❷，僧是皈依正行助伴，故正皈依是為法寶。若能得此，解脫畏故。🈁由思皈依及業因果法，得救惡趣；由思四諦，得救輪迴；由智慧方便雙運修持之法，得救有寂二邊❸，故安立法寶為正皈依。究竟❹🈁果位法寶，🈁如斷二障❺之滅諦及智慧法身❻，亦是由其初修業時，遠一分過，修一分德，斷、證二事倍轉🈁增長，後更勝進🈁明晰於前而為安立，🈁獲得滅諦與道諦之名言，即此增長至於究竟，則說為究竟滅諦等[4]，非離此外，🈁於果位時忽從他來。🈁師云：此復皈依法者[5]，執法為所應現證也。又說：法寶者，是即能救彼位怖畏之正皈處，而此時為下士夫位，此中當以救惡趣怖之正皈處，作為法寶。此復救拔果位惡趣之怖，須當遮除因位趣十不善，是故善巧其對治品十善差別，於之如理取捨而修，依此隨應制伏十種不善而淨治者，即下士位皈境法寶[6]。若如是者，此處皈境法寶不作真實法寶，當成何等？

🈠第三、教誡應如業果而學，分二：一、略示；二、廣說❼。今初[7]：故於此時，須以善巧善不善業及果差別，如理取捨修持正行而為正法❽。若不久思二業及果，如理取捨，則不能遮諸惡趣因，縱畏惡趣，然亦不能脫此畏故。🈝師云：「『達惹[8]❾』者，解作執持。故修業因果而斷惡行善之法，能執持之不墮三塗，乃至修習二種無我，能執持之不墮執二我相之險崖。」初者，道諦及其所獲滅諦，如是之寶，為正皈依故❿。🈠第二、廣

說業果**⓫**，分二^[9]：一﹑陳述係屬^[10]；二﹑正說。今初：是故救
拔果位惡趣，須於因時，糾治其意隨不善轉，此復依賴於諸業
果得深忍信。

第二科：如果心想：「如此憶念死亡，並且思惟死後轉生惡趣，因而生
起恐懼，這時能夠從中拯救的皈依處即是三寶。當執為皈依處，並且不
違背皈依學處而行，這時皈依處會如何拯救他呢？」如同《集法句》，這
是由法商主，或稱為法救的阿羅漢所編纂，實際上也被視為佛語。其中說道：「真正能夠
截斷三有利箭的，是道諦以及由此所得的滅諦，這樣的法寶才是真正的皈依處。因
此，這樣的道，我已為你們開示了，必須要修持。而且如來是指示皈依處者，僧伽
是修持皈依的同伴，你們必須這麼承許而修持。」佛陀是指示皈依處者，而僧
伽是修持皈依的友伴，所以真正的皈依處是法寶，因為一旦獲得法寶，
就能脫離恐懼的緣故。藉由思惟皈依與業因果之法，而救離惡趣；思惟四諦，而救離
輪迴；修持方便智慧雙運的正法，而救離寂二邊，所以將法寶安立為真正的皈依處。最終
的果位法寶，諸如斷除二障的滅諦及智慧法身，也是從最初開始修行時，僅消除
少許過失的斷德，以及僅修持少許功德的證德，二者層層增進，後來的比先
前更加超越、顯著而安立，獲得滅諦與道諦之名。當這兩者提升到究竟，就稱之為究竟的
滅諦等，並非於此之外，在果位時忽然生起。上師曾說，所謂皈依法，即是執持正法為
所應現證。又說法寶是救離各階段的苦難之真正皈依處。此時，在下士這個階段，必須將救離
惡趣苦難的真正皈依處作為法寶，而要救離果位惡趣苦難，就必須停止趨向因位十種不善。
因此，精通十不善的對治法——十善的區別，繼而對此如理修持取捨，藉此隨其所宜地壓制
十種不善直至淨化，這即是下士階段的皈依境法寶。既然如此，如果以為這個階段的皈依境
法寶不是真正的法寶，那會得出什麼結論呢？

第三科、教誡要遵循業果而修學，分為二科：一﹑概略說明；二﹑詳細
闡述。第一科：因此在這個階段，精通善與不善及其果報的區別，進而

如理修持取捨，必須將此作為正法。因為如果沒有長久地思惟二種業及其果報，進而如理取捨，就無法阻止惡趣之因，所以縱然害怕惡趣，也無法從這種苦難中脫離。上師說：「所謂『達惹』，意指執持。因此修持業因果而斷惡修善的正法，能夠執持他而不令墮入三惡趣；直到修持二種無我，能夠執持他而不令墮入執著二種我相的懸崖。」第一科：道諦與由此獲得的滅諦，這樣的法寶是真正的皈依處。因此

第二科、詳細闡述業果，分為二科：⁻陳述關聯；⁻正式闡述。第一科：因此，要救離果位時的惡趣，必須在因位時糾正趨向於不善的心，而這又取決於對業果獲得信心。

[1]「阿羅漢法商主或法救所集」 拉寺本作「阿羅漢法商主或服救所集」。按，「服救」（ཆས་སྦྱངས）為「法救」（ཆོས་སྦྱངས）之訛字。　[2]「ᴱ正」哲霍本無「ᴱ」。
[3]「ᴱ者為道諦，此及其所獲滅諦，如是法寶為正皈依，是故」哲霍本無「ᴱ」，下文「此」字，藏文列為另一巴註。　[4]「ᴱ獲得滅諦……究竟滅諦等」哲霍本作妙註。　[5]「此復皈依法者」 拉寺本作「此復皈依至極者」。按，「至極」（ཆེས）為「法」（ཆོས）之訛字。　[6]「即下士位皈境法寶」哲霍本作「即下生位皈境法寶」按，「生」（སྐྱེས་བ）為「士夫」（སྐྱེས་བུ）之訛字。　[7]「教誡應如業果而學，分二……今初」 拉寺本、單註本無。　[8]「達惹」 拉寺本作「達瑪」。　[9]「廣說業果，分二」 拉寺本無。　[10]「陳述係屬」 果芒本原作「係屬所為」，拉寺本、單註本作「陳述係屬」。按，依如月格西指示，以拉寺等本改之。

❶《集法句》云　引文吳維祇難等譯《法句經·道行品》作：「吾語汝法，愛箭為射，宜以自勗，受如來言。」姚秦竺佛念譯《出曜經·道品》作：「吾已說道，愛箭為射，宜以自勗，受如來言。」宋天息災譯《法集要頌經·正道品》作：「吾已說道跡，愛箭而為射，宜以自勗勵，諦受如來言。」見《大正藏》冊4，頁569、683、783；《丹珠爾》對勘本冊83，頁29。

❷**示皈處者** 法尊法師原譯作「皈依大師」，今據藏文改譯。

❸**有寂二邊** 有邊與寂邊的合稱。邊，有下劣義。有邊，指生死輪迴，由於墮入生死輪迴會產生種種衰損，所以稱為有邊。寂邊，指小乘涅槃，因相較於大乘涅槃為低劣，所以稱為寂邊。

❹**究竟** 藏文此詞原意為「邊際」、「究竟」，可理解為「最上」或「最下」，法尊法師原譯作「最下」，今依箋註之意改譯。

❺**二障** 煩惱障及所知障。根據中觀應成派的說法，煩惱及其種子是煩惱障，煩惱的習氣則是所知障。八地菩薩及二乘阿羅漢皆能斷除煩惱障，所知障則唯有佛陀能斷除。

❻**智慧法身** 佛陀的二種法身之一，即佛陀的一切相智。

❼**第三教誡應如業果而學分二略示廣說** 教誡應如業果而學，即前頁309「不如是學則不得救，是故教誡應如業果而學」一科。此科所分出的「廣說」，含攝了下文所有業果的內容，因此依據妙音笑大師的分科方式，整個業果的章節都會歸入皈依一科之內。然而依據《廣論》原本的分科方式，皈依與業果為平行的兩個科目，互不相攝。因此妙音笑大師此處及下文的「第二、正說」等科文，與《廣論》原有的分科方式有所差異。

❽**須以善巧善不善業及果差別如理取捨修持正行而為正法** 法尊法師原譯作「是須善巧善不善業及果差別，如理取捨而修正行，是為修法」，今據藏文改譯。

❾**達惹** 梵語Dhara音譯，義為執持。法有執持之義，所以此處語王大師才會有此解釋。

❿**初者道諦及其所獲滅諦如是之寶為正皈依故** 此段無法與前後文相對應，疑為誤植。

⓫**廣說業果** 即前頁311「廣說」一科。

共下士道
深信業果

⁰第二、正說：第二、引發一切善樂根本深忍信中^[1]，分三❶：¯思總業果；¯思別業果；¯思已正行進止之理。初中分二：¯正明思總之理；¯分別思惟。

初中有四❷：¯業決定理，⁰分二：¯正說；¯明其為一切白法根本。初者：謂諸異生及諸聖者，隨有適悅行相樂受，下至生於有情地獄，由起涼風所發樂受，一切皆是從先造集善業所起。從不善業發生安樂，無有是處。所有逼迫行相苦受，下至羅漢相續之苦❸，一切皆是從先造集不善而起。從諸善業發生諸苦，無有是處。《寶鬘論》云❹：「諸苦ᵖ果從不善ᵖ因生，如是ᵖ亦生諸惡趣，從善ᵖ因生諸善趣ᵖ果，ᵖ非唯如此，一切生ᵖ亦生安樂。」⁰第二者^[2]：故諸苦樂，非無因生，亦非自性❺、自在天等不順因生，ᵖ此等非無因生，以非恆常生，為暫時生故；此等不從不順因生，如暗不從燈明生也^[3]。故是為從總善不善業生總苦樂❻；諸苦安樂種種差別，亦從二業種種差別，無少紊亂❼，各別而起。於此業果❽，或決定相，或無欺罔，獲定解者，是為一切內佛弟子所有正見，讚為一切白法根本^[4]。

第二科、正式闡述：第二科、生起一切安樂善妙之根本——信解信，分為三科：˸ 從整體思惟業果；˹ 個別地思惟業果；˺ 思惟業果之後行止的方法。第一科分為二科：˸ 正說整體思惟的方法；˹ 分開來思惟。

第一科分為四科：˸ 業決定的道理，分為二科：˸ 正說；˹ 說明其為一切白法的根基。第一科：無論是凡夫還是聖者，凡是呈現為舒適感受的安樂，乃至投生有情地獄時，由於涼風吹拂所產生的快樂，這一切都是從往昔造集的善業所產生；不可能從不善業生出安樂。凡是呈現為憂惱感受的痛苦，即使在阿羅漢相續中產生的痛苦，這一切都是從往昔造集的不善業所產生；不可能從善業生出痛苦。《寶鬘論》中說：「所有苦果都源於不善因所產生，一切惡趣同樣也是如此產生；一切善趣果都源於善因，不僅如此，生生世世的眾多安樂也這樣出生。」第二科：因此，種種安樂與痛苦，也不是無因而生，以及從勝性、自在天等不符順之因產生。這些不是無因而生，因為並非永遠存在，而是短暫地產生；這些不是從不符順的因產生，就像不會從燭光生出黑暗一般。因此，是從總體的善惡業生出總體的苦樂，而苦樂的種種差別，也是從兩種業的種種差別中，絲毫都不錯亂地各別生起。能對如此決定性的、不欺罔的業果獲得確切的認知，即是名為一切內道佛弟子的正見，被譽為一切白法的根基。

[1]「⦿第二、正說：第二、引發一切善樂根本深忍信中」 拉寺本、單註本作「第二、⦿正說：引發一切善樂根本深忍信中」。 [2]「⦿第二者」 哲霍本作巴註。按，此科為前文「明其為一切白法根本」之相對應處。前既為妙註，此突作巴註，實不應理，哲霍本誤。 [3]「⦿此等非無因生……燈明生也」 拉寺本此箋置於「故諸苦樂，非無因生」後，作「⦿非無因生，以非恆常生，為暫時生故。如燈之光，不生黑暗」。按，果芒本此箋為總結文字，拉寺本為連結前後文字之箋註，然二俱可通。 [4]「是為一

317

切內佛弟子所有正見，讚為一切白法根本」 果芒本原作「一切內佛弟子說為正見，讚
為一切白法根本」，青海本《廣論》、拉寺本、法尊法師原譯作「是為一切內佛弟子所
有正見，讚為一切白法根本」。

❶ **第二正說第二引發一切善樂根本深忍信中分三** 依據妙音笑大師的分科方
式，「第二、正說」一科，即是《廣論》中「第二、引發一切善樂根本深忍信」一
科本身。因此此處所分出的三科，也就是「第二、正說」所分出的三科。引發一
切善樂根本深忍信，即前頁190「一切善樂所有根本發深忍信」一科。兩處藏
文相同，法尊法師前後譯法稍異。深忍信，又譯作「信解信」。「深忍」、「信
解」，即相信之意。一般所相信的對境，有真假善惡，而深忍信唯是善法，所相
信的對境亦為諦實之法。如《成唯識論》云：「忍謂勝解，此即信因。」下文「深
忍」亦與此同。參見《大正藏》冊31，頁29。

❷ **初中有四** 法尊法師原譯作「今初：初中有四」，今據藏文刪去「今初」。

❸ **相續之苦** 藏文直譯為「相續所生」。

❹ **《寶鬘論》云** 引文陳真諦三藏譯《寶行王正論》作：「惡修及諸苦，皆從邪
法生，諸善道安樂，皆因善法起。」見《大正藏》冊32，頁493；《丹珠爾》對勘
本冊96，頁290。

❺ **自性** 梵語prakṛti義譯，在此處又名勝性、冥諦。古印度外道數論派認為，自
性能夠作為所有果的因，是極隱蔽分；在微塵、冥暗與思惟三者平等時的根本
自性，即是此處所說的自性。

❻ **總善不善業生總苦樂** 夏日東活佛提到，此處總體的業指共業，例如一千個
人共同商討後殺了一個人，這樣的業即是總的不善業。依據日常老和尚解釋，
此指總的善感樂、不善感苦的道理。參見《夏日東文集》冊1，頁373；《菩提道
次第廣論舊版手抄稿》冊7，頁59（日常老和尚講述，臺北市：圓音有聲，
2016）。

❼ **紊亂** 次序雜亂無條理。紊，音「問」，雜亂義。此詞藏文意為錯亂。

❽於此業果　法尊法師原譯作「若於業果」。此處的業果即指前文所說的總別業果之相，故依藏文改之，以明前後關聯。

二、**業增長廣大**，⑨分六：一、`二業雖小亦復增長之理；`二、`善惡業相雜之典故；`三、`賢善業之典故；`四、`授記此等已生將生之理；`五、`由勝解信獲得如是勝位之理；`六、`業隨行之理。初`[1]`者：謂雖從其微少善業，亦能感發極大樂果，雖從微少諸不善業，亦能感發極大苦果。故如內身因果❶增長，諸外因果無能等者。此亦如《集法句》云❷：「雖造微少惡，他世大怖畏，當作大苦惱，猶如入腹毒。雖造微少福，他世引大樂，亦作諸大義，如諸穀豐熟。」⑩此等攝義者，謂由了知雖作小惡，亦生廣大過患；雖造微福，亦生廣大安樂之門，開顯不應輕忽此等。⑨**第二、善惡業相雜之典故者**[2]：從輕微業起廣大果，此復當由說宿因緣發定解者，如《事阿笈摩》說❸：牧人喜歡及彼手杖所穿田蛙、五百水鵝、五百魚龜、五百餓鬼、五百田夫及五百牛，所有因緣。⑨**第三、賢善業之典故者**：並《賢愚經》說❹：金天、金寶、象護❺因緣，當從《阿笈摩》❻及《賢愚經》、《百業經》❼等，求發定解。⑩師云：此諸典故，亦皆是由業增長所致[3]。

二、**業會增長廣大**，分為六科：一、雖然是微小的二種業也會增長的道理；二、善惡業交雜的典故；三、善業的典故；四、授記這些已發生及將發生的道理；五、藉由信解信獲得如此超勝果位的道理；六、業相隨的道理。第一科：從微小的善業也會生出極大的樂果；從微小的惡業也會生出極大的苦果。因此，內在因果的增長程度，是外在因果所無法比擬的。這也如《集法句》所說：「即使造下微小的惡業，也會在來世引起巨大的苦難，以及巨大的禍殃，就像是入腹之毒。即使造下微小的福德，也會為後世帶來廣大的安樂，以及眾多巨大的利益，就像眾多穀物成熟而豐盛。」歸結以上的內涵，即使造下微小的罪惡，也會產生巨大的禍患；即使造下微小的福德，也會產生廣大的安樂。藉由了解這點，顯示對此不應輕視。**第二科、善惡業交雜的典故**：藉由宣說曾經發生的實例，對於從微小的業生出巨大的果報產生確切的認知，如同《事阿笈摩》中提到牧人歡喜，以及被他的手杖貫穿的青蛙、五百隻鵝、五百隻魚與烏龜、五百個餓鬼、五百位農夫與五百頭牛的典故；**第三科、善業的典故**：以及《賢愚經》所提到的金天、金寶、象護因緣，應當透過《阿笈摩》、《賢愚經》、《百業經》等生起確切的認知。上師說：這些典故，都是由於業增長廣大所致。

[1]「⓪分六……業隨行之理。初」哲霍本作巴註。　[2]「⓪第二、善惡業相雜之典故者」拉寺本作「⓪第二、相雜之典故」。　[3]「⓪師云：此諸典故，亦皆是由業增長所致」拉寺本作「⓪師云：諸典故中，亦皆是由增長所致」，哲霍本作妙註。按，拉寺本文義不通，誤。

❶ **內身因果** 指補特伽羅相續所攝持的因果。參見《夏日東文集》冊1，頁374。

❷ **《集法句》云** 引文姚秦竺佛念譯《出曜經・惡行品》作：「為惡雖復少，後世受苦深，當獲無邊報，如毒在心腹。」「為福雖少，後受大福，當獲大報，如種獲實。」宋天息災譯《法集要頌經・罪障品》作：「為惡雖復少，後世受苦深，當獲無邊福，如毒在心腹。為福雖微少，後受大福德，當獲大果報，如種獲真實。」見《大正藏》冊4，頁745、746、792；《丹珠爾》對勘本冊83，頁69。

❸ **如《事阿笈摩》說** 法尊法師原譯作「如《阿笈摩》說」，今據藏文補譯。此諸因緣參見唐義淨大師譯《根本說一切有部毘奈耶・藥事》。牧人和田蛙的因緣為，釋尊住世時，有一位牧人名叫歡喜（Nanda，法尊法師譯作喜歡），有一天他拄著手杖，站在距離佛不遠的地方聽佛說法，沒注意到手杖刺穿了一隻青蛙。雖然這隻青蛙感到強烈地痛楚，但牠擔心出聲會影響牧人聽法，所以強忍痛苦而不作聲，最後命終生往四天王天。生天之後，憶起生天的因緣，感念佛恩，於是捨棄天界的享受，到佛座下聽法，並證得預流果。歡喜聽完法後法喜充滿，向佛希求出家，佛陀命其將所放牧的牛交還給主人。在返回主人家的路上，歡喜遇見許多好友，並啟發他們厭離生老病死苦的心，所以回程時帶了五百人一起回到佛陀座下出家聞法，隨後都證得阿羅漢果。這隻青蛙、牧人歡喜還有同行的這五百人會有這樣的遭遇，其因緣是過去迦葉如來時，歡喜是位通達三藏的法師，有五百位弟子。因歡喜曾呵責一位比丘如牧人，其他弟子也一同附和，所以五百世中都生為牧人。這隻青蛙在迦葉如來時也是出家人，在寺院裡修定，因為聽到其他比丘誦經，覺得受到打擾而起了瞋惱心，辱罵這些比丘從早到晚都像青蛙一樣在叫，所以五百生中都生為青蛙。五百水鵝、五百條魚、五百烏龜的因緣則為，有一次佛陀想要渡河時，突然出現了水鵝、魚和烏龜各五百隻，一起右繞禮敬佛陀。佛為牠們說法，教誡應厭離畜生的身體。牠們聞法後便絕食而死，死後生往四天王天，憶起自己生天的因緣，感念佛恩，於是一起到佛的住所供養、聞法，並證得預流果。牠們是過去在迦葉如來時，由於違犯了微細的學處，所以墮落為旁生，但是也曾經認真修習梵行，因此感得聽佛說法證果。餓鬼的因緣為，有一次釋尊渡河時，有五百位皮

膚黧黑、骨瘦如柴、頭髮蓬亂、肚大如山，全身都被烈火焚燒的餓鬼，來到佛前恭敬合掌，向佛乞求飲食。佛陀以神力打開他們的咽喉，命目犍連尊者餵他們水喝。他們因為太渴，飲水過多，腹脹而死。他們死後生天，憶起自己生天的因緣，感念佛恩，於是一起到佛的住所供養、聞法，並證得預流果。他們過去在迦葉佛時是五百位居士，由於見到比丘托缽而起了嫌惡心，辱罵比丘像餓鬼一樣到處乞食，所以五百世墮餓鬼道受苦。但是因為他們曾認真修習梵行，所以能值遇佛陀為他們說法並且證果。田夫和牛的因緣為，有一次釋尊在室羅伐城時，見到五百位農夫在耕種，他們穿著破麻衣，手腳皸裂，五百頭耕牛也都皮破血流、氣喘吁吁地在工作。農夫們見到佛相好莊嚴，都來到佛前頂禮，聞佛說法後證得預流果，並出家受了比丘戒。隨後那些耕牛也來到佛前，聞法後便絕食而死，死後生往四天王天，憶起自己生天的因緣，感念佛恩，於是一起到佛的住所供養、聞法，並證得預流果。五百位農夫過去在迦葉如來時都是出家人，由於平時喜歡放逸、說閒話，因此他們五百世生為農夫，償還信施的供養。但是他們曾認真修習梵行，所以還能值遇佛陀說法證果。五百耕牛則是因為過去出家時違犯了微細學處，墮落為牛；同樣也因為修習梵行而能聽佛說法證果。參見《大正藏》冊24，頁49、50、52；《甘珠爾》對勘本冊2，頁341、350、365。

❹ 《賢愚經》說　　《賢愚經》，經集部經典，又名《賢愚因緣經》，共12卷，51品。漢譯本有元魏慧覺等譯《賢愚經》13卷；今人圓照法師譯《白話賢愚經》；杜斗城譯《白話賢愚經》，共三種。此經闡示業決定、業增長廣大、未造不會遇、已造不失壞的四種真理。金天因緣為，釋尊在世時有一大富長者的兒子，其身金色，出生時家中自然出現一口寶井，凡有所需都能從中取得，因此相師為其取名為金天。後娶另一位長者的女兒金光明為妻，其妻身相、福德與出生時的種種瑞相都與金天相同。有一次金天夫婦迎請釋尊及僧眾至家中應供，並請釋尊說法，兩人聞法之後心生歡喜，於是隨佛出家，最後證得阿羅漢果。阿難尊者啟問他們過去的因緣，佛說金天夫婦在毗婆尸佛時為一對貧窮夫婦，有一次他們見到其他人供養僧人，也生起很想供養的心，於是遍尋家中各處，然而只找到一枚金幣與一面鏡子。兩人便拿著金幣、鏡子，並且以瓶盛水供養僧眾。由此供僧的功德，感得九十一劫中身金黃色，最後於此生值遇佛

陀，聽聞佛法而證得阿羅漢果。金寶因緣為，佛陀和二千五百位弟子在舍衛國時，有一對長者夫婦生了一位男孩，為他取名為金財（法尊法師譯作金寶）。金財出生時長相莊嚴，但雙手緊握，他的父母很驚訝疑惑，把他的手舒開，沒想到握著的是金幣！父母親非常歡喜，把他手中的金幣取下，馬上又生出新的金幣，再取再生，取之不盡。金財漸漸長大，向雙親請求隨佛出家，於是順利出家受戒，並精勤努力地辦道，最後證得阿羅漢果。金財禮拜時，雙手碰觸到的地方都會出生金幣。阿難尊者啟問其中因緣，釋尊說在毗婆尸佛時，有許多富有的長者供養佛及僧眾。有位窮人也很想供養，但是沒有錢財，於是揀拾木材變賣，換得兩枚金幣，隨即以歡喜恭敬的心供養佛及僧眾。這位窮人即是金財的前世。因為這樣的因緣，感得九十一劫受用錢財無有窮盡。象護因緣為，佛陀在祇樹給孤獨園（Jetavana-anāthapiṇḍasyārāma）時，摩竭陀國（Magadha）有長者生了一位男孩，出生時身旁自然出現一隻小金象，相師依此瑞相，為他取名象護。象護漸漸長大，小金象也跟著長大，他們形影不離。金象不只保護象護，還會生出許多金子。阿闍世王聽說此事，召見象護，要他把金象留下獨自回家。但是象護出宮不久，金象就沉到地下，又從城外的地面湧出，護送象護回家。象護擔心遭到國王的迫害，於是隨佛出家，最後證得阿羅漢果。由於金象還是緊緊跟隨著象護，影響到僧眾修道。於是佛陀告訴象護：「你只要跟金象說，我們今生的緣份已盡，不需要你了。這樣說三次，牠就會消失！」象護依之而行，金象果然沉入地裡。比丘們都很驚訝，便請問佛象護比丘的因緣。佛陀說，迦葉佛時有很多塔廟，其中有一塔內奉有菩薩從兜率天乘象入胎的聖像。象護的前生繞塔時見到那隻象身有所破損，於是取泥土修補、塗上顏色。因懷信敬心行此善行，感生天上人間，恆得富貴之身，並有金象隨身侍衛。參見《大正藏》冊4，頁384、359、431；《甘珠爾》對勘本冊74，頁555、451、758。

❺ **象護** 法尊法師原譯作「牛護」，藏文中牛護與象護二字雖然相通，然查漢藏《賢愚經》中此段「牛」皆作「象」，故改譯。

❻ **《阿笈摩》** 梵語āgama音譯，或譯阿含，義為教言，主要有《四阿含經》與《四部律典》二種，而此處應指根本說一切有部的《四部律典》。《四部律典》為解釋《別解脫經》（唐義淨大師譯作《根本說一切有部戒經》）的四部

經典，分別為：《律本事》、《律分別》、《律雜事》及《律上分》。一般認為《律本事》開示比丘等應學的十七事；《律分別》開示比丘、比丘尼的戒條；《律雜事》為上述二律的補充；《律上分》則以問答的方式對《律本事》、《律分別》的內容進行抉擇。《貢德大辭典》提到，某些學者認為《律分別》有如《別解脫經》的詞義解釋；《律本事》如同《別解脫經》的補充；《律雜事》透過廣泛開示所有微細學處而如《別解脫經》的總義；《律上分》則對《別解脫經》的扼要難處進行抉擇。律典中載有豐富的因果故事，所以此處宗喀巴大師敦囑後世弟子應當拜讀並從中求得對業果的定解。參見《漢梵佛教語大辭典》冊中，頁885（林光明、林怡馨、林怡廷編著，臺北市：嘉豐出版社，2011）；《貢德大辭典》冊2，頁444。

❼《百業經》　經集部經典，共37卷。漢譯本有今人索達吉堪布譯《百業經》。此經主要是佛陀敘述今生的苦樂果，源於前世所造的業，以顯示業果四種真理。收錄於《甘珠爾》對勘本冊74。

◆**第四、授記將生之理者**[1]❶：復次^巴不染根本墮等性罪❷之[2]尸羅、^巴披法衣等當前之事，及諷誦❸等善品類事、起立經行等諸威儀，不違世間及毘奈耶❹故，身語行儀圓滿，不染遮罪❺之**軌則**[3]、^巴不染五邪命❻諸正命**淨命**[4]、^巴非如見為無有輪迴涅槃業果、執取無因不順因生，而為信有業果等見，世間真實[5]**正見**[6]，^巴此[7]四中，後未虧損，前三未能圓滿清淨，少虧損者，說生龍中。《海龍王請問經》云❼：「世尊！我於劫初，住大海內，時有拘留孫如來出現世間。爾時大海之中，諸龍、龍子、龍女悉皆減少，我亦減少眷屬。世尊！現大海中，諸龍、龍子、龍女悉皆如是無有限量，不能得知數量邊際。世尊！有何因緣而乃

如此？世尊告曰：龍王！若於善說法毗奈耶而出家已，未能清淨圓滿尸羅、虧損軌則、虧損淨命、虧損尸羅，未能圓滿，然見正直，此等不生有情地獄，死沒已後，當生龍中。」此復說❽於拘留孫大師教法之中，在家、出家有九十八俱胝；金仙大師教法之中，有六十四俱胝；迦葉大師教法之中，有八十俱胝；吾等大師教法之中，有九十九俱胝；由其虧損軌則、淨命、尸羅增上，於龍趣中已生、當生。吾等大師般涅槃後，諸行惡行、毀犯尸羅四眾弟子❾亦生龍中。 ㊙第五、**由勝解信成就勝位之理**❿：然亦宣說，彼等加行雖不清淨[8]，由於聖教㊷世俗為境之正見⓫深忍意樂㊷及皈依亦尚未退失⓬增上力故，從龍死沒當生人天。除諸趣入於大乘者，一切悉當㊷入於此㊷－千賢劫諸佛教中而般涅槃⓭。 ㊙第六：業隨行之理：是故微細黑白諸業如影隨形，皆能發生廣大苦樂，當生堅固決定解已，雖微善業應勵力修，微少惡罪應勵力斷。

第四科、授記將發生的道理：另外，不沾染根本墮等性罪的**戒律**，與穿著法衣等當前的行為、唸誦等善行、站立與經行等威儀，都能不違背世間與毗奈耶，因此身語的威儀圓滿，不沾染遮罪的**軌則**，不沾染五種邪命的正命等**淨命**，以及不是將輪迴涅槃及業果視為不存在、執著無因而生與從不相順的因而生等，而是相信業果存在等等的見解，這是

世間的真實正見。這四者當中，後者沒有虧損，前三者沒有做到圓滿清淨，少部分有所虧損的人，有提到他們會投生為龍。《海龍王請問經》中說：「世尊！我從劫初就住在大海中，當拘留孫如來出現於世間時，大海中龍與龍子龍女都很稀少，我的眷屬也很稀少。世尊！而今大海當中，龍與龍子龍女卻是如此數量無邊，無法知道數目究竟有多少。世尊！是由於什麼因緣導致如此？世尊答道：龍王！凡是在善說法——毗奈耶中出家，戒律沒有做到清淨圓滿，虧損了軌則、淨命、戒律，沒有做到圓滿，但是他們的見解依然正直，就不會投生到有情地獄，命終之後會投生龍族。」又提到導師拘留孫佛的教法當中有九億八千萬在家出家眾，導師拘那含牟尼佛的教法中有六億四千萬，導師迦葉佛的教法中有八億，我們的導師世尊的教法中有九億九千萬，由於虧損了軌則、淨命、戒律，以致於已經投生或者將會投生為龍。並且在我們的導師世尊涅槃之後，造惡的四眾弟子，他們由於虧損戒律，也會投生為龍。**第五科、藉由信解信成就超勝果位的道理**：但是又提到，他們的行持雖不清淨，但是信仰聖教——以世俗法為對境的正見——的意樂以及皈依都尚未退減。藉由這個力量，這些龍往生之後會投生為天神與人。除了已經進入大乘者之外，全部都會趣入於這賢劫一千諸佛的教法中而般涅槃。**第六科、業相隨的道理**：因此，即使是微細的黑白業，也會如影隨形，產生巨大的苦樂。堅固確切地認知此事之後，即使微細的善業都應當勤奮修持；即使微細的罪墮都應當勤奮斷除。

[1]「^妙第四、授記將生之理者」原果芒本未標作者，今依拉寺本、雪本、單註本補之。 [2]「^巴不染根本墮等性罪之」拉寺本作「^巴根本墮等」。 [3]「尸羅、^巴披法衣……遮罪之軌則」拉寺本作「尸羅、軌則、^巴披法衣等當前之事，及諷誦善品類，起立經行等諸威儀，不違世間及毗奈耶故，身語行儀圓滿」。 [4]「^巴不染五邪命諸正命淨命」拉寺本作「淨命^巴依五邪命故衰損淨命」。按，拉寺本此處提及尸羅、軌則、淨命、正見四者，前二皆正解尸羅、軌則，後二反解為不淨命、不正見，上下文

義不相連貫，疑誤。　　[5]「信有業果等見，世間真實」 哲霍本作「信有業果等見及世間真實」。　　[6]「非如見為無有輪迴涅槃……世間真實正見」 拉寺本作「如執無有輪迴涅槃業果、執取無因見、不順因生之見」。按，下文提及尸羅、軌則、淨命、正見四者，前三虧損，後未虧損，來世生龍。拉寺本第四正見之箋，卻作虧損正見之解，與下文文義不連貫，應誤。　　[7]「此」 拉寺本無。　　[8]「彼等加行雖不清淨」 拉寺本、雪本、哲霍本、青海本《廣論》、單註本作「彼等之加行雖不清淨」。

註 釋

❶ **授記將生之理者**　即前頁319「授記此等已生將生之理」一科。

❷ **根本墮等性罪**　根本墮，指違犯所受戒律的根本墮罪。性罪，與遮罪合稱二種罪。佛陀雖未制戒規定此事不能做，由於此事本性罪惡，做了就會造罪，故稱性罪。譬如無論佛陀制不制不殺生戒，殺生本身就有罪。

❸ **諷誦**　措那瓦大師解釋諷誦為串習已經執持的內容。《藏漢大辭典》解諷誦為出聲唸誦。參見《律經釋》，頁126；《藏漢大辭典》，頁47。

❹ **毘奈耶**　梵語vinaya (འདུལ་བ) 音譯，義為調伏，又名戒律。

❺ **遮罪**　二種罪之一。佛陀尚未制戒規定此事應不應做之前，無論做與不做都不會造罪；佛陀制戒以後，受戒者違反的話就會造罪。這件事做或不做是否有罪，觀待於佛陀是否遮止，所以稱為遮罪。譬如具戒比丘無病等因緣非時而食即是遮罪。

❻ **五邪命**　詭詐、虛談、現相、方便研求、假利求利。自無功德佯裝有德即是詭詐；諂媚奉承即是虛談；刻意暗示即是現相；巧取豪奪即是方便研求；贈微少物欲求多得即是假利求利。《寶行王正論》云：「為求利養讚，故守攝六根，能隱貪欲意，此惑名貢高。為得利供養，於他起愛語，此惑緣世法，說此名諂言。為欲得彼物，若讚美此財，說名為現相，能示自心故。為欲得所求，現前非撥他，說名為訶責，能伏彼令順。由施欲求利，或讚彼先德，說名利求利，此五邪命攝。」法尊法師譯《菩薩戒品釋》文中引此段時，則譯作：「詭詐為利敬，密護諸根門。虛談為利敬，現前說頓語。巧求為利敬，稱讚他財物。研逼為利敬，現前毀訾他。以利求利者，稱讚先所得。」《瑜伽師地論》則解釋如下：「又

為貪求種種衣服、飲食、臥具、病緣醫藥資具因緣，方便顯己有勝功德，矯詐構集非常威儀，為誑他故，恒常詐現諸根無掉、諸根無動、諸根寂靜，由是令他謂其有德，當有所施，當有所作，所謂承事供給衣服、飲食、臥具、病緣醫藥及諸資具。又多凶悖強口矯傲，修飾其名執恃種姓，或求多聞，或住持法，為利養故，亦復為他宣說正法；或佛所說，或弟子說，或自宣說己實有德，或少增益。或於他前方便現相，為求衣服，或求隨一沙門資具，或為求多，或求精妙，雖無匱乏而現被服故弊衣裳，為令淨信長者居士婆羅門等，知其衣服有所匱乏，殷重承事給施眾多上妙衣服；如為衣服，為餘隨一沙門資生眾具亦爾。或於淨信長者居士婆羅門所，如其所欲不得稱遂，或彼財物有所闕乏，求不得時即便強逼，研磨麁語而苦求索。或彼財物無所闕乏，得下劣時便對施主，現前毀棄所得財物，如是告言：『咄哉男子，某善男子，某善女人，方汝族姓及以財寶，極為下劣又極貧匱，而能惠施如是如是多妙悅意資產眾具，汝望於彼族姓尊貴財寶豐饒，何為但施如是少劣非悅意物。』彼由如是或依矯詐，或邪妄語，或假現相，或苦研逼，或利求利種種狀相，而從他所非法希求所有衣服、飲食、臥具、病緣醫藥諸資生具，非以正法而有所求，由非法故說名邪命。」參見《大正藏》冊32，頁503；冊30，頁404；《菩薩戒品釋》，頁168（宗喀巴大師著，法尊法師譯，台北市：福智之聲出版社，2009）；《丹珠爾》對勘本冊96，頁326；冊73，頁48。

❼《海龍王請問經》云　「龍王」原為巴註，法尊法師將之譯入正文。《海龍王請問經》，經集部經典，全名《聖海龍王請問大乘經》，又名《海問經》，共7卷。漢譯本有西晉竺法護譯《佛說海龍王經》4卷。此經緣於佛在王舍城靈鷲山，為海龍王說六度十德等菩薩功德，並為燕居阿須倫、無焚龍王、寶錦女等分別授記，宣示女人、龍王、阿修羅等都會成佛。引文西晉竺法護譯《佛說海龍王經·授決品》作：「於是海龍王白佛言：『我從初劫住止大海，從拘樓秦如來興於世來，大海之中諸龍妻子眷屬甚少。今海龍眾妻子、眷屬繁裔弘多，設欲計挍不可窮盡。唯然，世尊！如此云何有何變怪？』佛告龍王：『其於佛法出家奉律行戒，不具現戒成就，違戒犯行，不捨直見，不墮地獄。如斯之類壽終已後皆生龍中。』」見《大正藏》冊15，頁143；《甘珠爾》對勘本冊58，頁394。

❽此復說　相應段落參見西晉竺法護譯《佛說海龍王經·授決品》：「佛語龍王：『拘樓秦佛時，九十八億居家、出家，違其禁戒，皆生龍中。拘那含牟尼佛時，八十億居家、出家毀戒恣心，壽終之後皆生龍中。迦葉佛時，六十四億居家、出家犯戒，壽終之後皆生龍中。於我世中，九百九十億居家、出家，若干鬥諍，習若干行，誹謗經戒，壽終之後皆生龍中，今有生者。』佛語龍王：『以是之故，仁在大海中，諸龍妻子眷屬不可稱計。我般泥洹後，多有惡比丘、惡優婆塞，違失禁戒，當生龍中，或墮地獄。』海龍王白佛言：『於今棄家為道，犯戒比丘墮龍中者，有何殊特？』佛言：『棄家學行，於今犯戒比丘墮龍中者，行於方便，不能清淨。又有至心信於佛法，以至心力，龍中壽終，生天上、人間，當見賢劫所興諸佛，皆當見之。假使不以解脫者，悉於拔陀劫中般泥洹，除志大乘者。』」見《大正藏》冊15，頁143；《甘珠爾》對勘本冊58，頁394。

❾四眾弟子　佛陀的四種弟子：比丘、比丘尼、優婆塞、優婆夷。

❿第五由勝解信成就勝位之理　即前頁319「由勝解信獲得如是勝位之理」一科。

⓫世俗為境之正見　此處指對業果、輪迴等等的正見，與勝義諦為境之正見相對而言。由於業果、輪迴等等都是世俗諦，因此對業果、輪迴等等的正確認識稱為以世俗為境之正見。

⓬由於聖教深忍意樂尚未退失　法尊法師原譯作「由於聖教尚未退失深忍意樂」，為配合箋註，故調換語序。

⓭除諸趣入於大乘者一切悉當於此賢劫諸佛教中而般涅槃　《菩提道次第廣論筆記·仙人古道》提到，《大悲經》說：「於我法中得出家已，手牽兒臂而共遊行，從酒家至酒家，於我法中作非梵行。彼等雖為以酒因緣，於此賢劫一切皆當得般涅槃。」此段經文的意思中，也應該加上《海龍王請問經》此處所說「除志大乘者」的細緻區別。參見《大正藏》冊12，頁958；冊15，頁143；《丹珠爾》對勘本冊50，頁231；冊58，頁396；《菩提道次第廣論筆記》，頁160（貢卻嘉措著，蘭州：甘肅民族出版社，2015。以下簡稱《仙人古道》）。

如《集法句》云❶：「如鳥在虛空，其影隨俱行，作妙行惡行，隨彼眾生轉。如諸少路糧，入路苦惱行，如是無善業，有情往惡趣。如多備❷路糧，入路安樂行，如是作善業，有情往善趣。」又云❸：「雖有極少惡，勿輕念無損，如集諸水滴，漸當滿大器。」又云❹：「莫思作輕惡，不隨自後來，如落諸水滴，能充滿大器，如是集少惡，愚夫當極滿，㊟莫輕小惡，莫念惡小，便無力能隨自後來，即如小毒亦足致命，小火亦能燔燒❺也[1]。莫思作少善，不隨自後來，如落諸水滴，能充滿大瓶，由略集諸善，堅勇❻極充滿。」《本生論》亦云❼：㊟世尊昔為菩薩時[2]，有一小湖，種種花朵水鳥莊嚴，湖畔多諸綠樹鮮花，菩薩於中生為魚王，慈心養護諸魚。一時，久旱不雨，湖水將涸，諸魚將殂❽，菩薩念云：「哀哉！諸魚其殆乎！盡矣！」遂立誓言：「若如我所念，未嘗憶及曾殺有情為諦實者，諸天立當降雨盈滿此湖！」諦語言訖，雨雲合集，降澍❾大雨，湖重盈滿，眾魚躍然。諸菩薩具足如是尸羅者，於現世中尚能成辦當前善念，何況他世，固不待言矣！由念及此，聖勇阿闍黎作如是言：「由修善不善諸業，諸人即成慣習性，如是雖不特策勵，他世現行猶如夢❿。若未修施尸羅等，隨具種色少壯德，極大勢力多富財，後世悉不獲安樂。種等雖卑不著惡，具足施戒等功德，如夏江河能滿海，後世安樂定增廣。應善定解善非善，諸業他世生苦樂，斷惡勵力修善業，諸無信者隨欲行⓫？」

《集法句》說道：「就像鳥兒飛在高空，牠們的影子會隨著一起移動；造善與作惡，這些都會跟隨著眾生。就像路糧不足的旅客，上路後將苦惱地前行；同樣地，沒有造善業的有情，他們將朝著惡趣邁進。就像路糧豐足的旅客，上路後將安然地前行；同樣地，造作善業的有情，他們將朝著善趣邁進。」又提到：「即使是極其輕微的罪惡，也不應認為對我無損而輕忽。水一滴滴地累積，也能逐漸充滿巨大的容器。」又說：「不要認為造了輕微的罪惡，不會跟隨在自己身後，如同水一滴滴地落下，能夠充滿巨大的容器；積聚少許的惡業，也能讓愚夫惡貫滿盈。對於微細的罪惡也不可掉以輕心，不可因為輕微，就認為沒有跟隨自己的力量，如同微毒也足以致命、小火也足以焚燒。不要認為造了輕微的善業，不會跟隨在自己身後，如同水一滴滴地落下，能夠充滿巨大的水瓶；積聚少許的善業，也能讓堅固者完全圓滿。」《本生論》也記載，導師世尊還是菩薩時，有一座充滿各種花朵水鳥的美麗小湖，湖畔有眾多綠樹鮮花，菩薩在那裡轉生為一條魚王，懷著慈心照顧魚群。曾經一度因為沒有下雨，湖水即將乾涸，魚兒都瀕臨死亡。那時菩薩心想：「唉呀！魚群面臨絕境，就要滅亡了。」於是宣說諦實語：「我從未故意殺害生靈，如果這個記憶是真的，願眾神即刻降雨充滿這個湖泊！」話音剛落，立刻雨雲密佈，降下大雨，注滿湖泊，魚群因此歡樂無比。由此而提到，具足這樣的戒律的菩薩，他們在現世都能實現當前的善念，更不用說來世了。聖勇阿闍黎想到這裡，於是說道：「由於串習善業與不善業，人們就會養成習慣，即使不刻意策動，來世也會像在夢中一般去做。如果不修習布施、持戒等，縱然擁有高貴的種姓、容貌、青春年華，以及絕大的勢力，並且富裕多財，但是在未來世，無論是誰都無法獲得安樂。如果種姓等等雖然低劣，但是不貪愛罪惡，具備布施、持戒等功德，則像夏季的江河能夠盈滿大海，來世安樂必然增廣。應當堅固確切地認知從善業與不善業產生來世的苦樂，繼而斷除罪惡並極力修善。那些沒有信心的人，則是隨心所欲地行事。」

[1]「⬛莫輕小惡……小火亦能燔燒也」 哲霍本作巴註。　[2]「世尊昔為菩薩時」果芒本原作「世尊昔為菩薩作時」，拉寺本、雪本、哲霍本作「世尊昔為菩薩時」。按，果芒本誤，故依拉寺等本改之。

❶《集法句》云　經查《丹珠爾》對勘本中無此引文，而見於《教法次第》所引《集法句》，故揣大師或從此處引出，抑或當時藏經刻本不同所致。引文姚秦竺佛念譯《出曜經》作：「不但影隨，形亦隨影，猶行善惡，終不相離。」宋天息災譯《法集要頌經》作：「不但影隨形，形亦自隨影，猶行善惡行，終不離自身。」後二偈漢譯無相對應的譯文。見《大正藏》冊4，頁670、782；《噶當藏文孤本叢刊·卓龍巴·洛追迴乃卷》冊下，頁295（百慈藏文古籍研究室編，北京：中國藏學出版社，2009。以下簡稱《卓龍巴文集》）。

❷備　法尊法師原譯作「有」，今據藏文改譯。

❸又云　此偈於《集法句》中未見相應段落，然《大般涅槃經》中有相同文字。相應段落參見北涼曇無讖譯《大般涅槃經·師子吼菩薩品》：「莫輕小罪，以為無殃，水渧雖微，漸盈大器。」宋慧嚴等譯《大般涅槃經·師子吼菩薩品》：「莫輕小惡，以為無殃，水渧雖微，漸盈大器。」見《大正藏》冊12，頁536、781；《甘珠爾》對勘本冊53，頁282。

❹又云　引文出自《集法句》。吳維祇難等《法句經·惡行品》及秦姚竺佛念《出曜經·水品》皆譯作：「莫輕小惡，以為無殃，水渧雖微，漸盈大器，凡罪充滿，從小積成；莫輕小善，以為無福，水滴雖微，漸盈大器，凡福充滿，從纖纖積。」宋天息災譯《法集要頌經·水喻品》作：「莫輕小惡罪，以為無殃報，水滴雖極微，漸盈於大器，惡業漸漸增，纖毫成廣大。莫輕小善業，以為無福報，水滴雖極微，漸盈於大器，善業漸漸增，纖毫成廣大。」此中漢譯本第一偈與註3所引《涅槃經》的偈頌雖然一樣，然在藏文本《集法句》、《涅槃經》中內容實不相同，此處乃是依藏文本對照漢譯本的相應段落而引出。見《大正藏》冊4，頁565、707、785；《丹珠爾》對勘本冊83，頁39。

❺ **燔燒** 焚燒。燔，音「凡」。

❻ **堅勇** 慧鎧論師《集法句釋》將堅勇解釋為智者，夏日東活佛則認為此處的堅勇係指菩薩。參見《丹珠爾》對勘本冊83，頁627；《夏日東文集》冊1，頁376。

❼ **《本生論》亦云** 此四偈分別出自於《本生論》第十五品、二十八品、二十九品。然《仙人古道》說明「若未修施尸羅等」等三偈不見德格版藏經中，應是引自《教法次第》。經查《教法次第》確有此文，揣大師應依據《教法次第》，故大師未將此四偈分別引出。參見《仙人古道》，頁161。引文見《丹珠爾》對勘本冊94，頁131、252、263；《卓龍巴文集》冊下，頁296。

❽ **殂** 音「徂」，死亡。

❾ **降澍** 降下流注。澍，音「樹」，又音「注」，義同。

❿ **他世現行猶如夢** 「現行」，智幢大師解為「造作」之意。馬鳴菩薩在《本生論》中提到，具足戒律的行者，如果今生的純善意樂能夠成辦，那在其餘來生就更不用說了，因此應當努力持守淨戒。如同受生為魚王的菩薩，由於多生串習利他之行，所以即使生在魚中，也是純行利樂他人之事。對於魚群愛如獨子，以四攝法利益牠們。馬鳴菩薩由於見到菩薩的行誼，而說了「由修善不善諸業」等一偈。參見《丹珠爾》對勘本冊94，頁131；《永津班智達文集》冊2，頁151。

⓫ **諸無信者隨欲行** 智幢大師在《本生論釋》中解釋，為不善知識及惡友所攝受，醒覺惡業習氣，而為邪見所自在的無信諸人，則會如同豬狗一般任隨所欲而行。故改譯。參見《永津班智達文集》冊3，頁100。

三`**所未造業不會遇者**：謂若未集能感苦樂正因之業，則定不受業苦樂果。諸能受用大師所集無數資糧所有妙果，雖不必集彼一切因，然亦定須集其一分。^㊃如導師無量光佛❶之願等所成極樂世界，值遇其土之樂，雖不須集彼土圓滿之因，然亦須當略集與導師無量光佛建立業緣等因。

四、**已造之業不失壞者**❷：謂諸已作善不善業，定能出生愛非愛果，如《超勝讚》云❸：「梵志❹ᴾ《吠陀》ᴾ中所說善惡，能ᴾ從一相續換ᴾ至餘一相續，猶如ᴾ於諸物，一取ᴾ一捨❻，ᴾ佛薄伽梵尊說ᴾ造作ᴾ業不失ᴾ壞，未作無所ᴾ會遇。」《三摩地王經》亦云❼：「此復作ᴾ自業已非不觸ᴾ受其果[1]，餘所作ᴾ業者ᴾ之果，其餘異相續者亦無ᴾ領受。」《毘奈耶阿笈摩》亦云❽：「ᴾ前時已說業決定及增長廣大等，猶非止此，假使經ᴾ歷百劫，ᴾ所造諸業無失亡，ᴾ以若得ᴾ生果因緣會ᴾ聚，或遇時ᴾ機[2]，有情ᴾ造者自受ᴾ熟果ᴾ故。」

三、**不會與未造集的業相遇**：如果沒有累積會感受苦樂之因的業，就必定不會感受到此業的苦樂果報。能夠受用導師世尊累積了無數資糧所成就的妙果的人，雖然不必累積其中所有的因，但是必須累積一部分。如同由導師無量光佛的願力等所形成的極樂世界，要能值遇其中的安樂，雖然不須累積此世界所有的因，但是必須累積與導師無量光佛締結業緣等少許的因。

四、**已造的業不會徒然消失**：造下善業與不善業，就會產生悅意與不悅意的果報。《殊勝讚》中說：「那些婆羅門的《吠陀》典籍中宣稱，存在於某一個心續中的善惡可以轉移到其他人的心續，就像他人接受對方贈予某些物品一般；然而佛陀世尊您說，造了業就不會徒然消失，沒有造作的則不會遇到。」《三摩地王經》也說：「另外，造作自己的業之後，並非不會觸及、嚐到果報；他人所造作的業，不同心續的其他人也無從去領納感受其果。」《毘奈耶教》也提到：「前文說了業決定及增長廣大等，不僅如此，造集眾多業，即使經過百劫也不會徒然消失，因為一旦感生果報的因緣匯集、時機來臨，果報便會在造業的眾生身上成熟出現。」

[1]「^巴受其果」 拉寺本作「^巴或受其果」。　　[2]「若得^巴生果因緣會^巴聚，或遇時^巴機」 拉寺本作「若得^巴生果因緣會^巴聚，或遇時^巴剎那」。

❶ **無量光佛** 五方佛中西方的如來，西方極樂世界的教主，梵語Amitābuddha
義譯，又名阿彌陀佛、無量壽佛。《悲華經》提到，往昔過恆河沙阿僧祇劫有轉
輪王，名無諍念王，曾連續三個月供養寶藏如來，並在佛前發願：我今想真實
行持菩提行，發願成辦清淨國土，願我成道時，我的世界中沒有地獄餓鬼畜
生；世界中眾生的身體皆呈金色，無有女人，壽命無量、無有臭穢。其他的諸
佛國土，若有眾生聽聞我的名號，修諸善根發願投生我世界者，只要不是五
逆與誹謗聖者、破壞正法等眾生，願命終時必得投生我的國土等，共發下四十
八大願。寶藏如來授記無諍念王成佛時，名號為無量壽佛。參見《大正藏》冊
3，頁174。

❷ **已造之業不失壞者** 夏日東活佛提到，已造之業不失壞並非理解為所造的一
切業都不會失壞，因為所造的善根有的被瞋心摧壞，所造的惡業有的被四力
對治摧壞，由此無法感果。所以應當理解為所造之業如果沒有遇到違緣，便
不會失壞。參見《夏日東文集》冊1，頁378。

❸ **《超勝讚》云** 《超勝讚》，即《殊勝讚》。引文見《丹珠爾》對勘本冊1，頁
450。

❹ **梵志** 古印度的最高種姓，又名婆羅門。

❺ **《吠陀》** 見前頁202註14。

❻ **能換如取捨** 夏日東活佛引慧海大師的說法，提到古印度有將善惡作為商品
交易的作法，在西藏也有類似的作法。造了許多罪業的人坐在洞坑的底部，另
一位造了許多善業的人則在洞口給他一盞燈，造罪者接過那盞燈，上到洞口，
造善者則坐到洞底，由此代表交換善惡。參見《夏日東文集》冊1，頁378；《廣
論講授筆記》，頁36。

❼《三摩地王經》亦云　引文高齊那連提耶舍譯《月燈三昧經》作：「非自作業
還自受，亦非自作他人受。」見《大正藏》冊15，頁587；《甘珠爾》對勘本冊
55，頁250。

❽《毘奈耶阿笈摩》亦云　引文唐義淨大師譯《根本說一切有部毘奈耶》作：
「假令經百劫，所作業不亡；因緣會遇時，果報還自受。」見《大正藏》冊
23，頁1053；《甘珠爾》對勘本冊1，頁94。

**第二、分別思惟，分二：一`顯十業道而為上首；二`決擇業
果。今初㊟分三：一`經論說為十事；二`明當珍愛十事取捨；
三`斷除矯作。今初：**

如是了知苦樂因果各各決定，及業增大、未作不會、作已無
失[1]，彼當先於何等業果所有道理，發起定解而取捨耶？總能
轉趣妙行、惡行，三門決定，三門一切善不善行，雖十業道不
能盡攝，然諸粗顯善不善法罪惡本體❶諸極大者，世尊攝其扼
要而說十黑業道，若斷此等，則諸極大義利扼要亦攝為十，見
此故說十白業道。《俱舍論》云❷：「㊟有多善不善業，攝其中粗顯，
善不善如應，說㊟二者皆為十業道。」《辨阿笈摩》亦云❸：㊟其因緣
者，明彼能仁所說諸律儀為善妙因也[2]。能仁喬達摩之聲聞眾中，或有希欲煩惱，積造罪
惡，不行於善，以少善根為喜足者，為彼等故，世尊說言：「應護諸言善護意，身
不應作諸不善，如是善㊟遍清淨三業道，當得大仙㊟佛所說道。」

^妙第二者[3]：^巴此復反於十不善者雖安立為十善，然僅不趣十不善者，但為無記，不成善故[4]，由善了知十黑業道及諸果已，^巴以見過患之門，即於其等起^巴散逸[5]亦當防護，^巴誓使其三門全無彼雜，習近十種善業道者，即是成辦一切三乘及其士夫二種義利❹所有根本，不容缺少，故佛由其眾多門中數數稱讚。《海龍王請問經》云❺：「諸善法者，是諸^巴增上生人天眾生^巴無餘圓滿根本依處，^巴為二種決定勝中，解脫[6]聲聞獨覺菩提根本依處，^巴一切智無上正等菩提根本依處。何等名為根本依處^巴諸善法？謂十善業。」又云❻：「^巴佛喚：龍王！譬如一切^巴四戶一巷之聚落、^巴具十八工巧[7]❼之都城、^巴有集市之市埠[8]、^巴集四種姓❽之方邑[9]、國土❾、王宮，一切草木❿、藥物、樹林，一切事業邊際⓫，^巴所謂商貿、船運、農業、旅遊等[10]，一切種子集聚，生一切穀，若耕若穮⓬及諸大種，皆依地住，地是彼等所依處所。龍王！如是此諸十善業道，是生人天、得^巴住大乘修道以下之學及無學^巴聲聞阿羅漢諸沙門果、獨覺菩提，及諸菩薩一切妙行、一切佛法所依止處。」是故《十地經》中，稱讚遠離十不善戒所有義理⓭，《入中論》中亦總攝云⓮：「若諸異生^巴凡夫及諸語生^巴聲聞，若諸自力證菩提^巴獨覺，及諸勝子⓯^巴菩薩之決定勝，增上生因戒非餘。」^巴雖非遮有餘因，然成就殊勝增上生及決定勝，定須與戒相屬，故為捨此不能成辦之義。

第二科、分開來思惟，分為二科：`一`主要顯示十種業道；`二`抉擇業及果報。第一科分為三科：`一`經論中解釋為十種；`二`說明應當珍視這十種的取捨；`三`斷除虛矯造作。第一科：

當如此了知苦樂的因果各別決定、業會增長廣大、未造作的不會遇到、已造作的不會徒然消失之後，最初應當對於什麼樣的業果道理生起確切的認知而取捨？一般而言，趣入善行、惡行的門徑確定為三種，而三門的一切善與不善行，雖然無法悉數歸入十業道，但是粗略明顯的善與不善，極其重大的罪惡本質，佛陀世尊歸納其中關鍵而宣說十種黑業道；如果能斷除這些，則意義極其重大的關鍵，也可以歸納為十種，見此而宣說十種白業道。《俱舍論》說道：「有眾多善與不善業，從中粗略地歸納，隨其合宜而說善與不善二者各有十種業道。」《分辨教》中也說：

以下這一段的緣由，顯示了能仁所開示的那些律儀是善妙之因。因為喬達摩世尊的聲聞眾中，有人貪好煩惱、累積惡業、不勤行善法，有少許善根就沾沾自喜，世尊為了這些人而說道：

「守護言語，並且謹防內心，身體不造作不善。全面淨化這三種業道直到完全清淨，將會獲得大仙佛陀所宣說的道。」

第二科：另外，雖然將十不善的反面安立為十善，但是僅僅不作十不善，只是無記，不會成為善業。因此了知十種黑業道及其果報之後，藉由看見其過患，就連這些動機的散動也要防護，立誓使三門完全不染雜這些黑業而依止十善業道，這即是要成就一切三乘及士夫的兩種利益必不可少的根基，因此佛陀從許多角度一再地讚歎。《海龍王請問經》說道：「所謂眾多善法，是一切人天增上生所有圓滿的根本依處；是二種決定勝當中，解脫——聲聞獨覺菩提的根本依處；一切智——無上正等菩提的根本依處。而根本依處，所謂眾多善法，又是指什麼？即是十善業。」以及佛陀喚道：「龍王！譬如一切有四戶人家、一條小巷的村莊、具有十八種工藝的城市、有商業集會的市集、四種種姓俱全的地區、國境、皇宮，一切草木、藥物、樹叢，一切經商營利、船運、農業、旅遊等事業，一切種子集聚，一切莊稼的產生，翻耕、整平，以及一切大種元素，

這些都依憑著大地，大地是其所在之處。龍王！同樣地，這十善業道是投生為天神與人、獲得安住於大乘修道以下的有學位與無學聲聞阿羅漢的沙門果、獨覺菩提，以及一切菩薩行、一切佛法的所依之處。」因此《十地經》中讚歎斷除十種不善的戒律，《入中論》也總攝其內涵而說：「異生凡夫以及語生聲聞，那些獨覺以自力證達獨覺菩提者，還有眾多佛子菩薩，他們的決定勝與增上生之因，除了戒律以外，沒有其他。」並非排除有其他因緣，而是要成就殊勝的增上生與決定勝，一定要與戒律相關聯，所以是捨棄戒律就無法成辦的意思。

[1]「作已無失」哲霍本作「作已無斷」。按，「斷」（ཆད）為「失」（ཉད）之訛字。

[2]「明彼能仁所說諸律儀為善妙因也」拉寺本作「明能仁及其所說諸律儀為善妙因也」。 [3]「^妙第二者」哲霍本作巴註。 [4]「^巴此復……不成善故」拉寺本作妙註，哲霍本未標作者。 [5]「^{即於其等起}^巴散逸」果芒本原作「^{即於其}^巴將起等起」，拉寺本作「^{即於其等起}^巴散逸」。按，今據如月格西解釋，依拉寺本改之。

[6]「^巴為二種決定勝中，解脫」果芒本原作「^巴為二種決定勝中」，拉寺本作「^巴為二種決定勝中，解脫」。按，果芒本未標明二種決定勝之前者，故依拉寺本補之。 [7]「^巴具十八工巧」拉寺本作「^巴具十八工巧明」。 [8]「^巴有集市之市埠」拉寺本作「^巴有商時之市埠」，誤。 [9]「^巴集四種姓之方邑」哲霍本無「^巴」。 [10]「^巴所謂商貿、船運、農業、旅遊等」拉寺本作「^巴所謂商貿、船運、農業、因幻等」，哲霍本未標作者。按，「因幻」（རྒྱུ་འཕྲུལ）為「旅遊」（རྒྱུ་འཕྱལ）之訛字。

❶ 罪惡本體　法尊法師原譯作「罪惡根本」，今據如月格西解釋改譯。

❷《俱舍論》云　引文陳真諦三藏譯《阿毘達磨俱舍釋論》作：「由攝彼麁品，故說十業道，如理謂善惡。」唐玄奘大師譯《阿毘達磨俱舍論本頌》作：「所說十業道，攝惡妙行中，麁品為其性，如應成善惡。」見《大正藏》冊29，頁240、317；《丹珠爾》對勘本冊79，頁30。

❸ **《辨阿笈摩》亦云** 引文唐義淨大師譯《根本說一切有部毘奈耶》作：「身莫作諸惡，常淨三種業，是則能隨順，大仙所行道。」見《大正藏》冊23，頁628；《甘珠爾》對勘本冊5，頁650。

❹ **士夫二種義利** 此指士夫所欲求的增上生與決定勝二種利益。

❺ **《海龍王請問經》云** 引文西晉竺法護譯《佛說海龍王經》作：「佛言：何等善事已立德根天人之安，不為聲聞緣覺之本，立道本者志無上正真道，何謂立本？謂行十事。」此中「不為聲聞緣覺之本」的「不」字應是衍字。見《大正藏》冊15，頁146；《甘珠爾》對勘本冊58，頁419。

❻ **又云** 引文出自《海龍王請問經》。西晉竺法護譯《佛說海龍王經》作：「譬如郡國、縣邑、村落、丘聚、百穀、藥草、樹木、華果，種殖刈穫，皆因地立。十善之德，天上、人間皆依因之。若學、不學及得果證、住緣覺道、菩薩道、行諸佛道法，皆由從之。」見《大正藏》冊15，頁147；《甘珠爾》對勘本冊58，頁428。

❼ **十八工巧** 十八種工藝，分別為：商貿、製磚、珠寶、賣酒、畜牧、理髮、製油、鐵業、木業、占相、製繩、製革、皇宮用品製造、染色、竹品製作、屠宰、下賤勞役、造車。

❽ **四種姓** 古印度的四種階級。分別為：婆羅門、剎帝利、吠舍、首陀羅。

❾ **國土** 善慧摩尼大師說，有十萬戶的地區為國土。參見《洛桑諾布文集》冊2，頁471。

❿ **草木** 藏文原義為草與灌木叢。

⓫ **事業邊際** 善慧摩尼大師說指工作事業。參見《洛桑諾布文集》冊2，頁471。

⓬ **耰** 古代弄碎土塊、平整土地的農具，音「優」。法尊法師原譯作「耘」，藏文直譯為「將土整平」，故改譯。

⓭ **《十地經》中稱讚遠離十不善戒所有義理** 《十地經》，華嚴部經典，全名《大方廣佛華嚴經‧十地品》，共9卷。漢譯本有西晉竺法護譯《漸備一切智德經》5卷；東晉佛馱跋陀羅譯《大方廣佛華嚴經‧十地品》5卷；後秦鳩摩羅什大師譯《十住經》4卷；唐尸羅達摩譯《佛說十地經》9卷；唐實叉難陀譯《大方廣佛華嚴經‧十地品》6卷，共五種。此經大意為佛與金剛藏大菩薩等在他化自在天宮時，金剛藏菩薩入菩薩大智慧光明三摩地，十方無量無邊諸佛都

一起稱揚讚歎，並且對金剛藏菩薩摩頂加持。金剛藏菩薩出定後，佛陀為諸大眾宣說菩薩十地功德。相應段落參見唐實叉難陀譯《大方廣佛華嚴經·十地品》：「佛子！此菩薩摩訶薩復作是念：『十不善業道，是地獄、畜生、餓鬼受生因；十善業道，是人、天乃至有頂處受生因。又此上品十善業道，以智慧修習，心狹劣故，怖三界故，闕大悲故，從他聞聲而解了故，成聲聞乘。又此上品十善業道，修治清淨，不從他教，自覺悟故，大悲方便不具足故，悟解甚深因緣法故，成獨覺乘。又此上品十善業道，修治清淨，心廣無量故，具足悲愍故，方便所攝故，發生大願故，不捨眾生故，希求諸佛大智故，淨治菩薩諸地故，淨修一切諸度故，成菩薩廣大行。又此上品十善業道，一切種清淨故，乃至證十力、四無畏故，一切佛法皆得成就。是故我今等行十善，應令一切具足清淨；如是方便，菩薩當學。』」見《大正藏》冊10，頁185；《甘珠爾》對勘本冊36，頁405。

⓮《入中論》中亦總攝云 《入中論》，中觀部論典、中觀應成派解釋《中論》的重要釋論之一，又名《入中論頌》，月稱菩薩著。漢譯本有法尊法師譯《入中論頌》。此論以深廣二種角度解釋《中論》的密意，透過闡明一切法無自性的道理，成立不共於自續、唯識的立宗：諦實執為煩惱障，以及阿賴耶識、自證、無外境三者不存在等，以此顯明《中論》深奧的應成正見。又《入中論》闡釋學人想修學《中論》所開示凡夫地的三法──大悲心、菩提心、無我慧，以及有學位的菩薩十地、無學位的佛地等廣大行的內涵時，應當無所偏廢地修持《中論》所闡述的深廣二道，以此顯明《中論》廣大行的內涵。引文法尊法師譯《入中論善顯密意疏》作：「若諸異生及語生，自證菩提與佛子，增上生及決定勝，其因除戒定無餘。」見《入中論善顯密意疏》，頁58（宗喀巴大師著，法尊法師譯，台北市：福智之聲出版社，2006）；《丹珠爾》對勘本冊60，頁516。

⓯勝子 勝者佛陀之子，即是菩薩。

沙門果

如月格西認為，前文所引《海龍王請問經》中：「如是此諸十善業道，是生人天、得學無學諸沙門果、獨覺菩提，及諸菩薩一切妙行、一切佛法所依止處。」這段經文如果沒有配合巴註，似可解釋如下：有學及無學的沙門果指聲聞四果，其中預流、一來、不還聖者居有學位，阿羅漢居無學位，此與下文所說的獨覺菩提、菩薩妙行、諸佛菩提相對。如此解釋，則此處的沙門果即是沙門性果，沙門性指能夠獲得小乘聖果的無間道，藉由無間道所獲的小乘聖果名為沙門性果。按照這種說法，由於預流等聖者都是見道位以上的聖者，所以這段經文無法包含加行位的聲聞、獨覺。巴註將有學解為安住於大乘修道以下的行者，則此處的有學位包含三乘一切有學行者，並非專指預流、一來、不還的聲聞聖者，然而如果有學中包含了三乘一切有學行者，與下文所說的菩薩似有重複，而且此處的沙門果不能解為小乘的沙門性果，而必須解為修道所獲得的果位，因為三乘都具備這樣的果位。

第三、斷除矯作者：如是不能於一尸羅，數修防護而善守護，反自說云：「我是大乘者。」極應呵責。《地藏經》云❶：「由如是等十善業道而能成佛，若有乃至命存以來，下至不護一善業道，然作是言：『我是大乘❷，我求無上正等菩提。』」此數取趣❸ 📖非大乘者而伴似是者，至極詭詐，📖為利養故矯飾行儀非所能及；說📖自是菩薩大妄語，📖餘上人法非所能及❹。是於一切佛世尊前📖請立為證[1]，自詡當為成辦利樂如待賓客，然不修其因故，欺罔世間，📖無因而欲求果，說

斷滅語，此由^巴苦所愚蒙而至命終，顛倒墮落。」顛倒墮落者，於一切中，應知即是惡趣異名。

第三科、斷除虛矯造作：既然如此，如果連一條戒律都無法一再地依靠防護心而守護，卻宣稱：「我是大乘行者！」是最應該被斥責的。《地藏經》中說：「透過這十善業道才能夠成佛；如果有人終其一生連一個善業道都不守護，卻宣稱：『我是大乘行者，我追求無上正等菩提！』此補特伽羅極端狡詐，明明不是大乘行者卻佯裝成是，這是為了財利，而矯飾其行為舉止所不能企及的。宣說自己是菩薩的大妄語，這是其他的說上人法所無法企及的。在一切諸佛世尊面前，請他們作證，妄自承諾要成辦世間有情的利益安樂，將之奉為上賓，卻不去修行其因而欺瞞世間，沒有因而妄求成果，說斷滅之語。他在痛苦的蒙蔽中直至死亡，並且步向顛倒墮落。」顛倒墮落，在任何情況下都應當理解成惡趣的別名。

[1]「^巴請立為證」哲霍本作語註。

❶《地藏經》云　此處《地藏經》是指《大集地藏十輪大乘經》。《大集地藏十輪大乘經》，經集部經典，共10卷，8品。漢譯本有唐玄奘大師譯《大乘大集地藏十輪經》10卷。佛說此經之本懷，是為令三寶能昌盛久住於世，為摧伏一切眾生如金剛般堅固的煩惱。此經的藏文本，是從玄奘大師的漢譯本迻譯而

來。引文唐玄奘大師譯《大乘大集地藏十輪經‧善業道品》作：「若不真實希求如是十善業道所證佛果，及不真實下至守護一善業道，乃至命終而自稱言：『我是真實行大乘者，我求無上正等菩提。』當知如是補特伽羅，是極虛詐，是大妄語，對十方界佛世尊前，誑惑世間無慚無愧，說空斷見誘誑愚癡，身壞命終墮諸惡趣。」藏文本中有與漢譯本此段經文相應段落，而查無此《廣論》所引的經文，係見於《集學論》所引的《地藏經》中。相應段落參見宋法護譯《大乘集菩薩學論》：「如《地藏十論經》云：『如是十善業道佛所證果，若不真實守護一善業道，乃至臨命終時，而自稱言：「我是真實行大乘者，我求阿耨多羅三藐三菩提者。」當知是人是極虛詐，是大妄語，對十方界佛世尊前誑惑世間，說空斷見誘誑愚癡，身壞命終墮諸惡趣。』」見《大正藏》冊13，頁767；冊32，頁78；《丹珠爾》對勘本冊64，頁1026；《甘珠爾》對勘本冊65，頁529。

❷ **我是大乘** 藏文原意為「我是大乘人」。大乘，此處須解為大乘人、大乘行者的略稱。嚴格來講，「大乘」指補特伽羅相續中的「道」，為心法，不能解作補特伽羅。

❸ **數取趣** 補特伽羅的新譯名詞，舊譯曰人，或眾生。意指在施設處五蘊或四蘊上假立的士夫，包含一切凡聖。數取趣的詞義，按賈曹傑大師《集論釋》提到，在諸趣中數數高下，故名數取趣。唐窺基大師《成唯識論述記》云：「補特伽羅，數取趣也。」南宋法雲《翻譯名義集》云：「補特伽羅，或福伽羅，或富特伽羅，此云數取趣，謂諸有情起惑造業。即為能取當來五趣，名之為趣，古譯為趣向。中陰有情趣往前生故。」唐玄應《一切經音義》云：「案梵本，補，此云數。特伽，此云取。羅，此云趣。云數取趣，謂數數往來諸趣也。舊亦作弗伽羅，翻名為人。言捨天陰入人陰、捨人陰入畜生陰是也。」唐慧苑《新譯大方廣佛華嚴經音義》云：「補伽羅，正云補特伽羅，此云數取趣。謂造集不息，數數取苦果也。」參見《大正藏》冊43，頁277；冊54，頁442、624、1082；《集論釋》，頁162（賈曹傑大師著，印度：洛色林圖書館，2003）。

❹ **餘上人法非所能及** 上人法，指神通神變等超越常人的功德。不具上述功德，而妄說自己已經獲得，即是說上人法的重罪。不是菩薩而自稱為菩薩，較於其他說上人法罪業尤甚。

決擇業果，分三：⟨一⟩顯示黑業果；⟨二⟩白業果；⟨三⟩業餘差別。

初中分三：⟨一⟩正顯示黑業道；⟨二⟩輕重差別；⟨三⟩此等之果。今

初⟨妙⟩分三：⟨一⟩正說業道；⟨二⟩能滿差別；⟨三⟩業與道之差別。初

中分十：⟨一⟩殺生，分二：⟨一⟩加行、正行、完結差別；⟨二⟩正說

業道。今初：

云何殺生？《攝分》❶於此說為事、想、欲樂、煩惱、究竟五相。

然將中三攝入意樂，更加加行攝為四相，謂事、意樂、加行、究

竟[1]，易於解釋，意趣無違。⟨妙⟩第二分事等四[2]：**其中殺生事**

者：⟨巴⟩《毘奈耶》中說為與己異相續之人或人胎者❷，然此謂具命有情。此復

若是殺者自殺，有加行罪，無究竟罪❸。《瑜伽師地論》於此意

趣，說「他有情❹」。**意樂，分**⟨巴⟩想、等起、煩惱三：想有四種，

謂如於有情事作有情想及非情想，於非有情作非情想及有情

想為四❺⟨巴⟩句。初及第三是不錯想，二、四錯誤。此中等起若有

差別，譬如念云：「唯殺天授」，若起加行誤殺祠授，無根本

罪❻，故於此中須無錯想。若其等起於總事轉，於加行時，念

任誰來悉當殺害❼，是則不須無錯誤想。如是道理，於⟨巴⟩不與取等

餘九中，如其所應，皆當了知。煩惱者，謂三毒隨一。等起者，

謂樂❽殺害。**加行中**，能加行者，謂若自作或教他作，二中誰

作等無差別。加行體者，謂用器杖，或用諸毒，或用明咒，隨以

一種起加行等。**究竟者**：謂即由其加行因緣，彼爾時死，或餘時死。此復如《俱舍》云❾：「⟨語⟩殺者較所殺[3]前及⟨巴⟩二者等⟨巴⟩時死，無⟨巴⟩根本⟨巴⟩墮罪，⟨語⟩以所殺死時，殺者行殺加行時之身壞而[4]已生餘⟨語⟩中有等[5]身故。」此中亦爾。

抉擇業與果，分為三科：⟨一⟩顯示黑業果；⟨二⟩顯示白業果；⟨三⟩顯示業的其他類別。**第一科分為三科**：⟨一⟩正說黑業道；⟨二⟩顯示輕重的差別；⟨三⟩顯示這些黑業道的果報。**第一科分為三科**：⟨一⟩正說業道；⟨二⟩達到圓滿的差別；⟨三⟩業與道的差別。**第一科分為十科**：⟨一⟩殺生，分為二科：⟨一⟩加行、正行與完結的差別；⟨二⟩正說業道。第一科：

什麼是殺生？《攝分》當中，對此分為事、想、意樂、煩惱、究竟等五項而說明。但是將中間三項納入意樂，再加上加行，歸納為事、意樂、加行、究竟四項而說明的話，既容易解釋，而且沒有違背原意。**第二科分為事等四科：其中殺生的事**，《毘奈耶》中雖然說是與自己不同心續的人或人胎，但是在此是指具有生命的有情。而殺生者如果是殺害自己，雖然有加行的惡業，但是沒有究竟，《瑜伽師地論》就此而說：「其他生命。」**意樂，分為想、動機、煩惱三項**：其中想有四種，對於是有情的對象，想成是有情及想成不是有情；對於不是有情的對象，想成不是有情及想成是有情，共四種狀況。第一和第三種想沒有錯誤，第二和第四種則是錯誤的。其中個別的動機，例如心想只殺天授，發起行動時誤殺祠授的話，不會有根本罪。因此這種狀況中，必須沒有錯誤之想。若動機是針對總體的，行動時心想無論誰來都要殺害，則不須沒有錯誤之想。這樣的原則，在不與而取等其他九種中，也應按情況而了知。煩惱，是指三毒任何一者。動機，是想要殺害。**加行當中**，付諸行動者，無論是自己去做或

者指使他人去做，二者都相同；行動的性質，是以武器，或者毒藥，或以明咒等，以任何一種方式發起行動。**究竟**，是藉由這個行動的因緣，對方當時致死，或在其他時候死亡。而在《俱舍論》中說：「殺害者在被害人之前就死亡，或是二人同時死亡，則沒有根本墮罪，因為被害人死亡時，殺害者進行殺害行動時的軀體已經毀壞，而生起了中陰身等其他軀體。」所說與此處也是相同的。

[1]「事、意樂、加行、究竟」哲霍本作「事、加行、意樂、究竟」，順序有誤。
[2]「❖第二分事等四」拉寺本作語註。按，此為前文「正說業道」之相對應處，突作語註，實不應理。　[3]「❖殺者較所殺」拉寺本作巴註。　[4]「❖以所殺死時……身壞而」拉寺本、雪本、哲霍本作巴註。　[5]「❖中有等」拉寺本、雪本、哲霍本作巴註。

❶《攝分》　相應段落參見唐玄奘大師譯《瑜伽師地論・攝決擇分》：「復次，若廣建立十惡業道自性差別，復由五相。何等為五？一、事；二、想；三、欲樂；四、煩惱；五、方便究竟。」見《大正藏》冊30，頁630；《丹珠爾》對勘本冊74，頁316。
❷《毘奈耶》中說為與己異相續之人或人胎者　此處《毘奈耶》為佛教律典的總稱。「與己異相續」及「人或人胎」相應段落分別出自《律上分》與《分辨教》。《律上分》，律部經典，又名《請問教》、《律勝分》、《律後分》。《甘珠爾》對勘本中有兩種譯本，一部內容完整，共53卷，10品；另一部僅存部分，共12卷。漢譯本有姚秦弗若多羅、鳩摩羅什大師合譯《十誦律・優波離問法》；唐義淨大師譯《根本說一切有部尼陀那目得迦》10卷為《律上分》部分漢譯。
　　《貢德大辭典》提到，兩種藏譯本中，前者係由喀什米爾比丘背誦出來而結集，被認為稍有錯誤；後者則相傳曾遭火災而未被燒盡，從灰燼中取出，因此

347

極為正確。此經係世尊與優波離尊者以問答的方式詳細抉擇《律本事》與《分辨教》的開遮持犯。「人或人胎」相應段落，唐義淨大師譯《根本說一切有部毘奈耶》：「若人、若人胎。」人或人胎，由人的引業投生到母胎中，從在胎中形成了眼、耳、鼻、舌四根後，直到死亡以前，稱之為人；入胎後，尚未具足眼、耳、鼻、舌四根之前，稱為人胎。由於此時尚未具足人的諸根，將要成為人，所以稱為人胎。參見《大正藏》冊23，頁660；《甘珠爾》對勘本冊5，頁332；冊12，頁20、269；《貢德大辭典》冊4，頁244。

❸ 無究竟罪　藏文原文無「罪」字。

❹ 他有情　唐玄奘大師譯《瑜伽師地論・本地分》作「他眾生」。有情，藏文直譯為「具有生命者」。參見《大正藏》冊30，頁317；《丹珠爾》對勘本冊72，頁890。

❺ 為四　法尊法師原譯中無此二字，今據藏文補譯。

❻ 根本罪　與加行罪相對而言，此指十惡業道的正行罪，不同於違犯戒律的根本墮。

❼ 於加行時念任誰來悉當殺害　法尊法師原譯作「念加行時，任有誰來悉當殺害」，今據藏文改譯。

❽ 樂　此處解作「想要」，而非喜樂之意，下文亦同。

❾ 《俱舍》云　引文陳真諦三藏譯《阿毘達磨俱舍釋論・分別業品》作：「俱死及前死，無根。」「別依生。」唐玄奘大師譯《阿毘達磨俱舍論本頌・分別業品》作：「俱死及前死，無根依別故。」見《大正藏》冊29，頁241、317；《丹珠爾》對勘本冊79，頁30。

加行之義

「加行」一詞，包含「前行準備」、「行為」、「行持」等諸多含義。

「加行、正行、結行」當中的加行，即指前行，亦即在正式做某件事情之前的準備。「六加行法」的加行，是指在正修前的準備。「資糧道、加行道、見道、修道、無學道」當中

的加行道，也是指獲得見道的前行。

說法軌理中提到「以何意樂加行而說」、親近知識軌理中提到「加行親近軌理」、業果法類中提到「意樂、加行、究竟」，其中的加行，則是指行為，亦即將心中所想付諸實踐，此處的實踐，未必是行之於身口，業道當中最後三種業道，也必須經過意樂、加行、究竟的過程，才會形成業道。

《現觀莊嚴論》中提到，所應了解的內容為三智，所應修持的內容為四加行，所應獲得的果位為法身。其中「四加行」的加行，即指行持，亦即了解了三智的內涵以後，應加以修持，才能最終獲得果位法身。

不與取事者：㊢《毘奈耶》中說❶ 不與己共財之人所掌之物，復具價值者，然此**謂隨一種他所攝物。意樂，分三：想與煩惱俱如前說。等起者，**㊢《毘奈耶》中說❷ 是為己資身什物故，然此**謂雖未許，令離彼欲**[1]。**加行中，**能加行者如前。加行體者，謂若力劫，若闇竊盜，任何悉同，此復詐取債及寄存，或用其餘欺惑方便，不與而取❸，或為自義，或為他義，或為害他等故❹，所作悉同，成不與取。**究竟，**㊢**分四：辨識究竟者：《攝分》中說❺：「移離本處。」**㊢**第二、破除謬誤者：**於此義中雖多異說，然從物處移於餘處唯是一例，猶如田等無處可移，然亦皆須安立究竟，㊢**第三、自宗者：**是故應以發起㊢決斷為己有之得心。㊢**第四、決疑者**[2]：此復若是教劫、教盜，彼生即可，譬如遣使往殺他人，自雖不知，然他何時死，其教殺者，即生本罪。

不與而取的事，在《毘奈耶》中，雖然說是不與自己共享財物的人所持為己有，而且達到既定的價值的財物，但在此是指他人所擁有的任何物資。**意樂，分為三科：**其中想及煩惱與上述相同。動機在《毘奈耶》中雖然說是為了自己生活的資具，但在此是即使未經同意，也想要使之離開對方。**加行當中**，付諸行動者與上述相同；行動的性質，無論是強力劫奪或是暗中盜取都相同。另外騙取債務與託管的財物，或是以其他詐欺的手段不與而取；為了自己或者他人的利益，或是為了傷害對方等目的而做，同樣都是不與而取。**究竟，分為四科：**辨識究竟：《攝分》中說：「移到其他地方。」第二科、**排除錯誤：**其中的意涵雖有許多不同的看法，但是將物資從原位移到其他地方，僅是舉例，因為如同田產等等，雖然無法從所在地移走，但是也必須安立究竟的標準。**第三科、自宗：**因此是以生起已經獲得、確定為自己所有之心為究竟。**第四科、解除疑惑：**而若是指使他人劫奪或盜取，只要被指使者生起已得之心即可。例如自己雖然還不知情，但是被指使者一旦殺害對方，對方何時死亡，那時指使殺害者就產生根本罪。

[1]「令離彼欲」 拉寺本、哲霍本作「欲額頭」，誤。 [2]「🅑第四、決疑者」哲霍本作巴註。按，此為前文「究竟，🅑分四」之第四科相對應處，此處突作巴註，實不應理。

❶《毘奈耶》中說　相應段落出自《律分別》。參見唐義淨大師譯《根本說一切有部毘奈耶》：「云何為三？謂他所掌物、體是重物、離本處。云何他所掌物？謂是重物，若女、男、黃門攝為己有，是名他所掌物。」見《大正藏》冊23，

頁637；《甘珠爾》對勘本冊5，頁154。

❷《毘奈耶》中說　相應段落出自《律上分》。參見《甘珠爾》對勘本冊12，頁16、265。

❸此復詐取債及寄存或用其餘欺惑方便不與而取　法尊法師原譯作「此復若於債及寄存，以諸矯詐欺惑方便，不與而取」，今據藏文改譯。

❹或為害他等故　法尊法師原譯作「或為令他耗損等故」，今據藏文改譯。

❺《攝分》中說　引文唐玄奘大師譯《瑜伽師地論·攝決擇分》作：「移離本處。」見《大正藏》冊30，頁630；《丹珠爾》對勘本冊74，頁318。

欲邪行事者：略有四種，謂所不應行、非支、非處，及以非時。此中初者，謂不應行❶所有婦女及一切男、非男非女❷。此之初者，《攝分》中云❸：「若於母等、母等所護，如經廣說，名不應行。」如馬鳴阿闍黎說此義云❹：「言非應行者，他攝具法幢，種護及❺王護，他已取❻娼妓，諸親及繫屬，此是不應行。」他所攝者謂他妻妾。具法幢者謂出家女。種姓護者謂未適嫁，父母❼等親，或大公姑❽，或守門者，或雖無此，自己守護。若王若敕而守護者，謂於其人制治罰律。於他已給價金娼妓，說為邪行，顯自給價，非欲邪行。大依怙尊亦作是說❾。男者俱通自他。非支分者，謂除產門所有餘分。馬鳴阿闍黎云❿：「云何名非支？口、便道、嬰童[1]，腿逼及手動。」大依怙云⓫：「言非支者，謂口、穢道及童男女前後孔戶，並其自手。」此說

351

亦同。非處所者，謂諸尊重所集會處❶❷，若塔廟處，若大眾前，若於其境有妨害處❶❸，謂地高下及堅硬等。馬鳴阿闍黎云❶❹：「此中非處❶❺者，在法塔像等，菩薩居處等，親教❶❻及軌範❶❼，並在父母前，非境不應行。」大依怙師亦如是說❶❽。非其時者，謂穢下降、胎滿孕婦，若飲兒乳❶❾，若受齋戒，若有疾病匪宜習欲❷⓿，若過量行。量謂極至經於五返。馬鳴阿闍黎云❷❶：「此中非時者，穢下及孕婦，有兒非欲解，及其苦憂等，住八支❷❷非時。」大依怙尊亦復同此❷❸。稍差別者，謂晝日時亦名非時。非支等三，雖於自妻尚成邪行，況於他所。**意樂，分三：想**❀**有三軌：正業道邪淫者：《攝分》中說**❷❹：「於彼彼想。」是須無誤。❀**第二、不淨行如《毘奈耶》所說者**[2]：《毘奈耶》中❷❺，於不淨行他勝❷❻處時，說想若錯不錯皆同。❀**第三、邪淫錯想等差別者**[3]：《俱舍釋》說❷❼，作自妻想而趣他妻，不成業道，若於他妻作餘妻想而趣行者，有二家計，謂成不成。煩惱者，三毒隨一。等起者，謂樂欲行諸不淨行。**加行**❀**有二軌：無著軌者：《攝分》中說**❷❽，教他邪行，教者亦生欲邪行罪。❀**第二軌者：《俱舍頌》及《釋》說**❷❾，如此則無根本業道❸⓿。❀應理者：前或意說非根本罪，❀有說加行體性者，是精勤於其事[4]，然須觀察。**究竟者：謂兩兩交會。**❀此中需有別別細分差別。

邪淫的事，有四項：不應行房事的對象，不當的部位、地點與時間。其中第一項，是指不應行房事的女人、所有男子，以及不男不女。其中第一者，《攝分》中說：「母親等以及母親所監護等等，經典中所列舉的那些，稱為不應行房事的對象。」其中的意涵，如同馬鳴阿闍黎所說：「所謂不應行房事的對象，是指他人所攝護、具足正法幢、種姓所守護、國王所守護、他人已訂下的妓女，還有直系血親、近親，這些是不應行房事的對象。」他人所攝護，是指別人的妻室；具足正法幢，是指出家的女性；種姓所守護，是指尚未出嫁，而被自己的父親等親戚、配偶的父母、守門人所守護。或者即使沒有這些，但是自己守護自己。國王與命令所守護，是指訂立了懲治她的法令。由於提到對他人已付費的妓女會構成邪淫，表示如果自己付費，就不是邪淫。阿底峽尊者所說也與此相同。男子則通指自己和他人。不當的部位，是指除了陰部以外的部位。馬鳴阿闍黎說：「何為不當的部位？是指口部、肛門、幼兒、以大腿壓迫，以及在手中擺弄。」阿底峽尊者則說：「不當的部位，是指口部、肛門、幼兒與女子的前後孔洞，以及自己的手。」這兩種說法相符。不當的地點，是指在尊長附近、佛塔所在之處、眾人的面前，以及凹凸不平與堅硬的地面等會造成對方傷害的處所。馬鳴阿闍黎說：「不當的地點，是指正法、佛塔、聖像等所在之地，以及菩薩的住處等，親教師、軌範師，以及父母面前，不應該在這些不當的地點進行。」阿底峽尊者同樣也這麼說。不當的時間，是指月事來臨、懷孕期滿的孕婦、有幼兒正需哺乳、受持八關齋戒、患有無法行房事的疾病，以及過量。量是指在五次以內。馬鳴阿闍黎說：「其中不當的時間，是指月事來臨、孕婦、有幼兒、不願意、痛苦憂惱等等，以及處於八關齋戒時，是不當的時間。」阿底峽尊者的觀點也與此類似，差別在於將白天也歸入不當的時間。不當的部位等三者，即使是對自己的妻室尚且構成邪淫，何況是對其他人。**意樂**，**分為三項：其中想有三派說法，其中邪淫業道本身：《攝分》提**

到「將他想成是他」，說必須沒有錯誤。**第二科、對於不淨行，就《毘奈耶》而言**：《毘奈耶》則說，在不淨行的他勝罪中，無論有無錯誤之想都一樣。**第三科、邪淫中錯誤之想等等的差別**：《俱舍釋》中說，如果想成是自己的妻子而到別人的妻子面前，不會形成業道；如果將別人的妻子想成是另一人的妻子而為，則有形成與不形成業道兩種說法。煩惱是三毒任何一者，動機是想要進行不淨行。**加行有兩派說法：無著論師的說法**，在《攝分》提到指使他人行邪淫，指使者也會產生邪淫罪；**第二種說法：《俱舍根本頌》及《自釋》則說**，這種情況下不會有根本業道。合理的說法是，前者或許意指不是根本罪的過失，有提到加行的性質，是指認真投入此事，**尚應觀察。究竟**是指兩身交合。對此各需細緻的區別。

[1]「嬰童」 果芒本原作「腿脛」，法尊法師原譯、《丹珠爾》對勘本之《示十不善業道論》、塔爾寺本《廣論》、德格本《廣論》、扎什倫布舊本《廣論》作「嬰童」。按，下文大依怙解釋非支亦以童男女解釋，如月格西亦釋作「嬰童」，故仍依法尊法師原譯。　　[2]「^妙第二、不淨行如《毘奈耶》所說者」 拉寺本、單註本作「^妙第二、不淨行若如《毘奈耶》所說」。　　[3]「^妙第三、邪淫錯想等差別者」 哲霍本作「^妙第三、於邪淫錯想等差別者」。　　[4]「^妙有說加行體性者，是精勤於其事」 拉寺本作巴註，單註本無。

❶**謂不應行** 法尊法師原譯作「謂行不應行」，今據藏文改譯。

❷**非男非女** 又名半擇迦、半托、般茶迦、般吒，義譯黃門、不能男。關於黃門的解釋，經論說法不一，依據《俱舍論》，廣義的黃門包括扇搋與半擇迦二種，狹義的黃門則僅指半擇迦而言。其中的扇搋指根全缺者，半擇迦指雖具足根，但無法發揮作用者。依據《大乘阿毘達磨集論》與《大乘阿毘達磨雜集論》，半擇迦有五種：生便半擇迦、嫉妒半擇迦、半月半擇迦、灌灑半擇迦、除

去半擇迦。這五種依次指：先天性的缺根、非嫉妒則不能者、半月能而半月不能者、非入浴則不能者、後天性之損壞者。《四分律》提到五種黃門：生黃門、犍黃門、妒黃門、變黃門、半月黃門。《十誦律》也提到五種黃門：生不能男、半月不能男、妒不能男、精不能男、病不能男。《根本薩婆多部律攝》提到五種半擇迦：生半擇迦、半月半擇迦、觸抱半擇迦、嫉妒半擇迦、被害半擇迦。《摩訶僧祇律》提到六種不能男：生不能男、捺破不能男、割卻不能男、因他不能男、妒不能男、半月不能男。犢子部律典《佛阿毘曇經出家相品》提到六種不能男：生不能男、斷不能男、揲不能男、不觸不能男、嫉不能男、半月不能男。參見《大正藏》冊29，頁1558；冊31，頁1065；冊41，頁1821；冊22，頁1428；冊23，頁1435；冊24，頁1458；冊22，頁1425；冊24，頁1482。

❸ **《攝分》中云** 引文唐玄奘大師譯《瑜伽師地論・攝決擇分》作：「若於母等，母等所護，如經廣說，名不應行。」見《大正藏》冊30，頁631；《丹珠爾》對勘本冊74，頁323。

❹ **馬鳴阿闍黎說此義云** 引文出自馬鳴菩薩所造《示十不善業道論》。《示十不善業道論》，書翰部論典，共25偈，馬鳴菩薩著，尚無漢譯。此書以頌文簡述十不善業道。見《丹珠爾》對勘本冊96，頁647。

❺ **及** 法尊法師原譯作「至」，今據藏文改譯。

❻ **取** 法尊法師原譯作「娶」，今據藏文改譯。

❼ **父母** 藏文原文無「母」字。

❽ **大公姑** 阿嘉永津、善慧摩尼大師與夏日東活佛解釋，此詞藏文義通翁姑與岳父母。參見《阿嘉雍曾文集》冊上，頁80；《洛桑諾布文集》冊2，頁443；《夏日東文集》冊1，頁383。

❾ **大依怙尊亦作是說** 相應段落出自阿底峽尊者所造《示十不善業道論》。《示十不善業道論》，中觀部論典，共1卷，阿底峽尊者著，尚無漢譯。本論精要地闡述造下十不善業道應具備的條件。參見《丹珠爾》對勘本冊64，頁1837。

❿ **馬鳴阿闍黎云** 引文出自馬鳴阿闍黎所造《示十不善業道論》。見《丹珠爾》對勘本冊96，頁647。

⓫ **大依怙云** 引文出自阿底峽尊者所造《示十不善業道論》。見《丹珠爾》對勘本冊64，頁1837。

⓬ **諸尊重所集會處** 藏文直譯為師長們的附近。

⓭ **若於其境有妨害處** 指會造成對方傷害的處所。「其境」指與之行邪淫之對方，不可解作四周環境。

⓮ **馬鳴阿闍黎云** 引文出自馬鳴阿闍黎所造《示十不善業道論》。見《丹珠爾》對勘本冊96，頁647。

⓯ **非處** 法尊法師原譯作「處境」，今據藏文改譯。

⓰ **親教** 親教師的簡稱。經弟子三次祈請為親教師，上師應允即成其親教師。由於能夠清淨地教授、攝護弟子，所以稱為親教師。

⓱ **軌範** 軌範師的簡稱。從法、財兩方面利益弟子的善知識，即是其軌範師。

⓲ **大依怙師亦如是說** 相應段落出自阿底峽尊者所造《示十不善業道論》。參見《丹珠爾》對勘本冊64，頁1837。

⓳ **若飲兒乳** 藏文直譯為「有幼兒正需哺乳」。飲，音「印」，給人、畜喝水等。

⓴ **匪宜習欲** 法尊法師原譯作「匪宜習故」，今據藏文改譯。

㉑ **馬鳴阿闍黎云** 引文出自馬鳴阿闍黎所造《示十不善業道論》。見《丹珠爾》對勘本冊96，頁647。

㉒ **住八支** 指受持不殺、不盜、不淫、不妄語、不飲酒、不著香花鬘及不香油塗身並且不歌舞倡伎、不坐臥高廣大床、不非時食等八關齋戒。

㉓ **大依怙尊亦復同此** 相應段落出自阿底峽尊者所造《示十不善業道論》。參見《丹珠爾》對勘本冊64，頁1837。

㉔ **《攝分》中說** 相應段落參見唐玄奘大師譯《瑜伽師地論·攝決擇分》：「想者，於彼彼想。」見《大正藏》冊30，頁630；《丹珠爾》對勘本冊74，頁318。

㉕ **《毘奈耶》中** 相應段落出自《律上分》。參見《甘珠爾》對勘本冊12，頁7、259。

㉖ **他勝** 見前頁130註18。

㉗ **《俱舍釋》說** 相應段落參見陳真諦三藏譯《阿毘達磨俱舍釋論·分別業品》：「若往他婦所，作自婦想，不成業道。若作他婦想，往餘他婦所，餘師說，由行於他婦及受用此類故成業道。別處欲作，於別處行故，無業道罪，譬如殺生，餘師說如此。」唐玄奘大師譯《阿毘達磨俱舍論·分別業品》：「若於

他婦謂是己妻，或於己妻謂為他婦，道非道等但有誤心，雖有所行而非業道。若於此他婦作餘他婦想，行非梵行成業道耶？有說亦成，以於他婦起婬加行及受用故；有說不成，如殺業道於此起加行於餘究竟故。」見《大正藏》冊29，頁242、87；《丹珠爾》對勘本冊79，頁502。

㉘ **《攝分》中說** 相應段落參見唐玄奘大師譯《瑜伽師地論・攝決擇分》：「若自行欲，若媒合他，此二皆名欲邪行攝。」見《大正藏》冊30，頁631；《丹珠爾》對勘本冊74，頁324。

㉙ **《俱舍頌》及《釋》說** 法尊法師原譯作「《俱舍釋》說」，今據藏文改譯。《俱舍頌》相應段落參見陳真諦三藏譯《阿毘達磨俱舍釋論・分別業品》：「偈曰：一二種。」唐玄奘大師譯《阿毘達磨俱舍論本頌・分別業品》：「彼自作婬二」。《俱舍釋》相應段落參見陳真諦三藏譯《阿毘達磨俱舍釋論・分別業品》：「釋曰：邪婬恒以有教無教為性。何以故？此自身所成就故，若令他作歡喜，不如自作故。」唐玄奘大師譯《阿毘達磨俱舍論・分別業品》：「唯欲邪行必具二種，要是自身所究竟故，非遣他作，如自生喜。」見《大正藏》冊29，頁240、317、84；《丹珠爾》對勘本冊79，頁491。

㉚ **根本業道** 此與業道同義，「根本」一詞在藏文中亦可解為正行，根本業道即指完成正行的業道。

妄語事者：謂見、聞、覺、知❶四，及此相違四。能解之境，謂他領義。**意樂，分三**：想者，謂於所見變想不見，及於未見變想見等。煩惱者，謂三毒。等起者，謂欲變想而說❷。**加行**，^妙分二：`正說；`決疑。初者：謂或言說，或默忍受，或現身相。^妙**第二、決疑**[1]，分二：**第一、依於所求之決疑者**[2]：此復所求或為自利，或為利他，隨為何故說悉同犯❸。^妙**第二、**

教他作及其餘決疑[3]，有三軌：其中《瑜伽師地論》軌者：此中說❹於妄語、離間及粗惡語，雖教他說其三亦成。^妙世親之軌者：《俱舍本》、《釋》❺於語四業，皆說教他亦成業道；^妙《毘奈耶》軌結合墮罪者：《毘奈耶》中❻，說起此等究竟犯時，要須自說。究竟，^妙分二：一正說；二決疑。初者[4]：謂他領解，^妙第二、決疑者：《俱舍釋》說❼若他未解，僅成綺語。離間、粗語，亦皆同此。

妄語的事，為看見、聽到、感受到與知曉四者，以及與此相反的四者。能理解的境，是能領會其義的其他人。意樂，分為三科：其中想，是明知看見而想成未看見，明知未看見而想成看見等等。煩惱，共有三種。動機，是想要改變想法而說。加行，分為二科：一正說；二釋疑。第一科：是以發言、默然承認，或是以肢體動作表示。第二科、釋疑，分為二科：第一科、解決關於目的的疑惑：有提到無論是為了自己或者他人的任何利益而說，都是一樣的。第二科、解決關於指使他人，以及其他的疑惑，有三種說法：其中《瑜伽師地論》的說法：此處有提到妄語、挑撥離間，以及粗惡語三者，即使是指使他人去做，也會構成這三種業道。世親菩薩的說法：《俱舍根本頌》、《俱舍釋》則說，四種語業都可以透過指使他人構成業道。《毘奈耶》的說法，結合墮罪而言：《毘奈耶》中說，生起這些的究竟墮罪時，必須自己親口說出。究竟，分為二科：一正說；二釋疑。第一科：是對方領會所說。第二科、釋疑：《俱舍釋》中說明，如果沒有領會，只會構成綺語。這一點在離間和粗惡語中也是如此。

[1]「^妙第二、決疑」哲霍本作「^妙二、決疑」,誤。　[2]「分二:第一、依於所求之決疑者」拉寺本、單註本作「分二:所求之決疑者」。　[3]「^妙第二、教他作及其餘決疑」拉寺本作「自他決疑」,單註本作「^妙第二、除他疑者」。　[4]「^妙分二:一、正說;二、決疑。初者」果芒本原作「^巴分二:一、正說;二、決疑。初者」,拉寺本、雪本、哲霍本、單註本作「^妙分二:一、正說;二、決疑。初者」。按,各本皆作妙註,唯果芒本作巴註,依前後科文及箋註風格,此處突作巴註實不應理,應作妙註,故依拉寺等本改之。

❶ 覺知　阿嘉永津與夏日東活佛認為,此處覺指鼻識、舌識與身識了解;知指意識了解。「覺」,藏文直譯為分別、分辨。參見《阿嘉雍曾文集》冊上,頁80;《夏日東文集》冊1,頁384。

❷ 謂欲變想而說　法尊法師原譯作「謂覆藏想樂說之欲」,今據藏文改譯。

❸ 說悉同犯　相應段落參見唐玄奘大師譯《瑜伽師地論‧攝決擇分》:「復次若自因故而說妄語,或他因故,或因怖畏,或因財利而說妄語,皆名妄語。」見《大正藏》冊30,頁631;《丹珠爾》對勘本冊74,頁324。

❹ 《瑜伽師地論》軌者此中說　相應段落參見唐玄奘大師譯《瑜伽師地論‧攝決擇分》:「或有自說,或令他說,如是一切皆妄語罪。」「為乖離故或自發言,或令他發,如是皆名離間語罪。」「或自發起辛楚之言,或令他發,如是皆名麤惡語罪。」見《大正藏》冊30,頁631;《丹珠爾》對勘本冊74,頁324。

❺ 《俱舍本》《釋》　相應段落參見陳真諦三藏譯《阿毘達磨俱舍釋論‧分別業品》:「偈曰:六惡有無教。釋曰:唯六不善業道,定以無教為性,謂殺、盜、妄語、兩舌、惡口、無義語。若教他作,無根本有教故。」唐玄奘大師譯《阿毘達磨俱舍論本頌‧分別業品》:「惡六定無表。」唐玄奘大師譯《阿毘達磨俱舍論‧分別業品》:「論曰:七惡業道中,六定有無表。謂殺生、不與取、虛誑語、離間語、麤惡語、雜穢語,如是六種若遣他為,根本成時自表無故。」見

《大正藏》冊29，頁240、317、84；《丹珠爾》對勘本冊79，頁30、491。

❻《毘奈耶》中 相應段落參見《律上分》。見《甘珠爾》對勘本冊12，頁161、376。

❼《俱舍釋》說 相應段落參見陳真諦三藏譯《阿毘達磨俱舍釋論‧分別業品》：「所依人若解此言義，此言成妄語。若所依人不解此言義，此言云何，此言則成無義語。」唐玄奘大師譯《阿毘達磨俱舍論‧分別業品》：「於所說義異想發言，及所誑者解所說義，染心不誤成虛誑語。若所誑者未解言義，此言是何，是雜穢語。」見《大正藏》冊29，頁242、87；《丹珠爾》對勘本冊79，頁503。

離間語事者：謂諸有情或和不和。**意樂**，分三：想及煩惱如前。等起者，和順有情樂乖離欲，不和有情樂不合欲。**加行者**：隨以實語、若非實語，隨說所說若美不美，隨其所求為自為他而有陳說。**究竟者**：《攝分》中云❶：「究竟者，謂所破領解。」謂他了解所說離言。

　　離間語的事，是和睦與不和睦的有情。**意樂**，**分為三科**：其中想與煩惱如同上述。動機，是想要拆散和睦的有情，以及想要讓不和睦的有情不能和好。**加行**，是以無論真實與否的言辭，說出任何悅耳或是不悅耳的內容，以及是為了自己或他人的目的而說。**究竟**，在《攝分》中說：「究竟，是指被離間的對象理解。」意即理解所說的離間言辭。

❶《攝分》中云　引文唐玄奘大師譯《瑜伽師地論‧攝決擇分》作：「方便究竟者，謂所破領解。」見《大正藏》冊30，頁630；《丹珠爾》對勘本冊74，頁319。

粗惡語事者：謂諸有情能引恚惱。**意樂中**，想、煩惱如前。等起者，謂樂粗言欲。**加行者**：謂以若實、若非實語，或依種過，或依身過❶，或依戒過，或依現行所有過失，說非愛語。**究竟者**：《攝分》中說❷：「究竟者，謂呵罵❸彼。」《俱舍釋》說❹：須所說境解所說義。

粗惡語的事，是會使自己產生強烈憤怒的有情。**意樂當中**，想及煩惱如同上述；動機，是想要口出粗惡語。**加行**，是以無論真實與否的言辭，以種姓或者身體的過失為題，或者從戒律、操守的過失，說出不悅耳的話語。**究竟**，在《攝分》中說：「究竟，是對他人說出粗惡語。」《俱舍釋》解釋其意涵為所說的對象必須領會其意。

❶**或依身過**　法尊法師原譯作「或依身過、或依業過」，藏文原文無「或依業過」，今據藏文刪之。

❷**《攝分》中說**　引文唐玄奘大師譯《瑜伽師地論‧攝決擇分》作：「方便究竟

者，謂呵罵彼。」見《大正藏》冊30，頁630；《丹珠爾》對勘本冊74，頁319。

❸呵罵 怒聲責斥。呵，音若「何」，陰平，大言而怒也，同「訶」。

❹《俱舍釋》說 相應段落參見陳真諦三藏譯《阿毘達磨俱舍釋論·分別業品》：「有染污心，解義不亂，此三言流。此三何義？若人有染污心，於解義人，是所欲說處，是所欲說語，即說是名惡語。」唐玄奘大師譯《阿毘達磨俱舍論·分別業品》：「若以染心發非愛語、毀呰於他，名麤惡語。前染心語流至此故，解義不誤亦與前同。謂本期心所欲罵者，解所說義業道方成。」見《大正藏》冊29，頁243、88；《丹珠爾》對勘本冊79，頁507。

綺語事者：謂能引發⁽ᵇ⁾無義、無利之義。**意樂中三**，想者，雖僅說為「於彼彼想」，然於此中，是即⁽ᵇ⁾僅於其所欲說義，彼想而說，⁽ᵇ⁾可表無錯亂也，**此中不須能解境故**。⁽ᵇ⁾師云：「此說能顯須有能解境者，則其無錯想亦須於其所說境作彼想。如念語於天授[1]，而語於祠授，亦為錯想。」**煩惱者，謂三毒隨一。等起者，謂樂宣說無屬亂語。加行者**：謂發起❶宣說綺語。**究竟**，⁽ᵛ⁾分三：⁻`正說；⁻`支分；⁻`決疑。**初者**：謂纏說綺語。⁽ᵛ⁾**第二**[2]分七：⁻`**挑撥諍訟**[3]；⁻`**說相似法**；⁻`**哀嘆語**[4]；⁻`**戲樂語**[5]；⁻`**雜談語**；⁻`**顛狂語**；⁻`**邪命語**。**今初**：**此復七事相應❷，謂若宣說鬥、訟、競、諍❸**；⁽ᵛ⁾**第二、說相似法者：若於外論或梵志咒以愛樂心傳授❹、諷頌**；⁽ᵛ⁾**第三者：若苦逼語如傷嘆等**；⁽ᵛ⁾**第四者：若戲、笑、遊樂、受欲等語❺**；⁽ᵛ⁾**第五者：若說王論、臣論、國論、盜賊論等**

雜亂之說❻；⁽ᵐ⁾**第六者**[6]：若說醉語及顛狂語；⁽ᵐ⁾**第七者**：若邪命語。語無係屬、無法相應、非義相應者，謂前後語無所連續[7]，若說雜染，若歌笑等，若觀舞時而發言詞。⁽ᵐ⁾**第三、決疑者**：前三語過是否綺語，雖有二家，然此所說順於前家。⁽ᵖᵃ⁾故四種語中綺語，唯是綺語，總體而言，則前三種語亦綺語也。

　　綺語的事，是指沒有目的、意義的內容。**意樂**，分為三科：其中想，雖然只有提到「於彼想成是彼」，然而在此僅僅是對想要說出的內容，作如是想而說，就足以構成沒有錯誤，因為在此不需有能夠理解的對象。上師說：「這段話透露出，那些需要有能理解的對象的業，其中無誤之想，也必須是將說話的對象想成是他。例如想對天授講述，結果卻告訴祠授的話，也是錯想。」煩惱，是指三毒任何一種。動機，是想要說沒有關聯的雜亂言語。**加行**，是開始講述綺語。**究竟**，分為三科：⁻、正說；⁻、支分；⁻、釋疑。第一科：是說出了綺語。第二科分為七科：⁻、挑撥爭論；⁻、宣說相似法；⁻、悲苦的話語；⁴、歡樂嬉戲的話語；⁵、散漫閒談的話語；⁶、瘋癲之類的話語；⁷、邪命的話語。第一科：其中又有七種情形：講述鬥爭、揭發罪狀、論辯與爭吵；第二科、宣說相似法：以歡喜心傳授及唸誦外道的論典或婆羅門的密咒等；第三科：悲苦的話語，諸如哀嘆等；第四科：嬉笑、遊戲、愉悅、尋歡的話語；第五科：講述關於君主、官員、國境、盜賊的言論等，散漫閒談的話語；第六科：說出諸如酒醉及瘋癲的話語；第七科：在邪命的狀況下說話。說話沒有關聯、講述非正法語，以及沒有意義的話語，是指前後文沒有關聯；講述染汙的話語；嬉笑、唱歌等，以及觀看戲曲舞蹈時所說話語。第三科、釋疑：前三種言語過失是否為綺語，雖然有兩種說法，但是此處是依循前者而說。因此四種言語當中的綺語為純屬綺語，一般而言，前三種言語也是綺語。

[1]「如念語於天授」 拉寺本、雪本、哲霍本作「如念已語天授」。 [2]「^妙第二」拉寺本、單註本無。 [3]「挑撥諍訟」 拉寺本、雪本、哲霍本、單註本作「諍訟」。
[4]「哀嘆語」 哲霍本作「秤繩語」，誤。 [5]「戲樂語」 拉寺本、單註本作「歡喜道歌語」，誤。 [6]「^妙第六者」 果芒本原作語註，拉寺本、雪本、哲霍本、單註本作妙註。按，此乃前文妙註於綺語所開之第六科，突作語註，似不應理，故依拉寺等本改之。 [7]「謂前後語無所連續」 果芒本原作「謂與後語無所連續」，拉寺本、雪本、哲霍本、單註本、法尊法師原譯作「謂前後語無所連續」。

❶ **發起** 法尊法師原譯作「發勤勇」，藏文原文「發勤勇」一詞，為起始、從事之義，今據藏文改譯。

❷ **今初此復七事相應** 七事相應，藏文原意為「有七種事」，即妙註依《廣論》下文而分科的七種綺語：「一、挑撥諍訟；二、說相似法；三、哀嘆語；四、戲樂語；五、雜談語；六、顛狂語；七、邪命語。」故「今初」是指「挑撥諍訟」一科，其內容在《廣論》中，則僅限於「謂若宣說鬥訟競諍」而已。「此復七事相應」一句，雖見錄於「挑撥諍訟」該科的內容，然實乃藏文在此無法直接將科文置於「此復七事相應」之後所致，並非初科「挑撥諍訟」又開出了七種情形。

❸ **鬥訟競諍** 夏日東活佛認為，鬥指互相爭辯，訟指訴說對方的過失，競指戰鬥，諍指心懷偏見而諍論。參見《夏日東文集》冊1，頁390。

❹ **傳授** 法尊法尊原譯作「受持」，今據藏文改譯。

❺ **戲笑遊樂受欲等語** 依如月格西解釋，此處戲指遊戲玩樂，笑指出聲歡笑，遊樂指心滿意足的愉悅，受欲指男女的情欲。藏文原文無「等」字。

❻ **若說王論臣論國論盜賊論等雜亂之說** 法尊法師原譯作「若樂處眾宣說王論、臣論、國論、盜賊論等」，今據藏文改譯。

貪欲❶事者：謂屬他財產。**意樂**，分三：想者，謂於彼事作彼事想。煩惱者，謂三毒隨一。等起者，謂欲令屬我。**加行者**：謂於所思義，正發進趣。**究竟，**⑲**分三**：一、略示；二、圓滿之量；三、不圓滿者。初者：說「於彼事定期屬己❷」，謂念其財等願成我有❸。⑲**第二者**：此中貪心圓滿，須具五相：一、有耽著心❹，謂於自財所。二、有貪婪心，謂樂積財物。三、有饕餮❺心，謂於屬他資財等事，計為華好，深生愛味。四、有謀略心，謂作是念，凡彼所有，何當屬我。五、有覆蔽心，謂由貪欲不覺羞恥，不知過患及與出離❻。⑲**第三分三**：一、不圓滿之量；二、加行之決疑；三、廣說不圓滿之事相。今初^[1]：若此五心隨缺一種，貪欲心相即非圓滿。⑲**第二、加行之決疑者**：《瑜伽師地論》中❼，於十不善俱說加行。⑲**第三、廣說者**❽：又非圓滿貪欲之理者，謂作是念：云何當能令其家主成我僕使，如我所欲。又於其妻子等，及飲食等諸資身具，亦如是思。又作是念：云何當能令他知我⑫所得下劣及寡少時無所不悅，於得妙物以及豐饒不特希冀，故是知足^[2]，少欲、遠離、勇猛精進、具足多聞、成施性等。又作是念：云何當能令諸國王及諸商主、四眾弟子供事於我，得衣食等。又作是念，起如是欲：云何令我當生天上，天妙五欲以為遊戲，當生猛利、遍入❾世界，乃至願生他化自在❿。又於父母、妻、子、僕等、同梵行者^[3]所有資具，發欲得者，亦是貪欲。

貪求心的事，是他人的財富與物資。**意樂**，分為三科：其中想，是對該物作該物之想。煩惱，是指三毒任何一種。動機，是希望歸為己有。**加行**，是投注於所想的內容。**究竟**，分為三科：㈠概略說明；㈡圓滿的程度；㈢不圓滿者。第一科：有提到「決意想要將它歸為己有」，這是心想：「希望這些財物等都歸我所有！」第二科：在這之中，貪求心圓滿必須具足五個條件：㈠對於自己的受用，具有格外貪愛之心。㈡具有貪婪心，想要累積受用。㈢具有耽戀之心，對於他人的財物等，認為美好並且迷戀耽著。㈣具有謀略之心，心想：「希望他的一切都屬於我。」㈤具有蒙蔽之心，由於貪欲而沒有羞恥，不懂得從過失中出離。第三科分為三科：㈠不圓滿的程度；㈡解決對加行的疑惑；㈢詳細闡述不圓滿的事例。第一科：只要不具備這五種心任何一者，貪求心的條件就不圓滿。第二科、解決對於加行的疑惑：《瑜伽師地論》中，對十種不善都宣說了加行。第三科、詳細闡述：會成為不圓滿的貪求心的情況，例如心想：「啊！如果那戶人家的主人成為我的奴僕，供我隨意使喚，該有多好！」對於他的妻兒等，以及食物等身體所需物資也這麼想。又心想：「啊！如果別人曉得我不介意得到低劣與微薄的財利，也不特別追求獲得美好而豐厚的財利，所以很知足少欲，以及遠離塵囂、勇猛精進、多聞、具有施捨的天性等，該有多好！」以及心想：「如果我能得到國王、商主和四眾弟子的恭敬侍奉，並且獲得衣食等，該有多好！」以及生起貪求，心想：「啊！希望我來世轉生為天神，享受天上的五妙欲。希望能投生大自在天、遍入天的世界，一直到他化自在天。」如果對父母、妻兒、僕人等，以及修梵行者的物資心生貪求，也是貪求心。

[1]「^妙第三……今初」 哲霍本作巴註。按，此為前文妙註之第三科相對應處，應作妙註而非突作巴註。 [2]「^巴所得下劣……故是知足」 哲霍本作妙註。 [3]「同梵行者」 果芒本原作「梵行者」，拉寺本、雪本、哲霍本、單註本、法尊法師原譯作「同梵行者」。

❶**貪欲** 此處非泛指根本煩惱中的貪，是特指較粗猛的貪求心。

❷**說於彼事定期屬己** 相應段落參見唐玄奘大師譯《瑜伽師地論·攝決擇分》：「方便究竟者，謂於彼事定期屬己。」見《大正藏》冊30，頁630；《丹珠爾》對勘本冊74，頁319。

❸**念其財等願成我有** 關於貪欲的等起、加行與究竟的差別，善慧摩尼大師解釋道：最初生起想要擁有他人財物的意樂，即是等起階段；由於對他人財物心懷非理作意，而愈發想要擁有他人的財物，即是加行階段；貪心更加增長，想要讓財物變成我所擁有，或者決意要擁有他人的財物，即是究竟階段。瞋恚心與邪見依此類推。參見《洛桑諾布文集》冊2，頁479。

❹**有耽著心** 耽著心，藏文直譯為「增上貪心」，指強烈的貪求。此中之小數字於福智之聲出版社2003、2010年版《廣論》皆如原文作大字，然查藏文並無此字，且於《四家合註》原文中亦無數字，蓋法尊法師為令讀者易於閱讀，故增之，然實非原文，故改作小字。下文及瞋恚、邪見之五心亦同。

❺**饕餮** 古代傳說惡獸名，性貪饞，因之泛指貪著財物或飲食。饕，音「滔」，貪財。餮，音若「鐵」，入聲轉去聲，貪食。藏文直譯為貪戀、嗜好。

❻**不知過患及與出離** 藏文直譯為「不知從過患出離」，法尊法師係依玄奘大師譯《瑜伽師地論》文譯出。下文亦同。

❼**《瑜伽師地論》中** 相應段落參見唐玄奘大師譯《瑜伽師地論·本地分》：「云何殺生？謂於他眾生起殺欲樂，起染污心，若即於彼起殺方便，及即於彼殺究竟中所有身業。云何不與取？謂於他攝物起盜欲樂，起染污心，若即

於彼起盜方便,及即於彼盜究竟中所有身業。云何欲邪行?謂於所不應行非
道、非處、非時起習近欲樂,起染污心,若即於彼起欲邪行方便,及於欲邪行
究竟中所有身業。云何妄語?謂於他有情起覆想說欲樂,起染污心,若即於
彼起偽證方便,及於偽證究竟中所有語業。云何離間語?謂於他有情起破壞
欲樂,起染污心,若即於彼起破壞方便,及於破壞究竟中所有語業。云何麁惡
語?謂於他有情起麁語欲樂,起染污心,若即於彼起麁語方便,及於麁語究竟
中所有語業。云何綺語?謂起綺語欲樂,起染污心,若即於彼起不相應語方
便,及於不相應語究竟中所有語業。云何貪欲?謂於他所有,起己有欲樂,起
染污心,若於他所有,起己有欲樂決定方便,及於彼究竟中所有意業。云何瞋
恚?謂於他起害欲樂,起染污心,若於他起害欲樂決定方便,及於彼究竟中所
有意業。云何邪見?謂起誹謗欲樂,起染污心,若於起誹謗欲樂決定方便,及
於彼究竟中所有意業。」見《大正藏》冊30,頁317;《丹珠爾》對勘本冊72,頁
890。

❽ **第三廣說者** 即前「廣說不圓滿之事相」一科。

❾ **猛利遍入** 天名。猛利指大自在天。遍入,遍入天的簡稱。參見前頁249註5。

❿ **他化自在** 欲界六天中第六重天。在樂變化天之上,不僅能任意受用自己變
化出來的資具,還能任意享用其他天人所變化的資具,故名他化自在。

瞋恚心❶中,事、想、煩惱,如麁惡語。等起者:樂打等欲,云
何令其遭殺、遭縛,若由他緣或自任運耗失財產。**加行者**:即
於所思而起加行。**究竟,** ^妙分三:˙正說;˙圓滿之量;˙不
圓滿者。**初者**:謂於打等期心決定或已斷決。^妙第二者:此亦
有五,全則圓滿,缺則非圓。謂具五心:˙有憎惡心,謂於能損
害相,隨法分別❷故。˙有不堪耐心,謂於損害❸,不堪忍故。

三、有怨恨心，謂於瞋恚之因❹，數數非理思惟隨念故。四、有謀略心❺，謂作是念：何當捶撻❻、何當殺害。五、有覆蔽心，謂於瞋恚不覺羞恥，不知過患及與出離。^妙第三者：僅成損害心者，謂作是念：彼於我所，已作、正作諸損害事，為害彼故❼，盡其所有幾許思惟，爾許一切皆損害心。如是願他現法喪失親屬、資財及善法等，及願後法往惡趣中，亦是損心。

損害心的事、想、煩惱，一如粗惡語；動機，是想要毆打等等，心想：「如果能殺害、捆綁，藉由其他因緣或者自然發生而令他財富虧損，該有多好！」加行，是對此有所行動。究竟，分為三科：一、正說；二、圓滿的程度；三、不圓滿者。第一科：是指決意、決斷要去毆打等等。第二科：而這也要具足五個條件才能圓滿，如果不具足則不圓滿：一、具有瞋恨之心，對於與能造成傷害的因緣相順之法，執取其特徵；二、具有不堪耐之心，無法容忍傷害；三、具有懷恨之心，對於憤怒的因緣，一再地回想、非理作意；四、具有想要傷害之心，心想：「如果能毆打、殺害，該有多好！」五、具蒙蔽之心，對於生起損害心沒有羞恥，並且不懂得從過患中出離。一共要具足這五種心。第三科：僅僅構成損害之心，是心想對方傷害了我，或者正在傷害我，接著為了傷害對方而思惟，無論思惟多少，這些都是損害之心。同樣地，希願對方在今生損失親友、受用與善業，以及發願：「來世墮落惡趣吧！」也是損害之心。

❶ **瞋恚心** 此處非泛指根本煩惱中的瞋，是特指較粗猛的損害心。

❷ **謂於能損害相隨法分別** 藏文直譯為「謂於能損害因相順之法分別其相」，法尊法師係依玄奘大師譯《瑜伽師地論》文譯出。

❸ **損害** 法尊法師原譯作「不饒益」，藏文直譯為「損害」，法尊法師係依玄奘大師譯《瑜伽師地論》文譯出，今據藏文改譯。

❹ **瞋恚之因** 法尊法師原譯作「不饒益」，藏文直譯為「瞋恚之因」，法尊法師係依玄奘大師譯《瑜伽師地論》文譯出，今據藏文改譯。

❺ **謀略心** 《藏漢大辭典》解此詞有瞋恚心、退轉心與慳吝心三種含義；圓滿貪欲五相中的謀略心，與此處的謀略心在藏文中是同一個詞，阿嘉永津、夏日東活佛與善慧摩尼大師認為此詞指瞋恚心，而貪欲五相中的此詞則解為記在心中。法尊法師係依玄奘大師譯《瑜伽師地論》文譯作謀略心，如果作謀略心解，則貪欲與瞋恚五相中的第四相都比較容易解釋。參見《大正藏》冊30，頁631；《阿嘉雍曾文集》冊上，頁80；《洛桑諾布文集》冊2，頁479；《夏日東文集》冊1，頁385；《藏漢大辭典》，頁311。

❻ **捶撻** 用手拿鞭子打人。捶，音「垂」，以杖擊也，今人或以拳擊為捶。撻，音「踏」，扑打也，古有刑罰以楚撻之。此詞於藏文中泛指為打。

❼ **彼於我所已作正作諸損害事為害彼故** 法尊法師原譯作「彼於我所，已作、正作諸無義事，故我於彼當作無義」，法尊法師蓋取玄奘大師譯《瑜伽師地論》文譯出，今據藏文改譯。

邪見事者：謂實有義。〔藏〕十不善內支所屬邪見遍是斷見，故須於實有義觀為非有。**意樂**，分三：想者，謂於所謗義，作諦實想。煩惱者，謂三毒隨一。等起者，謂樂誹謗欲。**加行者**：即於所思策發加行。此

復有四，謂謗因、果、作用、有事❶。誹謗因者，謂云「無有妙惡行等」。誹謗果者，謂云「無有彼二異熟」。誹謗作用，分三：誹謗殖種、持種作用❷者，謂云「無有若父若母」；誹謗往來作用者，謂云「無有前世、後世」；誹謗受生作用者，謂云「無有化生有情❸」。㊣此依《菩薩地》所說❹而陳敘，指中有有情也。謗實有事者，謂云「無有阿羅漢等」。**究竟，**㊝**分三：**一、**正說；**二、**圓不圓滿差別**[1]；三、**決疑。初者：**謂誹謗決定。㊤傳稱：「足目仙人造十萬頌成立無後世❺。」㊝**第二者：**此亦由於五相圓滿，謂具五心：一、有愚昧心，謂不如實了所知故[2]。二、有暴酷心，謂樂作惡故。三、有越流行心❻，謂於諸法不如正理善觀察故[3]。四、有失壞心，謂謗「無布施、愛養❼、祠祀❽、妙行等」故。五、有覆蔽心，謂由邪見不覺羞恥，不知過患及與出離故。此五若缺，則不圓滿。㊤說意三種圓滿皆須各備五法，故稍難生。㊝**第三、決疑者：**雖其邪見復有所餘，然唯說此名「邪見」者，由此能斷一切善根，隨順恣行諸惡❾，是為一切邪見之中最重❿者故。㊤師云：三種意業亦皆圓具意樂加行，此復身語之業，由意樂等起，加行形之身口，然此無如是。是故蓋須以念「當作彼彼」最初等起為思心所，於之重加思索，數數習之為加行。

邪見的事，是指存在的義理。十不善當中的邪見一定是斷滅見，因此必須是將存在的義理視為不存在。**意樂，分為**三科：想，是對誹謗的內容作真實之想；煩惱，是三毒任何一者；動機，是想要誹謗。**加行**，是對於所想採取行動。而這又分為四種：誹謗因、果、作用，以及存在的事物。誹謗因，是聲稱「沒有善行惡行等等」。誹謗果，是聲稱「沒有這兩者的異熟果」。誹謗作用有三種，其中誹謗下種與持守種子的作用，是指聲稱「沒有父母」；誹謗往來的作用，是指聲稱「沒有前後世」；誹謗出生的作用，是指聲稱「沒有化生的有情」。這是如實陳述《菩薩地》的說法，指的是中陰的有情。誹謗存在的事物，是指聲稱「沒有阿羅漢等」。**究竟，分為**三科：一、**正說**；二、**圓不圓滿的差別**；三、**釋疑**。其中第一科，是決定要誹謗。傳說：「足目仙人寫出十萬首偈頌成立沒有後世。」第二科：這也要以五個條件才能圓滿：一、具有愚昧之心，無法如實了解所知；二、具有暴虐之心，喜好罪惡；三、具有持續處於顛倒之心，堅固思索不如理之法；四、具有極為衰損之心，誹謗道：「布施、供養、護摩、善行等等都不存在。」五、具有蒙蔽之心，由於這種邪見而沒有差恥，不懂得從過失中出離。一共具足這五種心。如果不具足這五個條件，就不會圓滿。提到要圓滿三種意業，必須各具備五種條件，所以稍難生起。**第三科、釋疑**：雖然也有其他邪見，但是唯獨將此稱作邪見，是因為它能夠截斷一切善根，與縱情作惡相吻合，因此是一切邪見當中最嚴重的。上師說：三種意業也都具備意樂與加行兩者。雖然身語業是由意樂所發起，而在身語中表現出加行；但是在此沒有這個過程。所以必須將心想「要如此如此做」的最初動機作為思心所，對此再加以思索、反覆緣想作為加行。

[1]「^妙分三：一、正說；二、圓不圓滿差別」 拉寺本作「^妙分三：正行、圓滿不圓滿差別」。按，拉寺本之三科為：一、正行；二、圓滿不圓滿差別；三、決疑三科。義可兩通。　[2]「有愚昧心，謂不如實了所知故」 果芒本原作「有愚昧心，謂如實了所知

故」，拉寺本、雪本、哲霍本、單註本、法尊法師原譯作「有愚昧心，謂不如實了所知故」。按，果芒本誤，故依法尊法師原譯。 [3]「謂於諸法不如正理善觀察故」哲霍本作「謂於諸法不如正理善證得故」。按，此乃邪見五心之一，行相需與邪見相同，邪見周遍非證達識，決無證達，故無不如理善證達。

❶ **有事** 藏文直譯為「存在的事物」。

❷ **誹謗殖種持種作用** 夏日東活佛認為，殖種指父親、持種指母親。所以謗無父母，即是毀謗殖種、持種的作用。參見《夏日東文集》冊1，頁386。

❸ **化生有情** 卵生、胎生、濕生、化生四種有情之一。同一時間完整形成諸根，而非諸根漸次形成的有情，是化生有情的體性。

❹ **《菩薩地》所說** 在《菩薩地》中未見相應段落，然於《有尋有伺等三地》中可見相應段落。參見唐玄奘大師譯《瑜伽師地論‧有尋有伺等三地》：「又顯非撥戒修所生善能治所治故，及顯非撥施所生善能治所治故，說如是言：『無有妙行、無有惡行。』又顯非撥此三種善能治所治所得果故，說如是言：『無有妙行、惡行二業果及異熟。』又顯非撥流轉依處緣故，說如是言：『無有此世、無有他世。』又顯非撥彼所託緣故，及非撥彼種子緣故，說如是言：『無母、無父。』又顯非撥流轉士夫故，說如是言：『無有化生有情。』又顯非撥流轉對治還滅故，說如是言：『世間無有真阿羅漢。』乃至廣說。」「謗因、謗用、謗果、壞實事等，心執增益所有諸見一切，皆名損減邪見。無施、無愛亦無祠祀，是名謗因；無有妙行亦無惡行，是名謗用；無有妙行、惡行諸業果及異熟，是名謗果；無父、無母、無化生有情，亦無世間真阿羅漢諸漏永盡，乃至廣說，如是一切名壞實事。」見《大正藏》冊30，頁316、621；《丹珠爾》對勘本冊72，頁887；冊74，頁261。

❺ **傳稱足目仙人造十萬頌成立無後世** 足目仙人，正理派外道宗義創始者（生卒年不詳），梵語Akṣapāda Gautama義譯。一世妙音笑大師《大宗義》提到，傳說足目仙人本名美仙，曾被大自在天任命為鄔摩天女的侍衛，鄔摩天女對他萌生戀意，變現種種媚態，但是這位仙人卻只目視自己的雙足，堅守禁行，

因此大自在天對他心生歡喜並授予造論的自在，所以得名「足目」，著有《正理經》傳世。蓮花戒論師《量攝真性頌難釋》提到，正理派由於是足目仙人所創，所以也稱為足目派。然而清辨論師《分辨熾燃論》敘述正理派的宗義時，提到該派承認前後世輪迴及解脫。另外，觀音禁行論師《般若燈廣釋》提到是世眼仙人造十萬順世派宗義，其中敘述無因果、無前後世的見解，故此處或應作「世眼仙人造十萬頌成立無後世」。世眼仙人，順世派外道宗義創始者（生卒事蹟不詳），其主要弟子為入勝。《大宗義》另外提到，靜命論師（Śāntarakṣita）《量攝真性頌》中說順世外道的創始者為具瘻、勝馬。參見《大宗義》，頁59、118；《丹珠爾》對勘本冊58，頁593、1135；冊107，頁168、669。

❻越流行心　藏文直譯為「恆趣邪倒之心」，法尊法師係依玄奘大師譯《瑜伽師地論》文譯出。依漢藏對照，越，應即指邪倒；流，指恆常相續；行，指趣入。

❼愛養　藏文直譯為供施，亦即上供下施之意。

❽祠祀　梵語homa義譯，義為焚燒、火祭，又名護摩、火供。一種藉由在火中投入供物以作為供養之一種儀式。

❾隨順恣行諸惡　法尊法師原譯作「隨順諸惡，隨意所行」，今據藏文改譯。

❿最重　法尊法師原譯作「極重」，今據藏文改譯。

何為十善惡業道的事

「事」一詞，在藏文中包含處所、基礎、對象、部位、地點、時間、所說的內容、事情等含義。舉例說明如下：

沒有瓶子的處所，稱為「瓶子的遮遣處」或「瓶子的遮遣事」，其中的事與處，即指處所。

基、道、果或根、道、果的論述，其中的基與根，即是基礎之義。

十惡業道中提到的「事」包含多種含義，殺生的事，是指所殺的對象；偷盜的事，是指

所要偷的物品；邪行的事有四種：所不應行、非支、非處、非時。所不應行是指對象，非支是指部位，非處、非時是指時間與地點，所以邪行的事的「事」，包含了對象、部位、地點、時間四個含義；妄語的事，包含對象與所說的內容；離間、粗言的事，是指對象；綺語的事，是指所說的內容；貪欲的事，是指所貪著的對象；瞋恚的事，是指所瞋的對象；邪見的事，是指對什麼對象產生邪見。

綺語中提到「七事相應」的事，是指事情，意即做了這七件事情，屬於綺語。

⊕第二、能滿差別者：其中殺生、粗語、瞋心，⊕初時由三毒⊕發起，由瞋⊕圓滿或究竟。不與而取、邪行、貪欲，由三毒起，唯貪⊕圓滿或究竟。妄言、離間及諸綺語，⊕初時發起、⊕末後圓滿或究竟，俱由三毒。邪見⊕初時由其三毒發起，⊕終唯癡⊕圓滿[1]究竟。

⊕第三、業與業道差別者❶：此等⊕十者之中，⊕念「當作彼彼身語之業」等起時之思⊕心所，自為往趣餘七身語業之思，謂念「當行彼彼」，故唯是業，⊕自非其餘前等起之思所行處，故而非業道。身、語所有七支是業，亦是業道，⊕自是等起時之思⊕向此行處故❷。貪欲等⊕意三⊕為等起之思所行處，故是業道[2]，非業，⊕是煩惱故[3]。

第二科、導致圓滿的差別：在這之中，殺生、粗惡語、瞋恚心，最初是以三毒發起，由瞋恚達到圓滿究竟；不與而取、邪淫、貪心，是以三毒發

起，只會由貪欲達到圓滿究竟。妄語、離間、綺語，最初發起及最終圓滿究竟二者，都由三毒導致；而邪見，最初是以三毒發起，最後只會由愚癡達到圓滿究竟。

第三科、業與業道的差別：這十者當中，在動機的階段，心想「要作如此如此身語業」的思心所，由於它本身是心想「要作如此如此」而趣向其他七種身語業的思心所，因此是業；然而它本身不是其他較早的動機思心所趣向之處，因此不是業道；身語七者既是業，由於本身是動機階段的思心所趣向於此之處，所以也是業道；貪心等意三者是動機思心所的趣向之處，因此是業道而不是業，因為是煩惱。

[1]「᠌圓滿」拉寺本無「᠌」。　[2]「᠌為等起之思所行處，故是業道」果芒本原作「᠌為等起心所行處，故是業道」，拉寺本作「᠌為等起之思所行處，故是業道」。按，業道為業之所行處，故應是思心所，今依拉寺本改之。　[3]「᠌是煩惱故」原果芒本未標作者，今依拉寺本補之。

❶第三業與業道差別者　即前頁345「業與道之差別」一科。
❷思行處故　關於業與業道，夏日東活佛提到，譬如殺生的因位等起的思心所，能夠令與它相應的其他心及心所趣向殺生，所以是業；而因位等起的思心所本身，並非前面的思心所所行之處，所以不是業道。與殺生的身有表色同時運轉的思心所，能夠令與它相應的其他心及心所趣向殺生，所以是業；由於它也是前面的因位等起思心所所行之處，所以也是業道。簡言之，業能夠令其他心與心所趣向對境，業道則是被趣向之處。參見《夏日東文集》冊1，頁387。

第二、顯示輕重❶，分二：⸃一⸠十業道輕重；⸃二⸠兼略顯示具力業門。初中⸂妙⸃分三：⸃一⸠殺生之重者；⸃二⸠其輕者；⸃三⸠餘九輕重。初中[1]有⸂妙⸃⸃一⸠意樂；⸃二⸠加行；⸃三⸠無對治等；⸃四⸠執著；⸃五⸠事之重者，共五：

例如殺生，**由意樂故重者**：謂猛利三毒所作。**由加行故重者**：謂或已殺生，或正或當，具歡喜心、具踴躍心；或有自作，或復勸他，於彼所作，稱揚讚歎；見如是者❷，意便欣慶；由其長時思量積蓄怨恨心已，方有所作；無間所作；殷重所作，或於一時頓殺多生；或令發起猛利痛苦而行殺害；或令怖畏作不應作，而後殺害；若於孤苦❸、貧窮、哀感、悲泣等者而行殺害。**由無治故重者**：⸂巴⸃如於罪惡無四力對治❹，於善無瞋等能壞。謂乃至不能一日持一學處❺，或亦不能半月❻、八日、十四、十五受持齋戒；於時時間，惠施修福，問訊禮拜，迎送合掌和敬業等。又亦不能於時時間，獲得增上慚愧惡作❼。又不能證⸂巴⸃以觀上下界寂靜粗重之世間勝觀❽，暫伏煩惱現行之**世間離欲**，或⸂巴⸃出世間道作意無常等十六行相之諦法現觀❾，⸂巴⸃謂無如是對治。**由邪執故重者**：謂⸂巴⸃如由依於⸂巴⸃承許以牲畜[2]作邪祠祀❿⸂巴⸃為法所有邪⸂巴⸃惡見，執為正法而行殺戮。又⸂巴⸃諸婆羅門自欲食肉而說：「畜等乃是世主⓫所化為⸂巴⸃人天受用資具之因⓬故，雖殺無罪。」念如是⸂巴⸃為諦實等⓭，依止邪見，⸂巴⸃念此為法而行殺害

㊉等為重。**由事故重者**：謂若殺害大身旁生，人或人胎⑭，父母、兄弟、似尊⑮、委信、有學、菩薩、羅漢、獨覺，及知如來不能殺害，而以惡心出其身血。㊉說如是故，便明「引生惡心出佛身血[3]無間罪之惡心，於義雖不能弒，然心中決定須有殺心」，其說非理。㊝**第二者**：違此五因，為輕殺生。

第二科、顯示輕重業，分為二科：⚊顯示十種業道的輕重差別；⚋附帶概略顯示有力的業門。第一科分為三科：⚊殺生中的重業；⚋殺生中的輕業；⚌其他九種的輕重差別。第一科有⚊由於意樂而重；⚋由於加行而重；⚌由於沒有對治等而重；㆕由於執著而重；㈤由於事而重等五項：

其中以殺生為例，**由於意樂而重**，是指懷著猛烈的三毒而去殺害。**由於加行而重**，是指對於已經殺生、正在殺生、將要殺生，心懷雀躍歡喜；不但自己做，也指使他人去做，並且加以稱讚；看見這樣的景象便心生歡喜；長時間地思量，並且處心積慮地做；長久地做；認真地做，且每一次都頓殺眾多生命；令對方產生劇烈的痛苦而殺害；脅迫對方在恐懼中做出不應該的行為而殺害；殺害弱勢、痛苦、貧困、哀嘆及悲傷哀號者。**由於沒有對治而重**，是指例如對於惡業沒有四力對治、對於善業沒有瞋恨等對治；一天當中不奉行任何學處；不在月底以及初八、十四日、十五日受持齋戒；不經常布施積福、問訊禮拜、迎送合掌、心懷敬意等；沒有經常心懷強烈的慚愧與悔意；未能觸及以觀上下界為寂靜與粗重的世間勝觀，暫時壓伏煩惱現行的世間離欲，或者作意無常等十六行相的諦法現觀的出世間道，是指沒有像這樣的對治。**由於顛倒執著而重**，是指依從於主張「奉行牲畜祭祀是正法」者的惡劣見解，認為那是正法而殺害；以及婆羅門本身想要吃肉，因而宣稱：

「牲畜是創世主所變出，以作為人天享用的資產的來源，所以殺掉也沒有
罪過。」心想如此說法正確無誤等等，依從某一種邪見，認為是正法而殺害等，
這些是重業。**由於事而重**，是指殺害體型巨大的畜生、人或人胎、父母、兄
弟、等同於上師者、信任的朋友、有學位行者、菩薩、羅漢，以及獨覺；
還有明知無法殺害如來，卻惡意令其出血。因為這麼宣說，所以顯示出「會引起
『惡心出佛身血的無間罪』的惡心，雖然事實上沒有能力殺害，但是在心境上必須是殺心」，
這樣的說法是不合理的。**第二科：**與這五個條件相反的，便是輕微的殺生。

[1]「^妙分三：一、殺生之重者；二、其輕者；三、餘九輕重。初中」 拉寺本、單註本作
「^妙分二：一、殺生之輕重者；二、餘九輕重。初中分二：初中」。按，拉寺本於下文之「餘
九輕重」處，應作「第二、餘九輕重」，然作「第三、餘九輕重」，前後不符，或為後人
修訂拉寺本之失，下文單註本作「第二、餘九輕重」，故妙音笑大師應是開為二科。
[2]「^巴承許以牲畜」 藏文中「承許以」與「牲畜」分作二註。「牲畜」，原果芒本未標
作者，拉寺本、雪本、哲霍本作巴註，今依拉寺等本補之。　[3]「惡心出佛身血」 果
芒本原作「於佛出惡心之血」，拉寺本作「惡心出佛身血」。按，果芒本文義不通，故依
拉寺本改之。

❶**顯示輕重**　即前頁345「輕重差別」一科。

❷**見如是者**　法尊法師原譯作「見同行者」，玄奘大師譯《瑜伽師地論》作「見
同法者」，藏文直譯為「見如是者」。見同行者，須當自行，而見同法者、如是
者，則未必自行，故依藏文改譯。

❸**孤苦**　藏文直譯為「弱小與痛苦」，法尊法師係依玄奘大師譯《瑜伽師地論》
文譯出。

❹**四力對治**　破壞力、遮止力、防護力及依止力。淨化罪障的四種對治品，圓滿
這四種力量，即能淨化罪障。

❺ **謂乃至不能一日持一學處** 法尊法師原譯作「謂不能日日乃至極少時持一學處」，蓋取玄奘大師譯《瑜伽師地論》文譯出，今據藏文改譯。

❻ **半月** 善慧摩尼大師認為，此處的半月指下弦先行月的天盡日。在藏人的曆算中，關於每個月從何時開始，有上弦先行與下弦先行兩種算法，上弦先行是從一日到三十日為完整的一個月，例如：三月一日到三月三十日是完整的一個月。下弦先行指前一個月的十六日到下一個月的十五日為完整的一個月，例如：三月十六日到四月十五日是完整的一個月。天盡日為上弦先行的第三十日，或下弦先行的第十五日。參見《洛桑諾布文集》冊2，頁486。

❼ **增上慚愧惡作** 增上，藏文原意為強烈。慚，十一種善心所之一。從自己的角度而羞恥作惡的心所是慚。《大乘廣五蘊論》云：「云何慚？謂自增上及法增上，於所作罪羞恥為性。罪謂過失，智者所厭患故。羞恥者，謂不作眾罪。防息惡行，所依為業。」愧，十一種善心所之一。恐怕被他人譏毀而羞恥作惡的心所是愧。《大乘廣五蘊論》云：「云何愧？謂他增上，於所作罪羞恥為性。他增上者，謂怖畏責罰及議論等所有罪失，羞恥於他。業如慚說。」惡作，四種不定心所之一。對以前所做之事的追悔為惡作。《大乘廣五蘊論》云：「云何惡作？謂心變悔為性，謂惡所作故名惡作，此惡作體非即變悔，由先惡所作，後起追悔故，此即以果從因為目，故名惡作。」參見《大正藏》冊31，頁852、854；《廣論》，頁195。

❽ **觀上下界寂靜粗重之世間勝觀** 一種離欲之道。透過觀察色界比欲界寂靜，欲界比色界粗重，而對欲界離欲；透過觀察無色界比色界寂靜，色界比無色界粗重，而對色界離欲。勝觀，毗缽舍那的義譯，由於觀察力引生的殊勝輕安所攝的擇法慧，即是勝觀。世間勝觀即有漏勝觀。

❾ **出世間道作意無常等十六行相之諦法現觀** 出世間道，此處解為無漏道。無常等十六行相，即四諦的十六種行相，分別為：苦諦的無常、苦、空、無我；集諦的因、集、生、緣；滅諦的滅、靜、妙、離；道諦的道、如、行、出。諦法現觀，證得四諦十六行相的道，此處諦法即指四諦十六行相。

❿ **邪祠祀** 藏文原文無「邪」字。

⓫ **世主** 善慧摩尼大師認為此處世主指梵天王，一般而言，有時亦可指四大天王。參見《洛桑諾布文集》冊2，頁486。

⑫資具之因　法尊法師原譯作「資具」，蓋取玄奘大師譯《瑜伽師地論》文譯出，今據藏文補之。

⑬又畜等乃是世主所化為資具之因故雖殺無罪念如是等　法尊法師原譯作「又作是心：畜等乃是世主所化為資具故，雖殺無罪。諸如是等」，為配合箋註，故改譯。

⑭人或人胎　法尊法師原譯作「人或人相」，『人相』，考義淨大師所譯律部，相應詞彙作『人胎』，故改譯。見前頁347註2。

⑮似尊　法尊法師原譯作「尊長」，玄奘大師譯《瑜伽師地論》作「其餘尊重」，今據藏文改譯。善慧摩尼大師解釋「似尊」並非尊長，亦即雖然不是自己的師長，但是具有師長功德者。參見《大正藏》冊30，頁632；《洛桑諾布文集》冊2，頁487。

世間勝觀與出世間勝觀

一般而言，有兩種離欲的方法，一是藉由世間的修道，二是藉由出世間的道。這段文所說的觀上下界寂靜粗重的世間勝觀，是第一種離欲的道，透過觀察色界比欲界寂靜等，欲界比色界粗重等，進而對欲界離欲；透過觀察無色界比色界寂靜等，色界比無色界粗重等，進而對色界離欲。勝觀，毗缽舍那的義譯，由於觀察力引生的殊勝輕安所攝持的擇法慧，即是勝觀。此處的世間勝觀即有漏勝觀。

這段文所說的出世間道作意無常等十六行相的諦法現觀，是第二種離欲的道。出世間道，此處解釋為無漏道。無常等十六行相，即四諦的十六種行相，分別為：苦諦的無常、苦、空、無我；集諦的因、集、生、緣；滅諦的滅、靜、妙、離；道諦的道、如、行、出。諦法現觀，指證得四諦十六行相的道，此處的諦法指四諦十六行相。

關於世間勝觀與出世間勝觀的差別，有不同的解釋方式，如果從所依的角度而言，凡夫的勝觀是世間的勝觀，聖者的勝觀是出世間的勝觀；如果從所緣行相的角度而言，淨定的勝觀是有漏世間的勝觀，無常等四諦十六行相的勝觀是無漏出世間的勝觀。此

處是從所緣行相的角度解釋世出世間的勝觀。

雖然離欲時不只是遠離貪欲，也會遠離與貪欲相等的其他粗分煩惱，然而無法脫離下界的主因是貪欲，所以超脫下界時，主要必須遠離下界的貪欲。無論藉由上述兩種道的任何一種，都可以離欲，然而離欲的程度卻有差別。如果藉由觀上下界寂靜粗重的世間勝觀離欲，雖然能夠暫時壓伏粗分的貪心與瞋心等煩惱，但是無法壓伏我執，而且只是暫時令粗分的貪瞋無法現行，之後遇到引生煩惱的境界時，粗分的貪心與瞋心等煩惱仍然有可能現行；如果藉由出世間道作意無常等十六行相之諦法現觀離欲，不僅能夠壓伏粗分的貪心與瞋心等煩惱，而且能夠壓伏我執，而且一旦真實藉由諦法現觀離欲，所遠離的煩惱則永遠不生起。

⁂**第三**[1]**分三**：一`**解說餘九輕重**；二`**兼說《本地分》六重**；三`**兼說《親友書》之輕重**[2]。**初中分二**：**第一、九重**。**其中初者**：**餘九除事，如其殺生輕重應知。由其事故重不與取者**[3]：**謂若劫盜眾多、上妙**㊀**物及劫害**㊀**境為於己委信者**❶，**劫盜孤**❷**貧、**㊀**內外道出家之眾及**㊀**特為此法**㊀**內道佛弟子眾。若入〔聚落，**㊀謂住所也。〕**而行劫盜**❸。**若劫有學、羅漢、獨覺、僧伽、佛塔所有財物。**⁂**第二、由其事故重邪行者**：**謂行不應行中，若母、母親**❹，**委信他妻，或比丘尼，或正學女**❺，**或勤策女**❻。**非支行中，謂於面門。非時行中，謂受齋戒，或胎圓滿，或有重病。非處行中，謂塔近邊，若僧伽藍。**⁂**第三者**[4]、**由其事故重妄語者**：**謂**㊀**意樂欲誑惑他，故以多事而說妄語**❼。㊀**境若於父母，乃**

至於佛，若於善賢，若於知友而說妄語。^巴作業若能起重殺生等三而說妄語。為破僧故而說妄語，於一切^巴境中，此為最重❸。^妙**第四者**^[5]、**由其事故重離間語者**：謂破壞他長時親愛，及善知識、父母、兒女❾。若能破僧，^巴作業若能引發身三重業所有離間語^[6]。^妙**第五者**^[7]、**由其事故重粗惡語者**：謂^巴境於父母等及餘尊長說粗惡語。若以非真非實^巴義而起妄語❿說粗惡語、現前毀罵、〔訶責⓫，^巴欺侮也。〕於他。^妙**第六者**^[8]、**由其事故重綺語者**：妄語等三，所有綺語，輕重如前^巴三節。若諸依於鬥訟諍競所有綺語，若以染心，於外典籍而讀誦等；若於父母、親屬、似尊⓬〔調弄，^巴謂試探也。〕輕笑，〔現作語言⓭，^巴謂如常時言談而住^[9]⓮。〕〔不近道理，^巴謂非理也。〕^妙**第七、由其事故重貪欲者**：謂若貪欲僧伽、佛塔所有財寶，及於己德起增上慢，乃於王等及諸聰叡同梵行所起增上欲⓯，貪求利敬⓰^巴為重。^妙**第八、由其事故重瞋恚者**：謂於父母、親屬、尊長、無過、貧、苦、諸可哀愍、諸誠心悔所作過者，起損害心⓱。^妙**第九、由其事故重邪見者**：謂趣謗一切事⓲，較餘邪見，此為最重。又謂⓳「世間無阿羅漢、正至、正行⓴」，此見亦爾^巴為重。^妙**第二、輕者**：與上相違是輕應知^[10]。

第三科分為三科：ᵒ其餘九種的輕重；ᵒ附帶提及《本地分》的六種重業；ᵒ附帶提及《親友書》的輕重。第一科分為二科：第一科、九種重業：其中第一：其他九種，除了事以外，也應當如同殺生而了知其輕重差別。**由於事而重的不與取**，是指搶劫眾多、上妙財物，以及搶劫、傷害對象是對自己心懷信任的人；搶劫低賤者與窮人、內外道的出家人，以及特別是此內道佛法中人；進入聚落、住宅行搶；搶劫有學位行者、羅漢、獨覺、僧眾、佛塔的財產。第二、**由於事而重的邪淫**，是指與不應行房事的母親、母系親屬、得到丈夫信賴的妻妾、比丘尼、正學女、沙彌尼行房；不當的部位，是對口部；不當的時間，是指受持八關齋戒、孕婦懷孕期滿、罹患疾病；不當的地點，是指在佛塔周圍及僧眾道場行房事。第三、**由於事而重的妄語**，是指動機是想要誘騙欺瞞他人，藉由許多事物而說妄語；對象是對父母乃至佛陀，以及善人、親友說妄語；作業是說出會引起嚴重的殺生等三者的妄語。為了分裂僧團而說妄語，是所有對象當中最嚴重的。第四、**由於事而重的離間語**，是指拆散長期的情誼、善知識、父母與子女，或是分裂僧團，以及作業是會引起嚴重的三種身業的離間語。第五、**由於事而重的粗惡語**，是指對父母等，以及對等同上師者的對象說粗惡語；以不正確、不真實的內容為題的謊言而說粗惡語；當面辱罵、責難、罵詈欺侮。第六、**由於事而重的綺語中**，屬於妄語等三者的綺語，其輕重差別如同前面那三項的段落所述；屬於鬥爭、揭發罪狀、辯解與爭吵的綺語，及以貪愛之心讀誦外道典籍等；對父母、親屬、等同上師者〔嘲弄，是指試探。〕、輕蔑譏諷、〔現作語言，是指諸如時常流露不敬的言談。〕以及說出不正確、不合理的話。第七、**由於事而重的貪求心**，是指貪求僧團及佛塔的財物，以及自恃功德，向國王等和同梵行智者們藉法牟利、貪求恭敬，這是重業。第八、**由於事而重的損害心**，是指對父母、親屬、上師、無辜者、貧困者、痛苦者、可憐者，以及誠心悔過者，對他們生起損害心。第九、**由於事而重的邪見**，是指從事誹謗一切事，這比

其他邪見都更嚴重；而認為「世間沒有阿羅漢、正至、正行等」，也是一樣嚴重。第二科、輕業：與上述相反的，應當曉得是輕業。

[1]「⬙第三」 單註本作「⬙第二」。 [2]「三·兼說《親友書》之輕重」 拉寺本、雪本、哲霍本、單註本作「三·《親友書》兼說輕重」。 [3]「由其事故重不與取者」 單註本作「第一、由其事故重不與取者」。 [4]「⬙第三者」 拉寺本、單註本作「⬙第三」。 [5]「⬙第四者」 拉寺本、單註本作「⬙第四」。 [6]「離間語」 哲霍本作「父母」。按，「父母」(ཕ་མ)為「離間語」(ཕྲ་མ)之訛字。 [7]「⬙第五者」 拉寺本、單註本作「⬙第五」。 [8]「⬙第六者」 拉寺本、雪本、單註本作「⬙第六」。 [9]「ㄅ謂如常時言談而住」 拉寺本作「ㄅ謂常時言談，如吃慣」。按，拉寺本殊不可解，誤。 [10]「⬙第二、輕者：與上相違是輕應知」 果芒本原作「與上相違是輕應知」，拉寺本、單註本作「⬙第二、輕者：與上相違是輕應知」。按，前文中「餘九輕重」分二科，「第一、九重」於此完結，此應為第二科，故依拉寺等本補之。

❶劫盜眾多上妙及劫害委信者 法尊法師原譯作「劫盜眾多、上妙及委信者」，今據藏文改譯。

❷孤 窮民之一。《禮·月令》云：「養幼少，存諸孤。」藏文原意為「低賤者」。

❸若入聚落而行劫盜 聚落一詞，夏日東活佛提到，巴梭法王將此詞解為住所；七世嘉瓦仁波切認為，此詞在《瑜伽師地論》中作聚落，所以指俗家或倉庫；卓隆巴《聖教次第廣論》也作聚落，所以應指聚落當中的俗家；阿嘉永津解為，此詞為進入殊勝士夫手中之物；彌良大師解為，此指尊長與父母的物品；慧海大師解為，此為已經確定好價值而出售的物品，因此僧規中才會教誡道：「在進行買賣中的物品不可以供養。」夏日東活佛認為此處慧海大師的解法最為合理。善慧摩尼大師的解法與阿嘉永津相同。宗喀巴大師此處是依據《瑜伽師地論》，而藏文及中文《瑜伽師地論》此詞皆作聚落，法尊法師應是依此而譯，然前輩祖師大德有不同解法，一併列出以供參考。參見《大正藏》

冊30，頁632；《阿嘉雍曾文集》冊上，頁80；《洛桑諾布文集》冊2，頁487；《夏日東文集》冊1，頁390。

❹ **母親** 夏日東活佛與善慧摩尼大師認為，此處指與母親有七重親屬關係的親戚，非指父親母親中的母親。參見《洛桑諾布文集》冊2，頁487；《夏日東文集》冊1，頁390。

❺ **正學女** 梵語Śikṣamāṇā義譯，又名式叉摩那，簡稱式叉尼，別解脫七眾之一。承許受持沙彌尼十戒後，在受比丘尼戒前，為期二年承許受持根本六法及隨順六法的尼眾。

❻ **勤策女** 梵語Śrāmaṇerikā義譯，又名沙彌尼。指承許受持沙彌尼十戒的尼眾。

❼ **欲誑惑他故以多事而說妄語** 法尊法師係依玄奘大師譯《瑜伽師地論》文作「為誑惑多取他財而說妄語」，藏文直譯為「欲誑惑他，故以多事而說妄語」。此句蓋於梵文之中有不同理解，漢藏譯師取義各殊，今據藏文改譯。

❽ **於一切中此為最重** 夏日東活佛認為破和合僧之所以最為嚴重，是因為在破和合僧以後，僧團尚未重新和合之前，在該期教法中的任何人都無法新獲證果位。《阿毘達磨俱舍論》云：「雖了法非法，為欲破僧而起虛誑語顛倒顯示，此無間中為最大罪。由此傷毀佛法身故，障世生天解脫道故。謂僧已破乃至未合，一切世間入聖、得果、離染、盡漏皆悉被遮，習定、溫誦、思等業息，大千世界法輪不轉，天人龍等身心擾亂，故招無間一劫異熟，由此破僧罪為最重。」參見《大正藏》冊29，頁94；《夏日東文集》冊1，頁390。

❾ **兒女** 法尊法師原譯作「男女」，今據藏文改譯。

❿ **非真非實妄語** 善慧摩尼大師認為，非真妄語指與正法不相順的語言；非實妄語指虛假的謊言。亦可解為兩者同義。參見《洛桑諾布文集》冊2，頁487。

⓫ **毀罵訶責** 阿嘉永津、夏日東活佛與善慧摩尼大師解為，毀指以俗人的過失而毀罵；罵指以僧人的過失而毀罵；訶責指說出令他人心生恐怖的語言。參見《阿嘉雍曾文集》冊上，頁80；《洛桑諾布文集》冊2，頁487；《夏日東文集》冊1，頁390。

⓬ **似尊** 法尊法師原譯作「尊重」，今據藏文改譯。

⓭ **調弄輕笑現作語言** 夏日東活佛認為，「調弄」一詞有批判、侮辱、試探、譏

毀、談多餘的話題等含義。「輕笑」指嘲弄、當眾凌辱、欺騙、試探等。「現作語言」指談論平時談論的話題，隨意發言。如月格西認為此處之所以用試探一詞解釋調弄，係因經過試探後，認為對方僅僅如此，沒有什麼功德，進而口出不敬的語言。參見《夏日東文集》冊1，頁391。

❹ **謂如常時言談而住** 藏文直譯如此，而如月格西解釋為長期不敬的言行，指不一定要說出口，輕視、懷疑、調侃等言行都包含在內。

❺ **起增上欲** 夏日東活佛認為，希望由於我擁有這些學識而獲得一些利益、名位之心，即是此處所說的增上欲。參見《夏日東文集》冊1，頁391。

❻ **利敬** 善慧摩尼大師解為，修行正法時想要附帶獲得世間利益。參見《洛桑諾布文集》冊2，頁487。

❼ **諸誠心悔所作過者起損害心** 夏日東活佛認為，此句意指不接受他人誠心懺悔所作的過失，因此令對方感到痛苦。參見《夏日東文集》冊1，頁391。

❽ **謂趣謗一切事** 法尊法師原譯作「謂能轉趣謗一切事」，「能轉趣」容有間接導致毀謗之義，然藏文無此義，故改譯。

❾ **又謂** 此段出自《瑜伽師地論》。相應段落參見唐玄奘大師譯《瑜伽師地論・攝決擇分》：「此謗一切事門轉故，名重邪見。又若有見謂無世間真阿羅漢、正至、正行，乃至廣說。如是邪見，由事重故，名重邪見。」見《大正藏》冊30，頁633；《丹珠爾》對勘本冊74，頁334。

❿ **正至正行** 夏日東活佛認為，《集學論箋註》提到「正至」指預流、一來、不還與阿羅漢四住果，「正行」指預流向、一來向、不還向與阿羅漢向四向；然而此處應解為阿羅漢住果與阿羅漢向，方與《瑜伽師地論》相符。而善慧摩尼大師僅提到，「正至」指預流、一來、不還與阿羅漢四住果，「正行」指預流向、一來向、不還向與阿羅漢向四向。參見《洛桑諾布文集》冊2，頁487；《夏日東文集》冊1，頁391。

第二、《本地分》中說軌者❶：《本地分》中說有六相❷，成極尤重❸。現見此俱結合善不善二。加行❹故者，謂由猛利三毒，或

由猛利無彼三毒，發起諸業。串習故者，謂於長夜❺ 親近、修習，若多修習❻ 善惡二業。自性故者，謂屬身語七支，前前重於後後❼ ；屬意三支，後後重於前前。事故者，謂於佛法僧諸尊重所，為損、為益。專行所治品故者❽ ，謂乃至壽存，一向受行諸不善業，未曾一次受行善法。所治損害故者，謂斷諸不善品，遠離貪欲而行善業❾ 。

第二科、《本地分》的說法：《本地分》當中，宣說六種重業的情況，而這顯然對應善與不善兩方面：極力去做，是指以強烈的三毒，或是以強烈的無貪、無瞋、無癡所發起的業。串習，是指長期投入、串習、多次造作善與不善兩種業。自性，是指身語七種業中，相較於後者，越前者越重；三種意業中，相較於前者，越後者越重。事，是指利益或損害佛法僧、上師等。專注於不順品，是指終生都處於盡做不善業，一次善行也不曾做過。消除不順品，是指斷絕不善品，遠離貪欲而行持善業。

❶ 第二《本地分》中說軌者　即前頁382「兼說《本地分》六重」一科。

❷ 《本地分》中說有六相　相應段落參見唐玄奘大師譯《瑜伽師地論・本地分》：「當知此業由六種相：一、加行故；二、串習故；三、自性故；四、事故；五、所治一類故；六、所治損害故。加行故者，謂如有一由極猛利貪、瞋、癡纏，及極猛利無貪、無瞋、無癡加行，發起諸業。串習故者，謂如有一於長夜中親近、修習，若多修習不善、善業。自性故者，謂於綺語，麁惡語為大重罪；於麁惡語，離間語為大重罪；於離間語，妄語為大重罪；於欲邪行，不與取為大

重罪；於不與取，殺生為大重罪；於貪欲，瞋恚為大重罪；於瞋恚，邪見為大重罪。又於施性，戒性無罪為勝；於戒性，修性無罪為勝。於聞性，思性無罪為勝，如是等。事故者，謂如有一於佛法僧及隨一種尊重處事，為損為益名重事業。所治一類故者，謂如有一一向受行諸不善業，乃至壽盡無一時善。所治損害故者，謂如有一斷所對治諸不善業，令諸善業離欲清淨。」見《大正藏》冊30，頁318；《丹珠爾》對勘本冊72，頁898。

❸**說有六相成極尤重** 藏文直譯為「說有六種重相」。

❹**加行** 一般所言的「加行、正行、結行」及「加行法」之加行（སྦྱོར་བ），有前行之義，此處加行於藏文為མངོན་པར་འདུ་བྱེད་པ，有付諸實際行動之義。

❺**長夜** 按藏文有長時義，然無「夜」字。法尊法師係依玄奘大師譯《瑜伽師地論》文譯出。

❻**長夜親近修習若多修習** 善慧摩尼大師認為，長夜親近指長時靠近造善惡業的對境；修習指數數串習善惡業；多修習指數次造下善惡業。參見《洛桑諾布文集》冊2，頁488。

❼**身語七支前前重於後後** 夏日東活佛提到，身語七支前前重於後後，係因前前令對方產生的痛苦大於後後令對方產生的痛苦，這是就意樂加行相等的情況而說。特殊的意樂與加行出現時，也有可能語業比身業重。參見《夏日東文集》冊1，頁391。

❽**專行所治品故者** 法尊法師原譯作「所治一類故者」，係依玄奘大師譯《瑜伽師地論》文譯出，今據藏文改譯。所治，指不順品。

❾**謂斷諸不善品遠離貪欲而行善業** 法尊法師原譯作「謂永斷除諸不善品，令諸善業離欲清淨」，蓋取玄奘大師譯《瑜伽師地論》文譯出，今據藏文改譯。

●**第三、《親友書》所說五種[1]❶：《親友書》中亦云❷：**

「⁽二⁾❸此因相與前文之串習同一扼要：⁽一⁾**無間❹**而作；⁽四⁾此與前文之加行同一扼

要：^(三)猛利**貪著**；^(五)**無**^巴善惡各別之**對治❸**，^巴故如無所制約❹，此與前文之專行所治品等同一扼要。**從德**^巴之事如上師三寶，與具恩**尊**^巴之**事**^巴如父母者，依此五者所起業，^巴任凡是善不善，^巴此二類五相者，果報決定，復生眾果，故此**五**^巴者，是為**重大❺**，^巴於其^巴二類五相之中應^巴當勤修^巴五種善行。」其三寶等為具德事，其父母等為有恩事，開二成五。

第三科、《親友書》提到五種：《親友書》也提到：「持續地做，這個原因與上述的『串習』內涵相同。還有強烈地貪戀，這與上述的『極力去做』內涵相同。以及沒有善惡各自的對治法，因此形同沒有約束，這與上述的『專注於不順品』等內涵相同。從有功德的對象，如上師三寶；以及具有恩惠、尊貴的對象，如父母等，依靠這五種所生的任何善與不善業，這兩類的五種情況都必定招感果報，而且會招感眾多果報，所以這五種是重大的。從那兩類的五種情況中，應當精勤於行持五種善行。」其中三寶等是具有功德的對象，父母等是具有恩惠的對象，開出這兩者，所以共有五種。

[1]「^妙第三、《親友書》所說五種」哲霍本作「^妙第三、《知信》前所說者」按，「《知信》」（ཤེས་སྦྱིངས）為「《親友書》」（བཤེས་སྦྱིངས）之訛字。「前所說者」（སྔར་བཤད）為「所說五種」（ལྔར་བཤད）之訛字。

❶ 第三《親友書》所說五種　即前頁382「兼說《親友書》之輕重」一科。

❷ 《親友書》中亦云　引文唐義淨大師譯《龍樹菩薩勸誡王頌》作：「若恒修對治，德勝愍眾生，此五行為善，不行為大惡。」見《大正藏》冊32，頁752；《丹珠爾》對勘本冊96，頁674。

❸ 無對治　善慧摩尼大師提到，雖然一般而言，善一定沒有它的對治品，但是此處是將能破壞善業者，稱為善的對治。參見《洛桑諾布文集》冊2，頁488。

❹ 故如無所制約　無所制約，藏文為ཁ་ཡན，依據如月格西解釋此詞有兩種解法。第一種，指沒有壓制或阻礙，無論善業或惡業，如果沒有對治或阻礙，就會形成極強大的業力。這種解釋可通用於善惡業二者，指任凡善惡，沒有制約而一味地造作，就會變重。第二種，無所制約可以理解為沒有掌控方向，如果沒有掌控好造業的方向，不僅惡業會變得越來越嚴重，就連善業也可能成為增長惡業的因緣，以至於所有的業都趣向錯誤的方向，而成為一股強大的惡業。這種解釋則僅結合於錯誤的意樂，指如果沒有掌控意樂的方向而調整好意樂的話，惡業會變的特別重。

❺ 是善不善五重大　法尊法師原譯作「是五重大善不善」，為配合箋註語序，故改譯。

第二、兼略開示具力業門❶，分四：⁽ᵅ⁾一、福田；二、所依；三、事物；四、意樂。初⁽ᵇ⁾中分三[1]：一、三寶福田；二、僧伽福田；三、菩薩福田。今初、⁽¹⁾由福田門故力大❷⁽ᶜ⁾者：謂於三寶、尊重、似尊❸、父母等所，於此雖無猛利意樂，略作損益，能得大福及大罪故。此復猶如《念住經》云❹：「從佛法

僧，雖取少許亦成重大。若不與取佛法僧物，仍以彼等同類奉還❺，盜佛法者，即得清淨；盜僧伽者，⓬僧伽者，依小乘而言，於異生中得比丘戒未衰損者四人以上，及大乘中，未具四比丘之入大乘道異生，皆屬僧伽，然主要者，是諸聖者補特伽羅。乃至未受不得清淨，福田重故。若盜食物，當墮有情大那落迦❻。若非食物，則當生於諸獄間隙，無間近邊極黑暗處。」

第二科、附帶概略顯示具力業門，分為四科：⼀福田；⼆所依身；⼆事物；⼆意樂。第一科、**由福田之門而力量強大，分為三科：**⼀三寶福田；⼆僧眾福田；⼆菩薩福田。其中第一科：是指三寶、上師、等同上師者，以及父母等，因為即使對他們不懷猛烈的意樂，而且只做出微少的利益或損害，也會有非常大的福德或罪過。這也如同《正法念處經》中所說，其中提到：「即使從佛、法、僧拿取少許，果報也非常嚴重。盜取了佛、法、僧的財物，如果再以同類的物品歸還，盜取佛陀與正法物的罪就能淨除，但若是偷盜〔僧伽，所謂僧伽，若就小乘而言，四位以上獲得比丘戒而沒有毀壞的凡夫，以及在大乘中，進入大乘道的凡夫比丘，即使數量不到四位，都是屬於僧伽的範圍，而主要則是指聖者補特伽羅。〕的財物，則是在還未領受果報以前都不會淨除，因為那是很重的福田。如果偷盜的是食物，將會墮入大有情地獄；如果偷盜的不是食物，則會投生於地獄與地獄之間、無間地獄附近極為黑暗處等。」

[1]「初中分三」 果芒本原作「淨信分三」，拉寺本、哲霍本作「初中分三」。按，依科判體例，「淨信」(དད་བ) 為「初」(དང་པོ) 之訛字，故依拉寺等本改之。

❶ **第二兼略開示具力業門** 即前頁377「兼略顯示具力業門」一科。

❷ **由福田門故力大** 前文科判作「福田」。

❸ **似尊** 指雖非自己的上師，但是對自己以法恩守護者。

❹ **《念住經》云** 引文元魏般若流支譯《正法念處經‧十善業道品》作：「佛、法、僧物，微少偷盜，是則為上。彼佛、法、僧，若盜僧物，佛、法能淨；盜佛、法物，僧不能淨。若盜眾僧現食用物，墮大地獄，頭面在下；若取屬僧所常食物，則墮無間阿鼻地獄，寬廣闊等，以重福田。」見《大正藏》冊17，頁4；《甘珠爾》對勘本冊68，頁257。

❺ **同類奉還** 夏日東活佛解為，例如偷盜衣服則須奉還衣服而懺悔，偷盜奶油則須奉還奶油而懺悔。參見《夏日東文集》冊1，頁392。

❻ **大那落迦** 夏日東活佛認為，此處的大那落迦指寒熱地獄。參見《夏日東文集》冊1，頁393。

^妙**第二、僧伽福田者**：《日藏經》中❶，特說犯戒❷受用僧物少許，或葉、或華、或果，當生有情大那落迦。設經長夜而得脫離，復當生於〔曠野❸，^巴謂如出城邑外逾一俱盧舍處❹。〕〔絕水飆風之荒漠[1]為尸林❺〕，無手乏足諸旁生類，及無手足盲餓鬼中，經歷多年

恆受苦等極大過患。又說已施僧眾、比丘，雖諸華等，自不應用，不應轉與諸居家者，諸居家者，不應受用。罪亦極重。即前經云❻：「寧以諸利劍，割斷自支體，已施僧伽物，不與在家者。寧食熱鐵丸，火焰極熾猛❼，諸凡僧中物，除僧勿受用❽。寧取食猛火，量等須迷盧❾，不以居家身，受用僧財物。寧⑭可^(二)破出⑭諸臟腑，各別斷解[2]一切⑭六肢❿體，⑭受如是苦，^(一)貫諸大弗⑭之上[3]，^(三)不以居家身，受用僧財物。寧入諸舍宅，火炭遍充滿，不以居家身，夜宿僧房舍。」

第二科、僧眾福田：《日藏經》中提到，尤其是破了戒，如果還受用僧眾財物，即使是少許的花葉果實，將會投生大有情地獄；假使在歷經漫長的歲月之後脫離地獄，也會投生於曠野，遠離村落一俱盧舍以外的地方；以及斷絕水源、勁風侵襲，如荒原般的大漠中，成為沒有手足的畜生，或是沒有手足的盲眼餓鬼，長年承受痛苦等，有這些嚴重的過患。另外還提到，就連施予僧眾和比丘的花朵等，也不能自己使用、送給俗人，俗人是不可受用的，其罪過極為重大。在這部經中說：「寧可用鋒利的刀劍切斷自己的肢節，也不可將已經施予僧眾的物資贈與俗人。寧可吞下冒著烈焰的鐵丸，凡是僧伽中的物資，只能是僧眾所受用，他人不可受用。寧可取食大如須彌山的火焰，也不能以俗人的身份受用僧眾的物資。寧可被插在利戈上，六體所有肢節各各分解，內臟都被扯開，遭受這樣的痛苦，也不能以俗人的身份受用僧眾的物資。寧可處在積滿火炭的房舍裡，也不能以俗人的身份在僧眾的房舍中過夜。」

❶《日藏經》中 《日藏經》,經集部經典,全名《大方等大集日藏經》,共13卷,11品。漢譯本有隋那連提耶舍譯《大乘大方等日藏經》10卷。此經記敘佛陀在王舍城竹園,宣講不淨的因緣與奢摩他的觀修法門,並警誡比丘破戒的種種業報,應當執持淨戒。隨後四方諸佛遣諸菩薩持咒至釋迦佛所,佛陀於是宣說大法。後光味大仙於佉羅抵山,為諸龍王說佉盧風吒大仙往事,並稱歎佛陀功德。後佛上須彌山放光加持救龍王苦,並說諸法印。最後,佛從須彌山頂下至佉羅抵山教化龍王。相應段落參見隋那連提耶舍譯《大方等大集經·日藏分》:「爾時,若有破戒比丘,受他所捨乃至一華一果,是惡比丘以愚癡故,受他淨心所施諸物,獲大惡報。於現在世,得四惡報。何等為四?一者、惡名遠聞流布十方;二者、父母師長兄弟眷屬,奴婢親戚皆悉離散;三者、獲大重病臥糞穢中,惡報相現痛苦而死;四者、衣鉢坐具所有資財,悉為五家之所分散,是名四種惡報。於未來世,復獲四種大惡果報。何等為四?一者、身壞命終墮大地獄;二者、於地獄中久受勤苦,地獄終已復生畜生、餓鬼道中,得無手足報,居在曠野無水之處,經百千萬歲具受辛苦;三者、從彼命終生毒蛇中,得無眼報,經無量歲唯食於土;四者、於彼命終得生人中,墮五濁世不值諸佛,於彼世中雖得人身,常無眼目亦無手足,住在曠野,唯食世間所棄穢食恒不充足,不得與人同共住止。從彼命終復墮地獄,於三惡道難得免出。何以故?彼善男子、善女人,淨心捨施田舍園林、衣服、湯藥、種種諸物,唯欲供養如法比丘,然破戒者受他所施唯欲供身,不與如法持戒比丘,以是因緣獲如是罪。又破戒者,久處生死具受諸苦,雖得人身不值佛世。所以者何?諸佛如來不可思議難可值遇。彼破戒者,斷滅法母不求精進,不用見聞佛

法僧故，以是因緣不值佛世，彼惡比丘於當來世，得如是等大惡果報。」見《大正藏》冊13，頁235；《甘珠爾》對勘本冊66，頁275。

❷犯戒　夏日東活佛認為，此處的犯戒指產生四種他勝。參見《夏日東文集》冊1，頁393。

❸曠野　曠野一詞，藏文為「卓袞巴」（འབྲོག་དགོན་པ）。此詞可以分成「卓」、「袞巴」、「卓袞巴」三個單詞來解釋，一般而言都可以譯作「曠野」，但是其中的意涵卻有差別。「卓」，通指荒原、曠野。「袞巴」，一般譯作「阿蘭若、寂靜處」。阿嘉永津提到，此詞指出聚落外逾一俱盧舍處。「卓袞巴」，則是指比「袞巴」距離更遠的地方。參見《阿嘉雍曾文集》冊上，頁81。

❹俱盧舍　梵語krośa音譯，古印度里程名。古人以二十四指為一肘，四肘為一弓，五百弓即是一俱盧舍。

❺尸林　藏文直譯為曠野、荒漠。

❻即前經云　引文出自《大方等大集日藏經》。隋那連提耶舍譯《大方等大集經·日藏分》作：「寧以利刀自割身，支節身分肌膚肉，所有信心捨施物，俗人食者實為難。寧吞大赤熱鐵丸，而使口中光焰出，所有眾僧飲食具，不應於外私自用。寧以大火若須彌，以手捉持而自食，其有在家諸俗人，不應輒食施僧食。寧以利刀自屠膾，身體皮膜而自噉，其有在家諸俗人，不應受取僧雜食。寧以自身投於彼，滿室大火猛焰中，其有在家俗人輩，不應坐臥僧床席。」見《大正藏》冊13，頁292；《甘珠爾》冊66，頁586。

❼火焰極熾猛　法尊法師原譯作「火焰即熾猛」，今據藏文改譯。

❽諸凡僧中物除僧勿受用　法尊法師原譯作「不應於僧中，受用僧伽業」，今據藏文改譯。

❾須迷盧　梵語sumeruḥ音譯，即須彌山。見前頁102註5。

❿六肢　如月格西解為頭部、雙手、雙足、軀幹六個部分。

第三、菩薩福田者：又僧伽中，若諸菩薩補特伽羅，是極大力善不善田。《能入發生信力契印經》說❶：設如有一由忿恚

故，禁閉十方一切有情於黑暗獄。若有忿恚背菩薩住，云「不瞻視此暴惡者」，較前生罪極無數量。又較劫奪南贍部洲一切有情一切財物，若有輕毀隨一菩薩，亦如前說。又較焚毀殑❷伽沙數諸佛塔廟，若於〔勝解大乘菩薩，❹菩薩異生資糧位、加行位者，但唯勝解自他平等耳；真實自他平等者，須登初地以上。〕起損害心，發生瞋恚，說諸惡稱，亦如前說。❹先輩諸師云：「我等略為持戒、誦唸，一旦於殊勝田視若庸常[1]，即無足償之也。若不斷除不敬菩薩，當生邊地之中。」《能入定不定契印經》說❸：若剜❹十方有情眼目，由慈心故令眼還生，及將前說一切有情放出牢獄，悉皆安立轉輪王樂或梵天樂。如次若於諸能勝解大乘菩薩淨信瞻視，及由淨信樂欲瞻視、稱揚讚歎，較前生福極無數量。《極善寂靜決定神變經》中亦說❺：較諸殺害南贍部洲一切有情，或盡劫奪一切財產，若於菩薩所修善行，下至摶食[2]❻施諸旁生，而作障難，能生無量罪❼。故於是處，極應防慎。

第三科、菩薩福田：而在僧眾當中，又以菩薩補特伽羅為力量極大的善不善田，因為《能入發生信力契印經》提到，比起有人發怒而將十方一切有情關進漆黑的監獄，如果生氣地背對菩薩，並說：「不要看這個暴惡之徒。」將會產生更加無量的惡業。比起奪取贍部洲一切有情所有的財物，如果譏罵任何一位菩薩，罪過與上述相同。比起毀壞、焚燒如恆

河沙那麼多的佛塔，如果對〔勝解大乘的菩薩，資糧位、加行位的凡夫菩薩只能做到勝解自他平等；真正的自他平等，要登初地以上才能做到。〕生起損害心與瞋恨，並且惡語相向，罪過與上述相同。先輩上師們曾說：「我們雖然稍有防護戒律、課誦，可是一旦錯將殊勝田凡庸待之，根本不足以抵償。對菩薩如果不斷絕不敬，將會投生邊地。」《能入定不定契印經》提到，對眼睛被挖掉的十方有情，如果以慈心而讓他們的眼睛復生；以及將上述一切有情從監獄中釋放，並且將他們安置於轉輪王或是梵天的安樂當中；相較於此，如果以淨信心瞻仰信解大乘的菩薩，或者懷著淨信心而想要瞻仰並且讚歎他，依序會生起更加無量的福德。《極善寂靜決定神變經》也提到，比起殺害贍部洲一切有情，或者搶奪他們的全部財物；對於菩薩所作的善行，即使只是布施畜生一小團食物，如果有人進行阻礙，也會生起更加無量的罪業。所以在這方面，應當極為謹慎小心。

[1]「於殊勝田視若庸常」 拉寺本作「於殊勝田頃刻失之」。 [2]「下至搏食」 拉寺本、單註本作「下至摻酒糌粑團」。按，依經論意，應作「搏食」，果芒本為宜。

❶《能入發生信力契印經》說 《能入發生信力契印經》，經集部經典，全名《聖入信力生契印大乘經》，共5卷。漢譯本有元魏曇摩流支譯《信力入印法門經》5卷。此經由文殊師利菩薩問佛能清淨初地的方法，佛因而廣開菩薩應行之法。佛說法竟，文殊師利菩薩又問普賢菩薩諸佛功德，菩薩隨問而答，並開示供養菩薩的功德，以及毀罵菩薩的惡報。此段經文為宗喀巴大師擇要述之，相應段落參見元魏曇摩流支譯《信力入印法門經》：「文殊師利！若有男子、女人，於十方世界一切世界一切眾生，以瞋恚心，繫縛安置黑闇地獄。文殊師利！若復有男子、女人，瞋於菩薩，乃至迴身異方看頃。文殊師利！此罪過前

無量阿僧祇。文殊師利！若有男子、女人，於一切閻浮提一切眾生，所有資生一切財物，悉皆奪盡。文殊師利！若復有男子、女人，隨一菩薩，若好若惡，以瞋恨心罵辱毀訾。文殊師利！此罪過前無量阿僧祇。」「文殊師利！若有男子、女人，恒河沙等諸佛塔廟，破壞焚燒。文殊師利！若復有男子、女人，於信大乘菩薩眾生，起瞋恚心罵辱毀訾。文殊師利！此罪過前無量阿僧祇。」見《大正藏》冊10，頁958；《甘珠爾》對勘本冊62，頁141。

❷ **殑伽** 梵語Gaṅgā音譯，即恆河。

❸ **《能入定不定契印經》說** 《能入定不定契印經》，經集部經典，全名《入趣定不定契印大乘經》。漢譯本有唐義淨大師譯《入定不定印經》1卷。此經因緣為佛在王舍城鷲峰山時，文殊師利菩薩請佛宣說入定不定印法門，令諸菩薩能分辨退轉和不退轉菩薩。佛即開演此法，並教誨弟子恭敬菩薩的利益，以及輕慢菩薩的過患。相應段落參見唐義淨大師譯《入定不定印經》：「妙吉祥！假使十方一切有情皆被挑目，復有餘人於有情起大慈心令眼平復所得功德，若彼有人以清淨心而往瞻視大乘菩薩，其福勝彼無量無數。妙吉祥！假使有人能令十方所有獄囚皆得解脫，受轉輪聖王天帝釋樂；若復有人以清淨心瞻視讚歎大乘菩薩，其福勝彼無量無數。」見《大正藏》冊15，頁710；《甘珠爾》對勘本冊62，頁191。

❹ **剜** 挖取。音若「彎」，原義為削，近代漢語用法如「挖」字。

❺ **《極善寂靜決定神變經》中亦說** 《極善寂靜決定神變經》，經集部經典，全名《聖寂靜決定神變三摩地大乘經》，共3卷。漢譯本有唐玄奘大師譯《寂照神變三摩地經》1卷。對照藏文本與漢譯本篇幅差距甚大，疑為當時玄奘大師所得梵本有缺漏所致。此經因緣由賢護菩薩向佛請問法義，佛陀因而開示寂照三摩地，說此能圓滿一切菩薩諸法。於漢譯本未見相應段落。參見《甘珠爾》對勘本冊55，頁510。

❻ **摶食** 摶，以手搓物使圓，音「團」。摶食，以手搓食物使圓，為一種受用飲食的方式，漢地未使用筷子前也是。摶食，以量不多，可引申微小之義。此處指少量的食物。

❼ **無量罪** 藏文直譯為「極無量罪」。

第二者、由所依門故力大❶，分四：一`智愚❷之輕重；二`具戒之輕重；三`破戒之罪；四`略攝依法成重之理[1]。初者：謂如鐵丸小亦沈水，即彼成器雖大上浮，說智不智❸所作罪惡，而有輕重❹。此因相者，《涅槃經》說❺：「諸愚癡者不智造罪，譬如蠅粘涕❻不能脫離[2]或自拔，雖於小罪亦不能脫離、懺悔。由無悔前罪心，不能新行其任何對治之善❼。由隱匿覆藏過，雖先有善，為惡染污垢穢。故應此生現受輕微異熟之因，變增為極重後世受那落迦劇苦因。又譬如僅一碗少水投鹽一掬❽，則難飲用，或如貧弱之人，欠他一文金錢❾，謂從他欠一錢❿之債。〔不能，謂無力也。〕速疾還償，漸增利息不及還轉，被其逼縛受諸苦惱。此復不智雖造小罪，由不懺悔而增長成重；智者雖造重罪，速行懺悔及防護等，並依對治，是故成輕。又說五因相，雖是當感此生當受現輕異熟，能轉令熟於那落迦生中，謂重愚癡、善根微薄、惡業尤重、未懺悔淨⓫、先無善行。」故說輕微是指智者，能悔前失、防護後過、不藏諸惡、勤修善法諸惡對治。若不修此妄矜為智，由輕蔑門知而故行，是為尤重。

第二科、從所依身之門而力量強大，分為四科：一`智者和愚者的輕重差別；二`具有戒律的輕重差別；三`破戒的罪惡；四`歸結依於正法

而成為重大的道理。第一科：鐵丸即使很小，也會沉入水底；如果將它做成容器，再大也能浮在水面上。與此相同，說到愚者與智者所作的惡業，也有輕重的差別。其中原因在《大般涅槃經》中說：「愚癡不智之人造罪，就如同蒼蠅沾黏在鼻涕上，無法脫離、抽身一般；即使是微小的過失也無法擺脫、懺悔，而且對先前的過失沒有悔意，所以無法新行持任何其對治品的善業。由於藏匿、隱瞞過失，因此雖然有先前的善業，也會被惡業玷汙染濁。所以在現今這一生承受輕微異熟果的因，也會轉變增強，成為後世承受極其深重的地獄痛苦。另外，就像如果在一小碗的少許水中投入一把鹽，就會很難下嚥；又好比勢力弱小的人向他人借貸一枚金幣，欠了他人一錢的債而未能儘快償還，以致利息增加直到無法周轉，被債務緊緊纏身而受苦。另外，愚者即使造下小罪，但是不懺悔而增長成重罪；智者雖然造了重罪，但是很快就懺悔防護等等，並且依靠對治品，因此能轉成輕微。另外在五種原因條件下，現在這一生將要承受的輕微異熟果，也會轉而在地獄生中成熟，即：生性愚癡、善根微小、惡業深重、沒有懺悔清淨、從未行善。」因此是對能追悔先前的過失、防護未來、不隱瞞惡業，並且行持其對治品善業的智者，才說是輕微；如果不行持這些，以輕忽的心態明知故犯，還自詡為智者，則是重業。

[1]「略攝依法成重之理」 雪本作「略攝依服成重之理」。按，「服」（ཆས）為「法」（ཆོས）之訛字。　　[2]「如蠅粘涕不能脫離」 果芒本原作「蠅粘涕不能脫離而攙合」，拉寺本、單註本、法尊法師原譯作「如蠅粘涕不能脫離」，哲霍本作「如乞兒粘涕不能脫離」。按，「攙合」（འཇེ་བར）為「如」（འདྲ་བར）之訛字，「乞兒」（སྤྲང་བ）為「蠅」（སྦྲང་བུ）之訛字。

❶**由所依門故力大** 即前頁391「所依」一科。

❷**智愚** 此處的智亦可譯作善巧，下文「智不智」亦同。

❸智不智　如月格西提到，此處是指相不相信業果。即使在世間被認為是很聰慧的人，如果不相信業果，任意為非作歹，將來自食惡果受苦，在此也稱為不智。

❹謂如鐵丸小亦沈水即彼成器雖大上浮說智不智所作罪惡而有輕重　諸多論典皆有引述此段經文，龍樹菩薩所造《密集根本續釋》謂此經文出自《不空成就續》，而今無藏、漢文《不空成就續》譯本。參見《丹珠爾》對勘本冊15，頁252。

❺《涅槃經》說　此段是取經文大意，非錄原文，相應段落參見北涼曇無讖譯《大般涅槃經·師子吼菩薩品》：「譬如蒼蠅，為唾所粘，不能得出。是人亦爾，於小罪中，不能自出。心初無悔，不能修善，覆藏瑕疵，雖有過去一切善業，悉為是罪之所垢污，是人所有現受輕報，轉為地獄極重惡果。善男子！如小器水，置鹽一升，其味鹹苦，難可得飲，是人罪業亦復如是。善男子！譬如有人，負他一錢，不能償故，身被繫縛，多受眾苦，是人罪業亦復如是。師子吼菩薩言：『世尊！是人何故令現輕報轉地獄受？』佛言：『善男子！一切眾生若具五事，令現輕報轉地獄受。何等為五？一者、愚癡故；二者、善根微少故；三者、惡業深重故；四者、不懺悔故；五者、不修本善業故。』」見《大正藏》冊12，頁553；《甘珠爾》對勘本冊53，頁388。

❻粘涕　黏合附著在鼻涕上面。粘，音「黏」，黏合附著為粘。

❼不能行善　法尊法師原譯作「不能善行」，為配合箋註，故改譯。

❽掬　音「菊」，雙手捧取。藏文此詞意為以一掌微曲所容之量。

❾金錢　「金」原為巴註，為黃金之意。

❿一錢　錢，金銀等等的一種重量單位。

⓫未懺悔淨　法尊法師原譯作「不起追悔」，今據藏文改譯。

🈁師云：總體而言，經云❶：「除業異熟」，雖說宿業引生此世已感異熟，無從遮退；然密咒等中說，由衰損誓言等，即正受享安樂，異熟亦為截止[1]。若罪極重，亦容變轉此生已引異

熟，或當說此為特例也。

此中決疑，後當廣說。

師云：此等是由所依補特伽羅智愚增上力故，而成輕重差別，下文所引《寶蘊經》❷、《制罰破戒經》❸，及《分辨阿笈摩》所說❹：「寧吞熱鐵丸」等文，則由在家出家依身之力所致輕重差別[2]，故彼章之破戒者[3]，應入此二所分出之出家類。

上師說：雖然一般而言在經典中說：「除了業的異熟」，提到前世的業所感得今生的異熟，是已經感果而不可改變，但是在密續等提到，由於虧損誓言等，即使是正在享樂，其異熟也會被截斷；極其嚴重的惡業，也可能會轉變此生已經感生的異熟，這樣的情形，或許必須解釋為特例。

這方面的釋疑，將在下文廣泛討論。

上師說：上述這些，是由於所依補特伽羅的善巧與愚昧而導致輕重的差別；下文的《寶蘊經》、《制罰破戒經》，以及《分辨教》提到「寧可吞下冒著烈焰的鐵丸」等，則是因為在家與出家所依身的力量導致的輕重差別。所以其中的破戒者，也應當歸屬於在家出家兩者當中出家的那一類。

[1]「異熟亦為截止」 哲霍本作「異熟亦為截奪」，誤。　　[2]「則由在家出家依身之力所致輕重差別」 果芒本原作「則為在家出家依身之力之輕重差別」，拉寺本作「則由在家出家依身之力所致輕重差別」。按，依如月格西指示，以拉寺本為宜，故改之。
[3]「彼章之破戒者」 哲霍本作「彼章之顯戒者」。按，「顯戒」（ཚུལ་ཁྲིམས་འཆར་བ）為「破戒」（ཚུལ་ཁྲིམས་འཆལ་བ）之訛字。

❶ **經云** 引文出自《聖般若波羅蜜多一萬八千頌大乘經‧說菩提心功德品》。
《聖般若波羅蜜多一萬八千頌大乘經》，般若部經典，又名《般若一萬八千
頌》，共60卷，87品。漢譯本有唐玄奘大師譯《大般若波羅蜜多經‧第三會》59
卷。此經為佛在王舍城鷲峰山與五億比丘及諸大菩薩集會，世尊親敷座具，
現大神變，十方菩薩來集。世尊與諸大弟子以問答的方式，廣為開示一切法
無自性的甚深空性，以及三智、四加行、果位法身的隱義現觀次第，內容與
《般若二萬五千頌》大致相同，唯行文較為攝略。引文唐玄奘大師譯《大般若
波羅蜜多經‧第三會》作：「唯除先世定業異熟現世應受。」此文經中常見，在
此僅舉一例，其餘藏文《般若經二萬五千頌》、《般若經八千頌》僅有類似文
句，無與引文完全符合者。見《大正藏》冊7，頁556；《甘珠爾》對勘本冊29，
頁708。

❷ **《寶蘊經》** 寶積部經典，全名《聖寶聚大乘經》，共2卷。漢譯本有北梁道
龔譯《大寶積經‧寶梁聚會》2卷。此經為佛與八千比丘、一萬六千菩薩在耆闍
崛山，迦葉尊者請問沙門的內涵，佛陀就開示了三十二垢、八覆、十二表式、八
法敬重袈裟，及說破戒比丘不能消受信施而回答。

❸ **《制罰破戒經》** 經集部經典，全名《佛藏制罰破戒大乘經》，又作《佛藏
經》、《奉入龍華經》、《選擇諸法經》，共8品。漢譯本有姚秦鳩摩羅什大師譯
《佛藏經》3卷。此經為佛在王舍城耆闍崛山中，舍利弗尊者讚歎如來所說空
性法門，世尊依此因緣而宣講此經。其內容強調如果不理解空性的真實道
理，雖受比丘戒，仍然如同破戒；而遠離戲論分別，才能稱為持戒。

❹ **《分辨阿笈摩》所說** 引文見下文頁407註3。

第二者：《寶蘊經》亦說❶：三千所有一切有情皆入大乘，具
輪王位，各以燈燭器等大海，炷❷如須彌，供養佛塔，其福❸不

及出家菩薩，於小燈芯❹塗以油脂，持供塔前，所得福德百分之一。此中意樂謂菩提心，及其福田俱無差別，然所供物，殊異極大，是^⑫在家及出家菩薩之所依力極為明顯。由是道理，則無律儀與有律儀，同是有中具一具二具三❺之身，修行道時，顯然後後較於前前進趣優勝。如諸在家修施等時，受持齋戒律儀而修，與無律儀所修善根，勢力大小，亦極明顯。

第二科：《寶蘊經》也提到，三千大千世界的一切有情都進入大乘，並且擁有轉輪王的王位，即使各以容器寬廣如海洋，燈芯大如須彌山的油燈來供養佛塔，也比不上出家菩薩在燈芯上塗油脂，拿到佛塔前供養的福德的百分之一。雖然其中菩提心的意樂以及福田方面都沒有差別，而且供品差異極大，但很明顯是在家菩薩與出家菩薩的所依身的力量所致。以此類推，是否具有戒律，以及縱使都具有戒律，具有一種、兩種、三種律儀的所依身，在修道方面，比起前者，顯然越是後者進展幅度越大。而且例如俗人行持布施等時，具有八戒等律儀而做，以及沒有戒律而做，二者的善根力量大小，顯然也相差極大。

❶《寶蘊經》亦說　漢藏譯本中皆無此相應段落，《仙人古道》說此段落出自《集學論》。相應段落參見宋法護、日稱等譯《大乘集菩薩學論·恭敬作禮品》：「假使三千大千世界所有眾生，一一皆得轉輪聖王安住大乘，一一輪王以大海量而為燈器，等彌盧山而為燈炷，各以如是供養佛塔。若出家菩薩能

以少油塗撚為燭，持用供養如來塔廟，所得功德勝前燈施，百分歌羅分乃至烏波尼剎曇分不及其一。」見《大正藏》冊32，頁134；《丹珠爾》對勘本冊64，頁1412。

❷ 炷　音「注」，燈芯。

❸ 其福　藏文原文無「其福」，法尊法師蓋取其義而補之。

❹ 燈芯　法尊法師原譯作「燈燭」，今據藏文改譯。

❺ 具一具二具三　夏日東活佛認為，此處具一指具足一種別解脫戒的優婆塞、優婆夷；具二指具足兩種別解脫戒的沙彌、沙彌尼；具三指具足三種別解脫戒的比丘、比丘尼。參見《夏日東文集》冊1，頁409。

📖 **第三者：**《制罰破戒經》說❶：較諸世人具十不善，經百歲中，恆無間缺所集眾惡，若有比丘毀犯尸羅，仙幢❷覆身，經一日夜受用信施，不善極多。亦是由其所依門中，罪惡力大。
㊀後者為依正法所起罪惡而成重大，前者則非。《分辨阿笈摩》亦云❸：「寧吞㷿鐵丸，不以破戒身，不正護律儀❹，受用國人食。」通說破戒及緩學處❺。📖**第四者：**敦巴仁波卿云：「較依正法所起罪惡，十種不善是極少惡。」現見實爾。㊀師云：雖說「依於正法所起罪惡」，然非謂如毀謗正法，是如出家所造之罪。較於在家十惡俱行，出家者但不受水，即重於彼❻。

第三科：《制罰破戒經》中說，比起一位做盡十種不善的人，在一百年內持續不斷地累積罪惡；破戒的比丘如果在一天之內披上仙人幢相而受

用信施，他的不善業會更多，這也是由於所依身之門而導致惡業力量強大。後者是依著正法而形成的重大惡業，前者則不是如此。《分辨教》中也說：「破戒、不正確守戒的人，寧可吃下冒著烈焰的鐵丸，也不應食用國人施捨的食物。」這是同時針對破戒與疏忽學處兩者而言。**第四科**：敦巴仁波切曾說，依著正法而成的惡業以外，十種不善其實是微小的惡業。這種說法非常中肯。上師說：所謂「依著正法而成的惡業」，也不是指謗法一類，而是諸如出家人所犯的罪。所以出家人只要不受水，就比在家人做盡十種不善還要重。

❶ **《制罰破戒經》說**　相應段落參見姚秦鳩摩羅什大師譯《佛藏經・淨戒品》：「舍利弗！我今語汝，若人百歲成就如是十不善罪，破戒比丘一日一夜受他供養，罪多於彼。」法尊法師原譯作「《制罰犯戒經》說」，今據藏文改譯。見《大正藏》冊15，頁792；《甘珠爾》對勘本冊63，頁87。

❷ **仙幢**　大仙的幢相，此指諸佛的幢相、袈裟。諸佛沒有諂誑，行於正道，所以稱諸佛為大仙。三世諸佛都身著袈裟，代表三世諸佛，所以稱袈裟為諸佛的幢相。

❸ **《分辨阿笈摩》亦云**　引文唐義淨大師譯《根本說一切有部毘奈耶》作：「寧吞熱鐵丸，猶如猛火焰，不以破戒口，噉他信心食。」見《大正藏》冊23，頁761；《甘珠爾》對勘本冊6，頁510。

❹ **寧吞熾鐵丸不以破戒身不正護律儀**　法尊法師原譯作「寧吞熱鐵丸，猛燄極可畏，不以犯戒身」，今據藏文改譯。

❺ **破戒及緩學處**　夏日東活佛與善慧摩尼大師認為，此處破戒指產生他勝罪，緩學處指違犯細微學處以上。法尊法師原譯作「犯戒及緩學處」，今據藏文改譯。參見《洛桑諾布文集》冊2，頁491；《夏日東文集》冊1，頁410。

❻ **出家者但不受水即重於彼**　如月格西解為，戒律裡提到出家者在用齋後，應當取水洗手洗缽，如果出家眾因輕忽而不取水，這樣的惡業比居士行十不善還要嚴重。

第三、由事物門故力大者❶：施有情中正法布施，供養佛中正行供養，較諸財施、財物供養，最為超勝。此是一例，餘皆應知。此復於財施中，施身力大；於法施中，大乘法施勝於小乘法施；無畏施中，救輪迴及惡趣怖為勝。

　　第三科、從事物之門而力量強大：施捨有情當中的法施，以及供養佛陀當中的修行供養，遠比施捨財物與財物供養更加超勝。以此為例，其他也都應當了知。另外，在施捨財物當中力量強大的是施捨自身；法施當中，布施大乘法比布施小乘法超勝；無畏施當中，救離輪迴與惡趣的苦難為超勝。

　　❶由事物門故力大者　即前頁391「事物」一科。

第四、由意樂門故力大❶，又分二：一、勢力強弱、續流長短等力大；二、瞋心尤為力大。初者：《寶蘊經》說❷：較[1]非菩薩依身之三千界一切有情各建佛塔，量等須彌，於此諸塔，復經俱胝數劫❸，但為自故，以一切種可供養事，承事供養。若諸菩薩依身補特伽羅，不離為利一切有情義，求得所證無上菩提之一切智心，僅散一華，其福極多。如是由其攀緣所得，若有勝劣，及緣

自他利益事等意樂差別，此復由其強盛微弱、恆促❹等門，應

當了知。🇧師云：「是故吾等亦應由造作菩提心以上之門而行供養等。」

第四科、從意樂之門而力量強大，又分為二科：⸺由於力量強弱、續流長短等而力量強大；⸺瞋恚格外強大。第一科：《寶蘊經》提到，三千大千世界中所有不是菩薩所依身的有情，各自建造起大如須彌山的佛塔，並且在千萬劫中，只為了一己之利，以一切能夠恭敬的行為來恭敬這些佛塔；相較於此，菩薩所依身的補特伽羅，以不離為利一切有情的目的，而想要獲得所求的無上菩提的一切智之心，僅拋出一朵花作供養，所獲得的福德更多。同樣地，所緣目標的優劣，以及緣著自他的利益等意樂的差別，其中還有力量強弱與續流長短等，應當從這些角度而了知。上師說：「因此，我們也應當藉由造作菩提心以上的意樂進行供養等。」

[1]「較」果芒本原無，拉寺本、單註本、青海本《廣論》、法尊法師原譯有此字。

❶ **由意樂門故力大**　即前頁391「意樂」一科。

❷ **《寶蘊經》說**　漢藏譯本中皆無此相應段落，《仙人古道》說此段落出自《集學論》。相應段落參見宋法護、日稱等譯《大乘集菩薩學論・恭敬作禮品》：「假使眾生充滿三有，各各造作如來塔廟，其量高廣如須彌盧山，於殑伽沙劫，各以種種上妙供養；若菩薩以不捨一切智心，持以一花奉施彼塔，所獲福蘊復過於彼。」見《大正藏》冊32，頁134；《丹珠爾》對勘本冊64，頁1412。

❸俱胝數劫　法尊法師原譯作「微塵沙數之劫」，今據藏文改譯。

❹恆促　長久與短暫。

第二者：又於惡行，若煩惱心猛利恆長，其力則大，其中復以瞋力極大❶。《入行論》云❷：「千劫所集施，供養善逝等，此一切善行，一恚能摧壞。」此復若瞋同梵行者及瞋菩薩，較前尤重。《三摩地王經》云❸：「若互相瞋恚，ᴾᴱ其異熟非ᴾᴱ具戒ᴾᴱ多聞能救，ᴾᴱ如是非ᴾᴱ修定ᴾᴱ者、非ᴾᴱ居蘭若❹ᴾᴱ者能救，ᴾᴱ非唯如是，亦非ᴾᴱ勇於布施ᴾᴱ者、供佛ᴾᴱ者能救。」《入行論》中亦云❺：「如此勝子ᴾᴱ一切有情之施主❻所，設若有ᴾᴱ有情發〔暴惡心，ᴾᴱ謂瞋心也。〕能仁說如ᴾᴱ幾許剎那惡心數，當住地獄經爾ᴾᴱ相等之劫。」

第二科：惡行當中，也以煩惱意樂強烈且持久者為力量強大，而這些當中又數瞋恚的力量極其巨大。《入行論》中說：「在一千劫中累積的布施與供養如來等所有的善行，只要一念瞋恚，就可以摧毀這一切。」其中又以瞋恚同梵行者，尤其是瞋恚菩薩極其嚴重。《三摩地王經》說道：「如果彼此相互惡心相向，其異熟果報不是具有戒律、多聞就能挽救的；同樣地，也不是身為修禪定者就能挽救的，不是處在阿蘭若的人就能挽救的；不僅如此，即使是勇於布施的人也無法挽救，即使是供養佛陀的人，也無法挽救。」

《入行論》中也說：「如果有哪一位有情對於這樣的菩薩、一切有情的施主生起瞋恚惡心時，佛陀說，如同他生起多少剎那的惡心的數量，就會在與此相等的那麼多劫中處在地獄。」

註 釋

❶ **瞋力極大** 法尊法師原譯作「瞋力為大」，今據藏文改譯。

❷ **《入行論》云** 引文如石法師譯《入菩薩行·安忍品》作：「一瞋能摧毀，千劫所集聚，施供善逝等，一切諸福善。」見《入菩薩行》，頁45；《丹珠爾》對勘本冊61，頁980。

❸ **《三摩地王經》云** 引文高齊那連提耶舍譯《月燈三昧經》作：「淨心畢定墮惡趣，雖持禁戒及多聞，供養諸佛廣行施，蘭若禪等莫能救。」見《大正藏》冊15，頁602；《甘珠爾》對勘本冊55，頁300。

❹ **蘭若** 阿蘭若之略稱，梵語Āraṇya音譯，又名阿練若，義為寂靜處。離村落一俱盧舍以上的地方稱為阿蘭若。

❺ **《入行論》中亦云** 引文如石法師譯《入菩薩行·菩提心利益品》作：「博施諸佛子，若人生惡心，佛言彼墮獄，久如心數劫。」見《入菩薩行》，頁10；《丹珠爾》對勘本冊61，頁955。

❻ **施主** 夏日東活佛提到，菩薩施與一切有情一切相智，所以此處稱菩薩為施主。參見《夏日東文集》冊1，頁412。

ⓔ《俱舍論》云❶：「異熟苦故等流斷命故，增上果壞威故三果[1]❷。」

第三、其果❸，分三：㊙一、異熟果；二、等流果；三、增上果[2]。

今初[3]、**異熟果者**：謂十業道一一皆以三毒上中下品為所依事❹，有三三等。《本地分》說❺：此中上品殺生等十，一一能感生那落迦；中十，一一感生餓鬼；下十，一一能感旁生。《十地經》說❻中下二果與此相反❼。

菩提道次第廣論四家合註白話校註集

《俱舍論》中說：「異熟果是由於痛苦；等流果是由於殺害；增上果是由於毫無尊嚴，所以安立三種果。」

第三科、這些的果報，分為三科：一、異熟果；二、等流果；三、增上果。
第一科、異熟果：十種業道，各各都依三毒本身的強中弱而各分為三種。《本地分》提到，其中嚴重的殺生等十種業道，各各都會感生於地獄；中等的十種業道，各各都會感生為餓鬼；輕微的十種業道，各各都會感生為畜生。《十地經》則將中等與輕微二者的果報反過來說。

[1]「㊀《俱舍論》云：『異熟苦故等流斷命故，增上果壞威故三果』」拉寺本作「㊣《俱舍論》云：『苦故斷命故，壞威故三果。』異熟、等流、增上果」，雪本、哲霍本作「㊀《俱舍論》云：『苦故斷命故，壞威故三果。』異熟、等流、增上果」。
[2]「㊉一、異熟果；二、等流果；三、增上果」哲霍本作語註。　[3]「今初」拉寺本、單註本無。

❶ **《俱舍論》云** 引文陳真諦三藏譯《阿毘達磨俱舍釋論・分別業品》作：「由困苦除命，滅勢味果三。」唐玄奘大師譯《阿毘達磨俱舍論本頌・分別業品》作：「此令他受苦，斷命壞威故。」此引文為偈頌體，巴梭法王在箋註中引述論文時一併為經文作註，因此翻譯時以紅色小字標註巴梭法王對該論文的註解。見《大正藏》冊29，頁245、318；《丹珠爾》對勘本冊79，頁32。
❷ **三果** 三果為異熟果、等流果、增上果。異熟果，又名異熟。有情心續中，從有漏善因或不善因所出生的無覆無記的果，稱為異熟。異熟需要具足三個條件：第一、體性無覆無記；第二、有情心續所攝；第三、從有漏善或不善出生。

等流果，又名等流。與自己的因同類的果，稱為等流果。增上果，又名主上果。由於因的力量而出生的果，稱為增上果。善慧摩尼大師認為，在自己所擁有或所掌控的地方所成熟的果，稱為主上果或增上果。藏文中增上果的增上一詞，直譯為控制、主導。參見《洛桑諾布文集》冊2，頁493。

❸ **第三其果** 即前頁345「此等之果」一科。

❹ **謂十業道一一皆以三毒上中下品為所依事** 關於上中下品的判別，善慧摩尼大師以殺生為例提到三種分法：一、愚癡發起的殺生是下品，貪心發起的殺生是中品，瞋心發起的殺生是上品。在三品中，由於三種煩惱猛利的程度不同，可以再分三品。二、具足前行、正行、結行者是上品，僅僅具足前行、正行者是中品，僅僅具足加行與等起，或僅僅心生等起者是下品。三、作已增長的業是上品，增長而不作的業是中品，作而不增長的業是下品。以善業而言，下士所造的善根是下品，中士所造的善根是中品，上士所造的善根是上品。其他善惡業依此類推。法尊法師原譯作「謂十業道一一皆依事及三毒上中下品」，今據藏文改譯。參見《洛桑諾布文集》冊2，頁493。

❺ **《本地分》說** 相應段落參見唐玄奘大師譯《瑜伽師地論·本地分》：「謂奰位、中位、上位、生位、習氣位。由奰不善業故，生傍生中；由中不善業故，生餓鬼中；由上不善業故，生那落迦中。」見《大正藏》冊30，頁317；《丹珠爾》對勘本冊72，頁892。

❻ **《十地經》說** 相應段落參見西晉竺法護譯《漸備一切智德經·離垢住品》：「其此十惡不善章句，甚為招致地獄緣報，中殃畜生，微釁餓鬼」東晉佛馱跋陀羅《大方廣佛華嚴經·十地品》：「此十不善道，上者、地獄因緣；中者、畜生因緣；下者、餓鬼因緣。」後秦鳩摩羅什大師譯《十住經·離垢地》：「此十不善道，上者、地獄因緣；中者、畜生因緣；下者、餓鬼因緣。」唐實叉難陀譯《大方廣佛華嚴經·十地品》：「十不善業道，上者地獄因，中者畜生因，下者餓鬼因。」唐尸羅達摩譯《佛說十地經·菩薩離垢地》：「復次十種不善業道，以由上品積集多作，為捺洛迦因；由中品故，為傍生因；由軟品故，為鬼界因。」見《大正藏》冊10，頁285；冊9，頁278；冊10，頁505、185、543；《甘珠爾》對勘本冊36，頁407。

❼ **相反** 法尊法師原譯作「相違」，今據藏文改譯。

^妙**第二、等流果者**：謂出惡趣，次生人中，如其次第，^巴殺生感壽量短促，^巴不與取感資財匱乏，^巴邪淫感妻不貞良，^巴妄語感多遭誹謗，^巴離間感親友乖離，^巴惡口感聞違意聲，^巴綺語感言不威肅，^巴貪欲貪、損害瞋、邪見癡三上品猛利。《諦者品》❶及《十地經》❷中，於其一一說二二果，謂：設生人中，壽量短促，多諸疾病；資財匱乏，與他共財；眷屬不調或非可信，妻有匹偶；多遭誹謗，受他欺誑；眷屬不和，眷屬鄙惡；聞違意聲，語成鬥端；語不尊嚴或非堪受，無定辯才❸；貪欲重大不知喜足❹，尋求無利或不求利❺；損害於他，或遭他害；見解惡鄙，諂誑為性。諸先尊長說縱生人中，愛樂殺生等事，是造作等流果❻；前所說者，是領受等流果❼。^巴除第八聖者名言以上❽，餘皆雜亂惑人之語❾。縱以如是言語而行他利，亦成語極不威肅因。故《三百頌》云❿：「道中聖不語⓫，但說正法語；勿作婦等語，勿說不如理⓬。」

第二科、等流果：即使從惡趣投生為人，依序也會由於殺生而短命；由於偷盜而缺乏受用；由於邪淫導致無法守護妻室；由於妄語導致謗聲四起；由於離間導致與親友分散；由於粗惡語導致聽到不悅耳的聲音；由於綺語導致說話無人聽信；貪求心的貪、損害心的瞋、邪見的癡，這三毒非常猛烈。《諦者品》及《十地經》中，則對每一個業各宣說兩種果報，提到即使投生為人，也會短壽而多病；受用微薄，而且受用與他人共有；奴僕眷屬不順從、不可信

賴，妻子有第三者介入；謗聲四起，而且遭受他人欺騙；眷屬不和睦，而且鄙劣；聽到難聽的聲音，而且言語會引發爭端；說話不受尊重、不值得聽信，並且成為對沒有必要的俗務聰慧敏捷；貪心強烈而不知足，追求沒有利益的事，或者不追求有利益的事；傷害他人，或遭到他人傷害；見解低劣，而且狡詐成性。許多前輩上師認為，即使投生為人卻仍然喜好殺生等等，這是造作等流果，而上述那些則是領受等流果。除了被稱為聖者的第八者以上，其他都是亂說而蒙蔽人心，即使以這些言語從事利他，也會成為說話非常不受尊重的因。因此《三百頌》中說：「聖者在路上行走時不會說話；以及只說法語，不應隨順婦女等說話的方式，以及談說不如法的言論。」

❶《諦者品》 相應段落參見元魏菩提留支譯《大薩遮尼乾子所說經·詣嚴熾王品》：「殺生之罪能令眾生墮於地獄、畜生、餓鬼，若生人中得二種果報：一者、短命；二者、多病。偷盜之罪亦令眾生墮於地獄、畜生、餓鬼，若生人中得二種果報：一者、貧窮；二者、共財不得自在。邪婬之罪亦令眾生墮於地獄、畜生、餓鬼，若生人中得二種果報：一者、婦不受語；二者、自妻為他侵奪。妄語之罪亦令眾生墮於地獄、畜生、餓鬼，若生人中得二種果報：一者、常為他人所謗；二者、常為他人所誑。兩舌之罪亦令眾生墮於地獄、畜生、餓鬼，若生人中得二種果報：一者、得破壞眷屬；二者、得弊惡眷屬。惡口之罪亦令眾生墮於地獄、畜生、餓鬼，若生人中得二種果報：一者、不聞善名；二者、常起鬥諍。綺語之罪亦令眾生墮於地獄、畜生、餓鬼，若生人中得二種果報：一者、得不敬重語；二者、言無定實，不為他樂。貪欲之罪亦令眾生墮於地獄、畜生、餓鬼，若生人中得二種果報：一者、不知足；二者、常生貪心。瞋恚之罪亦令眾生墮於地獄、畜生、餓鬼，若生人中得二種果報：一者、無安隱心；二者、常念損害，無有慈心。邪見之罪亦令眾生墮於地獄、畜生、餓鬼，若生人中得二種果報：一者、常生邪見家；二者、心常諂曲。」見《大正藏》冊9，頁328；《甘珠爾》對勘本冊57，頁262。

❷《十地經》 相應段落參見西晉竺法護譯《漸備一切智德經·離垢住品》：

「是故我等若殺生者，歸於地獄、畜生、餓鬼，設生人間，有二惡報。何謂為二？所生之處，其壽常短，又多疾痛，而中夭逝，家室憂感，莫不感哀。若喜竊取，亦歸三惡苦，若生人間，亦有二報。何謂為二？乏少財業，怨賊劫取，亡無多少，令人憂惱。犯他人妻室，亦歸三惡，復有二報：眷屬不貞，數共鬬諍。憙妄語者，歸於三苦，有二惡報。何謂為二？人多誹謗，言不見用。其兩舌者，亦歸三苦，復有二報：眷屬離散，生下賤子，共為伴黨。其惡口者，亦歸三苦，復有二報。何謂為二？聞不可聲，罵詈之音。其綺語者，亦歸三苦，復有二報。何謂為二？熱惱他人，所在至湊，不能自決。其貪餮者，亦歸三苦，復有二報：少於產業，又多疾病。其懷嫉妒，亦歸三苦，復有二報。何謂為二？若在人間，墮于邪見，不知止足。起于瞋恚，亦歸三苦，復有二報。何謂為二？自危己身，而惱他人。其邪見者，亦歸三苦，若生人間，復有二報。何謂為二？沒在邪見六十二非，憙行諛諂。如是多患，因致苦陰，由以合成不善根本。」東晉佛馱跋陀羅《大方廣佛華嚴經·十地品》：「於中殺生之罪，能令眾生墮於地獄、畜生、餓鬼；若生人中，得二種果報：一者、短命；二者、多病。劫盜之罪，亦令眾生墮三惡道；若生人中，得二種果報：一者、貧窮；二者、共財不得自在。邪婬之罪，亦令眾生墮三惡道；若生人中，得二種果報：一者、婦不貞潔；二者、得不隨意眷屬。妄語之罪，亦令眾生墮三惡道；若生人中，得二種果報：一者、多被誹謗；二者、為人所誑。兩舌之罪，亦令眾生墮三惡道；若生人中，得二種果報：一者、得弊惡眷屬；二者、得不和眷屬。惡口之罪，亦令眾生墮三惡道；若生人中，得二種果報：一者、常聞惡音；二者、所可言說，恒有諍訟。無義語罪，亦令眾生墮三惡道；若生人中，得二種果報：一者、所有言語人不信受；二者、有所言說不能明了。貪欲之罪，亦令眾生墮三惡道；若生人中，得二種果報：一者、多欲；二者、無有厭足。瞋惱之罪，亦令眾生墮三惡道；若生人中，得二種果報：一者、常為一切求其長短；二者、常為眾人之所惱害。邪見之罪，亦令眾生墮三惡道；若生人中，得二種果報：一者、生邪見家；二者、其心諂曲。」後秦鳩摩羅什大師譯《十住經·離垢地》：「殺生之罪，能令眾生墮於地獄、畜生、餓鬼；若生人中，得二種果報：一者、短命；二者、多病。劫盜之罪，亦令眾生墮於地獄、畜生、餓鬼道；若生人中，得二種果報：一者、貧窮；二者、共財不得自在。邪婬之罪，亦令眾生墮於地獄、畜生、餓鬼道；若生人中，得二種果

報：一者、婦不貞良；二者、得不隨意眷屬。妄語之罪，亦令眾生墮三惡道；若
生人中，得二種果報：一者、多被誹謗；二者、恒為多人所誑。兩舌之罪，亦令
眾生墮三惡道；若生人中，得二種果報：一者、得弊惡眷屬；二者、得不和眷
屬。惡口之罪，亦令眾生墮三惡道；若生人中，得二種果報：一者、常聞惡音；
二者、所可言說恒有諍訟。綺語之罪，亦令眾生墮三惡道；若生人中，得二種
果報：一者、所有言語人不信受；二者、有所言說不能分了。貪欲之罪，亦令眾
生墮三惡道；若生人中，得二種果報：一者、多欲；二者、無有厭足。瞋惱之
罪，亦令眾生墮三惡道；若生人中，得二種果報：一者、常為他人求其長短；二
者、常為他所惱害。邪見之罪，亦令眾生墮三惡道；若生人中，得二種果報：一
者、常生邪見之家；二者、其心諂曲。」唐實叉難陀譯《大方廣佛華嚴經‧十地
品》：「殺生之罪，能令眾生墮於地獄、畜生、餓鬼；若生人中，得二種果報：一
者、短命；二者、多病。偷盜之罪，亦令眾生墮三惡道；若生人中，得二種果
報：一者、貧窮；二者、共財不得自在。邪婬之罪，亦令眾生墮三惡道；若生人
中，得二種果報：一者、妻不貞良；二者、不得隨意眷屬。妄語之罪，亦令眾生
墮三惡道；若生人中，得二種果報：一者、多被誹謗；二者、為他所誑。兩舌之
罪，亦令眾生墮三惡道；若生人中，得二種果報：一者、眷屬乖離；二者、親族
弊惡。惡口之罪，亦令眾生墮三惡道；若生人中，得二種果報：一者、常聞惡
聲；二者、言多諍訟。綺語之罪，亦令眾生墮三惡道；若生人中，得二種果報：
一者、言無人受；二者、語不明了。貪欲之罪，亦令眾生墮三惡道；若生人中，
得二種果報：一者、心不知足；二者、多欲無厭。瞋恚之罪，亦令眾生墮三惡
道；若生人中，得二種果報：一者、常被他人求其長短；二者、恒被於他之所惱
害。邪見之罪，亦令眾生墮三惡道；若生人中，得二種果報：一者、生邪見家；
二者、其心諂曲。」唐尸羅達摩譯《佛說十地經‧菩薩離垢地》：「害生將導於
捺落迦，將導傍生，將導鬼界；若復人中受生，引二種果：一者、短命；二者、多
病。不與取將導於捺落迦，將導傍生，將導鬼界；若復人中受生，引二種果：一
者、乏少資財；二者、共分資財。於欲邪行將導於捺落迦，將導傍生，將導鬼
界；若復人中受生，引二種果：一者、妻不貞良；二者、眷屬不可依怙。虛誑語
將導於捺落迦，將導傍生，將導鬼界；若復人中受生，引二種果：一者、多被誹
謗；二者、為他所誑。離間語將導於捺落迦，將導傍生，將導鬼界；若復人中受

生，引二種果：一者、眷屬乖離；二者、多被毀呰。麁惡語將導於捺落迦，將導傍生，將導鬼界；若復人中受生，引二種果：一者、聞不可意；二者、言多諍訟。雜穢語將導於捺落迦，將導傍生，將導鬼界；若復人中受生，引二種果：一者、言無人受；二者、辯不明了。貪欲將導於捺落迦，將導傍生，將導鬼界；若復人中受生，引二種果：一者、心不知足；二者、多欲無厭。瞋恚將導於捺落迦，將導傍生，將導鬼界；若復人中受生，引二種果：一者、常被他人求其長短；二者、恆被於他之所惱害。邪見將導於捺落迦，將導傍生，將導鬼界；若復人中受生，引二種果：一者、墮在邪見；二者、心多諂誑。」見《大正藏》冊10，頁466；冊9，頁549；冊10，頁505、185、543；《甘珠爾》對勘本冊36，頁407。

❸ **無定辯才** 善慧摩尼大師認為，無定辯才指完全不清楚目的，但對沒必要的世間事務非常聰慧。參見《洛桑諾布文集》冊2，頁493。

❹ **貪欲重大不知喜足** 善慧摩尼大師認為，貪欲重大指想要獲得尚未獲得的利養；不知喜足指雖然已經獲得利養，仍然希望獲得更多。參見《洛桑諾布文集》冊2，頁493。

❺ **尋求無利或不求利** 善慧摩尼大師認為，尋求無利指致力於沒必要的世間事務；不求利指不致力於有意義的善行。參見《洛桑諾布文集》冊2，頁494。

❻ **造作等流果** 夏日東活佛提到，造作等流果是指，過去造下這份業，如今仍然喜愛造同樣的業。參見《夏日東文集》冊1，頁413。

❼ **領受等流果** 夏日東活佛提到，領受等流果是指，在自己的所依身或自己所處的環境，領受相同的果。參見《夏日東文集》冊1，頁413。

❽ **第八聖者名言以上** 聖者名言指能夠稱為聖者。此處第八指預流向的聖者，由於預流向的聖者在預流向、預流、一來向、一來、不還向、不還、阿羅漢向與阿羅漢八種聖者當中，從阿羅漢倒數是第八位聖者，所以稱為第八或第八聖者。一般而言，經論中常以此作為聖者的最下限，所以此處才會提到第八聖者名言以上。

❾ **惑人之語** 愚癡不明道理的言語。

❿ **《三百頌》云** 《三百頌》，律部論典，全名《聖根本說一切有部沙彌頌》，又名《聖根本說一切有部沙彌三百頌》、《沙彌三百頌》、《毘尼三百頌》，共15品，238偈，釋迦光律師（Śākyaprabhā）著，尚無漢譯。釋迦光律師

（生卒年不詳），二勝六莊嚴的二勝之一，主要依止福稱及寂光兩位上師，成為精通律藏的大德，與功德光律師同被尊為「二勝」。其著作已藏譯的有《聖根本說一切有部沙彌頌》及其自釋《具光》。本論為釋迦光律師應上座釋迦友（Śākyamitra）祈請而作，透過十戒、斷除四種隨順衰損，略攝毗尼等十五門，根據四部律典而詳細闡述沙彌學處，其所依據的律文並在其自釋《具光》有明確引出，是沙彌學處的圭臬之作。此段與原文出入頗大，相應段落出自《聖根本說一切有部沙彌三百頌·斷妄語學處第四》。參見《丹珠爾》對勘本冊93，頁183；《東噶辭典》，頁210。

⓫ **道中聖不語** 巴註引文只作「聖不語」，而查《三百頌》原文，則為「道中不語」，揣巴註之意應是聖者於行走時不言語，而因偈文斷句的關係，無法將上句的「道中」引入此偈，今據《三百頌》原文，權將「道中」補譯入此偈。

⓬ **勿作婦等語勿說不如理** 如月格西解為，此句意指不要按照女人等說話的方式談話，以及說非理的言語。在此女人只是舉例，等字包含由於放逸而講故事或唱歌等行為。非理指不是為了自他二利而說。但若依《三百頌》原文，則為「不要隨順婦女等講話的方式」，並無「勿說不如理」一句。

第三、諸主上果或增上果者：謂由殺生，能感外器世間所有飲食及藥、果等效用低下、羸劣衰落，勢能、威力並皆微劣❶，難於消變，生長疾病。由此因緣，有情大抵❷未盡壽量而便中夭。不與取增上果者，謂眾果尟少、果不滋長[1]、果多變壞、果不貞實❸，多無雨澤、雨多淋潦，果多乾枯及全無果。欲邪行者，謂多便穢、泥糞、不淨、臭惡、迫迮❹、不可愛樂。虛妄語者，謂農作、行船事業邊際，不甚滋息❺，謂如田地，前主之時稼穡豐稔❻，易主之後盛況不再；又如舟船，先時旅客眾多，獲利豐厚，船既易主，便不如

前。此即猶後二主所積業之增上果也。不相諧偶、多相欺惑，饒諸怖畏恐懼因緣。離間語者，謂其地處丘坑間隔險阻難行，饒諸怖畏恐懼因緣。粗惡語者，謂其地所多諸株杌❼、刺石礫瓦，枯槁無潤，無有池沼、河流、泉湧❽，乾地、〔鹵田❾，❷謂鹽鹹地。〕、〔乾壑❿，❷謂山谷溝頭[2]⓫。〕、坑❷與崖邊[3]、險⓬，饒諸怖畏恐懼因緣。諸綺語者，謂諸果樹不結果實、非時結實[4]、時不結實、未熟似熟、根不堅牢、勢不久停，園、林、池沼可樂極少，饒諸怖畏恐懼因緣。貪欲心者，謂一切盛事，經歷一一年時月日，漸漸衰微，唯減無增。瞋恚心者，謂多疫癘，災橫擾惱，怨敵興戰⓭，獅子、虎等，蟒蛇、蝮蠍⓮、蟲火⓯，❷師云：言蟲火者，即今之大蜘蛛也。其入於耳中，則敷青布於地[5]，徐徐擊鼓，撢灑⓰水等，以擬盛夏，輒從耳出。律中⓱言此公案之時，即用蟲火一詞，故說即蜘蛛也。毒暴藥叉、諸惡賊等。諸邪見者，謂器世間所有❷金礦等第一勝妙生源悉皆隱沒⓲，諸不淨物乍似最勝清淨，諸苦惱物乍似最勝安樂⓳，❷總則非❷遮輪迴苦之安居所，❷別則非❷遮善趣損害之救護所[6]，及非❷遮除其因——煩惱之皈依所⓴。❷意三不容有利他故，縱為菩薩，亦無開許之時。

第三科、增上果，或是主上果：由於殺生，導致外在環境中的飲食、藥物及果實等效力寡小、羸劣_{衰弱}，作用及力量微弱，難以消化；並且會引發疾病，以致多數有情還未活到壽數就過世。不與取的增上果：果實減少、果實了無生氣、果實變異、果實中空；過度乾旱、降雨過度；果實乾枯以及毫無果實。邪淫的增上果：會有許多大小便排泄物、爛泥、嘔吐物、汙穢不淨與惡臭之物，以及辛酸困苦、不歡喜。妄語的增上果：農業與船運的事業無法興隆，這句話若以農田為例，在前一任地主經營期間收成豐碩，更換地主之後，盛況從此不再。又如同舟船，起初來往旅客眾多，由此獲得豐厚的利潤，之後由另一人當船主時卻不復從前。這就是後兩個主人所造之業的增上果。不和睦、經常受騙、充滿眾多苦難及可怖的因緣。離間語的增上果：地勢凹凸不平，滿是丘陵窪地，高低起伏、崎嶇難行，充滿眾多苦難及可怖的因緣。粗惡語的增上果：該地區會有大量枯樹、荊棘、石塊、細沙、瓦礫，粗糙而沒有光澤；沒有河流、湖泊、泉源，而有乾枯的土地、〔鹵田，指含鹽的鹼土。〕、〔不毛之地，指山谷及溝頭。〕、極惡劣的環境，以及懸崖、險峻的地方，充滿可怖的因緣。綺語的增上果：果樹結不出果實、在不當的季節也結出果實、該結實時卻不結果、未成熟的卻看似已熟；根部不穩固、無法持久地存活；令人喜愛的果園、森林、池塘很少；充滿眾多可怖的因緣。貪求心的增上果：所有盛況都逐年、逐季、逐月、逐日地不斷衰退損減，無法增長。損害心的增上果：出現瘟疫、災害、傳染病，產生許多紛亂、由敵軍引發的戰爭；還有大量的獅子、老虎等，以及毒蛇、蠍子、蟲火，_{上師說：所謂蟲火，就是現今的大蜘蛛。當牠鑽入耳朵，就將藍布鋪在地上，緩緩地敲鼓，並且灑水，藉以營造出夏季的情境，牠就會從耳朵裡爬出。《毗奈耶》中述及這個公案時，就是使用蟲火一詞，所以這是指蜘蛛。}而且充斥著暴虐的夜叉及盜賊等。邪見的增上果：外在環境中，_{金礦等}最為超勝而主要的來源盡數消失，不潔淨的事物看似至極潔淨、痛苦的事物看似至極安樂。總體而言沒有阻止輪迴痛苦的安居處所、尤其是沒有能阻止善趣中的損害的救護、沒有阻止因位煩惱的皈依處。_{這三種意業不可能成為利他，所以即使是菩薩也沒有被開許的時候。}

[1]「果不滋長」 雪本、哲霍本作「果不成就」。 [2]「^巴謂山谷溝頭」 拉寺本作「^巴謂跑山谷頂」，哲霍本無「^巴」，作「謂朋友溝頭」。按，山無行走之理，拉寺本誤；哲霍本「朋友」(ཤྲོགས) 為「山谷」(ཤྲོང་རོ) 之訛字。 [3]「^巴與崖邊」 拉寺本作「^巴謂崖邊」，哲霍本無「^巴」。 [4]「非時結實」 拉寺本、雪本、哲霍本作「及非時結實」。 [5]「則敷青布於地」 哲霍本作「此中青布於地」。按，「此中」(འདིར) 為「敷」(འདིང) 之訛字。 [6]「^巴別則非^巴遮善趣損害之救護所」 哲霍本作「^巴別則非^巴遮善趣長養之救護所」。按，救護所無遮善趣長養之理，誤。

❶ **效用低下羸劣勢能威力並皆微劣** 法尊法師原譯作「皆少光澤，勢力、異熟及與威德，並皆微劣」，係依玄奘大師譯《瑜伽師地論》文譯出，今據藏文改譯。

❷ **有情大抵** 法尊法師原譯作「無量有情」，係依玄奘大師譯《瑜伽師地論》文譯出，今據藏文改譯。

❸ **果不滋長果多變壞果不貞實** 夏日東活佛與善慧摩尼大師認為，果不滋長，指果實不良或果實營養含量低；果多變壞，指例如種下白青稞的種子，卻長出黑青稞；果不貞實，指穗不結實。阿嘉永津對果不滋長的解釋同前；夏日東活佛解釋果多變壞及果不貞實的意思，係依照慧海大師的《廣論講授筆記》。參見《阿嘉雍曾文集》冊上，頁81；《洛桑諾布文集》冊2，頁494；《夏日東文集》冊1，頁413；《廣論講授筆記》，頁38。

❹ **迫迮** 藏文直譯為「困厄」，法尊法師係依玄奘大師譯《瑜伽師地論》文譯出。迮，音若「則」，即今之窄字。

❺ **農作行船事業邊際不甚滋息** 慧海大師提到，農業以及船隻往來乘載不甚幸運，即是農作、行船事業邊際不甚滋息的意思。事業邊際，即事業之意，玄奘大師譯《瑜伽師地論》文中作「世俗事業」。參見《廣論講授筆記》，頁38。

❻ **稼穡豐稔** 指農作物豐收。稼，音「架」，禾有實也；穡，音「色」，穀可收也。

或言種之曰稼，斂之曰穡，乃泛指耕種收藏。穡，音「忍」，穀熟。

❼ **株杌** 指光禿的樹木。株，音「珠」，露出地面的樹根；杌，音「物」，無枝葉的樹。

❽ **泉湧** 此詞於藏文可作二義：法尊法師蓋取玄奘大師譯《瑜伽師地論》文譯作「泉湧」，阿嘉永津及善慧摩尼大師則解為能集水的小湖泊。參見《大正藏》冊30，頁633；《阿嘉雍曾文集》冊上，頁81；《洛桑諾布文集》冊2，頁494。

❾ **鹵田** 此詞阿莽班智達與慧海大師解為又熱又乾之地；而阿嘉永津則解為鹵田，與《瑜伽師地論》等依據更為相符，也與法尊法師譯法相近。鹵田，指鹽分很重、無法耕種的土地。鹵，音「魯」，其四點象鹽形。參見《阿嘉雍曾文集》冊上，頁81；《夏日東文集》冊1，頁414；《廣論講授筆記》，頁38。

❿ **乾壑** 法尊法師原譯作「丘陵」，係依玄奘大師譯《瑜伽師地論》文譯出，今據藏文改譯。

⓫ **溝頭** 指山谷最高的部分。

⓬ **險** 夏日東活佛解為充滿蠍子的地方。參見《夏日東文集》冊1，頁414。

⓭ **怨敵興戰** 法尊法師原譯作「怨敵驚怖」，係依玄奘大師譯《瑜伽師地論》文譯出，今據藏文改譯。

⓮ **蝮蠍** 蝮，音「副」，一種毒蛇；蠍，音「歇」，蠍子。藏文此詞但指蠍子。

⓯ **蟲火** 法尊法師原譯作「蚰蜒百足」。蟲火，《藏漢大辭典》中解作一種類似蜘蛛的毒蟲，譯作蚰蜒、蜈蚣，或解作螢火蟲。然巴註中將之解為某種蜘蛛，經查漢文諸律典中，多處言及蜈蚣蚰蜒而未見蜘蛛，是知法尊法師係依玄奘大師譯《瑜伽師地論》文譯出，然為兼存各說，故改譯。慧海大師提到，蟲火是一種生於火中，離開火便無法生存的動物，夏日東活佛亦引此說而解為小蜂。有些大德說是在厚、屯等地有一種類似蜘蛛的昆蟲，如果被牠咬到，那人不久就會昏迷而死。然考律典原文，此種蟲類能鑽入耳中，乃至能在耳中生七百幼蟲，可知此蟲並非蚰蜒、蜈蚣、大蜘蛛、蜜蜂等大型蟲類。又藏文律典的蟲火一詞並無火字，故知此蟲未必離開火便無法生存。參見《夏日東文集》冊1，頁414；《廣論講授筆記》，頁38；《藏漢大辭典》，頁2979。

⓰ **撢灑** 以撢子灑水。撢，音若「膽」，拂掃塵土的用具。

❶ **律中** 相應段落參見《根本說一切有部毘奈耶‧衣本事》。見《甘珠爾》對勘本冊3，頁153。

❶ **第一勝妙生源悉皆隱沒** 夏日東活佛解為金礦中沒有金子，銀礦中沒有銀子等。參見《夏日東文集》冊1，頁414。

❶ **諸不淨物乍似最勝清淨諸苦惱物乍似最勝安樂** 善慧摩尼大師認為，此兩句意指解為，將自他不淨的身體看似乾淨悅意；將世間苦性的事情看似安樂。法尊法師原譯作「諸不淨物乍似清淨，諸苦惱物乍似安樂」，係依玄奘大師譯《瑜伽師地論》文譯出，今據藏文補譯。參見《洛桑諾布文集》冊2，頁494。

❷ **非安居所非救護所非皈依所** 善慧摩尼大師認為，安居所，可指救護惡趣苦的下士道法類，及開示下士道法類者；救護所，可指救護輪迴苦的中士道法類，及開示中士道法類者；皈依所，可指救護寂滅衰損的上士道法類，及開示上士道法類者。參見《洛桑諾布文集》冊2，頁495。

思惟白業果❶，分二：˚一白業；˚二果。今初˚分二：˚一以經教略示；˚二廣說。今初：

如前所說，僅唯不行殺生等十，不成安住十白業道，故當辨識十種不善、見為過患、修斷加行、防護，從究竟斷心之上而為安立。初者例如身三白業體性，《本地分》說❷：「於殺生、不與取、欲邪行，起過患欲解，起勝善心，若於彼起靜息方便❸，及於彼靜息究竟中所有身業。語四、意三，亦皆如是。其差別者，謂云語業及云意業❹」。第二者：事及意樂、加行、究竟，如應配合。例如遠離❺殺生業道，事者，謂他有情。

意樂者，謂見過患，起遠離欲。加行者，謂起諸行靜息殺害。究竟者，謂正靜息圓滿身業。以此道理，餘亦應知。

思惟白業果，分為二科：¯ˋ白業；ˊˋ白果。第一科分為二科：¯ˋ以教典概略說明；ˊˋ詳細闡述。第一科：

如同上述，僅僅是不做殺生等十種業道，不會成為安住於白業道。因此必須辨識十種不善，將之視為過失而實踐斷除的行為，並且防護，在這種徹底想斷除的心之上才能安立。所以首先如果以三種白身業的體性為例，《本地分》中說：「將殺生、不與取、邪淫認為是過失，具備這樣的善心而實踐正確地防護這些的加行，以及徹底防護的身業。上述也同樣對應於四種語業及三種意業，差別在於稱之為語業以及意業。」第二科：因此事、意樂、加行與究竟，都要適當地對應。如果以斷除殺生的業道為例：事，指其他有情；意樂，指看見過失而想要斷絕之心；加行，指正確防護殺生的行為；究竟，則是圓滿正確防護的身業。依著這樣的道理，其他業也應當了知。

❶ **思惟白業果** 即前頁345「白業果」一科。

❷ **《本地分》說** 此段是取經文大意，非錄原文，相應段落參見唐玄奘大師譯《瑜伽師地論·本地分》：「云何離殺生？謂於殺生，起過患欲解，起勝善心，若於彼起靜息方便，及於彼靜息究竟中所有身業。如離殺生，如是離不與取，乃至離邪見，應知亦爾。此中差別者，謂於不與取起過患欲解，乃至於邪見起過患欲解，起勝善心，若於彼起靜息方便，及於彼靜息究竟中所有意業。如是十種，略為三種，所謂身業、語業、意業，即此三種廣開十種應知。」見《大正藏》冊30，頁317；《丹珠爾》對勘本冊72，頁891。

❸靜息方便　藏文直譯為「防護的加行」，法尊法師係依玄奘大師譯《瑜伽師地論》文譯出。靜息，藏文為防護，下文同。

❹意業　夏日東活佛提到，不能因此認為十業道中後三種意的業道是業，雖然有三種意業，但是三種意的正行是業道而不是業，所以《本地分》這段文應當理解為有「與三種意的業道相應的意業」。參見《夏日東文集》冊1，頁415。

❺遠離　藏文直譯為「斷除」，法尊法師係依玄奘大師譯《瑜伽師地論》文譯出，下文同。

果中^妙**分二：**^{一`</sup>**分說為三；**<sup>二`}**亦成勝果之理。初中有三：異熟者，**謂由軟中上品善業，感生人中、欲界天中、上二界天。**諸等流果及增上果，**違於不善，如理應知。^巴修習三乘功德，定須十善，故於總體道之所修中為切要者，^妙**第二、成就殊勝者**❶：**《十地經》說**❷**：以此十種怖畏生死，離諸**^巴**大悲心，**^巴於最後有，由隨順他^巴說法言教修習^巴證無我相，辦聲聞果。又^巴依十種，諸無^巴大悲，^巴於最後有，〔**不依止他，**^巴謂不觀待於說法[1]。〕欲自覺悟^巴證得獨覺菩提，解了緣起而作修治**❸**，辦獨勝**❹**果。**^巴此復於彼十種之上，若^(二)**心廣大**❺，^(一)具足^巴大悲心，善權方便，廣發宏願，終不棄捨一切有情，於^巴如是[2]^(四)極廣大諸佛智慧^巴圓滿菩提，^(三)緣慮修習，^(五)成辦菩薩一切諸地波羅蜜多。由^巴究竟善修習此一切種[3]**❻**，則能成辦一切佛法。如是二聚十種業道，及彼諸果，凡餘教典未明說者，一切皆是如《本地分》**❼**、《攝決擇分》**❽**意趣而說。

果報，分為二科：一、解釋成三種；二、也能成就殊勝果報的道理。第
一科分為三科：異熟果，是指藉由下中上等的善業，投生為人、欲界天
神，以及上二界的天神。等流果及增上果，則是對應於不善的反面。修
持三乘功德都一定需要這十種善業，因此是總體道的重要修持內容，第二科、成就殊
勝果報：《十地經》提到：藉由這十善，畏懼輪迴、遠離大悲心，在最後一
生，隨著他人說法的聲音而修持證得無我的行相，由此成就聲聞的果位。另
外，同樣是基於這十種，不具大悲心，在最後一生，不受他人影響、不依賴於說法，
想要獨自覺悟、獲得獨覺菩提，了知緣起以進行修習而成就獨覺。另外，在這
十種之上，懷著大悲心、善巧與大願，永遠不放棄一切有情，以如此寬廣的
心懷，緣著佛陀最廣大的智慧——圓滿菩提而進行修習，便能成就一切菩
薩地與波羅蜜多。藉由傾力修習這一切直到究竟，從而成就一切佛法。如
上所述，這兩類十種業道及其果報的解釋，凡是其他典籍中沒有清晰
說明的部分，一切都是依照《本地分》及《攝決擇分》的意旨而解說。

[1]「㊣謂不觀待於說法」 哲霍本無「㊣」。　[2]「㊣如是」 哲霍本作語註。
[3]「由㊣究竟善修習此一切種」 拉寺本、雪本、哲霍本、單註本、青海本《廣論》作
「由於一切種㊣究竟善修習」。

❶成就殊勝者　前文科判作「亦成勝果之理」。
❷《十地經》說　此段是取經文大意，非錄原文，相應段落參見西晉竺法護譯
　《漸備一切智德經‧離垢住品》：「又能奉行此十善者，成大智慧，思惟其義，
　畏于三界，興發大哀，不為毀損，從他人聞，所宣音聲，得成聲聞。自然中間，

修清淨志,不欲仰人,不從他受,自欲意解,求成正覺;好立大哀,不以損耗,志入深要,思十二因,不了無根,得緣覺業。其心寬弘,最極無上不可限量,愍傷眾生,執權方便,堅立弘誓無極法鎧,坦然無迹,欲救一切眾生之類,不捨三界,得成佛慧無礙道原。菩薩所行清淨道地,成無窮業,習轉最上,眾宜究竟,至逮十力,乃致佛法十八不共,吾等聞之,故當志學。一切學已,勤修精進。」東晉佛馱跋陀羅譯《大方廣佛華嚴經・十地品》:「又是十善道與智慧和合修行,若心劣弱,樂少功德,厭畏三界,大悲心薄,從他聞法至聲聞乘。若行是十善道,不從他聞,自然得知,不能具足大悲方便,而能深入眾因緣法至辟支佛乘。若行是十善道清淨具足,其心廣大無量無邊,於眾生中起大慈悲,有方便力,志願堅固,不捨一切眾生,求佛大智慧,淨菩薩諸地,淨諸波羅蜜入深廣大行,則能得佛十力、四無所畏、四無礙智、大慈大悲,乃至具足一切種智,集諸佛法,是故我應行十善道求一切智。」後秦鳩摩羅什大師譯《十住經・離垢地》:「又是十善道與智慧和合修行,心劣弱者,樂少功德、厭畏三界、大悲心薄,從他聞法至聲聞乘。復有人行是十善道,不從他聞、自然得知,不能具足大悲方便,而能深入眾因緣法至辟支佛乘。復有人行是十善道,清淨具足,其心廣大無量無邊,於眾生中起大慈悲,有方便力,志願堅固——不捨一切眾生故、求佛大智慧故、清淨菩薩諸地故、能淨諸波羅蜜故——能入深廣大行。又能清淨行是十善道,乃至能得佛十力、四無所畏、四無礙智、大慈大悲、乃至具足一切種智、集諸佛法。」唐實叉難陀譯《大方廣佛華嚴經・十地品》:「又此上品十善業道,以智慧修習,心狹劣故、怖三界故、闕大悲故、從他聞聲而解了故,成聲聞乘。又此上品十善業道,修治清淨,不從他教,自覺悟故、大悲方便不具足故、悟解甚深因緣法故,成獨覺乘。又此上品十善業道,修治清淨,心廣無量故、具足悲愍故、方便所攝故、發生大願故、不捨眾生故、希求諸佛大智故、淨治菩薩諸地故、淨修一切諸度故,成菩薩廣大行。又此上上十善業道,一切種清淨故,乃至證十力、四無畏故,一切佛法皆得成就。是故我今等行十善,應令一切具足清淨。」唐尸羅達摩譯《十地經・離垢地》:「從此已上由慧行相修習,即此十善業道,心狹劣故、怖三界故、闕大悲故、從他聞聲而解了故、隨聲聞行故,成聲聞乘。又從此上修治清淨十善業道,非他所引自覺悟故、闕大悲方便故、悟解甚深緣起性故,成獨覺乘。復從此上修治清淨十

善業道，由心廣大無限量故、具悲愍故、方便善巧之所攝故、發大願故、不捨一切諸有情故、現觀如來無量智故，能成菩薩諸地清淨、到彼岸淨廣大正行。又此上上十善業道，以一切種得清淨故，乃至能成諸佛十力，及餘一切佛法修證。」見《大正藏》冊10，頁466；冊9，頁549；冊10，頁504、185、543；《甘珠爾》對勘本冊36，頁406。

❸ **解了緣起而作修治**　法尊法師原譯作「善修緣起」，今據藏文改譯。

❹ **獨勝**　即指獨覺。

❺ **若心廣大**　夏日東活佛提到，此處的廣大心指為了利他而欲求無上菩提的心。參見《夏日東文集》冊1，頁416。

❻ **善修習此一切種**　夏日東活佛解為，不僅僅在短時間內修習，而是經過長時間的修習，譬如顯教當中必須經過三大阿僧祇劫一般。參見《夏日東文集》冊1，頁416。

❼ **《本地分》**　相應段落參見唐玄奘大師譯《瑜伽師地論》：「此復二種，即善不善十種業道。所謂殺生離殺生、不與取離不與取、欲邪行離欲邪行、妄語離妄語、離間語離離間語、麁惡語離麁惡語、綺語離綺語、貪欲離貪欲、瞋恚離瞋恚、邪見離邪見。補特伽羅相差別建立者，謂如經言：諸殺生者，乃至廣說。殺生者者，此是總句；最極暴惡者，謂殺害心正現前故；血塗其手者，謂為成殺身相變故；害極害執者，謂斷彼命故，解支節故，計活命故；無有羞恥者，謂自罪生故；無有哀愍者，謂引彼非愛故。有出家外道名曰無繫，彼作是說：百踰繕那內所有眾生，於彼律儀若不律儀。為治彼故，說如是言一切有情所。即彼外道復作是說：樹等外物亦有生命。為治彼故，說如是言真實眾生所。此即顯示真實福德遠離對治，及顯示不實福德遠離對治。如是所說諸句，顯示加行殺害。乃至極下捃多蟻等諸眾生所者，此句顯示無擇殺害。於殺生事若未遠離者，此顯遇緣容可出離，謂乃至未遠離來名殺生者。又此諸句略義者，謂為顯示殺生相貌、殺生作用、殺生因緣，及與殺生事用差別。又略義者，謂為顯示殺生如實、殺生差別、殺所殺生、名殺生者。又此諸句顯能殺生補特伽羅相，非顯殺生法相。復次不與取者者，此是總句；於他所有者，謂他所攝財穀等事；若在聚落者，謂即彼事於聚落中，若積集若移轉；若閑靜處者，謂即彼事於閑靜處，若生若集，或復移轉；即此名為可盜物數者，謂所不與不捨不棄

物；若自執受者，謂執為己有；不與而取者，謂彼或時資具闕少執為己有；不與而樂者，謂樂受行偷盜事業。於所不與不捨不棄而生希望者，謂劫盜他，欲為己有。若彼物主，非先所與，如酬債法，是名不與；若彼物主，於彼取者而不捨與，是名不捨；若彼物主，於諸眾生不隨所欲受用而棄，是名不棄。自為而取者，謂不與而取故，及不與而樂故，饕餮而取者，謂所不與不捨不棄而希望故；不清而取者，謂於所競物為他所勝不清雪故；不淨而取者，謂雖勝他而為過失，垢所染故；有罪而取者，謂能攝受現法後法非愛果故；於不與取若未遠離者，如前殺生相說，應知所餘業道亦爾。此中略義者，謂由盜此故成不與取。若於是處，如其差別如實劫盜，由劫盜故，得此過失，是名總義。又此中亦顯不與取者相，非不與取法相，當知餘亦爾。復次欲邪行者者，此是總句；於諸父母等所守護者，猶如父母於己處女，為適事他故，勤加守護，時時觀察，不令與餘共為鄙穢；若彼沒已，復為至親兄弟姊妹之所守護；此若無者，復為餘親之所守護；此若無者，恐損家族，便自守護；或彼舅姑，為自兒故勤加守護；有治罰者，謂諸國王，若執理者，以治罰法，而守護故；有障礙者，謂守門者，所守護故。此中略顯未適他者三種守護：一、尊重至親眷屬自己之所守護；二、王執理家之所守護；三、諸守門者之所守護。他妻妾者，謂己適他；他所攝者，謂即未適他，為三守護之所守護；若由凶詐者，謂矯亂已，而行邪行；若由強力者，謂對父母等，公然強逼；若由隱伏者，謂不對彼；竊相欣欲而行欲行者，謂兩兩交會。即於此事非理欲心而行邪行者，謂於非道、非處、非時、自妻妾所，而為罪失。此中略義者，謂略顯示若彼所行、若行差別、若欲邪行應知。復次諸妄語者者，此是總句；若王者，謂王家；若彼使者，謂執理家；若別者，謂長者居士；若眾者，謂彼聚集；若大集中者，謂四方人眾聚集處；若已知者，謂隨前三所經語言；若已見者，謂隨曾見所經語言；若由自因者，謂或因怖畏、或因味著，如由自因，他因亦爾。因怖畏者，謂由怖畏殺縛治罰黜責等故；因味著者，謂為財穀珍寶等故；知而說妄語者，謂覆想欲見而說語言。此中略義者，謂依處故、異說故、因緣故、壞想故而說妄語應知。復次離間語者者，此是總句；若為破壞者，謂由破壞意樂故；聞彼語已向此宣說，聞此語已向彼宣說者，謂隨所聞順乖離語；破壞和合者，謂能生起喜別離故；隨印別離者，謂能乖違喜更生故；憙壞和合者，謂於已生喜別離中心染污故；樂印別

離者，謂於乖違喜更生中心染污故；說能離間語者，謂或不聞或他方便故。此中略義者，謂略顯示離間意樂、離間未壞方便、離間已壞方便、離間染污心，及他方便應知。復次麁惡語者者，此是總句；此中尸羅支所攝故名語無擾動；文句美滑故名悅耳；增上欲解所發起故、非假偽故、非諂媚故名為稱心；不增益故、應順時機引義利故名為可愛；趣涅槃宮故名先首；文句可味故名美妙；善釋文句故名分明；顯然有趣故名易可解了；攝受正法故名可施功勞；離愛味心之所發起故名無所依止；不過度量故名非可厭逆；相續廣大故名無邊無盡。又從無擾動語，乃至無邊無盡語，應知略攝為三種語：一、尸羅律儀所攝語，謂一種；二、等歡喜語，謂三種；三、說法語，謂其所餘。即此最後又有三種應知：一、所趣圓滿語，謂初一；二、文詞圓滿語，謂次二；三、方便圓滿語，謂其所餘。又於未來世可愛樂故名可愛語；於過去世可愛樂故名可樂語；於現在世事及領受可愛樂故，名可欣語及可意語；應知即等歡喜語名無量眾生可愛可樂可欣可意語；即說法語名三摩呬多語；即尸羅支所攝語，名由無悔等漸次能引三摩地語；此中毒螫語者，謂毀摩他言縱瞋毒故；麁獷語者，謂惱亂他言發苦觸故；所餘麁惡語，翻前白品應知。復次諸綺語者者，此是總句；於邪舉罪時，有五種：邪舉罪者言不應時故名非時語者；言不實故名非實語者；言引無義故名非義語者；言麁獷故名非法語者；言挾瞋恚故名非靜語者。又於邪說法時，不正思審而宣說故名不思量語；為勝聽者而宣說故名不靜語；非時而說前後義趣不相屬故名雜亂語；不中理因而宣說故名非有教語；引不相應為譬況故名非有喻語；顯穢染故名非有法語。又於歌笑嬉戲等時，及觀舞樂戲笑俳說等時，有引無義語。此中略義者，謂顯如前說三時綺語。復次諸貪欲者者，此是總句；由猛利貪者，謂於他所有，由貪增上，欲為己有，起決定執故；於財者，謂世俗財類；具者，謂所受用資具，即此二種總名為物；凡彼所有定當屬我者，此顯貪欲生起行相。此中略義者，當知顯示貪欲自性、貪欲所緣、貪欲行相。復次瞋恚心者者，此是總句；惡意分別者，謂於他有情所，由瞋恚增上力，欲為損害起決定執故；當殺者，謂欲傷害其身；當害者，謂欲損惱其身；當為衰損者，謂欲令彼財物損耗；彼當自獲種種憂惱者，謂欲令彼自失財物。此中略義如前應知。復次諸邪見者者，此是總句；起如是見者，此顯自心忍可欲樂當所說義；立如是論者，此顯授他當所說義，無有施與、無有愛養、無有祠

祀者,謂由三種意樂非撥施故:一、財物意樂;二、清淨意樂;三、祀天意樂,供養火天名為祠祀。又顯非撥戒修所生善能治所治故,及顯非撥施所生善能治所治故說如是言:無有妙行無有惡行。又顯非撥此三種善能治所治所得果故,說如是言:無有妙行惡行二業果及異熟。又顯非撥流轉依處緣故,說如是言:無有此世,無有他世。又顯非撥彼所託緣故,及非撥彼種子緣故,說如是言:無母無父。又顯非撥流轉士夫故,說如是言:無有化生有情。又顯非撥流轉對治還滅故,說如是言:世間無有真阿羅漢,乃至廣說。已趣各別煩惱寂靜故名正至;於諸有情遠離邪行行無倒行故名正行;因時名此世間;果時名彼世間;自士夫力之所作故,名為自然;通慧者,謂第六;已證者,謂由見道;具足者,謂由修道;顯示者,自所知故、為他說故我生已盡等,當知如餘處分別。此中略義者,謂顯示謗因、謗果、誹謗功用、謗真實事。功用者,謂殖種功用、任持功用、來往功用、感生業功用。又有略義差別,謂顯示誹謗若因、若果、若流轉緣、若流轉士夫,及顯誹謗彼對治還滅。又誹謗流轉者,應知謗因不謗自相;謗還滅者,應知謗彼功德,不謗補特伽羅。復次白品一切翻前應知,所有差別我今當說。謂翻欲邪行中,諸梵行者者,此是總句;當知此由三種清淨而得清淨:一、時分清淨;二、他信清淨;三、正行清淨。盡壽行故、久遠行故者,此顯時分清淨;靜處雪故名清,無違越故名淨,此二總顯他信清淨。此中或有清而非淨,應作四句:初句者,謂實毀犯於諍得勝;第二句者,謂實不犯於諍墮負;第三句者,謂實不犯於諍得勝;第四句者,謂實毀犯於諍墮負。不以愛染身觸母邑故,名遠離生臭;不行兩兩交會鄙事故,名遠離婬欲;不以餘手觸等方便而出不淨故,名非鄙愛;願受持梵行故,名遠離猥法,如是名為正行清淨具足。當知略義即在此中。又翻妄語中,可信者,謂可委故;可委者,謂可寄託故;應可建立者,謂於彼彼違諍事中應可建立為正證故;無有虛誑者,於委寄中不虛誑故、不欺誑故。此中略義者,謂顯三種攝受:一、欲解攝受;二、保任攝受;三、作用攝受。復次法相差別建立者,謂即殺生離殺生等。云何殺生,謂於他眾生起殺欲樂,起染污心,若即於彼起殺方便,及即於彼殺究竟中所有身業。云何不與取,謂於他攝物,起盜欲樂,起染污心,若即於彼起盜方便,及即於彼盜究竟中所有身業。云何欲邪行,謂於所不應行非道非處非時,起習近欲樂,起染污心,若即於彼起欲邪行方便,及於欲邪行究竟中所有身

業。云何妄語，謂於他有情起覆想說欲樂，起染污心，若即於彼起偽證方便，及於偽證究竟中所有語業。云何離間語，謂於他有情起破壞欲樂起染污心，若即於彼起破壞方便，及於破壞究竟中所有語業。云何麁惡語，謂於他有情，起麁語欲樂，起染污心，若即於彼起麁語方便，及於麁語究竟中所有語業。云何綺語，謂起綺語欲樂，起染污心，若即於彼起不相應語方便，及於不相應語究竟中所有語業。云何貪欲，謂於他所有，起己有欲樂，起染污心，若於他所有，起己有欲樂決定方便，及於彼究竟中所有意業。云何瞋恚，謂於他起害欲樂，起染污心，若於他起害欲樂決定方便，及於彼究竟中所有意業。云何邪見，謂起誹謗欲樂，起染污心，若於起誹謗欲樂決定方便，及於彼究竟中所有意業。云何離殺生，謂於殺生，起過患欲解，起勝善心，若於彼起靜息方便，及於彼靜息究竟中所有身業。如離殺生，如是離不與取，乃至離邪見，應知亦爾。此中差別者，謂於不與取起過患欲解，乃至於邪見起過患欲解，起勝善心，若於彼起靜息方便，及於彼靜息究竟中所有意業。如是十種，略為三種，所謂身業語業意業，即此三種廣開十種應知。」見《大正藏》冊30，頁315；《丹珠爾》對勘本冊72，頁877。

❽《攝決擇分》　　相應段落參見唐玄奘大師譯《瑜伽師地論》：「如是已說煩惱雜染決擇，業雜染決擇我今當說。如先所說業雜染義，當知此業亦由五相建立差別，謂根本業道所攝身語意業，及彼方便後起所攝諸業。如先所說不善業道，名根本業道所攝不善身語意業。云何建立彼殺生等不善業道自相？謂染污心，起彼欲樂，即於是處彼業現行而得究竟，當知總名殺生等一切業道自相。染污心者，謂貪者貪所蔽、瞋者瞋所蔽、癡者癡所蔽。設有染污心不起彼欲樂，雖於是處彼業現行而得究竟，然此惡業非是圓滿業道所攝；設有染污心及起彼欲樂，而顛倒心設於餘事彼業現行而得究竟，此業亦非圓滿業道所攝；設有染污心及起彼欲樂，即於是處業不現行而得究竟，此業亦非圓滿業道所攝；設有染污心及起彼欲樂，即於是處彼業現行而不究竟，此業亦非圓滿業道所攝；若有染污心及起彼欲樂，即於是處彼業現行而得究竟，具一切支，此業乃名圓滿業道所攝。由此略說業道自相，一切不善業道自相應隨決了。復次若廣建立十惡業道自性差別，復由五相。何等為五：一、事；二、想；三、欲樂；四、煩惱；五、方便究竟。事者，一一業道各別決定所依處事，或有情數或

非有情數，隨其所應十惡業道依之而轉。想者有四，謂於彼非彼想、非於彼彼想、於彼彼想、非於彼非彼想。欲樂者，或有倒想或無倒想樂所作欲。煩惱者，或貪或瞋或癡，或貪瞋或貪癡或瞋癡，或貪瞋癡一切皆具。方便究竟者，即於所欲作業隨起方便，或於爾時或於後時而得究竟。由此五相於殺生乃至邪見諸業道中，隨其所應當廣建立圓滿自性十種差別。殺生業道，以有情數眾生為事，若能害者，於眾生所作眾生想，起害生欲，此想即名於彼眾生名不顛倒想。依此想故作如是心：『我當害生』，如是名為殺生欲樂。此能害者或貪所蔽，或瞋所蔽，或癡所蔽，或二所蔽，或三所蔽，而起作心，是名煩惱。彼由欲樂及染污心，或自或他發起方便加害眾生，若害無間彼便命終，即此方便，當於爾時說名成就究竟業道；若於後時彼方捨命，由此方便彼命終時，乃名成就究竟業道。不與取業道事者，謂他所攝物。想者，謂於彼彼想。欲樂者，謂劫盜欲。煩惱者，謂三毒或具不具。方便究竟者，謂起方便移離本處。欲邪行業道事者，謂女所不應行，設所應行非支非處非時非量，若不應理一切男及不男。想者，於彼彼想。欲樂者，謂樂行之欲。煩惱者，謂三毒或具不具。方便究竟者，謂兩兩交會。妄語業道事者，謂見聞覺知、不見不聞不覺不知。想者，謂於見等或翻彼想。欲樂者，謂覆藏想樂說之欲。煩惱者，謂貪瞋癡或具不具。方便究竟者，謂時眾及對論者領解。離間語業道事者，謂諸有情或和不和。想者，謂俱於彼若合若離隨起一想。欲樂者，謂樂彼乖離，若不和合欲。煩惱者，謂三毒或具不具。方便究竟者，謂所破領解。麤惡語業道事者，謂諸有情能為違損。想者，謂於彼彼想。欲樂者，謂樂麤言欲。煩惱者，謂三毒或具不具。方便究竟者，謂呵罵彼。綺語業道事者，謂能引發無利之義。想者，謂於彼彼想。欲樂者，謂樂說之欲。煩惱者，謂三毒或具不具。方便究竟者，謂纔發言。貪欲業道事者，謂屬他財產。想者，謂於彼彼想。欲樂者，謂即如是愛欲。煩惱者，謂三毒或具不具。方便究竟者，謂於彼事定期屬己。瞋恚業道事之與想，如麤惡語說。欲樂者，謂損害等欲。煩惱者，謂三毒或具不具。方便究竟者，謂損害等期心決定。邪見業道事者，謂實有義。想者，謂於有非有想。欲樂者，謂即如是愛欲。煩惱者，謂三毒或具不具。方便究竟者，謂誹謗決定。復次殺生有三種：一、有罪增長；二、有罪不增長；三、無有罪。生罪因緣亦略有三：一、煩惱所起；二、能生於苦；三、希望滿足。初具三緣，次有二種無希望

滿，後唯生苦。復次略由五相建立貪欲、瞋恚、邪見圓滿自相。何等名為貪欲五相：一、有耽著心，謂於自財所；二、有貪婪心，謂樂積財物；三、有饕餮心，謂於屬他資財等事計為華好深生愛味；四、有謀略心，謂作是心，凡彼所有何當屬我；五、有覆蔽心，謂貪欲纏之所覆故不覺羞恥、不知過患及與出離，設於自財有耽著心，無餘心現，當知此非圓滿貪欲意惡行相；如是有耽著心及貪婪心，無餘心現，亦非圓滿貪欲之相；如是廣說乃至如前所說諸相，隨闕一種即非圓滿貪欲之相，若全分攝乃名圓滿貪欲之相。何等名為瞋恚五相：一、有增惡心，謂於能損害相隨法分別故；二、有不堪耐心，謂於不饒益不堪忍故；三、有怨恨心，謂於不饒益數不如理隨憶念故；四、有謀略心，謂於有情作如是意：『何當捶撻、何當殺害』，乃至廣說故。五、有覆蔽心。謂如前說於此五相隨闕一種，即非圓滿瞋恚之相，若具一切方名圓滿。何等名為邪見五相：一、有愚癡心，謂不如實了所知故；二、有暴酷心，謂樂作諸惡故；三、有越流行心，謂於諸法不如理分別推求故；四、有失壞心，謂無施與愛養祠祀等、誹謗一切妙行等故；五、有覆蔽心，謂邪見纏之所覆蔽，不覺羞恥、不知過患及出離故。於此五相隨闕一種，即非圓滿邪見之相，具一切分乃名圓滿。復次若以手等害諸眾生，說名殺生。如是以塊、杖、刀、縛錄、斷食、折挫、治罰、呪藥、厭禱、尸、半尸等害諸眾生，皆名殺生；為財利等害諸眾生，亦名殺生；或怨為損，或為除怨，或謂為法乃至或為戲樂害諸眾生，亦名殺生；若自殺害，若令他害，皆得殺罪。復次若有顯然劫他財物，名不與取。如是竊盜、攻牆、解結、伏道、竊奪，或有拒債受寄不還，或行誑諂矯詐而取，或現怖畏方便而取，或現威德而取彼物，或自劫盜，或復令他，如是一切皆不與取；或有自為，或有為他，或怖畏故，或為殺縛，或為折伏，或為受用，或為給侍，或憎嫉故不與而取，此等皆名不與取罪。復次若行不應行，名欲邪行。或於非支、非時、非處、非量、非理，如是一切皆欲邪行。若於母等、母等所護，如經廣說，名不應行。一切男及不男，屬自屬他皆不應行，除產門外所有餘分皆名非支。若穢下時、胎圓滿時、飲兒乳時、受齋戒時，或有病時，謂所有病匪宜習欲，是名非時。若諸尊重所集會處，或靈廟中，或大眾前，或堅鞭地，高下不平令不安隱，如是等處說名非處。過量而行名為非量。是中量者，極至於五，此外一切皆名過量。不依世禮故名非理。若自行欲、若媒合他，此二皆名欲邪行攝。若有公

顯或復隱竊，或因詃諂方便矯亂，或因委託而行邪行，如是皆名欲邪行罪。復次若自因故而說妄語，或他因故，或因怖畏，或因財利而說妄語，皆名妄語。若不見聞覺知，言見聞覺知，或見聞覺知，言不見聞覺知，皆名妄語。若書陳說，或以默然表忍斯義，或動支體以表其相，或為證說，或有自說，或令他說，如是一切皆妄語罪。復次若以實事毀呰於他，為乖離故而發此言，名離間語。或以不實假合方便以為依止，為損壞他而有陳說，或依親近施與，或依知友給侍而有陳說，名離間語。若自利緣，或損他緣，或由他教，或現破德，或現怖畏，為乖離故或自發言，或令他發，如是皆名離間語罪。復次若有對面發辛楚言，名麤惡語。或不現前，或對大眾，或幽僻處，或隨實過，不隨實過，或書表示，或假現相，或依自說，或依他說，或因掉舉，或因不靜，或依種族過失，或依依止過失，或依作業、禁戒、現行過失，或自發起辛楚之言，或令他發，如是皆名麤惡語罪。復次若有依舞而發歌詞，名為綺語。或依作樂，或復俱依，或俱不依而發歌詞，皆名綺語。若佛法外能引無義所有書論，以愛樂心受持讚美，以大音聲而為諷頌，廣為他人開示分別，皆名綺語。若依鬥訟諍競發言，或樂處眾宣說王論、臣論、賊論，廣說乃至國土等論，皆名綺語。若說妄語，或離間語，或麤惡語，下至不思不擇發無義言，皆名綺語。又依七事而發綺語，謂鬥訟諍競語、諸婆羅門惡呪術語、苦所逼語、戲笑遊樂之語、處眾雜語、顛狂語、邪命語，如是一切名綺語罪。復次若於家主起如是欲：『云何我當同於家主領諸僕使隨欲所作？』是名貪欲。又起是欲：『即彼家主所有父母、妻子、奴婢，及諸作使，廣說乃至七攝受事、十資身事，謂飲食等，皆當屬我。』又起是欲：『云何令他知我少欲知足、遠離、勇猛精進、安住正念、寂定、聰慧、諸漏永盡、施戒多聞？』又起是欲：『云何令他供養於我，謂諸國王乃至商主，若苾芻、苾芻尼、鄔波索迦、鄔波斯迦等，皆當恭敬尊重承事供養於我？』又起是欲：『云何令我當得利養、衣服、飲食、諸坐臥具、病緣醫藥及資生具？』又起是欲：『云何令我當生天上，天妙五欲以為遊戲？』又起是欲：『云何令我當生魯達羅世界、毘瑟笯世界、人中希有眾同分中，乃至令我當生他化自在眾同分中？』又起是欲：『云何令我乃至當得父母、妻子、奴婢、作使、朋友、宰官、親戚、兄弟、同梵行等所有資產？』如是一切皆名貪欲業道所攝。若作是思：『彼於我所有無義欲，故我於彼當作無義。』是名瞋恚。又作是

思：『彼於我所已作、正作、當作無義，我亦於彼當作無義。』亦名瞋恚。如是
廣說九惱害事，當知亦爾。又作是思：『云何令我於能損害怨家惡友而得自在，
縛害驅擯，或行鞭撻，或散財產，或奪妻妾、朋友、眷屬及家宅等？』此惱害心
亦名瞋恚。又起是思：『云何令彼能損於我怨家惡友，於他處所，遭如上說諸
苦惱事？』此損害心亦名瞋恚。又作是思：『願彼自然發起如是如是身語意
行，由此喪失資財、朋友、眷屬、名稱、安樂、受命及諸善法，身壞當生諸惡趣
中。』如是一切惱害之心，皆名瞋恚根本業道。復次若作是思：『決定無施』，
是名邪見，廣說乃至謗因、謗用、謗果、壞真善事，如是一切皆名邪見根本業
道。問：一切倒見皆名邪見，何故世尊於業道中，但說如是誹謗之見名為邪
見？答：由此邪見，諸邪見中最為殊勝，何以故？由此邪見為依止故，有一沙
門，若婆羅門斷諸善根。又此邪見最順惡業，懷邪見者於諸惡法隨意所行，是
故此見偏說在彼惡業道中，當知餘見非不邪見自相相應。復次由五因緣殺生
成重。何等為五？一、由意樂；二、由方便；三、由無治；四、由邪執；五、由其
事。若由猛利貪欲意樂所作、猛利瞋恚意樂所作、猛利愚癡意樂所作，名重殺
生；與此相違名輕殺生。若有念言：『我應當作、正作、已作』，心便踊躍心生歡
悅；或有自作，或復勸他，於彼所作稱揚讚歎，見同法者意便欣慶，長時思量、
長時蓄積怨恨心已，方有所作，無間所作；殷重所作，或於一時頓殺多類，或
以堅固發業因緣而行殺害，或令恐怖無所依投方行殺害，或於孤苦、貧窮、哀
感、悲泣等者而行殺害，如是一切由方便故名重殺生。若唯行殺，不能日日乃
至極少持一學處，或亦不能於月八日、十四、十五及半月等受持齋戒；或亦不
能於時時間惠施作福、問訊禮拜、迎送合掌和敬業等；又亦不能於時時間獲
得猛利增上慚愧，悔所作惡；又不證得世間離欲，亦不證得真法現觀，如是一
切由無治故，名重殺生。若諸沙門，或婆羅門，繼邪祠祀，隨忍此見執為正法
而行殺戮，由邪執故名重殺生。又作是心：『殺羊無罪，由彼羊等為資生故，世
主所化。』諸如是等依止邪見而行殺害，皆邪執故名重殺生。若有殺害大身眾
生，此由事故名重殺生；或有殺害人或人相，或父或母及餘尊重，或有殺害歸
投委信，或諸有學，或諸菩薩，或阿羅漢，或諸獨覺，或於如來作殺害意惡心
出血，如來性命不可殺故，如是一切由其事故名重殺生。與如上說因緣相違而
殺生者，名輕殺生。復次當說不與取等由其事故輕重差別，餘隨所應，如殺應

知。復次若多劫盜名重不與取。如是若劫盜妙好、劫盜委信、劫盜孤貧、劫盜佛法出家之眾，若入聚落而行劫盜，劫盜有學，或阿羅漢，或諸獨覺，或復僧祇，或佛靈廟所有財物，如是一切由其事故名重不與取。復次行不應行中，若母、母親、委信他妻，或住禁戒，或苾芻尼，或勤策女，或復正學，如是一切由其事故名重欲邪行。非支行中，若於面門，由其事故名重欲邪行。非時行中，若受齋戒，若胎圓滿，若有重病，由其事故名重欲邪行。非處行中，若佛靈廟，若僧伽藍，由其事故名重欲邪行。復次若為誑惑多取他財若妙若勝而說妄語，由事重故名重妄語。若於委信，若父若母，廣說如前，乃至佛所而說妄語，由事重故名重妄語。或有妄語令他殺生、損失財物及與妻妾，此若成辦極重殺生、重不與取、重欲邪行，此由事重名重妄語。或有妄語能破壞僧，於諸妄語此最尤重。復次若於長時積習親愛而行破壞，此由事重名重離間語。或破壞他令離善友、父母、男女，破和合僧；若離間語能引殺生，或不與取，或欲邪行，如前所說道理應知，如是一切由事重故名重離間語。復次若於父母及餘師長，發麁惡言，由事重故名重麁惡語。或以不實不真妄語，現前毀罵呵責於他，由事重故名重麁惡語。復次凡諸綺語隨妄語等，此語輕重如彼應知，若依鬥訟諍競等事而發綺語亦名為重。若以染污心於能引無義外道典籍，承誦讚詠廣為他說，由事重故名重綺語。若於父母、眷屬、師長調弄輕笑，現作語言不近道理，亦由事重名重綺語。復次若於僧祇、佛靈廟等所有財寶，起貪欲心，由事重故名重貪欲。若於己德起增上慢，自謂智者，乃於國王、大臣、豪貴所尊師長，及諸聰叡同梵行等，起增上欲貪求利養，名重貪欲。復次若於父母、眷屬、師長起損害心，由事重故名重瞋恚。又於無過、貧窮、孤苦、可傷愍者起損害心，由事重故名重瞋恚。又於誠心來歸投者，及有恩所起損害心，由事重故名重瞋恚。復次若於一切餘邪見中，諸有能謗一切邪見，此謗一切事門轉故名重邪見。又若有見謂無世間真阿羅漢、正至、正行乃至廣說，如是邪見，由事重故名重邪見。除如上說所有諸事，隨其所應與彼相違，皆名為輕。」「復次若於殺生親近數習多所作故，生那落迦，是名殺生異熟果；若從彼沒來生此間人同分中，壽量短促，是名殺生等流果；於外所得器世界中，飲食果藥皆少光澤，勢力、異熟及與威德並皆微劣，消變不平、生長疾病，由此因緣無量有情未盡壽量非時中夭，是名殺生增上果。所餘業道異熟、等流二果差別，如

經應知。增上果今當說。若器世間眾果尠少、果不滋長、果多朽壞、果不貞實、多無雨澤、諸果乾枯或全無果，如是一切名不與取增上果。若器世間多諸便穢、泥糞、不淨、臭處、迫迮，多生不淨臭惡之物，凡諸所有皆不可樂，如是一切名欲邪行增上果。若器世間農作行船，世俗事業不甚滋息、殊少便宜、多不諧偶，饒諸怖畏恐懼因緣，如是一切是妄語增上果。若器世間其地處所，丘坑間隔險阻難行，饒諸怖畏恐懼因緣，如是一切是離間語增上果。若器世間其地處所，多諸株杌、荊棘、毒刺、瓦石、沙礫，枯槁無潤，無有池沼河泉，乾竭土田、鹹鹵、丘陵、坑險，饒諸怖畏恐懼因緣，如是一切是麁惡語增上果。若器世間所有果樹果無的當、非時結實、時不結實、生而似熟、根不堅牢、勢不久停，園林池沼多不可樂，饒諸怖畏恐懼因緣，如是一切是綺語增上果。若器世間一切盛事，年、時、日、夜、月、半月等漸漸衰微，所有氣味唯減不增，如是一切是貪欲增上果。若器世間多諸疫癘、災橫、擾惱、怨敵驚怖、師子、虎狼、雜惡禽獸、蟒蛇、蝮蝎、蚰蜒百足、魍魎、藥叉、諸惡賊等，如是一切是瞋恚增上果。若器世間所有第一勝妙華果悉皆隱沒，諸不淨物乍似清淨，諸苦惱物乍似安樂，非安居所，非救護所，非歸依所，如是一切是邪見增上果。復次如世尊言，殺有三種，謂貪瞋癡之所生起，乃至邪見亦復如是。此差別義云何？應知若為血肉等殺害眾生，或作是心：『殺害彼已當奪財物』，或受他雇，或為報恩，或友所攝，或希為友，或為衣食奉主教命而行殺害；或有謂彼能為衰損，或有謂彼能障財利而行殺害，如利、衰、毀、譽、稱、譏、苦、樂，隨其所應當知亦爾，如是一切名貪所生殺生業道。復次若謂彼於己樂為無義而行殺害，或念彼於己曾為無義，或恐彼於己當為無義，或見彼於己正為無義而行殺害，廣說乃至於九惱事皆如是知，如是一切名瞋所生殺生業道。復次若計為法而行殺害，謂己是餘眾生善友，彼因我殺，身壞命終當生天上，如是殺害從癡所生。或作是心：『為尊長故，法應殺害。』或作是心：『諸有誹毀天梵世主，罵婆羅門，法應殺害。』如是心殺從癡所生。或計殺生作及增長無異熟果，為他開演勸行殺業，彼由勸故遂行殺事，時彼勸者所得殺罪從癡所生。此後所說從癡所生殺業道理，諸餘業道乃至邪見當知亦爾。或有妄計以其父母、親愛、眷屬擲置火中，斷食、投巖、棄於曠野，是真正法，如是一切名癡所生殺生業道。復次若於他財食饕餮而取，是不與取貪欲所生。或受他雇而行劫盜，或恩所

攝，或祈後恩，或為衣食奉主教命，或為稱譽，或為安樂而行劫盜，如是一切不與取業皆貪所生。復次若作是思：『彼於我所樂行無義』，廣說乃至九惱害事增上力故而行劫盜，不必貪著彼所有財，不必希求諸餘財物，是不與取瞋恚所生。或憎他故焚燒聚落、舍宅、財物、珍玩、資具，當知彼觸瞋恚所生盜相似罪，或更增強。或憎彼故，令他劫奪破散彼財，他受教命依行事時，彼能教者不與取罪從瞋恚生。復次若作是心：『為尊長故而行劫盜，是為正法。』名癡所生不與取罪。或作是心：『若有誹毀天梵世主，罵婆羅門，法應奪彼所有財物。』此不與取亦從癡生。或作是心：『若為祠祀、為祠祀支、為祠祀具，法應劫盜。』是不與取亦從癡生。復次若有見聞不應行事，便不如理分別取相，遂貪欲纏之所纏縛而行非法，名貪所生欲邪行罪。或受他雇竊行媒嫁，由此方便行所不行，彼便獲得貪欲所生欲邪行罪。或欲攝受朋友知識，或為衣食承主教命，或為存活希求財穀、金銀、珍寶而行邪行，如是一切名貪所生欲邪行罪。復次若作是思：『彼於我所樂行無義』，廣說乃至九惱害事以為依止而行邪行，非彼先有欲纏所纏，然於相違非所行事，為報怨故勉勵而行，名瞋所生欲邪行罪。或憎彼故，以彼妻妾令他毀辱，彼若受教行欲邪行，便觸瞋恚所生相似欲邪行罪，或更尤重，如是一切欲邪行罪，名瞋所生。復次若作是心：『母及父親，或他婦女命為邪事，若不行者便獲大罪，若行此者便獲大福。』非法謂法而行邪行，名癡所生欲邪行罪。復次若為利養而說妄語，或怖畏他損己財物，或為稱譽，或為安樂而說妄語，如是一切名貪所生妄語業道。若有依止九惱害事而說妄語，名瞋所生妄語業道。若作是心：『為諸尊長、或復為牛、或為祠具，法應妄語』，如是妄語從癡所生。若作是心：『諸有沙門若婆羅門，違背諸天、違梵世主、違婆羅門，於彼妄語稱順正法』，如是妄語名癡所生妄語業道。若作是計：『於法法想，於毘奈耶毘奈耶想，以覆藏想妄語破僧無有非法』，如是妄語亦從癡生，如妄語業道，離間麁惡二語業道，隨其所應當知亦爾。復次若為戲樂而行綺語，或為顯己是聰叡者而行綺語，或為財利稱譽安樂而行綺語，名貪所生綺語業道。若有依止九惱害事而說綺語，名瞋所生綺語業道。若有於中為求真實、為求堅固、為求出離、為求於法而行綺語，名癡所生綺語業道。復次若有於他非怨有情財物資具，先取其相希望追求增上力故，起如是心：『凡彼所有願當屬我。』又從貪愛而生貪愛，名貪所生貪欲業道。若於他

財不計為好，但九惱事增上力故，起如是心：『凡彼所有皆當屬我。』又從瞋恚而生貪愛，名瞋所生貪欲業道。若作是計：『諸有欲求魯達羅天、毘瑟笯天、釋梵世主、眾妙世界，注心多住獲大福祐。』作如是意注心多住，名癡所生貪欲業道。若為財利稱譽安樂，於他有情起損害心，非於彼所生怨憎想，謂彼長夜是我等怨，又從貪愛而生瞋恚，名貪所生瞋恚業道。復次若九惱事增上力故，從怨對想起損害心，名瞋所生瞋恚業道。若住此法及外道法，所有沙門，若婆羅門，憎惡他見，於他見所及懷彼見沙門婆羅門所，起損害心，名癡所生瞋恚業道。復次若作是心：『諸有此見撥無施與』，乃至廣說『彼於王等獲大供養及衣服等。』即以此義增上力故起如是見，名貪所生邪見業道。若作是心：『有施有愛』，乃至廣說『如是見者，違害於我，我今不應與怨同見。』彼由憎恚起如是見，無施無愛乃至廣說，名瞋所生邪見業道。若不如理於法思惟籌量觀察，由此方便所引尋伺發起邪見，名癡所生邪見業道。復次殺生業道，三為方便，由瞋究竟。如殺業道，麁語、瞋恚業道亦爾。不與取業道，三為方便，由貪究竟。如不與取，邪行、貪欲業道亦爾；除其邪見所餘業道，三為方便，由三究竟。邪見業道，三為方便，由癡究竟。復次殺生、邪行、妄語、離間、麁語、瞋恚，此六業道有情處起；不與而取、貪欲業道，資財處起；綺語業道，名身處起；邪見業道，諸行處起。復次由三因緣，不善業道成極圓滿惡不善性。何等為三？一、自性過故；二、因緣過故；三、塗染過故。此中殺生所引思，乃至邪見所引彼相應思，如是一切染污性故、不善性故，由自性過說名為惡。若以猛利貪欲、瞋恚、愚癡，纏所發起，即此亦名由因緣過，成重惡性，成上不善，能引增上不可愛果。若到究竟即此亦名由塗染過，成極重惡，成上不善，能引增上不可愛果。何以故？若有用染污心，能引發他不可愛樂欣悅之苦，彼隨苦心威勢力故，能引發苦補特伽羅，思便觸得廣大之罪，是故名為塗染過失。彼雖不發如是相心：『諸能引發我之苦者，當觸大罪』，然彼法爾觸於大罪。譬如磁石雖不作意：『諸所有鐵來附於我』，然彼法爾所有近鐵不由功用來附磁石，此中道理當知亦爾。日珠等喻亦如是知。又於思上無別有法，彼威力生來相依附，說名塗染。當知唯是此思轉變，由彼威力之所發起，如四大種業威勢力，所生種種堅性、濕性、軟性、動性，非大種外別有如是種種諸性，然即大種業威勢緣如是轉變，如業威勢緣力轉變，神足加行緣力轉變當知亦爾。又如魔王

惑媚無量娑梨藥迦諸婆羅門、長者等心，令於世尊變異暴惡，非於彼心更增別法，說名惑媚；唯除魔王加行威勢生彼諸心，令其轉變成極暴惡，此中道理當知亦爾。」「復次思是業非業道，殺生乃至綺語亦業亦業道，貪、恚、邪見業道非業。」見《大正藏》冊30，頁630；《丹珠爾》對勘本冊74，頁315。

第三、顯示業餘差別中❶，^妙分三：一`引滿；二`定不定；三`先熟何果。初中分四：一`善不善二引滿業之差別[1]；二`四句計法[2]；三`引滿之理；四`**解說能引幾生。今初、引滿差別者❷**：引樂趣業是諸善法，引惡趣業是諸不善。諸能滿者，則無決定，於樂趣中，亦有斷支關節、殘根、顏貌醜陋、短壽、多疾、匱乏財等，是不善作；於諸旁生及餓鬼中，亦有富樂極圓滿者，是善所作。^妙第二者：由如是故，共成四句。謂於能引善所引中，有由能滿善所圓滿及由不善圓滿二類；於諸能引不善引中，有由能滿不善圓滿及由善法圓滿二類。^妙第三、**引滿之理**：《集論》云❸：「應知善不善業，是能牽引及能圓滿於^{前者}感[3]善，^{後者感}惡趣受生之業。能牽引者，謂能引^{所引彼趣異熟}^{蘊之業}；能圓滿者，謂既生^{彼趣已}，能令^{其依身領納愛與非愛}^{之業}。」^妙**第四分為二宗：第一、《俱舍》宗一業唯引一生說者**[4]：《俱舍論》云❹：「由一^業唯引一生，能滿則眾多。」謂由一業能引一生，非能引多，亦非眾多^業共引一生❺^身。諸能

滿中，則有眾多。^鈔第二、《集論》宗一能引多說者：《集論》
則說❻：「頗有諸業，唯由一業牽引一身❼；又有諸業，唯由一
業牽引多身；頗有諸業，由眾多業牽引一身；亦有諸業，由眾多
業牽引多身。」《釋》中說云❽：有由〔一剎那業，^巴謂即一業。〕唯能
〔長養一世異熟種子，^巴謂唯引一生^[5]。〕，及^巴又由彼^巴一業^[6]而能〔長
養多世異熟種子，^巴謂引多生。〕^巴又一微弱之業不能引生一身，有由多〔剎
那業，^巴謂即業也。〕唯能數數長養〔一世種子，^巴謂引彼一身。〕，及^巴又有
由眾多^巴業互相觀待^巴聚合，而能數數〔長養，^巴謂引生。〕輾轉^巴眾多
生^巴多身種子。

語譯

第三科、顯示業的其他差別，其中分為三科：一、引滿；二、決定與不
決定；三、哪種果報最先成熟。**第一科分為四科：**一、善不善兩者的引
業與滿業差別；二、四句型的推算方式；三、引生與圓滿的道理；四、解
說兩種業會引生多少世。**第一科、引滿的差別：**引生善趣的業是善
法，引生惡趣的業則是不善法。能圓滿的業則不固定，在善趣中，也有
肢節殘缺、五根不全、膚色醜惡、短命、多病，以及貧窮等，這些是由於
不善所導致；畜生及餓鬼當中也有財富圓滿的，這是由善業所導致。**第
二科：**既然如此，由能引的善業所引生當中，便有能滿的善業所圓滿，
與能滿的不善業所圓滿兩種；由能引的不善業所引生當中，也有由能
滿的不善業所圓滿，與能滿的善業所圓滿兩種，共有四種情形。**第三
科、引生與圓滿的道理：**《集論》中說：「由於善不善業，前者導致投生
於善趣，以及後者導致惡趣，應當曉得其中有能引生及能夠圓滿的業。能

引生，是導致引生所引善惡趣的異熟蘊體的業；能夠圓滿，是導致投生該趣之後，在其所依身中領受喜愛與不喜愛的業。」**第四科分為兩派：第一、《俱舍論》主張一個業只能引出一生**：《俱舍論》中說：「一個業只能引出一生，能圓滿的則很多。」是提到由一個業引出一生，而不會引出許多生，能圓滿業則有許多；也不會由許多業引出一個身體。**第二、《集論》主張從一可以引出眾多**：《集論》則說：「既有由一個業引出一個身體的業，也有由一個業引出許多身體的業；既有由許多業引出一個身體的業，也有由許多業引出許多身體的業。」《釋論》中解釋：藉由一剎那的業，亦即一個業，僅僅滋長一生的異熟種子，亦即只引出一生，以及也有藉由這一個業，滋長許多生的異熟種子，亦即引出多生；另外，單是一個力量微小的業，無法引出一個身體，而是藉由眾多剎那的業，反覆滋長那一個身體的種子，亦即只引出那一生。以及也有眾多業互相倚賴而聚集，從而反覆滋長，引生出多生相續的眾多身體的種子。

[1]「善不善二引滿業之差別」 拉寺本、單註本作「善不善二」。 [2]「四句計法」拉寺本、單註本作「四句」。 [3]「巴前者感」哲霍本無「巴」。 [4]「《俱舍》宗一業唯引一生說者」 拉寺本、單註本作「《俱舍》宗一唯引一之說者」。按，義可兩通。 [5]「巴謂唯引一生」哲霍本無「巴」。 [6]「巴一業」 果芒本原作「巴同一業」，拉寺本、雪本、哲霍本作「巴一業」。按，此處探討一業能否引多生，非同一種業能否引多生，故依拉寺等本改之。

❶第三顯示業餘差別中 即前頁345「業餘差別」一科。

❷引滿差別 前文科判作「善不善二引滿業之差別」。

❸《集論》云 引文唐玄奘大師譯《大乘阿毗達磨集論》作：「善不善業於善趣惡趣中感生異熟時，有招引業、圓滿業。招引業者，謂由此業能感異熟果。圓

滿業者，謂由此業生已，領受愛不愛果。」見《大正藏》冊31，頁679；《丹珠爾》對勘本冊76，頁216。

❹《俱舍論》云　引文陳真諦三藏譯《阿毘達磨俱舍釋論・分別業品》作：「一業引一生。」「多業能圓滿。」唐玄奘大師譯《阿毘達磨俱舍論》作：「一業引一生，多業能圓滿。」見《大正藏》冊29，頁246、318；《丹珠爾》對勘本冊79，頁33。

❺亦非眾多共引一生　藏文原文本作「亦非眾多共引一」，無「生」字，故箋註加一「身」字。法尊法師蓋取論義，補入「生」字。

❻《集論》則說　引文唐玄奘大師譯《大乘阿毘達磨集論》作：「或有業由一業力牽得一身，或有業由一業力牽得多身，或有業由多業力牽得一身，或有業由多業力牽得多身。」見《大正藏》冊31，頁679；《丹珠爾》對勘本冊76，頁216。

❼一身　法尊法師原譯作「一生」，今據藏文改譯，下文同。

❽《釋》中說云　《釋》，此處指《阿毘達磨集論》的釋論，《丹珠爾》中載有兩部，分別為《阿毘達磨集論釋》與《阿毘達磨集論解》，二者皆有宗喀巴大師所引用的相應段落。《阿毘達磨集論釋》，唯識部論典，共10卷，勝者子論師著，尚無漢譯。《阿毘達磨集論解》，唯識部論典，共5品，勝者子論師著。漢譯本有唐玄奘大師譯《大乘阿毘達磨雜集論》16卷。勝者子論師，唯識派祖師（生卒事蹟不詳），梵語Jinaputra及藏語རྒྱལ་བའི་སྲས義譯，又名最勝子。據《佛光大辭典》註釋此師為唯識十大論師之一，法護論師（Dharmapāla）的弟子，曾於北印度鉢伐多國作《瑜伽師地論釋》，另外又著有《菩薩戒品廣釋》與《阿毘達磨集論釋》。兩本論皆為《阿毘達磨集論》的詳細解釋。此段為宗喀巴大師取經文大意，非錄原文，相應段落參見唐玄奘大師譯《大乘阿毘達磨雜集論》：「由一業力牽得一身，謂由一業力長養一生異熟種子故。或有業由一業力牽得多身，謂由一業力長養多生異熟種子故。或有業由多業力牽得一身，謂由多業剎那數數長養一生異熟種子故。或有業由多業力牽得多身，謂多剎那業更相資待，展轉長養多生異熟種子故。」見《大正藏》冊31，頁728；《佛光大辭典》冊7，頁6119；《丹珠爾》對勘本冊76，頁1070、1473。

◉師云：「譬如十人，供侍十應供處時，或一一人各能供侍一一應供處者；亦有受用豐饒者，一人即能供侍十應供處；亦有受用微薄者，十人方能供侍一應供處；亦有一人不能俱供十處，復不能於一一處成辦善妙供侍，然十施主合而互助，即能成辦十應供處善妙供侍。」又云：所謂「剎那業」者，若解之為亦有猛力之業，能引如其幾許剎那相等之身，則與前文所說❶「如其所發幾許惡心」或相符合，可觀擇之。又云：總之，即如由一具力語惡之業，其用當受百生惡趣身等者，是謂爾時俱時成就百能引業等耶？抑或當說最初之業成就最初之身，於此依身，又以前業作為不共增上緣[1]或如策發，由是積造後後之業而引後後身耶？或如前說❷？何者為當，應當觀擇[2]。

上師說：「這好比有十個人要侍奉十個供養對象時，既有每個人都能各別侍奉一個供養對象；也有僅由一個財富相當豐裕的人，就能侍奉十個供養對象；也有十個資產微薄的人，才能侍奉一個供養對象；還有單靠一個人既無法一併侍奉十位，也無法妥善地侍奉其中任何一位，但是藉由十個施主齊心協力，就有機會做到妥善侍奉十個供養對象。」又說：所謂「剎那的業」，如果理解為有些力量強大的業經過多少剎那，就能引生多少數量的身體，或許也能與上文「依照惡心生起的數量」相吻合，可以對此進行探究。又提到無論如何，僅僅一個有力的言語過失的業，其作用就會造成必須感生一百世惡趣身等，這是指在那時會同時形成一百世的能引業等？還是必須解釋為，第一個業感生第一個身體，在那個所依身中，以先前的業作為不共增上緣或是催發因緣，造下後面的業而引出後面的身體？或者是如同先前所說？應當探究何者為宜。

[1]「不共增上緣」哲霍本作「不共淨緣」，誤。　[2]「❷師云……應當觀擇」拉寺本作語註。

❶ 前文所說　即前頁410所引《入行論》文。

❷ 或如前說　即前文「總之，即如由一具力語惡之業，其用當受百生惡趣身等者，是謂爾時俱時成就百能引業等耶？」

🄫第二、定不定，分二：ᵀ由作增之門解說；ᵀ由時之門分說為三。初中分四：ᵀ總說定不定；ᵀ作與增長二者差別；ᵀ說彼二為四句；ᵀ餘業相配之理。今初：定不定受業者❶，如《本地分》云❷：「順定受業者，謂故思已，若作若增長業。順不定受業者，謂故思已，作而不增長業[1]。」

第二科、決定與不決定業，分為二科：ᵀ從造作與增長的角度解釋；ᵀ從時間的角度解釋成三種。第一科分為四科：ᵀ總體解釋決定與不決定業；ᵀ造作與增長二者的差異；ᵀ說明這二者為四句型；ᵀ對應於其他業的道理。第一科：決定會領受與不一定會領受的業，如同《本地分》中所說：「決定會領受的業，是指故意造作與增長的業；不一定會領受的業，是指故意造作而不去增長的業。」

[1]「作而不增長業」 雪本、哲霍本作「不作而不增長業」。按，此處以作已增不增長辨定受、不定受業之差別，非辨作而增長、不作不增長之別。《丹珠爾》對勘本中亦無「不作不增長」之版本，故雪本等誤。

❶定不定受業者 論典當中對定不定受業有兩種解釋方式，宗喀巴大師於本論是依《本地分》的說法。另《大乘阿毘達磨集論》中提到「云何名為決定受業？謂作業決定、受異熟決定、分位決定。」意指定受業為「確定造業、如果沒有遇到阻礙，確定會領受那個業的異熟、領受異熟的時間確定的業」，反之則為不定受業。參見《大正藏》冊31，頁679。

❷如《本地分》云 引文唐玄奘大師譯《瑜伽師地論·本地分》作：「順定受業者，謂故思已，若作若增長業；順不定受業者，謂故思已，作而不增長業。」見《大正藏》冊30，頁319；《丹珠爾》對勘本冊72，頁902。

⁜第二者：作與增長所有❶差別者，即前論云❷：「云何作業？謂若思已業❸，或思惟已身語所起。」又云❹：「增長業者，除十種業，謂：一、夢所作❺；二、無知所作；三、無故思所作；四、不利不數❻所作；五、狂亂❼所作；六、失念所作❽；七、非樂欲所作；八、自性無記；九、悔所損害；十、對治所損[1]。除此十種業❾，所餘諸業。不增長業者，謂即所說十種。」

第二科：造作與增長的差異，如同前論所說：「什麼是造作的業？是指思已業，或是經過思惟之後，以身語發起行動。」又說：「增長業，是指除了十種行相的業，亦即：在㈠夢境中所作；㈡無知而作；㈢不是故意要作；㈣力量不強而且不是持續地作；㈤失誤而作；㈥由於遺忘而作；㈦出於被迫而作；㈧本質屬於無記；㈨被懊悔抵消；㈩被對治品抵消。除了這十種行相的業以外，其他的業都是增長業。不增長的業，指的便是上述十種業。」

[1]「㈠夢所作……㈩對治所損」 果芒本原作「夢所作；無知所作；無故思所作；不利不數所作；狂亂所作；失念所作；非樂欲所作；自性無記；悔所損害；對治所損」，法尊法師原譯作「一夢所作；二無知所作；三無故思所作；四不利不數所作；五狂亂所作；六失念所作；七非樂欲所作；八自性無記；九悔所損害；十對治所損」。按，此段數字為法尊法師翻譯時所加，藏文各本無。

❶所有 藏文直譯為「的」。

❷即前論云 前論即指《瑜伽師地論》。引文唐玄奘大師譯《瑜伽師地論・本地分》作：「作業者，謂若思業，若思已所起身業語業。」見《大正藏》冊30，頁319；《丹珠爾》對勘本冊72，頁902。

❸思已業 法尊法師原譯作「思業」，係依玄奘大師譯《瑜伽師地論》文譯出，今據藏文改譯。

❹又云 引文出自《瑜伽師地論》。唐玄奘大師譯《瑜伽師地論・本地分》作：「增長業者，謂除十種業。何等為十？一、夢所作業；二、無知所作業；三、無

故思所作業；四、不利不數所作業；五、狂亂所作業；六、失念所作業；七、非樂欲所作業；八、自性無記業；九、悔所損業；十、對治所損業。除此十種，所餘諸業名為增長。不增長業者，謂即所說十種業。」見《大正藏》冊30，頁319；《丹珠爾》對勘本冊72，頁902。

❺ ⁻夢所作　此中之小數字於福智之聲出版社2003、2010年版《廣論》皆如原文作大字，然查藏文並無此字，且於《四家合註》原文中亦無數字，蓋法尊法師為令讀者易於閱讀，故增之，然實非原文，故改作小字。下文亦同。

❻ 不利不數　藏文直譯為「不猛利、不持續」。

❼ 狂亂　藏文直譯為「失誤」。

❽ 失念所作　藏文直譯為「遺忘所作」。

❾ 十種業　夏日東活佛提到，夢所作，譬如夢中殺害仇敵，醒後未以耽著潤澤；無知所作，譬如小孩無知而殺蟲蟻；無故思所作，譬如被強迫做某件事情，或者小孩未經思考，被哄騙而殺生；不利不數所作，譬如一起殺念就突然殺死蜜蜂；失誤所作，譬如想要毆打石像卻誤殺他人；失念所作，譬如忘記當天受持近住律儀而殺死虱子；非樂欲所作，譬如僕人沒有自主權，只能遵照主人的命令殺羊；自性無記，沒有留意的情況下，螞蟻就死在腳下；悔所損害，刻意殺害敵人後，一直追悔，故僅僅頭痛就得以淨化；對治所損，譬如阿羅漢心中的不定業。參見《夏日東文集》冊1，420。

㊛此處說為四句，其中作而增長，與增長而不作二者為定受；作而不增長為不定受業；不作不增易解。又此等差別，謂❶：「作者，如其等起形之身口隨一也；增長者，即十種業外餘一切業。」故略言之，作而增長者，等起長久，又復如其等起發起加行，究竟成辦，形諸身口隨一，於此之上而安立也。此中所顯十者，是作而不增業，餘則易解[1]。

其中提及四種情形，造作而增長，與增長而不造作，是必定會領受；造作而不增長的業不一定
會領受；不造作而不增長的業則容易理解。關於它們的差異，則提到：「造作，是依照其動機
而形之於身語其中一者；增長，則是除了這十種以外所有其他的業。」因此歸結起來，造作而
增長，是指動機也經過長期醞釀，而且依照其動機，付諸行動直到究竟完成，形之於身語其中
之一，是在這樣的條件上安立的。此處所指出的十種業，都是造作而不增長的業，其他則容易
理解。

[1]「語此處說為四句……餘則易解」 哲霍本作巴註。

❶又此等差別謂　此即前文所引《瑜伽師地論·本地分》的內容。相應段落參見
　唐玄奘大師譯《瑜伽師地論·本地分》作：「作業者，謂若思業，若思已所起身
　業語業。」「增長業者，謂除十種業。」見《大正藏》冊30，頁319；《丹珠爾》對
　勘本冊72，頁902。

妙第三、分為四句❶：第一、作而非增長者：《攝決擇分》亦
說四句❷：作殺生而非增長❸，謂無識別❹所作；巴師云：若解此為
智愚二者[1]所分之不智，則前文已說之為重，故不當為非增長，故為舉止不嫻巧❺或如避之
不及❻而殺生者[2]。夢中所作；非故思作；自無樂欲他逼令作；若有

暫作❼，續即摧以猛利追悔及厭患心，由受能斷律儀❽，令彼薄弱；未與異熟，便起世間所有離欲❾，損彼種子；及起出世永斷之道❿，正壞⓫種子。㊗第二、增長而非作者：為害生故，於長夜中，數隨尋伺⓬，然未殺生。㊣此雖終未形諸身口，然而等起猛利長時，與說意三為重同一扼要，罪惡廣大[3]。㊗第三、作而增長者：謂除㊣彼前二句一切㊣由具加行、正行、結行三者之門而殺生。㊗第四、非作非增長者：謂除前三。㊗第四、餘業相配之理：從不與取乃至綺語，隨其所應如殺應知。於意三中，無㊣其中所說第二句㊣增長而非作。於初句㊣作而非增長業[4]中，亦無不思而作、他逼令作。

第三科、分為四種情形：第一科、造作而不增長：《攝決擇分》中也提到四種情形：造作而不增長的殺生業，是指因為不擅長而作；上師說：此處如果理解為智者與愚人二者當中的不智者所作，那麼在前文已經將之解釋為重業，不應該再列入不增長業。所以是指動作不夠熟練，或是像避之不及而誤殺。在夢中所作；不是蓄意要作；沒有意願而被他人迫使去作；只作了一次，之後又以強烈的悔意與深知過患之心摧壞惡業，受持能斷的律儀而將之削減到極其微薄；尚未感生異熟，便藉由世間的離欲，壓制其種子；以及藉由出世間的能斷之道徹底破壞種子。**第二科、增長而不造作：**是指為了殺害生命而長期思索，然而尚未殺害。即使最終沒有形之於身語，但是動機強烈而持久，這與將三種意業解釋為重大的關鍵相同，是深重的惡業。**第三科、造作而增長：**除了前面那兩種情形以外，所有具備前行、正行、完結三者的殺生。**第四科、不造作而且不增長：**是指這三種以外的情形。**第四科、對應於其他業的道**

理：從不與而取到綺語之間，同樣也應當按照相對應的情況而了解。三種意業中沒有在此提到的第二種增長而不造作的情形，而第一種造作而不增長業的情形當中，也沒有非蓄意而作，以及受他人指使而作。

[1]「若解此為智愚二者」 拉寺本作「此處若解為智愚二者」。　[2]「故為舉止不嫻巧或如避之不及而殺生者」 拉寺本作「以是說如舉止不嫻巧或不穩重而致殺生者」。 [3]「罪惡廣大」 拉寺本、雪本、哲霍本作「由是罪惡廣大」。　[4]「^巴作而非增長業」《四家合註》各本皆作「^巴作而增長業」。按，《廣論》此處依《攝決擇分》將「作」與「增長」分為四句，依前文初句應指「作而非增長」；且於此處乃比較意業三種業道與身口七支之差別，故此處作「作而增長業」實不應理。今依如月格西解釋，故改之。

❶ 分為四句　即前頁447「說彼二為四句」一科。

❷ 《攝決擇分》亦說四句　此段是取經文大意，非錄原文，相應段落參見唐玄奘大師譯《瑜伽師地論‧攝決擇分》：「復次殺生所引不善諸業，或有是作而非增長，或有增長而非是作，或有亦作亦復增長，或有非作亦非增長。初句謂無識別童稚所作；或夢所作；或不思而作；或自無欲他逼令作；或有暫作續即還起猛利悔心及厭患心，懇責遠離，正受律儀令彼微薄；未與果報便起世間離欲之道，損彼種子；次起出世永斷之道，害彼種子令無有餘。增長而非作者：謂如有一為害生故，於長夜中數隨尋伺，由此因緣，彼遂增長殺生所引惡不善法，然不能作殺生之業。亦作亦增長者：謂除先所說作非增長、增長非作，所餘一切殺生業相。非作非增長者：謂除上爾所相。如是所餘不與取等乃至綺語，隨其所應如殺應知。於貪欲、瞋恚、邪見中，無有第二增長而非作句；於初句中，無有不思而作，及他逼令作，餘如前說。」見《大正藏》冊30，頁633；《丹珠爾》對勘本冊74，頁335。

❸ **作殺生而非增長**　法尊法師原譯作「一作殺生而非增長」，此中數字藏文原無，且於《四家合註》原文亦無，蓋法尊法師為令讀者易於閱讀，故增之。今為配合箋註，故刪之。下文「增長而非作者」等三科亦同。

❹ **無識別**　此詞藏文即前所依門力大時所說的「不智」，因有多種解法，此處法尊法師係依玄奘大師譯《瑜伽師地論》文譯出，意即不嫻熟、不沉穩，方與下文巴註的內容相契。

❺ **嫻巧**　熟練善巧。嫻，音「閑」，熟練，又作嫻。

❻ **避之不及**　此詞藏文為方言古語，如月格西解釋為想方設法也無法避免，例如不小心跌倒時，發現下方有蟲蟻等，盡力閃避仍造成死傷。

❼ **若有暫作**　藏文直譯為「僅僅只做一次」。

❽ **續即摧以猛利追悔及厭患心由受能斷律儀**　法尊法師原譯作「發起猛利追悔及厭患心，懇責厭離，正受律儀」，係依玄奘大師譯《瑜伽師地論》文譯出，今據藏文改譯。

❾ **世間所有離欲**　此處「所有」藏文意為「的」，是指「世間道的離欲」，亦即以世間的有漏定遠離貪欲。

❿ **出世永斷之道**　指無漏的無間道，由於斷除任何一種煩惱種子，都必須在心中生起無間道，所以稱無間道為永斷之道、能斷之道。

⓫ **正壞**　法尊法師原譯作「害彼」，係依玄奘大師譯《瑜伽師地論》文譯出，今據藏文改譯。

⓬ **尋伺**　一般而言，尋、伺是五十一心所當中的兩種心所。《大乘廣五蘊論》云：「云何尋？謂思慧差別，意言尋求，令心麁相分別為性。意言者，謂是意識，是中或依思，或依慧而起。分別麁相者，謂尋求瓶衣車乘等之麁相，樂觸苦觸等所依為業。云何伺？謂思慧差別，意言伺察，令心細相分別為性。細相者，謂於瓶衣等分別細相成不成等差別之義。」《阿毘達磨俱舍論》云：「尋伺別者，謂心麁細。心之麁性名尋，心之細性名伺。」此處尋伺則解為動詞，意即觀察對境的粗細行相。參見《大正藏》冊31，頁854；冊29，頁21。

作業是否有意業

一般而言，業可以分為思業與思已業兩種。《阿毘達磨俱舍論》認為思業屬於意業，而思已業則包含了身業、語業兩種。《俱舍論》云：「思及思所作，思即是意業，所作謂身語。」《大乘阿毘達磨集論》則認為思業屬於意業，而思已業則包含了身業、語業、意業的思已業三種。《大乘阿毘達磨集論》云：「何等思已業？謂身業、語業、意業。」賽倉大師所著的《甚深緣起辨析善說大海》，以及貢唐大師所著的《緣起辨析教理庫》也提到：思已業並非局限於身語業，意業究竟時也是思已業。《廣論》解釋思業時引述了《集論》，解釋思已業時則引述了《俱舍論》，而這兩本論對於思已業的解釋方式有所不同。

如果依照《集論》的說法，則意業就包含了思業及思已業兩個部分，而《廣論》解釋作業時，引述《瑜伽師地論》云：「云何作業？謂若思已業，或思惟已身語所起。」依照《集論》的說法，則其中的思已業，也包含了身業、語業、意業的思已業三種。因此下文語王大師的箋註中提到：「作者，如其等起形之身口隨一也。」只是舉身語業為例，並非表示作業必須是身業或語業，意業也可以有作而增長業。

此處提到：「於意三中，無其中所說第二句增長而非作。」例如為了殺害對方而長期心懷瞋恨，卻沒有殺害對方，這樣的瞋恨心，對於殺生而言，屬於增長而非作，但是對於瞋恨本身而言，卻已經是作而增長。所以《廣論》此文的意思是：對於三種意業而言，沒有增長而非作，並非凡是意業，都不是增長而非作。參見《大正藏》冊29，頁67；冊30，頁319；冊31，頁679；《甚深緣起辨析善說大海》，頁281（賽倉大師著，印度：果芒圖書館，2002）；《緣起辨析教理寶庫與緣起辨析教理庫合刊》，頁164（妙音笑大師等著，印度：果芒圖書館，2007）。

第二、由時之門解說❶，分二：˙`略示；˙`廣說。今初：決定受中，依受果時分三。**第二分三：初中分二：˙`性相；˙`支分。今初[1]**：其中現法受者，謂即彼果現法成熟。**第二者：**《本地分》說❷此復有八，謂顧不顧戀現世二者、饒益心與損害心二者、於三寶等憎害及淨信二者、於父母等饒益損害二者。若由增上顧戀意樂，顧戀其身、財物、諸有，造作不善，於現法受。若由增上不顧意樂，不顧彼等，作諸善法。如是若於諸有情所，增上損惱，增上悲心及饒益心❸；又於三寶尊重等所，增上憎害，及於此所，增上淨信、勝解意樂；又於父母諸尊重等恩造之所❹，由酷暴背恩❺所有意樂，所作不善，於現法受；若由增上報恩意樂所作善法，於現法受。**第二、順生受者：**謂於二世當受其果。**第三、順後受者：**謂於三世以後成熟。

語譯

第二科、從時間的角度解釋，分為二科：˙`概略說明；˙`詳細闡述。第一科：必定領受當中，從感果時間的角度分為三種。第二科分為三科：第一科分為二科：˙`定義；˙`支分。第一科：其中現法受，是指該業的果報在當生就會成熟。第二科：《本地分》則提到，這又可分為顧惜今生與不顧惜今生二者、利益心與損害心二者、對三寶等懷著損害心與信心二者、利益與損害父母等二者，共有八種。由於非常顧惜身體、受用與三有的心念所造作的不善業，在今生就會感果。或由非常不顧惜這些的心念，而造作善業。同樣地，對有情懷著非常想要傷害的心，以及非常悲憫、想要利益的

心；另外非常想要迫害三寶與上師等的心，以及對他們懷著強烈的信
仰與勝解的心念等；還有瞋惱父母上師等恩人而不報恩的心念所造的
不善業，在今生就會感果；而真摯地回饋報恩的心念所造的善業，在今
生就會感果。**第二科、順生受**：是指在第二生感果。**第三科、順後受**：
則是指在第三世以後成熟。

[1]「第二分三……今初」 哲霍本無「」。

❶ **第二由時之門解說**　即前頁447「由時之門分說為三」一科。意指在決定受
中，依領受果報的時間分成三種：現法受、順生受、順後受。

❷ **《本地分》說**　此段是取經文大意，非錄原文，相應段落參見唐玄奘大師譯
《瑜伽師地論・本地分》：「應知欲解復有八種：一、有顧欲解；二、無顧欲解；
三、損惱欲解；四、慈悲欲解；五、憎害欲解；六、淨信欲解；七、棄恩欲解；
八、知恩欲解。有顧欲解，造不善業受現法果者，謂如有一由增上欲解，顧戀
其身、顧戀財物、顧戀諸有，造不善業。無顧欲解，所造善業受現法果者，謂如
有一以增上欲解，不顧其身、不顧財物、不顧諸有，造作善業。損惱欲解，造不
善業受現法果者，謂如有一於他有情補特伽羅，以增上品損惱欲解造不善
業。慈悲欲解，所造善業受現法果者，謂如有一於他有情補特伽羅，以增上品
慈悲欲解造作善業。憎害欲解，造不善業受現法果者，謂如有一於佛法僧，及
隨一種尊重處事，以增上品憎害欲解造不善業。淨信欲解，所造善業受現法果
者，謂如有一於佛法僧等，以增上品淨信欲解造作善業。棄恩欲解，造不善業
受現法果者，謂如有一於父母所，及隨一種恩造之處，以增上品背恩欲解、欺
誑欲解、酷暴欲解，造不善業。知恩欲解，所造善業受現法果者，謂如有一於
父母等，以增上品知恩欲解、報恩欲解，所作善業。」見《大正藏》冊30，頁

318；《丹珠爾》對勘本冊72，頁894。

❸ 悲心及饒益心　法尊法師原譯作「慈悲」，係依玄奘大師譯《瑜伽師地論》文譯出，今據藏文改譯。

❹ 恩造之所　藏文直譯為「恩人」，法尊法師蓋取玄奘大師譯《瑜伽師地論》文譯出。

❺ 酷暴背恩　指瞋怒損惱而不知報恩。法尊法師原譯作「增上品酷暴背恩」，蓋取玄奘大師譯《瑜伽師地論》文譯出，今據藏文刪「增上品」。

^妙**第三、先熟何業之果者**[1]❶：於相續中現有眾多善不善業成熟理者，謂諸重業即先成熟。輕重若等，於臨終時何者現前，彼即先熟。若此亦等，則何增上多串習者。若此復等，則先所作，彼即先熟。如《俱舍釋》所引頌云❷：「諸^巴相續中有眾多業於生死中，^巴感果之理者，謂於其中**隨重近串習，隨先作其中，即前前成熟**[2]。」^語師云：「此復佛子博朵瓦以喻說之，謂如一大河渡口，雖有眾多先至之人，然若有第巴霍札❸之輩，則因彼權重，當先渡之。若權勢相等，則未至棧橋者，仍不得渡，故誰近棧橋者便得渡之。若俱得棧橋，則視誰與船夫宿為熟識者得渡之[3]。若此一切皆相等者，則視最初誰先呈請者得渡之❹。」

第三科、哪個業的果報最先成熟：眾多存在於心續中的善不善業，其成熟方式為：哪一個業較重，就會最先成熟；如果輕重相等，哪一個在

臨終時現起，就會先成熟。如果在這點上也相等，則視何者串習得較為
強烈。如果在這點上還是相等，當初先造作哪一個，就會先行成熟。如
同《俱舍釋》中引述經文道：「存在於心續的眾多業，在輪迴當中感果的方式，
其中哪個為重、哪個靠近、哪個熟習、哪個先作，其中越是前者就越先成
熟。」上師說：「另外，如同佛子博朵瓦大師從譬喻的角度說到，就像在一條大河的渡口，雖
然同時有許多人很早就抵達，但是如果出現一位第巴霍札，由於他權勢較大，必須讓他先渡
河。如果是與他勢力相當，但是沒有到達棧橋的話，也無法過河，所以誰靠近棧橋，誰就先過
河。如果同樣都在棧橋，則視誰與船夫過去交情較深，誰就先過河。如果這些全都相等，則視
誰先申請過河，誰就能先過河。」

[1]「先熟何業之果者」 拉寺本、單註本作「先熟何果者」。 [2]「即前前成熟」
哲霍本作「即前前眾熟」。按，「眾熟」(རྣམས་སྨིན) 為「成熟」(རྣམ་སྨིན) 之訛字。
[3]「與船夫宿為熟識者得渡之」 哲霍本作「與船夫宿此大者得渡之」。按，「宿此大
者」(སྔར་འདྲིས་གནང་ཆེ་བ) 為「宿熟識者」(སྔར་འདྲིས་གནང་ཆེ་བ) 之訛字。

❶第三先熟何業之果者 即前頁442「先熟何果」一科。
❷如《俱舍釋》所引頌云 引文陳真諦三藏譯《阿毘達磨俱舍釋論·破說我
品》作：「若重近數習，及昔作諸業，先先先後熟，於輪轉有續。」唐玄奘大師
譯《阿毘達磨俱舍論·破執我品》作：「業極重近起，數習先所作，前前前後
熟。」慧海大師引三世貢唐大師的話提到：如同《俱舍釋》此段所說，在懺悔、
防護時，首先先懺除重業，其次懺除串習較強烈的業，其次懺除此生先造作的
業等等。如果能先懺除會先成熟的業，就有懺悔的時間。夏日東活佛亦引此段
補充說明。參見《夏日東文集》冊1，頁423；《廣論講授筆記》，頁39。引文見
《大正藏》冊29，頁310、159；《丹珠爾》對勘本冊79，頁908。

❸ **第巴霍札**　本指掌管文書的小官，此處泛指有權勢地位的官吏。

❹ **得渡之**　這段文中，擁有權位的第巴霍札，比喻重業先熟；近棧橋者，比喻臨近死亡時所造的業先熟；與船夫宿為熟識者，比喻常串習的業先熟；先呈請者，比喻當前三者的條件相等時，先作的業先熟。

第二、思惟別，^妙**分二：第一、須成辦圓具德相所依身之理**[1]**者**❶**：謂由遠離十種不善，雖定能獲善妙所依，然若成一圓具德相，能修種智**❷**勝所依者，修道進程非餘能比，故應成辦如此所依。**^語**先輩諸師云**[2]**：「相順之地為修習之處，正士為助伴，福德為因，善願為自性**❸**。」**^妙**第二、於彼所依身因修學之理**[3]**，此中分三：**
一、異熟功德，^巴*謂下文所言八者別別體性*；**二、異熟果報，**^巴*謂彼八者作業*；
三、異熟因緣，^巴*謂出生彼八者之因。*

　　第二科、分別思惟，分為二科：第一科、必須成就條件俱全的所依身的道理：藉由遠離十種不善，雖然也能獲得很好的所依身，但是如果成就一個條件俱全、能夠修成一切相智的所依身，那麼修道的進程將會與其他迥然不同，所以應當成就這種所依身。前輩上師們曾說：「合適的環境是修持的處所，殊勝士夫是友伴，福德是因，善願則是本性。」第二科、學習此所依身之因的方法，這分為三科：一、異熟的功德，是指下文提到那八者各自的體性；二、異熟的果報，是指那八者的作業；三、異熟的因，是指產生那八者的起因。

[1]「妙分二：第一、須成辦圓具德相所依身之理」拉寺本、單註本無。　[2]「先輩諸師云」拉寺本作「諸師云」。　[3]「妙第二、於彼所依身因修學之理」拉寺本、單註本無，雪本作「妙二、於彼能依之因修學之理」，哲霍本作「妙第二、於彼能依之因修學之理」。按，承前文之意，須成辦圓具德相、能修種智之勝所依身，故此處為修學能辦此勝所依身之因。以是雪本、哲霍本之「能依」(བརྟེན) 為「所依身」(རྟེན) 之訛字。

❶ **第二思惟別者**　即前頁316「思別業果」一科。

❷ **種智**　佛陀有三智：一切智、道智、一切相智，此指一切相智，又名一切種智。《大智度論》云：「所謂禪定、智慧等諸法，佛盡知諸法總相、別相故，名為一切種智。」妙音笑大師《八事七十義》云：「於一剎那頃無餘現前證知如所有、盡所有相之究竟智，是一切相智的性相。」「以現證三道無諦實的智慧所攝之大乘聖者現觀，是道智的性相。」「由現證一切事無我的那一分而安立的住於小乘證類的聖者相續之智，是一切智的性相。」見《大正藏》冊25，頁259；《七十義、地道、宗義合刊》，頁2（妙音笑大師著，印度：哲蚌果芒圖書館，2005）。

❸ **相順之地為修習之處正士為助伴福德為因善願為自性**　這四者即是大乘四輪。《龍樹菩薩為禪陀迦王說法要偈》云：「生處中國遇善友，專念發心起正願，久殖功德具諸根，王今滿足此眾善。」《勸發諸王要偈》云：「得生有道國，遭遇善知識，正見心成就，宿命有功德，四寶輪具足，能出生死路。」《龍樹菩薩勸誡王頌》云：「生中依善友，及發於正願，先身為福業，四大輪全獲。」善慧摩尼大師依據此論解釋，大乘四輪分別為：住在合適的環境、依止正士夫善知識、具足發下善願的智慧、具足過去累積的福德。住在合適的環境，如《廣論》云：「住具五德之處：一、易於獲得，謂無大劬勞得衣食等。二、處所賢善，謂無猛獸等兇惡眾生，及無怨等之所居住。三、地土賢善，謂非引生疾病之

地。四、伴友賢善，謂具良友戒見相同。五、具善妙相，謂日無多人夜靜聲寂。如《莊嚴經論》云：『具慧修行處，易得賢善處，善地及善友，瑜伽安樂具。』」依止正士夫善知識，是指依止大乘善知識與善友。發下善願的智慧，一般而言，是指專注於正法，尤其是專注於菩提道次第，因為如果能發願獲得來世的利益、解脫乃至無上菩提，是沒有較此更為殊勝的願境。與此相反，如果只發願得到現世的安樂，即是此處的惡願。具足過去累積的福德，是指具足過去累積的廣大福德，如果不具足福德，即使具備了前三種順緣，也無法產生想要修行正法的心，就算修行正法，也會被障礙；如果具足福德，修行正法時不會有障礙，即使出現障礙，也無法造成阻礙。自己不前往聚落，住在寂靜處，以及借給別人住處等等，是能住在合適的環境的因。如理依止自己的上師；對於自己尚未求法，但是對方具足堪為上師的功德者，也同樣如理依止；任作何善，最後都回向成為得到大乘善知識攝受的因，是依止正士夫善知識的因。自己努力聞思修清淨的正法，也透過講說、辯論、著述盡力弘揚，反覆串習想要修行清淨正法的欲求心，是具足發下善願的智慧的因。長時修行清淨的正法，無論行住坐臥，都時常作意：「我如果能夠累積廣大的福德與智慧資糧，該有多好。」這是具足過去累積的福德的因。參見《大正藏》冊32，頁746、749、752；《廣論》，頁346；《洛桑諾布文集》冊2，頁514。

初中分八：一、**壽量圓滿者**❶：謂宿能引牽引長壽，如其所引，長壽久住。二、**形色圓滿者**：謂由形色、顯色善故，身形❷殊妙；根無闕故，眾所樂見；橫豎稱故[1]，形量端嚴。三、**族姓圓滿者**：謂生世間恭敬稱揚諸高貴種。四、**自在圓滿者**：謂大財位，有親友等廣大朋翼，具大僚屬。五、**言辭威信**❸者：謂諸有情信奉言教，由其身語於他無欺，堪為信委❹，於其一切諍訟

斷證[2]，堪為量故。六、**大勢名稱者**：謂於惠施具足勇健、精進等德，由是獲得廣大稱譽；復由此緣❺，為諸大眾所供養處。

七、**丈夫性者**：謂成就男根。八、**大力具足者**：謂由宿業力，⓬辦自他業及諸所作，鮮少劬勞❻，為性少惱❼，或全無病，由現法緣起大勇悍❽。⓬此乃自於此生之中，先前任作何事，皆得遂果，由是扼要，念我更作何事亦當成辦，而發大勇喜。此復第一謂住樂趣，第二謂身，生為第三，財位僚屬為四，第五謂為世間量則，第六謂彼所有名稱，七謂一切功德之器，第八謂於諸所應作勢力具足。

　　第一科分為八項：一、**壽命圓滿**：是指藉由過去的引業而引生長壽，並且能如所引那般長久地活在世上。二、**色澤圓滿**：是指膚色及身形美妙，因此體態美好；五官沒有缺陷，因此人見人愛；體型勻稱適中，所以端正莊嚴。三、**家世圓滿**：是指出身於世人崇敬的名門貴族。四、**自在圓滿**：是指財力雄厚，具有親戚等廣大宗族，眷屬眾多。五、**言辭威信**：是指行為、言語不會誆騙他人，堪受信賴；對一切爭議的仲裁都足以作為準則，因此眾多有情都尊奉他的話語。六、**威望遠播**：是指對於布施具有勇悍、精進等功德，因而具有極高的聲望，美譽遠揚，由此成為廣大群眾供養的對象。七、**男性**：是指具足男根。八、**具足力量**：是指藉由過去的業力，成辦自己與他人的事業和工作，不會太辛勞，自然少有侵害，疾病不生，以及具有由今生的因緣所引發的大歡喜。這是由於今生自己先前所做一切都已成辦，因此心想：「無論我再做什麼，也都會成功。」自己會非常踴躍歡喜。另外，處在善趣是第一項，身軀是第二項，出生為第三項，受用與眷屬是第四項，第

五項是世間的準則，第六項是他的名望，第七項是一切功德之器，第八項則是有能力承擔眾多事務。

[1]「橫豎稱故」 拉寺本、單註本作「橫唇稱故」，誤。　[2]「諍訟斷證」 果芒本原作「諍訟之主」，拉寺本、雪本、法尊法師原譯作「諍訟斷證」。按，「諍訟之主」僅裁決諍訟義，「諍訟斷證」有裁決、作證二義，於義更勝，故仍依法尊法師原譯。

❶ 一壽量圓滿者　此中之小數字於福智之聲出版社2003、2010年版《廣論》皆如原文作大字，然查藏文並無此字，於《四家合註》原文中乃有，蓋為令讀者易於閱讀，故增之，然實非原文，故改作小字。下文亦同。

❷ 身形　法尊法師原譯作「顏容」，係依玄奘大師譯《瑜伽師地論》文譯出，今據藏文改譯。

❸ 言辭威信　法尊法師原譯作「信言圓滿」，係依玄奘大師譯《瑜伽師地論》文譯出，今據藏文改譯。

❹ 信委　相信、信任。

❺ 謂於惠施具足勇健精進等德由是獲得廣大稱譽復由此緣　法尊法師原譯作「有大名稱，有大美譽，謂於惠施具足勇健、精進等德；由此因緣」，蓋取玄奘大師譯《瑜伽師地論》文譯出，今據藏文改譯。

❻ 劬勞　勞苦。劬，音「衢」，指勤勞。

❼ 為性少惱　法尊法師原譯作「為性少病」，今據藏文改譯。此處「惱」作「惱害」解。

❽ 由現法緣起大勇悍　勇悍，藏文直譯為歡喜踴躍。法尊法師原譯作「於現法緣起大勇悍」，今據藏文改譯。

第二^[1]、異熟果報，分八：初者：依自他利，能於長時積集❶無量善根。第二者：謂諸大眾暫見歡喜，咸共歸仰，凡所發言，無不聽用。第三者：謂所勸教，無違敬用。第四者：謂以布施攝諸有情，令其成熟^巴堪為受法之器。第五者：謂以愛語、利行、同事，攝諸有情，而令成熟❷。第六者：謂由營助一切事業，施布恩德，故得報恩❸，速受勸教。第七者：謂為一切勝功德器；欲樂、勤勇，堪為一切事業❹之器；智慧廣博，堪為思擇所知之器。又於大眾都無所畏，^巴心力強大，又與一切有情同行、言論、受用，或住屏處❺，皆無嫌礙。^巴女眾不能獨居屏處。第八者：謂於自他利皆無厭倦，勇猛❻堅固，能得慧力，^語謂如能以一髮繫三千界^[2]而拋至梵天世界之身力，及如誓將一切眾生安置於佛地之心力，神通迅捷❼。

第二科、異熟的果報，分為八項：第一項：從自身與他人的利益出發，能夠長時積累眾多善業。第二項：乍見之下，所化機就會歡喜地聚集，對他所說的話都願意聽從與實踐。第三項：他的指導都能被遵行而不違背。第四項：透過布施而攝受有情，使他們成熟為足以聽受正法的法器。第五項：透過愛語、利行、同事而攝受並且成熟有情。第六項：由於協助完成一切事務，施予恩惠，所以會獲得報答、迅速聽從其教導。第七項：能成為一切功德之器；由於追求與勤奮，成為一切事業之器；成為智慧廣博、能詳細分辨所知之器。另外，處在大眾當中不會畏懼，具有強大的勇氣；並且與一切有情共行、交談或是受用，或者處在僻靜之處，都

沒有罣礙。女性則無法獨自停留在僻靜之處。**第八項**：無論對於自己或他人的利益都不會厭倦，踴躍歡喜的力量強大而堅固，所以獲得分辨抉擇的力量，是指獲得諸如能以一根毛髮綁住三千大千世界，將之拋上梵天世界的體力，以及立誓將一切有情安置在佛地的心力，神通迅捷。

[1]「^妙第二」拉寺本、單註本無。　　[2]「如能以一髮繫三千界」拉寺本作「如能以一髮裝三千界」。

❶ **長時積集**　法尊法師原譯作「長時積集、增長」，今據藏文刪「增長」。

❷ **而令成熟**　法尊法師原譯作「速令成熟」，係依玄奘大師譯《瑜伽師地論》文譯出，今據藏文改譯。

❸ **故得報恩**　法尊法師原譯作「為報恩故」，今據藏文改譯。

❹ **事業**　此詞藏文為 དྲ་འཛིན，在果芒本中འཛིན字標有註記，表示疑誤，以待來者確認。

❺ **屏處**　僻靜的地方。屏，音「瓶」，蔽也，古通偋。

❻ **勇猛**　藏文直譯為「踴躍歡喜的力量強大」。

❼ **神通迅捷**　法尊法師原譯作「速發神通」，今據藏文改譯。

^妙第三^[1]、異熟因❶，^妙分二：一、分為八種；二、分為三種。初中分八：初者：謂於有情不加傷害，及正依止不^四由加行門而害意樂。又云❷：「善放將殺生，如是利其命，遮止害眾生，則當得

長壽。承事諸病人，善施諸醫藥，不以魄杖❸等，害眾生無病。」**第二者**：謂能惠施燈等光明、鮮淨衣物❹。又云❺：「由依止無瞋，施莊嚴感妙色，說無嫉妬果，當感妙同分❻。」^語此生於他任何正法、世間圓滿，皆不嫉妬，修習歡喜，則後世時，餘一切人任凡受何正法、世間受用，皆謂「不可無彼」。遂得一切應得之分，是即妙同分。**第三者**：謂摧伏慢心，於尊長等勤禮拜等，於他恭敬，猶如僕使。**第四者**：謂於乞求衣食等物，悉皆施惠，設未來乞亦行利益。又於苦惱及功德田乏資具所，應往供施。**第五者**：謂修遠離語四不善。**第六者**：謂發宏願於自身中成辦❼當來種種功德，^{而行}^巴其因供養三寶，供養父母、聲聞、獨覺、親教、軌範，及諸尊長。**第七者**：謂樂丈夫所有功德，厭婦女身，深見過患；樂女身者，遮止欲樂；將失男根，令得脫免。**第八者**：^語師云：《如來祕密經》中說❽，於塔粉刷白灰，是具力因[2]。然此但一例耳，以依於佛之一切供養支分皆是也[3]。謂他不能作，自當代作；若共能辦，則當伴助；惠施飲食。^語滋養衰損之身，有以令心踴躍而發勇喜者，有以飲食調養者。

第三科、異熟的因，分為二科：^一分為八項；^二以三種區分。**第一科****分為八項**：**第一項**：不損害有情，以及依止不藉由行為損害的心念。另外又說道：「妥善釋放即將被殺害的眾生，同樣也去利益生命，並且停止

傷害生靈，由此就會獲得長壽。服侍病患，以及提供醫生、藥物，不以土塊、棍棒等傷害有情，藉此就能沒有疾病。」第二項：布施油燈等光明及新衣。又說道：「藉由不生氣以及施予飾品，能感得形貌端好；說不嫉妒的果報，是會擁有善緣。」這是由於今生對他人的任何正法及世間的圓滿都不生嫉妒，而且修持歡喜，因此在後世時，其他所有人無論受享任何正法及世間的受用，都會說：「不能少了他。」所有受用都會獲得一份，這就是善緣。第三項：消滅我慢而對於上師等行禮拜等，以及像僕人一般恭敬他人。第四項：施捨衣食給乞討衣物、飲食等的人，或者雖然不來乞討，也提供幫助；以及施捨給缺乏資財的受苦者與功德田。第五項：串習斷捨四種不善的言語。第六項：發願自己未來能成就各種功德，並且實踐其因——供養三寶、供養父母、聲聞、緣覺、親教師、軌範師與上師。第七項：喜好男性的功德，不喜歡女性的身軀，視之為過失；對於貪求女性身體者，止息他們的貪求；使男根將要被截斷者得以免難。第八項：上師說：《如來祕密經》提到在佛塔上粉刷白灰是有力之因，這只是一例，一切有關於佛陀的各種供養也都是如此。其他人根本無法做到的，就由自己來做；對於與自己合作才能做到的，則予以幫助；以及提供飲食。要滋養衰弱的身體，有透過內心踴躍歡喜、使之發起踴躍歡喜，以及藉由飲食而做到的。

[1]「^妙第三」 拉寺本、單註本無。　[2]「於塔粉刷白灰，是具力因」 拉寺本作「於塔粉刷白灰之力故為因」。按，拉寺本文義殊難理解，疑誤。　[3]「^語師云……皆是也」 哲霍本作妙註。

❶異熟因　即前頁460「異熟因緣」一科。

❷又云　引文出自《七功德譚》。《七功德譚》，書翰部論典，共19偈，世親菩薩

著，尚無漢譯。此書以極優美的頌文，總攝經典當中教導有情獲取長壽、無病、形好、自在、高貴、財富、智慧七種善趣功德的正確方法。引文見《丹珠爾》對勘本冊96，頁457。

❸ **塊杖** 指土塊和木棍等。塊，音若「魁」，上聲，本指險怪的山石，此處通「塊」，指土塊。

❹ **鮮淨衣物** 藏文直譯為新衣。

❺ **又云** 引文出自《七功德譚》。見《丹珠爾》對勘本冊96，頁458。

❻ **妙同分** 一般多譯作善緣。

❼ **成辦** 法尊法師原譯作「攝持」，係依玄奘大師譯《瑜伽師地論》文譯出，今據藏文改譯。

❽ **《如來祕密經》中說** 《如來祕密經》，寶積部經典，全名《佛說如來不思議祕密大乘經》，共10卷，25品。漢譯本有西晉竺法護譯《大寶積經·密迹金剛力士會》7卷；宋法護譯《佛說如來不思議祕密大乘經》20卷，共二種。此經因緣為寂慧菩薩祈請金剛手菩薩為大眾宣說如來祕密之法，金剛手菩薩起初默然而住，後經世尊教敕而開示了菩薩身語意三密的內容。相應段落參見西晉竺法護譯《大寶積經·密迹金剛力士會》：「菩薩有十大法，逮如是象無極大力。何謂為十？一曰寧棄身命勤受正法；二曰未曾自大謙恪下意禮敬眾生；三曰見於剛強難化眾生立之忍辱；四曰見飢饉人以好美饍而充施之；五曰覩諸恐懼勸慰安之；六曰若有眾生得於重疾療以良藥；七曰若有羸劣人所輕慢，敬念戀之令無忽易者；八曰以淨泥水塗如來廟補其虧缺；九曰見孤苦人貧匱困厄常負重檐，使去其難極重之殃；十曰若有無護無所歸依常將濟之，所語如言而不變失。是為十事法。」宋法護譯《佛說如來不思議祕密大乘經·阿闍世王問答品》：「菩薩若修十法，獲斯勝力。何等為十？一者、菩薩寧捨身命，終不棄捨無上正法；二者、於一切眾生作謙下想，不增慢心；三者、於彼劣弱眾生起愍念心，不生損害；四者、見飢渴眾生施妙飲食；五者、見怖畏眾生施其無畏；六者、見疾病眾生施藥救療；七者、見貧乏眾生惠令滿足；八者、見佛塔廟形像塗飾圓淨；九者、出歡喜言安慰眾生；十者、見彼負重疲困苦惱眾生為除重擔。菩薩若具如是十法，即能獲得如是最勝之力。」見《大正藏》冊11，頁76、312；《甘珠爾》對勘本冊39，頁511。

●第二者：如是八因，若具三緣❶，能感最勝諸異熟果。於其三緣，心清淨中待自有二：謂修彼因所有眾善，將用迴向無上菩提，不希異熟；由純厚意修行諸因，勢力猛利。待他有二：謂見同法者上中下座，遠離嫉妒、比較、輕毀，勤修隨喜；設若不能如此而行，亦應日日多次觀為所應行事❷。加行清淨中，觀待自者，謂於長時、無間、殷重❸；觀待他者，謂未受行讚美令受，已受行者讚美令喜，恆無間作、不棄捨作。田清淨者，謂由彼二意樂加行，能與眾多微妙果故，等同妙田。⓬令此八者成最勝之三緣，謂意樂清淨、加行清淨[1]二者。田清淨者，以前者即猶田也，故《菩薩地》作如是說，不取餘事。此等是如《菩薩地》說❹，以《釋》❺補滿而為宣說。

第二科：這八種因如果具備了三種因，那些異熟果將會更加超勝。三種因當中的心清淨，觀待於自身的有兩種：將修行那些因的善業迴向至無上菩提，是指不期望異熟果；發自內心修行那些因，是指強而有力。觀待於他人的有兩種：看見上中下三種同法者時，斷除嫉妒、競爭、輕蔑而修隨喜；如果無法如此，也應該每日多次將之設想為所應做的事。加行清淨當中觀待於自身的部分，是長久、持續不斷，以及強而有力；觀待於他人的部分，是沒有正確受持者，便讚美他使之受持，已經受持者，為了使之歡喜而加以讚美，以及令其延續不斷、不要放棄。田清淨，是指心與加行這二者就能帶來眾多美好的果報，因此宛如田地。使前八者成為超勝的這三種因，是心清淨與加行清淨二者；至於田清淨，是由於前者本身就如同田

地，所以《菩薩地》中這麼宣說，除此之外其實別無所指。**以上這些是《菩薩地》中所說的內容，以《釋論》作補充而宣說。**

[1]「加行清淨」 拉寺本作「淨治清淨」。

❶**三緣** 藏文直譯為「三因」，法尊法師係依玄奘大師譯《瑜伽師地論》文譯出，下文同。

❷**亦應日日多次觀為所應行事** 法尊法師原譯作「亦應日日多次觀擇所應行事」。「觀擇所應行事」似指對於所應做事進行觀察，而藏文原意為「把這些暫時還做不到的善行，看成應該要做到的事」。善慧摩尼大師也提到，此句指每日都應數次預先設想「應該要做成這樣的善行」，故改譯。參見《洛桑諾布文集》冊2，頁512。

❸**殷重** 藏文直譯為「勢力猛利」。

❹**《菩薩地》說** 相應段落參見唐玄奘大師譯《瑜伽師地論・本地分》：「云何異熟？謂略有八：一者、壽量具足；二者、形色具足；三者、族姓具足；四者、自在具足；五者、信言具足；六者、大勢具足；七者、人性具足；八者、大力具足。若諸菩薩長壽久住，是名菩薩壽量具足。形色端嚴眾所樂見顏容殊妙，是名菩薩形色具足。生豪貴家，是名菩薩族姓具足。得大財位有大朋翼具大僚屬，是名菩薩自在具足。眾所信奉斷訟取則，不行諂誑偽斗秤等，所受寄物終不差違，於諸有情言無虛妄，以是緣故凡有所說無不信受，是名菩薩信言具足。有大名稱流聞世間，所謂具足勇健精進剛毅敏捷。審悉善戒，種種伎藝工巧業處展轉妙解出過餘人，由此因緣世所珍敬，為諸大眾供養恭敬尊重讚歎，是名菩薩大勢具足。具丈夫分成就男根，是名菩薩人性具足。為性少疾或全無病有大堪能，是名菩薩大力具足。云何異熟因？謂諸菩薩於諸眾生不加傷害，

遠離一切傷害意樂，是名菩薩壽量具足因。惠施光明鮮淨衣物，是名菩薩形色具足因。於諸眾生捨離憍慢，是名菩薩族姓具足因。於資生具有所匱乏遊行乞匄諸眾生所，隨欲惠施，是名菩薩自在具足因。所言誠諦亦不好習乖離麤獷不相應語，是名菩薩信言具足因。攝持當來種種功德，於自身中發弘誓願，供養三寶及諸尊長，是名菩薩大勢具足因。樂丈夫體厭婦女身深見過患，由二因緣施他人性：一者、女人樂女身者，勸令厭離解脫女身；二者、丈夫將失男根，方便護攝令不失壞，及說正法令得男身，是名菩薩人性具足因。於諸眾生以身供事，隨其所作如法事業皆往營助，如己力能以其正法不以卒暴，用能增長身心勢力餅飯糜等種種飲食，施諸眾生，是名菩薩大力具足因。當知前說八種異熟，以此所說八種為因。又此諸因略由三緣而得增長，能感圓滿增上廣大異熟令起。何等三緣？一、心清淨；二、加行清淨；三、田清淨。若於無上正等菩提清淨意樂，用彼善根決定迴向，猛利意樂純厚廣大淨信修行；見同法者深生歡喜，日夜剎那於多隨法隨尋隨伺，名心清淨。即於其中長時數習，無間所作、常委所作；他於此善若未受行讚美令受，若已受行讚美令喜，即於如是所有善根安處建立，名加行清淨。當知略說能正發起如是加行，及正安住此加行果，名田清淨。」見《大正藏》冊30，頁484；《丹珠爾》對勘本冊73，頁561。

❺《釋》　即《瑜伽師地論·菩薩地釋》。《瑜伽師地論·菩薩地釋》，唯識部論典，又名《瑜伽師地論中菩薩地解說》，共33品，阿闍黎海雲著，尚無漢譯。阿闍黎海雲，生卒事蹟不詳。相應段落參見《丹珠爾》對勘本冊75，頁705。

第三、思已進止道理❶中，分二：⓵總示；⓶特以四力淨修道理。今初⓿分八：⓵發起日夜遍薰修心之理；⓶修習業果唯依佛語定解之理；⓷空性現為業果之理；⓸不思業果，但唯佯作知解，無所助益；⓹此復當觀察自相續之理；

^{六`</sup>**如是思已，遮止惡行之理；**<sup>七`}**現前迷於狀似安樂，終則遭受損害之理；**^{八`}**如先輩正士所言應理。今初：**

如《入行論》云^❷：「^ᄅ定解**苦**^ᄅ果從不善^ᄅ因出生，^ᄅ而我相續為之充盈，行**如何**^ᄅ方便得決定**脫此？**^ᄅ如毒入腹，**我晝夜恆時，唯應思惟此**^❸。」又云^❹：「**能仁說**^ᄅ於彼**勝解**^ᄅ之欲求，^ᄅ是為**一切善品本，又**^ᄅ於**此**^ᄅ勝解或欲求之根本，^ᄅ是以信心作為欲求之依，**恆**^ᄅ時**修**^ᄅ思惟黑白業異熟果^{[1]ᄅ}之信解業果信。」謂既了知黑白業果，非唯了知即便止住，應數修習，以此是為極不現事^❺，極難獲得決定解故。^語於此難得定解者^[2]，格西博朵瓦亦云^❻：「空性猶可以理知解，極甚深者厥為業果^[3]。」

 語 譯

第三科、思惟之後行止的方法，分為：^{一`</sup>**總括地指出；**<sup>二`}**特別以四力淨化的道理。第一科分為八科：**^{一`</sup>**生起日日夜夜都要修持之心的方法；**<sup>二`}**修持業果，只能藉由佛語來確切地認知的道理；**^{三`</sup>**空性顯現為業果的道理；**<sup>四`}**如果不思惟業果，光是裝懂並沒有好處；**^{五`</sup>**而這也要檢視自己心續的道理；**<sup>六`}**如此思惟之後，就會遮止惡行的道理；**^{七`</sup>**眼前被虛假的安樂所迷亂，最終會遭受損害的道理；**<sup>八`}**依照前輩殊勝士夫的說法才合理。其中第一科：**

如同《入行論》所說：「確切地認知從不善因產生痛苦之果，而且我的心續都被此所充滿。因此，用怎樣的方法才必定能從中脫離？就像毒藥進入體內一般，我日日夜夜都只應思考這個問題。」又提到：「佛陀說一切善法的根本就是對此勝解的欲求，而這個勝解、欲求的根本，則是以信心作為欲求的所依，恆久地修習

思惟黑白業之異熟果的這種相信業果的信心。」了解黑白業及果報之後,不能只停留在認知,應當反覆修持,因為這是至極隱晦的內容,所以極難獲得確切的認知。關於對此難以獲得確切的認知,格西博朵瓦也曾說:「空性還能藉由道理領會;最為深邃的是業果。」

[1]「^巴思惟黑白業異熟果」 拉寺本作「^巴思惟黑白業所感異熟果」。　[2]「^語於此難得定解者」 拉寺本作「^語師云:於此難得定解者」。　[3]「空性猶可以理知解,極甚深者厥為業果」 拉寺本作「空性猶可以理路知解,極甚深者厥為業果」,民族本《藍色手冊頌釋》作「說極甚深厥為業果,空性猶可以理知解」。

❶第三思已進止道理　即前頁316「思已正行進止之理」一科。

❷如《入行論》云　引文如石法師譯《入菩薩行‧懺悔罪業品》作:「不善生諸苦,云何得脫除,故我當一心,日夜思除苦。」見《入菩薩行》,頁17;《丹珠爾》對勘本冊61,頁961。

❸唯應思惟此　法尊法師原譯作「理應思惟此」,今據藏文改譯。

❹又云　引文出自《入行論》。如石法師譯《入菩薩行‧精進品》作:「佛說一切善,根本為信樂,信樂本則為,恆思業因果。」見《入菩薩行》,頁65;《丹珠爾》對勘本冊61,頁996。

❺極不現事　又名極隱蔽分、極隱蔽事。一般的凡夫無法以現量、事勢比量、極成比量了解,必須藉由聖言量成立,進而引生信許比量才能通達的法,即是極隱蔽分。由於不是一般的現量或推理所能了解,所以名為極隱蔽分。

❻格西博朵瓦亦云　引文出自《藍色手冊》。見《藍色手冊頌釋》,頁192,然與正文略有不同。

🅢第二、修習業果唯如佛語定解之理者❶：🅛於彼獲得定解方便，亦唯觀待於信解如來之語，其道理者，**此復如《三摩地王經》云❷：「設月星**🅟**從自處皆墮落**🅟**於地，**🅟**此具山聚落**🅟**大地**🅟**忽如糟粕團❸破裂**[1]**壞散，虛空界可變餘**🅟**地等實物之相，**🅟**容有此事否？雖不容有，然**🅟**縱容有此等諸事，佛薄伽梵尊不說非諦語，**🅟**或不容說，此為有力假設。」於如來語，應修深忍，若未於此獲得真實決定信解❹，任於何法，悉不能得勝者所愛決定信解。**🅟**此復開示業果諸經，造釋密意諸論主，皆視如世尊所說如言可取❺之語，不更述餘密意所依❻以及所為，執為了義❼如言可取**[2]**。

語 譯

第二科、修持業果，只能依照佛語來確切地認知的道理：對此獲得確切認知的方法，也唯有仰賴於相信如來的法語。因此其中的道理，這也如同《三摩地王經》所說：「即使星月從自己的所在位置墜落於地，承載著山嶽、城市的大地就像酒糟團碎裂一般忽然崩塌，虛空界也轉變成土地等其他事物的樣貌——這些可能發生嗎？雖然不可能，但是縱然這些都成為可能，佛世尊您也絕不會說出不真實的話，不可能這麼說。這是一種有力的假設。」應當修持對如來法語的信心，因為如果對此沒有獲得不假造作的確切認知，則對任何正法都不會獲得佛陀所歡喜的確切認知。另外，對於開示業果的經典，解釋如來意旨的大師們，也都視同世尊言如其實地宣說的教言一般，不另外宣說其用意與目的，而視為言如其實的了義。

[1]「^巴忽如糟粕團破裂」 果芒本原作「^巴忽如糟粕沾染團破裂」，拉寺本作「^巴忽如糟粕沾染破裂」，哲霍本作「^巴忽如草原食之團破裂」。按，「沾染團」（ཟག་གོང་）應為「團」（ཟུགས་གོང་）之訛字。「草原食」（ཟང་ཟན）應為「糟粕」（ཟང་ཟན）之訛字，故改之。 [2]「^巴此復開示業果諸經……執為了義如言可取」 拉寺本、雪本、哲霍本作語註。

❶ **第二修習業果唯如佛語定解之理者** 即前頁472「修習業果唯依佛語定解之理」一科。

❷ **《三摩地王經》云** 引文高齊那連提耶舍譯《月燈三昧經》作：「假使虛空星宿落，地海城邑悉壞滅，虛空無為性變異，如來終無不實語。」見《大正藏》冊15，頁565；《甘珠爾》冊55，頁113。

❸ **糟粕團** 用酒渣作成之摶食，結構鬆軟，容易散裂。糟粕，酒之渣滓。細分之，則沉者曰糟，浮者曰粕。粕，音若「魄」。

❹ **決定信解** 藏文直譯為「決定、定解」，下文亦同。

❺ **如言可取** 可以如同文詞字面所說的內容執取，即是如言可取。

❻ **密意所依** 字面所說的內容不是講說者真正想要表達的意涵，而是有更深的意思隱含在其中，所隱含的更深意思即是密意所依。

❼ **了義** 此處指可以如言而取的意涵，即是了義。

^妙**第三、空性現為業果之理者**：如有一類，說於空性已獲決定，然於業果無決定信，不慎重者，是乃顛倒了解空性；^妙善解^巴非自性成立之**空性者**，謂即見^巴空為^巴雖非自性成立，然名言中唯依自因緣假立

緣起之義，是於業果發生定解為助伴故。即彼經云❶：「『一切諸法 ^巴猶如水^巴中之月^巴雖顯現為月，然月不成立；諸法等於幻泡陽燄電，^巴雖現諦實，然無諦實』，此顯示法無我。『雖諸死已往他世，〔有情意生❷^巴與儒童❸ 等，經中說為異名❹。〕其自性不可得。』^巴此顯補特伽羅無我已，如是雖無自性，然作諸^巴善不善業終不失，^巴或未造亦不遇[1]，如其黑白^巴因，如是別別成熟[2]^巴苦樂果，如此^巴空與業果緣起二者，一一互為助伴之理趣門賢妙，微細、^巴愚夫難^巴現見，^巴唯是佛之^巴現前行境❺。」

第三科、空性顯現為業果的道理： 有人聲稱對空性獲得確切的認知，但是對業果卻沒有確切認知，而且不予重視，這是顛倒地理解空性。因為如果善加領會自性不成立的空性，就會將此空性視為雖然自性不成立，卻是在名言中，僅依靠各自的因緣而安立的緣起的內涵，進而成為對業果生起確切認知的助力。這本經中說：「萬法好似幻化、水泡、陽焰以及閃電，一切諸法就如水中的月影，雖然顯現為月亮，卻不成立為月亮一般，雖然顯現為諦實，卻不成立為諦實。」這是開示法無我。「死亡以後邁向來世的〔有情、意生、儒童等，經典中說是不同的稱呼。〕他們固然自性不可得。」這是開示補特伽羅無我。「雖然像這樣沒有自性，但是造了善惡業卻不會歸於空無，也不會與未造集的業相遇，因為會按照黑白因而分別成熟為苦樂果報。這種空與業果緣起二者相輔相成的正理之門相當奧妙而隱微，愚夫難以現前看見，只能是佛陀的現前所行境。」

❶ **即彼經云** 彼經即指《三摩地王經》。高齊那連提耶舍譯《月燈三昧經》作：「猶如泡沫及炎電，諸法亦如水中月。眾生壽命不可得，於此界沒他世生，所作之業無失壞，黑白業報亦不亡。因果相應勝法門，微細難見佛境界。」見《大正藏》冊15，頁575；《甘珠爾》冊55，頁170。

❷ **意生** 心意所生或心意的自性所生，為「有情」的別稱。藏文中「意」字有心意與力量兩種意思。

❸ **儒童** 有情的另一種稱呼。劫初的人愚癡無知，只是具有心識而已，所以命名為有情。之後心智漸漸開化，則命名為儒童等，表示心智開始成長。至今此詞泛指有情。

❹ **經中說為異名** 相應段落參見唐玄奘大師譯《大般若波羅蜜多經‧無雜法義品》：「觀察忍者，謂諸菩薩摩訶薩作是思惟：『諸行如幻、虛妄不實、不得自在，亦如虛空無我、有情、命者、生者、養者、士夫、補特伽羅、意生、儒童、作者、受者、知者、見者皆不可得，唯是虛妄分別所起。』」見《大正藏》冊6，頁953；《甘珠爾》對勘本冊24，頁825。

❺ **現前行境** 現前識的所行境界。即不是透過分別心的影像，而是以眼等現前識清晰觀見的境界。

⁽妙⁾**第四、不思業果，但唯伴作知解，無所助益者**：故於緣起、二業及諸因果發生定解，一切晝夜觀三門者，得斷惡

趣❶。若不先善因果差別，縱少知法，然將三門放逸轉者，唯是開啟諸惡趣門。《海問經》云❷：「^巴佛喚^[1]龍王，諸菩薩由一種法，能正斷除❸生諸惡趣、惡道、顛倒墮落❹。一法云何？謂於諸善法觀察思擇，作如是念：我今若何度諸晝夜？」

第四科、如果不思惟業果，只是裝懂並沒有好處：因此一個對於緣起、二種業以及因果產生確切的認知，並且日日夜夜觀察三門的人，才能截斷惡趣；起初就未精通因果的差別，縱然懂得少許，卻放縱三門，這純粹是在開啟惡趣的門。《海龍王請問經》中說，佛陀喚道：「龍王！菩薩透過一種法，就能真正地斷絕投生惡趣、惡道、顛倒墮落。這一法是什麼？就是觀察抉擇善法，心中緣想：我應該如何度過日日夜夜？」

[1]「^巴佛喚」哲霍本無「^巴」。

❶ **故於緣起二業及諸因果發生定解一切晝夜觀三門者得斷惡趣** 法尊法師原譯作「是故應於緣起、二業，及諸因果發生定解，一切晝夜觀察三門，斷截惡趣」，今據藏文改譯。

❷ **《海問經》云** 引文西晉竺法護譯《佛說海龍王經·十德六度品》作：「佛語龍王：『菩薩有一法，皆斷一切惡趣眾難。何等為一？專察妙法。』」見《大正藏》冊15，頁146；《甘珠爾》對勘本冊58，頁418。

❸ 能正斷除 法尊法師原譯作「能斷」，今據藏文改譯。

❹ 惡趣惡道顛倒墮落 善慧摩尼大師解釋，一般而言，此三者是同義，但是各別也可將惡趣配上餓鬼，將惡道配畜生，將顛倒墮落配上地獄來解釋。惡趣惡道，法尊法師原譯作「險惡惡趣」，唐慧琳《一切經音義》云：「阿波那伽低，此云惡趣，不名惡道。道是因義，由履而行；趣是果名，已到之處，故不名惡道也。」此二詞於藏文中亦有正行與已到之別，故改譯。參見《大正藏》冊34，頁538；《洛桑諾布文集》冊2，頁519。

⁂**第五、思惟業果亦當結合自心相續，於最初時辨明自身歧誤理者[1]❶**：若能如是觀相續者，諸先覺云：此因果時，校對正法❷，全不符順，於此乃是我等錯誤，全無解脫故❸。校對業果，是觀順否，若以法校自相續時，全無符順，而能至心了知如是不符順者❹，是為智者。《集法句·㊄第二十五品親友集[2]》云❺：㊄有一比丘，謂：「我故犯墮罪，故為愚夫。」世尊告曰：「若愚㊄將自心相續校對法時，設不相順，而自知愚，㊄為不順法之庸人，於此是名為智者。」若校法時，與法乖反❻，猶如負屍❼，自妄希為法者、智者、淨者極頂，是為下愚。《集法句·㊄第二十五品親友集[3]》云❽：「若愚㊄既為與法不順之庸人，猶思㊄我為智㊄者，說彼為愚癡㊄中之鄙劣者[4]。」

第五科、思惟業果也要結合自己的心續，因此首先認清自己錯入迷

途的道理：這樣檢視心續時，前輩祖師們曾說：在業因果的這個章節中比對正法時，完全不符合，這是我們的過錯，所以完全無法解脫。比對業果後，是要注意是否符合。如果用正法校對自相續時發現沒有一點符合的，而對於不符合的部分，能夠發自心髓地認知自己是如此，就是智者。《集法句·第二十五品親友集》中記載，有一位比丘說：「我蓄意犯下墮罪，真是愚夫！」對此，世尊說道：「如果有愚夫以自己的心續比對正法，發現不符合時，懂得自稱是愚夫，認清自己是不符合正法的劣等人，這樣的人在此是智者。」當比對正法時，就像背負死屍的人一般與法背道而馳，卻妄想是修行者、智者、大德中的頂尖，這是最下等的愚夫。《集法句·第二十五品親友集》中說道：「如果有愚夫，明明是不符合正法的下等人，卻心想『我是智者』，這樣的人稱為愚夫當中的最劣等。」

[1]「於最初時辨明自身歧誤理者」 拉寺本、雪本、哲霍本作「於最初時辨明自心顯現之理者」。 [2]「^巴第二十五品親友集」 拉寺本無。 [3]「^巴第二十五品親友集」 拉寺本無。 [4]「^巴中之鄙劣者」 原果芒本未標作者，今依拉寺本補之。

❶ **第五思惟業果亦當結合自心相續於最初時辨明自身歧誤理者** 即前頁472「此復當觀察自相續之理」一科。

❷ **校對正法** 夏日東活佛提到，此處的正法指開示業果的正法。參見《夏日東文集》冊1，頁429。

❸ **全無解脫故** 法尊法師原譯作「全無解脫」，今據藏文補譯。

❹ **了知如是不符順者** 法尊法師原譯作「了知如是」，今據藏文補譯。

❺ **《集法句》云** 引文姚秦竺佛念譯《出曜經·親品》、宋天息災譯《法集要頌經·善友品》皆作：「愚者自稱愚，當知善黠慧。」夏日東活佛引用六世班禪的

解釋：當一位凡夫反省自己是否與法相符順，見到與法不符順時，心生深刻的追悔，認為自己比愚者更為愚癡，由此能分辨善惡，就是智者。參見《夏日東文集》冊1，頁429。引文見《大正藏》冊4，頁729、790；《丹珠爾》對勘本冊83，頁58。

❻ 乖反　違背。乖與反都是相違義。

❼ 猶如負屍　夏日東活佛提到，拉薩地區背屍的人，背死屍時是背部相對，以此比喻我們的心與正法也是完全相背的。參見《夏日東文集》冊1，頁429。

❽ 《集法句》云　引文吳維祇難等譯《法句經・愚闇品》及晉法炬法立譯《法句譬喻經・愚闇品》皆作：「愚而勝智，是謂極愚。」姚秦竺佛念譯《出曜經・親品》、宋天息災譯《法集要頌經・善友品》皆作：「愚人自稱智，是謂愚中甚。」見《大正藏》冊4，頁563、586、729、790；《丹珠爾》對勘本冊83，頁58。

故於最下，亦當於法^巴以善知自心相續與法順否之慧力，令^妙自實非智而希冀為智者之[1]〔心意開解，^妙意謂思而令心通曉，或思而通曉詞義；以此中ཤེ_{音謝}者，即是意故，如言意生與意我之意。《翻譯名義集・分別證達》[2]❶云：「瑪拿薩[3]」為「具意」，「瑪努雜」為「意生[4]」或「儒童」自身[5]；《語合二章》❷亦說如是即其自身❸，及「瑪拿」為意之對字[6]。劫初之人愚無所知，故命名為有情等，其智既開，則命名為具意乃至儒童，此為《施設論》❹及經教說故。《本地分》中❺「愚夫意未開」，即訓為不知言語；而《本地分・意地》中說❻：「愚夫長時矯飾藏護，執為己有，謂念我及我所而立有情乃至儒童之名，故說為意。」故其義為於法詞義開解而思，以克主一切智云❼：「講修玄談表相之修善。」〕而思擇之❽。

^語此處底本之文，有就ཤོ་ས_{音嗽瑪}二字間無音節點而解者[7]，有依ཤོ་ས_{音嗽瑪}二字間有音節點

之講規[8]，有二異說。然此箋註註法，是依後者。此復ནེད་དབྱེ་མོ་音謝頁嗽為智力廣博，མ་གཞིག་音瑪息為[9]莫思或莫作之意，故其意為「縱雖如是，亦莫思云於法智力廣博[10]」。亦有作མོམ་音松字者[11]，此派先輩諸師誦作མོམ་གཞིག་音松息，義為當思惟。吾師勝士則說為ཆོས་ལ་ནེད་དབྱེ་མོ་མ་གཞིག་གསུངས音確拉謝頁嗽瑪息松，義為說莫思於法智力廣博；ནེད་དབྱེ་མོ་音謝頁嗽為智力廣博，མ་གཞིག་音瑪息為莫思，蓋或謂「莫作、莫思於法智力廣博[12]」。

因此最低下限，也要透過善於了解自己的心續是否符合正法的慧力，使還不是智者的自己，對於法〔開啟欣慕成為智者的心意，亦即思惟而訓練心智，或是思惟而通曉文意之義。因為此處的「ནེད་」音謝即是指「意」，就如「意生」與「意我」的「意」一般。《翻譯名義集・分別證達》提到，「瑪拿薩」是「具意」，而「瑪努雜」是「意生」或是「儒童」本身。《語合二章》也同樣說是他本身，並說「瑪拿」是「意」的對字。由於劫初的人類愚昧無知，因此被取名為「有情」等；等到其心智開明，就被取名為「具意」乃至「儒童」，這是《施設論》與佛經中所說。《本地分》中說：「愚夫心智未開」，是解釋為不通語言。而《本地分・意地》則提到：「愚夫長時間矯情守護，據為己有，心想著『我』以及『我的』，因而取名為『有情』乃至『儒童』，所以是意。」所以是指思惟正法以通曉文意，因為一切智克主傑大師曾說：「講修空泛的詞語，行持表面的善行」。〕而思惟觀察。

這段內容在原書的版本文中，有一種是就「མོ་」音嗽與「མ་」音瑪之間沒有音節點而解釋，還有一種是就「མོ་」音嗽與「མ་」音瑪之間有音節點而解釋的說法。雖然有這兩種不一致的說法，但是此處加註的作法是根據後者。而其中「ནེད་དབྱེ་མོ་」音謝頁嗽是指心智廣博，「མ་གཞིག་」音瑪息是指「不要想」或是「不要當作」的意涵，因此是「即使如此，也不要當作在正法方面心智廣博」之義。也有人主張是「མོམ་」音松字，此派前輩上師們，是讀作「མོམ་གཞིག་」音松息，義為要思惟。我的殊勝上師則開示為：「ཆོས་ལ་ནེད་དབྱེ་མོ་མ་གཞིག་གསུངས」音確拉謝頁嗽瑪息松，義為說不要心想在正法方面心智廣博。其中「ནེད་དབྱེ་མོ་」音謝頁嗽是指心智廣博，「མ་གཞིག་」音瑪息是指不要心想，或許即是指不要心想，或不要當作在正法方面心智廣博。

[1]「⦿自實非智而希冀為智者之」 拉寺本作巴註。　[2]「《翻譯名義集‧分別證達》」 拉寺本作「《翻譯名義集‧分別觀察》」。　[3]「瑪拿薩」 拉寺本作「瑪拿」，哲霍本作「瑪內」，單註本作「瑪拿卡」。　[4]「意生」 果芒本原作「識生」(ཤེས་སྐྱེས)，拉寺本、單註本作「意生」(ཡིད་སྐྱེས)。按，此處為解釋「ཡིད་དཀྱེ」之「ཡིད」字，應以後者為是，故依拉寺等本改之。　[5]「『儒童』自身」 拉寺本、單註本作「儒童」。
[6]「《語合二章》亦說如是即其自身，及「瑪拿」為意之對字」 拉寺本、單註本作「《語合二章》亦如是說，且「瑪拿」為意對字之故」。　[7]「無音節點而解者」 拉寺本作「無費力而解者」。按，「費力」(ཚེགས) 為「音節點」(ཚེག) 之訛字。　[8]「有音節點之講規」 拉寺本作「有費力之講規」。按，「費力」(ཚེགས) 為「音節點」(ཚེག) 之訛字。　[9]「མ་གཞིག音瑪息為」 果芒本原作「མ་གཞིག音瑪息珍愛」，拉寺本、哲霍本作「མ་གཞིག音瑪息為」。按，此處「གཞིག」字應作思惟解，「གཞིག」字方有思惟意，「གཞི」應為訛字，果芒本音節點誤植，將「為」字誤作「珍愛」一詞，故依拉寺等本改之。
[10]「而思擇之⦿此處底本……智力廣博」 拉寺本作「而思語此處底本……智力廣博擇之」。　[11]「亦有作སོམ音松字者」 拉寺本作「作是解已」。按，語註明示二種解法，此處乃解「སོམ」字，不應缺「སོམ」字而作解釋，故疑拉寺本脫一「སོམ」字。
[12]「於法智力廣博」 哲霍本作「於法智力燦爛」，誤。

❶ **《翻譯名義集‧分別證達》** 雜部論典，又作《分別觀察》、《大品分別證達論》、《分解論》，尚無漢譯，非漢地所傳《翻譯名義集》。此論由諸多譯師共同討論後，制定統一的譯文，並且分門別類加上梵文音譯，使譯文統一，避免同詞異譯的問題，是藏傳譯師必備的工具書。

❷ **《語合二章》** 雜部論典，全名《合聲二卷》，又作《中品分別證達論》，共2卷，尚無漢譯。本論為藏王赤德松贊 (ཁྲི་ལྡེ་སྲོང་བཙན) 時期，欲翻譯的印度典籍中，有許多往昔赤松德贊王時沒有的佛法名詞，因此由藏王赤德松贊勸請印藏諸智者及譯師共同討論，制定法相名詞等相對譯文，以供後世譯師翻譯使用。

❸ **如是即其自身** 即指前文所說「『意生』或『儒童』自身」。

❹ **《施設論》** 此書是《世施設論》、《因施設論》、《業施設論》三本的總名，阿毗達磨部論典，大目犍連尊者著。除《因施設論》有宋法護等節譯《施設論》7卷，餘二尚無漢譯。《世施設論》闡述世間形成等道理；《因施設論》闡述輪王七寶因果的道理；《業施設論》闡述業因果的道理。

❺ **《本地分》中** 《本地分》查無此段，而在《經莊嚴論釋》中則有與此極為相似的段落。參見《丹珠爾》對勘本冊71，頁1358。

❻ **《本地分·意地》中說** 此段是取論文大意，非錄原文，相應段落參見唐玄奘大師譯《瑜伽師地論·本地分》：「愚夫長夜瑩飾藏護，執為己有計為我所，我及我所；又諸世間，依此假立種種名想，謂之有情、人與命者、生者、意生及儒童等，故名為意。」見《大正藏》冊30，頁294；《丹珠爾》對勘本冊72，頁756。

❼ **克主一切智云** 引文出自《具德三地頌》。《具德三地頌》，此為偈頌體的宗喀巴大師傳記祈請文，克主傑大師著，共34偈，尚無漢譯。克主一切智，宗喀巴大師主要心子之一（公元1385～1438），本名妙善祥賢（格勒貝桑，དགེ་ལེགས་དཔལ་བཟང་），又名克主傑、克珠傑、克主善說昊日、克主仁波切。大師誕生於後藏拉堆絳（ལ་སྟོད་བྱང་）的官宦世族，父名吉祥祥賢（བཀྲ་ཤིས་དཔལ་བཟང་），母名攜子佛母（བུ་འཛིན་རྒྱལ་མོ），育有三子，長子即克主傑大師，次子為巴梭法王（བ་སོ་ཆོས་རྗེ）。大師自幼就有著超勝同齡的慧力與行誼，有人傳說大師是克主·天王（མཁས་གྲུབ་ལྷ་དབང་བ）的轉世，從此便獲「克主」之名。7歲時，禮請持律上座大堪布獅幢（མཁན་ཆེན་སེངྒེ་རྒྱལ་མཚན）及賈瑪瓦·功德光（རྒྱ་མ་བ་ཡོན་ཏན་འོད）作親教師及羯磨阿闍黎，求得沙彌戒，法名妙善祥賢；聽聞戒律學處後，珍愛守護如眼珠一般。此外又從至尊仁達瓦大師（རེ་བ་བཏུན་རེད་མདའ་བ་ཞེན་པོ），透徹地聞習諸大經論；從上師正士福幢（བླ་མ་དམ་པ་བསོད་ནམས་རྒྱལ་མཚན）、道果師·智祥（ལམ་འབྲས་པ་ཡེ་ཤེས་དཔལ་བ）、班欽·拿薩瓦（བཱ༹ཙ་ཆེན་ན་བཟའ་བ）等三位上師聽聞無邊的密咒法類。16歲時，由於博東大班智達·尊勝諸方（བོ་དོང་བཙ་ཆེན་ཕྱོགས་ལས་རྣམ་རྒྱལ）破斥薩迦班智達（ས་སྐྱ་བཎྜི་ཏ）所造《量理藏論》，大師應薩迦諸位學者之請，前往昂仁（ངམ་རིངས）與博東大師論戰，以犀利的理路將其擊敗，博東大師對大師的慧力倍感欣喜，並寫下優美的讚詞；後《因明七論莊嚴除闇疏》即是根據當時辯

論的內容所作。20歲時，由至尊仁達瓦作親教師、克旺富慧 (མཁས་དབང་དཔལ་འབྱོར་ཤེས་རབ) 作羯磨師，受近圓律儀。23歲時，在仁達瓦大師的敦促及鼓勵下，前往色拉確頂 (སེ་ར་ཆོས་སྡིངས) 拜見宗喀巴大師，對大師持戒精嚴的宗風深生景仰。大師見克主傑為上根法器，當下傳授大威德金剛十三尊灌頂及眾多口訣，自此得大師慈悲攝受，獲得顯密法脈共與不共的圓滿教授。34歲時，宗喀巴大師示寂，此後尊者曾五次親見師顏聞法。43歲時，江孜第司堅穩普賢聖 (རྒྱལ་རྩེ་སྡེ་སྲིད་རབ་བརྟན་ཀུན་བཟང་འཕགས) 迎請大師與遍智絨敦師 (ཀུན་མཁྱེན་རོང་སྟོན་པ) 辯論，大師應邀前往江孜經堂祥輪法軍寺 (རྒྱལ་རྩེའི་གཙུག་ལག་ཁང་དཔལ་འཁོར་ཆོས་སྡེ)，遍智絨敦師卻設法迴避，大師將此情形貼於寺門後前往日窩檔尖 (རི་བོ་མདངས་ཅན) 弘法。47歲時，依第二任甘丹赤巴賈曹傑大師 (དགའ་ལྡན་ཁྲི་ཐོག་གཉིས་པ་རྒྱལ་ཚབ་རྗེ) 指示，繼任為第三任甘丹赤巴，接續弘傳顯密教法，並首度在宗喀巴大師的銀質靈塔上方建造金銅殿頂。大師在甘丹寺 (དགའ་ལྡན་དགོན) 建立五部大論學制，使寺院聞思之風大為興盛。各處寺院雖頻來迎請，大師堅辭不赴，長期駐錫甘丹寺，住持弘揚宗喀巴大師宗風，培育出眾多著名的弟子。擔任甘丹赤巴八年後示寂，世壽54歲。著有《宗喀巴大師傳·信心津梁》、《宗喀巴大師密傳·寶穗》、《釋量論大疏·正理大海》、《中觀大綱·開善緣眼》、《續部總建立論》、《密集生起次第·悉地海》、《喜金剛根本續廣釋》、《時輪無垢光釋大疏》等，共13函。主要弟子有：巴梭法王、祥雄巴·法自在稱 (ཞང་ཞུང་པ་ཆོས་དབང་གྲགས་པ)、第五任甘丹赤巴·覺慧法護 (བློ་གྲོས་ཆོས་སྐྱོང)。此篇祈請文先後由沙門勝賢 (མཚོག་བཟང་བ) 等多人，及善知識日藏 (དགེ་བའི་བཤེས་གཉེན་ཉི་མ་སྙིང་པོ) 勸請，而克主傑大師亦由對宗喀巴大師的殊勝信心所策動，遂寫下本文。此文為歷代格魯派大德所重視的名著，以易懂的方式略述宗喀巴大師的生平事蹟，最後祈求加持能夠生起道次第的證量，並發願生生世世得大師攝受。參見《東噶辭典》，頁438。引文見《克珠·格勒白桑文集》冊9，頁382（克珠·格勒白桑著，北京：中國藏學出版社，2014）。

❽ **故於最下亦當於法心意開解而思擇之**　法尊法師原譯作「故其極下，亦莫思為於法已解」，由於藏文標點的問題，此句解法差別很大。雖然有少數的藏文版本及註家，符順法尊法師的原譯，但依今所見絕大多數的藏文版本及註釋，皆解為「故於最下，亦當於法心意開解而思擇之」，故改譯。詳見箋註及說明。

辨故於最下，亦當於法心意開解而思擇之

《廣論》此句行文古奧，而且有不同的標點方式，所以歷來諸多祖師有不同的解釋方式。語王大師認為有兩種版本的斷句方式，而且採取第二種說法，解釋為「即使如此，也不要自認為在正法方面心智廣博」；妙音笑大師解釋為「最低下限也應思惟法而訓練心智，或是思惟法而通曉文義，進而思擇法」；夏日東活佛解釋為「最低下限，也應了解如何思惟而思惟觀察正法」；格爾帝提到，「心意開解而思擇之」，意為「不應像愚童不善名詞，應當通曉法的名詞而抉擇」；帕繃卡大師提到，「心意開解」指「了解如何思惟」，因此，如果將此句理解為「應了解如何思惟而思惟正法」，顯然比較容易理解。

總結上述的諸多解釋，藏文原文「心意開解」一詞，有如下幾種解釋方式：「訓練心智」、「通曉文義」、「心智廣博」、「了解如何思惟」、「通曉法的名詞」。藏文原文「思擇」一詞，語王大師提到有兩種版本，而且採取「不要當作」、「不要認為」的理解方式。其他的祖師都仍然按照現今《廣論》的版本，解釋為「思擇」、「思惟」。由於藏文標點的問題，此句的解法大相逕庭。

在上述多位祖師當中，唯獨語王大師的解法與法尊法師原譯相符，而《廣論》前文提到，比對正法時，如果與正法背道而馳，卻自認為是修行者、智者、大德中的頂尖，這是最下等的愚夫。宗喀巴大師在引述《集法句》之後提到，最低下限也不要自認為在正法方面心智廣博。從前後文的關聯性來看，語王大師的解法極為通順。

如果按照其他祖師的解法，或可理解為：比對正法時，如果與正法背道而馳，卻自認為是修行者、智者、大德中的頂尖，這是最下等的愚夫。因此，最低下限，也應了解如何思惟或通曉文義而思惟，否則很容易自認為是修行者、智者、大德中的頂尖，從而成為最下等的愚夫。

參見《夏日東文集》冊1，頁429。

師云：「格西朗巴所傳道次第云：『遇險難時，將法盡置餘處，又妄欲作虔信博達尊貴之

士，此即所謂❶：「若愚妄作智，是為愚中最」。最下亦應由衷自知我與正法不相符順，是則

為智者也。以經說❷：「若愚自知愚，執彼為智者。」謂容或可摧偽飾博達尊貴。又云：「愚夫

者，謂不解內義者也，吾等皆爾。」見與先輩諸師所說相順。』此註非比尋常[1]。」

上師說：「從格西朗巴傳下的道次第有提到：『發生危難時就將法全部放在一旁，卻又妄想成

為虔誠者、智者、大德與賢善之士，這就是所謂「愚夫而妄想是智者，那是愚笨到了極點。」所

以最低下限，也要由衷地曉得自己與正法不相符，如此才會成為智者。因為經典中說：「如果

有愚夫自知是愚夫，對此承認為實，便是智者。」這段話有可能摧毀矯飾為智者大德的假象。

又提到：「所謂愚夫，是對於法義心智尚未開化，我們都是如此。」看來這番話與前輩上師的

解釋相符。』這段話不是平凡的註解。」

[1]「師云……此註非比尋常」 各本皆未標作者。按，今依上下文及其文風暫定為
語註。

❶此即所謂　即前頁482註8，此處藏文與前引文藏文略有不同。

❷以經說　即前頁481註5，此處藏文與前引文藏文略有不同。

博朵瓦亦引《本生論》此文,而謂須當觀察相續❶,如云❷:
「^巴譬如虛空與地中隔遠,大海彼此岸亦遠,東西二山中尤遠,
^巴即如此喻,凡^巴夫心續與正法遠^巴隔於彼。」此說我等凡庸與法,二
者中間如彼諸喻,極相隔遠。此頌是婆羅門持善說之禮而來,
月菩薩供千兩金所受之法❸。^巴彼王子為蘇達薩子所說四偈中第四偈亦即
此[1]。朵壟巴❹亦云:「若是知觀擇^巴自心與法相不相順者,則其觀擇
之時❺,便如於險坡放擲線團,與法漸遠。」

博朵瓦大師也曾引述《本生傳》的這段內容,而主張必須檢視心續。他
提到經中說:「如同天空與大地之間相隔甚遠,大海的此岸與對岸也很
遙遠;東西兩方的山峰,較此相隔更加遙遠;與此喻相同,凡人的心續與正
法之間,又是較此更為遙遠。」如同這些比喻,我們凡人與正法之間有著
極大的距離。這個偈頌,是婆羅門帶來善說的贈禮,月菩薩獻上千兩之
後受取的正法。月王子對蘇達薩子宣說的四段偈頌中的第四段,也就是這個偈頌。堆隆
巴大師也曾說,如果一位懂得觀察自己的心續是否符合正法的人進行觀擇,
便會發現,就像在陡坡上丟下線球一般,距離正法越來越遙遠。

[1]「^巴彼王子……即此」 拉寺本無。

註　釋

❶ **博朵瓦亦引《本生論》此文而謂須當觀察相續**　法尊法師原譯作「又博朵瓦則引此《本生論》文觀察相續」，今據藏文改譯。

❷ **如云**　引文出自《本生論‧月王子本生》。見《丹珠爾》對勘本冊94，頁300。

❸ **此頌是婆羅門持善說之禮而來月菩薩供千兩金所受之法**　法尊法師原譯作「此頌是月菩薩從持善說婆羅門前，供千兩金，所受之法」，今據藏文改譯。

❹ **朵壟巴**　懂哦瓦的大弟子之一（約公元11世紀），藏語སྟོད་ལུང་པ音譯，又名堆隆巴，本名寶藏（རིན་ཆེན་སྙིང་པོ）。出生於色普區（གསེར་ཕུག）江瑪尖村（ལྗང་མ་ཅན），於穹波‧覺索（ཁྱུང་པོ་ཇོ་བསོད）座前出家。年少時即赴後藏等地，依止獅子羅睺羅（སེང་གེ་སྒྲ་གཅན་འཛིན）、卡汝瓦（མཁའ་རུ་བ）、大瑜伽師、袞巴瓦等大師，修學許多顯密經教。最後依止懂哦瓦大師七年，常以身、財、受用、修行供養，令大師歡喜攝受。曾助修堆隆贊卓寺（བཙན་གྲོ）的佛殿和佛像等，當為所鑄佛像開光時，出現許多瑞相。後於朗寺（ལམ་དགོན）示寂，世壽85歲。參見《師師相承傳》中文冊上，頁414；藏文冊上，頁461。

❺ **若是知觀擇者則其觀擇之時**　法尊法師原譯作「若有觀慧而正觀察」，今據藏文改譯。

第六[1]、如是思已，遮止惡行之理者：如《諦者品》云❶：「⁹佛喚大王！汝莫為殺生，ᵖᵃ何以故？以一切眾生極愛命，由是欲護長壽命，⁹非唯不親作殺生耳，意中，⁹謂從最初等起方散逸時，即永莫思殺生⁹謂當遮之。」謂十不善及如前說諸餘罪惡，發起意樂亦莫現行，ᵖᵃ於意樂或加行❷之時應修；ᵖᵃ於加行❸或正行之時應習；ᵍᵘ此二亦當於完結之時，應多ᵍᵘ數數思惟修習靜息之心❹。若未如是遮止惡行，雖非

所欲然須受苦，任赴何處不能脫故。

第七、現前迷於狀似安樂，終則遭受損害之理者：是故現前似少安樂，然果熟時，雖非所欲，淚流覆面^[2]而須忍受，如是之業是非應作；若受果時，能感受用無罪喜樂，如是之業是所應行。《集法句》云❺：「其因緣者，薄伽梵行至河畔，見一漁父殺害眾魚，遂問之曰：『漁父，汝有何事堪懼？』白云：『喬達摩，吾畏苦楚。』佛告之曰：『若爾，汝莫施苦於他！如是為者，不得安樂！』若汝怖畏苦，汝不愛樂苦，有不悅之心，於現或不現，莫作諸惡業。設先前已作惡業，或後時當作亦然，當受其苦果之際，汝雖自榻驚呼急起而逃，然不能脫其苦果。其因相者，任其居何處，無業不能至，非空非海內，亦非入山中❻。」又云❼：「諸昧取捨之少慧愚稚，於自身如怨敵而作損害，現行諸惡業，能感辛楚果。此極非理，故求善自身之智者，作何業能逼惱^[3]，淚覆面泣哭，須別別受無盡異熟^[4]，莫作此業則善^[5]。作何無逼惱，歡喜意欣悅，當別別受悅意異熟，作此業善哉。最初之因相者❽，於王舍城中，有一餓鬼來稟上座舍利子❾言：『聖者，我於昔時曾作王舍城商賈，由慳吝及種姓驕慢，行類餓鬼諸行，故生餓鬼之中。若能令我親眷，齋供佛陀等諸比丘僧伽，則為善妙』云云，乃至廣說，由是之故，薄伽梵云^[6]：自欲安樂故，似若成辦其事，繼而即掉舉放逸作惡業，此惡業異熟大苦，當哭泣領受。」

第六科、如此思惟之後，也要杜絕惡行的道理：如同《諦者品》中提到，佛陀喚道：「大王！你不要殺生，為什麼呢？由於一切生靈都極度愛惜生命，因此都想長久守護壽命，所以不但不能直接殺生，即使在內心深處，從最初動機剛散動的階段起也不要意圖殺生，應當要阻止。」對於十種不善，另外還有上述那些罪業，即使動機的心念都不應冒起，在心念或前行的階段全面依靠防護之心，在行動或正行時應當串習防護之心；這兩者在結行時，都應當反覆思惟，多次發起防護之心。如果不這麼杜絕惡行，即使不願意也必須承受痛苦，因為無論去到何處都無法脫離。

第七科、如果眼前被虛假的安樂所迷亂，最終會遭受損害的道理：所以眼前雖然稍顯安樂，但是果報成熟時會淚流滿面、即使不願意也要承受，這樣的業是不應該造作的。而那些在領受異熟時能夠受用無罪喜樂的業，應該要造作。《集法句》中記載這一段的緣由，是世尊走到河邊，看見一名漁夫在大量地殺魚，於是問道：「漁夫，有什麼事會令你害怕？」漁夫答道：「喬達摩，我害怕痛苦！」佛陀便告訴他：「那你就不要讓對方痛苦！那樣做將使自己永無安樂。」而說道：「你既然畏懼痛苦，你也有不喜愛痛苦、不悅意的心，那麼無論公開或私下，就不應該造作有罪的業。如果先前造下罪業，或者未來將要造作，一旦承受其苦果的時限來臨，縱使你從床上驚呼起身逃離，也無法從那痛苦果報中脫身。其原因是無論住在何處，沒有業不會侵入的地方，空中沒有，海裡也沒有。縱然躲進群山內部，也沒有這樣的處所。」又說道：「那些智慧低下、昧於取捨的愚夫，透過造下什麼業，對待自己如同仇敵一般進行損害；造下那樣的罪業，招來熾熱的果報，這是極端不合理的。所以希望善待自己的智者，如果造下什麼業將會悲痛憂苦，而且必須淚流滿面，哭著一一承受無窮盡的異熟，這些業還是不造為妙。造作什麼就不會憂苦，而且能歡欣安樂地一一承受悅意的異熟，這些業還是造作為妙。第一個的原因是，在王舍城，有一個餓鬼來到上座舍利弗面前說道：『聖者！過去我是王舍城中的商人，由於吝嗇、自恃種姓，以及做出類似餓鬼的行為，因而導致投生為餓鬼。如果能讓我的親友設齋供養佛陀等比丘僧

眾，那就太好了！」還說了許多。由於這件事，佛陀開示道：**自身為了追求安樂，而作出去**達成目的的樣子，接著卻**掉舉而且放逸地造下罪業，他將會流著淚承受這些罪業的眾多異熟**巨苦。」

[1]「^妙第六」 拉寺本、單註本作「^妙第六、如是思已，遮止惡行之理者」。按，拉寺等本與正文重複，乃妙註科文之體例，非衍文。　[2]「淚流覆面」 拉寺本作「獠牙覆面」。按，「獠牙」(མཆེ)為「淚」(མཆི་མ)之訛字。　[3]「作何^巴業能逼惱」 果芒本原作「作何^巴業而逼惱」，拉寺本、雪本、哲霍本、單註本、法尊法師原譯作「作何^巴業能逼惱」。　[4]「^巴無盡異熟」 拉寺本作「^巴殘暴異熟」。　[5]「莫作此業^巴則善」 哲霍本作「莫作此業^巴者善」。　[6]「^巴最初之因相者，^語於王舍城中……薄伽梵云」 拉寺本作「^巴最初之因相者，於王舍城中……薄伽梵云」。

❶ **如《諦者品》云** 引文劉宋求那跋陀羅譯《佛說菩薩行方便境界神通變化經》作：「亦莫枉斷眾生命，一切眾生愛壽命，慧者不應害眾生，愛護眾生如己身。」元魏菩提留支譯《大薩遮尼乾子所說經‧詣嚴熾王品》作：「一切諸眾生，無不愛壽命，王若求長生，不應行殺害。」見《大正藏》冊9，頁307、329；《甘珠爾》對勘本冊57，頁264。

❷ **加行** 此處「加行」是相對於下句巴註的「正行」，故應解為「前行」之義。

❸ **加行** 此處「加行」是相對於上句巴註的「意樂」，故應解為「行動」之義，亦即由意樂所發起的行動。

❹ **靜息之心** 藏文直譯為防護之心。

❺ **《集法句》云** 引文姚秦竺佛念譯《出曜經‧行品》作：「若人畏苦，亦不樂苦，勿造惡行，念尋變悔。」「至誠為惡，已作當作，不免於苦，欲避何益？」「非空非海中，非入山石間，莫能於此處，避免宿惡殃。」宋天息災譯《法集要頌經‧業品》作：「若人畏苦報，亦不樂行苦，勿造諸惡行，念尋生變悔。至誠

為諸惡，自作教他作，不免於苦報，欲避有何益？非空非海中，非入山石間，莫能於此處，避免宿惡殃。」見《大正藏》冊4，頁668、781；《丹珠爾》對勘本冊83，頁23。

❻山中　此詞藏文原意為山中的縫隙、山裡面，包括山洞等。如月格西解釋，此處指山體內部。連同上文則其義為：就算鑽進山裡頭，讓大山包住自己，也逃不過業力的法則。

❼又云　引文出自《集法句》。姚秦竺佛念譯《出曜經·行品》作：「凡人為惡，不能自覺，愚癡快意，後受欝毒。」「夫人行惡，還自熾然，啼泣流面，後受其報。」「吉人行德，相隨積增，甘心為之，福應自然。」「戲笑為惡，已作身行，號泣受報，隨行罪至。」見《大正藏》冊4，頁671；《丹珠爾》對勘本冊83，頁24。

❽最初之因相者　即前文提到「作何能逼惱，淚覆面泣哭，別別受異熟，莫作此業善」這一偈的原因。

❾舍利子　佛陀十大弟子之一（生卒年不詳），梵語Sāriputra（ཤཱ་རིའི་བུ），又名舍利弗、舍利弗多、舍利弗羅、舍利弗怛羅、舍利弗多羅、奢利富多羅、奢利弗多羅、奢唎補怛羅、設利弗呾羅、鶖鷺子、秋露子、鴝鵒子、迴鵒子。舍利子相貌端嚴，博通四吠陀及各種技藝，年幼時即能摧伏敵宗。與目犍連一同拜六師外道中之刪闍耶毗羅胝子（Sañjaya vairatīputra）出家學道，僅學七天即成為兩百五十人的導師。後見佛陀弟子馬勝比丘（Aśvajit），威儀庠序，對佛陀教法生起強大信心，隨即與目犍連各率弟子皈依佛陀。精進修學證得阿羅漢果，常隨世尊遊化各方國土教導眾生，成為智慧第一的上首弟子。舍利子尊者的事蹟，在經典中記載頗多，如《賢愚經·須達起精舍品》、《法華經·方便品》等等。最後不忍見佛滅度，較佛陀提早入滅，荼毗後之舍利在各地建塔供奉。參見《佛光大辭典》，頁4409。

又云❶：「惡業雖現前[1]㊓方造訖，非定如刀割，然㊓任何等善惡眾生，惡業當令㊓果報，於他世現起。㊓如何現起？㊐舍衛國中有四商主相結為友，一

者無信，二者無恥，三者行惡，四者極悋。彼等猶仍恆作是念：『我等何當成就天身，得增上生，享其圓滿！』如是思已，至大師前。為於此故，佛言：^巴眾生由其諸惡業^巴因，^巴須各受^巴粗暴辛楚異熟，是故^巴彼所引諸^巴惡趣眾生，^巴從此死歿，於他世〔了知，^巴謂現前起也。〕^巴又云：「由造惡業故，造者自殃其身者，譬如從鐵起銹^巴時，銹起^巴侵食其^巴原鐵，如是未^巴善觀^巴察取捨而作，由自^巴不善業令^巴造者自感惡趣^[2]。」

又說道：「雖然罪業不一定會在剛造下的短期內，就如同利刃切割，但是罪業將會使任何善惡眾生在來世顯現果報。會如何呈現？舍衛城有四名商主結交為友，第一位沒有信仰，第二位不知羞恥，第三位從事犯罪，第四位非常吝嗇。然而他們卻經常生起這樣的念頭：『有朝一日我們要修成天神，獲得善趣，享受天神的富樂圓滿。』他們來到佛陀面前，佛陀為此而說道：眾生由於罪業之因，將來必須在何處分別承受那些罪業導致的粗暴而熾熱的異熟。從今生死去之後，這樣的業會使其所招引的惡趣眾生，在來世〔了知，是指現前。〕。又提到：「由於造下罪業，造者將會自食惡果，就像從鐵產生鐵鏽時，生起的鐵鏽卻會侵蝕原來的鐵本身；同樣地，由於不善加觀察取捨而造下自身的不善業，導致造者自己步向惡趣。」

[1]「又云：惡業雖現前」 拉寺本作「又云：^巴從此歿已，世間惡業雖現前」。按，巴註於此文義不通，似應配合下文作「^巴從此歿已，於他世^巴間現起」。　　[2]「^巴造者自感惡趣」 拉寺本作「^巴造者自招感惡趣」。

❶又云 引文出自《集法句》。引文姚秦竺佛念譯《出曜經‧行品》作：「惡不即時，如彼利劍，不慮後世，當受其報。」「惡為惡所纏，為惡不自覺，至惡知惡至，受惡惡根原。」「如鐵生垢，反食其身，惡生於心，還自壞形。」宋天息災譯《法集要頌經‧業品》作：「惡不即時受，如彼鋒利劍，不慮於後世，當受其苦報。惡為惡所縛，為惡不自覺，至惡知惡至，受惡惡根源。如鐵生翳垢，反食其自身，惡生於自心，還當壞其體。」典故參見《丹珠爾》對勘本冊83，頁453。引文見《大正藏》冊4，頁671、782；《丹珠爾》對勘本冊83，頁24。

●第八、應如先輩正士所說而行❶：康壟巴❷謂樸窮瓦云：「●我等善知識●敦巴說唯有業果，是極緊要，現今●一切智者於之講說聽聞修習，皆非貴重❸，我念蓋唯獨此極難修持❹。」樸窮瓦亦云：「實爾。」又●格西敦巴云：「●喚曰覺窩瓦❺，心莫寬大，此緣起微細。」樸窮瓦云：「我至老時，契合●符順開示業果之《賢愚❻●經》。」霞惹瓦云：「隨有何過，佛不歸咎[1]是方所惡、宅舍所感，皆說是由作如此業，於此中生❼，●而說一切過失皆歸自所造業[2]。」

第八科、應當依照前輩殊勝士夫的說法而作：康隆巴大師曾對樸穹瓦大師說：「我們的善知識敦巴曾說，只有業果是最重要的。現今所有智者

都以為對此講聞修持沒有價值，我想也許只有這件事難以修持。」樸窮瓦大師也答道：「確實如此。」格西敦巴曾喚道：「覺窩瓦！別太過大膽，這緣起是很微細的。」樸窮瓦大師說：「我到老年時，契合、符順了開示業果的《賢愚經》。」霞惹瓦大師則說：「無論發生任何過失，佛陀從未歸咎於是環境惡劣以及修建房舍所致，始終都說是因為造了這樣的業，所以在這裡發生此事。而說所有的過失都歸於自己所造的業。」

[1]「佛不歸咎」 果芒本原作「佛不越咎」，拉寺本、哲霍本、單註本作「佛不歸咎」。按，「不越咎」（ལེ་ལག་མ་བདས）為「不歸咎」（ལེ་ལག་མ་བདས）之訛字。 [2]「⑫而說一切過失皆歸自所造業」 拉寺本作「⑫而說一切過失皆名自所造業」。

❶ 第八應如先輩正士所說而行 即前頁473「如先輩正士所言應理」一科。

❷ 康壟巴 種敦巴尊者的居士弟子（公元1025～1115），藏語ཁམས་ལུང་པ音譯，本名釋迦功德（釋迦雲丹・ཤཀྱ་ཡོན་ཏན），又名格西康隆巴。生於澎玉雍瓦（འཕན་ཡུལ་ཡུང་བ）的崗氏家族。年少時學習經論，曾說：「我在拉薩（ལྷ་ས）、聶塘（སྙེ་ཐང），不是以牛馬的方式度過人生。」在聶塘時值遇阿底峽尊者，之後在熱振寺長期依止種敦巴尊者，而成為大眾普遍傳稱的四昆仲之一。大師在其住世的九十年間，以樹立實修的法幢，感召千人之多一起共修菩提心，以此利益眾生、弘揚教法！之後91歲於康隆示寂。大師著有《八座修法》。參見《師師相承傳》中文冊上，頁283；藏文冊上，頁341。

❸ 皆非貴重 夏日東活佛認為此句意指「沒有時間修持」。參見《夏日東文集》冊1，頁433。

❹ 我念蓋唯獨此極難修持 法尊法師原譯作「我念唯此極難修持」，今據藏文改譯。

❺ 覺窩瓦 藏語音譯，此是對人的尊稱，猶言大德、尊者等。

❻ **契合《賢愚》** 法尊法師原譯作「依附《賢愚》」。阿嘉永津、慧海大師、善慧摩尼大師與夏日東活佛認為，此句意指對業果的取捨行持已經合乎《賢愚經》。猶不逾矩之義，故改譯。參見《阿嘉雍曾文集》冊上，頁83；《洛桑諾布文集》冊2，頁519；《夏日東文集》冊1，頁433；《廣論講授筆記》，頁39。

❼ **隨有何過佛不歸咎是方所惡宅舍所感皆說是由作如此業於此中生** 慧海大師解釋，如果請問佛陀自身出現過失的原因時，佛陀不會回答：「因為你今年去了不應該去的地方，或者今年翻修了不應該翻修的房舍。」而是答道：「這完全是由於業果。」善慧摩尼大師提到，是方所惡，指自己所前往的處所方位惡劣；宅舍所感，指翻修房舍。法尊法師原譯作「佛不報怨」，今據藏文改譯。參見《洛桑諾布文集》冊2，頁519；《廣論講授筆記》，頁39。

第二、特以四力淨修道理者，^妙分八：^一勿不思惟而置之，當依大悲大師所說，以種種方便淨治；^二還淨墮罪；^三以四力還淨罪惡；^四淨除之理並及斷諍；^五勵力於初即不沾染之理；^六須當修持之喻；^七須如所知不放逸而修持；^八**讚為正見，教令珍愛業果。今初**：如是勵力，雖欲令其惡行不染，然由放逸、煩惱盛等增上力故，設有所犯，亦定不可不思放置，須勵力修大悲大師所說還出方便。^妙**第二者**：此復墮罪還出之理，應如三種律儀別說而行❶。

第二科、以四力淨化的道理，分為八科：^一不應毫不考慮就置之不

理，而是應當依循大悲導師的言教，以各種方法淨化；二、還淨墮罪；三、以四力還淨惡業；四、淨化的道理，以及斷除詰難；五、致力於一開始就不要沾染的道理；六、必須修持的比喻；七、必須隨所了知而不放逸地修持；八、讚歎為正見，並且教誡要珍視業果。第一科：如上所述，雖然致力於不被惡行沾染，但是如果由於放逸以及煩惱過多等因素，以致發生過失，則不可毫不考慮就置之不理，必須致力於大悲導師所開示的那些還淨方法。第二科：而還淨墮罪的方法，則應依照三種律儀中各別宣說的作法去實踐。

❶ 應如三種律儀別說而行　法尊法師原譯作「應如三種律儀別說」，今據藏文補譯。三種律儀，指別解脫律儀、菩薩律儀與密乘律儀。

^鈔第三分二：一、略示；二、別別廣說四力。今初：諸惡還出者，應由四力，《開示四法經》云❶：「^巴佛喚慈氏❷！若諸^巴緣於究竟自利無上菩提之菩薩^巴緣於究竟他利之摩訶薩成就四法，則能映覆諸惡已作增長。何等為四？謂遍行破壞、遍行對治❸、遮止罪惡，及依止力。」作已增長業者，是順定受，若能映❹此，況不定業。^語先輩諸師將此四力攝之為二，謂：「斷除已生罪惡及未生者令不生。初中分二：謂生憂悔及生對治。初者即破壞力；次分生起總體對治及別生殊勝對治。初者，遍行對治力也；次者，依止力也。第二、罪惡未生令不生者，謂遮止罪惡力。此復破壞力能截罪惡增長餘勢[1]，遍行對治力則令罪惡衰損，遮止罪惡力拔除罪根，依止力救拔罪惡苦果。」

第三科分為二科：⼀概略說明；⼆分別詳細闡述四力。第一科：還淨惡業要透過四力，因為在《開示四法經》中說，佛陀喚道：「慈氏！緣著究竟的自利——無上菩提的菩薩、緣著究竟的他利的摩訶薩，如果具備四種條件，就能遮蔽造作而增長的惡業。哪四種？就是遍行破壞、遍行對治、遮止罪惡，以及依止力。」造作而增長的業是必定會領受的業，因此若連這種業也能遮蔽，更何況是不定的業。前輩上師們將這四力歸納為兩項而提出：「消除已經生起的惡業，以及使尚未生起的不要生起。第一項分為兩項：生起悔意、生起對治，前者便是破壞力。後者可分為生起總體的對治與另外生起特殊的對治，前者即是遍行對治力，後者則是依止力。第二、使尚未生起的惡業不要生起，便是遮止罪惡力。其中，破壞力會阻斷惡業滋長的趨勢；遍行對治力會削弱惡業；遮止罪惡力會從根剷除惡業；依止力則會救離惡業的苦果。」

[1]「謂：斷除已生罪惡……謂遮止罪惡力。此復破壞力能截罪惡增長餘勢」 拉寺本作「謂：斷除已生罪惡，及未生者遮止罪惡力令不生。初中又分：生起憂悔，及破壞力生對治。次謂生起總體遍行對治力，及別生殊勝對治。此中依止力此復破壞力能截罪惡增長餘勢」。按，拉寺本不若果芒本次第井然不生旁解。其中拉寺本「生起憂悔，及破壞力生對治」，破壞力似解作生對治，然依下文「此中初力者，謂於往昔無始所作諸不善業，多起追悔」，破壞力應解作生起憂悔。故此處拉寺本「初中又分：生起憂悔，及破壞力生對治」應作「初中又分：破壞力生起憂悔，及生對治」；又「別生殊勝對治。此中依止力此復破壞力能截罪惡增長餘勢」亦不通順，應如果芒本作「別生殊勝對治，此乃依止力。此復破壞力能截罪惡增長餘勢」。

❶ **《開示四法經》云** 《開示四法經》，經集部經典，全名《聖說四法大乘
經》，共1卷，尚無漢譯。此經主要闡述如何以四力懺悔淨罪的道理。引文見
《甘珠爾》對勘本冊66，頁163。

❷ **慈氏** 繼釋尊後賢劫第五尊佛，梵語Maitreyaḥ義譯，又名至尊彌勒、紹繼能
仁、阿逸多（Ajita）等。《賢愚經·波婆離品》及《彌勒上生經》中記載，佛世時
至尊彌勒投生為波羅奈國輔相的兒子，具三十二相，才智殊特。其餘經中也宣
說許多彌勒菩薩本生故事及當來下生時的授記。又於《悲華經》中說，此娑婆
世界住劫時，寶藏如來授記寶海梵志的一千門徒，於賢劫時成佛，各個門徒
也都發願將來成佛時想要攝受的剎土，唯留人壽百歲和八萬歲兩個時段，未
得攝受。寶海梵志即發願攝受百歲有情，而其一千門徒中的第五位名為無垢
光，則發願攝受八萬歲有情，此即是彌勒菩薩前生。而於未來世人壽十歲時，
人皆相互鬥爭受苦，菩薩化生於世，教導眾人修習忍辱，由此人壽漸增，乃至
人壽八萬歲時，菩薩降生，由睹世間無常，出家修道，成正等覺，度化眾生六萬
年而示現涅槃。彌勒佛三轉法輪時，所化機皆曾於釋迦佛教法中持戒、布
施、造塔等等。又慈氏的由來為，菩薩往昔在寶傘如來出世時出家，名慧堅比
丘。凡是見到菩薩的面貌、聽到菩薩談話，甚至居住在菩薩曾經走過的地方，
都會生起慈心三摩地。因此寶傘如來及十方一切剎土的菩薩都稱他為「慈
氏」，直至成佛之間，皆號此名。另外於《一切智光明仙人慈心因緣不食肉
經》中說，無量劫前於同名為彌勒的佛前，聞慈心教法發心修行，願成佛時亦
號彌勒，於是上山修行，後因饑荒數日未食，釋尊往昔所化兔王因此布施身肉
供養，而發願一切生中不食眾生肉。彌勒菩薩的造像，藏系為雙足下垂坐姿，
表示當降世間成佛，又因於釋迦世尊證空性後，依釋尊為師，常觀師住頂上，
故頂上有菩提塔；另外漢系常見則是大腹笑容，背著布袋。相傳為五代時，一
位自稱契此的布袋和尚，為彌勒菩薩化生，因此成為漢系彌勒佛像的由來。菩
薩現居兜率內院，著有慈氏五論：《現觀莊嚴論》、《經莊嚴論》、《辨中邊
論》、《辨法法性論》、《寶性論》流傳世間。參見《大正藏》冊3，頁200、457；
冊4，頁432；冊14，頁50、59、418；《師師相承傳》中文冊上，頁72；藏文冊上，

頁105。

❸ **遍行破壞遍行對治** 如月格西解為從各種角度破壞、從各種角度行持對治。

　　法尊法師原譯作「能破壞現行、對治現行」，今據藏文改譯。

❹ **映** 本義有日光照射之義，此處引申為遮蔽、隱蔽、壓伏。

🅢第二分四：第一、修持破壞力之理[1]：此中初力者，謂於🅔往昔❶無始所作諸不善業，多起追悔，欲生此者，須多修習感🅔不善之異熟、🅔等流、增上等三果道理。修持之時，應由《勝金光明懺》，🅔此亦有宗喀巴大師所編著本❷，及《三十五佛懺》❸二種悔除。

　　第二科分為四科：第一科、修持破壞力的方法：其中第一力，是要多多追悔先前從無始以來造下的不善業。而要生起悔心，就必須修持不善的異熟等，包含等流與增上的三種果報生起的道理。行持的時候，要依照《勝金光明懺》──這也有宗喀巴大師親自編輯的版本──與《三十五佛懺》這兩者而作。

（校勘圖示）

[1]「🅢第二分四……破壞力之理」 拉寺本無。

註 釋

❶ **往昔** 此詞原為箋註，法尊法師將其譯入正文，今據藏文改回。

❷ **《勝金光明懺》此亦有宗喀巴大師所編著本** 《勝金光明懺》，出自《金光明經·懺悔品》。《金光明經》，續部經典，全名《聖金光明勝經帝王大乘經》，共5卷，21品。漢譯本有北涼曇無讖譯《金光明經》4卷；隋寶貴譯《合部金光明經》8卷；唐義淨大師譯《金光明最勝王經》10卷，共三種。此段經文為佛在王舍城，妙幢菩薩夢見金鼓自然發出懺悔相關的法語，隔日菩薩將所聽到的法音啟白佛陀。修持此懺罪法的效益，北涼曇無讖譯《金光明經》中提到：「我當為是，諸眾生等，演說微妙，甚深悔法，所謂金光，滅除諸惡。千劫所作，極重惡業，若能至心，一懺悔者，如是眾罪，悉皆滅盡。我今已說，懺悔之法，是金光明，清淨微妙，速能滅除，一切業障。」唐義淨大師譯《金光明最勝王經》云：「我為諸含識，演說甚深經，最勝金光明，能除諸惡業。若人百千劫，造諸極重罪，暫時能發露，眾惡盡消除。依此金光明，作如是懺悔，由斯能速盡，一切諸苦業。」相傳宗喀巴大師所輯《勝金光明懺》，為大師應富賢（དཔལ་འབྱོར་བཟང་པོ་）所請，寫於彌勒寺。此文係以寂天菩薩《集學論》所述四對治力為綱要，綜集其他經論內涵，編排為懺悔的儀軌。但大師並未將其命名為《勝金光明懺》，疑為其將《金光明經》懺悔偈作為破壞力之念誦內容而得名。參見《大正藏》冊16，頁337、366、411；冊32，頁107；《丹珠爾》對勘本冊64，頁1219；《甘珠爾》對勘本冊89，頁137、510；冊90，頁17；《宗喀巴文集》冊2，頁499。

❸ **《三十五佛懺》** 《三十五佛懺》，依三十五佛而修的懺悔法，又名《墮懺》、《菩提墮懺》、《三聚經》。漢譯本有唐菩提流志譯《大寶積經·優波離會》1卷；西晉敦煌三藏譯《佛說決定毗尼經》1卷；唐不空三藏譯《佛說三十五佛名禮贊文》1卷；宋法護等譯《大乘集菩薩學論》25卷，共四種。此懺悔法的因緣為，佛為舍利弗尊者抉擇菩薩犯罪輕重時，對於犯五無間等重罪的菩薩，宣說以皈依三十五尊佛而懺悔罪業的方法。修持此法的利益，唐菩提流志譯《大寶積經·優波離會》提到：「是諸菩薩所有善根勇猛之力，依出離智，淨諸罪垢，遠離憂悔，得見諸佛及得三昧，亦復如是。如斯罪障，非諸凡夫聲聞緣覺

所能除滅；菩薩若能稱彼佛名，晝夜常行是三種法，能滅諸罪、遠離憂悔、得諸三昧。」唐不空三藏譯《佛說三十五佛名禮懺文》也提到：「又此三十五佛名並懺悔法，出《烏波離所問經》，能淨業障重罪，現生所求禪定、解脫，及諸地位皆能滿足。五天竺國修行大乘人，常於六時禮懺不闕，功德廣多，文煩不能盡錄，但依天竺所行者略記之，餘如本經所述也。」不僅是印度大乘行者，宗喀巴大師等許多藏地大德均奉此法為主要的淨障法門。參見《大正藏》冊11，頁515；冊12，頁38、42；冊32，頁108；《丹珠爾》對勘本冊64，頁1230；《甘珠爾》對勘本冊43，頁336。

^妙**第二^[1]、第二^妙遍行對治力^[2]中，分六：^妙第一、依止甚深經者**：謂於《般若波羅蜜多》等契經文句，受取、執持^巴義理、讀誦^巴經卷，通利一切文義二者等❶。^語或云：「經說❷吉祥施比丘於托缽時，因其顏貌端正，又復愛戀一商主女，遂與共住，而殺商主。後起憂悔，文殊引之至於佛前淨除罪惡，佛令觀察造作墮罪之心^[3]，見心真實❸，而淨墮罪，得無生法忍。」^妙**第二、勝解空性者**：謂^巴以聞思修三趣入^巴人法無我^巴自性光明^[4]❹法性^巴空性，^巴如云❺：「心自性光明，諸垢為客塵❻。」信解❼本來^巴自性清淨。^巴證達罪惡三輪無自性❽者，是為最勝淨罪，如云❾：「薄福於此法，猶豫且不生，縱唯起猶豫，亦能壞三有^[5]。」

　　第二科、第二遍行對治力，分為六項：第一科、依靠甚深經典：是指對於《般若波羅蜜多》等經，受取經文、執持義理、讀誦經本，以及完全通曉

文詞義理二者等。有人說：「經中說有一位名為吉祥施的比丘相貌俊美，托缽時貪愛一位商主的女兒，與她同宿，並且殺害了商主。之後心生懊悔，於是文殊菩薩帶領他到佛前淨化惡業。佛陀要他觀察造墮罪的心，他由於見到了內心的實性而淨除墮罪，獲得無生法忍。」**第二科、勝解空性**：是指以聞思修，深入補特伽羅與法**無我**而自性光明的性空法性，如同有言：「心的自性為光明，那些汙垢是暫時的。」並且深信本來自性**清淨**。證達惡業三輪無自性，是最殊勝的淨化惡業，如同有言：「福德微薄的人，對於此法連懷疑都不會產生；而即使只生起懷疑，也會讓三有朽壞。」

[1]「^妙第二」 拉寺本、單註本無。　[2]「^妙遍行對治力」 拉寺本作語註。
[3]「佛令觀察造作墮罪之心」 拉寺本作「佛令觀察淨罪之心」。　[4]「^巴自性光明」 果芒本原作「^巴自他光明」，拉寺本、雪本、哲霍本作「^巴自性光明」。按，下文引用《釋量論》「心自性光明」，故此處光明亦應解為自性之光明，非自他光明。故依拉寺等本改之。　[5]「^巴證達罪惡……亦能壞三有」 拉寺本作妙註。

❶ **謂於《般若波羅蜜多》等契經文句受持讀誦等**　《般若波羅蜜多》，般若部經典，分廣、中、略三種，各別是《大般若經十萬頌》、《大般若經兩萬五千頌》，以及《大般若經八千頌》等。漢譯本有唐玄奘大師譯《大般若波羅蜜多經》第一會至第十六會；姚秦鳩摩羅什大師譯《摩訶般若波羅蜜經》等諸多譯本。佛陀成道後一年在靈鷲山開演般若法義，主要闡述空性的道理及現觀八事七十義的內容，為五大論中《現觀》與《中觀》所依據的教典，也是佛陀所宣說的八萬四千法蘊中最為重要的經典之一。法尊法師原譯作「謂受持讀誦《般若波羅蜜多》等契經文句」，為配合箋註，故改譯。

❷ **經說**　典故出自《聖淨障大乘經》。《聖淨障大乘經》，經集部經典，又名《聖障清淨大乘經》，共1卷。漢譯本有佚名者譯《佛說淨業障經》1卷。經查《聖淨障大乘經》，世尊在毗舍離菴羅樹園，有無垢光比丘入城乞食，被一婬女下咒

而破戒，生大憂悔，由文殊菩薩引見世尊啟白此事，佛令比丘觀察造罪時的心念，並為他宣說空性的法義，無垢光聽後心開意解，發菩提心，並得到未來成佛的授記。世尊又說久遠劫前，有一位勇施比丘被一長者女計誘行婬，又毒殺她的丈夫，於是生大憂悔，幸遇救怖菩薩以神通化現無量諸佛演說空性偈語，因此證得無生法忍。當時救怖菩薩即是彌勒菩薩；勇施比丘早已成佛，名寶月如來。此處語註所引情節與經文不甚相同，疑是所依據的經典版本不同所致。參見《大正藏》冊24，頁1098；《甘珠爾》對勘本冊62，頁781。

❸ **見心真實** 見到心的實性，也就是了悟心上的空性。

❹ **光明** 善慧摩尼大師提到，空性是境界光明，通達空性的心是有境光明。參見《洛桑諾布文集》冊2，頁524。

❺ **如云** 引文出自《釋量論·成量品第二》。《釋量論》，因明部論典、七部量論之一，共4品，法稱論師造。漢譯本有法尊法師譯《釋量論》。師為二勝六莊嚴之一，生於7世紀的印度南方。許多密續授記其為普賢菩薩（Samantabhadra）化身，所著釋論，皆能無倒闡述佛語密意。其父為外道婆羅門。論師自幼聰敏，嫻習工巧、醫方、聲明及吠陀等外道宗義。18歲時，已通達一切外道宗義，深受諸外道婆羅門喜愛。後來有機緣聽到少許佛經，即覺察外道論典有諸多非理之處，於是對佛教深生信解，前往依止法護論師（Dharmapāla）出家精研三藏；又從善達《集量論》的自在軍論師聽聞三次《集量論》，首次即完全通曉自在軍的密意，第二次則通曉《集量論》作者陳那菩薩的密意，第三次又進一步發現自在軍論師承許有誤之處，並啟白論師，論師大喜，指示師造《量論》的解釋。之後，師欲破除外道宗義，聽說婆羅門鳩摩羅梨羅（Kumārila）善達外道典籍，然而他的隱密詞語非妻兒不傳，於是佯裝奴僕，勤作家務，深得婆羅門的妻子信任，得以請問宗義要處，因此徹底了解外道宗義。後來在王宮與鳩摩羅梨羅辯論，以正理廣破其宗，令其信奉內道。復有商羯羅外道於鹿野苑與師辯論負敗，投恆河自殺。隔年投生為其徒之子，十六年後又與師論戰，負敗後再度投河。又再轉世，十二年後與年邁的法稱論師再戰，師又勝出，終於令其皈信佛教。師於華嚴王護持下，著作七部量論。窮盡畢生之力，唯求復興聖教，經其勸發而皈依佛教的僧俗將近十萬之多。最後在迦陵伽（Kaliṅga）建一寺院，廣宣正法，令諸眾生得入善道。在種種瑞相中示寂，荼毗時，天降花

雨，充滿妙香樂音，七日乃止。著名弟子有天王慧（Devendrabuddhi）等。此論為《集量論》的釋論，主要闡述因明、人法無我見及菩薩廣大行的內涵，為因明學的代表著作。後世印藏智者註釋甚多，亦是格魯三大寺必讀的典籍之一，也被許多學者廣為研究。引文法尊法師譯《釋量論》作：「心自性光明，諸垢是客塵。」參見《善慧密意莊嚴叢書》冊50，頁37（善慧忍等著，印度：洛色林知識協會，2000）。引文見《釋量論略解》，頁156（法稱論師著，法尊法師譯，瀋陽：中國人民大學國際佛學研究中心，2012）；《丹珠爾》對勘本冊97，頁519。

❻客塵 藏文此詞原為忽然生起、新加之意，後用以指煩惱障與所知障二障。二障本非心性固有，故稱為客；又因二障能染汙心性，猶如塵埃染汙萬物，故稱為塵。

❼信解 法尊法師原譯作「深極忍可」，今據藏文改譯。

❽證達罪惡三輪無自性 指證得造罪的人、所造的罪、造罪的對象三者都是無諦實。

❾如云 引文出自《四百論》。法尊法師譯《中觀四百論》作：「薄福於此法，都不生疑惑，若誰略生疑，亦能壞三有。」夏日東活佛解釋，此處的猶豫指合理猶豫。賈曹傑大師在此解釋到，如果有人對空性能生起「可能是無自性」的猶豫，也能壞滅三有，因為能略略思惟諸法的實相。有懷疑就定有希求，就能以教理現證正見，斷盡煩惱即得解脫。參見《四百論解》，頁161；《夏日東文集》冊1，頁437。引文見《四百論解》，頁161；《丹珠爾》對勘本冊57，頁800。

㊗第三、依念誦，㊗分二：一`乃至出淨罪相之間應當行之，以及清淨之喻；二`相徵。初者[1]：謂如㊦各自典籍中所出儀軌念誦《百字咒》[2]❶等諸殊勝陀羅尼❷。《妙臂請問經》云❸：「㊦譬如春㊦時林㊤間火猛燄熾，無㊦刻意勵遍燒諸㊦草木等蓊鬱❹，戒㊦之風吹燃念誦㊦甚深陀羅尼咒等火，㊦以大精進㊦猛動之燄燒諸惡。」㊦又

云：「復次，猶如日光炙冰雪❺，不耐赫熾❻而消溶，若以戒日ᴮᴬ為依本之[3]念誦光，炙照惡雪亦當ᴮᴬ速盡。」ᴮᴬ又云：「復次，譬如黑暗中燃燈光，能遣黑闇罄無餘，千生增長諸惡闇，以念誦燈能速除。」ᴸᴬ數數宣說此等定需戒律，於之引生定解，至為切要。此復乃至見淨罪相應當念誦。ᴹ第二、相者[4]❼：《準提陀羅尼》說❽：若於夢中夢吐惡食、飲酪乳等及吐酪等ᴮᴬ二者，見ᴮᴬ現出日月、遊行虛空，見ᴸᴬ身或衣[5]火熾然、制伏水牛以及黑人❾，見比丘僧、比丘尼僧，昇ᴮᴬ紅白旃檀、龍腦樹❿、結實蓮莖、出乳樹⓫、象及牛王、山、獅子座及微妙宮，聽聞說法⓬。ᴸᴬ師云：主要當以煩惱轉微，增長信與信解上師三寶正法，心愈趣於正法，是真實相。若以夢等，則有欺誑之虞，貝哈爾王亦有廣大神變[6]⓭。

第三科、依靠唸誦，分為二科：⎺修持直到出現罪惡淨除的徵兆，以及淨除的比喻；⎺徵兆。第一科：是指依照各部典籍所記載的儀軌，唸誦《百字咒》等殊勝陀羅尼。《妙臂請問經》中說：「就像春季森林中的大火，熾烈的火焰不須刻意努力，就將枝繁葉茂的草木等植物悉數燒盡。同樣地，以戒律之風點燃唸誦甚深陀羅尼咒等之火，強大的精進猛烈刮起的火焰燒盡罪惡。」又說道：「另外，就如同積雪受到日光的灼曬，無法堪耐其熱力而消融一般，透過戒日之光作為基礎的唸誦曝照，罪惡的積雪也會迅速消融。」又說道：「另外，如同在一片漆黑中點起火炬，就能徹底消除黑暗；同樣地，累積千生的罪惡黑暗，用唸誦的火炬就能迅速消除。」一再提及這些都需要戒律，對此引生確切的認知非常重要。直到看見罪惡淨除的徵兆之前，都應

當唸誦。第二科、徵兆：在《準提陀羅尼》中提到：睡夢中夢到嘔吐出惡劣的食物，喝下或者吐出酪乳、乳汁等兩種，以及看見日月升起、在空中行走、身體或衣服燃起火焰、制伏水牛與黑人、看見比丘與比丘尼僧眾，以及夢見攀上紅白栴檀樹、龍腦樹、帶籽蓮莖、能流出樹汁的樹、大象、牛王。還有登上山峰、獅子法座、殊妙宮殿，以及聽法。上師說：最主要的是煩惱減輕，增長對上師三寶與正法的信心與信解，內心更加趨近於正法，才是真實的徵兆。夢境等則會有被騙的危險，貝哈爾王也是神通廣大。

[1]「^妙第三、依念誦，分二：˙一乃至出淨罪相之間應當行之，以及清淨之喻；˙二相徵。初者」 拉寺本作「^妙第三、念誦，分二：˙一乃至出淨罪相之間應當行之，以及清淨之喻；˙二相徵。初者：依念誦者」。　[2]「謂如^巴各自典籍中所出儀軌念誦《百字咒》」 果芒本原作「謂如各自典籍中所出儀軌念誦《百字咒》」，並作小註謂雪本《廣論》無「各自典籍中所出」，拉寺本、哲霍本作「謂如^巴各自典籍中所出儀軌念誦《百字咒》」，單註本作「謂如儀軌念誦《百字咒》」。按，「各自典籍中所出」果芒本校者疑非正文，今查諸本此文明非《廣論》正文，乃果芒本誤植，應如拉寺等本作巴註。故依而改之。　[3]「^巴為依本之」 原果芒本未標作者，拉寺本、哲霍本作「^巴為依本之」，今依拉寺等本補之。　[4]「相者」 果芒本原作「夜者」，拉寺本、哲霍本、單註本、法尊法師原譯皆作「相者」。按，下文乃引《準提陀羅尼》說明淨罪諸相，倘云夜夢中見諸相，亦不須云夜者，夢中如何如何。「夜者」（མཚན་མོ་ནི）應為「相者」（མཚན་མ་ནི）之訛字，故仍依法尊法師原譯。　[5]「^語身或衣」 原果芒本未標作者，拉寺本作語註，今依拉寺本補之。　[6]「^語師云：主要當以煩惱轉微，增長信與信解上師三寶正法，心愈趣於正法，是真實相。若以夢等，則有欺誑之虞，貝哈爾王亦有廣大神變」 拉寺本作「^語師云：主要當以煩惱轉微，增長信與信解上師三寶正法，心愈趣於正法，是真實相。若以夢等，則有欺誑之虞，舞蹈亦有廣大神變」，哲霍本作「^語師云：主要當以煩惱轉微，增長信與信解上師三寶正法，心愈趣於正法，是真實相。若以夢等，則有欺誑之虞，誇言亦有廣大神變」，皆誤。

❶《百字咒》　　淨治罪障強而有力的殊勝陀羅尼,因其字數約為一百,故稱「百字」,又名《百字明》。此咒主要可分為《金剛薩埵百字明》與《如來百字明》兩種。《金剛薩埵百字明》,出自《攝一切如來真性大乘經》。持誦此咒之功效,宋施護等譯《佛說一切如來真實攝大乘現證三昧大教王經》云:「由是心明故,設有違背如來、謗正法、造是五無間業及餘一切惡作之人,於一切如來密印欲求成就者,於現生中亦得金剛薩埵堅固體性,隨其所樂,若最上成就,若金剛成就,若金剛薩埵成就,乃至一切如來勝上成就等,一切成就皆悉獲得。此即具德一切如來金剛薩埵作如是說。」阿闍黎妙吉祥稱(mañjuśrīkīrttiḥ)所著《吉祥一切秘密總儀軌心要莊嚴》說明若觀修《金剛薩埵誦百字明》滿二十一遍,能令罪墮不再增長;若誦滿十萬遍,則能淨除一切罪墮。《如來百字明》,則出自《立三三昧耶王續》,《大乘集學論》也依此續提及如法誦持此咒能淨除罪障。宋法護等譯《大乘集菩薩學論》云:「又《底哩三昧耶王經》說對治行云:『若閉目觀緣諸佛菩薩,誦《百字明》八千遍已,開眼備睹佛菩薩等,得離彼罪。或右繞佛塔,誦八千遍,塔像經典隨一現前,如儀廣說。』」一般持誦《百字明》者,以修誦《金剛薩埵百字明》較為普遍;然《菩提道次第廣論》講解四對治力及六種遍行對治力時,皆依《集學論》而說,而該論係引《立三三昧耶王續》說《百字明》,故此處之《百字明》應以《如來百字明》為主。《如來百字明》的咒音為「那瑪乍ᵈᵃ雅帝噶囊木,大他嘎大囊木,薩ᵈᵃ瓦札雅札帝哈大拔帝,達ᵈᵃ瑪大拔梨南,嗡阿薩瑪薩瑪,薩滿大朵杭南大拔帝夏薩尼,哈惹哈惹麻惹麻惹內,鼻嘎大惹嘎布達達ᵈᵃ瑪得ᵈᵃ,薩惹薩惹,薩瑪拔拉,哈薩哈薩,札雅札雅,嘎嘎那瑪哈拔惹拉喀ᵃ內,佐拉佐拉那薩嘎ᵈᵃᵈᵃ娑哈」。參見《大正藏》冊18,頁358;冊32,頁109;《丹珠爾》對勘本冊27,頁865;冊64,頁1520、1236;《甘珠爾》對勘本冊84,頁80;冊87,頁544。

❷陀羅尼　梵語dhāraṇī音譯,義為總持。由於異熟、聽聞、修習的力量而獲得殊勝念、慧的心識,即是陀羅尼。陀羅尼以念、慧為體性,具有受持善法、遮止不善的作用。

❸ **《妙臂請問經》云** 《妙臂請問經》，續部經典，共12品。漢譯本有唐輸波迦羅譯《蘇婆呼童子請問經》3卷；唐善無畏譯《蘇磨呼童子請問經》2卷；宋法天譯《妙臂菩薩所問經》4卷，共三種。漢譯本是散文體，藏譯本為偈頌體，內容上也有出入，但大致可以對照段落。妙臂是金剛手菩薩之次子，為一生所繫的大菩薩。此續為妙臂菩薩向其父祕密主金剛手請問成就明咒、密咒之義，由祕密主所宣說。此續與《祕密總續》、《蘇悉地續》、《後靜慮續》並列為總事續，此續略說《祕密總續》所未說的壇城及《蘇悉地續》所未說的明咒修法，並廣說依息增懷誅等無邊事業而修成就之法。引文唐輸波迦羅譯《蘇婆呼童子請問經·分別八法分品》作：「譬如春時風揩樹木，自然火出，以省功力遍燒草木，以念誦火用淨戒風，以勤相揩盡燒罪草亦復如是。復如寒霜日曜即消，以用戒日念誦之光，曜消罪霜亦復如是。譬如室內久來有闇，若將燈入即便闇滅，以念誦燈照罪障闇，悉得消滅，念誦真言乃至呼摩，便獲成就。」參見《大正藏》冊11，頁738；《密宗道次第論等五種合刊》，頁31；《甘珠爾》對勘本冊39，頁466；《克珠·格勒白桑文集》冊8，頁437。引文見《大正藏》冊18，頁733；《甘珠爾》冊96，頁484。

❹ **蔥鬱** 形容青翠繁盛、茂密。法尊法師原譯作「草木」，今據藏文改譯。

❺ **冰雪** 法尊法師原譯作「雪山」，今據藏文改譯。

❻ **赫熾** 指陽光強烈。顯耀盛大為赫，火勢旺盛為熾。

❼ **相者** 即前頁507「相徵」一科。

❽ **《準提陀羅尼》說** 《準提陀羅尼》，續部經典、事續如來部男女明王陀羅尼之一，全名《聖準提天女陀羅尼》，共1卷。漢譯本有唐金剛智三藏譯《佛說七俱胝佛母准提大明陀羅尼經》1卷；唐不空三藏譯《七俱胝佛母所說准提陀羅尼經》1卷；唐地婆訶羅三藏譯《佛說七俱胝佛母心大准提陀羅尼經》1卷，共三種。此經為佛在祇園精舍，憫念未來眾生，說此陀羅尼法。《甘珠爾》對勘本所刊《聖準提天女陀羅尼》之經文中，並無此經緣起及觀行法，故無此處所引內容，而《仙人古道》提到此處係引自《集學論》所錄經文。《準提陀羅尼》漢譯本相應段落分別見唐金剛智三藏譯《佛說七俱胝佛母准提大明陀羅尼經》：「誦此陀羅尼滿十萬遍者，得見聲聞緣覺菩薩諸佛，若有重罪不得見者，更誦滿十萬遍，即境界中吐出黑飯，或見昇於宮殿，或登白山及上樹，或見

大池旋水，或騰空自在，或見天女與妙言辭，或見大集會中聽說妙法，或見拔髮自身剃頭，或喫酪飯飲白甘露，或渡大海，或浮大河，或昇師子座，或見菩提樹，或上船，或見沙門，或著白衣黃衣以衣籠覆頭，或見日月，或見童男女，或見自身上有乳樹，或昇花果樹，或見黑丈夫口中吐出火焰怖走而去，或見惡馬水牛狀似相鬥退失而走，或見自食乳粥，或見有香氣白花，若見如上相者即知罪滅。」唐不空三藏譯《七俱胝佛母所說准提陀羅尼經》：「若誦滿一萬遍，即於夢中見佛菩薩，即吐黑物。其人若罪尤重，誦二萬遍，即夢見諸天室寺舍，或登高山，或見上樹，或於大池中澡浴，或見騰空，或見與諸天女娛樂，或見說法，或見拔髮剃髮，或食酪飯飲白甘露，或度大海江河，或昇師子座，或見菩提樹，或乘船，或見沙門，或見居士以白衣黃衣覆頭，或見日月，或見童男童女，或上有乳菓樹，或見黑丈夫口中吐火焰，共彼鬥得勝，或見惡馬水牛欲來牴觸持誦者，或打或叱怖走而去，或食乳粥酪飯，或見蘇摩那花，或見國王，若不見如是境界者，當知此人前世造五無間罪，應更誦滿七十萬遍，即見如上境界，應知罪滅。」唐地婆訶羅三藏譯《佛說七俱胝佛母心大准提陀羅尼經》：「若有誦此陀羅尼呪滿十萬遍，夢中得見諸佛菩薩聲聞緣覺，自見口中吐出黑物。若有重罪誦滿二十萬遍，夢中亦見諸佛菩薩，亦復自見吐出黑物。若有五逆罪，不得如是善夢之者，宜應更誦滿七十萬遍，是時還得如前之相，乃至夢見吐出白色如酪飯等，當知此人即是罪滅清淨之相。」宋法護譯《大乘集菩薩學論》：「又《尊那陀羅尼經》云：『若念誦已，乃至夢見是相，得滅彼罪。若夢天女授乳酪飯，得離彼罪；或見日月，昇虛空中，猛火水牛及黑丈夫怖走而去；又若夢見比丘、比丘尼眾，或乳木樹、白象、白牛、山峯、舡舫處、大殿堂及師子座，聽聞妙法，應知悉是罪滅之相。』」參見《大正藏法寶總目錄》冊3，頁1098；《密宗道次第論等五種合刊》，頁26；《仙人古道》，頁178；《克珠・格勒白桑文集》冊8，頁428；引文見《大正藏》冊20，頁173、179、185；冊32，頁109；《丹珠爾》對勘本冊64，頁1234。

❾ 見火熾然制伏水牛以及黑人　　法尊法師原譯作「見火熾然及諸水牛，制伏黑人」，今據藏文改譯。

❿ 龍腦樹　　樹名，屬龍腦香科，熱帶喬木。其樹脂可提煉成結晶，俗稱龍腦，又名冰片。

⓫ **昇出乳樹** 法尊法師原譯作「見出乳樹」,而藏文原文在「微妙宮」後面有「登上」一詞,依如月格西解釋,從「紅白旃檀」到「微妙宮」之間,登上這些都是此處所說淨罪相,故改譯。

⓬ **聽聞說法** 善慧摩尼大師提到,除了上述淨罪相之外,如果數次夢見身體流出膿血、在自己的上師座前聞法、吹法螺等,也是淨罪相。參見《洛桑諾布文集》冊2,頁524。

⓭ **若以夢等則有欺誑之虞貝哈爾王亦有廣大神變** 淨罪之相應以煩惱轉輕、對三寶的信心增長、心越來越趣向正法,作為罪障清淨的真正徵兆,如果單看夢兆是有被欺騙的可能。就像噶當派的教典中提到,貝哈爾王以前常會在夢中干擾他人,不只會讓人看到淨罪相,還會讓人有得到某些證量等徵兆。貝哈爾王,世間護法神,又名白哈爾王、白哈爾。原是古跋達霍爾（ཧོར་དོར）的守護神,跋達霍爾就是現今甘肅省甘州區。蓮華生大士（སློབ་དཔོན་པདྨ་འབྱུང་གནས）曾到這個地區的琉璃洞中入三摩地,並降伏貝哈爾王,囑咐守護西藏寺院佛塔等,之後成為桑耶寺的護法。參見《藏族神祇名錄》,頁302（萊隆·謝畢多傑著,北京:民族出版社,2003）。

第四、依形象者:謂非貪求現世之心,而於佛所獲得信心,造立形像。《妙臂請問經》云❶:「為淨罪惡故,恆於淨僻處,造沙泥佛塔,舍利為心藏。」

第五、依供養者:謂於佛所及佛塔廟,供養種種微妙供養。

第六、依名號者:謂聽聞、受持諸佛名號、諸大佛子所有名號。此等唯是《集學論》中正宣說者❷,餘尚眾多。竊謂諸凡緣為罪惡對治而修善根者,一切皆是也。

第四科、依靠聖像：是指並非為了貪圖今生的安樂，而是對佛陀獲得信心而製作聖像。《妙臂請問經》中說：「為了淨化罪惡，應當經常在潔淨而僻靜的環境，用沙土或者陶泥製作能珍藏舍利的如來塔。」**第五科、依靠供養**：是指對佛陀與佛塔進行各式各樣的供養。**第六科、依靠名號**：是指聽聞、受持諸佛與諸大菩薩的名號。這些只是《集學論》中直接提到的，其他還有很多。揣想凡是緣著罪惡的對治品，無論造集任何善根皆屬之。

❶ **《妙臂請問經》云** 引文唐輸波迦羅譯《蘇婆呼童子請問經‧律分品》作：「又欲作滅罪者，向於空閑及清淨處，或以香泥或用妙砂，印塔以滿十萬，唯多最甚，內安緣起法身偈。」見《大正藏》冊18，頁720；《甘珠爾》冊96，頁438，然與原文略有不同。

❷ **《集學論》中正宣說者** 相應段落參見宋法護譯《大乘集菩薩學論》：「若有菩薩於此諸佛如來名號，而常持念，晝夜三時轉正法行，出離彼罪得三摩地，說此是名悔過及對治行。論曰：讀誦甚深經典得彼罪滅，如《能斷金剛般若波羅蜜多經》云：『復次須菩提，若善男子善女人受持讀誦此經，若為人輕賤。所以者何？是人先世所造罪業，應墮惡道，由見是法，以今世人輕賤故，先世罪業則為消滅，得佛菩提等。』論曰：信解空性得罪惡清淨故，《如來藏經》云：『佛言，迦葉波，有十不善業道，是為大罪。此最極殺生者，謂若殺父斷緣覺命；最極不與取者，謂若欺奪三寶財物；最極欲邪行者，謂起污母及無學尼；最極妄語者，謂言我是如來；最極兩舌者，謂於聖眾作離間語；最極惡口者，謂呵毀聖賢；最極綺語者，謂巧構浮飾亂諸法欲；最極貪者，於正道財利起侵奪心；最極瞋者，於五無間無悲愍心；最極邪見者，謂橫起僻執深險惡見。迦葉波，若一眾生具足如是十不善業道大罪者，如來以是因緣宣說法要，為令悟入無我、無人、無眾生、無命者、無作、無受，是行、是造作、是幻化，然

諸法性即煩惱性，入解諸法自體明亮，信解諸法種種清淨，我不說有眾生墮惡趣者。』又《淨諸業障經》云：『復次，文殊師利，若菩薩觀非律是律，則見罪非罪，觀輪回界即涅槃界，則見諸煩惱是為緣生，當知是人得業障清淨。』又《底哩三昧耶王經》說對治行云：『若閉目觀緣諸佛菩薩，誦《百字明》八千遍已，開眼備覩佛菩薩等，得離彼罪；或右繞佛塔，誦八千遍，塔像經典隨一現前，如儀廣說。』又《尊那陀羅尼經》云：『若念誦已，乃至夢見是相，得滅彼罪。若夢天女授乳酪飯，得離彼罪；或見日月，昇虛空中，猛火水牛及黑丈夫怖走而去；又若夢見比丘、比丘尼眾，或乳木樹、白象、白牛、山峯、虹舫處、大殿堂及師子座，聽聞妙法，應知悉是罪滅之相。』又《如來形像品》說對治行云：『譬若有人不淨塗身臭惡可厭，以水洗灌施妙塗香，而彼臭惡即時遠離。如是造作五無間罪，具足遍行十不善業道，若得信解如來造佛形像，得離彼罪，由無罪故，智慧殊勝具菩提心，由殊勝故，而或出家堅持淨戒。』《花積陀羅尼經》云：『爾時師子遊戲如來當住於世，經百千歲施諸妙樂。時彼如來般涅盤後起舍利塔，若人以菩提心持彼一花供養如來，合掌稱名或洒水為淨，及一花鬘塗香花燈，乃至身行一步，超諸言說，稱南無佛，於彼師子游戲如來勿應疑惑。若於一劫、百劫、千劫，返墮惡道者，則無有是處。』又《藥師瑠璃光王經》云：『若持五戒、十戒、菩薩四重戒、出家比丘二百五十戒、比丘尼五百戒，如於所受或有毀犯怖墮惡道，若人專念藥師瑠璃光王如來名號，如其供養，是人決定不墮惡趣。爾時世尊告阿難言：若我稱讚彼佛世尊藥師瑠璃光王如來所有功德，是為諸佛甚深境界，汝無疑惑生實信不？爾時具壽阿難陀白佛言：世尊，我於如來所說經中不生疑惑。所以者何？一切如來身語意中所集善行無不清淨。世尊，此日月輪最為高遠，具大威光可使墜地，妙高山王亦可傾動，是諸佛言終無異也。世尊，然有眾生信根不具，聞說諸佛甚深境界，便發是言：由何唯念一如來名，便獲爾所功德勝利。由斯不信便生誹謗，於長夜中退失利樂。佛告阿難：若聞彼佛名，墮惡趣者無有是處。阿難，此是諸佛甚深境界，難可信解。阿難，汝信解者，應知皆是如來威神之所建立，非諸聲聞緣覺未登地者，唯除一生所繫菩薩摩訶薩。』故彼經又云：『若餘淨信善男子、善女人、鄔波索迦、鄔波斯迦，具足八分齋戒，一年三年受是學處，以此善根願生西方極樂世界無量壽如來前者，若得聞是藥師瑠璃光王如來名號，是人臨命終

時，八大菩薩皆以神通來示正道。復有種種間色，世所希有，眾寶蓮華自然化生；或復生於天上，如是生處而宿植善根，彼無窮盡，亦復無有墮惡道怖。彼天歿已復生人世，為轉輪王統四大洲，與無量百千萬俱胝眾住十善業道。後復生彼剎帝利婆羅門長者大種族中，財物豐饒庫藏盈溢，色相眷屬皆悉具足。』彼經又云：『若有女人得聞是藥師瑠璃光王如來名號受持者，後轉女身。』又《文殊莊嚴佛剎功德經》云：『妙吉祥言：我亦恭敬是惠上菩薩、光幢菩薩、如意願菩薩、寂根菩薩，若有女人持是四菩薩名號者，得轉女身，後不復受。』法尊法師原譯作「《集學論》中已宣說者」，今據藏文改譯。參見《大正藏》冊32，頁109；《丹珠爾》對勘本冊64，頁1234。

◈第三者[1]、第三◈遮止罪惡力，◈分二：⼀`正說此力及其勝利；⼆`須當誠心防護。初者：謂◉從今正靜息十種不善，《日藏經》說❶：由此能摧盡昔所作❷一切自作、教他、見作隨喜殺生等門三門業障、諸煩惱障及正法障❸。◈第二者[2]：《毘奈耶廣釋》中說❹，若無誠意防護之心，所行悔罪，唯有空言，《阿笈摩》中❺是故於此密意問云：「後防護否？」故防護心，後不更作，至為切要。能生此心，◉先時若有如毒入腹之悔心，今後不復更作之心自然即至，而此復賴初力◉破壞力。是故懺罪不容或缺翻悔前過及於後防護二心，此為大小二乘一切所共，此復即是初力及第三力二者，故當殷重為之。

第三科、第三遮止罪惡力，分為二科：`一`正說此力以及其勝利；`二`必須真誠地防護。第一科：是指從此確實防護十種不善。《日藏經》中說：藉此就能悉數消滅過去所作一切由自己造下、指使他人去做、隨喜他人所做的殺生等三門業障、煩惱障以及正法障。第二科：《毗奈耶廣釋》提到，沒有真誠的防護心，這種懺悔僅是空話，基於這個用意，《阿笈摩》當中問道：「此後是否會防護？」所以從此不再犯的防護心非常重要。要能生起此心，如果先前已有如毒入腹般的悔意，自然能生起從此不再重蹈覆轍之心，而這又必須依賴第一力破壞力。因此對於懺悔罪惡而言，追悔往昔過失之心與防護將來之心二者必不可少，這是所有大小乘的通則。而這即是第一力與此處的第三力二者，所以應當殷重地奉行。

[1]「⓭第三者」拉寺本、單註本無。　　[2]「⓭第二者」拉寺本無。

❶《日藏經》說　於《甘珠爾》對勘本及《大正藏》中的《日藏經》，皆未見相應段落，然於《地藏十輪經》中有此相應段落。唐玄奘大師譯《大乘大集地藏十輪經‧善業道品》：「善男子！若菩薩摩訶薩，能盡形壽，遠離殺生，即是施與一切眾生，無驚無怖。令諸眾生，不生憂苦，離毛豎畏。由此，善根速得成熟。所有前際輪轉五趣沒生死河，因殺生故，造身語意諸惡業障、諸煩惱障、諸有情障、一切法障、諸壽命障，自作、教他、見聞隨喜，由此遠離殺生輪故，皆悉輾壞摧滅無餘，不受果報。」「復次，善男子！若菩薩摩訶薩，能盡形壽，離不與取，即是施與一切眾生，無驚無怖、無有熱惱亦無擾動。於自所得如法財利，喜足而住，終不希求非法財利。由此，善根速得成熟。所有前際輪轉五趣

517

沒生死河,因不與取,造身語意諸惡業障、諸煩惱障、諸有情障、一切法障、諸財寶障,自作、教他、見聞隨喜,由此遠離不與取輪,皆悉輾壞摧滅無餘,不受果報。」「復次,善男子!若菩薩摩訶薩,能盡形壽,離欲邪行,即是施與欲流所漂一切眾生,無驚、無怖、無嫉、無害,無有熱惱亦無擾動。於己妻室喜足而住,終不希求非法色欲。由此,善根速得成熟。所有前際輪轉五趣沒生死河,因欲邪行,造身語意諸惡業障、諸煩惱障、諸有情障、一切法障、諸室家障,自作、教他、見聞隨喜,由此遠離欲邪行輪,皆悉輾壞摧滅無餘,不受果報。」「復次,善男子!若菩薩摩訶薩,能盡形壽,離虛誑語,一切眾生常共愛敬,所出言詞皆誠諦量,聞悉敬奉無所猜疑。由此,善根速得成熟。所有前際輪轉五趣沒生死河,因虛誑語,造身語意諸惡業障、諸煩惱障、諸有情障、一切法障、諸信言障,自作、教他、見聞隨喜,由此遠離虛誑語輪,皆悉輾壞摧滅無餘,不受果報。」「復次,善男子!若菩薩摩訶薩,能盡形壽,離離間語,一切眾生常共愛敬,所發言詞皆令和順,聞悉敬奉無所猜疑。由此,善根速得成熟。所有前際輪轉五趣沒生死河,因離間語,造身語意諸惡業障、諸煩惱障、諸有情障、一切法障、諸和敬障,自作、教他、見聞隨喜,由此遠離離間語輪,皆悉輾壞摧滅無餘,不受果報。」「復次,善男子!若菩薩摩訶薩,能盡形壽,離麁惡語,一切眾生常共愛敬,所發語言皆令歡悅,聞悉敬奉無所猜疑。由此,善根速得成熟。所有前際輪轉五趣沒生死河,因麁惡語,造身語意諸惡業障、諸煩惱障、諸有情障、一切法障、諸調善障,自作、教他、見聞隨喜,由此遠離麁惡語輪,皆悉輾壞摧滅無餘,不受果報。」「復次,善男子!若菩薩摩訶薩,能盡形壽,離雜穢語,一切眾生常共愛敬,所發言詞皆有義利,聞悉敬奉無所猜疑。由此,善根速得成熟。所有前際輪轉五趣沒生死河,因雜穢語,造身語意諸惡業障、諸煩惱障、諸有情障、一切法障、諸義利障,自作、教他、見聞隨喜,由此遠離雜穢語輪,皆悉輾壞摧滅無餘,不受果報。」「復次,善男子!若菩薩摩訶薩,能盡形壽,遠離貪欲,一切眾生常所愛重,其心清淨,離諸染濁。由此,善根速得成熟。所有前際輪轉五趣沒生死河,因貪欲故,造身語意諸惡業障、諸煩惱障、諸有情障、一切法障、諸無貪障,自作、教他、見聞隨喜,由此遠離貪欲輪故,皆悉輾壞摧滅無餘,不受果報。」「復次,善男子!若菩薩摩訶薩,能盡形壽,遠離瞋恚,一切眾生常所愛重,其心清淨,離諸垢

穢。由此，善根速得成熟。所有前際輪轉五趣沒生死河，因瞋恚故，造身語意諸惡業障、諸煩惱障、諸有情障、一切法障、諸無明障，自作、教他、見聞隨喜，由此遠離瞋恚輪故，皆悉輾壞摧滅無餘，不受果報。」「復次，善男子！若菩薩摩訶薩，能盡形壽，遠離邪見，一切眾生常所愛重，其心清淨離邪分別。由此，善根速得成熟。所有前際輪轉五趣沒生死河，因邪見故，造身語意諸惡業障、諸煩惱障、諸有情障、一切法障、諸正見障，自作、教他、見聞隨喜，由此遠離邪見輪故，皆悉輾壞摧滅無餘，不受果報。」見《大正藏》冊13，頁763；《甘珠爾》對勘本冊65，頁499。

❷ 盡昔所作　法尊法師原譯作「所作」，今據藏文補譯。

❸ 正法障　此指毀謗正法的業障。

❹ 《毘奈耶廣釋》中說　參見《丹珠爾》對勘本冊91，頁698。

❺ 《阿笈摩》中　《阿笈摩》，此處指《律上分》。引文見《甘珠爾》對勘本冊3，頁344。

第四力，^妙分二：一`正說；二`四力完具罪惡對治之理[1]。初者：謂修皈依及菩提心❶。^妙第二者：此中總之，勝者為初發業雖說種種淨惡之門，然圓滿對治者，謂具四力也❷。^巴密咒之中有將果位轉為道用之甚深特法，謂修金剛薩埵等本尊身、面、手之形相，及修所淨罪惡為煙汁炭汁等相，亦修能淨佛意無二智❸為甘露水流等相而洗滌等，除是些許之外，體性皆不出完具四力對治。

第四力，分為二科：`一`正說；`二`四力中完備罪惡的對治品的道理。第一科：是指修持皈依與菩提心。**第二科：**其中總體而言，佛陀雖然為初業行者宣說各種淨化罪惡的法門，但是只有完備四力，才是圓滿的對治品。密法當中，修持金剛薩埵等本尊身、面容、手臂的行相，以及修持所要淨除的罪惡化為煙汁、炭汁等行相；能夠淨除的佛心無二智慧，也化為甘露水流等行相而洗滌等，除了這些以果為道的甚深特性的少數差異之外，本質上都不超出完備四種對治之力。

[1]「四力完具罪惡對治之理」 拉寺本作「奉四完具罪惡對治之理」。按，「奉四」（ སྒྲབ་ བ㼨）為「四力」（སྟོབས་བ㼨）之訛字。

❶**修皈依及菩提心** 善慧摩尼大師與夏日東活佛提到，依止力安立為皈依及菩提心，是因為眾生造罪時，是對三寶與有情造業，如同在地上跌倒必須在地上重新站起來一般，對三寶所造的罪業，是依靠皈依三寶而淨化；對有情所造的罪業，是依靠為利有情發菩提心而淨化。參見《洛桑諾布文集》冊2，頁525；《夏日東文集》冊1，頁440。

❷**然圓滿對治者謂具四力也** 善慧摩尼大師與夏日東活佛提到，破壞力淨化領受等流果，對治力淨化異熟果，遮止力淨化造作等流果，依止力淨化增上果。法尊法師原譯作「然具四力，即是圓滿一切對治」，今據藏文改譯。參見《洛桑諾布文集》冊2，頁521；《夏日東文集》冊1，頁441。

❸**佛意無二智** 佛陀心中深明無二的智慧。此處的甚深指證得空性，明晰指現本尊，將證得空性的所取相明現為本尊的智慧，即是深明無二的智慧。

第四、淨除之理[1]並及斷諍，分九：第一、由淨治者及對治圓不圓滿增上力故，淨除之理有上中下多種之理者：惡淨之理者，謂諸能感於惡趣中極大苦因，或令變為感微苦因❶；或生惡趣，然不領受諸惡趣苦；或於現身僅❷受頭痛，即得清淨。如是諸應長時受者，或為短期，或全不受。此復是由淨修之人力之大小、四力對治圓不圓具、勢猛不猛，及時相續恆促等門，故無定準。

第四科、淨化的道理以及斷除詰難，分為九科：第一科、由於淨化的人以及對治品圓滿與否，以致會有上中下各種淨除情形的道理：淨除罪惡的方式，是指原先會產生惡趣大苦之因，轉化為產生小苦之因；或者雖然投生惡趣，但是不會承受惡趣的痛苦；甚至僅僅在現在的所依身上引發頭痛，就得以淨除。同樣地，原先必須長時間承受的轉化為短暫承受，甚至完全不必承受。這也是由於淨化的人力量大小、四種對治力是否圓滿、勁道是否強猛，以及延續的時間長短等因素所致，所以無法一概斷定。

[1]「淨除之理」哲霍本作「我之理」。按，「我」(ངག)為「淨除」(ངག)之訛字。

註　釋

❶ **感微苦因**　此句在福智之聲出版社2003、2010年版《廣論》皆作：「感微苦困」，經查漢藏教理院本及藏文本，正確為「感微苦因」，故改之。

❷ **僅**　法尊法師原譯作「稍」，今據藏文改譯。

^妙**第二、定業亦得從根淨除之理者**：諸契經❶中及《毘奈耶》皆說❷：「諸業縱百劫不亡。」意謂未修四力對治；若如所說而以四力對治淨修，雖順定受，亦說能淨。《八千頌大疏》中云❸：「謂若『凡是^巴略微增長近對治品，^巴自即可^巴趨近略微損減之法❹，^巴若極增長對治品，圓滿有力，彼由成就有力對治，^巴自即必能有畢竟盡^巴之時等，如金穢❺等^巴最初略作淨治，^巴則可稍去之，終圓滿淨治之，則金穢亦可畢竟去之。〔正法，^巴謂謗法之障。〕等一切^巴大力皆是如所說，^巴若對治圓滿自當盡淨之法。』由此^巴成立語❻正理，則^巴成立妄執心所作^巴謗正法等墮處，可無餘^巴對治令盡。

語　譯

第二科、即使是決定業也能徹底淨除的道理：佛經及《毘奈耶》都提到：「縱然歷經百劫，業也不會憑空消失。」這是基於沒有修持四力對治而說的；如果依照上述以四力對治淨化，則說即使是必定領受的業也能淨除。《八千頌大疏》中說：「如上所述，『凡是趨近於稍微增強對治品

時，自己便會趨近於稍微**被消滅**，這樣的法性在對治品大幅增強，變得有力而圓滿時，自己就必然容有可能被有力的對治品徹底消盡的時刻等，**就像是黃金當中的雜質等**，起初稍加淨化提煉時，就可能被稍微去除，因此在最終淨化圓滿時，雜質也就可以徹底消盡。所有謗法的正法業障等強力的業障，**也都是上述對治品圓滿時**，自己就會徹底消盡的法性。」藉由這個成立語的正理，能夠成立**由於狂妄的心所致謗捨正法等墮落之處**，都能一無遺漏地被對治品消盡。

❶ **諸契經** 相應段落參見唐義淨大師譯《大寶積經・佛說入胎藏會》：「假使經百劫，所作業不亡，因緣會遇時，果報還自受。」宋施護等《福力太子因緣經》：「假使經百劫，不壞諸業因，因緣和合時，有情隨受果。」見《大正藏》冊11，頁335、冊3，頁435；《甘珠爾》對勘本冊76，頁43。

❷ **《毘奈耶》皆說** 引文唐義淨大師譯《根本說一切有部毘奈耶》作：「假使經百劫，所作業不亡，因緣會遇時，果報還自受。」見《大正藏》冊23，頁1053；《甘珠爾》對勘本冊1，頁94。

❸ **《八千頌大疏》中云** 《八千頌大疏》，般若部論典，全名《聖般若八千頌釋現觀莊嚴光明論》，又名《八千頌廣釋》、《莊嚴光明論》，共32品，獅子賢論師著，尚無漢譯。獅子賢論師，廣行派傳承祖師，梵語Haribhadra及藏語 སེང་གེ་བཟང་པོ།（僧格桑波）義譯。論師出生於王族，其母因遭獅子攻擊而喪命，然肚子裡的孩兒仍存活，所以將此兒取名為獅子賢。論師長大之後，出家研習一切宗派教義，通達無礙，特別對於《般若》的教義，勤苦地尋求，猶如常啼菩薩一樣。當時靜命阿闍黎住持佛教，因此前往依止阿闍黎，在其座下深入研究至尊彌勒所傳《般若》教授，及無著兄弟、聖解脫軍所著的論典，並閱讀怙主龍樹所解釋的中觀諸論。論師同時研究深見、廣行二派的傳承教授，又於菩提道次第教授，數數觀擇，精勤修行，終於獲得佛法心要——三乘道次圓滿道體，生起殊妙的悟解。其後論師為廣弘聖教，於靜命阿闍黎前，求受至尊彌勒修法，日夜精勤修持，於夢中得見至尊彌勒聖顏，啟問說：「您的論著有許多註疏，要以哪本為依據？」至尊彌勒答道：「應當先通曉一切註疏，再將其中合理

之處攝集成論，這就由你來著作！」於是論師為了尋找造論的施主，從喀薩巴呢（Khasarpāṇi）西行。當時達瑪巴王（Dharmapāla）得知論師精通《般若》，於是派遣使者迎請至三莊嚴寺，為數千僧眾廣傳《般若》教授，並由國王當造論施主。論師即依至尊彌勒所授記，造《現觀莊嚴論顯明義釋》；匯合《現觀》、《般若》而著《八千頌廣釋》；依照聖解脫軍所著《般若二萬五千頌光明論》，將《般若二萬五千頌》的經文，配合《現觀》要義，而造《八品論》；並造《攝功德寶易解論》、《般若修法》、《真札巴文法變格頌》等論典。論師悲智無比，又得至尊彌勒加持攝受，所以其所著作的《顯明義釋》，成為修習菩提道次第的人共同遵行的「般若法眼」。論師所著述的《八千頌廣釋》，從六加行法，至止觀雙運之間，一切三士道次扼要，都如《般若經》所說，無誤開示所有道次的道體、數量、次第，明晰地顯示至尊彌勒的教授，因此其論著也成為後世修學《現觀》行者的準繩。參見《師師相承傳》中文冊上，頁121；藏文冊上，頁165。引文見《丹珠爾》對勘本冊51，頁1573。

❹ **損減之法** 此指能夠被損減的法，比如惡業、罪障等可以透過生起對治而能被損減、消亡，所以稱為損減之法。

❺ **金穢** 黃金當中的汙垢。

❻ **成立語** 一種表達正因的論式語言，分為同法正成立語、不同法正成立語兩種。例如：「凡是所作就是無常，譬如瓶子，聲音也是所作」，這是「聲音有法，是無常，因為是所作的緣故」此一論式的同法正成立語。該成立語中，「凡是所作就是無常，譬如瓶子」二句能夠令聞者直接了解所作因成立聲音是無常的隨品遍，「聲音也是所作」一句能夠令聞者直接了解所作因成立聲音是無常的宗法，所以是所作因成立聲音是無常的同法正成立語。「凡是常法就是非所作，譬如無為的虛空，聲音是所作」，這是「聲音有法，是無常，因為是所作的緣故」此一論式的不同法正成立語。該成立語中，「凡是常法就是非所作，譬如無為的虛空」二句能夠令聞者直接了解所作因成立聲音是無常的反品遍，「聲音是所作」一句能夠令聞者直接了解所作因成立聲音是無常的宗法，所以是所作因成立聲音是無常的不同法正成立語。

^妙**第三、雖淨定罪，然與定不定業之字義不相違者：**^巴於此或

曰：若爾，則違諸經說云，『諸業雖百劫^巴不亡』等者，^巴說有不容消亡之

業。答云：無過。如是說者，應知是說『若不修習能對治品，^巴則其異熟定不

容消亡』，若不爾者，則違^巴如前所陳成立語正理及違多經^巴文。^巴於此或

曰：若爾，則與所說順定受異熟之業相違。答曰：無過。說順定受^巴異熟，亦是^巴已為

『如昔作已增長業，若不修對治，則定領受異熟』如此之說所釋說❶。^語或曰：若爾，

則與不定受業成無差別，以此二者，若修對治，同為不定受異熟故。答曰：此亦無過。順定受

業者，若不修對治，則定領受異熟。應當定解、^巴了知：說不定^語受^巴業者，雖

不修習能對治品，然亦^巴不決定感異熟果，故偶或生果耳❷。」

**第三科、雖然能夠淨除決定罪，但是並不違背決定業與不決定業
的詞義：**對此有人提出：若是如此，就違背了經典中說：『業縱然歷經百劫也不會
憑空消失』等，說有不可能憑空消失的業。答道：沒有這樣的過失，因為應當要知道，這
樣的說法是基於『如果沒有修持對治品，異熟必定不可能憑空消失』而言，因為
若非如此，就會有悖於上述成立語那樣的正理，還會違背許多經典的文句。對
此有人提出：若是如此，就有悖於必定領受異熟的業的說法。答道：沒有這樣的過失，因為必
定領受異熟的說法，也是指『諸如過去造作而增長的業，如果沒有修持對治，則必定會
領受異熟』，以這樣的說法解釋過了。有人說：若是如此，就會與不一定領受的業沒有差
異，因為這兩者同樣都是如果修持對治品，就不一定領受異熟的緣故。答道：這也沒有過失，
因為必定領受的業，是如果不修持對治品就必定會領受異熟；應當要確切地認知、曉得
所謂不定領受的業，是即使原先就沒有修持對治品，也不一定會感生異熟果，
因此只是可能會產生果報。」

❶ **亦是如此所說** 法尊法師原譯作「應知亦是如此所說」，今據藏文刪「應知」。

❷ **應當定解說不定者雖不修習能對治品然亦偶或生果耳** 法尊法師原譯作「說不定者，雖不修習能對治品，然亦應知不定感果」，今據藏文改譯。

^妙**第四、由淨治者力微弱故，業雖未能畢竟淨治，然所淨治即衰損其異熟**[1]**，令不感果，並其譬喻者**：如是說由懺悔及防護等❶，傷損能感異熟功能者，雖遇餘緣，亦定不能感發異熟。如是由生邪見、瞋恚摧壞善根，亦復同爾。《分別熾然論》云❷：「^{（一）}若時善法由生邪見、瞋恚^ᴾ等摧壞虧損；或諸不善，若由〔厭訶，^ᴾ謂悔前事心。〕、^ᴾ於後防護、^ᴾ不祕藏而發露❸，^ᴾ總之，是等^ᴾ完具四力之對治^ᴾ摧壞，傷損其力，彼等雖得眾^ᴾ因緣會❹合，然^{（三）}由^ᴾ對治傷損若^ᴾ此等善不善^ᴾ業能感自異熟果之種子功能^ᴾ故，^{（二）}豈能有^ᴾ苦樂果從彼^ᴾ善不善感發？^ᴾ應不感發，^{（五）}以若略生彼之對治，則彼即能略微損減；若如是者，則其對治圓滿，自亦遍有從根永盡之時故。初因成立[2]，以若略生能障彼安住之對治，則能令彼安住間斷，復略消減；非唯如是，由^ᴾ其住分略無^ᴾ或不具足因緣合，^ᴾ亦能害彼，其住時亦遷謝^ᴾ而不安住或永盡故[3]。^{（四）}能如是衰損之因相，亦如謗法之業障有法❺，^ᴾ彼豈非^ᴾ容有從其根本拔除^ᴾ永盡之時？^ᴾ應當容有，^{（六）}以對治摧壞罪惡之理，非唯從根永盡耳，尚有其餘摧壞

之理，如經說云：『^巴以受持正法^巴等對治力^[4]，雖其所有順定受^妙後世惡趣大苦^[5]之惡，亦當變為於現法^巴此生受^巴微小異熟。』又如說云：『^巴如是復次，諸往^巴後世惡趣業，^巴由以對治摧壞故，此唯能感^巴此生小苦頭痛許。』

第四科、雖然由於淨化者的力道微弱，以致業無法徹底淨除，然而所淨除的部分，即是指削弱其異熟，以致不會感生果報，以及其比喻：如上所述，藉由懺悔及防護等等，削弱了感生異熟的能力的這些業，即使與其他因緣相遇，也不會感生異熟。同樣地，由於生起邪見與瞋恚而摧毀善根，也是如此。《分別熾燃論》中說：「當善法已被邪見與損害心等摧毀而削弱，或是不善業也已經被呵責，亦即追悔往昔過失的心，還有防護未來、坦誠不藏匿等，總之是被完備四力的對治品摧毀而削弱其勢力，這些業即使因緣已經匯聚、已經與因緣相遇，但是還能從什麼善惡業產生什麼苦樂果報？應當不會產生，因為這些善不善業能夠感生各自異熟果報的種子的能力，已經被對治品削弱。而能如此削弱的原因，以諸如謗法的業障為例，它為何不是可能有徹底連根剷除消盡的機會？應該是有的，因為稍微生起其對治品時，它就可能稍微損減；既然如此，當其對治品達到圓滿時，它也必定有機會被連根消盡。第一個理由成立，因為稍微生起能妨礙其存在的對治品時，它的存在就會被中止，並且被稍微削減；不僅如此，如果它存在的因緣稍微沒有匯聚或不俱全，也會導致損害了它，它存在的時間也變遷而轉為不存在、消逝殆盡的緣故。對治品摧毀罪惡的方式，不是只有連根消盡而已，還有其他的摧毀方式。經典中說道：『若藉由受持正法等對治的力量，他原本必定要承受來世惡趣大苦的罪惡，也會轉化為在今生這一世承受輕微的異熟。』同樣又說道：『另外，那些未來將邁向惡趣的業，由於被對治品摧毀，藉此轉化為在今生僅僅頭痛的小苦。』

[1]「^妙第四、由淨治者力微弱……異熟」 拉寺本作語註，雪本作「^妙第四、由淨治者力微弱故，雖未能畢竟淨治其道，然所淨治即衰損其異熟」，哲霍本作「^妙第四、淨治者力微弱時，雖未能畢竟淨治其道，然衰損彼之異熟」。按，雪本、哲霍本「道」(ལམ) 為「業」(ལས) 之訛字，然果芒本「力微弱故」與哲霍本「力微弱時」義可兩通。單註本亦有此註，語王大師斷無突註此科之理，故拉寺本不應作語註。　[2]「初因成立」哲霍本作「初常成立」。按，「常」(རྟག) 為「因」(རྟགས) 之訛字。　[3]「^巴而不安住或永盡故」 拉寺本作「^巴而不安住或永盡」。　[4]「^巴以受持正法^巴等對治力」原果芒本未標作者，今依拉寺本補之。　[5]「^妙後世惡趣大苦」 拉寺本作巴註，單註本無此註。

❶ **如是說由懺悔及防護等** 法尊法師原譯作「如是由悔及防護等」，今據藏文改譯。

❷ **《分別熾然論》云** 《分別熾然論》，中觀部論典，全名《中觀心論釋‧分別熾然論》，又名《分別熾燃論》，共11品，27卷，清辨論師著，尚無漢譯。清辨論師，中觀自續派及經部行中觀自續派的開派祖師、相傳為長老須菩提的化身（約公元6世紀），梵語Bhāvaviveka及藏語ལེགས་ལྡན་འབྱེད（雷登傑）義譯，又名婆毗吠伽、婆毗薛迦、明辯、分別明菩薩。師出生於南印度摩梨耶羅（Mālyara）的王族，出家修道，親見金剛手菩薩，成就殊勝三摩地，依止龍樹菩薩學習中觀。由於龍樹菩薩所傳的中觀正見涵義幽微，論師為了引導眾生漸次領悟，因而著述《般若燈論》、《中觀心論》、《分別熾燃論》等論著。開創經部行中觀自續派學說，當時追隨其說者甚多，並且與法護論師展開中觀與唯識之間的爭論，也破斥同為中觀學派的佛護論師（Buddhapālita）的學說。《大唐西域記》云：「婆毘吠伽（唐言清辯）論師住阿素洛宮待見慈氏菩薩成佛之處。」《分別熾燃論》為《中觀心論》的自釋，其中廣說內外道的宗義，以經部行中觀自續派的見地，闡述人、法二無我等內涵。參見《大正藏》冊

51，頁930；《印度佛教史》，頁143；《師師相承傳》中文冊上，頁161；藏文冊上，頁212；《新譯大唐西域記》，頁550。引文見《丹珠爾》對勘本冊58，頁449。

❸發露　法尊法師原譯作「悔除」，今依藏文改譯。

❹會　此字原為箋註，法尊法師取其意譯入正文。

❺有法　見前頁220註7。

第五、雖遺微細果報，然猶不違從根淨除不善異熟之理者： 於此結合依據，設有作是云：『若爾，當受後世惡趣大苦之業，由對治力令成此生唯頭痛者[1]，若尚有果，唯此生頭痛者，豈是從其根本拔除或摧壞彼業之果耶？謂非然也。』答曰：無過。如是諸惡業果不以對治摧壞，須當無餘圓滿領受，謂須當感受那落迦極大苦，若以對治力摧壞彼業功能之補特伽羅，尚不受那落迦中諸輕微苦，豈非即從根本拔除其業果報？是也。如是，復從於此業但唯略起現世頭痛等果故，豈是其業本來原無果報？非也。」

第五科、即使殘留微少果報，也不違背從根淨除不善異熟的道理： 對於前述具有根據的說法，如果有人提出：『若是如此，將在來世承受惡趣大苦的業，藉由對治的力量轉變為只是在今生頭痛，這種狀況下，既然在今生還僅存頭痛的果報，怎麼會是連根剷除、摧毀該業的果報？就應當不是了。』答道：沒有過失，因為這樣的惡業果報如果未經對治摧毀，必定完全圓滿地承受的話，是必定要承受地獄的極

大痛苦；相較之下，藉由什麼對治的力量摧毀此業的能力，以致那位補特伽羅連微少的地獄痛苦都不用承受，這難道不是最徹底地根除該業的果報？應該是的。既然如此，此業僅僅在**此**世產生頭痛等果報，又豈是這個業**根本就沒有果報**？當然不是。」

[1]「由對治力令成此生唯頭痛者」 哲霍本作「由對治力令成此生食骨鳥痛者」。按，「食骨鳥」(ཀ་ཁ) 為「頭」(མགོ་བོ) 之訛字。

第六、四力雖非作為摧壞罪種之對治，然衰損之果不能感生之理者[1]：雖未獲得真能對治壞煩惱種，然由違緣令傷損故，縱遇餘緣**❶**亦不感果，內外因果，見多如此**❷**。先輩或謂：「如以四力對治淨罪者，是將異熟暫延遲也，非與緣會仍不感果，以其未斷彼種子故[2]。若因不成，則世間道應能斷除所斷種子。」為破除如此邪解，故說如是[3]。**故雖勤修眾多善法，若不防護瞋恚心等壞善之因，則如前說**從根摧壞其果。**故須勵力防護瞋等❸**從此不生，**精勤修習**昔所積造**不善還出**[4]。

第六科、四力雖然不作為毀滅罪惡種子的對治品，但是經過削弱的果報也不會被引生的道理：雖然沒有獲得毀滅煩惱種子的對治品，但是由於違緣而削弱它，因此即使其他因緣匯聚也不會感生果報，這在

內在與外在的因果中都相當多見。某些前輩祖師說：「以四種對治力淨化罪惡，是將其異熟暫時延後，而非即使遇到因緣也不感果，因為四種對治力並未斷除煩惱的種子。如果不成立的話，那麼世間道就應當能夠斷除所斷的種子。」正是為了消除這種顛倒思惟，所以這麼說。因此，雖然勤於累積眾多善業，但是如果不防護瞋恚等摧毀善根的因緣，就會如上所述，連根摧毀果報，因此必須致力於防護，使之不再產生；並且精進地還淨過去累積的不善。

[1]「^妙第六、四力雖非作為摧壞罪種之對治，然衰損之果不能感生之理者」拉寺本、單註本作「^妙第六、罪雖非以四力對治摧壞種子，然衰損故，其果不能感生之理者」。　[2]「以其未斷彼種子故」哲霍本作「未斷彼決定種子故」。按，依藏文原文，哲霍本文義不通，誤。　[3]「^巴先輩或謂……故說如是」原果芒本未標作者，今依拉寺本補之。　[4]「不善還出」果芒本「還出」二字作動詞解，指「還出不善」。拉寺本、雪本、哲霍本、單註本、法尊法師原譯皆將「還出」二字作名詞解，指「不善之還出」。

❶縱遇餘緣　法尊法師原譯作「縱遇眾緣」，今據藏文改譯。
❷見多如此　法尊法師原譯作「多是如是」，今據藏文改譯。
❸瞋等　原文無此二字，法尊法師取意譯入。

^妙第七者、如經云❶：「除業異熟」，已感業異熟之生盲殘疾等雖莫能遮，然仍能盡淨定業道理之斷諍理者：^巴若爾，如以四力對治淨除^[1]，若能盡淨有力之業，云何^巴契經^[2]^巴中說「唯除先

業所有異熟^巴者」？謂^巴其果盲^巴及殘疾等，^巴前世之業已引此生，而如所引，異熟^巴既已感生之時❷，現在對治難以淨除。若^巴前世業已引此生，然今在因位，尚未感果，則易遮止。密意於此，故如上說，無有過失。《分別熾然論》云❸：「設作是云：『若^巴以對治摧壞，諸惡罪^巴勢力雖大，亦能從根至極永盡，云何^巴佛經中說「除先業異熟」耶？』^巴此意謂已受^巴能成生盲、一目、殘疾、顛跛及啞聾等自性因位[3]，以及^巴由積其因而至彼[4]果位^巴時，故作是說❹。何以故？以^巴已成就生盲等諸業果，若已轉成異熟位體，^巴起對治力，非有功能令其遍盡。^巴雖則如是，若因位^巴階果報未成之等起思，^巴其所正造作、^巴積聚之業者，^巴如以不善為例，獲得所餘〔思差別力，^巴謂其對治。〕而修習之，必定能令永盡。猶如開示〔指鬘^巴殺人缺一滿千❺。〕、〔未生怨^巴弒其生父法王❻。〕、〔娑嚩迦^巴弒母[5]❼。〕、〔^巴又與其相類殺父❽。〕及〔無憂^巴法王[6]❾，上半生時人稱暴王無憂之罪人。〕等^巴對治，而修習之，得見諦❿等。

第七科、如同經典中說「除了業的異熟以外」，如果業已經成熟為殘疾失明等，雖然無法扭轉，但是仍然可以徹底淨化決定業，對此道理斷除詰難的道理：有人問道：「若是如此，經過四種對治力淨化，如果連至極強力的業也能被徹底淨化，那麼經典中所謂『除了過去的業的異熟以外』，又該如何解釋？」答道：前世的業在今生招感先天眼盲與殘疾等果報，並且如所招感，異熟已經成熟時，確實很難以當下的對治品淨化；而前世的業

雖然已經招感，但是目前如果還在果報尚未成熟的因的階段，則容易扭轉。是基於這個用意而這麼說，所以沒有過失。《分別熾燃論》說道：「有人提出：『如果藉由對治摧毀，連強力的罪惡都會被最徹底地連根消盡，為何世尊的經典中還要指出「除了過去的業的異熟以外」？』答道：這是指已經領受了形成先天眼盲、獨眼、殘疾、跛足以及聾啞等體性的因位，以及累積這種因之後，其果報的階段，是基於這個用意而這麼說的。因為什麼原因呢？已經轉變為成熟階段的體性，先天眼盲等已經成熟的那些業的果報，即使生起對治力，沒有能力使之完全消盡。雖然如此，但是在尚未感果的因位階段的動機——思心所去造作而累積的業，如果以不善為例，當獲得並修持其他特定的思心所，亦即其對治時，則必定會完全消盡，就如同指鬘只差一位就殺滿一千人、未生怨王弒生父法王、娑嚩迦弒母，以及與此相同的殺害父親，還有無憂法王，前半生是號稱「暴虐無憂王」的惡人等，為他們開示對治法，藉由修持而得以見諦等的史實一般。

[1]「^妙第七者、如經云……^巴若爾，如以四力對治淨除」 拉寺本、哲霍本、單註本作「^妙第七者、如經云：「除業異熟」，已感業異熟之生盲殘疾等雖莫能遮，然仍能盡淨定業道理之斷諍理者：若爾，如以四力對治淨除」。　[2]「^巴契經」 拉寺本無「^巴」。　[3]「^巴此意謂已受^巴能成生盲、一目、殘疾、顛跛及啞聾等自性因位」拉寺本作「意謂已受^巴能成彼果生盲、一目、殘疾、顛跛及啞聾等自性因位」。

[4]「^巴由積其因而至彼」 哲霍本無「^巴」。　[5]「娑嚩迦^巴弒母」 哲霍本作「娑嚩迦^巴或弒」。按，此二本藏文中僅一音節點之差，然依文意應作「弒母」，哲霍本誤。　[6]「無憂^巴法王」 果芒本原作語註，拉寺本作巴註。按，此註風格近於巴註，作語註稍嫌突兀，故依拉寺本改之。

❶如經云　引文出自《大般若波羅蜜多經・稱揚功德品》。唐玄奘大師譯《大般若波羅蜜多經・稱揚功德品》作：「唯除先世定業異熟現世應受。」見《大正

《藏》冊7，頁556；《甘珠爾》對勘本冊29，頁708。

❷ **謂盲等異熟感生之時** 法尊法師原譯作「謂感盲等異熟之時」，為配合箋註，故改譯。

❸ **《分別熾然論》云** 引文見《丹珠爾》對勘本冊58，頁450。

❹ **意謂已受生盲一目殘疾顛跛及瘂聾等自性因位以及果位故作是說** 法尊法師原譯作「意謂已受生盲、一目、缺足、顛跛及瘂聾等自性因果，故作是說」，為配合箋註，故改譯。依如月格西解釋，受用因位，意指因已成熟為果；受用果位，指成熟為果位之後正在發生作用，故二者皆是指感果的階段。

❺ **指鬘殺人缺一滿千** 指鬘，佛世一阿羅漢（生卒年不詳），梵語Aṅguli-mālya及藏語སོར་མོའི་ཕྲེང་བ義譯，又名央掘摩羅。尊者生於舍衛國，年少聰慧，儀表庠序，力超勇士。起初從摩尼跋陀羅婆羅門（Maṇibhadra）研習外道學說。後因婆羅門受其妻欺騙，命令尊者殺一千人，取其手指串成指鬘，才能消罪，成為真正的婆羅門。於是尊者執刀出城殺人，殺至九百九十九人時，正逢母親送飯，尊者心意迷亂，欲舉刀殺害母親。釋尊觀其得度因緣成熟，即化現在尊者不遠處。尊者見到釋尊，轉為追趕釋尊，奮力追趕也無法追上，於是呼喚釋尊。後因釋尊善巧度化，尊者殷重懺悔前愆，出家修道。因尊者根器非凡，聞佛說法，即得阿羅漢果。參見《大正藏》冊2，頁508；《甘珠爾》對勘本冊62，頁347。

❻ **未生怨弒其生父法王** 未生怨，佛世一國王，梵語Ajātaśatru及藏語མ་སྐྱེས་དགྲ義譯，又名阿闍世。王生於摩竭陀國王族。由於王母韋提希（Vaidehī）懷孕時，相師就預言這胎兒未來會殺害父親，故取名為未生怨。其父頻婆娑羅王因聽到相師的預言，在他出生時，便將他從樓上丟下，但未生怨王僅僅折斷一節指頭，故又名為折指、婆羅留枝（Balaruci）。王長大後，由提婆達多（Devadatta）教唆簒位，將其父幽禁在牢獄，不供應任何飲食，使之餓死。王因此惡業身體長出許多毒瘡，痛苦難忍。後依良臣耆婆（Jīvaka）引見佛陀，於佛前誠心悔過，並於後半生全心全意護持佛教。參見《大正藏》冊12，頁565、冊24，頁189；《甘珠爾》對勘本冊4，頁511。

❼ **娑嚩迦弒母** 娑嚩迦，梵語Svaka（སྭ་ཀ）音譯，生卒事蹟不詳。典故出自《根本說一切有部毘奈耶·出家事》。相應段落參見唐義淨大師譯《根本說一切有部毘奈耶·出家事》：「緣在室羅筏城。有一長者，娶妻未久便誕一息，資以乳

餔。爾時長者告其妻曰：『賢首！生此子者雖用我財，亦能代我償諸債負。』作
是語已，便將貨物詣往外國興易取利，便沒不還。其妻以自身力及託諸親，種
種養育，年漸長大。爾時此兒與諸童子相隨而往，至餘長者家。時彼長者有一
少女，見此童子，便以花鬘擲彼童子。時諸童子問曰：『汝於此女有期會耶？』
答言：『有。』諸童報曰：『此之長者為性嚴惡，汝莫為斯事，損害於
汝。』諸餘童子乃至日暮守此童子，不令非法，便共相隨至於母處。私報母曰：
『此小童兒，與某長者少女，欲為非法。我等勸諭，制不聽為。我今歸去，於此
夜中宜應遮止。』母曰：『汝等既能共相勸諭，甚為善事。』其母即令童子入房
安置，又於房中安觸瓶水及以觸盆，母自當門安床而臥。至夜半後，子告母
曰：『與我開門，出外便易。』母即告曰：『房中已安觸盆，可應便易。』須臾之
頃，其子復告：『與我開門。』母亦不開，子遂瞋怒。母曰：『汝所去處，我先已
知。我今寧可於此受死，終不為汝開門。』凡欲火染心，無惡不作、不避惡業，
遂於此時拔劍殺母橫屍於地，即詣長者家。既至彼已，見其少女，身形戰掉。
女曰：『汝勿生怖，惟我獨住更無餘人。』童子念曰：『我今應報令知已殺於
母。』告言：『少女！我已為汝殺母命根。』女曰：『汝所生母？為是孄母？』報
言：『是我所生母。』其女念曰：『此人瞋怒尚殺親母，況我餘人。』作是念已，
報言：『汝應且待，我暫昇樓。』女上樓訖，高聲唱言：『此中有賊。』彼人聞
已，於水竇中潛身而出。到己宅內，擲刀於地，高聲唱言：『賊殺我母、賊殺我
母。』作是唱已，便依世法燒葬其母。內自思忖：『深是惡人，造極逆罪。』情懷
戰懼不自寧心，遂向處處祠天，隨處告問：『修何業行而滅重罪？』或有說言：
『應當入火。』或有說言：『自墜高巖。』或有說言：『投身溺水。』或有說言：
『自縊其身。』各各說言所作方便，皆令自死，無有出路。復於後時往逝多林，
乃見苾芻念誦經論，聲中頌曰：『若人作惡業，修善而能滅；彼能照世間，如日
出雲翳。』爾時此人便作念：『出家釋子有除罪法，今我應當出家，修諸善業
而滅其罪。』即詣苾芻處白言：『聖者！我欲出家，願見哀愍。』時此苾芻便與
出家并授近圓。既出家已，精懃讀誦，於三藏教悉皆具解，辯才無礙善能論
答。別有苾芻問彼人曰：『具壽！何因苦行精懃？有何別求？』彼人答曰：『我
為消重罪故。』問言：『汝作何罪？』答曰：『殺母。』又問：『是親生母？為當乳
母？』答曰：『是親生母。』時諸苾芻以緣白佛。爾時世尊告諸苾芻曰：『若人殺

母,便求出家,與出家者當壞我法,即須擯棄。從今已往,於我法律之中,若有人來求出家者,當須問言:『汝非殺母不?』若不問者,得越法罪。』其人被眾擯已,便自念曰:『我今不可還俗,應須遠去邊境而住。』便往邊境之處化一長者,長者於此苾芻乃生信敬,為造一寺。諸方客侶皆來此寺,來者皆為說法,多有證阿羅漢果。復於異時,身有病患,用諸根菓莖葉種種藥草,療治不差。漸漸困篤,餘命無幾。告弟子曰:『當造浴室。』時諸弟子依教,便造浴室。爾時師主說伽他曰:『積聚皆消散,崇高必墮落,合會終別離,有命咸歸死。』說此頌已,便即命終,墮無間地獄。然諸弟子證阿羅漢者,入定諦觀,鄔波馱耶當生何處?於諸天宮,諦觀不見;復觀人間及傍生趣并餓鬼中,悉皆不見。復觀地獄,乃見在於無間地獄中。爾時弟子共作是念:『我鄔波馱耶生存之時,持戒多聞,以法攝受。曾作何業墮於無間?』又復諦觀,乃見殺母之業。既被地獄猛火逼身,意想將是所造浴室,遂即唱言:『浴室浴室,熾熱猛火極燒於我。』是時當門獄卒以杵打頭,告言:『薄福罪人,此是無間地獄,云何言是浴室?』被打頭時乃發善心,即便命終,生四天王宮。凡生天者,起三種念:我從何來?今生何處?復緣何業?作此念時,乃見我從無間獄死,生在四天王宮,緣作浴室洗浴苾芻,乘斯福力而生此天。是時天子復作是念:『我緣世尊善方便故今我生天,不應安住,當須詣世尊所,以報此恩。』既至佛所,聽聞妙法,便證初果。得見諦已,歸還天宮。時彼上首弟子是阿羅漢,眾欲食時,於上座處坐。其小弟子為僧伽行水,是時上座鉢中受水,指頭觸水,覺水極冷,便作是念:『我今於此飲斯冷水。鄔波馱耶在地獄之中飲鎔銅汁。』便觀地獄,遍皆不見;復觀人間、傍生、鬼趣,皆悉不見。即觀天上,乃見生在四天王宮,復於佛所而證初果。見已微笑,語言:『是佛、是法、是僧大淨妙事不可思議。此極重業,墮於地獄,有勝功能,得生天上。』彼行水者白尊者曰:『鄔波馱耶死,得為上座,歡喜笑耶?』告曰:『具壽!汝今所問,非正是時,若僧伽集時,可問斯事,當為汝說。』後於異時,苾芻僧伽集。其小同學眾中問曰:『大德!前是何事歡喜為笑耶?為見鄔波馱耶死,得為上座故歡喜笑耶?』于時眾首對於僧伽廣如上說,時諸弟子皆大歡喜,咸稱:『佛法僧寶是大勝利,我鄔波馱耶造斯罪業而得生天。』」夏日東活佛提及,此中婆嘯迦相傳是佛世的樂行比丘,但經查尋漢藏譯本,皆未提及此比丘名為樂行。參見《大正藏》冊23,頁1038;

《甘珠爾》對勘本冊1，頁282；《夏日東文集》冊1，頁444。

❽ **殺父** 典故出自《根本說一切有部毘奈耶・出家事》。在漢譯本中無此相應段落。夏日東活佛提及，此因緣為某一童子貪著女眾，由於其父阻擋，此童子因而殺害父親。參見《甘珠爾》對勘本冊1，頁291；《夏日東文集》冊1，頁444。

❾ **無憂法王** 釋尊授記的古印度護法國王（約公元前304～232），梵語Aśoka及藏語ཤུང་དན་མེད་義譯，又名阿育王。王前世為德勝童子，在玩土時見佛乞食，心生歡喜，便拿土供養釋尊，發願為王。佛陀授記童子在佛涅槃百年之後，將成為轉輪聖王，統領南贍部洲，名叫阿恕伽，供養佛舍利造八萬四千塔，利益有情。王為阿闍世王後代，頻頭莎羅王子。母為婆羅門女，本因在後宮受人嫉妒，專作種種苦役，但生下無憂王後，從此便不再被他人欺侮，故取其子名為無憂。多羅那他《印度佛教史》中則記載，王出生於北印度贍巴阿拿境，父為日種國王涅米大，母本為商主妻子。王出生時，由於消除了父王的憂惱，故取名為無憂。王年少時雖然通達各種文學、武術，但因前世以土供佛，導致今生身形醜惡，不被父王喜愛。由是常被派遣攻打敵國，而卻不給兵器。因王福德，地神此時從地湧出奉上兵器，王便攻克敵國，令其投降歸附。王出生時，相師曾預言王未來當繼承王位，因父王的輔相與太子不合，輔相遂將相師預言告五百大臣，共謀殺害太子，而奉無憂王登基。雖然如是，但是許多大臣、宮女都輕視、厭惡無憂王，因此王殘殺五百大臣及五百宮女，人民便稱王為暴王無憂。王又召喚殺父弒母的惡人耆梨，蓋酷刑房，名愛樂獄，其中刑罰比照地獄。曾有僧人誤入刑房將被燒殺，僧人哀求緩刑七日，在七日中，看見遍地屎尿、內臟種種不淨，於是生起厭離之心，精勤修道得證羅漢。此時惡人雖以各種方式行刑，絲毫不能傷害羅漢，於是往報國王。羅漢知王得度因緣已到，於是變現廣大神通，調伏國王，並且告王釋尊授記。王心生希有，懺悔前愆，皈依佛門，毀壞刑房。其後，王遵循佛記，召喚鬼神相助，一夜建造八萬四千佛舍利塔，人民改稱王為法王無憂。又迎請優婆毱多尊者（Upagupta），宣揚三寶功德，教化十方眾生。王親自供養佛僧數以萬計，並廣勸百姓布施修福。晚年想仿效須達長者鋪金供佛，發願供養百億黃金。供養到九十六億黃金時，罹患重病，王子、大臣擔心庫藏空虛，所以不再供養。此時侍臣以金盤、銀盤為王送食，王仍將金盤等物施予眾僧。於臨終時，侍臣送半顆菴摩羅果，王

吩咐侍臣轉告僧眾：「此菴摩羅果是國王最後供養。」轉問輔相：「在此世間誰得自在？」輔相答道：「只有世尊得大自在。」王即合掌發願：「除了庫藏，其他一切都供養佛僧！我今生累積的一切功德，不求世間的人天果位，只願速成佛位，得大自在。」說完以齒印封詔，交付輔相，隨即命終。關於無憂王傳，各地所傳略有出入，此處以漢傳說法為主，參照藏傳說法稍作補充。參見《大正藏》冊50，頁99；《印度佛教史》，頁30。

❿ **見諦**　即見道，包含三乘見道。由於獲得見道時能夠現證四諦，所以稱為見諦。

●**第八、依典故破不合定律之理**[1]：設作是云：『未生怨王及殺母等，若已生起所餘善思——●對治，何故其業未得永盡，●後世生無間耶？』●答云：無過。此等是為[2]●由此因感此果，表徵因果無欺誑[3]，或令於所有業果發信解故，●師云：『於後世中，已成先業所引異熟，是果位時無能遮退[4]，而於因位可遮止者，或如有人，由於先業入母胎已[5]，便即引生七歲之時一眼當瞎[6]，十歲之時足當致殘，二十歲時手復當斷。於其初者，由未修成遮退方便等，故如所引，七歲之時一眼已瞎，此為異熟既成，故不能遮。其後諸果，雖已引生，然仍為其所引未成之因位，故行遮退方便[7]，尚能遮退。』昔時罪惡雖極力大，然若生起其餘善心[8]——對治，遍能永盡。於此或曰：此不應理。若如是者❶，但為**現示**●須與**感生諸無間等**，非是未能無餘永盡所餘諸業❷。●若是未盡，則本當長時領受地獄苦者，成唯生其中，**如擊綵球，隨擊**●無間**而躍，生彼**●無間**即脫**，雖那洛迦火燄等事，亦未能●略觸[9]，●以是故，**由是則成**●修對治故，亦能**最極從**

538

根拔除^巴具力諸惡❸，^巴復能成立：『已作不消亡故，亦非諸業^巴畢竟全無果報。』」

第八科、**依過去的典故破除不合定律的情形**：有人提出：『既然未生怨王與殺害母親者，他們已經生起其他對治品的善心所，為何業沒有消盡，下一生仍然投生於無間地獄？』答道：這沒有過失，他們是為了以從此因生如此果來表徵因果真實不虛，或是為了**激發對業果的信心**，所以上師說：『下一生，宿業所招感的異熟已經成熟，在果報階段沒有轉圜餘地；而在因的階段還能扭轉。例如一個人，過去的業使他進入母胎，已經招感了七歲時一眼會失明，十歲將會雙腳殘疾，二十歲時雙手也將殘廢。一開始未修起扭轉的辦法，於是便如業所招感，在七歲時一眼失明，這是異熟已經結成，因此無法扭轉；而後面的雖然已經招感，但是還處在尚未如所招感那般結成的因的階段，所以運用扭轉的辦法，應該是可以阻止的。』即使過去的罪惡力量極其強大，然而一旦生起其他對治的善心所，就必定會消盡。對此有人指出：這點並不合理，若是如此，只是**顯**示短暫地投生至無間地獄等，並非表示無法毫無殘留地消盡那些業。若是無法消盡，那麼本應長期承受地獄之苦，成為只是投生其中而已，**就如擊打綵球便會**立刻彈起一般，投生其中的當下便能脫離，連地獄的火焰等都不必稍微**觸**及。所以**如此一來，既能成立**這是因為修習對治品，所以即使是有力的罪惡也能夠被最深度地連根拔除，而這也成立：『已造的不會憑空消失，所以**業也不是根本毫無果報。**』」

[1]「依典故破不合定律之理」 果芒本原作「破除典故中不合定律之理者」，拉寺本、單註本作「依典故破不合定律之理」。按，諸典故中不合定律者，無有是處，唯設問者不解耳。故依拉寺等本改之。 [2]「無過。此等是為」 拉寺本作「無過。是為」。[3]「由此因感此果，表徵因果無欺誑」 果芒本原作「表徵由此因感此果之因果無欺

誆」，拉寺本作「由此因感此果，表徵因果無欺誆」。按，藏文中拉寺本之語句明示能表徵者為「未生怨等示現由此因感此果」，所表徵者為「因果無欺誆」，果芒本不若拉寺本能明辨此處能所之別，故依拉寺本改之。　[4]「是果位時無能遮退」　拉寺本作「故果位時無能遮退」。　[5]「由於先業入母胎已」　果芒本原作「由於先業入人胎已」，拉寺本作「由於先業入母胎時」，雪本、哲霍本作「由於先業入母胎已」。按，拉寺本、雪本咸作母胎，此二版本時代較早，果芒本作人胎雖亦可解，然原本應作母胎，故依拉寺等本改之。　[6]「一眼當瞎」　哲霍本作「一眼當成泥牆灰」。按，「泥牆灰」（ལྡེབ་ས་）為「瞎」（ལྡོང་བ་）之訛字。　[7]「故行遮退方便」　拉寺本作「若行遮退方便」。　[8]「昔時罪惡……善心」　哲霍本作「昔時罪惡極力大，凡發起餘他對治善心」。　[9]「亦未能 略觸」　哲霍本作「亦未能略觸」。按，青海本《廣論》及法尊法師原譯「亦」字皆作正文，哲霍本應為誤植。

註　釋

❶ 昔時罪惡雖極力大然若生起其餘善心對治遍能永盡於此或曰此不應理若如是者　此段箋註連結下文「但為現示須臾感生諸無間等，非是未能無餘永盡所餘諸業」，難以理解，因為前段箋註才說「生起對治就能永盡罪惡」是不合理的，而後文隨即又說「因為如果這是合理的，短暫生到無間地獄等，並非不能顯示惡業完全淨除」，故前後難以會通。依如月格西解釋，此段箋註或可移至此科開頭：「設作是云：『未生怨王及殺母等，若已生起所餘善思──對治，何故其業未得永盡，後世生無間耶？』」則前後連結可解為：「『生起對治就能永盡罪惡』是不合理的，因為如果這是合理的，有人就會反問說：『未生怨王及殺母等人，已經生起了有力對治，但是為何惡業仍然沒有完全淨除，後世還生於無間地獄呢？』」這樣就容易解釋此段箋註。然四家合註各本都沒有將此段箋註移到前面的版本，故不改之。

❷ 所餘諸業　法尊法師原譯作「所有諸業」，今據藏文改譯。

❸ 最極從根拔除諸惡　法尊法師原譯作「最極拔除諸惡根本」，今據藏文改譯。

從根拔除與拔除根本的差別

一般而言,「從根拔除」與「拔除根本」兩者不同。

以罪惡為例,罪惡的根本源於煩惱,甚至可以追溯到所知障,藉由四力懺悔,能夠徹底淨化罪惡,令罪惡永不感果,所以稱為「從根拔除罪惡」,但是尚未拔除煩惱或所知障,所以不是「拔除罪惡根本」。

以生死輪迴為例,自續派與唯識宗認為,輪迴的根本包含無明煩惱及所知障的法我執,小乘阿羅漢拔除了無明煩惱,從此永不輪迴,所以是「從根拔除輪迴」或「從根斷除輪迴」,然而沒有斷除所知障的法我執,所以心中仍然留有一部分的輪迴根本,所以不是「拔除輪迴根本」或「斷除輪迴根本」。宗喀巴大師在《辨了不了義善說藏論》提到,唯識宗與自續派承許法我執是補特伽羅我執的根本,如果斷除法我執,就能斷除補特伽羅我執,然而並非沒有斷除法我執,就無法斷除補特伽羅我執,所以雖然尚未破除輪迴終極的根本,但是不妨礙脫離輪迴。妙音笑大師也提到,雖然法我執是輪迴終極的根本,但是如果斷除了補特伽羅我執而獲得涅槃,就算心中仍然具有法我執,法我執也無法令行者造集流轉生死的業而流轉生死。參見《宗喀巴文集》冊14,頁423;《〔關於宗喀巴大師造的〕〈辨了不了義善說藏論〉辨析:離謬教理白琉璃庫藏·普遍滿足有緣者希求》,頁182(袞千·蔣央協巴著,台北市:佛陀教育基金會,2008)。

第九、一類補特伽羅雖不決定,然亦無過之理: ◍若爾,但唯串習對治,縱罪力大,亦必能從根本淨除之耶[1]?由因業力極大,**補特伽羅差別一類,不決定者**,《三摩地王經》說❶:勇授大王殺華月嚴,遂起追悔,建立塔廟廣興供養。經九十五俱胝千歲❷,一日三時,悔

除罪惡，善護尸羅。然壽沒後，生無間中；經六十二阿庾他俱胝劫，受盲目等無邊眾苦。^語無惱指鬘、娑嚩迦等典故，當從《賢愚》等別別經中了知[2]。^巴設作是念：若爾，懺悔至此仍無義耶？雖則如是，然其悔罪非為唐捐❸。若不悔除，須受極重恆常大苦，尤過彼故。^語師云：如是具戒比丘，以還淨法淨除殺害旁生之墮，雖不能淨其罪，然前所作非為無義，以若不行還淨，則墮罪異熟及其衍息更尤重故。是故四力對治淨罪之理，雖由對治力之大小，與時之長短等，隨其所應，而有根除者、有重轉輕微者、有長時轉短時等。然凡所淨之分，即如種為火燒，縱然遇緣，終不生果。而將後世引至此生者，或如修長壽法，能將後世天身長壽引至此生等，有種種相。

第九科、雖然對於某些補特伽羅而言沒有定準，但是沒有過失的道理：有人提出：「那麼凡是修習對治，即使是強力的罪惡也必定能連根淨除嗎？」答道：由於是極其強力的業，因此對於某些個別的補特伽羅而言沒有定準。《三摩地王經》中提到勇授大王殺害華月嚴之後心生懊悔，建造佛塔而興辦極其廣大的供養，每日三次懺悔罪惡達九千五百億年之久，並且確實守護戒律。但是命終之後卻投生無間地獄，並且在六萬二千億劫中承受眼盲等無邊的痛苦。無惱指鬘與娑嚩迦等過去的這些史事，應當從《賢愚經》等各別的經典中了知。若心想：「那麼，懺悔到這個程度，難道終究還是沒有意義的嗎？」雖然如此，但是懺悔並非沒有意義，因為若不懺悔，就必須承受較此更為巨大而漫長的痛苦。上師說：同樣的道理，具戒比丘透過還淨而淨除殺害畜生的墮罪時，雖然沒有淨除殺畜生的罪惡，但是前者也並非沒有意義，因為如果不進行還淨，墮罪的異熟還會連本帶利更加嚴重。因此以四力對治淨除罪惡的方式，由於對治力強弱與行持時間長短等，以致相

對有連根淨除、由重轉輕、長期轉為短暫等情形。然而凡是已經淨除的部分,就如種子被火燒過一般,即使遇到因緣也絕不可能感生果報。至於把來世將承受的業牽引至今生,有些是藉由修持長壽法,將來世屬於天神的長壽牽引到今生等,有種種的情形。

[1]「亦必能從根本淨除之耶」 哲霍本作「亦必能從根本吾之耶」。按,「吾」(ངའི)為「淨除」(འདག) 之訛字。 [2]「⦿無惱指鬘……經中了知」 哲霍本作巴註。

❶ 《三摩地王經》說 相應段落參見高齊那連提耶舍譯《月燈三昧經》:「我於往昔修行時,為王號曰勇健得,爾時有城名珍寶,彼王出城詣園林。乘駕寶車遇比丘,端正殊特甚微妙,三十二相以莊嚴,光明普照於十方。善花月名遍諸域,安住慈悲能利益,為救眾生故入城,功德威勢極端嚴。我時顏貌不如彼,遂起增上妒嫉心,愛欲媱荒所纏結,恐彼比丘奪王位。昔具千子為眷屬,乘駕寶車從我後,種種寶冠自莊嚴,行如忉利諸天子。於彼子中五百子,悉著妙寶摩尼履,寶冠、瓔珞自嚴飾,金網彌覆於車上。婇女、眷屬有八萬,一切端妙悉嚴麗,昇於寶輿見比丘,端正猶如須彌山。彼見悉皆如父想,各發無上菩提心,從彼受於淨梵行,脫勝瓔珞散比丘。我尋起上嫉妒意,便生瞋怒穢濁心,豪富惑亂勅子言:『可殺我前立比丘。』諸子聞父教勅已,深懷憂惱白父曰:『願王勿作如是語,我終不能殺此人。若有割截我身分,經於恒沙多億劫,終不能殺是法師,以從彼發道心故。於彼尊所發是心,願我得佛人中勝,趣菩提者不為惡,我等悉是佛日子。』王聞諸子如是語,即勅奴言喚旃陀:『速呼魁膾殺比丘,在我宮人前立者。』尋時將於殺者來,號曰難提極暴惡,手執利刀而鑒治,截此比丘為八分。比丘被斬身無血,割處流出千種光,亦有功德吉祥輪,是文肉裏炳然現。作斯尤重惡業已,我時為戲詣園林,一切歌舞都不樂,思念花月法師故。于時忽速出彼園,還來歸入珍寶城,於是乘車詣其所,

到彼割截比丘處。即時空中聞惡聲，無量那由天號叫，咸言：『惡王造重業，死墮阿鼻受極苦。』王時聞彼諸天音，心懷憂惱大怖畏：『我為無量重罪過，以殺善花比丘故。如來具足無量智，是彼最勝真佛子，諸根調柔心寂滅，我為愛欲故殺彼。若有能持如來法，於正法藏滅壞時，能於世間然智燈，我為欲故殺是人。於諸世間為大醫，療治眾生煩惱病，復以甘露令轉下，為愛欲故而殺彼。受持導師勝法藏，黑闇眾生為燈明，持陀羅尼法王者，我為欲故而殺彼。為世演說勝妙法，甚深微細難可見，顯說趣於道場路，我為愛故殺彼人。其智清淨無穢雜，凝靜寂滅恒在定，為愛所盲遂便殺，欲是苦因應棄捨。過去、未來所有佛，及今現在人中尊，功德無量如大海，一切合掌歸命彼。此死趣惡阿鼻獄，於彼無有能救者，不愛果業既自造，正由殺害勝法師。咄哉！惡心造苦業，咄哉！王位自傲慢，此處究竟無堅實，當捨一切而獨去。初無欲染修淨業，悲心愛語真佛子，獨為世親離諸過，我善花月何處去？嗚呼！聖者具忍財，嗚呼！妙色德相應，無諸戲論功德聚，汝今捨我何處去？我今始知大仙言，世間為欲之所壞，身心熱惱惡道因，如是知已捨欲行。此死趣惡地獄中，無有能得救濟者，造於極重之惡業，正由害彼比丘故。捨怖疲勞王位處，奉持禁戒修梵行，我今為彼自在者，歡喜淨心造大塔。為供無惱智慧人，智慧之藏慚愧者，勿令我墮三惡趣，亦離惡名及譏毀。』妃后、宮人、諸親感，最勝輔相及僮僕，剎利長者并諸官，王時哀泣向彼言：『汝等為我速具辦，種種勝妙諸香木，名衣上服及蘇油，俟用燒此比丘身。汝今於斯速積集，一切勝妙眾香薪，隨時栴檀沈香汁，蘇卑力迦及龍腦。百千衣服蘇油塗，悉皆纏彼尊者身，我以增上信重心，種種供具而供養。』聞彼大王教勅已，第一輔相城中民，以諸香油塗香木，種種勝妙眾香末，諸末香水而洗之，復用眾香塗其身，以蘇油衣纏彼體，置於此身香藉上。古昔牟尼尊妙軀，舍利三斛有六斗，彼王造作勝妙塔，種種供養恒禮拜。塗末、香鬘、百種讚，懸諸妙鈴及幡蓋，妃后、宮人并子孫，從此出城而往彼。王於一日三供養，然後乃從塔所還，勝妙花鬘以供養，寶幢幡蓋而莊嚴。正以癡故造眾罪，於彼塔所悉懺悔，乃經九十五億歲，恒常懺悔不疲倦。智慧所攝勝清淨，堅持禁戒無缺漏，日夜長受八戒齋，清淨護持不毀犯。王為愛欲所纏蔽，自身造作不善業，身壞命終墮地獄，在於極苦阿鼻中。從昔以來不值遇，九十五億諸如來，於其九十五億劫，爾所世中常生盲。六十二

億那由劫，雖得眼根還復壞，又於一億那由生，設令得眼還復失。亦復恒被截手足，及以耳、鼻、脣、舌等，人中經億那由劫，諸餘生處亦如是。其王造作無量惡，於諸世間恒受苦，若有欲得安樂者，念已莫作少惡業。其王雖復懺先罪，而不得免昔所作，造斯如是惡業已，死後當墮阿鼻獄。斬截身、首、及四支，亦復割耳而劓鼻，挑其兩目不可算，無量億劫為欲故。廣造惡業酬盡已，後自剜身施他人，所謂斬頭并手足，捨王及子為菩提。所愛之妻、多財產，宮人、婇女、象、馬等，車乘、船舫、眾妙寶，無量億生為道施。勇健得王我身是，彼昔千子賢劫佛，蓮花上佛花月是，魁膾即是寂王佛。」見《大正藏》冊15，頁606；《甘珠爾》對勘本冊55，頁316。

❷建立塔廟廣興供養經九十五俱胝千歲 法尊法師原譯作「為建塔廟，經九十五俱胝千歲，廣興供養」，今據藏文改譯。

❸唐捐 白費而毫無意義。唐，空虛；捐，捨棄。

ᐧ第五、勵力於初即當不沾染之理者[1]❶：ᐧ如是又由ᐧ具相懺悔防護❷ᐧ罪惡清淨無餘，然從最初無罪染之清淨，及由懺悔❸清淨之二，有大差殊。猶如《菩薩地》中所說❹，犯根本罪雖可重受菩薩律儀而能還出，然於此生決定不能獲得初地❺。《攝研磨經》亦云❻：「世尊，設若有一由近惡友增上力故，造作如此誹謗正法。世尊，爾時如何能脫此罪？作是請已，世尊告妙吉祥童子云：曼殊室利，設七年中，一日三時於罪懺罪❼，後乃清淨，其後至少須經十劫，始能得忍❽。」此說諸惡雖已清淨，然得忍位，任如何速，須經十劫。是故無餘清淨之義，謂是能感非悅意果無餘永淨，起道證等，極為遙遠❾，故應勵力，令

初無犯。**語**如云：「邪見謗法瞋，根本墮悔行[2]❿，增上慢驕滿，愛著利敬故，蔑俗菩薩師[3]⓫，是盡善法因。」應當慎防此等，勵力懺罪。**故說⓬ 聖者於微罪墮⓭，雖為命故，不故知轉。若懺悔淨與初無犯二無差別，是則無須如是行故。即如世間，亦可現見傷手足等，雖可治療，然終不如初未傷損。**

第五科、必須致力於最初就不要沾染的道理：既然如此，藉由條件俱全的懺悔防護，雖然能夠無餘地淨除罪惡，但是從一開始就不沾染過失的清淨，與懺悔之後的清淨二者有很大的差別。就如《菩薩地》中提到犯根本墮時，雖然可以藉由領受菩薩戒而還淨，但是那一生絕不可能登上初地。《攝研磨經》中也說：「請問道：『世尊，如果有人受惡友影響而犯下如此的謗法罪，世尊，那時此人應如何脫離此罪？』世尊回答文殊童子：『文殊，如果在七年內每日三次懺悔過失，那麼七年後將會淨化，此後至少要經過十劫才能獲得忍位。』」提到即使已經淨除罪惡，但是再怎麼快都必須歷經十劫才能獲得忍位。因此，所謂無餘地淨除的意思，是指無餘地淨除感生不悅意果的機會，但是生起道的證德等，則是被大幅地延後，所以應當致力於一開始就不要沾染。有提到：「邪見、誹謗正法與瞋恨，根本墮、後悔與行動，因為增上慢而驕傲自滿，還有由於貪好財利恭敬而輕視俗人、菩薩與上師，這些是耗盡善業之因。」應當警惕這些而勤於懺悔罪惡。因此提到聖者對於再小的罪墮，就算性命交關也不會明知故犯。如果藉由懺悔淨除與一開始就不違犯二者沒有差別的話，就無須這麼做。在世間也明顯可見，一旦手腳受傷，雖然可以療癒復原，但是終究與從來沒有受傷不同。

❶ **第五勵力於初即當不沾染之理者**　即前頁498「勵力於初即不沾染之理」一
科。

❷ **懺悔防護**　法尊法師原譯作「悔護」。一般而言,「悔」與「懺」意思相通,常
並列作「懺悔」,表懺罪時悔心為要,但是藏文二字實有差別;悔乃心所之一,
懺則包括四力,各有所指。今為表明此處藏文為「懺」,故改譯。下文亦同。

❸ **懺悔**　法尊法師原譯作「悔除」,今據藏文改譯。

❹ **《菩薩地》中所說**　相應段落參見唐玄奘大師譯《瑜伽師地論・戒品》:「非
諸菩薩暫一現行他勝處法,便捨菩薩淨戒律儀,如諸苾芻犯他勝法,即便棄
捨別解脫戒。若諸菩薩由此毀犯,棄捨菩薩淨戒律儀,於現法中堪任更受非
不堪任,如苾芻住別解脫戒犯他勝法,於現法中不任更受。」「如是名為菩薩
四種他勝處法,菩薩於四他勝處法,隨犯一種,況犯一切,不復堪能於現法
中,增長攝受菩薩廣大菩提資糧,不復堪能於現法中,意樂清淨,是即名為相
似菩薩,非真菩薩。」此段解釋參見宗喀巴大師所造《菩薩戒品釋》:「德光論
師云:『言攝受者,謂令引發。言增長者,謂令增盛。』餘論釋為『更無勢力能
集大地相近資糧』。意樂清淨者,一切釋論皆謂得地,即得初地。總之,隨犯
一種他勝處罪,即於現生決定不能證入初地。」見《大正藏》冊30,頁515;
《菩薩戒品釋》,頁124;《甘珠爾》對勘本冊73,頁733;《宗喀巴文集》冊
1,頁523。

❺ **初地**　菩薩十地中其中一地。初地菩薩心中的道,由於是十地當中的第一
地,所以稱為「初」;由於能夠作為許多功德的所依,就像大地作為山河等的

所依，所以稱為「地」。菩薩發菩提心後，累積一大阿僧祇劫的資糧到達圓滿，就能進登初地，成為聖位菩薩。

❻《攝研磨經》亦云　《攝研磨經》，經集部經典，全名《聖攝一切研磨大乘經》，共1卷。漢譯本有隋毘尼多流支譯《大乘方廣總持經》1卷。此經大意為，佛在王舍城將般涅槃時，入如法三昧，莊嚴大千世界，大眾雲集，佛陀再次現廣長舌相，覆蓋大千世界。至尊彌勒請問法義，於是大眾請佛說此經。佛告彌勒：一切法皆是佛說，不應該分別大小，偏取一邊，假如因此毀謗佛法，則造下無量無邊惡業。又提及阿彌陀佛和世尊往昔因緣，以致佛土示現有淨、穢之別。最後教誡菩薩眾不可以毀謗其他菩薩，假如毀謗的話，則會造下極大的惡業。引文見隋毘尼多流支譯《大乘方廣總持經》作：「爾時文殊師利童子白佛言：『世尊！如佛所說，如是愚人以近惡友現身起謗。如是，世尊！以何因緣能免斯咎？』佛告文殊師利：『我於往昔七年之中，晝夜六時懺悔身、口及與意業所作重罪，從是已後乃得清淨。經十劫已，獲得法忍。』」見《大正藏》冊9，頁382；《甘珠爾》對勘本冊63，頁509。

❼懺罪　法尊法師原譯作「悔罪」，今據藏文改譯。

❽忍　此指加行道忍位，為四加行道中的第三階段。修行者獲得加行道忍位時，能夠堪忍證得諸法無我，不會感到懼怕，所以稱作「忍」。獲得加行道忍位以後，不會再由於業惑而投生惡趣受苦。

❾起道證等極為遙遠　夏日東活佛提到，一般而言，如果犯別解脫戒他勝罪而覆藏，則此生無法獲得阿羅漢果位；如果犯菩薩戒根本墮，則此生無法登地；如果犯密宗戒根本墮，則此生無法獲得雙運果位。參見《夏日東文集》冊1，頁445。

❿悔行　如月格西解釋，此處悔、行二者並非針對前文的根本墮而言，而是分別指對善行追悔，以及無慚無愧放逸行惡。

⓫愛著利敬故蔑俗菩薩師　如月格西解釋，此句意為尚且不能因為愛著利養而輕蔑俗人，更何況輕視菩薩乃至上師。蔑，音「滅」，輕視。

⓬故說　如《大般涅槃經》提到聖者對微小的罪惡會心生怖畏而護戒。相應段落參見北涼曇無讖譯《大般涅槃經・聖行品》：「迦葉！云何菩薩摩訶薩所修聖行？菩薩摩訶薩若從聲聞、若從如來，得聞如是《大涅槃經》，聞已生

信，信已應作如是思惟：『諸佛世尊有無上道，有大正法，大眾正行，復有方等大乘經典。我今當為愛樂貪求大乘經故，捨離所愛妻子、眷屬、所居舍宅、金銀珍寶、微妙瓔珞、香花伎樂、奴婢僕使、男女大小、象馬車乘、牛羊雞犬、豬豕之屬。』復作是念：『居家迫迮，猶如牢獄，一切煩惱由之而生。出家寬曠，猶如虛空，一切善法因之增長。若在家居，不得盡壽淨修梵行，我今應當剃除鬚髮，出家學道。』作是念已，『我今定當出家修學無上正真菩提之道。』菩薩如是欲出家時，天魔波旬生大苦惱，言是菩薩復當與我興大戰諍。善男子！如是菩薩何處當復與人戰諍？是時菩薩即至僧坊，若見如來及佛弟子威儀具足、諸根寂靜、其心柔和、清淨寂滅，即至其所而求出家，剃除鬚髮，服三法衣。既出家已，奉持禁戒，威儀不缺，進止安詳，無所觸犯。乃至小罪，心生怖畏，護戒之心，猶如金剛。善男子！譬如有人帶持浮囊，欲渡大海。爾時海中有一羅刹，即從其人乞索浮囊。其人聞已即作是念：『我今若與必定沒死。』答言：『羅刹！汝寧殺我，浮囊叵得。』羅刹復言：『汝若不能全與我者，見惠其半。』是人猶故不肯與之。羅刹復言：『汝若不肯惠我半者，幸願與我三分之一。』是人不肯。羅刹復言：『若不能者，當施手許。』是人不肯。羅刹復言：『汝今若復不能與我如手許者，我今飢窮，眾苦所逼，願當濟我如微塵許。』是人復言：『汝今所索，誠復不多，然我今日方當渡海，不知前途近遠如何？若與汝者，氣當漸出，大海之難，何由得過？脫能中路沒水而死。』善男子！菩薩摩訶薩護持禁戒，亦復如是，如彼渡人護惜浮囊。菩薩如是護戒之時，常有煩惱諸惡羅刹，語菩薩言：『汝當信我，終不相欺，但破四禁，護持餘戒，以是因緣，令汝安隱，得入涅槃。』菩薩爾時應作是言：『我今寧持如是禁戒墮阿鼻獄，終不毀犯而生天上。』煩惱羅刹復作是言：『卿若不能破四禁者，可破僧殘，以是因緣，令汝安隱得入涅槃。』菩薩亦應不隨其語。羅刹復言：『卿若不能犯僧殘者，亦可故犯偷蘭遮罪，以是因緣令汝安隱得入涅槃。』菩薩爾時亦復不隨。羅刹復言：『卿若不能犯偷蘭遮者，可犯捨墮，以是因緣可得安隱入於涅槃。』菩薩爾時亦不隨之。羅刹復言：『卿若不能犯捨墮者，可破波夜提，以是因緣令汝安隱得入涅槃。』菩薩爾時亦不隨之。羅刹復言：『卿若不能犯波夜提者，幸可毀破突吉羅戒，以是因緣可得安隱入於涅槃。』菩薩爾時心自念言：『我今若犯突吉羅罪，不發露者，則不能渡生死彼岸而得涅槃。』菩薩

摩訶薩於是微小諸戒律中，護持堅固心如金剛。菩薩摩訶薩持四重禁及突吉羅，敬重堅固，等無差別。菩薩若能如是堅持，則為具足五根諸戒，所謂具足菩薩根本業清淨戒、前後眷屬餘清淨戒、非諸惡覺覺清淨戒、護持正念念清淨戒、迴向阿耨多羅三藐三菩提戒。」見《大正藏》冊12，頁432；《甘珠爾》對勘本冊52，頁407。

❸ **故說聖者於微罪墮** 　法尊法師原譯作「是故聖者於微小罪」，今據藏文改譯。

⓿**第六、須當修持之喻者**[1]：如是勵力，如《集法論·ⓔ罪惡品[2]》云❶：「ⓔ其因緣者，能仁於舍衛城現大神變，制伏富蘭那❷等，而說此二偈。若作諸惡未修福，誤失正法得非法，具惡業人死怖畏，如於大海散朽船❸。若已修福未作惡，行諸善士妙法軌，此則終無死亡怖，如乘固船登彼岸。」莫依前作，應如後者勵力而行❹。

第六科、必須修持的比喻：如此努力，如同《集法句·罪惡品》記載當時的因緣，是佛陀在舍衛城顯現廣大神變，降伏富蘭那等而宣說這兩個偈頌，提到：「作惡而不積福，錯失正法而得到非法，身懷罪業的人們將會恐懼死亡，就像殘破的船隻在汪洋中解體。積福而不作惡，奉行殊勝正士宗風的法，他便永遠不會恐懼死亡，就像乘著牢固的船隻航向對岸。」不應像前者那樣，而應當盡力成為後者。

[1]「^妙第六、須當修持之喻者」 果芒本原作「^妙第六、須如所知不放逸而修持之喻者」，拉寺本、單註本作「^妙第六、須當修持之喻者」。按，前頁498開為「須當修持之喻」，此處科文多「如所知不放逸」，廣論原文中此為妙註第七科之內容，此科中無，故依拉寺等本改之。　[2]「^巴罪惡品」 原果芒本未標作者，拉寺本無。按，今依其文風暫定為巴註。

❶ **如《集法論》云** 此二偈因緣語王大師雖說是於釋尊現大神變時所說，然在《集法句釋》中，此二偈的因緣則為菩薩在菩提樹下將成道時，無量魔軍圍繞，天人詢問菩薩是否怖畏，菩薩於是以此二偈回答，與語註所述不同。引文於漢譯本中無相應段落。典故參見《大正藏》冊24，頁331；《丹珠爾》對勘本冊83，頁876；《甘珠爾》對勘本冊11，頁94。引文見《丹珠爾》對勘本冊83，頁71。

❷ **富蘭那** 印度六師外道之一，全名富蘭那迦葉（Pūraṇakāśyapa），又作梧剌拏、布剌拏、不蘭迦葉、補剌那迦葉、布賴那伽葉、布剌拏迦葉波、晡剌拏迦攝波子。為舍衛國婆羅門，有五百位弟子，宣講無因、無道德、眾生所造善惡皆沒有果報。後來因為佛教興起，並且與其門徒辯論。因此六師外道聯合，要與佛陀比試神通，請波斯匿王主持，佛陀答應七天後，與六師外道比試神通。七天後，大眾集會於舍衛國，佛陀現大神變，國王請六師外道顯示神通，六師無以回應。最後金剛手大藥叉主放猛風、下暴雨，將六師外道房舍摧毀，於是富蘭那等六師外道全部逃散。參見《大正藏》冊4，頁360；《佛光大辭典》冊7，頁6213。

❸ **朽船** 藏文原意為不好的船隻。朽，音「ㄒㄧㄡˇ」，腐敗。

❹ **應如後者勵力而行** 法尊法師原譯作「應如後行」，今據藏文補譯。

㊟**第七、須如所知不放逸而修持者**：此復若㊷口中說眾多應理㊷具正因之**言辭**[1]，而㊷趣修時則[2]放逸轉，義利微劣。若有僅知微少**法義**㊷文辭，然隨所知㊷起於修持**正行取捨**，義利殊大。《集法句·㊷**不放逸品**[3]》云❶：「㊷其因緣者，提婆達多❷於王舍城中拳殺蓮花色比丘尼[4]❸，又作種種非應行事，次於他時返會眾中，以多異門說法。時於近處，佛於午後[5]又見牧人數牛而行，為此而說此偈。**若人**㊷放逸如提婆達多，口中[6]**宣多如理**㊷具正因[7]**語**，然㊷趣於修持之時，隨[8]**放逸**㊷轉[9]**而不如是行**㊷持[10]，**譬如牧人**㊷雖[11]**數他畜，**㊷然僅能得薄少薪酬，不得其畜及其果利乳、酥油等，如是[12]**彼**㊷放逸者，但得擅於文辭之稱歎[13]，**非能**㊷獲[14]**得〔沙門分，**㊷謂沙門果[15]。〕**設雖少說如理語，然能**㊷如己所說[16]**正行法隨法，及能斷除**❹**貪瞋癡，此等能得沙門分。比丘樂防慎**❺**，深**㊷怖**畏諸放逸，自導出惡趣，如象出淤泥。比丘樂防慎，深**㊷怖**[17]**畏諸放逸，能抖一切惡，如風吹樹葉**[18]。」

第七科、所知道的都必須不放逸地修持：對此如果口中講述許多合理而具備正因的言語，但是到了實踐時卻很放逸，則意義微小；若是雖然只知道少許的正法詞句，然而凡是知道的就在行為中實踐取捨，則有很大的意義。《集法句·不放逸品》中記載當時的因緣，是提婆達多在王舍城毆打蓮花色比丘尼致死，還做了種種不應做的事。而在另一個時刻，他回到他的徒眾當中，說了各種法理。當時在那附近，將近傍晚時，佛陀也看見一名牧牛人數著牛隻經過。為此而說道：「如果像提

婆達多那樣放逸，口中講述許多具備正因的合理的言辭，但是到了實踐時行為卻很放逸的人，他們並未藉由修持而如實地實踐，就像牧人雖然清點別人的牲畜，但是只能得到微薄的酬勞，不能擁有那些牲畜及其所生產的牛乳與酥油等一般，這些放逸的人也只能獲得擅長演說的讚美，而沒有獲得沙門果的機緣，不會獲得沙門果。如果僅說少許的正理，但是追隨正法，遵照自己所說而如實奉行正法，斷絕貪瞋癡，這些人則有獲得沙門果的機緣。比丘喜愛不放逸，視放逸為苦難而畏懼，因此能將自身拉出惡趣，就如大象脫離泥沼。比丘喜愛不放逸，視放逸為苦難而畏懼，因此能抖落一切罪惡，就如大風捲走樹葉。」

[1]「言辭」 果芒本原作「關節」，拉寺本、哲霍本作「言辭」。果芒本誤。　[2]「⁰趣修時則」 哲霍本作語註。　[3]「⁰不放逸品」 拉寺本無。　[4]「拳殺蓮花色比丘尼」 哲霍本作「拳殺蓮花色比丘」。按，經教等記載，提婆達多所殺為蓮花色比丘尼，故哲霍本誤。　[5]「午後」 果芒本原作「是粉末」，拉寺本作「是後面」。按，《丹珠爾》對勘本相應段落作「午後」（ཕྱི་འབྲེད），「是粉末」（ཕྱི་མ་རེད）、「是後面」（ཕྱི་མར་རེད）為與「午後」形近之訛字。　[6]「⁰放逸如提婆達多，口中」 拉寺本無。　[7]「ⓟ具正因」 拉寺本無。　[8]「ⓟ趣於修持之時，隨」 拉寺本無。
[9]「ⓟ轉」 拉寺本無。　[10]「⁰持」 拉寺本無。　[11]「⁰雖」 拉寺本無。
[12]「ⓟ然僅能得薄少薪酬，不得其畜及其果利乳、酥油等，如是」 拉寺本無。
[13]「⁰放逸者，但得擅於文辭之稱歎」 拉寺本無。　[14]「ⓟ獲」 拉寺本無。
[15]「⁰謂沙門果」 原果芒本未標作者，拉寺本無。按，今依其文風暫定為巴註。
[16]「⁰如己所說」 拉寺本無。　[17]「ⓟ怖」 拉寺本無。　[18]「如風吹樹葉」 果芒本原作「如風吹樹、田、葉」，拉寺本、雪本、哲霍本、單註本作「如風吹樹葉」。按，果芒本「田」（ཞིང）為「樹」（ཤིང）之訛字。

❶《集法句》云 引文見宋天息災譯《法集要頌經‧放逸品》作：「雖誦習多義，放逸不從正，如牧數他牛，難獲沙門果。若聞惡而忍，說行人讚嘆，消除貪瞋癡，彼獲沙門性。」「苾芻懷謹慎，放逸多憂慼，如象拔淤泥，難救深海苦。」「苾芻懷謹慎，放逸多憂慼，抖擻諸罪塵，如風飄落葉。」典故參見《大正藏》冊24，頁147；《丹珠爾》對勘本冊83，頁343；《甘珠爾》對勘本冊4，頁684。引文見《大正藏》冊4，頁779；《丹珠爾》對勘本冊83，頁13。

❷提婆達多 釋尊叔叔斛飯王（Droṇodana）之長子、阿難尊者的兄長、犯五逆罪並且與佛為敵的比丘，梵語Devadatta音譯，義譯為天授，又名提婆達兜、揥婆達多、地婆達多、調達。年幼時學習諸多技能獲得善巧，並常與釋尊較量。佛陀成道後，也追隨佛陀出家辦道，由於精進修行十二年中沒有證果，又對釋尊獲得許多名聞利養心生嫉妒，為了獲得名聞利養，於是向釋尊請求教導神通。釋尊拒絕，他因此而懷恨在心。隨後到十力迦葉尊者處獲得神通，以神通力迷惑阿闍世王；又影響五百位僧眾另立僧團，形成破和合僧。提婆達多想成為佛教的新教主，先唆使阿闍世王殺害自己的父王，再透過他的勢力，讓自己成為教主。當阿闍世王成為摩揭陀國的新王時，提婆達多就派人投石、放狂象暗殺佛陀，但是皆未成功。隨後舍利弗、目犍連二位尊者收服提婆達多的僧團，阿闍世王也因為佛陀的教化，懺悔前愆，皈依佛陀，不讓提婆達多入宮。因此提婆達多遷怒毆打蓮花色比丘尼致死。最後提婆達多十指塗以劇毒，以懺悔之名來到佛前，趁頂禮佛足時攻擊佛陀。由於佛身堅如金剛，提婆達多不但沒有傷害到，反而弄傷自己，也因為造下諸多極重的惡業，當下地裂墮入地獄。但是《大寶積經》也說：「提婆達多善知識者，善修無量諸勝功德、善修善根，親近諸佛宿殖德本，心向大乘、順向大乘、向大乘彼岸，近於阿耨多羅三藐三菩提。」「乃至過去五百世中所生之處，提婆達多是善知識，示怨家事悉是示現，顯諸菩薩及顯如來無量功德。而諸愚人如實取之，提婆達多是害佛者、是怨家者。以是不善取義因緣墮三塗中，所謂地獄、餓鬼、畜生諸苦惱處。」因此，提婆達多雖示現為釋尊的冤家，實是發願以逆增上緣來助釋尊成道的菩薩。參見《大正藏》冊11，頁115；冊24，頁147；《佛光大辭典》冊7，頁6250。

❸**蓮花色比丘尼**　比丘尼中神通第一，梵語Utpalavarṇā義譯，又名優缽華色、嗢缽羅色比丘尼。生於王舍城，未出家前，先嫁給鬱禪國（Ujjayanī）人並生一女。後來發現丈夫與自己的母親私通，所以離家至波羅柰國（Vāraṇasi），再度嫁給城中的長者。這位長者一次經商至鬱禪國，經商期間娶一少女為妻，回家後才知道此女，即是蓮花色的女兒。蓮花色自歎為何竟與己母女共夫，由於無法接受這種打擊，所以自甘墮落為婬女。後來與五百商人賭博的因緣，接觸目犍連尊者，在其座下聽法皈依佛教，並依摩訶波闍波提比丘尼出家，精進修道，證得阿羅漢果。之後佛陀到忉利天（Trayastriṃśa）為其母親說法，返回人間時，蓮花色比丘尼變現為轉輪王迎接佛陀。最後因提婆達多心懷忿意，遷怒毆打蓮花色比丘尼致死。參見《大正藏》冊24，頁147；《佛光大辭典》冊8，頁7721。

❹**斷除**　法尊法師原譯為「遠離」，今據藏文改譯。

❺**防慎**　此指不放逸，與下文的放逸相對。

᰿第八、讚為正見，教令珍愛業果者：如是《親友書》亦云❶：「若ᰁ國王汝希ᰁ修得善趣ᰁ現前增上生及決定勝[1]——諸解脫、ᰁ一切智，願ᰁ亦當多修習於ᰁ世間正見，ᰁ信解二業及果。其因相者，若人邪見ᰁ謂善惡業不生苦樂果，雖ᰁ當前威儀似行[2]妙行，一切ᰁ悉皆具〔酷烈，ᰁ謂重大也。〕ᰁ痛苦異熟❷ᰁ故。」此於緣起二業因果，正觀見者，乃是能成一切諸乘，及辦一切士夫義利，必不容少根本依處，是故應以前說為徵，亦閱《念住經》❸、《賢愚因緣》、《百業》、《百喻》❹及《毗奈耶阿笈摩》中諸多因緣，並諸餘典，令起猛利恆常定解，應當持為極扼要義。

第八科、讚歎為正見，並且教誡要珍視業果：既然如此，如同《親友書》中所說：「大王！如果你想要獲得善趣、階段性的增上生，以及決定勝的解脫、一切智，也務必要修習信解兩種業及其果報的世間正見，原因是補特伽羅由於從善惡業不會產生苦樂果的顛倒見解，使得眼前的行為雖然彷彿是實踐善行，也都悉數具有強力而慘酷的痛苦異熟。」正確地看待緣起、二種業以及因果，這是成就一切乘及一切士夫利益不可或缺的根基。因此以上述為代表，應當閱讀《念住經》、《賢愚經》、《百業經》、《百喻經》、《毗奈耶阿笈摩》中的眾多因緣，也要閱讀其他典籍，藉此生起強猛而持久的確切認知，應該將此作為關鍵內涵。

[1]「現前增上生及決定勝」 哲霍本作「現前增上生及及決定勝」，衍一「及」字。
[2]「^巴當前威儀似行」 藏文中此註分作二註，「當前威儀」，哲霍本無「^巴」。「似行」原果芒本未標作者，拉寺本作巴註，今依拉寺本補之。

❶《親友書》亦云 引文劉宋求那跋摩譯《龍樹菩薩為禪陀迦王說法要偈》作：「欲求天樂及涅槃，應勤修習正知見，雖有利智入邪道，微妙功德永無餘。」劉宋僧伽跋摩譯《勸發諸王要偈》作：「求生天解脫，當勤修正見，邪見雖行善，一切得苦果。」唐義淨大師譯《龍樹菩薩勸誡王頌》作：「若悕天解脫，爾當修正見，設使人行善，邪見招惡果。」見《大正藏》冊32，頁746、749、752；《丹珠爾》對勘本冊96，頁674。

❷若人邪見雖妙行一切皆具酷異熟 夏日東活佛與善慧摩尼大師提到，雖然此段巴梭法王解為「如果有人心懷『善惡業不會感生苦樂果』的邪見，儘管眼

前的行為多麼善妙，然而全部都會感得痛苦的異熟」；但是應該解為「如果有人對業果心懷邪見而行布施，雖然布施並非沒有善報，然而由於對業果心懷邪見，以致所行布施無法感得悅意的異熟」，並非心懷邪見者布施，會引生不悅意的異熟。「酷異熟」，法尊法師原譯作「苦異熟」，今據藏文改譯。參見《洛桑諾布文集》冊2，頁530；《夏日東文集》冊1，頁446。

❸ 是故應以前說為徵亦閱《念住經》 「為徵」，即「作為代表」。法尊法師原譯作「故應多閱前文所說，及《念住經》」，今據藏文改譯。

❹ 《百喻》 經集部經典，全名《滿慈子等百本生經》，又名《富樓那等阿波陀那一百》，共22卷。漢譯本有吳國支謙譯《撰集百緣經》10卷。本經分十品，每一品以幾個偈頌收攝十個本生故事，由於第一個本生是滿慈子的本生故事，又有一百個本生，所以取名為《滿慈子等百本生經》。本經透過一百個本生故事，闡述善業感樂果、惡業感苦果的道理，勸告世人奉行善業，謹防惡業。

第二、生此意樂之量者❶：謂先有無偽希求現世，其求後世唯虛言解❷。即換其位，令成希求後世為主，現在為副，則為生起。然須令堅固，故此生已，仍須勵力善為修習。

第二科、生起這種心念的標準：原先對今生懷有真實不虛的追求，而對來世的追求只有字面上的理解；如果能調換這二者，對來世的追求成為主要，今生成為只是附帶，則是已經生起。但是尚需使之堅固，所以即使生起之後，仍應努力修習。

註釋

❶ **第二生此意樂之量者** 即前頁40「發此意樂之量」一科。

❷ **其求後世唯虛言解** 指對來世的追求，只是停在字面上的理解。法尊法師原譯作「其求後世唯虛言辭」，今據藏文改譯。

第三、除遣於此邪分別❶，^抄分二：^{一`</sup>於圓滿❷因除遣邪執；<sup>二`}於決定勝因除遣邪執。初中分二：^{一`</sup>敘宗❸；<sup>二`}破之。初者：謂有一類，以佛經說❹悉應背棄生死所有一切圓滿，為錯誤事❺。作是念云：身、受用等諸圓滿事[1]增上生者，皆是生死，發求此心不應道理。

語譯

第三科、破除對此的顛倒思惟，分為二科：^{一`</sup>破除對於圓滿因的顛倒思惟；<sup>二`}破除對於決定勝因的顛倒思惟。第一科分為二科：^{一`</sup>陳述其主張；<sup>二`}破斥。第一科：由於經典提到內心必須厭惡一切輪迴的富樂圓滿，所以有人對此產生誤解，心想：圓滿的身體與受用的增上生都是輪迴，所以不應對此心生追求。

校勘

[1]「身、受用等諸圓滿事」 果芒本原作「身、受用圓滿事」，拉寺本、雪本、哲霍本、青海本《廣論》、法尊法師原譯作「身受用等諸圓滿事」。按，後文「身及受用、眷屬圓

滿」及「以其身等圓滿究竟,即佛色身、圓滿佛土、佛眷屬故」,皆不單論身及受用二者。

❶ 第三除遣於此邪分別　即前頁40「除遣此中邪執」一科。

❷ 圓滿　此指受用富足、善緣齊俱、幸福安樂,非指事情是否究竟成辦之義。下文「一切圓滿」、「諸圓滿事」亦同。

❸ 敘宗　法尊法師於《廣論》中多譯作「說其所欲」、「出計」。

❹ 以佛經說　相應段落參見北涼曇無讖譯《大般涅槃經・聖行品》:「說是偈已復作是言:『憍尸迦!世有大士,為眾生故不貪己身,為欲利益諸眾生故,而修種種無量苦行。如是之人,見生死中諸過咎故,設見珍寶滿此大地、諸山、大海,不生貪著,如視涕唾。如是大士,棄捨財寶、所愛妻子、頭目髓腦、手足支節、所居舍宅、象馬車乘、奴婢僮僕,亦不願求生於天上,唯求欲令一切眾生得受快樂。如我所解,如是大士清淨無染,眾結永盡,唯欲求於阿耨多羅三藐三菩提。』」見《大正藏》冊12,頁449;《甘珠爾》對勘本冊52,頁519。

❺ 錯誤事　產生誤解之處。

第二、破之,分二[1]:一`觀待增上生而破;二`觀待決定勝而破。初中分二:第一、須輾轉漸受身等圓滿之理者[2]:然所求中略有二類,謂於現位須應希求,及是究竟所應希求。生死之中身等圓滿,希解脫者,於現前❶中亦須希求,以由輾轉漸受此身,後邊乃得決定勝故。第二、觀待究竟增上生而破者[3]:非凡所有身及受用、眷屬圓滿增上生事,一切皆是生

死所攝，以其身等圓滿究竟，即佛色身、圓滿佛土、佛眷屬故。故《莊嚴經論》於此密意說云❷：「●殊勝增上生●體性[4]，謂受用●圓滿及身圓滿，眷屬●圓滿及勤、●事業圓滿，●具足四種圓滿。」此說由前四度成辦增上生。又多教典●數數說❸由此等[5]●前四度成色身故。是故修種智者，經極長時●間，修諸極多、諸極殊勝●因——戒、施、忍等，亦是希求●成辦彼等●因之妙果，最極殊勝身等增上生❹。

第二科、破斥，分為二科：⼀觀待增上生而破斥；⼆觀待決定勝而破斥。第一科分為二科：第一科、必須依序經歷圓滿的身體等的道理：所求的內容當中，有暫時需要追求，以及究竟追求的目標這二種。即使是追求解脫者，也需要暫時追求輪迴中的身體等圓滿，因為依序經歷這些所依身，最後才會獲得決定勝。第二科、觀待於究竟的增上生而破除：並非任何身體、受用與眷屬圓滿的增上生都歸屬於輪迴，因為身體等圓滿達到究竟極致，即是佛陀的色身與圓滿的淨土，以及佛的眷屬。基於這個用意，《經莊嚴論》中說：「受用圓滿與身體圓滿，眷屬圓滿與精進或事業圓滿，具備這四種圓滿，即是殊勝增上生的體性。」是說藉由前四種波羅蜜多成就增上生。而在很多典籍中則一再提到，藉由這些前四種波羅蜜多成就色身。因此修持一切相智的人，由於長時間修持眾多殊勝的戒律、布施、忍辱等因，所以也是追求成辦這些因的果報——最極殊勝的身體等增上生。

[1]「^妙第二、破之，分二」 拉寺本、單註本作「第二分二」。　[2]「初中分二：……圓
滿之理者」 果芒本原作「初中分二：漸受身等圓滿之理者^巴須相續之理者」，拉寺本
作「今初」，哲霍本作「初中分二：第一、須輾轉漸受身等圓滿之理者」。按，「須相續
之理者」果芒本不應獨作巴註，應連上文作妙註，故依哲霍本改之。　[3]「^妙第二、
觀待究竟增上生而破者」 拉寺本、單註本無。　[4]「增上生^巴體性」 哲霍本作「增
上生^巴外體性」，誤。　[5]「^巴數數說由此等」 拉寺本作「^巴亦說由此等」。

❶ **現前**　指現階段。法尊法師原譯作「現法」，今據藏文改譯。

❷ **《莊嚴經論》於此密意說云**　《莊嚴經論》，唯識部論典，全名《大乘經莊
嚴論》，又名《莊嚴經論》、《大乘莊嚴經論》，共1卷，21品，至尊慈氏著。漢譯
本有唐波羅頗蜜多羅譯《大乘莊嚴經論》的根本頌，共24品。本論主要闡述唯
識宗無外境之義，事物皆是依靠心而安立、存在，且承許依他起、圓成實是諦
實，遍計所執是無諦實，所以是唯識宗根本教典之一。引文唐波羅頗蜜多羅譯
《大乘莊嚴經論》作：「資生身眷屬，發起初四成。」見《大正藏》冊31，頁
627；《丹珠爾》對勘本冊70，頁850。

❸ **又多教典說**　如《寶鬘論》、《入中論》等皆有提到。相應段落參見陳真諦三
藏譯《寶行王正論·菩提資糧品》：「諸佛有色身，皆從福行起。」法尊法師譯
《入中論》：「如是施等三種法，善逝多為在家說，彼等亦即福資糧，復是諸佛
色身因。」見《入中論善顯密意疏》，頁73；《大正藏》冊32，頁498；《丹珠爾》
對勘本冊96，頁307；冊60，頁518。

❹ **增上生**　法尊法師原譯作「勝生」，今據藏文改譯。

㊙**第二、觀待決定勝而破者**[1]：㊚非唯如是，由於此因**成辦**㊚二種**究竟決定勝者**，謂如《入行論》云❶：「由依人身舟，度脫大苦海。」是須依止以人所表善趣之身，度諸有海㊚而解脫，**趣妙種智**㊚一切智位[2]。**此**㊚果位**復**㊚非於一增上依身所能成辦，**須經多生**㊚依身而成辦，㊙具相修道依身之因，須當守護圓滿戒律之理者[3]：**故能辦此**㊚增上生**身勝因**，㊚**如云**❷：「增上生因除戒定非餘」，故**尸羅**[4]，**是道之根本**。㊚設作是念：若爾，成辦解脫及一切智之依身，僅是善趣依身即可耶？答云：未可也。以**若善趣身而不圓滿一切德相，僅具一少分德**❸，**雖修諸道，進程微少，故定須一最圓滿者**。㊚成辦**此中，護求寂**❹**等未圓學處，猶非滿足，故須勵力護比丘等圓滿學處**。

第二科、觀待於決定勝而破除：不僅如此，藉由此因成就二種究竟的決定勝，如同《入行論》中所說：「依靠人身之船，能夠超脫痛苦的大海。」必須依靠人所代表的善趣所依身渡越三有大海而解脫，並且邁向一切相智、一切智的果位，而這個果位又無法在一次增上生的所依身中完成，所以需要經歷很多生的所依身來修持。必須守護圓滿的戒律——條件俱全的修道所依身之因的道理：因此構成此增上生身的殊勝因，如同有言：「除了戒律以外，沒有其他增上生之因」——戒律，即是道之根本。如果心想：那麼只要是善趣的所依身，就可以作為成就解脫與一切智的所依嗎？答道：並非如此，雖然是善趣之身，由於條件不俱全，僅具有少部分的功德，因此縱然修道也會進程緩慢，所以需要一個圓滿的所依身。而要成辦這個，僅僅守護沙彌等不圓滿的學處是無法達成的，因此必須致力於守護比丘學處等圓滿的學處。

[1]「㊁第二、觀待決定勝而破者」 果芒本原作「㊁第二、於決定勝因除邪執者」,拉寺本、單註本作「第二者」。按,果芒本缺「㊁第二、觀待決定勝而破者」一科,如月格西依前後文義,謂此科宜作「㊁第二、觀待決定勝而破者」,方足前文科數,故依而改之。 [2]「㊷一切智位」 原果芒本未標作者,拉寺本作㊷註,今依拉寺本補之。
[3]「㊁具相……之理者」 拉寺本、單註本無。 [4]「故尸羅」 拉寺本作「尸羅」。

❶《入行論》云 引文如石法師譯《入菩薩行‧精進品》作:「依此人身筏,當渡大苦海。」見《入菩薩行》,頁62;《丹珠爾》對勘本冊61,頁993。

❷如云 引文出自《入中論》。法尊法師譯《入中論》作:「增上生及決定勝,其因除戒定無餘。」見《入中論善顯密意疏》,頁58;《丹珠爾》對勘本冊60,頁516。

❸僅具一少分德 法尊法師原譯作「僅能成就一少分德」,今據藏文改譯。

❹求寂 指沙彌。見前頁182註5。

㊁第二❶分二:一、說其所許;二、破之。今初:㊷如是說已,有作是說:「護持㊷別解脫之尸羅,若是為辦諸善趣者,則近住❷等亦能獲得,何須艱難、義利微少諸比丘等?」又餘眾云:「若別解脫所為❸,是為獲得阿羅漢故,然比丘者,未滿二十,則不堪受❹,近事❺之身,亦有能得阿羅漢者,應讚其身。難行少義比丘何為?」㊁第二者:應當知此是全未知聖教扼要,極大亂

言。^㉔以前宗許一切持戒唯為成辦善趣故，是不知別解脫戒須有出離心之亂言。後宗許別解脫戒唯為阿羅漢果，亦復非理，以大乘者守護別解脫戒，是為證得究竟佛位故。此即如前所說，須依無間相續殊勝善趣圓滿功德依身，方能獲得，故當成辦其因圓滿戒律而非一分，應以^㉕近事等下下律儀為依，受^㉖比丘等上上者，委重❻護持圓滿學處。

已說於共下士道次淨修心訖。

第二科分為二科：¨陳述其主張；¨破斥。第一科：針對上述，有人提出：「如果守護別解脫的戒律是為了修成善趣，即使八戒居士也能獲得這個成果，何必藉助於困難而且利益微小的比丘等？」其他人則說：「如果別解脫的目的就是為了阿羅漢果，那麼未滿二十歲以前都不能成為比丘，然而五戒居士的所依身也能獲得阿羅漢果，所以應該推崇這種所依身，何必藉助於困難而利益微小的比丘？」**第二科：**應當要曉得，這種**說法是不理解教法關鍵的極大謬論！**因為前一種主張認為所有的守護戒律都只是為了修成善趣，這是不理解別解脫律儀需要有出離心的謬論；而後者的主張認為別解脫律儀只是為了成就阿羅漢果，這也不合理，因為大乘行者守護別解脫律儀，是為了獲得究竟的佛果，而這如前所述，必須依靠不斷地經歷圓滿殊勝善趣功德的所依身才能獲得，因此必須修持這個所依身的因——圓滿的戒律，不能只有局部。應當以居士等低階的律儀為基礎，而受持比丘等高階的律儀，精進守護圓滿的學處。

在與下士共通的道次第中修心已宣說完畢。

❶ 第二　即前頁558「於決定勝因除遣邪執」一科。

❷ 近住　八種具足別解脫戒者之一。承許於一晝夜中守護八條戒律的在家居士，即是近住。由於守護此八條戒，能夠趨近阿羅漢果位而住，故名近住。法尊法師原譯作「近住」，福智之聲出版社2003、2010年版《廣論》改作「近事」，今改回原譯。

❸ 別解脫所為　指受持別解脫戒的目的。法尊法師原譯作「別解脫所有要義」，今據藏文改譯。

❹ 然比丘者未滿二十則不堪受　佛世目犍連尊者度十七童子出家受比丘戒，他們因為遵從佛制午後不食，飢餓所苦，於是身體羸瘦，啼泣不止。釋尊聽到童子啼聲，了解事情發生始末，於是規定以後未滿二十歲，不能忍受飢渴等苦，不應度之受比丘戒。

❺ 近事　法尊法師原譯作「近事」，福智之聲出版社2003、2010年版《廣論》改作「近住」，今改回原譯。

❻ 委重　藏文意為精勤。

索引

■ 佛菩薩、人名

■ 書名

■ 法相

591

■ 地名

大慈恩譯經基金會
AMRITA TRANSLATION FOUNDATION

創設緣起

　　真如老師為弘揚清淨傳承教法，匯聚僧團中修學五部大論法要之僧人，於 2013 年底成立「大慈恩・月光國際譯經院」，參照古代漢、藏兩地之譯場，因應現況，制定譯場制度，對藏傳佛典進行全面性的漢譯與校註。

　　譯經院經過數年的運行，陸續翻譯出版道次第及五部大論相關譯著。同時也收集了大量漢、藏、梵文語系實體經典以及檔案，以資譯經。2018 年，真如老師宣布籌備譯經基金會，以贊助僧伽教育、譯師培訓、接續傳承、譯場運作、典藏經像、經典推廣。

　　2019 年，於加拿大正式成立非營利組織，命名為「大慈恩譯經基金會」，一以表志隨踵大慈恩三藏玄奘大師譯經之遺業；一以上日下常老和尚之藏文法名為大慈，基金會以大慈恩為名，永銘今後一切譯經事業，皆源自老和尚大慈之恩。英文名稱為「AMRITA TRANSLATION FOUNDATION」，意為不死甘露譯經基金會，以表佛語釋論等經典，是療吾等一切眾生生死重病的甘露妙藥。本會一切僧俗，將以種種轉譯的方式令諸眾生同沾甘露，以此作為永恆的使命。

　　就是現在，您與我們因緣際會。我們相信，您將與我們把臂共行，一同走向這段美妙的譯師之旅！

大慈恩譯經基金會官網網站：https://www.amrtf.org/

創始榮董名單

真如老師 楊哲優闔家 蕭丞莛 王名誼 釋如法 賴春長 江秀琴 張燈技 李麗雲 鄭鳳珠 鄭周 江合原 GWBI 蔡鴻儒 朱延均闔家 朱崴國際 康義輝 釋徹浩 釋如旭 陳悌錦 盧淑惠 陳麗瑛 劉美爵 邱國清 李月珠 劉鈴珠 楊林金寶 楊雪芬 施玉鈴 吳芬霞 徐金水 福泉資產管理顧問 王麒銘 王藝臻 王嘉賓 王建誠 陳秀仁 李榮芳 陳侯君 盧嬿竹 陳麗雲 張金平 楊炳南 宋淑雅 王淑均 陳玫圭 蔡欣儒 林素鐶 鄭芬芳 陳弘昌闔家 黃致文 蘇淑慧 魏榮展 何克澧 崔德霞 黃錦霞 楊淑涼 賴秋進 陳美貞 蕭仲凱 黃芷芸 陳劉鳳 楊耀陳 沈揚 曾月慧 吳紫蔚 張育銘 蘇國棟 闕月雲 蘇秀婷 劉素音 李凌娟 陶汶 周陳柳 林崑山閣家 韓麗鳳 蔡瑞鳳 陳銀雪 張秀雲 游陳溪闔家 蘇秀文 羅云彤 余順興 Huang,Yu Chi 闔家 林美伶 廖美子闔家 林珍珍 蕭陳麗宏 邱素敏 李翊民 李季翰 水陸法會 弟子 朱善本 顏明霞闔家 劉珈含闔家 蔡少華 李賽雲闔家 張航語闔家 詹益忠闔家 姚欣耿闔家 羅劍平闔家 李東明 釋性修 釋性祈 釋法謹 吳宜軒 陳美華 林郭喬鈴 洪麗玉 吳嬌娥 陳維金 陳秋惠 翁靖賀 邱重銘 李承慧 蕭誠佑 蔣岳樺 包雅軍 陳姿佑 陳宣廷 蕭麗芳 周麗芳 詹尤莉 陳淑媛 李永智 程莉闔家 蘇玉杰闔家 孫文利闔家 巴勇闔家 程紅林 闔家 黃榕闔家 劉予非闔家 章昶 王成靜 丁欽闔家 洪燕君 崔品寬闔家 鄭榆莉 彭卓 德鳴闔家 周圓海 鄒靜 劉紅君 潘紘 翁梅玉闔家 慧妙闔家 蔡金鑫闔家 慧祥闔家 駱國海 王文添闔家 翁春蘭 林廷諭 黃允聰 羅陳碧雪 黃水圳 黃裕民 羅兆鈐 黃彥傑 俞秋梅 黃美娥 蘇博聖 練雪溱

605

創始榮董名單

高麗玲 彭劉帶妹 彭鈺茹 吳松柏 彭金蘭 吳海勇 陳瑞秀 傅卓祥 王鵬翔
張曜梄闔家 鄧恩潮 蔡榮瑞 蔡佩君 陳碧鳳 吳曜宗 陳耀輝 李銘洲
鄭天爵 鄭充閭 鐘俊益 邱秋俐 鄭淑文 黃彥傑闔家 任碧玉 任碧霞
廖紫岑 唐松章 陳贊鴻 張秋燕 釋清達 華月琴 鄭金指 林丕燦張德義
闔家 高麗玲闔家 嚴淑華闔家 郭甜闔家 賴春長闔家 馮精華闔家
簡李選闔家 黃麗卿闔家 劉美宏闔家 鄭志峯闔家 紀素華 紀素玲 潘頻余
潘錫謀闔家 莊鎮光 鍾淳淵闔家 林碧惠闔家 陳依涵 蔡淑筠 陳吳月香
陳伯榮 褚麗鳳 釋性覽釋法邦 林春發 張健均 吳秀榕 葉坤土闔家
釋法將林立茱闔家 黃美燕 黃俊傑闔家 張俊梧楊淑伶 邱金鳳 邱碧雲闔
家 詹明雅 陳奕君 舒子正 李玉瑩 楊淑瑜 張陳芳梅 徐不愛闔家 林江桂
簡素雲闔家 花春雄闔家 陳財發王潘香闔家 鍾瑞月 謝錫祺張桂香闔家
李回源 沈佛生薛佩璋闔家 地涌景觀團隊 張景男闔家 張阿幼 古賴義裕
闔家 蘇新任廖明科闔家 鍾乙彤闔家張克勤 羅麗鴻 唐蜀蓉闔家 蔡明亨
闔家 陳卉羚 楊智瑤闔家 林茂榮闔家 艾美廚衛有限公司 郭聰田 曾炎州
林豬闔家 張幸敏闔家 呂素惠闔家 林登財 李明珠 釋清暢歐又中闔家
李文雄闔家 吳信孝闔家 何庚燁 任玉明 游秀錦闔家 陳曉輝闔家 楊任徵
闔家 洪桂枝 福智台南分苑 張修晟 陳仲全陳玉珠闔家 黃霓華闔家
釋聞矚 林淑美 陳清木張桂珠 張相平闔家 杜翠玉闔家 潘榮進闔家
立長企業有限公司 李明霞闔家 林翠平闔家 張米闔家 林祚雄 陳懷谷闔
家曾毓芬 陳昌裕闔家 釋清慈闔家 楊勝次闔家 蕭毅闔家

2021-2024 榮董名單

李佳隆 張綵容 張月容闔家 李文仁 白麗美 鞏台雲 鄧鳳玲 葉騏禎
潘淑琴 張王淑鈴 許淑勤 蔡昇幟闔家 杜瓊華 何美鈴闔家 張淑芬闔家
蕭美華 鄭蕙 李興芳 林曉玫 沈秀昭 莊淑英 劉呂秀泱 申盼兮 顏金雪
詹逸宏 王秀鳳 徐綺櫻 趙紹良施淑芬闔家 林奕君 韓嘉蕾 簡淑靜 蔡緘
劉品麗楊仁彰闔家 張珍財 溫宗正闔家 吳美霞闔家 莊惠英闔家 王朔珍
闔家 羅日成 羅裕程 許素華闔家 徐秀蘭林高極闔家 林建宏闔家
呂清泉盧瑞香闔家 李源益林惠麗闔家 陳雪芳闔家 陳婉芳闔家 趙晟
蔡建和 藍宗彥崔麗英闔家 陳義展 鍾華倉 石景程 吳志芬 許楊西女

2023-2024

王昭變闔家 詹蕙君 付慈平 彰化15宗07班 妙群闔家 曾順隆闔家
羅惠玲闔家 俊良美純秀英闔家 釋聞王‧釋聞浩 莊郁琳李國寶闔家
劉秀玉‧邱家福 釋性呂王志銘闔家 粘友善黃招治闔家 鄭惠鶯 釋性利

AMRITA
TRANSLATION FOUNDATION

608

上士道護法──六臂怙主

上士道護法──六臂怙主 偈讚

上師怙主無分別　　我今虔誠敬皈依

我等有情諸煩惱　　祈願斷除盡無餘

怙主上師無分別　　我今虔誠敬皈依

我等有情諸障礙　　祈願斷除盡無餘

中士道護法——多聞天子

中士道護法——多聞天子 偈讚

藥叉大王多聞子

財富自在雨妙欲

大悲怙主滅貧乏

敬禮天王并眷屬

下士道護法──閻摩法王

大力閻摩法王及眷屬

若於阿底峽及宗師教

作害怨魔盼汝悉鏟除

如子守護教法持教者

菩提道次第廣論四家合註
白話校註集（第二冊）

造　　論	宗喀巴大師
合　　註	巴梭法王　語王堅穩尊者　妙音笑大師　札帝格西
譯　　論	法尊法師
總　　監	真　如
譯　　註	釋如法　釋如密等

責任編輯	葉郭枝
文字編輯	王淑均　朱以彤　廖育君
美術設計	吳珮湜　陳荷鸞　蘇筱涵
美術完稿	黃清田
排　　版	華漢電腦排版有限公司
印　　刷	科樂印刷事業股份有限公司

出 版 者	福智文化股份有限公司
地　　址	105407 台北市松山區八德路三段 212 號 9 樓
電　　話	02-2577-0637
客服 Email	serve@bwpublish.com
官方網站	https://www.bwpublish.com/
總 經 銷	時報文化出版企業股份有限公司
地　　址	333019 桃園市龜山區萬壽路二段 351 號
電　　話	02-2306-6600 轉 2111
出版日期	2022 年 10 月　初版第四刷
定　　價	新台幣 1000 元

I S B N	978-986-93257-0-7（全　套：精裝）
	978-986-93257-8-3（第 2 冊：精裝）

本書所得用以支持經典譯註及佛法弘揚

國家圖書館出版品預行編目資料

菩提道次第廣論四家合註白話校註集 / 宗喀巴大
　師造論；巴梭法王等合註；法尊法師譯論；
　釋如法，釋如密等譯註. -- 初版. -- 臺北市：
　福智文化，2018.10
　　冊；　公分. -- (廣論四家合註白話校註集；2-)
　ISBN 978-986-93257-8-3 (第 2 冊：精裝)

1.藏傳佛教　2.注釋　3.佛教修持

226.962　　　　　　　　　　　　　　107010832

特別感謝：

BDRC（Buddhist Digital Resource Center，佛教資源中心）、寂禪法師、林先珍、
林蔚穎、南華大學宗教學研究所黃國清所長、石錦祥、李佩姍、李貴民、林秀卿、
林添進、洪琬雯、張志鵬、張淑鳳、張書銓、陳柏源、陳美美、曾珮宸、黃阿日、
劉珍珠、鄭塋芝、王錫瑤、湯秋惠、周麗華、沈平川、林桂美、張慧妤、江合原、
楊慶昌、唐淑蘭、蕭雅文、朱以彤、白綉澄、蔡佩均等單位、法師、居士提供資
訊、諮商及繁瑣校對工作，至本書更臻完善，特申謝忱。

大慈恩・月光國際譯經院 謹誌